한류의 역사

한류의 역사

강준만 지음

인물과
사상사

왜 한국은
'대중문화 공화국'인가?

노세 노세 젊어서 놀아 늙어지면 못 노나니

화무는 십일홍이요 달도 차면 기우나니라.

얼씨구절씨구 차차차 지화자 좋구나 차차차.

화란춘성 만화방창 아니 노지는 못하리라 차차차.

황정자의 〈노래가락 차차차〉다. 1962년에 발표되었지만, 스타
일이나 분위기는 완전히 1950년대 중후반 경향을 보인 노래였다.
1950년대와 1960년대 초의 대중문화는 전후戰後 사회 현실이 너무
비참했던 탓에 메시지의 표면적 내용을 반대로 해석하면 맞는 경우가
더 많았다고 하는데, 이 노래도 예외는 아니었다. 이영미는 "세상이 너

무 좋아서 늙기가 아까운 것일까?"라고 물으면서 다음과 같이 답했다.

"아닌 듯하다. 힘 있고 젊었을 때 실컷 즐기자는 생각은, 초라하게 늙은 것이 억울하다는 생각이고, 또 그것은 늙고 가난한 게 비참한 반면 돈 많고 젊은 사람들은 이와는 전혀 다른 별천지에서 놀고 있는, 그렇게 불공평한 세상에서 생겨나는 생각이다. 정말 세상이 좋다면, 그래서 미래의 희망이 보인다면 사람들은 이런 생각을 하지 않는다. 그래서 이 노래(의) 향락에서는 절망의 냄새가 난다."[1]

하지만 한국은 이후 그 '절망의 냄새'를 지우기 위한, 그야말로 한(恨) 맺힌 투쟁의 길로 나서게 되고, 그 결과 세계사에서 그 유례를 찾아보기 어려울 정도로 놀라운 압축 성장condensed economic growth을 이룩한 나라로 우뚝 서게 된다. 김진경은 "삼십 년에 삼백 년을 산 사람은 어떻게 자기 자신일 수 있을까"라는 물음을 던지면서 다음과 같이 말한다.

"일본이 메이지유신 이후 100년 동안에 서구의 근대 300년의 변화를 압축해 따라갔다면 한국은 60년대 이래 30년 동안에 서구의 300년을 압축해 따라갔습니다. 이러한 속도 속에서, 이러한 광기 어린 변화 속에서-좀 과장해 말한다면-우리는 30년의 생물학적 시간에 300년의 서사적 시간을 살아버린 것입니다. 무서운 속도의 서구 흉내내기 속에서 자신을 돌아본다는 것은 가능하지도 않았고 필요한 일로도 간주되지 않았습니다."[2]

이제, "노세 노세 젊어서 놀아 늙어지면 못 노나니"는 희망이 없는 '절망의 냄새'보다는 현세를 중시하는 '쾌락의 냄새'가 진동하는 한국인의 생활 문법으로 등극한다. 아니 어쩌면 그건 '압축 성장'이 요구한 비용이었는지도 모른다. 생각해보라. 한국인의 스트레스 지수는 세계 최고 수준이다. 한국인의 자살율도 세계 최고 수준이다. 한국인의 행복도는 세계 중하위권 수준이다. 이런 기록만 살펴보자면 한국은 지옥에 근접한 나라로 보이겠지만, 자세히 살펴보면 지옥과 천국을 수시로 왔다 갔다 할 정도로 나름의 대비책이 있다는 걸 알 수 있다. 한국에는 세계 50대 교회 중 제1위를 포함해 23개가 있다. 신앙이 없는 사람들에겐 스포츠·음주·섹스·도박이 있으며, 이 또한 세계 최고 수준을 자랑한다.

여기에 더해 세계 최고 수준의 대중문화가 있다. 영화는 히트만 쳤다 하면 전체 인구의 5분의 1인 1,000만 명의 관객을 끌어들인다. TV 드라마와 예능을 비롯한 오락 프로그램은 세계에서 가장 재미있다. 가수들은 노래도 잘하고 춤도 잘 춰 이른바 K-Pop은 세계적인 열광의 대상이 되고 있다. 한국은 인터넷 강국이되 인터넷이 주로 오락용으로 소비된다는 점에선 타의 추종을 불허하는 1등이다. 한국은 스마트폰 강국인 동시에 게임 강국이다. 엔터테인먼트 기능이 강한 각종 방房 문화의 발달 수준도 세계 1위다. 심지어 버스마저 방으로 이용한다. 달리는 관광버스 안에서 집단적으로 춤을 추는 나라가 한국 말고 또 있을까? 1970년대 이래로 성행한 이 '관광버스 춤'은 불법임에도 수십 년간 지속되어 오늘날까지도 '관광버스 딜레마'라는 말까지 나오게 만들었다.[3]

무슨 말을 하려는 건가? 한국은 '대중문화 공화국'이다! 결코 냉소적으로 하는 이야기가 아니다. 우리 자신을 정확히 이해하자는 뜻이다. 세계 인구의 0.7퍼센트를 차지한다는 의미에서 '0.7퍼센트의 반란' 또는 '단군 이래 최대 이벤트'[4]로 불리기도 한 한류 열풍은 '대중문화 공화국'의 역량을 보여준 사건이다. 나라를 빼앗긴 일제 치하에서도, 민주주의를 박탈당한 군사독재 정권 치하에서도, 엔터테인먼트 문화는 전혀 주눅 들지 않았으며 내내 번성했다. 한국인이야말로 이른바 '호모 루덴스Homo Ludens(놀이하는 인간)'의 전형이다.

'대중문화 공화국'은 한국인의 기질만으로 이루어진 건 아니다. 그럴 만한 역사적 배경이 있었다. 식민통치의 상처에 신음하는, 땅 좁고 자원 없는 나라가 살 길은 근면과 경쟁뿐이었다. 한국은 그냥 생존하는 것만으론 만족하지 못하고 선진국 되는 걸 국가 종교로 삼은 나라가 아닌가. 그래서 택한 게 바로 '삶의 전쟁화'였다. 전쟁하듯이 산다는 것이다. 서열 체제는 완강하고, 그래서 '서울 공화국'이라는 말로 대변되는, 더 높은 곳을 향해 집단적으로 질주하는 1극 집중의 '소용돌이' 문화는 수시로 온 사회를 뒤흔든다. 우리는 그걸 '역동성'이라는 말로 포장하고 싶어 한다. 그런 전쟁과 역동성을 지속할 수 있게 만든 조건 중의 하나가 바로 대중문화였다.

한국인의 삶 자체가 드라마다. 우리는 어떤 일에 대해 놀라움을 표현할 때 '드라마틱하다'는 말을 즐겨 쓰는데, 바로 이 말에 '드라마 공화국'의 답이 있다. 한국은 문자 그대로 파란만장波瀾萬丈한 근현대사를 겪으면서 오늘에 이르렀는데, 바로 그 파란만장의 동의어가 '드라마'인 셈이다. "잘살아보세"와 "억울하면 출세하라"는 구호를 외치면서 내달려온 반세기 동안 한국인을 사로잡은 삶의 문법은 흥미롭게도 이른바 '대박 드라마' 성공 공식과 같다.[5]

성공에 대한 열망과 판타지, 고통과 시련의 눈물, 가족을 위해 모든 걸 희생하는 근거라 할 혈통주의, 그러면서 착하게 산 자신을 위로

하는 권선징악의 메시지, 이것들을 담아내 매일 제공하는 게 바로 TV 드라마다. 어찌 그런 드라마를 사랑하지 않을 수 있으랴. 가끔 '드라마 공화국'이 위기에 처했다는 이야기를 듣지만, 바로 그런 이유 때문에 부침浮沈은 있을망정 '드라마 공화국'은 영원할 것이다.

욕하면서 즐기는 드라마를 가리켜 이른바 '막장 드라마'라고 한다 (쉬운 이해를 위해 쓴 이 표현에 대해 막장에서 일했거나 일하는 분들의 용서를 빈다). 한국인들은 정치를 욕하지만, 정치야말로 욕하면서 즐기는 '막장 드라마'라는 사실을 잊고 있다. 특정 정치인을 열광적으로 지지하고 따르는 이른바 '빠' 문화도 세계 최고 수준이다. 한국 정치에 대해 말이 많지만 매우 재미있는 범국민 대중문화를 제공한다는 점에선 높은 평가를 받아 마땅하다.

'대중문화 공화국'에선 삶의 속도가 빠르다. 대중문화는 유행이기 때문이다. 사람을 지루하거나 싫증나게 만드는 건 죄악이다. 한국이 이런 속도전에서 세계적인 경쟁력을 갖고 있다는 건 이미 입증된 사실이다. 그러나 동시에 그 속도의 폭력에 치이는 분야가 생겨났다. 인문학(사실상 활자문화)도 그런 분야 중 하나다. 인문학이 이윤 추구에 도움이 되는 창의력의 원천이 된다는 것이 대기업들에 의해 인식되면서 부분적 호황을 누리고 있긴 하지만, 그걸 인문학의 부활로 보기는 어렵다. 인문학자들은 인문학의 위기를 선언하고 나섰지만, 인문학만 위기인 건 아니다. 오락적 가치가 사회의 전 국면을 지배하는 상황에서 오락적 효용이 떨어지는 건 모두 다 위기다.

대중문화가 따로 존재하는가? 그런 의문을 제기해야 할 정도로 대중문화는 우리의 삶 구석구석까지 파고들었으며, 정치·경제·사회 등 전 분야가 대중문화와 뜨겁게 포옹하고 있다. 게다가 한류로 인해 한국의 대중문화는 그 위상이 재평가되면서 세계적 주목의 대상이 되고 있다. 사정이 그렇다면, 대중문화를 즐기는 동시에 대중문화를 생각과 탐구의 대상으로 삼는 일도 필요하지 않을까? 대중문화의 겉과 더불어 속도 살펴보자는 것이다.[6]

이 책은 '대중문화 공화국'이라는 토양 위에서 피어난 한류의 역사를 1945년 해방 이후부터 오늘에 이르기까지 70여 년에 걸쳐 기록하고 탐구했다. 그간 한류의 출발점은 MBC 주말연속극 〈사랑이 뭐길래〉가 중국 전역에 방송된 1997년으로 간주되어왔으며, 이게 주류 의견으로 통하면서 거의 모든 연구가 1997년 이후의 한류 전개 상황에만 집중되어 있다. 일견 당연해 보이면서도 뭔가 좀 이상하다는 생각이 든다. 한류가 속된 말로 '갑툭튀(갑자기 툭 튀어나오다)'는 아닐진대, 무엇이 한류를 가능케 했는지 그 이전의 이야기도 해야 하는 게 아닐까?

그렇다고 해서 한류의 뿌리를 거슬러 올라가자니, 끝도 없는데다 실체가 잡히지 않는, 다소 뜬구름 잡는 이야기에 머무를 가능성이 높다. 그래서 이 책은 비교적 실체가 있는 한류의 현대적 근원을 중시하는 입장에서 해방 이후부터 다루기로 했다. 물론 2000년대 이후의 한류 전개 과정에 비중을 두겠지만, 해방부터 1990년대까지 상황을 간략하게나마 거론하는 게 필요하다고 본 것이다.

이 책은 '한류'의 역사인 동시에 '한류론'의 역사이기도 하다. 한류를 둘러싸고 지난 20여 년간 축적된 주요 평가들도 동시에 소개한다는 뜻이다. 나의 관점은 기존 평가들과는 결을 좀 달리 한다. 나는 한국이 '대중문화 공화국'이라는 사실 또는 토양 자체가 한류를 가능케 한 원동력이었다는 점을 강조하고자 한다. 그간의 연구에선 이 점이 누락되었거나 비교적 소홀히 다루어져왔다는 게 나의 문제의식이다. 나는 2016년에 출간한 『빠순이는 무엇을 갈망하는가?』라는 책에서 그런 문제의식의 일부를 밝힌 바 있는데, 다음과 같은 이야기다.

빠순이 없는 대중문화를 상상이라도 해본 적이 있는가? 얼마나 허전하고 무료할까? 빠순이는 분명 대중문화를 키우는 젖줄이다. 열정뿐만 아니라 시간과 돈까지 갖다 바침으로써 대중문화가 돌아가게 만드는 원동력 역할을 한다. 전 세계적인 '한류 열풍'이 빠순이들의 헌신이 없이 가능했겠는가?

빠순이를 폄하하려면 한류 열풍도 폄하하는 게 옳다. 그런데 어찌하여 기성세대는 한류 열풍에 대해선 자랑스럽고 뿌듯하게 생각하면서 그걸 가능케 한 원동력을 제공한 빠순이들에 대해선 그리도 눈을 흘기는가? 빠순이들이 다른 스타를 추종하는 빠순이 집단에 대해 배타적이고 전투적인 자세를 갖는 게 문제라는 지적은 옳지만, 한국 정치에서부터 대학에 이르기까지 그런 배타적 파벌, 연고, 패거리 집단들의 발호와 갈등이 어느 정도인지를 먼저 살펴보고 나서 비판을 해도 해야 하는 게 아닐까? "윗물이 맑아야 아랫물이 맑다"는 속담이 괜한 말이 아니라면 말이다.

왜 그럴까? 왜 우리는 동전의 양면처럼 분리할 수 없는 것에 대해 그것이 분리가 가능한 것처럼 한 면만 보면서 딴전을 피우는 걸까? 빠순이를 어떻게 평가하건, 한류는 '대중문화 공화국'을 구성하는 모든 요소의 총합적 결과라는 게 나의 주요 논지다. 빠순이와는 달리, 정말 비판받아 마땅한 요소들도 있다. 이 또한 한류에 기여했다면 어쩔 것인가? 이는 독재 정권이 경제발전엔 기여했다는 주장을 둘러싸고 벌어지는 논쟁과 닮아 있지만, 나는 가급적 논쟁보다는 있는 그대로의 모습을 보여주는 데에 주력하면서 평가는 독자들에게 맡기련다.

한류를 대하는 나의 자세도 미리 밝혀둘 필요가 있겠다. "'국뽕'이란 단어를 싫어하지만 이럴 땐 '국뽕' 한 사발을 마시는 게 인지상정이다." 『중앙일보』 논설위원 양성희가 "아카데미 시상식 작품상에 〈기생충〉이 불리는 순간 소름이 돋았다"며 한 말이다.[7] 전적으로 동감이다. 한류의 토대인 '대중문화 공화국'의 이런저런 모습과 관행엔 비판할 점이 무수히 많다. 나 역시 그런 문제들엔 비판적 자세를 견지하지만, 전반적으론 한류를 자랑스럽게 생각한다. 모순인가? 그렇게 볼 수도 있겠다. 모순이라면, 머리와 가슴이 따로 노는 모순일 게다.

내셔널리즘 비판도 마찬가지다. 나는 내셔널리즘에 대해 비판적이지만, 강대국의 공격적 내셔널리즘과 약소국의 방어적 내셔널리즘을 한꺼번에 싸잡아 비판하는 것에 대해선 유보적이다. 그런 구분의 경계선상에 놓여 있는 한국과 같은 강소국은 좀 모호하긴 하지만, 오히려 그렇기에 이미 정해진 '진보적 모범 답안'을 적용하는 것엔 문제가 있다고 본다. 선진 강대국 지식인과 한국의 지식인은 달라야만 한다고 말할 순 없을망정 다를 순 있다는 것이다. 선진국 지식인은 모든 유형의 내셔널리즘에 맹공을 퍼부어도 좋고 그리 해야 마땅하겠지만, 한국 지식인의 처지에선 내셔널리즘의 위험을 경계하면서 지나칠 경우에 한해서 비판을 하는 게 바람직하다고 생각한다.

나는 대문자로 쓰인 보편적 원칙보다는 시공간적 맥락을 중시한다. 예컨대, 일제강점기인 1936년 8월 손기정의 마라톤 우승 소식이 국내에 알려졌을 때 시인 심훈은 새벽 신문 호외를 받아들고 그 뒷장에 "오오 나는 외치고 싶다. 마이크를 쥐고 전 세계의 인류를 향해 외치고 싶다. 인제도 인제도 너희들은 우리를 약한 족속이라고 부를 터이냐!"라고 갈겨썼다.[8] 이를 '국뽕'이라고 할 수 있을까?

캐나다인들에게서 나타나는 '셀린 디옹Celine Dion 현상'은 어떤가? 이는 대부분의 캐나다인이 셀린 디옹과 같은 캐나다 출신 스타들의 국제적 성공을 지켜보는 것이 시민으로서 자부심과 나아가서는 통일성을 유지하는 데 강력한 영향을 준다고 느끼는 걸 말한다.[9] 미국이 곧 세계라고 생각하는 미국인들은 그럴 필요가 없겠지만, 늘 미국의 문화 제국주의에 짓눌려 신음하는 캐나다인으로선 얼마든지 그럴 수 있고 그래야만 자연스러운 게 아닐까?

이렇게 시공간적 맥락을 살피면, 한국인들이 한류에 대해 느끼는 강한 자부심도 얼마든지 이해할 수 있다. 본문에서 자세히 밝히겠지만, 한국의 대중문화는 경제 못지않은 '압축 성장'을 이루었기에, '춥고 배고프게' 살았던 시절, 그리고 그때나 지금이나 강대국들에 치이는 현실과 대비해 일부 한국인들의 자부심이 '오버'하는 것도 무리는 아니다. 우리는, 좋건 나쁘건, 바람직하건 바람직하지 않건, 세계에서 으뜸가는 '대중문화 공화국'의 시민이다. 나는 독자들께서 그런 시민의 자격으로 이 책을 재미있게 즐기길 바란다.

2020년 7월

강준만

차례

제6장 ● 한류 DNA의 비밀

제7장 ● 한류와 "디지털 문화 코드의 보편성"

제13장 ● BTS와 봉준호의 〈기생충〉

맺는말 연꽃은 수렁에서 핀다

한류의 토대가 된
'후발자의 이익'

미군 댄스홀과 AFKN의 역할

1945년 8·15해방 후 미군의 주둔과 함께 이른바 '양키이즘'이 유입되고 환영받으면서 미군의 기지촌 문화는 곧 사회 전반으로 파급되었다. 가장 눈에 띈 변화는 '춤바람'이었다. 춤바람은 미군의 댄스파티에서 시작되었다. 각 곳에 미군 병사들을 위로할 '재즈 밴드'가 필요했고 '댄스홀'이 생기면서부터 본격적인 댄스 음악, 그리고 남녀가 서로 끼고 빙빙 도는 사교댄스가 유행하기 시작했다.[1]

1949년 한국 영화 시장에서 미국 영화 점유율은 90퍼센트에 이르렀으며,[2] 1950년 6·25전쟁은 '양키이즘'의 대중화에 결정적 계기가 되었다. 기지촌은 한때 30여 곳에 달했으며, 한국이 벌어들인 달러의 10퍼센트 남짓이 이곳에서 나올 정도였다.[3] 1944년생인 이장규는 이렇게 회고했다. "(미군은) 산타 할아버지나 마찬가지였죠. 멋지게 생긴 지프에서 캬라멜, 쪼꼬렛 등을 던져주는데 넘어가지 않는 사람이 없었어요. 아이들뿐만 아니라 어른들도 죄다 손 벌리고 '김미 쪼꼬렛!'이라고 외치기 바빴지요. 무슨 보약이나 되는 양 장롱에 숨겨두었다가 아플 때 먹기도 했죠."[4]

구미정은 "우리 심리 밑바닥에는 '김미 쪼꼬렛'으로 함축되는 미국에 대한 무의식적 선망이 깔려 있는 것은 부인하기 어렵다"고 했는데,[5] 전 사회에 팽배해 있던 이런 미국 지향성은 대중가요에도 반영되어, 1950년대엔 〈샌프란시스코〉(1952), 〈아리조나 카우보이〉(1955), 〈럭키 모닝〉(1956) 등과 같은 노래들이 히트를 쳤다.

미국적인 풍경이나 영어 단어들이 난무한 가요는 이후에도 한동안 많이 나타났다. 이영미는 이런 노래들은 당시 대중의 욕망과 결합되어 있다는 진단을 내렸다. "뭔가 미국과 관련된 것을 빨리 받아들이는 것이 요즈음 세상의 흐름에 뒤처지지 않는 것이다. 미국적인 것을 빨리 받아들이는 것이 바로 그 시대의 삶에 가장 잘 적응하는 것, 동경할 만한 첨단 유행의 삶을 사는 것, 곧 부유하게 잘사는 것이라는 판단으로 이어진다."[6]

1955년 7월 26일, 미8군 사령부가 일본에서 서울 용산으로 이전하면서 미군들을 위한 방송이 필요하게 되었다. 원래 6·25전쟁 발발 시 미군의 라디오 이동방송국으로 출발해 휴전 후 정식 스튜디오를 갖춘 라디오 방송으로 기능해오던 AFKNAmerican Forces Korea Network이

1957년 9월 15일 TV 방송을 시작했다. AFKN-TV의 개국은 주한 미군을 통한 TV 수상기 유출의 계기로 작용해 TV 수상기는 1958년 7,000대에 이르렀다. AFKN은 NBC·CBS·ABC 등 미국 네트워크 방송사의 프로그램들과 할리우드 영화를 방영함으로써 미국 대중문화를 한국에 유입시키는 데에 큰 역할을 했다.[7]

KBS-TV는 1961년 12월 31일에 개국하지만, 한국 최초의 TV 방송은 1956년 6월 16일에 개국한 민간 상업방송 HLKZ-TV였다. HLKZ-TV는 경영난으로 1957년 5월 6일 소유 주체가 바뀌면서 DBC-TV로 이름을 바꾸지만, 이마저 1959년 2월 2일 화재로 사라지고 말았다. DBC-TV는 화재 후 한 달 만인 1959년 3월 1일부터 약 2년 반 이상의 세월을 AFKN 채널을 통해 오후 7시 30분부터 8시까지 30분간 방송을 했다. 이는 결과적으로 AFKN-TV의 시청을 유도하게 되었으며, 나중엔 AFKN의 지방국 개국으로 지방에서도 TV 시청을 할 수 있게 되었다.[8] 후일 KBS TV의 개국 시에는 AFKN에 인원을 파견해 기술 훈련을 받기도 했다.

AFKN 라디오의 영향력도 건재했다. 신현준이 지적했듯이, "1950년대까지 KBS가 건전가요를 보급하려던 매체였다면, AFKN은 팝송을 보급하려던 매체"였다. AFKN의 음악 프로그램 가운데 가장 영향력이 높았던 〈East of Midnight(동방의 한밤중)〉은 새벽 0시부터 5시까지 방송한 심야 DJ 프로그램이었는데, "이 프로그램은 1950년대 중반부터 1960년대 초반까지 주간대의 팝송 전파의 절대적 통로였던 서울 시내의 대형 음악 감상실과 보조적 관계를 이루면서 당시 한국의 젊은 세대의 음악적 감성을 근본적으로 변혁시켰다".[9]

'미8군 쇼'는 '한국 대중문화의 모태'

미8군에 소속된 군인들과 군무원들을 위해 TV 방송과 더불어 '쇼 무대'도 필요하게 되었다. 미국에서 공연단이 와서 위문 공연을 자주 했는데, 공연단엔 냇 킹 콜Nat King Cole, 조니 마티스Johnny Mathis, 진 러셀Jean Russell, 앤 마거릿Ann-Margaret 등 당대 최고급의 가수들, 엘비스 프레슬리Elvis Presley, 메릴린 먼로Marilyn Monroe와 같은 슈퍼스타들도 포함되었다. 그러나 미국 연예인들만으론 미군 병사들의 엔터테인먼트 수요를 감당할 수 없게 되자, 한국 음악인들이 동원되었다.[10]

1950년대 후반 미군 클럽은 264곳에 이르렀고, 미8군 무대에 고용된 한국인 악단은 50여 개에 달했으며, 이들을 관리하는 스태프와 용역회사의 인원을 더하면 미8군 무대를 통한 연예 활동 인구의 수는 수천 명 가량으로 추정되었다. 국내 공연 무대가 빈약하고 보수도 낮은 상황에서 월등히 높은 보수를 지불하는 미8군 무대에 서기 위한 국내 음악인들의 경쟁이 치열해지면서 미8군 무대에 섰다는 것 자체가 당대 '최고의 음악인'임을 증명하는 보증수표가 되었다.[11]

미8군을 대행해 미국위문협회United Service Organizations, USO는 무대에 설 수 있는 자격을 심사하는 오디션을 정기적으로 실시했고, 심사위원은 미 국방성에서 직접 파견한 음악 전문가들로 구성되었다. 연예 용역회사는 이 오디션에 대비해 자체 연습실을 갖추고 교육과 훈련을 실시했는데, 이는 주먹구구식으로 음악을 배우던 그간의 관행에 비추어 진일보한 것이었다.[12] 이 연예 용역회사들이 훗날 세계 무대를 상대로 뛰는 연예기획사의 효시였던 셈이다.

미군 쇼를 통해 한국 연예인들은 연간 120만 달러에 육박하는 수익을 올렸는데, 이는 당시 한국 수출 총액과 맞먹는 액수였다. 미8군 쇼에서 단련한 음악인들은 1960년대부터 한국인 대중을 상대로 일반 무대에 진출해 큰 인기를 끌었다. 이봉조, 길옥윤, 김대환, 김희갑, 김인배, 신중현, 김홍탁 등의 연주자와 작곡가, 김 시스터즈, 박형준, 위키리, 유주용, 이금희, 한명숙, 최희준, 현미, 패티김, 윤복희, 펄 시스터즈 등의 가수들이 미8군 무대에서 활약했는데 이들은 모두 당대의 톱클래스 대중예술인들이었다.[13] 그래서 '미8군 쇼'는 '한국 대중문화의 모태'라는 말까지 나오게 되었다.[14]

이들 중 한류와 관련해 가장 주목할 만한 김 시스터즈The Kim Sisters는 가수이자 작곡가인 김해송과 〈목포의 눈물〉을 부른 가수 이난영의 두 딸(김숙자·김애자), 이난영의 오빠인 작곡가 이봉룡의 딸(김민자)로 1953년에 구성된 3인조 걸그룹이었다. 이들은 악기를 자유자재로 다루며 노래와 함께 춤까지 추었으며, 미8군 무대에서 선풍적인 인기를 모았다.[15]

김 시스터즈는 1959년 아시아 걸그룹으로는 처음으로 미국에 진출해 큰 성공을 거둔 '최초의 한류 아이돌'이었다.[16] 1960년대 미국 최고의 버라이어티쇼였던 CBS-TV 〈에드 설리번 쇼The Ed Sullivan Show〉에 "악기를 20가지나 연주할 줄 아는 소녀들"로 소개되면서 인기를 끌어 25번이나 출연하는 대기록을 세웠다(엘비스 프레슬리, 비틀스 등 슈퍼스타들도 이 프로그램을 거쳐갔다).

김해송이 어린 딸들에게 시킨 '음악 훈련'은 훗날 연예기획사들이 아이돌을 대상으로 한 '스파르타 훈련'의 원조라고 볼 수 있는 것이

김 시스터즈는 아시아 걸그룹으로는 최초로 미국에 진출해 큰 성공을 거둔 '최초의 한류 아이돌'이었다. 가수 이난영의 딸이자 김 시스터즈 리더 김숙자(가운데).

었다. 화음을 맞춰 같이 노래하는 방법을 때려가면서까지 가르쳤다는 것인데, 큰딸 김숙자는 먼 훗날 이렇게 회고했다. "아버지가 그랬다는 게 믿기지 않네요. 누구든 실수라도 하면 뺨이 빨개질 때까지 맞았다우. 우리가 제대로 할 때까지 아버진 계속 밀어붙였지."[17]

5개 라디오 방송 체제와 '라디오 DJ'의 등장

1961년 11월 12일 한국은행은 세계 40개국의 국민소득을 비교 분석한 자료를 발표했다. 1인당 국민소득(1959년 기준)에서 세계 1위는 미국 2,250달러, 2위는 캐나다 1,521달러, 3위는 스웨덴 1,387달러, 4위는 스위스 1,299달러로 나타났다. 영국은 8위로 1,023달러, 일본은 25위로 299달러였다. 한국은 끝에서 다섯 번째로 78달러를 기록했다.[18]

그러나 1960년대 초의 한국 사회는 그런 통계 수치가 시사해주는 것보다 가난했다. 여전히 험준한 '보릿고개' 산맥이 버티고 있었다. '보릿고개'란 가을에 추수한 식량이 다 떨어져 보리가 수확되기 직전까지 굶주려야 하는 춘궁기를 의미한다. 어떤 고개보다 넘기 힘들다고 해서 보릿고개라는 이름이 붙었다. 황금찬은 「보릿고개」라는 시에서 그 고개의 높이가 해발 9,000미터라고 했다.

"에베레스트는 아시아의 산이다 / 몽블랑은 유럽 / 와스카라는 아메리카의 것 / 아프리카엔 킬리만자로가 있다 / 이 산들은 거리가 멀다 / 우리는 누구도 뼈를 묻지 않았다 / 그런데 코리아의 보릿고개는 높다 / 한없이 높아서 많은 사람이 울며 갔다 / 굶으며 넘었다 / 얼마나한 사람은 죽어서 못 넘었다 / 코리아의 보릿고개 / 안 넘을 수 없는 운명의 해발 구천 미터."[19]

5·16군사쿠데타로 집권한 군사정권의 제1의 사명은 '보릿고개'를 넘어서는 것이었다. 1962년 어느 날 쿠데타 1주년을 맞아 서울 장충체육관에서 민족예술제를 개최하는데, 많은 사람이 함께 부를 수

있는 큰 노래를 지어달라는 부탁이 한운사에게 들어왔다. 군사쿠데타 세력의 실세인 김종필의 요청이었다. 한운사 작사에 경희대학교 교수 김희조가 작곡한 이 노래는 이후 1960년대와 1970년대를 지배한 '시대정신'이 되었다.[20]

"잘살아보세 잘살아보세 / 우리도 한번 잘살아보세 / 금수나 강산 어여쁜 나라 / 한마음으로 가꾸어가면 / 알뜰한 살림 재미도 절로 / 부귀영화도 우리 것이다 / 잘살아보세 잘살아보세 / 우리도 한번 잘살아보세."

그런 가난 속에서도 1961년 KBS-TV와 MBC 라디오, 1963년 DBS(동아방송) 라디오, 1964년 '라디오서울(RSB)'이 개국하면서 본격적인 대중음악 시장이 조성되기 시작했다. 라디오서울은 곧 삼성그룹의 계열사로 편입되었다. 삼성은 라디오 방송에 만족하지 않고 1964년 12월 7일 한국 최초의 민간 상업방송인 동양TV(DTV)를 개국했으며 12월 12일엔 부산국을 개국했다. 삼성은 1965년 '중앙매스컴센터'라는 10층짜리 현대식 건물을 건립해 계열 라디오·TV 방송사와 신문(1965년 9월 22일 『중앙일보』 창간)을 수용하는 '작은 미디어 제국'을 완성했다.

KBS, CBS(기독교방송, 1954년 창사), MBC, DBS, 라디오서울 등 5개 라디오 방송사는 제법 치열한 경쟁 체제에 접어들었다(삼성은 1966년 FM 라디오 방송을 '종합 매스컴'의 목록에 추가시켰다).[21] 라디오 DJ 가 등장해 음악방송이 활성화되기 시작한 것도 이 시기였다. 1964년 동아방송의 최동욱에 이어 1966년 MBC에 이종환이 등장함으로써 라디오는 이제 곧 다가올 DJ 전성시대에 진입하게 된다. 1964년, 가요곡이 너무 퇴폐적이라는 여론이 일자 공보부 장관 홍종철이 KBS로 달려가 가요곡 레코드를 짓밟아버린 사건이 있었지만,[22] 대중의 음악에 대한 갈증을 그런 억압적인 방식으로 차단할 수는 없었다.

아니 이렇게 묻는 게 더 나을지도 모를 일이었다. 홍종철의 그런 청교도적 대응은 정녕 박정희 정권이 원하고 지향하는 것이었을까? 전혀 그렇지 않았다. 박정희 정권의 군인 출신 인사들 가운데엔 청교도적 기질을 가졌거나 문화적 보수성을 가진 사람이 꽤 있었다. 홍종철도 그런 인물 중 하나였다. 박정희와 박정희 정권이 궁극적으로 원한 건 정치는 자신들에게만 맡겨두고 일반 국민은 열심히 생업과 개인적 오락 생활에만 충실해달라는 것이었다. 그들은 '정치'에서 '생활'로 이동을 원했다. 이건 그들만의 일방적인 요구는 아니었다. 세상은 조금씩 그 방향으로 달라져가고 있었다.

'비틀스 열풍'과 〈쇼쇼쇼〉의 활약

하루 5시간 10분 편성으로 KBS보다 많은 방송을 내보낸 동양TV는 최초로 녹화기를 도입해 주요 프로그램을 녹화 방송했는데, 서울에서 방송한 내용은 일주일 후 부산에서 방송했다. 동양TV의 간판 프로그램은 토요일 밤 8시에서 9시 사이에 방송된 음악 버라이어티쇼 프로그램 〈쇼쇼쇼〉였다(라디오서울과 동양TV는 1966년 7월 TBC로 이름을 변경한다). 당시만 하더라도 변변한 오락과 레저 문화가 발달하지 않은 상태였기 때문에 〈쇼쇼쇼〉의 인기는 매우 높았다.[23] 당시 〈쇼쇼쇼〉는 미8군에서 활약했던 음악인들이 "미8군 무대의 음악 분위기와 경향을 한국 대중들에게 소화 가능한 방식으로 변형시켜" TV에 옮겨놓은 것이었다.[24]

1964년 12월부터 1983년 7월까지 19년간 장수하는 〈쇼쇼쇼〉는 'TV쇼의 대명사', '한국 최초의 버라이어티쇼', '최장수 TV 프로', '노래·무용·미술의 입체쇼', '최고의 시청률', '스타 등용문' 등 갖가지 찬사를 받았다. 이 프로그램을 통해 스타가 된 가수 조영남은 "〈쇼쇼쇼〉가 방송되는 토요일 저녁엔 장안의 거리가 텅 빌 정도였다. 〈쇼쇼쇼〉에 한 번만 나가면 장안이 떠들썩하던 때였다"고 주장했다.[25] 물론 과장이지만, 그만큼 인기가 높았다는 뜻이다.

〈쇼쇼쇼〉는 미8군 쇼와 더불어 AFKN을 통해 볼 수 있었던 〈에드 설리번 쇼〉의 영향도 받았다. 더욱 중요한 건 이 프로그램을 통해 미8군 무대 출신 가수들이 TV에 본격적으로 등장할 수 있었다는 점이었다. 1960년대 말부터는 미국의 영향을 많이 받은 '통기타 가수'들과 '그룹 사운드'들도 출연하기 시작했다. 〈쇼쇼쇼〉는 40퍼센트 대의 높은 시청률을 누렸지만, 특히 대도시의 비교적 교육 수준이 높은 시청자들에게 높은 호응을 얻었다. 1970년 이화여자대학교 법정대학 학장이자 변호사였던 이태영은 제작진에게 이런 편지를 써보낼 정도였다.

"마악 쇼를 보고 너무 감동한 나머지 글을 쓰게 되었습니다. 오늘 본 〈쇼쇼쇼〉는 음악에 있어서나 미술 창작에 있어서나 나무랄 데 없이 좋았습니다. 특히 저에게 큰 감격을 불러일으킨 것은 조영남 씨가 부른 '주기도문'이었습니다. 우리나라 TV쇼 프로가 오늘과 같은 음악과 내용으로 보내진다면 얼마나 좋을지 모르겠습니다."[26]

'TV쇼의 대명사', '한국 최초의 버라이어티쇼', '최장수 TV 프로', '노래·무용·미술의 입체쇼' 등의 갖가지 찬사를 받았던 〈쇼쇼쇼〉는 미국 CBS-TV 버라이어티쇼 〈에드 설리번 쇼〉의 영향을 받았다. 〈에드 설리번 쇼〉의 한 장면.

1960년대 중반 전 세계를 강타한 '비틀스Beatles 열풍'은 한국 대중음악에도 큰 영향을 미쳤다. 1965년에 나온 한 기사엔 "비틀스의 선풍이 요란스러워지면서 한국에도 급속히 많은 악동들이 생겼다. 무려 30개 이상의 4인조 혹은 5인조 보컬 그룹은⋯⋯"이라는 표현이 등장한다.[27] 이 시기에 비틀스를 비롯한 영국 대중음악 그룹들이 미국의 대중음악에 미친 충격과 이들의 미국 차트 지배를 가리켜 '영국의 침공British Invasion'이란 말이 나왔는데, 훗날 서양 언론은 한류를 가리켜 '코리안 인베이전Korean invasion'이라는 말을 쓰게 된다.

프로그램 제작 능력이 턱없이 모자랐던 1960년대 내내 TV는 미국 프로그램에 많이 의존하지 않을 수 없었고, 시청자들이 가장 좋아했던 것도 미국 프로그램이었다. 어느 시청자(1927년생)는 이렇게 회고했다. "당시의 텔레비전을 보는 맛은 역시 미국과 같은 잘사는 서양을 경험하는 것이었지. 우리 채널이 하나였던 시대에 그랬고, 또 미군 채널AFKN에서도……영화도 그렇고, 무슨 다큐멘터리들도 모두 외국 이야기들이었던 것 같아." 또다른 시청자(1929년생)도 "주로 밤에 뭐 재미있는 외국 이야기나 외국 영화 안 하나 하고 켜보곤 했어"라고 회고했다.

당시의 TV에 대해 증언해줄 수 있는 시청자 8명을 심층 인터뷰한 고려대학교 미디어학부 교수 마동훈은 이런 평가를 내린다. "초기 텔레비전 시청자들은 특히 외화와 외국 드라마 속에 재현되는 서구인의 일상생활의 곳곳에서 '뭔가 배울 것'을 찾고 '동경의 대상'을 찾고 있었다는 심증을 굳히게 된다."[28]

'할리우드 키드'와 '세운상가 키드'

1960년대엔 일부 국산 영화들이 큰 인기를 끌긴 했지만, 제도적으로 국산 영화를 보호하지 않으면 안 될 정도로 미국 할리우드 영화가 강세를 보였다. 특히 젊은층에서 그랬다. 1961년 서울 시내 남녀 고교 3학년 518명을 대상으로 한 조사에서 72.6퍼센트가 월 1~3회꼴로 영화를 보는데, 92.3퍼센트가 외화(미국 영화가 전체의 70~90퍼센트)를 좋아하며 단 5.6퍼센트만이 한국 영화를 본다고 응답했다. 1963년 대학생 1,210명을 대상으로 한 조사에선 한국 영화는 월 평균 0.7편,

외화는 1.67편씩 보는 것으로 나타났다.[29]

이렇듯 외국 영화의 인기가 높은 상황에서 1963년 3월 12일에 개정된 영화법은 이승만 정권 때처럼 우수 영화 보상제를 도입해 우수 영화에 선정되면 외국 영화 수입 쿼터를 할당하는 특전을 주었다. 연간 우수 영화 2편에 외화 1편의 수입권이 따라붙었다. 당시 외화 수입권은 막대한 이권이었기 때문에 국산 영화 제작사는 오로지 외국 영화 수입권을 획득하기 위해 우수 영화 제작에만 몰두했고 우수 영화는 흥행이 안 되어도 상관하지 않았다.[30]

1966년 8월 3일에 이루어진 영화법 제2차 개정은 외국 영화 전문 상영관에 대해 국산 영화의 상영을 의무화하는 이른바 '스크린쿼터제'를 도입했다. 오늘날엔 '외국 영화 전문 상영관'이라는 게 이해하기 어렵겠지만, 당시엔 미국 영화의 인기가 워낙 높아 외화는 국산 영화에 비해 비싼 입장료를 받을 수 있도록 정책적으로 허용한 가운데 영화관은 규모가 큰 '외국 영화 전문 상영관'과 규모가 작은 '국산 영화 상영관'으로 나뉘어 있었다.[31]

당시 많은 사람, 특히 젊은이들은 할리우드 영화를 사랑했다. 그래서 생겨난 말이 '할리우드 키드'다. 1941년생으로 이 시절을 온몸으로 체험했던 작가 안정효는 『헐리우드 키드의 생애』(1992)라는 소설과 더불어 『전설의 시대: 헐리우드 키드의 20세기 영화 그리고 문학과 역사』(2002)라는 책을 출간했다. 안정효는 『전설의 시대』에서 "헐리우드 키드는 영화 한 편을 보기 위해 모란이 피기를 기다리는 그런 마음으로 기다리고는 했었다"며 다음과 같이 말했다.

"버트 랭카스터나 리처드 위드마크가 나오는 어떤 영화가 제작되

1960년대의 젊은이들은 '할리우드 영화'를 사랑하는 '할리우드 키드'였다. 안정효는 『헐리우드 키드의 생애』와 『전설의 시대』를 통해 할리우드 영화에 대한 간절한 마음을 드러냈다. 안정효의 소설을 원작으로 1994년 개봉한 영화 〈헐리우드 키드의 생애〉.

었다고 뒤늦은 소식이 미국이나 일본의 잡지를 통해서 전해지고 나면, 아무리 빨라도 1년이나 2년이 지나야 우리나라에 수입되었고, 몇 년 늦게 막상 한국에 들어왔다고 하더라도 단성사나 중앙극장이나 수도극장 같은 개봉관에서 상영을 한 다음 또 몇 달이 다시 지나야 '재개봉관'인 경남이나 명동이나 성남극장에 간판이 붙었으며, 그리고서도 반년이 더 지난 다음에야 드디어 시골이나 변두리 3류 극장에서 필름이 낡아 비가 주룩주룩 내리는 화면으로 보통 사람들은 기다리고 기다리던 영화를 보고는 했다."[32]

1966년 9월 8일 서울시장 김현옥은 도심부 재개발사업의 일환으로 세운상가 기공식에 참석해 큰 글씨로 '세운상가世運商街' 넉 자를 써내려갔다. "세계의 기운이 이곳으로 모이라"는 뜻이라고 했다. 당시 세운상가는 폭 50미터, 길이 1,180미터의 대형 판자촌이었다. 세운상가는 착공 2년 만인 1968년에 모두 완공되었고, 국내 최초로 엘리베이터가 설치된 상가아파트엔 사회 저명인사들이 앞다퉈 입주했다. '88서울올림픽' 이전까지 세운상가는 한국 전자산업의 메카였다. 탱크와 미사일도 만들 수 있다는 말이 떠돌 정도였다.[33]

세운상가는 동시에 1970년대부터 미국 문화에 굶주린 젊은이들이 즐겨 찾는 곳으로 떠오르면서 "미국판 마분지 소설 휴먼 다이제스트로 영어를 공부했고 해적판 레코드에서조차 지워진 금지곡만을 애창"했던 '세운상가 키드'의 성지가 된다.[34] 세운상가는 이른바 '빽판(불법 음반)'의 집결지였다. 미군 PX에서 흘러나오는 원판이 1만 원 이상에 거래되던 시절에 300~500원이라는 저렴한 가격으로 살 수 있었던 빽판은 당시의 음악 마니아들에겐 외국 대중음악을 즐길 수 있는 거의 유일한 수단이었으며, "빈약한 레퍼토리를 가지고 있는 동네판 가게와는 달리 들어가는 순간부터 눈앞에 펼쳐지는 끝없는 음반의 행렬을 자랑하는 이곳의 빽판 가게는 대부분의 음악 마니아에게 음악의 천국이었다".[35]

'서울 공화국' 체제와 TV의 대중화

소설가 이호철은 1966년 2월 8일부터 11월 26일까지 250회에 걸쳐『동아일보』에 소설「서울은 만원이다」를 연재했다. 이후 서울은 계속 '초만원'으로 내달렸다. 1960년대의 10년 동안 전국적인 인구 성장률은 연평균 2.3퍼센트인 반면 서울의 인구 성장률은 연평균 8.2퍼센트였다.[36] 1966년에서 1970년 사이에 서울의 인구 증가가 한국 전체 인구 증가의 77퍼센트를 차지했다. 이 기간의 서울 전체 인구 증가 중 81퍼센트는 순 인구 이동에 의한 것이었다.[37]

한국은 1960년대에 걸쳐 "전 세계의 도시화율 변화 속도나 선진국, 후진국, 아시아 등 거의 모든 지역의 도시화율을 압도하는 급속한 도시화"를 이루었지만, 이는 "농촌의 와해 위에 이루어진 '농민의 도시화cities of peasants'"였다.[38] 이로 인해 나타난 한국인의 삶의 변화는 대중가요에도 잘 반영되었다.

1965년에 데뷔한 남진(1946년생)은 1966년 12월 김영광 작곡의 〈울려고 내가 왔나〉를 히트시킨 데 이어 1967년 정두수 작사, 박춘석 작곡의 〈가슴 아프게〉로 대히트를 기록했다. 이영미는 〈가슴 아프게〉와 더불어 이미자의 1967년 히트곡인 〈섬마을 선생님〉, 〈흑산도 아가씨〉 등을 '근대화의 낙오'라는 관점에서, 도시형 트로트인 배호의 노래 〈안개 낀 장충단 공원〉(1967), 〈돌아가는 삼각지〉(1967), 〈비 내리는 명동〉(1969) 등은 서울에서 낙오된 사람들의 정서를 노래한 것으로 해석했다.[39]

때마침 비슷한 시기에 미국에서 출간된 그레고리 헨더슨Gregory Henderson의 『소용돌이의 한국 정치』(1968)는 이후 반세기 넘게 한국 사회를 집어삼킬 거대한 소용돌이의 정체를 날카롭게 파헤쳤다. 그 소용돌이는 바로 '중앙과 정상을 향한 맹렬한 돌진'으로, 이후 계속 심화될 '서울 공화국' 체제에 대한 경고였다. 하지만 한국인들은 정권

제1장   한류의 토대가 된 '후발자의 이익'

의 기획에 따라 모든 권력과 부와 기회가 집중된 서울을 향해 미친 듯이 질주하는 삶을 살게 된다.[40] 그런 삶에 절대적으로 필요한 건 삶을 위로해줄 대중문화였다. 그것도 일상적 공간에서 비교적 쉽게 접할 수 있는 대중문화였다.

한국 대중문화사에서 1969년은 TV가 대중화되는 전환점이었다. 영화 229편이 제작된 1969년은 관객 동원에서 한국 영화 사상 최고조를 이룬 해였지만, 한국 영화는 이후 내리막길을 걷게 된다. TV 때문이었다. 영화 관객은 1969년 1억 9,400만 명으로 최고 기록을 수립한 이후 매년 평균 13퍼센트씩 감소하게 된다. 1971년에 1억 5,000만 명, 1973년에 1억 1,000만 명, 1975년에 7,800만 명, 1977년에 6,500만 명, 1990년에 5,300만 명 수준으로 떨어진다. 1969년에 한국 국민은 1인당 1년에 극장을 6번이나 갔지만 이 수치는 1978년에 2번, 1984년 이후 1번으로 줄게 된다.

1966년 정부는 전자산업을 수출 육성 산업으로 지정해 재정적인 지원과 함께 면세 혜택을 주었다. 박정희는 1967년 1월 17일 연두교서에서 "전자공업 발전과……국산화 개발에도 힘쓸 것"이라고 언급했다. 1968년부터는 TV 수상기의 국내 조립 생산이 가능해졌다. 정부는 1969년엔 전자산업육성법을 공포해 전자산업 지원에 박차를 가했다.

1969년 8월 8일 MBC-TV가 개국했다. 이후 MBC는 계속 지방국을 개국함으로써 1971년 4월에 이르러 전국 네트워크를 형성하게 되었으며, 6월엔 7대 재벌이 주요 주주로 참여하는 적극적인 상업방송으로 변모해 TBC-TV와 치열한 경쟁을 벌이게 되었다.

그렇게 방송사들이 치열한 경쟁을 벌이면서 전자산업이 TV 수상기를 양산해내는 가운데 수상기의 보급은 1966년에 4만 3,000여 대에 이르던 것이 1967년에 7만 3,000여 대, 1968년에 11만 8,000여대, 1969년에 22만 3,000여 대, 1970년에 37만 9,000여 대에 이르게 되었다. 이 통계는 공식적으로 집계된 것일 뿐 실제론 그 이상 보급되었다. 1970년 서울의 TV 보급률은 30퍼센트 선을 넘었다는 기록도 있다.[41] 이후 TV 수상기는 놀라운 속도로 대중화되면서 1970년대 말 전체 보급률은 80퍼센트에 육박하게 된다.[42] TV가 없는 사람은 만화방의 TV를 이용할 수 있었으며, 만화방이 가장 번성했던 1970년 전후로 이때 전국의 만화방은 1만 8,000개에 이르렀다.[43]

클리프 리처드의 내한 공연

1960년대 말의 대중문화는 변화의 과도기였다. 이영미는 1970년대의 청년문화는 1968년경부터 시작되었다고 말한다. 1968년은 대중적인 포크 듀엣 트윈 폴리오, 비판적인 포크의 대표 주자 한대수가 활동을 시작한 해이며, 신중현이 펄 시스터즈를 통해 〈커피 한잔〉과 〈님아〉로 본격적인 인기를 얻은 시기였다는 점에서 그렇게 볼 수 있다는 것이다.[44] 특히 1969년에 나온 신중현 작사·작곡, 박인수 노래 〈봄비〉는 과거와는 다른 새로운 감성으로 젊은이들을 매료시켰다. 본격적인 서양 팝 뮤직을 받아들일 준비는 이미 충분히 갖추어져 있었던 셈이다.

클리프 리처드의 내한 공연은 젊은 세대에겐 열광, 기성세대에겐 경악의 대상이었다. 이화여자대학교 강당에서 진행된 '앙코르 공연'에서 여대생과 여고생들이 괴성을 지르며 손수건과 속옷을 무대 위로 던졌다.

1969년 10월 영국 가수 클리프 리처드Cliff Richard 내한 공연은 젊은 세대에겐 열광, 기성세대에겐 경악의 대상이었다. 리처드는 10월 16일 서울 시민회관에서, 17일과 18일 이화여자대학교 강당에서 '앙코르 공연'을 가졌는데, 이화여자대학교 공연이 문제였다. 여대생과 여고생들이 괴성을 지르며 손수건과 속옷을 무대 위로 던져댄 것이 당시의 기성세대에겐 충격으로 다가온 것이다.[45]

어쭙잖은 '민족주의'에 '남성 쇼비니즘'까지 가세해 특히 여대생들을 비난하는 목소리가 높았다. 무대 위로 던진 것이 과연 속옷이었는지, 속옷 중에서도 무엇이었으며 몇 개나 되었는지를 놓고 온갖 유언비어도 난무했다. 이때의 소동과 애국적인 한국 남성들의 반발 때문에 1971년엔 리처드의 국내 공연 허가가 나오지 않았다.

애국적인 기성세대를 분노케 한 클리프 리처드의 공연은 42년 후인 2011년 한류 열풍의 유럽 상륙 시 한국 사회에 다시 소환된다. 언론은 클리프 리처드의 공연을 역재현하는 장면이 파리와 런던에서 벌어지고 있다고 연일 보도하면서 흥분을 감추지 않았다.[46] 훗날(2014년) 김정수가 그 흥분을 다음과 같이 묘사했듯이 말이다.

"한류는 예전 같으면 감히 꿈도 꾸기 어려웠던 일이 눈앞에 실현되고 있는 또 하나의 '한강의 기적'이다. 클리프 리처드를 기억하는 세대에게 슈퍼주니어나 JYJ를 향해 눈물을 흘리며 환호하는 유럽과 남미 팬들의 반응은 참으로 희한한 일이 아닐 수 없다."[47]

포크 음악, '통블생', 이태원

신중현은 펄 시스터즈, 김추자, 박인수, 장현, 김정미 등 여러 가수의 '음악적 후견인'으로 이미 1960년대 중반부터 맹활약을 해왔다.[48] 이 가수들 가운데 가장 큰 대중적 인기를 누린 가수는 단연 김추자였다. 1970년대 초, '담배는 청자, 노래는 추자'라는 유행어가 떠돌 정도였다.[49] 신중현이 1972년 10월에 발표한 〈아름다운 강산〉은 '한국 록음악 역사상 전무후무한 걸작으로 평가되고 있는' 가운데 이후 오랫동안 널리 애창되었다.[50] 같은 시기에 양희은이 부른 〈아침 이슬〉(김민기 작사·작곡)을 비롯한 '포크 음악'도 큰 인기를 누렸으며, 라디오 DJ 프로그램은 이런 포크 음악과 외국의 팝송 중심으로 젊은이들을 사로

1970년대의 청년문화는 통블생, 즉 통기타, 블루진, 생맥주로 상징되었다. 특히 양희은이 부른 〈아침 이슬〉을 비롯한 '포크 음악'은 큰 인기를 누렸다.

잡았다.

　이런 서양풍 음악의 다른 한편에 남진과 나훈아로 대변되는 트로트 음악이 있었다. 1972년 최고 인기 가요는 남진의 〈님과 함께〉였는데, 남진과 나훈아의 트로트 음악 대결 구도는 많은 팬을 불러 모았다. 이들의 노래는 1970년대 내내 "산업화의 흐름에 따라 고향을 떠나와서 도시에 살면서도, 도시의 화려함의 선두에 서서 살지 못하는 소외당한 사람들의 고달픔"을 다룬 것이 많았기 때문에 특히 여성 노동자들에게서 큰 인기를 누렸다.[51]

　1972년 10월 유신 독재 체제가 들어섰지만, 이른바 '청년문화'마저 억누를 수는 없었다. 신현준은 "1970년대에 청년기를 맞은 세대들은 한국전쟁 직후의 이른바 '베이비 붐baby boom'의 산물이었다"며 이렇게 말했다. "즉, 1970년대는 청년에 속하는 인구가 다른 연령대에 비해 압도적으로 높은 비중을 차지하기 시작했다. 1970년대 들어 대중음악의 주요 소비층이 성인층에서 청년층으로 이동한 현상은 이런 인구학적·사회학적 변화와 밀접하다. 이 시기부터 대중음악은 청년층이 즐기는 음악이었고, 이때 청년은 주로 '대학생'을 의미했다."[52]

1974년 초, 대학가에서는 이른바 '통블생(통기타, 블루진, 생맥주)'과 고고춤이 젊은이들의 생태로 자리 잡아갔다. 사회 일각에서는 이를 '퇴폐적'이라고 비난했지만, 옹호의 목소리도 있었다.[53] 영화감독 하길종은 최인호 원작의 『바보들의 행진』(1975)을 영화로 만들었다. 그는 이 영화에서 이른바 청바지, 통기타, 생맥주로 상징되는 '청년문화'를 그려 젊은 관객들을 사로잡았다.[54]

이 시기에 젊은이들의 사랑을 받았던 '그룹사운드'는 대부분 "미8군 무대와 기지촌 클럽에서 출발해 서울 도심의 고고클럽에 진출하는" 경로를 밟았다.[55] 서울 이태원은 "이러한 경로의 출발점이자 핵심, 그리고 종착역의 역할을 동시에 수행"했는데, 이는 "70년대의 폭압적 상황 속에서도 명시적으로 '외국인 전용'으로 운영되던 이태원 클럽들은 대중문화를 규율하는 법으로부터도 일종의 치외법권 지대였기 때문"에 가능했다.[56]

대학가요제, 팝송, 미국 드라마의 인기

1975년 5월 긴급조치 9호가 발동되면서 조성된 살벌한 사회적 분위기가 가장 큰 타격을 입힌 건 가요계였다. 1975년 한 해에만 225곡이 금지곡으로 묶였으니 더 말해 무엇하랴.[57] 특히 포크 음악계는 이른바 '대마초 파동'까지 가세해 파국 상황에 내몰리게 되었다.[58]

그런 억압적 분위기가 계속되다가 1977년 9월 큰 인기를 누린 MBC '대학가요제'의 성공에 자극받아 1978년엔 TBC의 '해변가요제'가 생겼고, 1980년엔 MBC 라디오국이 주관하는 '강변가요제'가 생겼다. 이 가요제들은 모두 대학생들을 대상으로 한 것이었다. 대학생(전문대생 포함) 인구는 1960년 10만 1,000명, 1970년 16만 3,000명, 1980년 56만 5,000명, 1990년 138만 명으로 급증하는 추세를 보였기에 이들이 대중문화의 한 축을 형성하게 된 것이었다.[59]

그와 더불어 대마초 사건이 가요계를 강타한 1970년대 중반 이래로 적어도 대학생 문화에선 사실상 가요가 후퇴하고 대신 팝이 그 자리를 메웠다는 점도 간과할 수 없다. 대학가요제는 팝이 메운 그 자리를 치고 들어가 팝의 취향을 살리면서 가요의 대중성을 접목해 성공을 거둔 것이다.[60]

1970년대 후반 젊은이들 사이에선 팝송을 좋아하는 취향은 자신을 돋보이게 만드는 '지위재positional goods'에 가까운 것이었다. 대중음악평론가 강헌은 "나는 '모 여대생들이 읽지도 않는 『타임스Times』지를 표지가 바깥으로 보이게 끼고서 다닌다'는 소문을 들었다"며 다음과 같이 말한다.

긴급조치 9호의 발동으로 조성된 살벌한 사회적 분위기에서 가장 큰 타격을 입은 건 가요계였다. 긴급조치 9호가 선포되었음을 알리는 당시 신문기사들.

"이 말이 상징하듯, 당시 영어로 된 노래를 듣는다는 것은 '나는 낙오자가 아니다'라는 상징이었다. 나는 1977년부터 1979년 사이에 고등학교를 다녔는데 그 당시엔 반에서 꼴찌하던 친구들도 팝송을 들어야 했다. 물론 무슨 뜻인지 하나도 모른 채 들었다. 그랬기 때문에 만약 교실에서 한국어로 된 노래를 부르거나 얘기한다면 그 순간 그 애는 '왕따'가 될 수밖에 없었다."[61]

팝송의 파트너라고 할 수 있는 미국 드라마 시리즈도 모르면 '왕따'가 될 수 있는 주요 문화적 현상이었다. 1970년대 중반엔 방송사들 사이에서 미국 드라마 쟁탈전이 치열하게 벌어질 정도로 미국 드라마의 인기가 높았다. 그 살벌했던 유신 체제하에서도 대중문화 종사자들이 시청자들에게 재미를 주려는 시도를 멈추지 않은 것은 이미

제1장   한류의 토대가 된 '후발자의 이익'

미국 대중문화를 통해 눈높이가 높아진 수용자의 암묵적 요구에 기인한 것이기도 했다.[62] 이렇게 축적된 노하우는 훗날 한류의 밑거름이된다.

'도둑 특별 경계령'을 발동시킨 일일연속극

1970년대 중반부터 박정희 정권의 폭압적인 통치는 그 도를 더해갔지만, 그러한 폭압성이 TV 브라운관까지 그 모습을 드러낸 건 아니었다. 당시의 TV는 대단히 재미있는 오락 매체였다. 특히 일일연속극의 인기가 대단했다. 어찌나 TV의 인기가 높았던지, 서울시경은 1974년 10월 16일 골든아워 시간대에 도둑에 대한 특별 경계령을 내리고, 좀도둑이 들어온 것도 모를 정도로 TV에 푹 빠진 서울 시민들에게 주의를 당부하는 담화까지 발표했다.[63]

그러나 일일연속극에 대한 비판도 만만치 않았다. 연속극을 비판하는 건 긴급조치 위반도 아닌데다 '유신 정신'을 내세우면서 비판하는 것도 얼마든지 가능했기 때문에 이념과 정치 쪽으로 꽉 막힌 비판 욕구는 방송 비판에서 그 출구를 찾고자 했던 건지도 모르겠다. 또 주된 비판자였던 신문들은 광고 시장을 놓고 TV와 경쟁 관계에 있는 만큼 TV가 매우 재미있는 걸 마냥 반길 수만은 없는 노릇이었을 것이다.

예컨대,『동아일보』는 사설(1975년 5월 10일)에서 "세 TV 방송국이 방영하고 있는 일일연속극은 모두가 비윤리적이고 퇴폐적인 이야기를 내용으로 하고 있을 뿐 아니라 오락 프로그램인 이른바 코미디물이나 쇼 프로그램 등 역시 차마 눈뜨고 보기 역겨울 정도로 유치한 것이 아니면, 이 또한 거의가 저속하기 이를 데 없는 내용의 것들이라는 각계로부터의 비난이 바로 그것이다"며 다음과 같이 비판했다.

"일일연속극을 살펴보면 어쩌면 그렇게도 하나같이 저속하고 비윤리적인 것만을 내용으로 하고 있는지 사뭇 아연해진다.……거기선 어떤 진실성이나 호소력도 찾을 수 없으며, 오직 눈에 띄는 것이 있다면 작가의 비현실적이고도 관념적인 감정의 유희와 제작진의 양식을 도외시한 최루催淚 취미가 있을 뿐이다.……어떤 것은 시청자의 인기를 유지하기 위해서 되지도 않은 이야기를 엿가락처럼 억지로 늘이고 있는 후안무치한 것이 있는가 하면, 어떤 것은 도무지 상상할 수도 없을 만큼 불륜한 내용의 것이 있고, 사극 등에서는 국적을 분별할 수 없는 웃기는 내용이 보통으로 방송되어 시청자들을 우롱하고 있는 데 더 한층 개탄을 자아내고 있다."[64]

이런 비판에 관한 한 모든 신문이 거의 비슷했다. 당시 일일연속극에 대해 홍수처럼 쏟아진 신문들의 비판 내용은 대략 이런 것이었다. "혼외정사·혼전임신 등의 비도덕적 소재(퇴폐적), 질질 끈다·진전 없이 맴돈다(무절제), 천편일률·겹치기 출연(식상), 주제 의식의 빈곤·신변잡기·통속적 애정 행각·삼각 관계·울고 짜는 퇴영적 여성 취향(비생산적), 현실과 거리가 멀다(비현실적), 드라마 수가 많다(과다), 등장인물 간의 갈등 심화(화합 저해), 도시 중심(농촌 소외), 상류층 소재(계층간 위화감), 고증이 안 되어 있거나 빈약하다(사극의 고증 부재), 암투·모략·음모투성이(역사의 희화화) 등."[65]

유신 정권은 '오락'에 대해 다소 모호한 태도를 취했다. 신문이 지적한 그런 문제들은 병영 국가를 이룬 총사령관 박정희를 비롯한 그의 참모들의 정서상 인내하기 어려운 점이 있었지만, 오락은 국민들을 정치에서 멀어지게 할 수 있다는 점에선 내심 환영할 만한 것이었다. 이런 엉거주춤한 자세는 『조선일보』(1972년 8월 29일)가 정부의 강한 개입을 요청한 데에서도 잘 드러났다. "당국에 하고 싶은 말은 매사에 과감한 당국이 어쩌면 국민 계몽상 중요한 분야에 대해서만은 과감하지 못한가 하는 아쉬움이다. 과단성 있는 당국의 편달에 대해 이의를 제의할 국민은 3,300만 명 중 몇십 명에 불과할 것이다."[66]

고위층의 인내가 한계에 이르렀기 때문인지는 알 수 없으나, 결국 유신 정권은 '퇴폐 드라마'의 조기 종료, 편수의 감축, 방송 시간대 제한 등과 같은 지침을 하달하는 동시에 소재를 유도해 일일극의 파급력과 인기를 이용하려는 적극적인 정책을 구사했다.[67] 이러한 소재 유도의 결과 반공 드라마가 많이 제작되었지만, 제작자들은 어떤 식으로건 이미 기존 일일극의 재미를 맛본 시청자들의 눈높이에 맞추고자 하는 시도를 했기 때문에 정책 당국의 불만을 사기도 했다.[68]

'반공 드라마'보다는 한 단계 세련된 홍보 감각을 보여준 것이 바로 '정책 홍보성 드라마'였다. 1974년 4월 15일부터 1975년 10월 5일까지 398회를 기록한 KBS의 〈꽃피는 팔도강산〉이 대표적인 '정책 홍보성 드라마'였는데, 이 드라마는 '오락성'을 한껏 살리면서 큰 성공을 거두었다.

컬러TV 방송이 몰고 온 '색의 혁명'

1980년 12월 1일 컬러TV 방송 시대가 개막되었다. 하루 3시간씩의 시험 방송을 거쳐 KBS 1·2와 MBC까지 모두 컬러 방송을 개시한 건 같은 해 12월 22일이었다. 컬러TV 방송을 먼저 실시한 건 AFKN-TV였다. AFKN-TV는 1976년 봄부터 컬러 방송을 시작했는데, 그 이유가 재미있었다. 미국에서 한국으로 배치되어 오는 미군들이 "텔레비전이란 것이 흑백으로 보이는 후진국에 왔다!"고 문화적 충격을 받는다는 이유 때문이었다는 것이다. 1978년 2월 정부는 AFKN에 대해 컬러 방영 비율을 30퍼센트 선으로 줄여달라는 좀 엉뚱한 요청을 했는데, 그 이유인즉슨 AFKN의 컬러 방영 비율이 50퍼센트를 넘고 있어 일부 한국인의 AFKN 시청률이 높아지고 있기 때문이라는 것이었다.[69]

그런데 1978년 3월 하순에 뜻밖의 일이 일어났다. 미국 백악관 특별통상대표부가 한국 정부에 국내에서 팔지 않는 컬러TV 수상기를 남의 나라로 수출하는 것은 국제 상도의에 어긋난다는 시비를 걸어왔다. 컬러TV 수상기는 1977년에 12만 대를 수출했고 1978년의 목표는 50만 대였는데, 이는 대부분 미국 시장으로 수출되고 있었다.[70]

미국의 시비는 1979년에 이르러 노골화되었다. 당시 한국의 컬러TV 수상기 생산 능력은 110만 대였고 이 가운데 90퍼센트가량이 미국으로 수출되고 있었는데 미국이 수입 물량을 연 30만 대로 규제해버린 것이다.[71] 그러니 당시 한국 경제에서 큰 몫을 차지하고 있던 전자업체들을 살리기 위해서라도 남아도는 생산 물량을 내수 시장으로

컬러TV 방송은 전자업계를 살리는 한편 '색의 혁명'을 통해 소비 패턴의 고급화와 다양화를 이끌어냄으로써 본격적인 소비자본주의 체제로 편입을 가속화했다.

돌려야 했고 이런 필요성이 1980년에 컬러TV 방송을 실시하게 된 중요한 배경이었을 것이다.

컬러TV 방송을 시작하기도 전인 1980년 8월부터 수상기의 국내 시판이 허용된 가운데 컬러TV 수상기는 1981년과 1982년 사이에 이미 200만 대를 돌파해버렸고 1982~1983년에 300만 대, 1983~1984년에 400만 대, 1985~1986년에 500만 대를 돌파했다. 500만 대면 전 가구의 51.4퍼센트였는데, 전자업계에서는 시청료 때문에 등록을 하지 않은 수상기를 감안하면 보급률이 80퍼센트에 이를 것으로 추정했다. 컬러TV 방송은 전자업계를 살렸다. 수출길이 막혀 고전하고 있던 전자업계가 눈부신 성장을 이룩하기 시작했는데, 1981년 전자산업 총생산 규모는 37억 9,100만 달러로 이는 1980년에 비해 33퍼센트나 성장한 것이었다.[72]

컬러TV 방송 시작으로 "컬러TV를 구입했느냐"가 안부 인사를 대신하기 시작했고, "이젠 집에서 컬러 영화를 볼 수 있으니 극장이 망할 것"이라는 추측이 나오기도 했다.[73] 극장이 망하진 않았지만, 영화가 큰 타격을 입은 건 분명했다. 영화계는 컬러TV에 대항하기 위해 영화의 대형화라는 대안을 모색했다. 평균 제작비가 1억 원 내외이던 통례를 깨고 평균 3~4억 원에서 최고 10억 원까지 제작비를 투입한 작품들이 만들어졌으며, 연기자들도 컬러TV와 동시 녹음 시대에 대비해 연기 훈련을 계획했고, 영화진흥공사에서는 조감독 20명을 선발해 영화 기법과 이론을 교육시켰다.[74]

'색의 혁명'이라 할 컬러TV 방송을 크게 반긴 곳은 화장품업계였다. 이후 TV는 화장품 광고의 주 매체로 자리 잡았다. 컬러TV가 선도한 "컬러화 선풍은 모든 분야에서 소비 패턴의 고급화와 다양화로 이어졌다".[75] 컬러TV는 한국 사회에 새로운 '색의 혁명'을 일으키면서 본격적인 소비자본주의 체제로 편입을 가속화했다.

1,000만 구경꾼을 동원한 난장판

광주 학살이라는 만행을 저지르면서 집권한 전두환 정권은 피로 얼룩진 정권 이미지에 부드러운 가면을 씌우고 국민의 정치의식을 마비시키기 위해 각종 화려한 이벤트와 조치를 양산해냈다. 가장 대표적인 것이 1981년 5월 28일부터 6월 1일까지 5일간 열린 '국풍 81'이었다.

도대체 무엇을 위한 것이었을까? '5공화국의 태평성대'를 선전하기 위한 대대적인 대중 조작 이벤트였다. 일본의 극우에 심취한 허문도가 일본의 가미가제神風 정신을 본떠 이름을 붙이고 적극 밀어붙인 것이었다.[76] 그래서 이름도 '국풍國風'이었다. 그 정신을 상징하는, 유니폼을 입은 젊은이들의 행렬이나 배의 노를 합심해 젓는 그림 등으로 모자이크된 포스터가 시내 곳곳에 나붙었다.[77]

어용화된 한국신문협회가 주최하고 KBS가 주관한 이 행사는 행사장인 서울 여의도를 통행금지까지 해제시켜가면서 유사 이래 가장 거대한 '놀자판'으로 만들었다. 아니 '난장판'이었다고 보는 것이 더 옳을 것이다. 세상에 1,000만 구경꾼 동원이라는 게 말이 되는가?

'전국 대학생 민속 국악 큰잔치'라는 부제 아래 열린 '국풍 81'은 개막행사, 민속제, 전통예술제, 젊은이 가요제, 연극제, 국풍 장사 씨름판, 팔도굿, 남사당놀이 등의 본행사와 함께 '팔도 명물장'을 열어 엄청난 구경꾼을 끌어들였다. KBS가 발간한 『한국방송 60년사』는 '국풍 81'에 대해 다음과 같이 말하고 있다.

"마침내 '국풍 81'이 개막되면서 마포대교와 서울교는 밀려드는 인파로 빈틈없이 메워졌고, 5월 28일 정오에는 30만, 오후 4시에는 50만을 돌파했으며, 이날 새벽까지 100만에 가까운 관객을 기록했다. 이어서 5월 29일과 30일에는 각 100만, 21일에는 200만을 육박했으며, 진행본부는 장내 방송을 통해 자녀를 대동해온 관객들의 귀가를 종용하는 한편 라디오 스폿spot 방송을 통해 관람을 만류하는 진풍경이 연출되기도 했다. 6월 1일 밤 10시, 화려한 불꽃놀이를 끝으로 막을 내린 이 '국풍 81'은 관객 동원에 있어서 1,000만에 가까운 인원을 동원하는 성공을 거두었으며, 이 정도의 대형 행사를 사소한 사고도 없이 치러냈다는 점은 주관기관인 KBS로서는 행사 주관의

국풍 81은 '5공화국의 태평성대'를 선전하기 위한 대중 조작 이벤트였다. 서울 여의도를 통행 금지까지 해제시켜가면서 가장 거대한 '놀자판'으로 만들었다.

자신감을 갖게 해주는 결실이었다."[78]

　　이런 자화자찬을 그대로 믿을 수는 없다. '국풍 81'은 많은 사람에게 좌절감과 더불어 분노를 안겨주었으니 말이다. 물론 지지파도 있었다. 대학생들 중에도 '국풍 81'에 대해 너그러운 학생들도 있었기 때문에, '국풍 81'로 대표되는 '놀자판'은 대학가 내부에서도 갈등을

불러일으켰다.[79]

  민주화를 열망하는 사람들은 전두환 정권이 1980년대 내내 지속한 이른바 '3S 정책(스포츠, 스크린, 섹스)'에 대해 매우 비판적이었지만,[80] 일반 대중의 놀이 욕구와 엔터테인먼트에 대한 열망이 매우 강했다는 건 부인하기 어려운 사실이었다.

'K-pop 열풍'을 잉태한 'MTV 혁명'

나라 밖으로 눈을 돌려보자면, 1981년 8월 1일 미국 음악전문 케이블방송 MTVMusic Television가 탄생했다. 전성기인 2000년대 중반 서로 다른 42개 채널을 통해 166개국의 4억 가구에 방송되는 세계 최대·최고의 글로벌 음악 TV 브랜드로 MTV는 세계 대중음악의 역사를 다시 쓰는 혁명적 변화를 불러오게 된다.[81]

  MTV 개국 시 나간 첫 번째 비디오의 제목이 상징적이었다. 영국 2인조 그룹 보글스Buggles의 〈비디오가 라디오 스타를 죽였다Video Killed the Radio Star〉였다. 일부 비평가들은 MTV가 미친 듯이 빠른 속도와 장면 전환으로 청소년들의 관심의 폭을 좁게 만든다고 아우성쳤지만, 세상은 곧 MTV 스타일에 익숙해지게 된다.[82]

  MTV의 등장으로 뮤직비디오의 전성시대가 열렸다. MTV의 영웅 마이클 잭슨Michael Jackson은 히트곡 3개를 모두 뮤직비디오로 제작해 빅히트를 기록한다. 마돈나Madonna, 신디 로퍼Cyndi Lauper, 데이비드 보위David Bowie 등도 모두 MTV가 배출한 스타들이다.

대중음악계의 작동 문법을 일시에 바꿔버린 MTV 로고(왼쪽)와 '비디오가 라디오 스타를 죽였다'라는 곡명이 쓰여 있는 2인조 그룹 보글스의 앨범 재킷(오른쪽).

MTV의 등장은 음악을 더는 '듣는 것'이 아니라 '보는 것'으로 바꾸는 혁명을 몰고왔다. 이에 따라 음악산업은 큰 변화를 겪게 되었다. 사운드만을 제작하던 전통적인 방식에서 벗어나 사운드와 영상을 결합하는 멀티미디어 시대로 진입한 것과 스타 마케팅 시스템이 비주얼을 중시하는 글로벌주의를 지향한 것이다.[83] MTV를 탄생시킨 주역 중 한 명인 로버트 피트먼Robert Pittman은 "시청자는 TV와 로큰롤을 들으며 자란 TV 베이비들이다. 그들에게 가장 효과적인 것은 논리보다 감각에 호소하는 것이다"고 말했다.[84]

MTV는 국경마저 파괴해 전 세계의 젊은이들을 미국식으로 동질화시키는 데에 크게 기여했다. 그래서 'MTV 세대'라는 말까지 낳게 했다. 국경을 초월한 'MTV 세대'가 등장했다는 것은 미국만의 축복은 아니었다. 한국처럼 변방에 속해 있던 나라들도 그 'MTV 세대'를 향해 할 말이 있다는 걸 의미하는 것이었다. 그런 점에서 훗날 전 세계를 사로잡게 될 'K-pop 열풍'은 'MTV 혁명'의 수혜자인 셈이다.

MTV의 개국 당시 캘리포니아엔 한국의 인기 가수이자 MC로 정상에 올랐던 사람이 갓 유학을 와 있었는데, 그가 바로 이수만이다. 그는 MTV에 충격을 받고 음악 시장의 패러다임이 '듣는 음악'에서 '보는 음악'으로 변화하고 있음을 직감했다. 주먹구구식으로 운영되고 있던 국내 가요계와 달리 하나에서 열까지 체계적인 시스템을 구축해 굴러가고 있는 미국 음반 시장의 분업화·전문화는 그에게 또 다른 충격을 주었다.[85]

훗날 이수만은 미국에서 "연예산업 전문가와 마케팅 전문가, 변호사가 함께하는" 에이전시의 존재를 알고 "국민소득이 1만 달러 이상 되는 나라의 대중문화 소비 주체는 10대"라는 것을 깨달았다고 말했다.[86] 그는 나중에 한국에 돌아가 자신이 온몸으로 체험한 새로운 대중음악의 세계를 펼쳐 보이고야 말겠다는 꿈을 꾸며 즐거워했다.[87]

MTV와 비디오아트는 각기 '대중문화'와 '고급문화'라는 신분 차이는 있었을망정 '영상 혁명'이라는 점에서 둘 사이의 거리는 그리 멀지 않았다. 1982년 봄 세계적으로 권위 있는 뉴욕 휘트니미술관이 백남준의 작품을 최초의 비디오아트 영구 소장품으로 지정함으로써 '비디오아트의 창시자'라는 그의 명성은 더욱 확고해졌다. 휘트니미술관의 비디오와 영화 큐레이터로서 1982년 백남준의 회고전을 조직했던 존 핸하르트John Hanhardt는 "백남준은 총체적인 비디오 예술 운동을 시작했고, 우리 모두에게 어떻게 해서 텔레비전이 예술가의 매체로 사용될 수 있는가를 보여주었다"고 말했다.[88]

백남준은 "예술가들은 여태까지 자본주의적 가치를 부정하는 방향에서, 즉 자본주의와 안티테티컬한 입장에서 자기들의 이상주의를 추구해왔다. 그런데 이제부터는 예술가는 신생 자본주의의 선봉장이 될 것이다. 공장에 쌓인 물건을 소비시켜주고, 필요한 돈의 회전을 만들어주게 될 것이다. 이런 나의 생각에 대해 나는 도덕적 호오好惡를 알지는 못한다. 우리나라에는 너무 선비가 많아 입 뻥긋하기가 어렵다”고 했다.[89] 시대를 앞서간 산업적 한류에 대한 옹호론이었을까?

〈애마부인〉과 '이산가족 찾기 방송'

1982년 1월 5일 밤 12시를 시작으로, 1945년 9월 7일 미군정 치하에서 미군 사령관 존 하지John R. Hodge의 군정포고 1호로 시작된 통행금지가 전방 접경 지역과 후방 해안 지역을 제외한 전국에서 해제되었다. 야간통행 금지가 해제되자, 국민들은 해방감에 빠져들기 시작했다. 거리에는 해방감을 즐기려는 시민들의 발길이 자정 이후까지 계속되었으며, 야간 통행금지에 구애받지 않았던 경찰, 군인, 기자들의 특권이 사라졌다. 보통 사람들로선 참으로 신기하고 즐거운 일이었다.

　그러나 가정주부들은 통금 해제를 크게 반기지 않았다. 다른 이들에겐 해방감이 밀려들었을지 몰라도 주부들은 그렇지 않아도 매일 술로 인해 귀가가 늦는 남편들이 통금이 해제되면 아예 귀가조차 하지 않을까봐 속만 태워야 했다.[90] 가정주부들의 판단은 빗나가지 않았다. 통금 해제가 가져다준 해방감은 민주화 쪽으로 나아가진 않았다. 통금이 해제된 후, 호황을 누리기 시작한 건 본격적인 밤 문화와 성적 욕망의 배설구들이었다. 특히 서울 강남에는 새로운 숙박업소들이 문을 열기 시작했는데, 이런 풍경에 대해 『주간중앙』(1982년 1월 17일)은 "영동의 신흥 숙박업소들이 활황이다. 이들은 컬러TV에 침대는 물론 도색 필름을 구경할 수 있는 VTR 시설까지 완비, 시간제를 구가하고 있다"고 했다.[91]

통금 해제 후, 해방감을 만끽하고자 했던 보통 사람들이 즐겨 찾은 곳은 심야극장이었다. 컬러TV 방송으로 불황에 시달리던 영화계가 통금 해제 후 영화계 불황을 타개하기 위해 '나이트 쇼'라는 이름으로 시사회를 여는 등 심야극장 판촉에 공을 들인 결과이기도 했다. 통금이 해제된 지 꼭 한 달 뒤인 2월 6일, 첫 심야 상영 영화인 〈애마부인〉이 개봉했다. 이 영화는 요즘 말로 '대박'을 쳤다. 서울극장 기획실장 이황림은 개봉 당시를 이렇게 회고했다.

"개봉 첫날 밀려드는 인파 때문에 극장 유리창이 깨졌다. 인천, 수원 등에서 올라온 관객도 많았는데 표가 없어 돌아가야 하는 상황이 되자 어떻게 해서든 들여보내 달라고 난리가 났다. 소문을 들은 일본 NHK에서 정인엽 감독과 배우 안소영 인터뷰를 했을 정도였다."[92]

1982년 3월 27일 프로야구가 출범했다. 통행금지 해제, 〈애마부인〉, 프로야구와는 대조적인 유형의 집단적 감정 발산의 기회도 있었으니, 그건 바로 1983년 6월 30일 밤 10시 15분부터 KBS-1 TV를 통해 특별 생방송된 〈이산가족을 찾습니다〉였다. 11월 14일까지 138일간, 총 방송 시간은 모두 453시간 45분이었으며, 방송 기간에 신청자 10만 952명 중 5만 3,536명이 출연해서 1만 189명이 상봉하는 대기록을 세웠다.

처음에 95분가량의 분량으로 기획된 이산가족 찾기 방송은 138일간 계속되었다. 전국을 강타한 이산가족 찾기 방송을 매개로 한국인은 집단적으로 감정을 발산했다.

이 프로그램은 원래 95분가량의 분량으로 기획된 것이었다. 그러나 이산가족 150명을 초청한 방청석에 무려 1,000명이 넘는 이산가족이 몰려들었고, 방송 도중에는 방송사 업무가 마비될 만큼 전화가 폭주하는 사태가 벌어졌다.[93] 이산가족 찾기 방송이 전국을 강타하자 KBS는 7월 3일부터는 아예 뉴스와 드라마를 뺀 채 하루 종일 이산가족 찾기를 방송했다. KBS와 대한적십자사는 매일 이산가족 찾기 명단이 실린 호외를 발행했고, 생방송 3일째부터는 신문들도 이산가족 찾기 열풍을 1면 머리기사로 내보내기 시작했다.

세계 방송 역사상 유례가 없는 가장 긴 방송이라 할 수 있는 '이산가족 찾기 특별 생방송'은 국제적으로도 큰 화제가 되었다. AP·UPI·로이터·AFP 등 세계 4대 통신사와 각국의 일간지·방송사는 서울발 특파원 기사를 크게 다루었고, 방송의 열기가 더해감에 따라 대규모 취재반을 서울에 파견했다. 미국 ABC방송은 인공위성을 통해 이산가족상봉 장면을 중계하기도 했다.[94]

전 국민의 53.9퍼센트가 이 프로그램을 새벽 1시까지 본 적이 있으며 88.8퍼센트가 눈물을 흘렸다고 대답했다.[95] 손수건 없이 볼 수 없게끔 전국의 안방을 눈물바다로 만들었던 이 '드라마'는 세계적으로 그 유례를 찾아보기 어려운, 비극적인 역사를 갖고 있는 한국에서만 가능했던 '비극'이었다. 감정 발산과 관련된 한국의 특수성은 어떤 식으로건 대중문화에도 스며들기 마련이었다.

1980년대 가요계의 슈퍼스타, 조용필

1980년대의 가요계는 조용필의 시대였다. 1975년 〈돌아와요 부산항에〉로 주목을 받으면서 인기를 누렸던 조용필은 1977년에 있었던 제2차 대마초 사건에 연루되면서 가요계에서 강제 추방되어 잊힌 가수가 되었다. 그러나 그는 1979년 12월 6일 해금解禁되자 1980년에 〈창밖의 여자〉가 수록된 정식 1집 음반을 내놓으면서 화려하게 재기했다.

물론 1980년대 가요계에 조용필만 있었던 건 아니었다. 1980년대 전반엔 캠퍼스 밴드 출신의 록그룹들이 맹활약했고, 1980년대 중반엔 댄스뮤직 가수들이 이들을 밀어냈다. 1985년 주현미의 '쌍쌍파티' 메들리가 가요 사상 초유의 판매고(300만 장)를 올렸고 〈비 내리는 영동교〉로 1985년 KBS와 MBC의 신인상을 차지하면서 다 죽어가던 트로트 가요를 되살려놓았다는 것도 빼놓을 순 없을 것이다.[96] 또 '감상적인 러브송'으로 지칭되는 발라드 열풍은 1986년 이광조의 〈가까이 하기엔 너무 먼 당신〉에서 비롯되어 1987년 이문세가 가세하면서 많은 가요 팬의 사랑을 받기도 했다.[97]

그러나 1980년대를 통틀어 대중의 변함없는 사랑을 받은 가수는 단연 조용필이었다. 〈창밖의 여자〉, 〈정〉, 〈돌아와요 부산항에〉를 담은 그의 1집 음반은 당시로서는 150만 장의 판매고라는 놀라운 기록을 세웠다. 그가 낸 음반은 모두 히트했으며 가요계의 상이란 상은 거의 모두 휩쓸었다. 그게 미안했거나 아니면 성가셨던지 조용필은 1980년대 중·후반엔 아예 모든 가요상의 수상을 거부하기도 했다.[98]

조용필은 1980년대에 정규 앨범만 11장을 냈다. 1980년 1집(〈창밖의 여자〉, 〈돌아와요 부산항에〉), 1980년 2집(〈촛불〉, 〈간양록〉), 1981년 3집(〈고추잠자리〉, 〈일편단심 민들레야〉), 1982년 4집(〈생명〉, 〈비련〉), 1983년 5집(〈친구여〉, 〈한강〉), 1984년 6집(〈눈물의 파티〉, 〈정의 마음〉), 1985년 7집(〈눈물로 보이는 그대〉, 〈프리마돈나〉), 1985년 8집(〈허공〉, 〈킬리만자로의 표범〉), 1987년 9집(〈그대 발길이 머무는 곳에〉), 1988년 10-1집(〈서울서울서울〉, 〈모나리자〉), 10-2집(〈큐〉) 등이 바로 그것이다.

조용필이 내놓는 음반들은 불티나게 팔려나갔고 이른바 '오빠부

1980년대의 가요계는 조용필의 시대였다. 1980년대를 통틀어 시종일관 대중의 변함없는 사랑을 받은 가수는 단연 조용필이었다. 한국 가수로는 최초로 1988년 중국 베이징에서 공연을 하고 있는 조용필.

대'가 본격적으로 만들어졌다. 남진·나훈아 시대의 '오빠부대'와는 달리, 여기엔 치밀한 매니지먼트가 가세했다. 이영미는 "조용필의 등장과 함께 한국 음반 시장은 판도가 바뀌었다. 대중가요 시장은 최고의 전성기에 도달했고, 음악 팬들에게조차 대중가요가 팝송의 인기를 능가하기 시작했다. 음반 시장이 크게 늘어났고, 이에 걸맞은 매니지먼트가 이루어지기 시작했다"며 다음과 같이 말했다.

"스태프들한테 '아저씨, 아저씨 우리 용필이 오빠 어딨어요?' 하고 물으며 뛰어다닐 정도로 극성맞은 '오빠부대'는 이때부터 키워졌고, 10대 소녀 팬들이 조직적으로 관리되기 시작한 것도 이때부터였다. 이제 음반 시장은 10대들에 의해 좌지우지되기 시작했다. 그 이전에도 10대들이 대중가요에 지대한 관심을 갖기는 했다. 그러나 이전의 10대들은 음반을 구입할 돈이 없었던 반면 1980년대의 청소년들은 용돈이 풍족해져서 스스로 음반을 구입하고 자기만 듣는 소형 카세트 녹음기를 가질 수 있을 정도가 되었다. 한국 경제의 양적 성장속에서 조용필은 한국 대중가요 황금시대의 슈퍼스타가 되었다. 그리고 그는 작품 내적으로 슈퍼스타였을 뿐 아니라, 매니지먼트와 흥행의 측면에서도 확실히 슈퍼스타였다."[99]

조용필이 한국 가요계에 남긴 족적에 대해 강헌은 이렇게 말했다. "뭐니 뭐니 해도 조용필이 우리에게 선사한 가장 위대한 공헌은 서구 대중음악에 일방적으로 경도돼 있었던 시장의 주도권을 우리 대중음악이 역전시켰다는 데 있다. 세계 메이저 음반산업에 대한 이 보기 드문 기적은 그가 없었다면 아마도 불가능했을 것이다."[100]

자동차 수출과 '86아시안게임'

현지에선 '싸구려 자동차'로 통했을망정 한국은 1980년대 중반 북미지역에 자동차를 수출하는 '자동차 수출국'이 되었다. 자동차 수출은 많은 한국인에게 이른바 '약소국 콤플렉스'에서 비롯된 국가주의적 애국심을 일깨워주었는데, 연세대학교 교수 김동길이 정주영을 존경하게 된 것은 순전히 자동차 때문이었다.

김동길은 "내가 정주영 씨를 한국의 거인으로 평가하기 시작한 것은 85년인가 캐나다 강연을 가서 때마침 그곳에 상륙한 현대자동차의 포니 승용차를 목격한 그때부터였다"고 말했다. 그는 포니 승용차 안에 타고 있던 백인 젊은이들은 "가서 껴안아주고 싶을 만큼 아름다운 피조물"이었으며, "정주영은 한국인 모두에게 긍지를 심어준 민중의 영웅이다"고 말했다.[101]

해방 이후 자동차에 타고 있던 미군에게 껌과 초콜릿을 구걸했던 한국의 아이들이 성장해서 자동차를 만들어 백인들에게 팔아먹었다는 건 그 시절을 살았던 김동길(1928년생)을 포함한 한국인들에겐 그야말로 살 떨리는 감격이었을 것이다. 훗날 한류에 대한 열광도 이런 정서의 연장선상에 놓여 있는 것이기에, 그런 열광을 폄훼하거나 냉소적으로 바라보는 시각은 '탈역사적'인 것임을 이해할 수 있으리라.

자동차 수출에 이어, 1986년 9월 20일부터 10월 5일까지 열린 '86아시안게임'에서 개최국인 한국은 우승한 중국의 금메달 94개에 1개가 모자라는 93개를 획득함으로써 2위를 차지하는 대성공을 거두었다. 『조선일보』에 실린 「장거壯擧의 행진을 88까지」(10월 7일)라는 사설은 이런 열변을 토했다. "금메달을 놓고 우리는 10억 인구의 중공과 1개 차이로 1, 2위를 다투었고, 얼마 전까지도 아시아 스포츠의 아성임을 자랑한 소위 1억 2천만 경제 대국 일본을 금메달 35개 차이로 밀어내버린, 스스로도 예상치 않은 경기 실력 발휘에 환희와 감격과 자부심이 용솟음치지 않을 수 없다."[102]

아시안게임이 개최된 1986년 한 해의 관광객 수는 지난 10년간의 연평균 증가율인 7.4퍼센트의 2배가 넘는 16.4퍼센트의 성장세를 보였다.[103]

"한국이야말로 전화의 천국이다!"

1987년 9월 30일 전국 전화 시설이 1,000만 회선을 돌파함으로써 본격적인 1가구 1전화 시대에 접어들었다. 한국통신은 "창사 이후 연간 1조 원 이상의 막대한 재원을 투입, 매년 1백만 회선 이상씩의 전자교환시설을 공급함으로써, 우리나라를 1902년 전화 사업 창시 후 85년 만에 아시아 2위, 전 세계 10위권 내의 본격적인 통신 선진국 대열로 이끈 것이다"고 주장했다.[104] 이게 어떻게 가능했을까?

1970년 7월 7일에 개통된 경부고속도로의 건설은 말 그대로 군사작전이었다. 경부고속도로 건설 중 사망자가 77명이나 나온 것도, 바로 그런 이유 때문이었다. 아파트라고 해서 다를 건 없었다. 아파트는 한국의 군사주의적 초고속 압축 성장을 웅변했다. 예컨대, 서울 잠실의 초창기 4개 단지의 건설을 지배한 구호는 '주택 건설 180일 작전'이었으며, 이 작전은 성공적으로 완수되었다.

한국인들은 군사주의를 혐오하지만, 한국을 세계적인 정보통신 강국으로 떠오르게 만든 중요한 이유가 아파트 대단지가 제공해주는 군사주의적 효율성임을 어찌 부인할 수 있으랴. 중앙집중화의 터전 위에 선 '아파트 공화국'이야말로 네트워크를 깔기에 가장 적합한 체제가 아닌가. 반면 미국이나 유럽 국가들은 교외 주거지역의 특성상 인구 밀집이 쉽지 않기 때문에 비용이 많이 들어 인터넷 보급망에서 한국에 뒤처질 수밖에 없다. 2000년대 중반에 이르면 한국은 국민의 절반 이상이 아파트에 거주할 뿐만 아니라 전화국 반경 4킬로미터 내에 거주하는 인구가 93퍼센트라 서비스 공급에 매우 유리했다.[105]

1987년 9월 30일 전국 전화 시설이 1,000만 회선을 돌파함으로써 본격적인 1가구 1전화 시대에 접어들었다.

물론 기술도 앞섰다. 1981년 5월 체신부 차관으로 부임한 오명은 전화에 확고한 비전을 가진 인물이었다. 1985년 개발에 성공한 TDX-1 전전자 교환기는 한국 과학기술사의 큰 업적이었다. 1987년 7월 체신부 차관에서 장관으로 승진해 취임한 오명은 취임 일성으로 전화 가입 신청 당일에 전화를 가설해주겠다고 선언했다.[106] 허풍이 아니었다. 그렇게 큰소리칠 만한 기술적 성과가 있었다. 오명은 전화 시설 1,000만 회선 돌파를 '한국통신 100년 사상 최대의 경사'이며 미래 '정보화 사회로 가는 초석'으로 자평했다.[107]

"오전에 놔 드릴까요, 오후에 놔 드릴까요?"[108] 유선전화가 중심이었던 시절 전화 설치 신청을 할 경우, 이렇게 묻는 나라는 아마도 지구상에서 한국밖엔 없었을 것이다. 그 어떤 선진국에서도 며칠 걸리는 전화를 단 하루 만에 가설해주는 나라가 바로 한국이었다. 미국이나 유럽에서 잠시 살다 온 사람들이 이구동성으로 하는 말이 있었다. "한국이야말로 전화의 천국이다!"[109]

'88서울올림픽'의 감격과 영향

1988년 제24회 올림픽이 서울에서 9월 17일부터 10월 2일까지 16일간 개최되었다. 88서울올림픽은 1976년 몬트리올올림픽 이후 12년 만에 IOC 회원 167개국 중 북한 등 일부 회원국을 제외한 160개국이 참가했는데, 이는 당시 유엔 회원국보다 1개국이 더 많은 숫자로 올림픽 역사상 최대의 행사였다. 당연히 1만 3,304명이라는 선수와 임원의 수도 올림픽 사상 최대 규모를 기록했다.

한국은 과거 금메달 1~2개에 그쳤지만, 이 대회에선 금 12, 은 10, 동 11개 등 도합 33개 메달을 따내 소련, 동독, 미국에 이어 4위를 차지하는 대성과를 이루었다(중국은 9위, 일본은 14위). 한국이 '86아시안게임'과 '88올림픽게임'에서 얻은 이런 놀라운 실적은 '태릉선수촌 육성 시스템'의 승리였으며, 이는 훗날 아이돌 육성에도 그대로 적용된다(태릉선수촌은 1966년에 탄생했지만, 86·88 게임을 앞두고 대폭 강화되었다).

'스포츠 공화국'으로 불렸던 5공 정권의 군사작전식 스포츠 정책이 맺은 결실이었지만, 전두환 정권에 반대를 했던 사람들도 이 놀라운 결과에 대해서만큼은 찬사를 아끼지 않았다. 예컨대, 5공에 저항하다 고려대학교 총장직에서 쫓겨난 김준엽은 다음과 같이 말했다.

"우리 민족의 우수성을 재확인하면서 선진국의 문턱에 서게 된 문화민족으로서의 자신감을 만끽하면서 온 겨레는 감격의 눈물을 흘렸다. 더욱이 1936년 베를린올림픽 대회에서 손기정 씨가 마라톤에서 우승을 하여 억압된 우리 민족의 피를 끓게 하였고 그의 가슴에 단일장기를 말소함으로써 일제에 항거한 『동아일보』가 무기정간당한 쓰라린 추억을 가지고 있는 나로서는 여간 감개무량한 것이 아니었다."[110]

올림픽으로 인한 중요한 사회적 변화가 많았다. 무엇보다도 올림픽 전후로 오락·문화산업·음식·숙박업, 관광산업, 스포츠·여행 장비 산업 등의 여가산업이 급격하게 팽창했다.[111] 재벌들은 앞다퉈 관광 호텔업과 레저 스포츠 시설의 건설·운영 등 관광 레저업에 뛰어들었고, 기존의 건설업과 프로스포츠, 스포츠웨어·용구 산업을 발판으로 레저산업을 주도했다. 이는 전체적인 국민소득의 향상에 근거한 '여가의 상품화' 전략에 따른 것이었지만, 그것 못지않게 부동산과 노사 문제도 중요한 이유였다.[112]

올림픽 특수에 힘입어 1988년에는 광고비가 1조 원을 돌파하면서 1980년의 광고비에 비해 4.6배가량 증가했으며, 1989년에는 광고비가 국민총생산GNP 대비 1퍼센트를 넘어섰다. 88올림픽 방송을 주관한 기구는 SORTO(서울올림픽 방송 실시 본부)였는데, SORTO가 국제 신호로 제작한 올림픽 프로그램은 모두 2,230시간에 이르는 방대한 분량이었으며, SORTO는 올림픽 방송 제작에 필요한 신형 방송 장비들을 개발해 방송 기술의 혁신을 이루었다.[113]

한국이 '86아시안게임'과 '88올림픽게임'에서 얻은 놀라운 실적은 '태릉선수촌 육성 시스템'의 승리였으며, 이는 훗날 아이돌 육성에도 그대로 적용된다. 1988년 9월 17일 88서울올림픽 개막식 장면.

비디오 시장도 호황을 누렸다. 1988년 4월 당시 국내의 VCR 공급 대수는 180만 대였는데, 가전업체들이 "올림픽의 감격을 영원히 간직하고 싶다!"는 슬로건으로 소비자들을 유혹하는 등 올림픽 특수에 힘입어 연말엔 220~250만 대에 이르러 비디오 시장의 규모는 영화 시장을 추월해버렸다. 1989년부터 16밀리미터 비디오 영화가 본격적으로 제작되기 시작했다. 이런 비디오 영화는 제작 단가가 저렴할 뿐만 아니라 단기간에 제작이 가능한 것이었다. 그러나 이들 비디오 영화들은 공연윤리위원회의 심의를 거쳤음에도 도색桃色 일변도로 제작됨으로써 사실상 새로운 섹스 영화 장르를 파생시킨 꼴이 되었다.[114]

그런 섹스 비디오 영화의 평균 제작 기간은 15일이었으며, 제작비는 1,500만 원에서 4,000만 원 사이였다. 영화의 주무대는 침실·별

제1장   한류의 토대가 된 '후발자의 이익'

장·숲속 등이었으며, 등장인물도 남녀 약간 명이면 족했다. 1988년 5월부터 1989년 9월까지 제작되어 공연윤리위원회의 심의를 통과한 작품 61편 가운데 93.4퍼센트인 57편이 불륜과 매춘 등을 다루고 있어 연소자 관람 불가의 성인용이었다. 이들 비디오물에는 1편당 정사 장면이 평균 9회인 것으로 나타났다.[115]

그러나 비디오 영화의 활성화는 비디오 판권 수입을 통한 영화 제작비의 충당과 비디오 대여점 증가에 따른 잠재적인 영화 관객을 확보케 하는 긍정적인 기능도 수행했다.[116] 아울러 성애性愛 일변도이던 1980년대 한국 영화계를 체질 변화시키는 데에도 일조했다. 즉, 〈애마부인〉, 〈뽕〉, 〈매춘〉류의 성애 영화들을 16밀리미터 비디오 영화들을 통해 안방으로 끌어들임으로써, 기존 극장가는 은밀한 장소로 이동해간 성애 영화들의 빈 구석을 메꿀 수 있는 다른 장르의 영화들을 탄생시키는 데에 기여한 것이다.[117]

"FM 음악 방송과 미디어 제국주의"

1980년대의 한국은 아직 '미디어 제국주의'를 포함한 '문화 제국주의cultural imperialism'를 염려하지 않을 수 없는 문화적 변방이었다. 문화 종속을 낳는 문화 제국주의는 경제적으로 우위에 있는 선진국의 문화가 대중문화, 언론, 교육, 언어 등 다양한 분야에 걸쳐 지배적인 영향을 미쳐 다른 나라를 사실상 문화적인 식민지로 만드는 것을 말한다. 주로 후진국이 큰 영향을 받긴 하지만, 프랑스와 캐나다가 정부 차원에서 미국의 문화 제국주의에 대한 투쟁을 선포했던 것처럼 선진국들 사이에서 발생하기도 한다.

물론 1970년대에도 마찬가지였다. "1970년대 중반 청소년들이 즐겨 듣던 라디오 FM 방송에서는 우리 대중가요가 나오는 일이 오히려 드물었다. 대부분 영어를 사용하는 팝뮤직이었다. 비지스, 이글스, 아바, 딥 퍼플, 유라이어 힙, 에릭 클랩턴 등 하도 많아서 열거하기도 힘들다. 어쩌다가 신중현밴드 등 몇 안 되는 국내 그룹사운드의 노래가 젊은이들의 취향에 맞는 정도였다. 때문에 일각에서는 과도한 문화 종속 문제를 지적하기도 했다."[118]

진보적 월간지인 『말』(1991년 6월호)에 실린 「FM 음악 방송과 미디어 제국주의」라는 글은 문화 종속에 대한 우려와 정서를 잘 보여주었다. 이 글은 미국의 팝음악이 대중문화의 종속성과 숭미 사대주의를 조장하는 문화적 기제機制로 작용한다는 사실이 지적된다며 이렇게 말했다. "팝음악이 갖는 이 같은 문화 제국주의적인 측면을 인식한다면 그동안 FM이 팝문화 이식에서 주도적 역할을 해왔던 사실을 통감하면서 더욱 과감한 팝음악의 축소 편성을 검토해야 할 것으로 여겨진다." 또한 이 글은 "FM 음악 방송이 탈정치화·탈의식화 기능을 적극적으로 수행하고 있다는 점"에 주목할 것을 요청하면서 다음과 같이 말했다.

"우리 음악은 그만큼 더욱 국적 없는 음악, 우리의 민족 정서가 사라진 박제화된 음악, 서구적 사상 감정을 배우고 익히는 것 이상이 아닌 음악, 상업적 이윤 추구의 도구인 잘 팔리는 상품으로서의 음악이 되어가고 있는 것이다. 이처럼 방송에 의한 무국적·서구 지향적 음악의 대량생산과 대량 유통은 우리 민족의 사상 감정, 특히 음악적 감수성을 서구적인 것으로 전일화시켜가고 있으며, 이러한 음악적·문화적 종속성은 사상적으로 숭미 사대주의와 서구 제일주의의 의식을 부지불식간에 싣는 문화 제국주의의 힘 있는 수단이 되고 있다."[119]

단지 FM 음악 방송뿐이었을까? '문화 제국주의의 힘 있는 수단'은 한국인의 일상적 삶에 널려 있었다고 해도 과언이 아니다. 이미 라디오 시절부터 AFKN이라면 사족을 못 쓰는 'AFKN 키드'들이 존재했다.[120] 신현준에 따르면, "다이얼을 잘 돌려야 정확한 주파수를 맞출 수 있고 그나마 음질은 매우 조야했지만 '어쩌다가 들은 팝음악은 마치 천상의 계시처럼 듣는 이를 사로잡았다'는 것이 많은 사람들의 경험담이다".[121]

"AFKN은 40년 동안 사실상 한국 방송"

AFKN 탄생 이후, 1980년대 후반 아니 1990년대 초반까지도 AFKN에 탐닉하던 'AFKN 키드'가 많았다. 1981년의 조사 결과에 따르면, 전반적으로 중고생이나 대학생 중 약 80퍼센트가 가끔이라도 시청할 정도로 청소년층에서 큰 인기를 끌었다. 1984년 조사에선 대학생들의 70.9퍼센트가 "기회 있을 때마다 시청한다"고 했고, 1987년 조사에선 중고생들의 95퍼센트가 시청하고 있는 것으로 나타났다(하루 평균 30분~1시간 시청 35퍼센트, 1시간 이상 시청 33퍼센트).[122]

1969년생인 영화감독 봉준호는 1980년대에 AFKN을 통해 미국 영화를 즐겨 보았다고 회고했다. 그는 "극장보다 TV로 영화를 더 많이 봤고, 특히 주한미군 방송인 AFKN을 통해서 영화에 대한 갈증을 상당 부분 해소했다"며 "리얼리즘 영화의 고전이랄 수 있는 〈자전거 도둑〉부터 폭력 미학의 거장 샘 페킨파의 작품까지를 AFKN에서 섭렵했다"고 밝혔다.[123]

2014년 4월 초순 포털사이트 주요 뉴스를 장식한 헤드라인으로 "워리어 사망"이 등장한다는 게 그 시절 AFKN의 인기를 잘 말해준다. 『중앙일보』 기자 손민호는 「AFKN 키즈의 추억」이라는 칼럼에서 "얼티미트 워리어Ultimate Warrior는 1980년대 후반·90년대 초반 활약한 미국 프로레슬링 선수다. 한국에는 한 번도 온 적이 없다. 그러나 한때 우리 사회에는 그를 영웅으로 떠받든 특정 세대가 있었다. 지금 나이로 30대 중반에서 40대 중반, 성별로 남성이 절대 다수다"며 다음과 같이 말한다.

"그러니까 토요일에도 학교에 가던 시절이었다. 오전 수업은 대충 때우고 친구들이랑 오락실(PC방이 아니다)에서 놀다 집에 들어가던 토요일 오후였다. 집에 돌아오자마자 TV부터 틀었다. TV 앞에 바짝 붙어 앉아 딱딱 소리 나는 다이얼을 돌려 숫자 2에 맞췄다. 2번 채널. 1996년 TV에서 사라진 AFKN(주한미군방송)이다. 저녁이면 지붕에 올라가 안테나 돌리며 '보여? 보여?' 소리치던 시절, 한여름에도 배불뚝이 브라운관에서 눈이 내리던 그 시절, 2번은 태평양 건너 미국을 우리 집 안방에 가져다 놓는 마법 같은 채널이었다. 그 2번의 최고 인기 프로그램이 WWF(지금 WWE의 전신) 미국 프로레슬링 경기였고, 그 WWF의 최고 인기 선수가 워리어였다(헐크 호건이 최고라고 우기는

© Megan Elice Meadows

1980년대 중고생이나 대학생 중 약 80퍼센트가 가끔이라도 AFKN을 시청할 정도로 'AFKN 키드'가 많았다. 그들에게 WWF의 얼티미트 워리어는 영웅이었다.

뭣 모르는 애들도 있었다).……영웅의 죽음을 애도한다. 한 시절의 마감을 슬퍼한다."[124]

AFKN은 "세계의 변방이나 다를 바 없던 한국 사회에 첨단 대중 문화의 쇼윈도 같은 것"이었으며 "미군 문화는 소위 미8군 무대를 통해 한국 대중음악의 병참기지 노릇을 하기도 했다".[125] AFKN은 1996년 4월 30일 VHF 채널을 한국 정부에 반환하고 UHF 채널과 케이블TV 방송망으로 전환하기까지 "40년 동안 사실상 한국의 TV 방송이나 다름없었다".[126]

'뱀 20마리와 암모니아 4통'이 동원된 영화계 투쟁

전두환 독재 정권하에서 반독재 투쟁은 반미反美 운동을 수반했으며, 이는 1982년 3월 부산 미 문화원 방화 사건, 1985년 5월 서울 미 문화원 점거 농성 사건으로 표출되기도 했다. 당시 미국은 세계의 대중문화를 지배하고 있었기에 반미 운동은 사실상 반反문화 제국주의 운동을 포함하는 것이었다. 1986년 아시안게임과 1988년 서울올림픽은 한국인의 문화적 자긍심을 한껏 올려주었지만, 문화 종속에 대한 우려는 건재했다.

그런 우려는 특히 영화계에서 거세게 분출했다. 미국의 거센 영화 시장 개방 압력 때문에 1986년 말 개정된 영화법이 외국인도 한국 내에서 영화업을 할 수 있는 법적 근거를 마련하면서 1988년 1월 UIP와 20세기폭스의 국내 영업이 허가되었다. 특히 미국 직배 영화사 UIPUnited International Pictures의 활동은 영화계에 큰 논란을 불러일으켰다. 미국의 파라마운트, MGM, 유나이티드 아티스트, 유니버설 등 4개 회사가 공동 출자해서 만든 영화 배급회사인 UIP가 1988년 8월 추석 특선 프로그램으로 전국 11개 영화관에서 〈위험한 정사〉를 직배 상영하기로 하자 이는 영화계의 격렬한 반대를 촉발했다.[127]

영화계의 반대 시위는 1988년 8월 17일 올림픽 기간에 집회 시위가 금지된 '올림픽 평화 구역'이 선포됨으로써 효과를 거두기 어려웠지만, 1989년부터 격렬한 양상을 보였다. 1989년 2월 4일 코리아극장과 신영극장이 2번째 UIP 직배 영화 〈007 리빙 데이라이트〉를 상영하자 영화인들은 반대 시위에 들어갔다. 3월 11일 영화인들은

　　　　제1장　한류의 토대가 된 '후발자의 이익'

1986년 말 개정된 영화법은 한국 영화계에 큰 논란을 불러일으켰다. UIP가 1988년 8월 〈위험한 정사〉를 직배 상영하자 영화인들은 반대 시위를 했다. 서울 신촌의 한 극장 앞에서 시위를 하고 있는 영화인들.

〈007 리빙 데이라이트〉가 상영 중인 시네하우스 앞에서 반대 시위를 벌였으며, 5월 27일엔 〈레인맨〉을 상영하던 시네하우스에 뱀 20마리와 암모니아 4통이 투입되는 사건이 발생했다. 6월 21일 영화인협회는 서울 마로니에공원에서 UIP 저지 전 영화인 대회를 개최했으며, 8월 13일엔 〈인디아나 존스〉를 상영하던 시네하우스 등 서울 시내 개봉 영화관 6개소에서 스크린과 의자 등이 방화되고 객석에서는 분말 최루가스가 발견되는 등의 사건이 발생했다.[128]

　이 사건의 진실은 7년 후인 1996년에 밝혀진다. 『씨네21』 편집장은 「편집장이 독자에게」라는 글에서 "지난 96년, 느닷없이 불거져 나온 방화 교사 사건은 과거의 UIP 반대 운동을 일거에 영화계의 수치로 만들어버렸다"며 이렇게 말한다. "직배 상영관에 뱀을 풀고 불을 놓는 등의 과격한 시위를, 직배 영화를 독점하려는 배급업자가 사주했었다니, 당시 그저 '직배 영화에 깔려 한국 영화가 망하면 어쩌나' 하는 순진한 걱정을 하며 시위에 나섰던 이들의 배신감은 끔찍한 것이었다."[129]

그런 '배신감'이 시사하듯이, 문화 제국주의 염려는 과장된 건 아니었을까? 1960년대에 미국의 이른바 '발전 커뮤니케이션 학자'들은 서양, 특히 미국의 미디어가 후진국이나 개발도상국가에서 '성취 동기achievement motivation'를 고양시켜줌으로써 '산업화'와 '근대화'에 기여할 수 있다고 주장했다. 그런 나라의 국민들이 서양 영화나 TV 드라마를 보고 서양의 라이프 스타일에 매력을 느껴 그렇게 살아보자고 열심히 일할지도 모른다는 것이었다. 진보좌파는 이런 주장이 미국의 '미디어 제국주의'를 옹호하는 것이라며 호되게 비판했지만,[130] 결과론일망정 적어도 한국엔 '발전 커뮤니케이션 학자'들이 옳았던 건 아니었을까?

1960년대부터 불리고 외쳐진 "잘살아보세"라는 노래이자 슬로건은 이후 외국 대중문화와 그 영향을 크게 받은 한국 대중문화에 투영된 '미국에 대한 무의식적 선망'을 이해하는 데에 매우 중요한 의미를 갖는 것이었다. 앞서 시청자 8명을 심층 인터뷰한 고려대학교 미디어학부 교수 마동훈의 인터뷰 결과가 말해주듯이, "외화와 외국 드라마 속에 재현되는 서구인의 일상생활의 곳곳에서 '뭔가 배울 것'을 찾고

'동경의 대상'을 찾"는 것은 문화 종속과는 거리가 먼 '실용적인' 의식이자 행위였다.

한류의 토대가 된 '후발자의 이익'

전화라는 인프라는 한국이 2000년대 들어 IT 강국으로 가는 데에 초석이 되었다. 외국인들도 그 점을 놓치지 않았다. 훗날(2004년 9월) 미국의 경제전문지 『포천』은 "미국인들은 지난해에서야 음악 파일 서비스에 감탄하고 있지만 한국은 이미 영화나 TV쇼를 순식간에 다운받는 서비스가 시행되고 있다"며 가정의 초고속 통신망 보급률이 미국은 20퍼센트를 조금 넘는 수준인 데 비해 한국은 75퍼센트라고 지적했다. 이 기사는 한국의 독특한 인터넷 게임 문화와 고밀도의 아파트 단지 생활 형태를 성공 요인으로 꼽았다. 미국은 교외 주거지역의 특성상 인구 밀집이 쉽지 않기 때문에 비용이 많이 들어 중산층 이하 가정까지 인터넷 보급망이 깔리기는 어렵다는 것이다.[131]

이게 바로 '후발자의 이익Last Mover Advantage'이다. 기존 산업에선 뒤처졌지만, IT에서만큼은 앞서보자는 열정이 실현될 수 있었던 이론적 근거였다. 어떤 종류의 시장이건 미리 선점을 하는 게 절대적으로 중요하다는 의미에서 그간 '선점자의 이익First-Mover Advantage'이 거의 진리처럼 여겨져왔지만, 세상일이란 게 묘해서 선발자라고 해서 꼭 성공을 하는 건 아니다. 이 경우의 고전적 사례로 자주 언급되는 이가 바로 크리스토퍼 콜럼버스Christopher Columbus, 1451~1506다.

콜럼버스는 '황금의 땅' 인도를 발견했다는 착각에 사로잡혀 신대륙에서 금광을 찾는 데 여생을 바쳤다가 말년에 재산도 없이 쓸쓸한 죽음을 맞았으며, 정작 큰돈을 번 것은 콜럼버스의 '발견'을 발판 삼아 신대륙에 진출한 2세대였다. 그래서 나온 게 "획기적인 발견이나 혁신을 이룬 선구자가 반드시 성공하는 것은 아니다"는 '콜럼버스 효과'다.[132]

'콜럼버스 효과'의 업그레이드된 버전이 바로 '선발자의 불이익 First Mover's Disadvantage'인데, 그 대표적 사례가 스마트폰을 가장 먼저 만들고도 아이폰 좋은 일만 시켜준 핀란드의 노키아다. 노키아는 1996년부터 꾸준히 성능이 좋은 스마트폰을 출시했지만, 스마트폰에 걸맞은 '킬러 애플리케이션'이 부족했다. 당시엔 앱스토어나 모바일용 웹사이트가 없었고, 모바일 환경에 적합한 SNS도 없었으며, 비용과 편리성 면에서 스마트폰에 필수 기능인 와이파이가 널리 보급되지 못했다. 아직 스마트폰 생태계가 갖춰지지 않은 것이다. 결국 노키아는 새로운 길을 닦느라 힘만 빼는 사이 뒤따라오는 경쟁자에게 길을 열어주고 자신은 몰락하는 최후를 맞이하게 된다.[133]

이런 '선발자의 불이익'을 뒤집으면 '후발자의 이익'이 된다. 'Second-Mover Advantage'라고도 하며,[134] 비슷한 용어로 '후진성의 이점 Advantage of Backwardness'이 있다.[135] 후발자는 선발자의 경험과 자산을 공유하면서 전략적인 요충지만을 골라 집중할 수 있어 도리어 유리할 수 있다는 것이다. 이런 '후발자의 이익'은 국가적 발전에서도 잘 나타난다. 국제경제에서 후발자는 선발자의 경험을 참고함으로써 중간 연구 개발과 혁신 원가를 생략하고 시행착오와 자본 투입을 줄이고 기존 발전 기반 위에서 새로운 연구 개발 과정에 직접 진입하거나 기존 발전 성과를 누릴 수 있는 이점이 있다. 노벨경제학상 수상자 마이클 스펜스Michael Spence가 이끄는 성장위원회에 따르면, 제2차 세계대전 이후 13개 국가가 후발 주자의 이점을 활용해 25년 이상 연평균 7퍼센트가 넘는 성장률을 기록했다. 7퍼센트는 선진국 성장률의 최소 2배가 넘는 수치였다.[136]

'문화결정론'과 '경제결정론'을 넘어서

후발자의 이익은 문화산업에서도 잘 나타난다. 후발자는 무엇보다도 문화 상품의 개발비와 시행착오의 비용을 줄일 수 있다. 이렇듯 한국 대중문화 연구에서 반드시 고려해야 할 필수 사항은 정치경제적 배경, 특히 '수출 경제'가 대중문화에 미친 영향이다. 달리 말하자면, '문화적 연구'와 '정치경제적 연구'를 동시에 해야 한다는 뜻이다. 우리는 당연히 양극단에 있는 '문화결정론'과 '경제결정론'을 동시에 거부하는 동시에,[137] 어느 한쪽에 치우치지 않는 균형을 취할 필요가 있다. 이런 균형의 한 사례를 음미해보자.

　홍성욱은 "대한민국이 빠른 시간 안에 인터넷 강국이 될 수 있는 데에는 우리가 무사의 기개를 지닌 기마민족의 후예라는 사실이 한몫한다"고 주장하는 '기마민족론'은 위험하다고 비판하지만, 휴대전화의 급속한 보급엔 문화적 요인도 있다는 입장을 취한다. "1990년대 들어 급속하게 붕괴하는 공동체를 경험하던 사람들이 기술적 통신수단을 사용해서 타인과 아직도 연결되어 있다는 느낌을 확인해보길 갈 망했던 문화적 배경과, 핸드폰 번호를 사적인 것이라기보다 누구에게 나 줄 수 있는 공적인 것으로 여기듯 프라이버시에 대한 느슨한 태도 가 한몫"했다는 것이다.[138]

이게 바로 내가 생각하는 '균형'이지만, 이게 의외로 쉽지 않다. 무 엇보다도 전공 세분화로 인해 형성된 연구자들의 '아비투스(습속)' 탓 이 크다. 한류를 문화로 보려는 연구자들은 문화에만 치우치고, 한류 를 산업으로 보려는 연구자들은 경제에만 치우치는 경향이 있다. 두 입장은 딴 세계에서 사는 것처럼 별도로 갈 길을 가면서 상호 소통은 없는 게 현실이다. 하지만 어느 쪽 입장을 취하건 문화와 경제를 동시 에 보아야만 한류 현상을 온전히 이해할 수 있다는 데에 이의를 제기 하긴 어려울 것이다.

1980년대까지의 한류사에 대해 이야기하자면, 1970년대와 1980년대에 걸쳐 세계에서 가장 빨랐던 한국의 TV 보급 속도는 당 시 전자산업의 주요 수출 품목이 TV 수상기였다는 사실과 깊은 관련 이 있다는 점에 주목할 필요가 있다. 이는 TV가 대중문화이기에 앞서 먹고사는 문제였음을 시사한다. 물론 미디어를 국민 동원과 경제개발 의 도구로 이용하려는 군사독재 정권의 의도도 적잖이 작용했음은 두 말할 나위가 없다.

제작 능력이 미처 따르지 못하던 상황에서 TV 수상기의 급증으로 전 국민의 눈과 귀를 상대로 승부를 벌여야 했던 제작자들은 스스로 '노가다'로 부르면서 피 말리는 군사작전식 제작에 임하지 않을 수 없 었다. 일본 프로그램 표절도 많이 저질렀고, 드라마 편집을 방영 직전에야 끝내 헐레벌떡 방송 시간을 맞추는 일도 허다했다. 신문들과 평론가들은 그걸 '날림 공사'라는 식으로 비판했다.

드라마가 너무 많고 내용은 저질이고 죽기살기식의 시청률 경쟁에 매달린다며 '드라마 망국론'도 적잖이 제기되었다. 그런 식으로 핍박을 받으며 내공을 쌓아온 한국 드라마가 온 아시아 지역을 떠들썩하게 만든 '한류'의 전위대가 될 줄 누가 알았으랴. 군사작전식 제작 과정을 거치면서 그 누구도 넘볼 수 없는 순발력이 길러진 걸까? 전문가들은 '사전 제작제'가 필요하다고 아우성쳤지만, 그때그때 시청자들의 반응에 따라 내용이 달라지는 제작 시스템이야말로 시대를 앞서간 '프로슈머 정신'의 실천이었다는 평가마저 나오게 된다. '할리우드 키드', 'AFKN 키드', '세운상가 키드'로 불렸던 이들은 '후발자의 이익'을 실현하는 주체가 되면서 훗날 한류의 주역으로 성장한다.

〈쥬라기 공원〉이
촉발한 '문화 전쟁'

"세계는 넓고 볼 것은 많다"는 위성방송의 침투

제1장에서 거론한 「FM 음악 방송과 미디어 제국주의」라는 글은 결론 삼아 '민족음악 구현'의 필요성을 역설했지만, 미디어 기술의 눈부신 발달은 빠른 속도로 국경을 허물어뜨리고 있었다. 미국 문화만 문제인 것도 아니었다. 1990년 서울을 비롯한 대도시의 아파트촌엔 새로운 풍속이 생겨나기 시작했다. 주로 일본의 위성방송을 시청하기 위한 파라볼라 안테나parabola antenna의 설치였다. 1990년 초 MBC의 한 조사에 따르면 서울 시민의 22.2퍼센트가 파라볼라 안테나를 설치했으며, 37.4퍼센트가 일본 위성방송을 시청한 경험이 있는 것으

로 밝혀졌다.

신문지상엔 파라볼라 안테나 광고가 요란스럽게 등장했는데, 이들은 한결같이 솔깃한 광고문구들을 선보였다. "세계는 같이 자지 않는다", "세계는 넓고 볼 것은 많다", "세계와 우리가 동시에 보고 느낀다", "세계는 하나 우주국은 24시간 방송 중", "리모콘 하나로 세계를 움직인다", "리모콘 하나로 세계를 한눈에", "리모콘 하나로 세계를 여러분의 안방으로".

'세계' 대신 '지구촌'과 '우주'를 내세운 광고 문구들도 있었다. "지구촌을 하나로 연결하는 위성방송 수신 시스템", "저 푸른 창공 너머에는 우주 공간의 수많은 인공위성으로부터 지금 이 순간도 지구의 곳곳에서 벌어지는 생생한 소식들이 쏟아져 내려옵니다". 그런가 하면 이미 '세계화'된 사람들을 위해 실용적인 목적을 내세운 것들도 있었다. "국제정보화시대 사업가 필수품", "영어 및 일어 회화 정복의 최상 교재", "21세기 최신 정보시대의 전문가가 되는 비결".

이렇게 '유익한' 파라볼라 안테나의 부품을 수입해 조립해서 파는 업체 수는 신문광고를 내 지방 판매 지사를 모집할 정도로 큰 것만 따져도 20개를 넘었다. 파라볼라 안테나를 설치하는 비용은 채널수의 선택에 따라 최하 60만 원에서부터 200만 원대에 이르기까지 다양했다. 이 업체들은 미국, 영국, 일본, 중국, 싱가포르, 홍콩, 호주, 뉴질랜드, 프랑스, 캐나다 등 10여 개국의 주요 방송을 다 시청할 수 있다고 광고했다.

이 업체들의 판촉 활동은 대단히 적극적이었다. 어느 유명 탤런트를 광고모델로 등장시킨 업체가 있을 만큼 공세가 치열했다. 거의 모

1990년 일간지에 등장한 파라볼라 안테나 광고들에는 모두 다 광고 문구에 '세계'를 넣었다.

든 업체가 전화 한 통화로 상담에서 설치, 24개월 분할 판매, 이사 시 이동 설치 서비스, 3년간 하자 보증, 프로그램 한글 번역판 무료 배부 등의 서비스를 제공했다. 판매업자들의 광고는 세계니 지구촌이니 우주니 하고 떠들었지만 대부분의 위성방송 시청자들은 일본 방송에만 심취하고 있는 것이 현실이었다. 설치 비용이 가장 싸게 먹히고 내용이 가장 '화끈'하기 때문이었다.

위성방송 시청이 문화 수준의 척도로 간주되면서 신용카드로 파라볼라 안테나를 설치하는 가정이 급격히 늘어났고, 공동 안테나를 설치해 가구당 10만 원의 비용으로 일본 위성방송을 시청하는 아파

제2장 〈쥬라기 공원〉이 촉발한 '문화 전쟁'

트 단지도 생겨났다. 또 유선방송업체들은 일본 위성방송을 녹화해 두었다가 가입자들에게 착실히 보내주었다. 호텔과 여관 등 숙박업소, 다방, 목욕탕, 식당은 물론 청소년들을 대상으로 하는 오락실과 만화 가게까지 위성방송 서비스를 제공했다.

일본 위성방송의 국내 침투를 매우 두려운 시선으로 바라보고 개탄한 사람이 많았다. 이 문제를 1면 머리기사로 다룬 신문도 있었고 사설 또는 기사를 통해 깊은 우려를 나타낸 신문과 잡지도 꽤 있었다. 일부 학자들도 세미나 등을 통해 한국의 대일對日 문화 종속의 위험을 경고했다.[1]

'글로컬리제이션'의 탄생

그러나 위성방송은 시대적 대세였다. 1991년 12월 홍콩에 기반을 둔 STAR TVSATELLITE TELEVISION ASIAN REGION TV가 통신위성을 이용해 범아시아를 대상으로 5개 채널 서비스를 시작했는데, 이는 나중에 한류의 통로로도 활용된다. 스타TV는 세계적인 미디어 거물 루퍼트 머독Rupert Murdoch이 1993년 8월에 주식의 64퍼센트를 인수하고, 1995년 7월에 잔여분인 36퍼센트의 지분을 인수함으로써 아시아권을 아우르는 문화 콘텐츠의 주요 통로로 활약하게 된다.[2]

위성방송이라는 시대적 대세에 발맞추듯, 1991년은 국제 문화 유통에서 매우 중요한 개념이 출현한 해이기도 했다. 이해에『옥스퍼드 신어사전』은 '글로벌 로컬리제이션global localization'을 줄여서 만든

'글로컬리제이션glocalization'이라는 신조어를 수록했다. 일본 소니의 창업 멤버이자 회장인 모리타 아키오盛田昭夫가 세계적인 것과 지역적인 것을 혼합하는 기업 원리를 주창하면서 만들어낸 말이었다. 그는 1992년 「일본형 경영이 위태롭다」는 글에서 이렇게 회고했다.

"우리는 유럽에 직접투자를 해서 유럽 기업이 되면 거기서 받아들여진다고 믿고, 어떻게 하면 유럽 기업이 될 것인가를 고민하여 생산에 관한 모든 것의 주문을 현지화現地化하고 권한도 본사로부터 대폭 위임시켰다. 또 현지의 각 기업에 대해서도 현지 공동체에서 좋은 시민이 되도록 노력하라고 지시했다. 나는 이를 '글로벌 로컬리제이션'이라고 기업 슬로건화하는 한편, '동기 개혁', '의식 개혁'을 진행시켰다."[3]

이처럼 글로컬리제이션은 기업의 생존 전략으로 설정되었다. "사고와 전략은 글로벌하게, 행동과 운영은 로컬하게" 해야 한다는 것이다. 미국 디즈니사의 한 간부는 이렇게 말했다. "모든 어린이들에게 디즈니 캐릭터는 지역적 인물이어야 하며, 이것은 매우 중요한 사실이다. 이들은 모두 지역 언어로 말한다.……'전 지구적으로 사고하되, 지역적으로 행동하는 것', 이것이 바로 디즈니의 전략이다."[4]

홍성욱은 글로컬리제이션은 글로벌 문화의 '잡종적' 혼재 양식이며, '글로벌'과 '로컬'의 관계는 네트워크 혁명이 수반하는 사회·문화적 변화를 이해하는 데 무척 중요하다고 말한다. 예를 들어 스티븐 스필버그Steven Spielberg나 조지 루커스George Lucas의 〈스타워즈〉 같은 영화들은 서구, 아시아, 라틴아메리카 등 다양한 로컬 문화의 공통적인 신화적 요소를 영화의 소재와 플롯에 도입함으로써 전 세계적인 성공을 거두었다는 것이다.[5] 이는 훗날 한류가 다양한 방식으로 사용

하는 전략의 기본이 된다.[6]

SBS는 한국 TV의 은인인가, 원흉인가?

TV가 대중문화를 주도했던 1991년에 이루어진 갤럽 조사에 따르면 한국의 1가구당 평균 TV 시청 시간은 5시간 33분이며, 1인당 시청 시간은 2시간 35분인 것으로 나타났다. 한마디로, TV의 전성시대였 다. 1991년 3월 20일 SBS 라디오 개국에 이어, 그해 12월 9일 SBS - TV 개국은 TV 전성시대가 당분간 더 지속될 것임을 예고했다. SBS - TV는 치열한 시청률 경쟁을 촉발해 한국 방송의 오락 편향성을 강화 하는 결과를 초래했지만, 기존의 KBS와 MBC가 갖고 있던 무사안일 주의에 자극을 준 긍정적인 측면이 있었다.

　방송연예인들과 일부 방송인들은 SBS-TV의 개국을 크게 환영했 다. SBS-TV의 개국이야말로 그들의 취업 기회를 확대시키고 처우를 개선시키는 데에 크게 기여할 수 있기 때문이었다. 시청자들에게도 SBS-TV의 개국은 TV 채널이 하나 더 생겨 TV를 시청하는 데 선택 의 폭이 그만큼 더 넓어진다는 점에서 내심 크게 환영할 만한 일임이 틀림없었다. SBS-TV의 탄생 배경이 되는 방송법 개정과 민영방송의 주체 선정 작업이 어떻게 이루어졌는지를 생각하면 이건 놀랍게 생각 해야 할 일이었지만, 세상은 그렇게 한가하게 돌아가진 않았다.

　SBS-TV에 대한 평가는 미국에서 벌어진 'ABC-TV 논쟁'과 비슷한 점이 있었다. 미국의 3대 지상파 방송 가운데 ABC-TV는

상업방송 SBS-TV의 개국은 치열한 시청률 경쟁을 촉발해 한국 방송의 오락 편향성을 강화하는 결과를 초래했다.

NBC-TV, CBS-TV에 이은 후발 주자였다. 어떻게 선발 주자들을 따라잡을 것인가? ABC-TV가 택한 전략은 철저한 '오락화'였다. 이 전략이 시청률 경쟁에서 먹혀들어가자 NBC-TV와 CBS-TV도 ABC-TV를 모방하는 일이 벌어졌고, 그 결과는 미국 방송의 전반적인 오락성 심화였다.

ABC가 미국 방송에 미친 영향은 1978년에 여실히 드러났다. CBS는 3월부터 만화영화와 같은 드라마 〈두 얼굴의 사나이〉를 방영하기 시작했다. 이 프로그램은 비평가들에게서 많은 비판을 받았지

제2장 〈쥬라기 공원〉이 촉발한 '문화 전쟁'

만, 이후 5년간 높은 시청률을 기록하게 되었다. 반면 비평가들의 찬사를 받은 프로그램들은 매우 낮은 시청률을 기록해 오래 존속할 수가 없었다. 미국 하버드대학의 '공부벌레들'을 다룬 CBS의 〈하버드대학의 공부벌레들〉과 같은 작품이 불과 한 시즌 만에 막을 내린 것이 바로 그런 경우였다.

이와 같은 상황은 '그레셤의 법칙'이 적용되는 방송 시장에서 후발 주자의 필사적인 노력이 가져올 수 있는 피해가 어떤 것인지를 입증해주는 것이었다. 같은 맥락에서 위스콘신대학의 방송사가인 제임스 보프먼James L. Baughman은 「ABC와 미국 방송의 파멸」이라는 논문에서 "ABC는 이미 50년대 후반부터 미국 텔레비전을 파멸시킨 장본인"이라고 주장하기까지 했다.[7]

그러나 고상한 프로그램을 선호하는 지식인으로선 '미국 방송의 파멸'이었을지 몰라도, 미국의 일반 대중은 물론 세계의 대중은 '미국 방송의 부흥'이라고 해도 좋을 정도로 미국 방송의 오락성 심화를 환영했다는 것이 밝혀졌다. 이는 SBS-TV에 대해서도 똑같이 할 수 있는 말이었다. 한국에서도 똑같은 일이 벌어졌으니 말이다.

사실 1992년은 한국 TV 오락사에서 일대 분기점이었다. 10여 년 넘게 KBS와 MBC가 누려온 독과점 체제가 시장 적응 기간을 끝낸 SBS의 적극적 활약으로 인해 붕괴되면서 편성과 제작의 리더십을 사실상 SBS가 행사하는 반란을 일으켰다. SBS는 우선 인력 스카우트로 방송계에 균열을 일으켰다. MBC 사원 108명이 SBS로 빠져나갔는데, 이 중 기자만 29명으로, 거의 5명에 1명꼴로 빠져나간 셈이었다.

SBS의 활약으로 3개 방송사 간 경쟁이 치열해짐에 따라 각 방송사들은 '수시 편성 체제'로 전환을 시도했으며, SBS는 방송 시간대를 툭하면 바꾸는 등의 방법으로 그간 비교적 고정된 편성 체제에 균열을 야기했다. 1992년 봄철 프로그램 개편 시에 KBS와 MBC에서 폐지되거나 축소된 프로그램들은 대부분 교양성이 높은 프로그램들이 었으며, 반면 신설된 프로그램들은 오락성이 강화된 프로그램들이었다. 그러한 양상은 가을철 프로그램 개편 시에도 그대로 나타났다.

당연히 TV의 '저질 경쟁'에 대한 비판의 소리가 높았다. 1992년 11월 한 달에만도 신문들은 「TV 오락물 너무 낯 뜨겁다」(『한국일보』 11월 2일), 「청소년 문화와 TV의 역할」(『동아일보』 11월 12일), 「요즘 TV 낯 뜨겁다」(『조선일보』 11월 15일), 「TV 방송의 저질 대행진」(『국민일보』 11월 15일), 「텔레비전 저질 경쟁 단호히 대처해야」(『한겨레신문』 11월 16일) 등 일련의 사설을 통해 TV에 대해 맹공을 가했다. 방송위원회도 사상 최초로 드라마 연출자에게 3개월 연출 정지를 내리는 등 '저질 경쟁'의 리더십을 행사하고 있는 SBS의 프로그램들에 대해 일련의 규제 조치를 취했다.

SBS-TV는 한국 TV의 은인인가, 원흉인가? 지식인으로선 SBS-TV가 한국 TV의 오락성을 심화시킴으로써 TV를 망친 장본인이라고 비판할 수 있겠지만, 일반 대중은 결코 그렇게 생각하지 않았다. 아니 일부 전문가도 그렇게 생각하지 않았다. 훗날(2004년) 문화사회연구소장 이동연은 한류와 관련해 "공중파의 막강한 자본 능력이 경쟁력을 뒷받침하고 있고, SBS의 개국 이후 시청률 경쟁이 치열해져 한국 드라마의 수준이 높아졌다"고 진단했다.[8]

SBS-TV의 등장은 연예기획사의 발전에도 일조했다. 그간 MBC

와 KBS는 연기자와 개그맨 등 연예인을 선발해 교육시킨 뒤 방송사 전속제로 해 연예인을 관리했기 때문에 연예인의 매니지먼트 기획사가 크게 필요하지 않았다. 하지만 SBS 등장으로 전속제가 폐지되고 텔런트 공채를 하지 않아 연예인 관리와 신인 발굴 업무를 연예기획사가 맡으면서 1990년대에 에이스타스, 싸이더스, 스타서치 등 기업형 연예기획사가 등장하게 되었다.[9]

MBC의 주말연속극 〈사랑이 뭐길래〉

1991년 11월 23일부터 1992년 5월 31일까지 방송된 MBC의 55부작 주말연속극 〈사랑이 뭐길래〉(박철 연출)는 폭발적인 인기를 누렸다. 평균 시청률 59.6퍼센트로 역대 1위, 최고 시청률 64.9퍼센트로 역대 2위를 기록했다(1위는 65.8퍼센트를 기록한 〈첫사랑〉).[10] 작가 김수현의 체취를 물씬 풍기는 이 드라마에서 스토리나 구성은 별 의미가 없었다. 다소 황당무계한 소재에 우연이 남발되고 등장인물들이 한결같이 '사이코'라 해도 좋을 만큼 강한 개성의 소유자들이며 엄청나게 말을 많이 한다는 것도 문제 삼을 건 아니었다. 그건 가수 조용필이 춤을 잘 추느냐 못 추느냐를 따지는 것처럼 대단히 지엽적인 일이었다.

김수현 드라마의 생명은 '대사'에 있었다. 단지 '날카롭다'고 말하는 것만으론 부족했다. 그의 대사는 '사고'와 '언어'의 경계를 수시로 넘나들었다. 김수현 드라마의 등장인물들은 대부분의 사람들에겐 머릿속에서만 어렴풋이 맴돌고 있는 생각들을 또는 점잖 빼느라 차마

MBC 주말연속극 〈사랑이 뭐길래〉는 김수현 드라마의 생명이 '대사'에 있음을 여실하게 보여주었다. 김수현 드라마의 대사는 '사고'와 '언어'의 경계를 넘나들었다.

입에 올리지 못하는 말들을 평이한 언어로 분명하고 아주 빠르게 거침없이 내뱉었다.

　김수현의 언어는 상식과 사회통념마저 해부해 뒤집어버리는 해체의 성격이 강했다. 바로 그런 이유 때문에 그의 언어는 외적으론 비현실적인 것 같지만 내적으론 대단히 뛰어난 현실성을 갖고 있었다. 그건 피카소의 그림이 사진보다 현실적일 수 있는 것과 같은 이치였다.

그간 방송 언어가 '위생 처리'된 '위선의 언어'였다는 걸 감안한다면, '추상'을 끊임없이 '구체화'하는 김수현의 언어가 시청자들을 끌어모으는 건 결코 놀라운 일은 아니었다.

그러나 TV 드라마는 연극이나 영화처럼 닫힌 공간에서 즐길 수 있는 건 아니기에, 김수현의 언어가 그리는 궤적을 추적할 시간적·심리적 여유가 없는 시청자들에겐 김수현 드라마는 윤리 문제와 더불어 시끄러운 소음으로 얼룩진 '저질 드라마'로 여겨질 수도 있었다. 김수현의 드라마에 빠져든 시청자들마저도 자신의 심리적 치부를 적시해내는 김수현 언어의 영민한 '가학성'에 까닭 모를 반감을 느낄 법도 한 일이었다.

〈사랑이 뭐길래〉는 그런 요소가 충만했다. 이 드라마에서 '사랑의 철학'을 기대한다면 그건 큰 오산이었다. 이 드라마는 사랑과는 별 관계가 없었다. 대학원에 다니는 '여성해방론자' 지은(하희라 분)이 만난 지 몇 개월 되었다는 '여필종부론자' 대발(최민수 분)에게 밑도 끝도 없이 결혼을 요구하며 길바닥에서 무릎까지 꿇으려고 하는 걸 어떻게 '사랑 이야기'라고 할 수 있겠는가. 이 드라마에서 사랑은 '국화빵'의 '국화'처럼 그저 모양이 그렇다는 의미일 뿐이었다.

〈사랑이 뭐길래〉는 남녀 관계를 포함한 가족 관계와 더 나아가 중산층의 일상적 인간관계에서 흔히 나타나는 내숭, 위선, 타자지향성他者指向性, 허위의식 따위를 언어의 '비수'로 파고들되 언어의 '촉감'으로 유화시킨 코믹 풍자극에 가까웠다.

일부 여성학자들은 〈사랑이 뭐길래〉가 가부장제를 옹호한다고 비판했지만, 이영미는 이 작품의 메시지는 가부장제를 옹호하는 게 아니라 진보적 가정과 보수적 가정을 대비시키는 가운데 '양비론 내지는 양시론적 냉소주의'라고 했다. "보수의 입장에서 진보는 비판되며, 진보의 입장에서 보수는 비판된다. 진보와 대비하여 보수의 구체적 장점이 드러나며, 보수와 대비하여 진보의 구체적 장점이 드러난다. 결국 두 집안은 세상에 대한 각기 다른 태도로 대립하지만, 따지고 보자면 양쪽 다 장단점을 가지고 있다는 것이다."

이어 이영미는 "이 작품의 주제곡을 제치고 주제가에 대신할 만큼의 인기를 얻은 김국환의 〈타타타〉는 작가의 이러한 태도와 잘 맞아떨어진다"며 "알몸으로 태어나서 수의 한 벌 걸치고 땅에 묻히니 그래도 세상살이가 '수지맞는 장사' 아니냐는 말은 얼마나 냉소적인 반어反語인가!"라고 했다. "이것이야말로 90년대를 사는 우리의 모습이다. 열정적인 70, 80년대를 지나, 이제는 여당도 싫지만 야당도 꼴 보기 싫고 대안 없고 힘없는 운동권도 더이상 보기 싫다는, 그래서 아예 생각하고 싶지 않고 더이상 어디에도 자신의 희망을 내맡기고 싶어 하지 않는, 아니 어쩌면 희망을 만드는 것 자체를 스스로 거부해버리는 태도인 것이다."[11] 이영미의 이런 해석이 타당하다면, 〈사랑이 뭐길래〉는 1990년대의 시대정신을 말해주는 드라마였던 셈이다.

'뉴 키즈 온 더 블록' 태풍

1992년 3월, 사망 1명, 부상 40여 명이라고 하는 상처를 남긴 채 국내 10대들을 열광케 했던 '뉴 키즈 온 더 블록'의 국내 공연 태풍은

제2장 〈쥬라기 공원〉이 촉발한 '문화 전쟁'

1990년대의 세계에 대해 많은 것을 시사해주었다. 국내 언론은 우리 아이들이 왜 그 모양이냐고 호들갑을 떨었지만, 뉴 키즈 온 더 블록에 열광하는 건 비단 우리 10대만은 아니었다. 전 세계의 10대들이 그들에게 열광했다.

'뉴 키즈 온 더 블록'의 뒤엔 노래와 춤에 능한 백인 소년들을 오디션으로 뽑아 훈련시킨 미국의 유능한 작곡가이자 프로듀서인 모리스 스타Maurice Starr가 있었다. 국내엔 MTV에 이어 '뉴 키즈 온 더 블록'의 인기에 영감을 받은 이가 있었으니, 그는 바로 이수만이었다. 이수만은 1985년 미국 캘리포니아주립대학원에서 컴퓨터 엔지니어링 석사학위를 마치자 현지 업체가 3만 달러의 연봉을 제시한 스카웃 제의를 거절하고 곧장 귀국했다. 유학길에 오르며 나사NASA에서 일하고자 했던 꿈을 엔터테인먼트 사업을 향한 열정과 바꾼 것이다.[12]

이수만은 귀국 후 방송 활동, 이태원 디스코텍 DJ, 인천 월미도에서 카페 운영 등으로 마련한 5,000만 원을 종잣돈 삼아 1989년 SM 기획을 설립했고, 1990년 1호 뮤지션으로 현진영과 와와를 데뷔시켜 성공을 거두었다. 그러나 현진영이 대마초 사건으로 구속되면서 이수만에게 엄청난 손실을 입히자, 그는 이후 소속 연예인 사생활 관리의 필요성을 깨닫게 되었고 이른바 '인-하우스 시스템'을 도입했다. 이는 다른 기획사들도 따르는 표준이 된다.[13]

현진영 이후 뚜렷한 히트 작품을 내놓지 못한 이수만은 '뉴 키즈 온 더 블록' 태풍을 지켜보면서 결심을 한다. 음악평론가 김영대에 따르면, "이수만은 한국 음악산업의 미래가 아이돌 음악에 있다는 것을 빠르게 간파하고 미국의 댄스 음악이 가진 트렌디함과 일본이 10년

이수만은 뉴 키즈 온 더 블록의 인기를 지켜보면서 음악산업의 미래가 아이돌 음악에 있다는 것을 빠르게 간파하고 'K-pop 아이돌'을 탄생시켰다. 1990년대 10대들을 열광케 했던 뉴 키즈 온 더 블록의 2014년 월드 투어 콘서트.

전부터 발전시켜온 아이돌 육성 시스템을 접목시켜, '케이팝 아이돌' 이라는 기막힌 혼종을 탄생시키기에 이른다".[14]

1990년대의 10대는 과거의 10대와는 달리 막강한 구매력을 자랑했다. 가족당 자녀 수가 줄어들면서 그들이 가계의 소비 행위에 미치는 영향력은 더욱 커졌다. 백화점과 호텔은 이미 어린이들의 구매력을 인식하고 1년 내내 어린이들을 위한 행사를 벌임으로써 어린이들과 그 부모들을 유인했다. 어린이 영화 무료 시사회, 만화 올림픽, 어린이 동화극 공연, 어린이 팔씨름 대회 등 온갖 종류의 기발한 아이디어가 동원되었다. 광고에 어린이 모델이 부쩍 늘어난 것도 결코 우연이 아니었다.

자본은 늘 구매력이 있는 자들을 편애하기 마련이었다. 구매력이 없는 자들이 구매력이 있는 자들을 흉내내지 그 반대는 성립되지 않았다. 이런 이유 때문에 10대를 겨냥한 대중문화 공세는 더욱 치열해졌다. 1992년 현재 전체 인구의 26.7퍼센트인 1,135만 3,000여 명이 학생이며 이 중 중고생은 절반을 차지했다. 이들은 대중문화의 '실세'였다. 이들의 강점은 정열이었다. 성인들은 아무리 TV를 많이 시청한다 하더라도 그들은 TV에 별 영향력을 행사하지 못했다. 그들에겐 정열이 결여되어 있기 때문이었다.

10대의 '대중문화 장악'과 '오빠 신드롬'

방송사의 공개 프로그램이 바로 그런 정열의 지배를 받는 대표적 사례였다. 3개 방송사의 TV 공개 프로그램은 25개 정도였는데, 쇼와 코미디 프로그램은 방청객의 90퍼센트가 10대들이었다. 공개 프로그램의 생명은 방청객의 호응이기 때문에, 10대들을 방청객으로 한 프로그램은 10대 위주로 제작될 수밖에 없었다. 그들이 곧 그 프로그램의 성격을 결정지었다.

1990년대 초반 공개방송으로 진행되는 TV나 라디오 프로그램의 방청객으로 참여하기 위한 일부 10대들의 경쟁은 상상을 초월할 정도로 치열했다. 줄을 서서 몇 시간씩 기다리는 건 보통이고 심지어 매를 맞기까지 했다. 어느 방송사 앞에서 벌어진 다음과 같은 목격담은 실로 눈물겨울 정도였다.

"아이들이 서로 먼저 들어가려고 미는 바람에 다친 아이가 꽤 있었다. 잠시 후 객석이 다 찼는지 더이상 들여보내 주지 않았다. 그 상황에서도 기어이 들어가려고 하는 극성팬들을 물리치느라 관리하는 아저씨들과 모 가수의 매니저가 몽둥이를 휘두르기 시작했다. 어떤 아저씨는 여자 아이들의 머리를 잡아당기고 또 발로 차기까지 했다. 심지어는 허리띠를 풀어 휘두르기도 했다. 너무나도 어처구니없는 일이었다. 코피가 터진 아이도 있었고 땅에는 여러 군데 핏자국이 보였다."[15]

공개방송이 아닌 프로그램이라고 해서 10대들의 영향에서 자유로운 건 아니었다. 가수든 탤런트든 연예인을 스타로 만드는 가장 큰 원동력은 그들을 우상으로 떠받드는 10대들에게서 나오기 때문에 성인용 TV 드라마조차도 10대들의 영향권 밖에 있는 건 아니었다. 가정의 '과보호' 속에 성장한 10대들의 채널 선택권도 무시할 수 없는 힘으로 작용했다.

특히 대중가요는 10대들의 절대적 영향력 밑에 놓여 있었다. 10대는 한국 음반 시장 매출액의 70퍼센트에 해당되는 구매력을 과시했다. 초등학생들도 대중가요의 주요 고객이었다. 1991년 KBS와 현대리서치연구소의 공동조사에 따르면 서울 시내 초등학교 4~6학년 어린이들의 애창곡 20곡 가운데 1위부터 5위는 〈오직 하나뿐인 그대〉, 〈날 울리지마〉, 〈이별여행〉, 〈이젠〉, 〈그녀를 만나는 곳 백미터 전〉 등 모두 대중가요였다.

10대들의 '오빠 신드롬'이 너무 심해 방송위원회는 1991년 10월부터 10회에 걸쳐 KBS 〈젊음의 행진〉, 〈한바탕 웃음으로〉, MBC 〈토요일 토요일은 즐거워〉 등의 프로그램에 "청소년 등의 소란스러운 방청 분위기 억제에 관한 주의 권고"를 내리기도 했다. 그러나 방송위원회가 '사과방송' 명령을 내린다 할지라도 그런 프로그램이 10대 위주로 제작되는 걸 막을 수는 없는 일이었다. '오빠 신드롬'은 초등학교 어린이들에게까지 확산되어 싸움까지 벌어졌으니 말이다. 『중앙일보』(1992년 7월 4일)는 "서울 J 초등학교 5학년 교실에서는 정호와 영철이 심하게 다투어 선생님께 벌을 받았다"며 다음과 같이 말했다.

"이들이 싸운 이유는 정호가 자신이 좋아하는 연예인을 영철이 좋아하는 것을 알고 영철에게 포기하라고 했으나 이에 반발했기 때문이다. 게다가 최근 영철이가 정호에게는 없는 그 연예인의 사진까지 구해온 것을 보고는 '내가 그를 먼저 좋아했다'며 사진을 빼앗자 급기야 서로 주먹질까지 오가는 사태로 발전한 것이다. 최근 주먹질까지는 않더라도 연예인을 두고 벌어지는 이런 류의 다툼은 초등학교 고학년 교실에서는 흔히 일어나는 일이다. 승강이 내용은 대개 '내가 좋아하는 완선 언니를 좋아하지 말하라', '내가 좋아하는 최진실이 네가 좋아하는 강수지보다 더 예쁘다', '사진을 산 곳을 알려달라'는 등이다."[16]

'서태지와 아이들'의 출현

1992년 봄 한국 대중문화계에 '서태지와 아이들'이 등장했다. 4월 11일 MBC-TV의 〈특종 TV연예〉에 출연한 이후 벌어진 논란이 인상적이었다. 이 프로그램은 임백천의 사회로 사전에 선정된 신인 가수들을 출연시켜 가요평론가와 가수 등 4명의 심사위원이 평가하고 점수를 매기는 포맷이었다. 20대 초반의 풋풋한 모습의 서태지와 양현석, 이주노 등 3인은 데뷔곡 〈난 알아요〉를 들고 나와 당시로선 파격적인 랩과 역동적인 안무로 무대를 꾸몄지만, 심사위원들에게서

데뷔 한 달도 안 돼 10대들의 우상이 된 서태지와 아이들은 훗날 '현대 k-pop의 시조'라는 평가를 듣게 된다. 1994년 8월 서울 잠실 올림픽 체조경기장에서 열린 서태지와 아이들 3집 발매 기념 콘서트.

10점 만점에 평균 7.8점의 만족스럽지 못한 평가를 받았다. 이는 최저점 득점자라는 불명예에 해당한 것이었다.

서태지와 아이들은 평가단에서 "멜로디 부분에 신경을 안 쓴 것 같다", "동작 속에 노래가 묻혀 아쉽다", "음악은 새로운데 가사가 진부하다"라는 혹평을 들었다. 다만 심사위원 중 연예평론가 이상벽은 "동작은 격렬한데 내용은 섬세하다. 그간 오디오형 가수가 많았는데 내한 공연에서 기대에 미치지 못한 뉴 키즈 온 더 블록의 아쉬움을 풀어주는 그룹이 될 것 같다"며 앞날을 예견하는 듯한 칭찬을 보내 눈길을 끌었다.[17]

세상이 그들을 알아보는 데엔 오랜 시간이 걸리지 않았다. 그들은 데뷔 한 달도 안 돼 10대들의 우상이 되었으며 20대 젊은이들 사이에서도 높은 인기를 누렸다.『한겨레신문』논설위원 김선주는 서태지는 '하나의 사건'이므로 1992년 10대 뉴스에 넣어야 한다고 주장했다가 주위의 웃음을 샀다고 했다.[18] 서태지는 1992년엔 아직 기성세대의 감동까지 자아내진 못했다. 그렇지만 서태지와 아이들은 1993년부터 본격적으로 '문화사적 사건'이 되었고, 급기야 '미메시스'라는 한 젊은 평론가 집단은 서태지를 "우리 시대의 이데올로그이자 혁명가이자 시인이자 예술가"라는 평가까지 내렸다.[19]

김선주가 옳았다. 1994년 영국 런던에서 발간된『개략적인 세계 음악 가이드』라는 책은 "이 나라의 경제는 놀랄 정도로 발전했는지 모르겠다. 하지만 대중음악에 있어서는 주목할 만한 경지에 오른 인도네시아, 오키나와, 일본의 사운드에 전혀 견줄 만하지 않다"고 했지만,[20] 이제 서태지의 활약, 그들이 남긴 유산은 이 평가와는 정반대되는 방향으로 질주하게 된다. 훗날 서태지는 '현대 K-pop의 시조'라는 평가를 듣게 된다.[21]

서태지와 아이들의 등장 당시 이들에 대한 세대 간 평가의 차이가 시사하듯이, 1992년부터 언론매체들은 세대 갈등 문제에 큰 관심을 기울였다. 여러 신문이 '신세대'에 관한 특집을 연재했으며, 그러한 경향은 1993년 '신세대 신드롬'이라 해도 좋을 정도로 최고조에 이르렀다. 신세대는 1993년 한국 문화계의 최대 화두가 되었다.

인구의 62퍼센트를 점한 'TV 세대'

어느 시대를 막론하고 '신세대'는 늘 존재해왔지만, 1993년에 꽃을 피운 '신세대'란 말은 단지 어느 시점을 기준으로 해 그 이전 세대는 '구세대'요 그 이후 세대는 '신세대'라고 부르는 그 이상의 것을 의미하는 것이 되었다. 신세대는 무엇보다도 TV 세대였다. 1992년 통계청의 집계에 따르면 한국 인구 가운데 20대 이하는 44퍼센트, 30대 이하를 따지면 62퍼센트에 이르렀다. 이 62퍼센트의 인구는 이른바 'TV 세대'였다.

이 시점에서 TV의 역사는 이제 불과 50년이었으며, 한국 TV 역사는 30년에 지나지 않았다. 1960년대의 TV 수신기 보급이 신통치 않았다는 것을 감안한다면, 한국에선 20대 초반까지의 인구를 'TV 세대'로 볼 수 있었다. 그러나 10세 이후에 미친 영향력도 무시할 수 없기 때문에 넓게 보자면 30대 초반까지의 인구를 'TV 세대'에 포함시킬 수 있었다.

TV 세대는 곧 '대중문화 세대'이기도 했다. 광고도 대중문화의 일부로 간주했다. 실제로 광고는 '진보'를 거듭해 제법 볼 만한 영상물의 지위를 누리고 있었다. 시인 이승훈은 1993년 "최근의 카피 문화나 광고 문화는 놀라운 데가 많다. 신문을 보거나 TV를 보거나 우리의 시선을 끄는 것은 광고다. 문안도 신선하려니와 그림이나 이미지역시 예술작품 뺨칠 정도로 감동적인 것들이 많다"고 말했다.[22]

영화감독 정지영은 1993년 "한 여자 아이가 영화에 출연하고 싶다고 했다. 왜냐고 물었더니 탤런트 되기 쉬워서 그런다고 했다. 탤런

제2장 〈쥬라기 공원〉이 촉발한 '문화 전쟁'

'TV 세대'이자 '대중문화 세대'이기도 했던 신세대들 사이에선 이른바 '연예인 신드롬'이 번져 나갔다. 『한겨레신문』 1993년 8월 30일.

트는 왜 되려느냐고 다시 물었다. 그래야만 광고 방송 출연료가 높아 진다는 것이다"고 말했다.[23] 그럴 만도 했다. 1993년 40대 광고주가 쓰고 있는 모델의 42퍼센트가 1억 원을 넘게 받았으며, 연간 모델료 수입이 5억 원을 넘는 연예인도 여럿 되었다.[24]

광고계에 먼저 진출한 다음에 탤런트가 되어 나중에 큰돈을 만질 수도 있었다. 1993년 SBS-TV 3기 신인 탤런트 최종 합격자 17명 가운데 전문 광고모델은 전체의 70퍼센트인 12명이었다. 이 3기 신 인 탤런트 시험엔 20명 모집에 7,578명이 몰려 380대 1의 경쟁률을 기록했는데, 『한겨레신문』은 청소년들의 이런 '연예인 신드롬'에 대 해 다음과 같이 말했다.

"최근 3~4년 동안 호황을 누려온 서울 여의도 방송가의 10여 개 연기 학원에는 이번 여름방학 기간에 10대 수강생들이 더욱 많이 몰려들었다. 연기 학원가에서 명문으로 소문난 ○○학원의 경우, 성인반 · 중고반 · 유치반과 대학 진학을 준비하는 연극영화학과반 등 4개 반에 1백 80명의 수강생을 1년에 세 차례씩 모집하고 있으나 보통 1천여 명씩 수강을 희망하고 있어 간단한 전형을 통해 선발하고 있는 실정이다. 수강 희망생 90퍼센트 이상이 중고생이고 특히 중학생이 이 중 60퍼센트여서 중고생반 등은 항상 수강 인원을 초과해 1백여 명을 받고 있다."[25]

한국 최초의 트렌디 드라마, 〈질투〉

1992년 6월 1일부터 7월 21일까지 MBC는 미니시리즈 〈질투〉를 방영했다. 한국 최초의 트렌디 드라마Trendy Drama였다. 1980년대 후반 일본에서 버블 경제로 소비가 과열되는 가운데 종전의 홈드라마가 거의 자취를 감추고 이를 대신해 나타난 드라마 장르였다. 일부 일본 비평가들은 현실과 동떨어진 채 젊은이들의 화려한 환상에만 몰두하는 이 새로운 장르를 "골빈 여자들의 허영심에 아부하는 쓰레기"라고까지 비난했지만, 그건 어디까지나 사회적 상황의 산물이었다. 후지타케 아키라藤竹曉는 트렌디 드라마를 "주인공의 인생관 및 생활양식이 OLoffice lady를 중심으로 한 젊은이의 사고 및 패션, 나아가 소비 방법에까지 영향을 미친 연속 텔레비전 드라마"로 정의했다.[26]

〈질투〉는 어떤 드라마였던가? 스토리는 진부했지만 감각은 소비주의적 첨단이었다. 청춘 남녀인 남자 A와 여자 B는 '죽마고우'다. 남자 A는 갑자기 나타난 여자 C와 사랑에 빠진다. A와 B 모두 '사랑과 우정'의 갈등을 겪는다. 광고 세일즈맨으로 사회에 첫발을 내디딘 A는 굵직한 계약 건수 하나를 올리기 위해 어느 기업의 책임자인 D를 설득하려고 애쓴다. 그런데 D는 C의 옛 애인이다. A를 몹시 사랑하는 C는 D를 찾아가 A를 위한 청탁을 한다. 이 사실을 나중에 알게 된 A는 D와 한바탕 격투를 벌이지만 C에 대한 사랑엔 변함이 없다. A와 C의 뜨거운 사랑을 확인한 B는 C에게 A를 '잘 부탁한다'고 말한다. 그러나 그 이후로도 A와 B의 '사랑과 우정'의 갈등은 지겨울 정도로 계속된다.

스토리는 그렇게 유치했지만, 시청자들은 이 드라마에 푹 빠져들었다. A는 최수종, B는 최진실, C는 이응경이 맡아 열연했다. 본격적인 '영상 드라마'라는 점이 시청자들을 사로잡았다. TV 드라마는 모두 '영상 드라마'지만, 스토리나 대사보다는 그림 하나하나에 정성을 기울여 눈요깃거리를 최대한 제공한다는 의미에서였다. 밝고 고운 화면, 경쾌한 속도감, 감미로운 배경음악도 가미되었다.

감각적인 소비문화를 긍정한 이 드라마에선 갈등과 고민조차도 소비 지향적이었다. 이 드라마에서 사랑은 '풍요 속의 선택'의 문제에 지나지 않았다. 구질구질한 현실 문제는 완전히 배제되었다. 이 드라마 속의 '보통 사람들'은 자본주의의 시장경제가 제공해주는 소비의 특혜를 완벽하게 만끽했다. 피자, 점보트론, 롯데월드, 자가용 승용차, 컴퓨터, 팩시밀리, 편의점, 무선전화, 해외여행 등등. 자가용 승용차가 달리는 도로는 늘 쾌적하고, 아무리 중소기업이라지만 입사 1년 만에 차장으로, 실장으로 진급하는 '기적'이 아주 자연스럽게 이루어졌다.

미남미녀들의 갈고 닦은 연기력, 경쾌한 흐름, 볼거리에 집착하는 카메라, 부담 없이 감각을 건드리는 세련된 대사 등 그 무엇 하나 신경을 건드리거나 귀찮게 하는 게 없었다. 사랑도 아이스크림을 먹듯이 부드럽게 소비할 수 있다는 메시지를 던져주었다. 갈등과 고민은 바닐라 아이스크림을 먹느냐 딸기 아이스크림을 먹느냐 하는 정도의 것에 지나지 않는 것처럼 보였다.

김영찬은 〈질투〉를 계기로 한국 드라마는 트렌디 드라마의 거센 흐름에 휩쓸렸으며, 이와 함께 정통 리얼리즘 드라마의 퇴조가 일어났다고 분석했다. 김영찬에 따르면, 트렌디 드라마는 현대적 도시 공간에서 이루어지는 매력적인 남녀의 사랑 이야기를 주조로 하며, 세대·가족 간 갈등의 배제와 주변부화, 경쾌하고 호소력 있는 배경음악, 화려한 소품과 미장센, 이국적인 로케이션, 무겁지 않은 이야기 전개와 행복한 결말 등이 전형적인 특징을 이룬다. 김영찬은 "트렌디 드라마들이 전통적인 멜로드라마 못지않게 전형성에 매몰돼 있으며, 성차, 전통, 가족 이데올로기들을 재생산해내는 기제로 작동하고 있다"고 주장했다.[27]

〈질투〉가 '한류의 기원'이다

1992년 8월 한중 국교 정상화가 이루어지면서 대중문화 교류의 문이 열리기 시작했다. 이미 1년 전인 1991년 KBS 영상사업단(현재

1997년 중국에 수출된 〈사랑이 뭐길래〉를 한류의 출발점으로 보지만, 한국 최초의 트렌디 드라마로 통하는 〈질투〉가 훨씬 큰 영향력을 미쳤기에 '한류의 기원'을 〈질투〉로 보아야 한다는 시각도 있다.

KBS미디어)과 MBC프로덕션을 설립해 방송 프로그램 수출을 모색하고 있던 KBS와 MBC는 중국 시장에 주목했다. KBS는 1992년 애니메이션 〈옛날 옛적에〉를, MBC는 1993년 드라마 〈질투〉를 중국에 수출했다.

그간 한류의 출발점은 1997년 중국에 수출된 MBC 주말연속극 〈사랑이 뭐길래〉로 간주되어왔지만, 김윤정은 "한국보다 먼저 일본이 트렌디 드라마로 아시아 시장을 장악하고 있었기에 동시대의 비슷한 감각을 가지고 기획되어진 한국의 드라마가 첫 번째 수출 상품으로 선택될 수 있었던 것"이라며 〈질투〉를 '한류의 기원'으로 보아야 한다고 주장했다.[28]

김윤정은 〈질투〉의 시의성과 시장성 외에 '가격 경쟁력'에도 주목했다. 당시 일본은 아시아 시장에 자국의 드라마 콘텐츠를 에피소드당 1,500달러 정도에 팔았으나, MBC는 〈질투〉를 에피소드당 900달러로 중국 하얼빈TV와 계약했다. 따라서 "〈질투〉는 한류 초기 생성

과정에서 상품으로서 가치를 인정받고 아시아 시장의 환경에 따라 가격 경쟁력 면에서 일본의 것보다 우수했기 때문에 그 상품적 가치가 더욱 커졌다"는 것이다.[29]

〈사랑이 뭐길래〉가 한류의 기원으로 평가받는 이유는 비교적 큰 성공을 거두었고, '한류'라는 작명作名을 낳게 하는 데에 결정적 기여를 했기 때문일 것이다. 그러나 우리가 일반적으로 기원을 따지는 방식에선 그 두 가지 이유는 큰 의미를 갖지 못한다. 장르의 인기와 지속성으로 보더라도, 〈사랑이 뭐길래〉보다는 〈질투〉가 훨씬 큰 영향력을 미쳤기에 '한류의 기원'을 〈질투〉로 거슬러 올라가자는 김윤정의 제안은 타당한 것으로 여겨진다.

이동후는 〈질투〉는 방영 당시엔 트렌디 드라마로 불리지 않았지만, 이후 비슷한 스타일의 드라마인 〈연인〉(KBS, 1993), 〈파일럿〉(MBC, 1993), 〈마지막 승부〉(MBC, 1994), 〈사랑을 그대 품안에〉(MBC, 1994) 등이 잇달아 성공을 거두면서 트렌디 드라마라는 수입 신조어가 언론에 의해 이식되고 전파되었다고 말했다. 일반인에게 낯선 이 단어를 이해시키기 위해, 언론은 종종 이 단어를 부연 설명하는 여러 형용사를 덧붙였는데, 예컨대 "영상 세대의 기호를 충족하는", "신세대 인기 스타에 의존한", "감각적이고 경쾌한", "영상 감각이 돋보이는", "시대의 유행을 민감하게 반영하는" 등이었다는 것이다.[30]

　　　　　제2장　〈쥬라기 공원〉이 촉발한 '문화 전쟁'

〈쥬라기 공원〉이 촉발한 '문화 전쟁'

1993년 6월에 개봉된 스티븐 스필버그의 〈쥬라기 공원〉이 1993년 한 해에 세계에서 벌어들인 흥행 수입은 8억 5,000만 달러나 되었는데, 이는 한국에서 자동차 150만 대를 수출해 벌어들이는 수익과 맞먹는 것이었다. 이 사실은 1994년 5월 대통령 자문기구인 국가과학기술자문회의가 대통령에게 보고한 '첨단 영상산업 진흥 방안'에서 언급된 것인데, 한동안 국내에선 〈쥬라기 공원〉이 영상산업을 육성해야 할 이유의 주요 증거로 거론되었다.

그 선의가 무엇이었건, 이는 대기업의 영상산업 진출을 가속화시키는 데에 기여했다. 그간 연간 1~2편씩에 머물던 대기업들의 영화 제작은 1994년에 20편에 이르렀다. 때마침 이해에 개봉된 정지영 감독의 〈헐리우드 키드의 생애〉는 할리우드와 충무로의 관계에 대해 많은 시사점을 던져주었다.[31] 영화평론가 박우성은 20여 년 후인 2017년에 발표한 논문에서 "이상한 점은 한국 영화계가 할리우드 영화를 부정적으로 바라보는 이유가 아이로니컬하게도 할리우드와 충무로의 관계를 자기성찰적으로 고백하는 〈헐리우드 키드의 생애〉에서도 발견된다는 사실이다"며 다음과 같이 말한다.

"한국 영화와 할리우드 영화의 관계는 밀접하다. 하지만 중요성에 비할 때 그 가치가 폄훼된 경향이 있다. 할리우드의 위력에 노출된 한국 영화계가 가지고 있었던 무의식적 욕망과 콤플렉스는 유럽 영화를 이상적인 참고 대상으로 격상시키는 방식으로 굴절되었다. 한국전쟁 이후 공황 상태에 빠진 한국인들이 유사한 방식으로 전쟁의 참상을 목격하고 인간 이성을 깊게 회의했던 유럽 지식인의 고민에 호응한 것은 자연스러워 보인다. 하지만 유럽 영화를 우위에 두는 경향의 보다 직접적인 이유는 할리우드 영화에 대한 부정적인 인식 때문이다."[32]

이어 박우성은 "이 영화에서 할리우드는 충무로의 후진성을 비추는 콤플렉스의 근원이자 피식민지 주체의 내면을 파괴하는 문화 제국의 폭력으로 체화된다. 충무로에게 할리우드는 치명적인 매혹의 대상이자 도달할 수 없는 이상향인 것이다"며 다음과 같이 말한다.

"1994년에 비할 때 현재의 한국의 영화 산업은 질적으로나 양적으로 비화했다. 박찬욱, 김지운, 봉준호 등 이전 세대와는 구별되는 영화 감각으로 한국 영화의 세계화를 이끌고 있는 이른바 '비디오 세대'의 성과는 단지 해외 영화제의 수상에 머물지 않고 한국 영화사의 태동기부터 이어진 할리우드 콤플렉스로부터 한국 영화가 일정 부분 벗어나는 원동력이 되고 있다.……과거에는 할리우드 영화가 한국 영화의 존립을 위협했다면 최근에는 대기업이 한국 영화의 다양성을 침해하는 중이다.……한국 영화계가 싸워야 할 대상은 할리우드 콤플렉스가 아니라 영화의 다양성을 저해하는 한국의 수직 계열화된 산업 시스템인 것이다."[33]

수직 계열화된 산업 시스템의 문제를 지적하는 목소리는 이미 이때부터 나오고 있었다. 영화평론가 이정하는 『월간 말』(1995년 1월호)에 기고한 글에서 "한국 영화라는 판을 짜고 판을 움직이며 판을 이동시키는 것은 이제 더이상 지방 배급업자나 국가권력이나 영화인이 아니라 비디오 유통과 뉴미디어 산업을 독점하고 있는 대기업 자본이

다"고 했다.[34]

그러나 이게 별 사회적 이슈로 부각되진 않았으며, 우리도 세계 문화 전쟁에 적극 참전해야 한다는 목소리만 높아졌다. 그 선두 주자는 1994년 한 해 동안 「21세기를 여는 포성: 문화 전쟁」을 연재한 『동아일보』였다. 이 기사들을 모아 출간된 『대중예술과 문화 전쟁』(1995)이라는 책은 서문에서 이렇게 주장했다.

"세계 문화 전쟁은 국제적 프로들이 주도하고 있다. 반짝이는 아이디어와 뛰어난 상업적 전략, 여기에 막강한 경제력이 지구촌 곳곳에서 프로들이 벌이고 있는 전투를 뒷받침하고 있다. 한마디로 총력전이요 문화대전文化大戰이다.……문화가 고고한 민족적 유산일 수 없는 세상이 된 지 오래다. '장사'와 '문화'의 경계마저 모호해져버렸다. 상업 논리가 국제 문화 시장을 뒤흔들고 있다. 문경유착文經癒着인 것이다. 문화의 국경은 무너졌다. 전 세계 젊은이들이 동시에 즐기고 느끼는 새로운 '이데올로기'가 탄생한 것이다."[35]

〈쥬라기 공원〉이 미친 '충격'은 대중문화 산업계에 "할리우드를 본받자!"라는 구호를 유행시켰다. 이 구호의 정신에 따라 제일제당(현재 CJ)은 1995년 4월에 3억 달러를 투자해 당시 설립된 미국의 드림웍스 SKG 영화사의 지분 11.2퍼센트를 확보했다. 제일제당은 이 거래의 핵심은 할리우드에서 지식 전수라고 주장하면서, 할리우드의 영화 제작, 경영, 배급 노하우를 익히기 위해 매년 자사의 직원을 드림웍스 SKG 영화사에 연수를 보내겠다고 했다.[36]

그런 목적도 있었겠지만, 정작 주요 관심은 할리우드의 수직적·수평적 통합이라는 산업구조에 있었던 것으로 보였다. 제일제당은

111

1993년 한 해에 전 세계에서 8억 5,000만 달러의 흥행 수입을 올린 〈쥬라기 공원〉이 미친 '충격'은 대중문화 산업계에 "할리우드를 본받자!"라는 구호를 유행시켰다.

CGV 멀티플렉스 극장 사업은 스필버그 감독의 조언에 의한 것이라고 주장하면서 점점 대중문화 사업의 몸집을 불려나가게 된다. 싱가포르국립대학 언론정보학과 교수 심두보는 당시 언론은 다음과 같은 요지의 논설과 특집 기사로 재벌의 영상산업 진출을 정당화시켜주는 여론을 조성했다고 말했다. "100년 전 우리 선조는 세계 조류에 어두워 식민 지배까지 받게 되었으나 한국, 이번의 새로운 세계 격변의 기회를 놓치지 말자!"[37]

스필버그가 삼성 대신 제일제당을 택한 이유

제일제당의 드림웍스 투자는 당시에 큰 화제가 되었는데, 아마도 이건희-스필버그 면담 해프닝 때문이었던 것으로 보인다. 스필버그는 월트디즈니의 전 사장 제프리 캐천버그Jeffrey Katzenberg, 음반 산업의 거물 데이비드 게펀David Geffen과 함께 드림웍스 SKG라는 멀티미디어 기업을 설립하기로 하고, 아시아 쪽 파트너를 물색했다. 이 일에 삼성 회장 이건희가 눈독을 들였다. 1995년 2월 하순 이건희는 할리우드의 스필버그 저택에서 스필버그-캐천버그-게펀 3인방과 만났다. 스필버그의 아내인 케이트 캡쇼Kate Capshaw가 준비한 칠레산 농어 요리와 백포도주를 들면서 이야기를 나누었던 모양이다. 이건희는 투자액을 9억 달러로 올려 제시했던 것으로 알려졌다.

미국의 시사주간지 『타임』(3월 27일)은 이 회동에 대해 보도했는데, 이건희에 대해 무례를 저질렀다. 이건희를 영화 6,000여 편을 소장하고 있는 영화광으로 소개한 것까지는 좋았는데, 스필버그의 말을 인용해 이건희에 대해 별로 좋지 않은 이야기를 늘어놓은 것이다. 이 기사는 "삼성그룹 쪽에서 그들의 사업 목표를 설명할 때 스필버그는 배가 뒤틀렸다. 농어 때문은 아니었다"면서 스필버그의 말을 인용했다. "2시간 반 동안의 만남에서 반도체라는 말이 20번쯤 나왔을 것이다. 나는 내 자신에게 물었다. 온통 반도체에 대해서만 집착하고 있는 사람들이 영화 사업에 대해 무엇을 알겠는가. 그날의 만남은 완전히 시간 낭비였다."

스필버그는 이 기사가 실린 『타임』이 나오기 하루 전 기사 내용을 미리 알고, 삼성 쪽에 다음과 같은 내용의 사과성 연락을 해왔다. "내일 발행되는 『타임』지에 본인과 이건희 회장과의 만남을 자극적으로 묘사한 기사가 게재되며, 기사 원문을 입수했다. 당시 양쪽의 커뮤니케이션에 문제가 있었던 것은 사실이지만, 기사처럼 우스꽝스러웠던 것은 아닌데, '프라이빗'한 문제가 기사화된 것에 대해서 미안하게 생각한다."

결국 드림웍스의 한국 쪽 파트너로는 제일제당이 결정되었다. 이 협상의 주역으로 널리 알려진 제일제당 상무 이재현과 이미경은 이건희의 조카들이다. 이병철 장남 이맹희는 1녀 2남(미경, 재현, 재환)을 두었다. 스필버그가 이건희와 손잡는 걸 거절한 이유는 설득력이 약했다. 자유분방한 할리우드 기질을 갖고 있는 스필버그 일행이 이건희가 무게를 잡는 것에 반감을 느꼈을 가능성은 있지만, 아마도 게펀의 다음과 같은 말이 진짜 이유였을 것이다. "그들은 우리가 줄 수 있는 것 이상의 것을 원했다. 우리는 어느 한 그룹이 너무 많은 것을 통제하는 것을 원하지 않는다. 9천 파운드의 무게가 나가는 고릴라 한 마리보다는 3천 파운드 고릴라 세 마리가 낫다."[38]

그렇다고 기죽을 삼성그룹은 아니었다. 1995년 7월 삼성은 그간 계열사별로 추진해온 영상 관련 사업을 통합해서 관할할 '영상사업단'을 설립키로 결정하고, 9월 말 케이블TV(삼성물산의 캐치원, 제일기획의 Q채널)와 삼성뮤직(음반), 삼성픽처스(영화) 등으로 통합 완료된 삼성영상사업단을 공식적으로 선보였다(삼성영상사업단은 1999년 해체되면서 다른 길을 모색하게 된다). 영화계에선 제일제당의 드림웍스 투자와 삼성영상사업단의 출범을 '대기업의 충무로 점령'이 완성된 것으

로 파악했으며, 이에 따라 영화제작자들은 재벌기업 돈줄 잡기에 바쁜 모습을 보이기 시작했다.[39]

때마침 영화영론가 정성일이 주도한 영화 전문 월간지『키노』와 한겨레신문사가 발행한 주간지『씨네21』이 1995년 5월 나란히 창간되었고, 둘 다 영화 마니아들의 뜨거운 사랑을 받으면서 수요 측면에서 영화 감상의 눈높이를 올려주는 데에 큰 기여를 했다. 영화평론가 이형석에 따르면, "봉준호 감독은『키노』를 꼬박꼬박 사 보았다고 한다. 한국에서 영화를 좋아한다는 청년이라면『키노』나『씨네21』의 구독자였다. 나도『키노』를 창간호부터 매달 사 보았다. 내가 영화평론으로 데뷔한 잡지도『키노』다."[40]

진보 언론도 가세한 '문화 전쟁'

동국대학교 국문학과 교수 윤재근은 1996년 10월에 출간한『문화전쟁』이란 책에서 여전히 문화 접촉은 "교류하는 것이 아니라 전쟁하는 것이다. 그러므로 자문화는 강强문화가 되어야 한다"고 주장했다.[41] 그가 말한 '문화 전쟁'은 한류와 같은 대중문화 전쟁은 아니었지만, 문화 접촉은 '교류'가 아닌 '전쟁'이라는 점에선 일맥상통하는 것이었고, 이는 문화에 대한 '현실주의 노선'이라고 부를 만한 것이었다.

물론 대다수의 지식인은 '문화 전쟁'이나 '문화 강국'이라는 개념 자체에 반대했으며, 이는 오늘날에도 다를 게 없어, 한류를 둘러싼 논쟁의 한 흐름을 형성하고 있다. 미리, 몇 가지 반대론을 감상해보기로 하자.

문화평론가 이재현은 2005년 한류에 관한 글에서 "한류를 떠나서 말하건대, 나는 문화 '강국'이라는 말을 도저히 용납할 수 없다"며 이렇게 말했다. "마찬가지의 관점에서 나는 문화 상품, 문화산업, 아트 페어, 아트 마켓 따위의 논리로만 예술이나 문화에 접근하는 것에 대해서는 결단코 반대다. 상품이나 산업이나 시장의 관점에서 문화나 예술에 접근할 수는 있겠지만, 그것이 전일적이거나 획일적인 것이 되어서는 안 된다. 한류 열풍을 문화 강국으로 이어가자는 논리에는 패권주의적 민족주의와 산업과 시장 일변도의 문화적 시각만이 뒤범벅된 채 뒤섞여 있는 것이다."[42]

2007년 5월 조희문 인하대학교 교수(영화학)도 "인터넷 매체 등의 발달로 실시간 문화 교류가 현실인 시대에 '문화 전쟁'이란 말은 시대착오"라며 "문화는 서로 다투는 대상이 아니라 재가공·공유가 가능하기 때문에, 지나친 혈통 순수주의는 경계해야 한다"고 주장했다.[43]

2007년 7월 류웅재 호남대학교 교수(신문방송학)도 "글로컬glocal 한 문화의 시대에 문화의 순수성을 강조하는 문화 민족주의 혹은 문화 전쟁 등의 수사는 시대착오적이며, 타문화에 대한 이해와 정서의 공유 등을 가능케 하는 소통 행위의 시공간적 요구는 더욱 점증하고 있다"며 "최근에 몇몇 아시아 국가들에서 급격하게 확산되고 있는 '반한류'의 정서는 상호 소통과 교감이 부재한 일방적인 경제 논리 및 민족주의 의제의 달뜨고 근시안적 추구에서 연유한 필연적 귀결인 듯 보인다"고 주장했다.[44]

그 밖에도 많은 지식인이 '문화 전쟁'이라는 개념을 비판했다. 이런 비판은 얼마든지 수긍할 수 있다. 그렇지만 동시에 '문화 전쟁'을 역설하는 주장도 수긍할 수 있다. 모순인가? 그렇진 않다. 각기 담론의 층위가 다르기 때문이다. '이상'과 '현실'의 차이라고나 할까? '문화 전쟁'을 비판하는 목소리는 한결같이 문화를 통한 소통과 공감을 역설한다. 동의할 뿐만 아니라 아름답다고 생각할 만한 주장이다. 그러나 소통과 공감은 국내에서도 잘 이루어지지 않고 있으며, 심지어 가족, 친지간에도 잘 이루어지지 않는 영원한 이상이다.

진보 신문들이 평소 '문화 전쟁'을 비판하고 소통과 공감을 역설하면서도 때때로 호전적인 문화 전사의 모습을 보이는 '모순'을 저지르는 것도 그렇게 이해해야 하지 않을까? 예컨대,『한겨레』는 사설「닥쳐온 '문화 전쟁', 정부 전략이 아쉽다」(2005년 4월 18일)에서 "문제는 코앞에 다가온 전 지구적 문화 전쟁을 앞두고 우리 정부는 아무런 전략도 세우지 못하고 있다는 점이다"고 주장했다. 또『경향신문』은 사설「충무로를 제대로 키우자」(2005년 6월 6일)에서 "21세기가 문화 콘텐츠를 둘러싼 전쟁이라면 충무로는 그 전장戰場이다. 최근 한류가 한류寒流로 바뀔지 모른다는 우려가 높다. 한류는 적극적인 투자와 문화 역량 성숙의 '결과'라는 사실 인식이 중요하다"고 주장했다. 우리는 이제 이런 모순 또는 담론 층위의 괴리 속으로 들어간다.

WTO 출범, 세계화, 영어 열풍

1995년 1월 1일 50년 가까이 국제무역 질서를 관장했던 관세무역

일반협정GATT 체제의 뒤를 이어 세계무역기구WTO가 출범했다. 공산품뿐 아니라 농산물 서비스 교역에 이르기까지 포괄적이고 강제적인 자유무역규정을 두고 있는 WTO 체제는 지구 전체의 단일 경제권 형성을 가속화시켰다. 김영삼은 1995년 1월 6일 새해 기자회견을 하면서 당시 26분간의 회견문 낭독에서 '세계화'라는 용어를 16번이나 사용했다. 1995년은 '세계화 원년'으로 선포되었고, 이는 곧 '제2의 개국'이자 '참다운 광복'이란 의미를 갖는다고 발표했다.[45]

세계화의 첫 번째 수단은 영어였다. 이미 뜨거웠던 직장인들의 영어 학원 수강 열기가 더욱 뜨거워졌다.[46] 1995년 2월 23일 정부는 세계화를 위해 1997학년도부터 초등학교 3~6학년생에게도 영어를 주당 2시간씩 정규 교과목으로 가르치기로 했다고 발표했다. 이 발표에 자극받아 어린이 영어 학원이 급증하는 등 1996년 전국 방방곡곡에서 치열한 '영어 전쟁'이 벌어졌다. 이미 1995년 영어 사교육에 들어간 비용은 2조 원이 넘었지만, 이제 영어 조기 교육까지 가세해 그 규모는 폭증하기 시작했다.

젖먹이도 영어를 배워야 하는 시대에 접어들었다. 『동아일보』(1995년 3월 12일)는 "세계화 바람이 불면서 유아나 초등학생들을 대상으로 한 외국어 조기 교육 붐이 서울 강남 일대를 중심으로 크게 번지고 있다. 학원들은 '어릴 때 외국어를 가르쳐야 커서도 잘한다'고 선전하고 있으며 생후 6개월짜리부터 유치원생, 초등학생까지 희망자들이 몰리고 있다"고 보도했다.[47]

한국형 평등주의 논리는 이 분야에도 어김없이 작동했다. 키즈 클럽, 원더 랜드, PACE, ECC, 월드 키즈, SLP영어학당 등 서울의 아파

김영삼 정부는 1995년을 '세계화 원년'으로 선포하며 이는 곧 '제2의 개국'이자 '참다운 광복'
이란 의미를 갖는다고 발표했다. 1996년 5월 청와대에서 세계화추진위원회 회의를 주재하고
있는 김영삼(오른쪽 세번째).

트촌 위주로 번져가던 어린이 영어 학원들이 곧 수도권 새 도시를 비롯한 전국에 직영·체인점을 늘려가는 등 문자 그대로 우후죽순雨後竹筍을 방불케 했다.[48] 이런 평등주의는 대학 진학률에서도 나타났다. 1970년대에 10~20퍼센트, 1980년대에 20퍼센트대, 1990년에 33퍼센트였던 대학 진학률은 1995년에 50퍼센트를 돌파했으며, 이후 10년간 급증세를 이어가면서 2005년엔 83퍼센트라는 정점을 찍게 된다.

1996년 영어 과외를 받는 초등학생은 53만여 명에 달했으며, 이에 드는 과외비는 연간 3,550억 원인 것으로 추산되었다. 어린이 영어 전문 체인점은 500여 개에 이르며 일반 영어 학원에서 '유치원반'을 개설한 학원까지 합하면 1,000여 개 이상이었다. 조기 영어 교육에 투자되는 돈은 교재 시장까지 합하면 6,000억 원대에 이르렀다.[49]

영어 교육열은 상식을 초월했다. 2세 갓 넘은 어린아이들에게 모든 수업을 영어로 하는 학원까지 생겨났는가 하면 이젠 대학생들뿐만 아니라 어린이들까지 해외 어학 연수길에 올랐다. 김포출입국관리사무소의 집계에 따르면 만 6세와 10세 어린이(유치원생·초등학교 4학년) 출국자는 1993년 3만 5,000여 명, 1994년 4만 7,000여 명에 이어 1995년에는 6만여 명으로 크게 늘어났다. 이들 중 대부분이 방학 기간을 이용, 영어 학원과 여행사가 모집한 해외 어학연수 프로그램에 참가하거나 개인적으로 미국, 캐나다, 호주 등 영어권 국가에서 3~4주 간 어학연수를 받기 위해 출국하는 어린이들이었다.[50]

일부 지역교육청에선 미취학 아동의 영어 교육을 자제하도록 행정지도를 하기도 했지만, 영어 광풍狂風을 막아내기엔 역부족이었다. 이런 현실을 더는 방치할 수 없다고 생각했던 걸까? 작가 복거일은 『뉴스위크』 한국판에 쓴 「영어를 공용어로 채택 한국어와 공존케 하자」(1996년 11월 20일)는 칼럼을 통해 영어를 공용어로 쓰자고 제안했다. 영어를 배우는 데 들어가는 엄청난 비용을 생각하면 그 투자의 효율을 높이는 지름길이 영어의 공용어화라는 주장이었다.

'케이블TV 시대'의 개막과 '인터넷 광풍'

1995년엔 방송계 비리 사정, 케이블TV 시대의 개막, 지역 민방의 출범, 한국 최초의 방송통신 복합 위성인 무궁화 1호 발사와 위성 시험 방송, 방송 광고 시간 증가 등 굵직한 사건이 많았다. 1995년 초 방송계에 몰아닥친 사정 태풍은 지난 1990년에 이어 5년 만에 다시 나타난 것이었는데, 이번에도 PD와 연예인 매니저들 사이에 저질러지는 비리를 향해 돌진했다. 유명 PD들이 줄줄이 걸려들었다. 경찰은 청와대의 특명을 받아 사정을 하면서 피의 사실 공표와 혐의의 과장을 통해 대다수 프로듀서의 인권과 명예를 부당하게 짓밟았다. 실질적으로 청와대에서 직접 임명한 방송사 사장들에게 아무런 책임을 묻지 않는 것도 이상한 일이었다. 이에 항의해 MBC 프로듀서 248명은 집단 사표를 내기까지 했다.

케이블TV는 1995년 3월 1일부터 시작했으며 5월부터 유료 방송을 실시했다. 음악 방송으로는 KM과 Mnet(엠넷)이 대표적이었는데, 이 채널들은 방송 초기부터 자체 제작한 음악 프로그램을 선보였으며, 이후 이른바 '아이돌 시스템'의 정착에 영향을 미쳤다(엠넷은 1997년 CJ 계열사로 편입되며, 2000년에는 KM도 CJ미디어에 입수·합병된다).[51]

1995년 5월 14일 오전 8시, 1994년에 지역 민방 사업자로 선정된 부산의 한창기업(부산방송 PSB), 대구의 청구건설(대구방송 TBC), 광주의 대주건설(광주방송 KBC), 대전의 우성사료(대전방송 TJB) 등이 드디어 방송을 시작했다. 이 방송들은 서울의 SBS와 가맹사 형태로 제휴해 전국 네트워크를 이루었다.

1995년 8월 5일에는 한국 최초의 방송통신 복합 위성인 무궁화 1호가 미국 플로리다주 케이프커내버럴 공군 기지에서 발사되었다. 또 광고 시장이 1991년 100퍼센트 개방될 때부터 미국이 요구해온 방송 광고 시간의 증가도 이루어졌다. 1994년 방송법 시행령 개정으로 프로그램의 100분의 8로 제한되었던 광고 시간이 100분의 10으로 늘어난 것이다.

1995년 8월 9일 미국 넷스케이프의 기업 공개는 인터넷 투자의 열풍을 촉발했다. 마이클 맨덜Michael J. Mandel은 이날 이른바 '신新경제'가 태어났다고 주장할 수 있다면서 그 이유에 대해 이렇게 말했다. "2년 전에는 존재하지도 않았던 회사가 세계에서 가장 거대하고 강력한 소프트웨어 회사인 마이크로소프트와 빌 게이츠에 도전하게 되었다는 것이 중요하다.……넷스케이프의 기업 공개는 신경제의 양식을 결정했다. 경쟁의 격화, 급속한 기술 변화, 그리고 낮은 인플레이션.……신경제는 이제 금융시장이 혁신을 지원하도록 명령을 내리고 있다. 이것은 엄청난 차이이다."[52]

이후 수년간 '인터넷'이나 'com'이란 단어를 내비치기가 무섭게 주가가 하루아침에 수십 배 폭등하는 이상 현상이 발생했으며,[53] 이런 인터넷 열풍은 얼마 후 한국에도 불어닥친다. 1996년 코스닥 시장이 설립되면서 벤처 열풍은 광풍에 가까웠다. 한국 경제 전문가 타릭 후세인Tariq Hussain의 묘사에 따르자면, "삼성, LG, 현대 등의 우수한 엔지니어 수백 명이 수직적이고 권위주의적인 기업 구조에서 탈출해 닷컴 붐과 국내 인터넷 광풍에 편승하며 자신들의 야망을 키워나갔다. 대학생들까지 갑자기 사업 설명회를 쓰기 시작한 때도 이 시절이다."[54]

'케이블TV'와 '인터넷 광풍'은 국제적인 문화 전쟁을 본격화하는 촉매로 작용한다. 그로 인한 갈등은 이해당사자들뿐만 아니라 한류 연구자들 사이에서도 암묵적인 형식으로 나타난다. 이 두 번째 갈등은 '문화'의 정의에 관한 것이기도 했다. 문화는 '전체적인 삶의 방식a whole way of life'이며 그리 되어야 한다는 데엔 이의를 제기하기 어렵지만,[55] 한류를 포함한 대중문화는 그런 원론적인 의미의 문화와는 성격이 다른 것이었다. 시장을 근거로 상업적일 수밖에 없는 속성을 안고 태어난 것이었다. 한류에 대한 평가는 이 점을 인정하고 들어가느냐 아니면 여전히 인정할 수 없다는 입장을 취하느냐에 따라 크게 달라진다.

한류의 최초 동력은
IMF 환란

음반·영화 사전 검열은 위헌이다

「X세대 '집단 히스테리' 증상」, 「'난장판' 서태지 집 앞」, 「오빠부대 '집단 히스테리' 증상」, 「심지어 "자살도 불사하겠다"」, 「서태지의 결혼·은퇴에 대비해 300여 명 자살 클럽 결성설」.

1996년 1월 31일 서태지와 아이들의 은퇴 시 각 신문의 사회면을 장식했던 기사 제목들이었다. '오빠부대'보다 신문들이 흥분한 감이 없지 않았지만, 서태지와 아이들의 은퇴는 그렇게 떠들썩했다. "우리가 시도할 수 있는 것은 모두 보여주었다"는 은퇴의 변이 그들보다 나이를 더 먹은 사람들을 기가 막히게 만들었지만, 서태지와 아이들의 팬들은 그래서 더욱 그들의 은퇴에 대해 비통해했다.

1992년 세상에 모습을 드러낸 이후 3년 10개월 동안 활동하면서 정규 앨범 4장을 발표한 서태지와 아이들. 그것만으로 보아선 별로 대단치 않은 기록이지만, 판매된 음반이 모두 600만 장이 넘었다. 어디 그뿐인가. 그들은 10대의 우상으로 수많은 유행을 만들어냈고, 모든 언론매체까지 끌어들이는 수많은 이슈를 만들어냈다.

1996년 3월엔 서태지와 아이들 기념사업회(서기회)라는 단체가 발족되었다. 전국적으로 1만 3,000여 명의 회원을 둔 서기회의 회장 강민경은 서기회가 팬클럽이 아니라 서태지의 뜻을 이어받은 문화단체라면서 "맹목적인 열광이 아닙니다. 서기회 회원들은 모두 '태지보이스 팬답게 행동하자'는 말을 잊지 않습니다"라고 말했다.[1]

1996년 5월 31일 국제축구연맹FIFA은 스위스 취리히에서 집행위원회를 열고 2002년 월드컵 대회의 한일 공동 개최를 최종 확정했다. 이 결정 이전의 한 달여 간은 전국이 월드컵 열기로 후끈 달아올랐다. 언론은 개최국의 국민 호응도도 중요하다면서 월드컵 붐을 조성하는 데에 앞장섰다. 방송사들은 매일 내보내는 고정 프로그램으로도 모자라 앞다퉈 특집 프로그램을 제작하고 이벤트를 기획했다. 미국과 유럽에서까지 '월드컵 유치를 위한 열린 음악회'가 공연되었다. 〈가자 월드컵으로〉, 〈2002년 월드컵 코리아〉 등의 노래가 선을 뵈었고, 〈내일은 월드컵〉이라는 만화영화까지 등장했다.

신문들은 앞다퉈 "세계로 가는 월드컵 우린 해낼 수 있어요"라는 캠페인을 전개했고, 기업들은 전면 광고를 내면서 "월드컵 유치야말로 21세기 코리아의 큰 전환점이 될 것입니다"라고 외쳐댔다.[2] 월드

1996년 6월 7일 헌법재판소의 위헌 결정으로 폐지된 음반 사전 심의는 정태춘의 부단한 투쟁이 있었기에 가능했다.

컵 유치가 '21세기 코리아의 큰 전환점'인지는 따져보아야 할 문제이겠지만, 한류의 전환점 가능성은 충분했다.

〈시대유감〉(1995)의 가사 내용을 놓고 서태지와 아이들도 '희생자'가 되었던 음반 사전 심의가 1996년 6월 7일 헌법재판소의 위헌 결정으로 폐지되었다. 가수 정태춘의 6여 년에 걸친 고독한 투쟁이 쟁취한 성과였다. 대중음악평론가 강헌은 "서태지와 강산에를 비롯, 많은 인기 가수들이 말도 안 되는 시대착오적인 법의 희생자였지만 오늘의 승리는 정태춘이라는 단독 흑기사가 처절한 희생을 했기 때문에 가능했다"고 평했다.[3]

대중음악평론가 박준흠은 "정태춘의 외롭고 오랜 싸움과 서태지가 만들어놓은 시의성" 덕분이었다고 했다. 그는 "일부 가수들은 '심의 철폐'가 왜 필요하냐고 반문하기까지 했다"며 "하지만 이것이 서

제3장 한류의 최초 동력은 IMF 환란

태지의 문제로 불거졌을 때는 어린 학생들까지도 이것의 부당성을 새롭게 인식하게 되었다"고 말했다.[4]

이어 10월 4일 헌법재판소는 공연윤리위원회의 영화 사전 검열을 헌법 위반이라고 판결했다. 이에 영화평론가 강한섭은 "1996년 10월 4일은 한국 사회사의 기념비적 날이 되었다"며 이렇게 말했다. "소식을 전해들은 영화인들이 환희에 겨워 졸도하고 해방 이후 반세기 동안 마땅히 보아야 할 영화와 장면들에서 격리당해온 국민들은 태극기를 들고 거리로 쏟아져나와도 좋을 일이었다. 영화인들은 딴따라에서 예술가로 격상되고 국민들은 박탈되어온 '볼 권리'를 되찾았으니 말이다."[5]

HOT의 등장과 댄스 가수 붐

서태지와 아이들이 떠나고 국민의 '들을 권리'와 '볼 권리'가 크게 신장된 1996년엔 유난히 하이틴 가수가 많이 배출되었다. 이런 풍경의 이면엔 기존의 SM기획을 1996년 2월 규모를 키운 SM엔터테인먼트로 이름을 바꾸면서 본격적인 매니지먼트 사업에 나선 이수만이 있었다. 서태지와 아이들의 멤버였던 양현석도 1996년 서울 합정동의 한 빌라 지하 사무실을 임차해 현기획을 세웠고, 이는 MF기획, 양군기획 등의 이름을 거쳐 YG엔터테인먼트(2001년 5월)로 거듭났다. '독특한 외모'로 인해 SM 오디션에서 탈락한 경력이 있는 가수 박진영은 태홍기획(1997년)을 거쳐 JYP(2001년)를 세움으로써 SM·YG·JYP는

이후 한국 대중음악계를 지배하는 삼각구도를 형성하게 된다.[6]

　1996년 10월 11일과 13일 서울 잠실 주경기장에서 열린 마이클 잭슨 내한 공연은 적잖은 사회적 논란을 불러일으켰다. 공연 기획사인 태원예능이 마이클 잭슨 내한 공연 계약 사실을 발표한 것은 7월 5일 이었는데, 이 사실이 언론에 보도되자 50개 시민·종교단체로 구성된 '마이클 잭슨 내한 공연 반대 공동대책위원회'가 구성되어 강력한 공연 저지 운동에 들어갔다. 7월 30일 문화체육부가 공연을 허가하자 반대 운동은 더욱 거세졌다. 반대가 가장 강했던 기독교 측은 마이클 잭슨을 '사탄 숭배자'라고 비난하기도 했다.

　결국 9월 11일 태원예능이 18세 이하의 청소년들에게 표를 팔지 않겠다고 약속함으로써 공연 반대위는 반대 운동을 철회했다. 입장료 는 4~12만 원이었다. 첫 공연은 4만 명이 입장해 자리가 남았고, 2회 공연에는 6만 명이 모여 좌석이 거의 메워졌지만, 태원예능은 영업 손실을 보고 말았다.[7] 하지만 이 공연은 한국 연예계에 큰 자극이 되었다. 윤호진은 이 공연의 가치를 이렇게 평가했다. "한국 공연계의 패러다임을 바꿔놓았다고 해도 과언이 아니다. 이후 국내에도 콘서트 문화가 발전하기 시작했고, 공연 기획의 수준도 한층 업그레이드됐다."[8]

　이수만은 '춤, 노래, 외모를 갖춘 10대'라는 콘셉트를 가지고 아이돌 댄스 그룹을 기획해 HOT(1996년), SES(1997년), 신화(1998년) 를 연달아 성공시킨 뒤 1998년 HOT를 중국 시장에 진출시키며 본격적으로 중국 시장 진출에 나서게 된다. 하이틴 가수의 선발 주자는 1996년 9월 첫 선을 보인 HOT로 강타, 문희준, 토니 안, 장우혁, 이재원 등 멤버 5명이 모두 남자 고등학생이었다. HOT 외에도 인기를 누린 영턱스, 이지훈, 김수근 등도 모두 고등학생들이었다. 이들은 큰 인기를 누렸는데, 1968년생인 팝 칼럼니스트 신은희는 1997년 봄 "이제 그만 10대에 아부하자!"며 다음과 같이 말할 정도였다.

"HOT, 영턱스, 김수근, 이지훈 같은 가수들은 아침부터 저녁까지 방송에 얼굴을 내민다. 여기를 돌려도 저기를 돌려도 온통 그들뿐이고 그들 팬들의 함성뿐이다. 하여 스물을 넘긴 사람들은 쇼 프로그램을 보기가 고역스럽다. 팬스레 세대 차이를 실감하면서 TV를 끌 수밖에 없다. 바로 10대에 아부하는 음반 제작자, 방송 제작자들 때문이다."[9]

그러나 10대는 자신이 좋아하는 노래에 돈을 아낌없이 쓰는 최상의 고객이었으니, 음반 제작자들이 그들을 외면하긴 어려운 일이었다. 이수만이 이끄는 SM엔터테인먼트의 HOT 성공에 자극받은 대성기획은 1997년 초 HOT와 동일한 콘셉트의 젝스키스를 기획해 성공시킴으로써 이후 대형 기획사의 전성시대를 열게 된다. 이른바 '1세대 아이돌 그룹'의 탄생이었다. 1997년 9월 21일 서울올림픽 체조경기장에서 성대하게 개최된 HOT의 팬클럽 1기 창단식은 이후 본격화될 '팬덤 전쟁'의 치열함을 예고했다.[10]

SM엔터테인먼트가 1997년 12월 SES를 성공적으로 시장에 진입시키자 대성기획은 1998년 6월 핑클을 데뷔시켜 1990년대 말 댄스 가요 붐을 일게 했다. SES의 〈I'm your girl〉(유영진 작사·작곡)은 "나 오직 너를 위해 살고 싶어"라고 했고, 핑클의 〈내 남자 친구에게〉(김영아 작사, 김석찬 작곡)는 "솔직히 너를 반하게 할 생각에 난생 처음 치마도 입었어……난 니꺼야"라고 했다.

MBC 드라마 〈애인〉과 '드라마 망국론'

1996년 9월 2일부터 10월 22일까지 방송된 MBC 16부작 미니시리즈 〈애인〉(최연지 극본, 이창순 연출)은 유부남과 유부녀의 사랑을 '불륜'이 아닌 '사랑'의 눈으로 새롭게 해석해 멜로드라마의 역사를 새로 썼다는 평가를 받았다. 이혼과 가족 형태의 변화가 본격적으로 시작된 시점에서 나온 드라마였다.[11] 한국방송비평회는 〈애인〉의 사회문화적 의미를 해석한 『애인: TV 드라마, 문화 그리고 사회』라는 책까지 냈다.

사회적으론 이 드라마의 영향을 받아 이른바 '〈애인〉 신드롬'까지 생겨났다. 〈애인〉의 삽입곡인 캐리 & 론Carry & Ron의 〈IOU〉는 하루에도 몇 번씩 방송에서나 길거리에서 들을 수 있게 되었다. 황신혜의 10만 원이 넘는 머리핀과 커리어 우먼 패션이 인기를 끌었고, 49만 8,000원짜리 구치 핸드백도 수입 단일 상품 최단 시간 매진이라는 신기록을 세웠다. 유동근이 드라마에서 입었던 '잉크 블루셔츠'도 백화점에서 불티나게 팔렸다. 드라마에 등장했던 카페, 호텔, 식당 등도 큰 재미를 보았다.[12]

'남성의 전화' 같은 상담 기관이나 신경정신과 병원에서는 30~40대 직장인들의 카운슬링이 늘어났다. 흥행에 실패했던 〈엄마에게 애인이 생겼어요〉라는 영화도 비디오 대여점에서 인기를 누렸다. 불륜 감시 산업이 호황을 누리게 되었다는 등 조사를 해보았더니 여성의 54.8퍼센트가 외도 욕구가 있더라는 등의 기사도 양산되었다.[13]

여성학계는 "남편의 외도는 당연시하면서 왜 아내의 외도를 문제 삼는가"라고 맹공격했다. 〈매디슨 카운티의 다리〉는 감동적이라고 하면서 〈애인〉은 불륜이라고 몰아붙이는 사회의 이중적 잣대도 도마에 올랐다.[14] 1996년 9~10월 하이텔에선 이 드라마를 놓고 '저질 불륜 드라마', '있을 수 있는 아름다운 사랑 이야기'라는 찬반양론이 맞섰다. 양쪽의 대표적인 의견은 다음과 같았다.

> 반대 의견 "이런 저질 불륜 내용을 마치 30대의 아름다운 사랑인 양 표현하는 데 문제 있는 것 아닙니까? 결혼과 우리의 가정이 무슨 장난입니까? 언론은 이런 내용을 시청률 높은 화제작처럼 보도하는 데 문제가 있다고 생각합니다. MBC는 즉각 방송을 중지해야 합니다."
>
> 찬성 의견 "뭣 보담도 민주사회라 하면 진정 다양한 소재, 주제, 영상, 연기, 각색 등등 다양한 작품을 보고 안목도 좀 넓히자고요. 조금만 격에서 벗어나면 너나 모두 비판만 하자시니 진짜 튀는 작품 나오기 되게 힘든 환경이야, 우린. 지금이 어디 계몽주의 시댄감?"[15]

신문들은 대체적으로 비난의 편에 섰는데, 가장 극렬한 비판은 『세계일보』의 사설 「TV 드라마와 가정 파괴」(1996년 10월 18일)였다. "지금 시중에는 차마 눈 뜨고는 볼 수 없는 부끄럽고 민망한 TV 드라마 한 편이 온통 국민들을 분노시키고 있다. 문화방송이 방영하고 있는 유부남-유부녀의 사랑 놀음을 가증스럽게도 미학으로 포장한 〈애인〉이라는 미니시리즈다.······이 사회를 지탱하는 마지막 기둥인 가 국정감사의 도마에 오르고 방송위원회 주최의 토론회가 열릴 정도로 드라마 〈애인〉을 둘러싼 논란은 한국 사회를 뜨겁게 달구었다. 『동아일보』 1996년 10월 19일.

정을 지키기 위해서라도 드라마 〈애인〉은 당장이라도 중단하기 바란다. 그리고 국민에게 사죄해야 한다."[16]

『조선일보』는 사설 「드라마 망국론」(1996년 10월 23일)도 만만치 않았다. "〈애인〉의 경우, 마지막에 각자 가정으로 돌아가는 설정이지만, 그 과정에서 이미 윤리는 파괴될 수 있다는 독소를 드라마 중독증 환자들에게 퍼뜨렸음을 부인해서는 안 된다. 이런 역기능이 누적되면 암보다도 더한 폐해를 줄 수 있다고 본다"고 했다.[17] 이런 '드라마 망국론'은 그 이전부터 자주 나오던 주장이었지만, 나중에 드라마 한류가 본격화되면서 완전히 자취를 감추게 된다.

제3장   한류의 최초 동력은 IMF 환란

〈사랑이 뭐길래〉가 만들어낸 '한류' 작명

1997년 7월 1일 0시를 기해 홍콩은 156년간에 걸친 영국의 식민 지배를 청산하고 '중화인민공화국의 특별행정구'로 새롭게 출범했다. 이에 홍콩은 2047년까지 50년간 외교와 국방을 제외하고 정치·경제·사법 등의 분야에서 고도의 독립성을 보장받게 되었다.[18] 홍콩의 중국 귀속은 한류엔 두 가지 점에서 축복이었다.

첫째, 그동안 동아시아 지역에서 문화적 기지 역할을 해온 홍콩이 중국 본토 편입 이후 문화산업이 할리우드로 기지를 옮김으로써 그 영향력을 잃어 한국의 문화적 영향력이 증대될 수 있는 길이 열렸다.[19] 둘째, 그간 CD나 VTR 테이프 등을 통해 비공식적으로 스며들었던 홍콩TV의 프로그램들이 이제 중국 방송에 공식적으로 등장할 수 있게 됨으로써 한국 프로그램에 대한 저항이 크게 약화되었다.

홍콩 귀속에 발맞추듯, 1997년 9월 중국공산당 제15차 전국대표대회는 문화를 '종합 국력의 중요한 지표'로 설정했다. 이어 중국 정부는 1998년 정부기관 개혁 목표와 주요 임무를 명확히 했으며, 문화 관리 분야에서도 일련의 큰 변화가 일어났다. 3년 안에 TV 방송국을 포함한 부분 산업 단위의 정부 지원을 취소하겠다고 밝히고 방송국들이 모두 자체 수입으로 운영할 것을 분명하게 요구함으로써 이후 방송과 신문은 완전히 시장 체제로 들어가게 되었다.[20]

1993년 한국 드라마 〈질투〉가 중국에 소개되긴 했지만, 광범위한 대중의 인기를 끌 수 있었던 건 1997년 〈별은 내 가슴에〉가 홍콩의 위성방송 스타TV 계열의 중국어 방송인 '펑황타이鳳凰臺(Phoenix

TV)'를 통해 방영되면서부터였다.[21] 1997년 헤이룽장성TV가 옌볜 조선족을 대상으로 MBC의 주말연속극 〈사랑이 뭐길래〉를 방영할 수 있었던 것도, 더 나아가 중국 중앙TVCCTV 채널1이 1997년 6월 15일부터 12월 14일까지 매주 일요일 오전 9시부터 11시까지 전국적으로 재방을 할 수 있었던 것도 바로 이런 '홍콩 효과'의 개방성 덕분이었다.

CCTV에서 방영된 〈사랑이 뭐길래〉는 평균 시청률 4.2퍼센트로 CCTV 수입 드라마 역사상 2위를 기록했다. 과장을 감안하고 들어야 겠지만, "이 드라마가 전파를 타는 일요일 아침 9시부터 11시까지 두 시간 동안은 길거리에 사람들의 통행이 뜸해질 정도로 〈사랑이 뭐길래〉에 대한 관심은 뜨거웠다"는 말이 나올 정도였다.[22] 이에 따라 〈사랑이 뭐길래〉는 1998년 7월 29일부터 10월 13일까지 매주 화요일에서 토요일 저녁 9시부터 10시까지 CCTV 채널2를 통해 재방송되었다. 이는 중국에서 한류의 시초로 간주되었다.[23]

그간 중국의 주류 드라마 장르는 주선율主旋律 드라마였다. 주선율 드라마는 중국 정부의 건국 이념과 공산당의 역사, 주류 이데올로기 전파를 주요 목적으로 제작된 드라마를 말한다. 정부에서 제작과 생산을 관리하는 주선율 드라마는 한류 이후 하락세를 보이기 시작하면서, 1990년대 후반엔 유행·오락·재미를 극대화하기 위해 세속화의 길을 걷게 되었으며,[24] 그 과정에 〈사랑이 뭐길래〉가 있었던 것이다.

많은 중국인 남성이 "여성들의 목소리가 높아 상대적으로 위축되어 있는 중국 남성들이 무소불위로 전제적인 가장의 권위를 행사하는 이순재를 보고 스트레스를 푼다"고 했다지만,[25] 김수현 드라마가 그간 축적해온 내공의 힘이 컸을 것이다. 1998년엔 MBC의 〈목욕탕집 남자들〉(김수현 극본, 정을영 연출)이 방영되었고, 중국에서 공식적으로 출시된 HOT 앨범(1998년 5월 17일)이 한 달 동안 5만 장이나 팔릴 정도로 히트하는 일이 벌어졌다(당시 불법 음반이 보편화된 중국에서 실제 판매량은 정품의 20~30배로 보아야 한다는 추산도 있다).[26]

〈사랑이 뭐길래〉와 한국 대중가요의 성공 이후 중국 언론은 '한류'라는 말을 쓰기 시작했다. 중국 월간 『당다이當代』 편집부국장 홍칭보洪清波는 이 말이 쓰이게 된 배경에 대해 이렇게 말했다. "그때 〈사랑이 뭐길래〉라는 한국 텔레비전 드라마가 중국에서 선풍적 인기를 끌었다. 그 전까지 중국 시청자들은 유럽이나 미국, 홍콩이나 대만의 드라마를 많이 봤다. 〈사랑이 뭐길래〉가 대박을 터뜨리자 중국 시청자들은 마치 신대륙을 발견한 듯 한국 드라마에 빠져들었다. 1998년 한국 그룹 '에쵸티HOT'가 중국 청소년들의 머리를 노랗게 물들였다. 1999년엔 베이징 도심 상업 지구에 한국 상품을 전문적으로 파는 대형 쇼핑센터가 문을 열었다."[27]

그런데 '한류'라는 작명의 기원에 대해선 설이 분분하다. 중국 언론(『베이징칭녠바오北京青年報』 1999년 11월 19일)이 아니라 대만 언론에 먼저 등장했다거나 1999년 한국 문화관광부가 한국 가요의 홍보 음반을 CD로 제작하면서 붙인 이름에서 비롯되었다는 설 등이 있다.[28] 작명의 원조가 누구이건 한류가 〈사랑이 뭐길래〉와 한국 대중가요의 성공 이후 인식하기 시작한 문화적 현상이라는 건 분명했다.

"IMF 환란이 없었다면 한류는 가능했을까?"

1997년 11월 한국은 외환위기에 직면했다. 11월 14일 한국 경제의 IMF행이 결정되었고, 이틀 후인 11월 16일 IMF 총재 미셸 캉드쉬 Michel Camdessus 일행이 비밀리에 입국해 한국인 이름으로 서울 강남구 삼성동 인터컨티넨탈호텔에 들었다. 이들은 부총리 겸 재경부 장관 강경식과 한국은행 총재 이경식에게서 한국의 외환 상황에 대해 브리핑을 받았다. 이경식은 300억 달러를 요청했고, 캉드쉬는 대통령 후보들의 동의서를 요구했다.[29]

11월 21일 대선 후보들의 동의를 받기 위한 청와대 모임이 열렸고, 신임 경제부총리 임창열은 IMF 지원 요청 계획을 이날 밤 10시 50분 발표했다. 신문사에는 "IMF가 도대체 무엇이냐?"는 시민들의 전화가 빗발쳤다.[30] 김용환은 IMF행이 결정된 1997년 11월 21일을 "1910년 경술국치와 1950년 6·25전쟁 중 군사작전권을 미군에 넘긴 사건과 더불어 민족 수치를 온 국민에게 안겨준 날"로 규정했다.[31]

생활고로 인한 자살자가 급격히 늘었으며, 절도는 1998년 1~2월에 50퍼센트나 늘어났는데 이중 상당수 사람들이 초범인 'IMF형 생존 범죄'였다.[32] 그런 비참한 실상은 부도 기업의 수에서도 나타났다. 1997년 1만 7,200개, 1998년 1~5월 사이에 1만 7,000개가 부도났다. 외국 언론들은 한국의 기업 바겐세일을 즐기기 위해 "돈 있는 사람들이 서울로 몰려가고 있다"고 보도했다.[33] 실업자 수는 국제적 기준으로 따지면 최소 200만 명에서 최대 400만 명으로 추정되었다. 1995년 1인당 국민소득 1만 달러를 돌파했지만, 1998년 1인당 국민

임창열 경제부총리와 이경식 한국은행 총재가 IMF 미셸 캉드쉬 총재가 지켜보는 가운데 자금 지원을 받기 위한 의향서에 서명을 하고 있다.

소득은 7년 전인 1991년의 6,400~6,700달러 수준으로 후퇴했다.[34]

거리엔 노숙자가 나타나면서 한국 사회 전반에 불안의 그림자가 드리워졌지만, 이 그림자는 한국인들에게 "밖으로 나가야 산다"는 암묵적 결심을 하게 만들었다. 그런 결심에서 대중문화 산업은 더욱 절박했다. 대중음악 분야에 관심을 보이던 대기업들은 'IMF 환란'으로 후퇴했지만, 대기업들과는 달리 대중음악 이외엔 다른 선택의 여지가 없었던 대중음악계 종사자들은 "밖으로 나가야 산다"는 신앙으로 움직였다.

신현준은 훗날(2005년) 한류의 태동이 1997년 말에 한국을 강타한 이른바 'IMF 환란' 직후라는 것은 우연이 아니라고 주장했다. 경제 위기로 구조적 침체에 빠진 한국 음악산업은 '디지털화'와 '아시

아화'라는 전략을 취함으로써 한류를 생존의 자구책으로 삼았다는 것이다.[35]

좀 다른 관점이긴 하지만 이어령도 훗날(2006년) "1997년 한강의 기적으로 불리던 제조업 중심의 한국이 무너졌습니다. 바로 IMF입니다. 한류는 바로 IMF 때 생겨난 독특한 문화이기도 합니다. IMF가 없었더라면 한류는 생겨날 수 있었을까요? 대답은 '노'입니다"라며 다음과 같이 주장했다.

"그랬다면 우리도 일본처럼 '트렌디trendy 드라마' 쪽으로 갔을 겁니다. 트렌디 드라마라는 말은 일본에서 만든 신조어입니다. 이른바 '재패니스 쿨'은 철없는 10~20대 아이들이 쫓아다니는 기승전결이 없는 분위기나 휘황한 조명, 소리를 드라마로 끌어들였습니다. 한때 우리도 일본 것을 들여와 트렌디로 갔지만 IMF는 새 변화를 요구했습니다."

이어 이어령은 "이로 인해 TV에서는 가족주의와 순정주의를 내세운 〈육남매〉 같은 이른바 'IMF형 드라마'들이 출현하게 됐죠"라며 다음과 같이 말했다.

"우리는 이미 체험했던 현대적 트렌디 드라마를 바탕으로 지난 산업사회와 농경사회의 정서들을 새롭게 리메이크했습니다. 10대와 20대들의 난잡한 가치관을 다룬 할리우드 버전과 다르게 약간은 보수적이고 가족적이며 순정적 요소들이 끼어들었습니다. 바로 그 유형의 드라마가 아시아인들의 마음을 사로잡았습니다."[36]

한류의 핵심을 이룬 드라마들은 대부분 트렌디 드라마였다는 점에서 이어령의 주장은 너무 나간 것이긴 하지만, 'IMF 환란'이 그 어떤 사고 전환의 계기가 되었을 가능성에 주목해볼 필요는 있겠다.

실제로, 국내총소득GNI에 대한 수출·수입액의 비율을 가리키는 대외 의존도는 외환위기 전까지는 50퍼센트대 안팎에 그쳤으나 외환위기 직후인 1998년 65.2퍼센트로 급상승한 뒤 2004년엔 70.3퍼센트로 미국(19.5퍼센트)이나 일본(21.8퍼센트)의 3배 이상이었으며, 2006년엔 88.6퍼센트를 기록하게 된다.[37] "기름 한 방울도 안 나는 나라" 운운하는 표현이 잘 말해주듯이, 한국인들이 높은 대외 의존도에 대해 갖고 있던 만성적인 불안감은 심화되었다. 이렇듯 IMF 환란은 대중문화 산업의 종사자들에게 "밖으로 나가야만 산다"는 절박한 위기의식을 불러일으켰던바, 한류의 최초 동력은 IMF 환란이라고 해도 과언이 아니었다.

게다가 IMF 환란이 초래한 아시아권 경제위기에서 한국 방송 프로그램은 '가격 경쟁력'으로 해볼 만한 상황이 전개되고 있었다. 2000년 기준으로 따져보자면, 한국 TV 드라마는 일본 드라마에 비해 4분의 1, 홍콩 드라마에 비해 10분의 1 가격이었으니, 아시아 지역 내 TV 프로그램 바이어들로선 한국 프로그램을 선호하지 않을 수 없었던 것이다.[38]

'높은 문화적 근접성'과 '낮은 문화적 할인'

아직은 소박한 수준이었지만, 한류는 베트남과 대만으로도 퍼져나갔다. 1997년부터 한류가 유입된 베트남에서 최초의 한국 드라마 방영은 주베트남 한국대사관에서 홍보용으로 드라마 〈느낌〉을 국영TV에 소개하면서 비롯되었다. 〈느낌〉이 절찬리에 방영되자, 1998년 5월 베트남 호치민TV는 MBC 〈의가형제〉를 방영했고, 7월에 재방영을 할 정도로 인기를 누려 '장동건 신드롬'이 생겨나기도 했다. 이후 시청자들의 뜨거운 관심 속에서 한국 드라마가 베트남의 모든 TV 방송국에서 연속 방송되었다. 1999년 베트남에서 방영된 한국 드라마 수는 45편, 2000년에는 60편으로 증가했다.[39]

대만에서 한국 드라마가 드물게나마 방영되기 시작한 것은 1997년부터였지만, 이미 일본 드라마에 익숙한 대만 시청자들에겐 별 호응을 얻진 못했다. 〈아씨〉 등은 실패했고, 〈장희빈〉이 약간의 인기를 끌었는데, 그 이유는 드라마에서 보이는 한국 왕실 문화가 중국 문화가 잃어버린 '전통'을 보유하고 있다는 향수적 정서 때문이었다. 대만의 한 역사학과 교수는 "한국이 중국 황실의 문화를 따라 했을 것이기 때문에 300년 전 중국이 어떠했을까를 알기 위해 이 드라마를 본다"고 말했다.[40] 1999년까지도 대만에서 한국 드라마는 '수입'을 고려할 상품이 되지 못했고, 오히려 방송국 측에서 한국 드라마를 '홍보'할 시간을 할당해줄 테니 그 비용을 지불하라고 요구하는 상황이었다.[41]

물론 대만에서도 2000년대 들어선 전혀 다른 양상을 보이게 된다. 일본 와세다대학 교수 이와부치 고이치岩淵功一가 2002년에 실시한 대만 대학생과의 인터뷰에 따르면, 일본 드라마는 젊은이들의 연애라든가 업무 이야기만으로 전개되기 때문에 결국 닫혀 있는 것처럼 느껴지는 반면, 한국 드라마는 연애 중심의 이야기일망정 가족의 문제와 얽혀 묘사되고 있는 점이 대만 젊은이들의 실제 생활과 비슷

하기 때문에 공감할 수 있다는 것이다.[42]

이는 같은 아시아권 국가라도 한국이 일본에 비해 여타 아시아권 국가들에 대한 '문화적 근접성cultural proximity'이 높다는 걸 의미하는 것이었다. 문화가 비슷해 친근하고 공감하기 쉽다는 이야기다. 이는 뒤집어 말하자면, 한 문화권의 문화 콘텐츠가 다른 문화권으로 진입할 때 언어·관습·종교 등 문화적 차이로 인해 어느 정도 가치가 떨어지는 현상을 일컫는 '문화적 할인cultural discount'이 적다는 걸 의미하는 것이었다. 나중엔 달라지지만, 아시아권을 중심으로 한 초기 한류는 바로 이런 '높은 문화적 근접성'과 '낮은 문화적 할인'의 혜택을 보게 된다.[43]

'일본 대중문화 개방' 논란

1998년 10월 20일 문화관광부는 일본 대중문화를 단계적으로 개방한다고 발표했다. 1994년 1월 31일 공로명 주일대사가 "이젠 일본문화를 받아들이는 문제를 적극적으로 검토할 때가 됐다"고 발언한 지 거의 5년 만이었다.[44] 개방은 4단계에 걸쳐 이루어졌다.

4대 국제 영화제 수상 일본 영화의 상영 허용 등의 내용을 담은 1차 개방(1998년 10월)을 기점으로 2차 개방(1999년 9월, 2,000석 이하 공연장에서 하는 대중가요 공연 허용 등), 3차 개방(2000년 6월, 18세 미만 관람 불가를 제외한 모든 일본 영화 상영 가능 및 그 비디오 출시 허용 등), 4차 개방(2004년 1월, '18세 이상 관람가' 등급 영화와 '일본어 음반' 및 가정용

1998년 10월 20일 문화관광부가 일본 대중문화를 단계적으로 개방한다고 발표하면서 이를 두고 한국 사회에선 한동안 치열한 논쟁이 일었다. 『동아일보』 1998년 12월 26일.

비디오 게임물의 수입·유통 허용 등)이 차례로 이루어졌다(순조롭게 진행되던 개방 조치는 2000년 여름부터 1년여 동안 계속되었던 일본의 역사 교과서 문제로 논의가 중단되었기에 4차 개방이 늦어졌다).[45]

일본 대중문화 개방에 대한 우려는 이미 이게 논의되던 1998년 4월부터 거세게 쏟아졌다. 언론은 "문화적 정체성까지 침해당할 가능성"과 "문화 점령이라는 최악의 상황"을 걱정했다.[46] 이후 열띤 공방전이 벌어졌으나 사실 한국엔 오래전부터 일본 문화가 철철 흘러넘치고 있었다. 예컨대, 시인 신달자는 1994년 3월 다음과 같이 말했다.

"청담동의 어느 카페를 가보라. 그곳은 결코 서울의 카페가 아니다. 일본 그림 아래 일본식 쇼트 컷을 한 일본 패션의 여자와 남자가 일본 노래에 푹 젖어 차를 마시고 있다. 물론 10대들이 태반이다. 청담동뿐만이 아니다. 명동에는 금지된 가요 음반과 금지된 잡지가 줄을 이어 널려 있다. 10대보다 더 어린이들의 놀이 대상인 만화 비디오도 거의 일본 것이 압도하고 있는 것이 사실이다. 찾아서 보는 게 아니다. 그저 길을 걷노라면 쉽게 눈에 띄는 것들이다."[47]

개방을 반대하는 사람들이 가장 우려한 건 일본 대중문화 산업의 규모였다. 일본의 영화 시장은 한국의 5~7배로 추산되었다. 연간 매출 규모는 1,500억 엔(약 1조 5,000억 원)대고, 제작 편수도 300편으로 한국의 50편 내외에 비할 때 훨씬 많았다. 일본 가요 시장의 연간 매출 규모는 5,000억 엔(약 5조 원)인데, 이는 세계 1위 음반 시장인 미국의 절반 규모며 3위 독일의 2배 수준이었다. 반면 한국은 일본의 5~10퍼센트 수준에 지나지 않았다.[48]

일본 대중문화 개방을 한국 대중문화 발전의 계기로 삼자는 목소리는 1998년 11월 출간된 『일본 대중문화 베끼기』라는 책을 통해 표출되었다. 이 책에서 선문대학교 신문방송학과 교수 이연은 한국 방송의 일본 방송 베끼기 실태에 대해 다음과 같이 말했다.

"모 방송사 간부에 의하면 프로그램 편성 정책팀이나 경영 사이드에서 프로 개편 시 '일본 프로그램 녹화 테이프 목록'을 작성해 방송사 내에 배포까지 하기 때문에 일본 방송 모방 풍토는 자연스럽게 이루어진다는 것이다. 심지어는 비슷하게 연구해보라는 압력성 주문도 있다는 것이다."[49]

대중가요는 어떠했던가? 가요평론가 임진모는 이렇게 말했다. "가요 관계자들 사이에선 이런 말이 나돈다. '음반을 팔려면 일본 곡을 베껴야 한다. 미국 것은 잘 통하지 않는다.' '일본 음악이 개봉되기 전까지 가능한 한 일본 노래를 끌어대야 한다.'……90년대 들어 일본 곡에 대한 표절이 줄어들기는커녕 오히려 농도가 짙어지고 빈도도 높아졌다."[50]

경희대학교 영문과 교수 도정일은 "지난 50년간, 짧게 잡아 70년대 이후 약 30년간, 우리 사회가 일본 대중문화에 대해 취해온 태도는 이중성과 위선 그 자체다"며 이렇게 말했다. "시장 개방에서 얻을 수 있는 효과 하나는 우리 대중문화 생산력을 키우기 위한 기본 조건들의 확보에 사회적 관심을 돌리는 일이다. 그 기본 조건의 하나가 부패 구조의 청산이며, 그 청산을 위해 필요한 것이 부패의 정도와 편만성遍滿性에 대한 사회적 인식이다."[51]

사실, '일본 대중문화 베끼기'가 심하긴 했다. 심지어 기만도 있었다. 〈우주소년 아톰〉은 1970~1980년대에 걸쳐 한국의 수많은 어린이를 감동시켰던 '한국산 로봇'으로 여겨졌지만, 실은 일본의 〈철완 아톰〉에 한국어 더빙을 더한 것이었다. 그러나 일본 문화 개방 이후, 〈우주소년 아톰〉은 한국의 하늘에서 모습을 감춘 대신 정식 수입된 〈철완 아톰〉이 날아왔다.[52]

'스크린쿼터제' 사수를 외친 영화인들의 삭발 투쟁

일본 대중문화 개방에 따라 1998년 12월, 1980년 칸영화제에서 황금종려상을 수상한 구로사와 아키라黑澤明의 〈카게무샤〉와 기타노 다

1998년 12월 1일 스크린쿼터 사수를 위해 영화배우들은 한국 영화의 죽음을 뜻한다는 걸 강조하기 위해 자신들의 영정을 들고 시위를 했다.

케시北野武가 1997년 베니스영화제에서 황금사자상을 받은 〈하나비〉가 수입되었다. 시장의 10퍼센트는 잠식하리라던 영화인들의 예측은 빗나갔다. 〈하나비〉와 〈카게무샤〉는 3주 만에 종영했을 만큼 흥행이 부진했다. 장·노년층 관객이 절반을 넘었으며, 전쟁 장면을 기대하고 들어간 젊은층은 지루하다는 반응이었다.[53]

1998년엔 '일본 대중문화 개방' 논란과 더불어 또 하나의 갈등이 영화계에서 일어났다. 한미투자협정이 한국 영화 의무 상영 일수를 5분의 2로 규정한 스크린쿼터제를 위협하자, 영화인들은 1998년 12월 '스크린쿼터 사수를 위한 범영화인 비상대책위원회'를 구성해 '스크린쿼터 사수'를 결의하고 나선 것이다.[54] 영화 스타들은 한국 영화의 죽음을 뜻한다는 걸 강조하기 위해 자신의 영정을 들고 시위를 벌였다.

1999년 6월엔 영화인 100여 명이 삭발을 감행하는 이른바 '6월 대투쟁'을 벌이기도 했다. 이들은 스크린쿼터가 축소되면 한국 영화 시장점유율은 10퍼센트 이하로 떨어지게 될 것이라고 주장했다.[55] 영화인들의 총궐기로 스크린쿼터 문제는 수면 밑으로 가라앉았지만, 5년 후인 2004년 6월 11일 문화부 장관 이창동의 스크린쿼터 축소 검토 발언으로 스크린쿼터 문제가 다시 수면 위로 떠오르면서 영화인들의 반대 투쟁이 재개된다.

하지만 스크린쿼터 문제 역시 '일본 대중문화 개방' 논란처럼 그렇게 두려워할 건 아니며, 특히 한류의 등장 이후 '우리 영화 하기 나름'이라는 결론으로 귀결된다. 오히려 '국내의 스크린 집중'이 문제라는 새로운 문제가 대두되면서, 2020년엔 6개관 이상 상영관을 지닌 극장을 대상으로 관객 집중 시간대(오후 1~11시)에 같은 영화의 상영 횟수가 50퍼센트를 넘지 않도록 하는 '스크린 상한제'가 거론되기에 이른다.[56]

HOT와 젝스키스 팬들의 패싸움

1997년 12월 MBC 청소년 라디오 프로그램 〈별이 빛나는 밤에〉가 서울 중고교생 500명을 대상으로 설문조사한 결과에 따르면, 학생들의 47퍼센트가 '연예인이 되고 싶다'고 답했으며, 그 이유는 '개성 발휘'(62퍼센트), '화려해서'(27퍼센트), '짧은 시간에 큰돈을 벌어서'(9퍼센트) 등인 것으로 나타났다.[57]

학생들의 그런 연예인 선호 동기가 말해주듯, 한국 연예 산업은 대형화의 길을 걸으면서 발군의 상업적 매니지먼트 능력을 과시하고 있었다. 『주간조선』(1998년 7월 9일) 기자 황성혜는 가수 유승준과 관련된 매니지먼트에 대해 "'연예계의 황제'로 통하는 댄스 가수 유승준이란 히트작을 낸 '베스트미디어' 신철 부사장. '철이와 미애' 출신으로 댄스 그룹 DJ DOC를 키워내 제작자로도 명성을 얻은 그는 최근 마케팅 조사를 가수 이미지 관리에 적극 이용해 재미를 보고 있다"며 다음과 같이 말했다.

"지난해 11월 신씨는 2천 5백만 원을 들여 '서태지, HOT, 유승준의 비교 분석'이란 주제로 설문조사를 벌였다. 초중고교생들에게 음반 구입 형태와 PC 소유 여부, 이들 가수들한테 받는 이미지와 선호도, 선호 요인을 꼼꼼히 물어봤다. 거울 뒤에서 이들끼리 나누는 얘기도 들어보고, '입맛을 읽기 위해' 잡지를 나눠주고 관심 있는 부분을 오려보라고 했다. '요즘 청소년들을 사로잡으려면 화제를 만들어야 해요. 활동하다가, 적절한 때에 들어가 주고, 다시 나와 깜짝 쇼를 펼치고.……승준이를 마이클 잭슨과 만나게 하고, 뮤직비디오에 탤런트 최지우를 등장시킨 것도 이유가 있지요.'(신철) 이런 철저한 사전 준비 작업 뒤에 탄생한 유승준은 '반짝 스타'로 끝나려야 끝날 수 없었던 것. 다시 한번 빅 스타로 자리매김했고, 2집 앨범은 나온 지 한 달 만에 밀리언셀러가 됐다."

열성 팬들은 그런 매니지먼트에 화답했다. 그런데 과잉 화답이었다. 1998년 12월 30일, KBS-1 TV 〈98 KBS 가요대상〉 시상식이 끝난 자정 무렵, 10대들의 우상인 HOT와 젝스키스의 팬들이 서로 자신들의 우상을 욕한다는 이유로 패싸움을 벌이는 사건이 벌어지기까지 했다. 주로 여학생들이었지만 욕설은 물론이고 주먹다짐까지 주고받아 경찰서로 연행된 사건이었다.

"TV 쇼 공개방송에서는 이들 팬클럽 간의 신경전이 치열하다. 누가 먼저 좋은 자리를 잡느냐를 두고 줄서기 경쟁이나 밀치고 들어가기 등 특공대식 작전도 수립된다. 이들은 팬클럽 유니폼과 야광막대 등으로 무장하고 후렴구 따라 부르기 등으로 세를 과시하며 일사불란한 응원전을 펼친다. 이 정도는 그래도 낫다. 그러나 신경전이 과해져 패싸움으로 번지면 부상자가 속출한다. 그래서 공연 현장은 항상 화약고와 같이 불안한 상태다."[58]

사람들은 이런 열성 팬덤 문화에 대해 혀를 끌끌 찼지만, 꼭 그렇게만 생각할 일은 아니었다. 한윤형은 HOT 시대의 10대들은 대중문화를 통해 세상을 인식했을 뿐만 아니라 팬클럽 문화를 통해 조직을 학습하게 되었다며, 이렇게 말했다. "90년대 후반 HOT 팬덤과 젝스키스 팬덤의 대립은 '취향의 전쟁'을 벌이는 10대들에게 조직화의 중요함을 가르쳤다. 그러므로 노사모의 핵심 인물로서 훗날 참여정부의 홍보수석이 된 시인 노혜경이 '노사모는 HOT 팬클럽을 본떴다'고 말한 것도 단순한 농담으로 치부할 수 있는 일은 아니었다."[59]

훗날 노사모가 "우리가 대통령을 만들었다"는 데에서 보람과 긍지와 자부심을 느끼듯, 팬덤 역시 "우리가 스타를 만들었다"는 보람과 긍지와 자부심을 느끼고 싶어 했다. 허행량은 '팬에 의한 스타 만들기'를 '일종의 포켓몬스터(디지몽)화'라고 했는데,[60] 실은 그 이상이었다. 스타는 살아 있는 생명체로서 대통령처럼 모든 대중의 주목의 대상이 되기 때문이었다.

문화적 권리를 박탈당한 청소년들의 팬덤 활동

입시 전쟁의 볼모로 잡힌 10대들에겐 모든 게 공부 위주로, 아니 공
부가 종교가 되다 보니, 그들을 위한 문화 공간인들 있을 리 만무했다.
그마저 성인이 된 후에 즐기라는 게 이 사회가 만장일치로 내린 결론
이었다. 이에 대해 서태지는 1995년 "우리나라만큼 문화공간이 잘
못 만들어지고 운영되는 곳이 없다"고 주장한 바 있다. "외국에 나가
면 청소년들이나 보통 사람들이 건전하게 놀 수 있는 놀이공간이 굉
장히 많아요. 나라에서도 청소년들의 스트레스를 풀게 해주는 그런
공간을 잘 만들어놓는 것 같구요. 그런데 우리나라는 그게 없어가지
고……."[61]

　흥미롭고도 기이하지 않은가? 기성세대가 청소년을 위한 문화공
간엔 더할 나위 없이 인색하면서 그렇게 문화적 권리를 박탈당한 청
소년들이 팬덤 활동을 통해 문화적 욕구를 충족시키는 것엔 인상을
찌푸렸다는 게 말이다. 그래서 일부 청소년들은 더욱 극단으로 치달
았던 건 아니었을까?

　『주간한국』의 기사 「극성팬에 울고 웃는 스타들」(1999년 1월 28일)
은 "가요 팬들의 정보 수집 능력은 종종 CIA나 KGB와 비교(?)된다.
몇 시에 일어나 몇 시에 집을 나가고 오늘은 뭘 하며 내일은 어디에
간다는 식으로 모든 스케줄을 꿰뚫고 있다. 가끔은 매니저 자신도 모

극성팬에 울고 웃는 스타들

가요계 열광의 현장, 그 주인공은 '열성팬'

이상록·일간스포츠 연예부 기자

지난해 12월 30일, KBS 1TV 〈98 KBS 가요대상〉 시상식이 끝난 자정무렵, 10대들의 우상인 H.O.T와 섹스키스의 팬들이 서로 자신들의 우상을 욕한다는 이유로 패싸움을 벌였다. 주로 여학생들이었지만 욕설은 물론이고 주먹다짐까지 주고받아 경찰서로 연행됐다. 지켜보는 이들 사이에 "저 아이들이 과연 자기 부모를 위해서도 저렇게 극성을 떨까"라는 탄식이 저절로 나왔다. 싶어 노상에서 벌어진 이 난투극은 10대 댄스음악팬들의 정서적 현주소를 말해주는 단면이었다.

가요시장의 극심한 불황으로 가요계 전체가 침체의 늪에 빠져있지만 이런 극성팬들의 행동양식에는 전혀 변화가 없다. 활황기이기도 그대로다. '그룹이 있기에 가요붐을 다시 일으킬 수 있을 것'이라고 긍정적으로 보는 이들도 있지만 대다수는 '다른 장르 가수들에게 불안감을 주고 가요의 균형있는 발전을 저해하는 무선국형 신드롬'이라고 비난한다.

가수와 팬, 기상 순수한 열정의 관계이지만 지나치면 당사자들의 의식을 좀먹고 가요계의 흐름까지 왜곡시킨다. 극성팬들의 스타사랑 현장을 알아본다.

CIA·KGB 뺨치는 정보수집능력
▲가요팬들의 정보수집능력은 종종 CIA나 KGB와 비교(?)된다. 몇 시에 일어나 몇시에 집을 나가고 오늘은 팀원의 내일은 어디에 간다는 식으로 모든 스케줄을 꿰고 있다. 가끔은 매니저 자신도 오

H.O.T(위) 섹스키스

르는 일을 팬들이 확인해와 쓴웃음을 짓기도 한다. 언론과 소속사, 비선(秘線)을 통해 알아낸 정보는 PC통신이나 전화로 순식간에 전파된다. 대표적인 예로 H.O.T나 섹스키스 주변에는 언제 어디든 가나 팬들이 미리 몰려와 장사진을 치고 있다. 방금 전 KBS에 있던 10대들이 순식간에 다음 예정장소인 MBC로 건너가 미리 진을 치고 있는 모습을 보면 기동력 또한 우수함을 알 수 있다.

이런 팬들은 사실 가수들에게는 큰 힘이 된다. "간혹 팬들이 나타나지 않으면 서운하다"는 톱 신세대가수의 고백처럼 가수들은 이들을 통해 존재가치를 확인하기도 한다.

극성팬 성화에 '이사 밥먹듯'
▲인기 댄스그룹이 소속돼 있는 프로덕션은 6개월에 한번은 사무실을 옮겨야한다. 옮긴다기보다는 쫓겨난다는 표현이 맞다. 하루 이틀도 아니고 허구헌날 몰려드는 팬들의 극성에 건물주는 물론이고 주변 사람들이 도저히 배겨내질 못하기 때문이다. 프로덕션 앞에는 아침부터 저녁 늦게까지 10대들의 장사진이다.

청소년들은 팬덤 활동을 통해 문화적 욕구를 충족시키고자 했지만 기성세대는 이마저 탐탁지 않게 생각했다. 이런 사회적 인식이 청소년들의 팬덤 활동을 극단으로 치닫게 한 원인은 아니었을까? 『주간한국』 1999년 1월 28일.

르는 일을 팬들이 확인해와 쓴웃음을 짓기도 한다. 언론과 소속사, 비선秘線을 통해 알아낸 정보는 PC통신이나 전화로 순식간에 전파된다"며 다음과 같이 말했다.

"인기 댄스 그룹이 소속돼 있는 프로덕션은 6개월에 한 번은 사무실을 옮겨야 한다. 옮긴다기보다는 쫓겨난다는 표현이 맞다. 하루 이

틀도 아니고 허구헌날 몰려드는 팬들의 극성에 건물주는 물론이고 주변 사람들이 도저히 배겨내질 못하기 때문이다. 프로덕션 앞에는 아침부터 저녁 늦게까지 10대들의 장사진이다. 덥거나 춥거나 상관없다. 이들은 우선 사무실 건물을 초토화시킨다. 먼저 낙서.……기물도 남아나질 않는다. 철제문은 찌그러지고 간혹 유리창도 박살난다. 고함소리는 기본. 가수들이 사무실에 들어설 때는 마치 한일 축구 대항전이 벌어진 듯하다. 그래서 프로덕션들은 연예 프로덕션이라는 사실을 숨긴 채 사무실 임대를 한다."

또 이 기사는 "'영원한 오빠' 조용필은 2, 3달에 한 번씩 전화번호를 교체한다. 한동안은 국번은 그냥 두고 번호만을 바꾸다가 최근에는 국번까지 교체했다"며 이렇게 말했다. "스토킹에 가까운 극성팬들의 전화 공세 때문. 귀신같이 번호를 알아내 안부를 묻거나 또는 목소리만 들으면 전화를 끊는 식으로 사랑을 전한다. 거의 20년 가까이 전화에 시달려온 조용필은 '노이로제 그 자체'라고 말한다. 신세대 그룹의 경우는 전화보다는 휴대폰을 통한 공세가 이어진다. 스타의 휴대폰 번호는 팬들에게는 기본. 그래서 평소에 휴대폰을 켜고 다니는 스타들을 보기 어렵다. 스타들의 휴대폰이 수신용보다는 발신용으로 주로 사용되는 이유가 바로 여기에 있다."

한국 영화의 해외 영화제 진출

1998년은 한국 영화가 한류의 조짐을 보이기 시작한 전환점이었다.

시장점유율은 할리우드 영화에 밀려 24퍼센트에 지나지 않았지만, 영화 4편이 프랑스 칸영화제에 초청되었다. 이는 1997년까지 50년간 칸영화제에서 상영된 한국 영화가 고작 4편이었던 것에 비추어 괄목할 만한 기록이었다. 이런 변화를 만든 주인공은 문화부 차관(1992~1993)을 지낸 영화인 김동호였다. 그는 1996년 부산국제영화제를 출범시켜 한국 영화의 세계화 터전을 만든 일등공신이었다.[62]

한국 영화의 주목할 만한 해외 영화제 진출의 역사는 1961년 제11회 베를린영화제에서 특별 은곰상을 받은 〈마부〉(강대진 감독)로 거슬러 올라간다. 이후 1981년 제38회 베니스영화제에서 〈피막〉(이두용 감독)이 처음으로 본선에 진출해 특별상을 수상했으며, 1984년 제37회 칸영화제에서 〈여인 잔혹사 물레야 물레야〉(이두용 감독)가 '주목할 만한 시선'에 선정되었고, 1985년 〈땡볕〉(하명중 감독)이 베를린영화제 본선에 진출했다.

1987년 이후 한국 영화계는 임권택 감독의 시대였다. 1987년 〈씨받이〉의 주연배우 강수연이 베니스영화제에서 여우주연상, 1987년 〈아다다〉가 제12회 몬트리올영화제에서 여우주연상(신혜수), 1990년 〈아제아제바라아제〉가 모스크바영화제에서 여우주연상(강수연)을 받았다. 임권택은 1993년엔 〈서편제〉로 전 사회적인 '서편제 열풍'을 불러일으켰는데, 이 영화는 1994년에 당시로는 한국 영화 최고의 수출액으로 일본에 수출되어 10만 관객 동원에 성공했다(이후에도 2000년 〈춘향뎐〉이 한국 영화로는 처음으로 칸영화제 경쟁작 본선에 진출했고, 2002년 칸영화제에서 〈취화선〉으로 감독상을 수상했다).[63]

이런 상황에서 1999년 2월 개봉한 영화 〈쉬리〉는 "한국 영화계의 역사는 〈쉬리〉 이전과 이후로 나뉜다"는 말이 나오게 할 정도로 당대 한국 영화를 바라보는 패러다임을 완전히 바꾸었다는 평가를 받았다. 전국에서 620만 명의 관객을 동원하며 당시까지 한국 영화에 관한 모든 흥행 기록을 갈아치웠고, 할리우드 영화 일색이던 우리 영화 시장에 완성도와 흥행 면에서 인정받는 국산 대작 영화의 탄생을 알렸다.[64] 이후 영화 쪽에 돈이 몰려들면서 제작비 규모는 눈덩이처럼 불어나기 시작했다. 이때부터 '한국형 블록버스터'라는 용어가 언론에 의해 본격적으로 쓰이기 시작했다.

1999년 10대 히트상품 중의 하나가 된 〈쉬리〉는 영화와 대자본이 결합한 할리우드적인 영화였다. 제작은 강제규필름이 했지만 삼성영상사업단에서 27억 원을 출자했고 한국종합기술금융에서 4억 원을 댔다. 이 영화의 성공으로 강제규필름은 50억 원, 삼성영상사업단은 100억 원, 한국종합기술금융은 4억 원 이상을 배당받은 것으로 추정되었다. 주연배우였던 한석규도 러닝 개런티를 채택함으로써 10억 원 이상을 벌었다.[65]

〈쉬리〉가 선도한 영화 한류

〈쉬리〉가 한국 영화계에 미친 영향은 컸다. 『동아일보』 기자 김희경은 "먼 훗날, 21세기 영화사가史家의 노트에 99년은 '한국 영화 대약진의 해'였다고 기록되지 않을까. 60년대 시장점유율 40~50퍼센트로 절정을 이루다 기나긴 침체에 빠졌던 한국 영화가 90년대 들어 부활하기 시작하더니 올해에는 욱일승천의 기세로 맹위를 떨쳤다. 할리우드 영화의 세계 지배가 더욱 공고해지고 있는 90년대 말, 자국 영화의 시장점유율이 40퍼센트에 육박하는 나라는 세계에서 미국을 제외하고는 한국이 거의 유일하다"고 했다.[66]

　정확하게 1999년의 한국 영화 국내 시장점유율은 36.1퍼센트였다. 영화진흥위원회 집계에 따르면 1999년 한국 영화 관객수는 서울 기준 911만 8,345명으로 36.1퍼센트의 점유율을 기록했고, 매출액은 499억 원으로 그 전해의 295억 원에 비해 크게 늘었다. 이는 1985년 이후 최고치로 1998년의 점유율 22.5퍼센트에 비해서도 크게 늘어난 것이었다.[67]

　다소 호들갑스럽긴 했지만, 2000년 4월 미국의 시사주간지 『타임』을 비롯해 연예전문지 『버라이어티』, 『할리우드리포터』 등은 한국 영화 특집을 통해 "한국 영화가 1999년 할리우드 영화를 밀어내고 시장점유율 40퍼센트에 이르는 등 르네상스를 맞고 있다"며 "한국이 동양의 할리우드로 떠오르고 있다"고 보도했다.[68]

　'동양의 할리우드'란 말은 의미심장한 것이었다. 1980년대 즈음엔 대종상영화제나 칸·베를린·베니스 영화제에서 상을 받은 작품의 제작사에 외화 수입 쿼터가 주어졌기 때문에 해외 영화제를 겨냥한 영화들은 재미보다는 작품성에 중심을 두면서 '한국 문화의 원형적 요소'를 강조했기에 대중성이 떨어졌다. 반면 〈쉬리〉는 작품성과 더불어 대중성을 동시에 노리는 할리우드 방식에 가까웠다는 점에서 이전의 작품들과는 다른 것이었다.[69]

　연출자인 강제규 감독은 〈쉬리〉를 내놓은 직후 "해외시장을 염

작품성과 더불어 대중성을 동시에 노리는 할리우드 방식에 가까웠다는 점에서 〈쉬리〉가 한국 영화계에 미친 영향은 매우 컸다.

두에 둔 기획"이라고 밝혔다. 실제로 〈쉬리〉는 그해 4월 역대 최고 액(130만 달러·15억 원)으로 일본에 수출되어 125만 명의 관객을 동원하는 성공을 거두었다.[70] 〈쉬리〉는 홍콩에서 개봉한 지 10일 만에 372만 홍콩달러(약 5억 5,000만 원)를 벌어들였으며 이후 독일, 프랑스, 러시아, 인도 등에 판매되어 한국 영화 수출의 활로를 열었다.

〈쉬리〉 외에도 〈거짓말〉(장선우 감독, 1999)은 우리 영화 가운데 유럽 지역 수출 금액으로는 가장 큰 30만 달러를 받았다. 대만에서는 〈텔미 썸딩〉(장윤현 감독, 1999)이 20만 달러, 애니메이션 〈원더풀 데이즈〉(김문생·박선민 감독, 2003)가 30만 달러, 〈주유소 습격사건〉(김상진 감독, 1999)이 12만 달러에 각각 팔렸다. 이어 2000년 최고 흥행작인 〈공동경비구역 JSA〉(박찬욱 감독)는 일본에 한국 영화 사상 최고의 가격인 200만 달러에 수출되는 기록을 세우게 된다.[71]

비언어극 〈난타〉의 성공 비결은 '상업 공연'

〈쉬리〉가 "해외시장을 염두에 둔 기획"이었듯이, 송승환이 이끈 비언어 연극 〈난타〉도 "사물놀이 리듬을 활용한 비언어극으로 세계시장에 진출하자"는 게 작품 기획의 대전제였다. 〈난타〉는 신참 요리사가 주방 일을 처음 배우면서 일어나는 해프닝을 무성영화나 코미디 기법 등을 활용해 대사 없이 리듬과 비트 등 음악을 중심으로 표현한 작품이었다. 〈난타〉와 더불어 〈명성황후〉, 〈점프〉 등도 공연 한류의 선두주자로 활약한다.

1997년 10월 호암아트홀에서 초연한 〈난타〉는 1999년 8월 영국 에든버러국제페스티벌 프린지Fringe 부문 공식 참가작으로 선정되어 〈쿠킨COOKIN'〉이란 제목으로 모두 25회 공연을 했다. 에든버러국제페스티벌은 1947년 이후 매년 8월 열리는 연극과 무용, 음악 등 공연예술계 세계 최대 규모의 축제로 프린지 부문에는 500여 개 단체가 참가해 1,500여 편의 작품을 공연했다. 축제 때마다 30만 명이 넘는 관광객과 각국의 프로모터들이 모여 공연 작품을 사고파는 공연물 견본 시장이기도 했다.

지난 52년 동안 에든버러국제페스티벌에 한국 연극은 한 번도 나간 적이 없었지만, 〈난타〉는 '비언어'의 장점을 살리면서 최고 평점인 별 5개를 받았고 페스티벌 마지막 날까지 공연 입장권이 전회 매진되는 기록을 세웠다. 〈난타〉는 초연 17년 만인 2015년 1월 누적 관객 수 1,000만 명을 돌파하는 대기록을 세우게 되며, 이 중에서 전 세계 51개국 289개 도시에서 공연을 구경한 외국 관람객의 비중은 80퍼

〈난타〉는 무성영화나 코미디 기법 등을 활용한 연극으로 1997년 10월 초연한 이후 2018년 까지 58개 국가, 318개 도시에서 공연했고 누적 관객수가 1,386만 명을 넘었다.

센트 이상이었다. 2018년까지의 기록은 58개 국가, 318개 도시에서 공연을 했고, 누적 관객수는 1,386만 명이 넘었다.

　주목할 점은 〈난타〉의 성공은 보통 지식인들이 원하는 '문화 교류의 차원'에서 시작한 게 아니었기에 가능했다는 점이다. 송승환은 "〈난타〉는 처음부터 해외에 우리 콘텐츠를 제값 주고 팔겠다는 의미로 시작한 거예요. 그렇기 때문에 한 번 찍고 마는 공연에 그치는 것이 아니라, 계속해서 공연을 이어올 수 있었던 것이지요"라면서 다음과 같이 말했다.

　"〈난타〉는요, 지금까지 해외에서 진행했던 공연의 90퍼센트가 상업 공연이에요. 무슨 이야기냐 하면, 외교부나 국제문화교류진흥원과 같은 정부기관의 지원을 받아서 해외에 나가는 행사는 10퍼센트 정도에 불과하다는 거고, 나머지 90퍼센트는 해외 프로모터들에게 공연료를 받고 판매했습니다. 가령 독일 공연에서 우리 공연을 본 현지 프로모터의 반응이 좋았다면, 이들은 이후에도 〈난타〉를 부르죠. 북미 투어에서 호응을 얻었다면 미국의 프로모터가 우리를 부르고요."[72]

'문화 제국주의'를 대체한 '혼종성'

그간 문화 제국주의에 대해선 진보좌파 진영 내에서도 많은 반론이 제시되었는데, 영국 문화연구자인 존 톰린슨John Tomlinson은 이런 논의를 종합해 1999년 『세계화와 문화Globalization and Culture』라는 책을 출간했다. 그는 이 책에서 전 세계에 보급된 문화 상품의 상징적 의미는 각 지역의 문화적 전유appropriation를 통해 변환되기 때문에 글로벌 자본주의는 단일한 자본주의 문화를 촉진시키지 않는다고 주장했다.[73]

이후 '문화 제국주의'나 '문화 종속'이라는 개념의 대안으로 제시된 것이 바로 '문화의 혼종cultural hybrid'과 '문화의 혼종화cultural hybridity'다('혼성', '혼성화'라고도 한다). 'hybrid'란 단어는 서로 다른 인종의 부모에서 태어난 혼혈이라는 의미로 17세기 초에 사용되다가 1813년 처음으로 인간과 관련되어 사용되었으며, 20세기 말의 문화 연구에서 탈식민 담론의 일환으로 문화 현상을 설명하기 위한 개념으로 등장했다.[74]

인도 출신으로 영국을 거쳐 미국에서 활동하고 있는 탈식민주의 문화 이론가인 호미 바바Homi K. Bhabha가 『문화의 위치: 탈식민주의 문화 이론』(1994)에서 혼종성에 대한 비교적 정교한 주장을 내놓은 이래로,[75] 많은 학자가 국가간 문화 교류나 침투에 혼종성 개념을 사용했다. 아시아권 문화 연구에 이 개념을 도입한 이와부치 고이치는 『아시아를 잇는 대중문화』(2001)에서 '혼종'을 "서로 다른 문화가 뒤섞이면서 생기는 정체성의 이중성·경계성·중간성을 중요시하며……문화의 순수성과 진정성을 강조하는 본질주의나 민족 절대주의 등에 대항하는 개념"으로 정의했다.[76]

이후 혼종성은 한류 현상을 설명하는 데에 빠지지 않고 등장하는 주요 개념이 되지만, 초국적 기업의 마케팅 전략으로 이용되기도 한다는 부작용이 지적된다. 피상적인 수준의 혼종에 불과할 때가 많음에도 혼종 자체에 지나치게 큰 의미를 부여하는 등 혼종성 개념이 무분별하게 오·남용되는 문제점도 드러났다.[77]

김수정은 "초국가적 흐름으로서 한류는 어떤 결정체가 아니라, 복수의 지점에서 맥락에 따라 조금씩 다르게 구현되는 문화적 실천이자 과정"이라고 말했다.[78] 즉, 혼종성 개념으로 한류를 설명하더라도 '공급' 중심으로만 보지 말고 '수요'의 다양한 결들을 살피면서 세심하게 보아야 한다는 점을 강조한 것으로 이해할 수 있겠다. 그럴 때에 비로소 "한국 중심주의적 사고를 벗어나고……한류의 인기를 한국인들이 생각하듯 기존 문화를 휩쓰는 절대적 지위가 아니라 다른 문화적 경험과 함께 공존하는 것"으로 이해하는 게 가능하다는 것이다.[79]

김수정·양은경은 여러 위험과 한계에도 "세계화 맥락에서 발생되고 있는 피할 수 없는 현실"임을 지적하면서 혼종성에 대해 이런 정의를 내렸다. "상이한 사회문화적 영역에 속한 요소들이 접촉이나 상호작용을 통해 문화 요소의 내용이나 형식의 혼합 및 변형으로 생산해내는 새로운 초문화적 양식 또는 실천."[80]

한류와 관련해 쉽게 말하자면, 혼종성 개념은 이렇게 정리해보는 게 무난할 것 같다. 즉, 문화 수출은 수출국의 수입국에 대한 일방적 지배 관계를 넘어서 수입국의 역사·문화적 배경과 국민들의 능동적 수용 과정과 결합해 양국의 문화가 서로 뒤섞이면서 수입국의 주체성이 살아 있는 진일보한 잡종을 낳는다는 것이다. 물론 각 나라마다 사정이 다르므로 이렇게 일반화하기엔 무리가 있지만, 한류가 그런 과정에 잘 적응한 문화 콘텐츠로 진화해갔다고 말할 수는 있을 것이다. 이제 2000년대에 전개되는 한류의 활약상을 구체적으로 살펴보기로 하자.

한국인의 열정과
위험 감수성

한국은 '노래방 공화국'

"새천년이 왔다고 여기저기서 귀가 따갑고 눈이 어지럽도록 떠들어
대는 소란을 지켜보면서, 아직도 인간들은 철이 들려면 멀었구나 싶
었다. 이런 호들갑은 숫자에 매달려 죽고 사는 서양의 물질문명에서
빚어진 유치한 발상이며 치졸한 논리다. 그런데 동양의 후예들마저
그런 장단에 놀아나고 있으니 한심스럽다."[1]

　법정 스님이『동아일보』(2000년 1월 5일) '특별기고'에서 한 말이
다. 아닌 게 아니라 호들갑이 연출되긴 했지만, 감정을 발산해야만 직
성이 풀리는 한국인의 열정은 2000년대에 더욱 뜨겁게 달아오른다.

대중의 일상적 삶에서 그런 열정의 발산이 이루어지는 주요 공간이 바로 노래방이었다. 한국은 '노래방 공화국'이라고 해도 과언이 아닐 정도였다.

1990년 부산에 처음 등장한 노래방은 순식간에 전국으로 퍼져나가 1992년 2,000여 개소에 이르렀다. 노래방은 더는 '노는 아이'만 가는 곳이 아니라 모든 아이가 가는 곳이 되었다. 노래방 전문지 『코러스』가 1999년 6월 초 서울 남녀 중고생 600명을 대상으로 조사한 결과에 따르면 노래방을 이용해보았다는 학생이 99퍼센트, 매달 3회쯤 이용한다는 학생이 34.5퍼센트, 1주에 1회 이상 이용한다는 학생이 18.5퍼센트에 이르렀다. 그로 인해 문제가 심각하다고 판단한 정부는 1992년 6월 풍속영업규제법을 발동해 10대들의 노래방 출입을 금지시켰지만, 업계의 반발로 7년 만인 1999년 5월 말 연소자 전용공간을 갖춘 업소에 한해 밤 10시까지 청소년 출입을 허용했다.[2]

노래방은 1999년 5월 말 현재 전국에 걸쳐 2만 8,500여 개소가 성업 중이었으며, 노래방 기기가 설치된 단란주점·룸살롱·나이트클럽 등의 업소도 2만 개소에 달했다. 노래방 시장 규모는 연간 5조 원(업계 추정)에 달하며 반주기 등 관련 시장 규모도 5,000억 원에 이르렀다.[3]

남녀노소를 막론하고 선풍적인 인기를 끈 노래방은 한국인의 대중문화이자 생활문화의 일부로 굳게 뿌리를 내렸다. 노래도 가요뿐만 아니라 동요와 가곡까지 부를 수 있게끔 다양화되었고, 전화 노래방에 인터넷 노래방까지 등장했다.

기술은 나날이 발전을 거듭해 대중을 사로잡았다. 어느 전자회사

1992년부터 급격하게 늘어난 노래방은 남녀노소를 막론하고 선풍적인 인기를 끌면서 한국인의 대중문화이자 생활문화의 일부로 뿌리를 내렸다.

가 만들어 파는 CD-OK라는 노래방용 기기는 직경 12센티미터인 CD 한 장에 최대 노래 3,000곡과 사진 영상 4,000컷을 수록할 수 있다고 했다. 신문에 전면 광고까지 낸 어느 대기업의 노래방 시스템은 다음과 같은 광고 문구로 소비자들을 유혹했다.

"노래 부를 때 무대 기분. 48인조 오케스트라의 CD 원음을 즐긴다. 기존의 컴퓨터 노래방 시스템은 전자악기로 구성된 밴드 반주에 불과합니다. CDG노래방 시스템은 48인조의 오케스트라 반주를 CD에 담아 생생하게 재생하며, 백 코러스까지 갖춰져 마치 무대에서 노래하는 듯한 현장감을 느낄 수 있습니다."

1999년 6월 한국을 방문한 '파리의 택시운전사' 홍세화는 「20년만의 귀국 일지」에서 '노래방'에 대해 다음과 같이 말했다.

"말로만 듣던 곳에 들어갔다. 나도 노래를 몇 곡 불렀다. 한국 사회를 알려면 꼭 가봐야 하는 곳. 스트레스를 풀고 신경질을 풀고 불안 심리도 풀고 억압 감정도 처리해주는 아주 중요한 정신병원. 이 노래방이 없어지면 정신병자가 급증할 것이며, 폭력죄·소요죄·노상방뇨죄·고성방가죄 등의 범죄가 지금의 두 배 이상으로 늘어날 것이다."[4]

노래방의 열기는 2000년대에 더욱 달아올랐고, 노래방 시설을 겸하고 있는 유흥·단란주점들이 소비자들이 노래방과 혼동하게끔 간판을 '노래방주점', '노래타운', '노래뱅크' 등으로 표기해 행정 당국이 단속을 하는 일까지 벌어졌다.[5] 노래방의 수는 점점 줄지만, 걱정할 일은 아니었다. 관민 합동으로 웬만한 공간을 다 '노래교실'로 만들어버렸으니 말이다. 주로 중장년 여성에게 월 1만 원 정도의 '수업료'를 받고 노래를 가르쳐주는 노래교실은 훗날 전국에 걸쳐 5,000개를 넘어서게 된다.[6] 방송사들, 특히 지역방송사들은 전통시장 등의 현장에서 노래 자랑 대회를 여는 등 '노래방 공화국' 아니 '노래 공화국'의 열기는 더욱 뜨거워진다.

노래방의 번성에 이어 새천년의 '대박'은 PC방이었다. 1993년 영국과 인도에서 인터넷 카페로 시작한 PC방이 한국에 등장한 건 1995년이었다.[7] 1998년 9월 900여 개에 불과하던 PC방은 7개월 만인 1999년 4월 5배가 넘는 5,000여 개로 급증했다(문화관광부 통계).[8] 정부가 PC방을 인터넷 교육장으로 활용하자고 나설 정도로 정보통신산업 육성 붐이 일면서 PC방은 2000년 2만 개를 돌파하고, 2001년엔 2만 2,500여 개로 정점에 도달하게 된다.[9] 1998년 생겨난 한국 최초의 컴퓨터 '게임 팀'은 한 PC방 소속이었는데, 특정 PC방

에서 게임을 하면 월급을 받는 방식이었다. '프로게이머'란 말도 이때 처음 선보였다.[10]

"애들 일 갖고 무얼 그렇게 난리를 피우나"

2000년 한국을 찾아온 외국인 관광객 수가 처음으로 500만 명을 돌파해 532만 명에 이르렀는데, 이와 같은 한국 관광 붐을 견인한 것은 일본인 관광객들이었다. 외국인 관광객 중 일본인은 그 절반(48.3퍼센트)에 가까운 247만 2,000여 명으로 집계되었다. 한국을 찾은 일본인들은 "심야에도 잠들지 않은 서울의 활력과 사람 냄새가 좋다"고 했다.[11] 이제 곧 일본을 비롯한 아시아에서 본격적으로 불게 될 한류를 예감한 것이었을까?

1999년 11월 2인조 그룹 클론(구준엽, 강원래)의 중국 베이징 공연에 이어,[12] 2000년 2월 1일 HOT의 첫 베이징 공연이 열렸다. 공항 VIP룸에 열혈 팬 100여 명이 쳐들어와 문이 부서지고 난리가 나자 군대까지 출동했으며, 숙소인 캠핀스키호텔 앞엔 중국 경찰에 의해 접근 금지 구역이 설정되었다. 영하 13도의 날씨에도 아랑곳 않고 공연장인 궁런工人체육관 앞에 긴 줄을 선 중국 팬들은 HOT의 공연에 열광했다. 베이징의 일간지들은 "HOT, 궁런체육관을 불사르다"는 자극적인 헤드라인으로 이 열광을 보도했다.[13]

그러나 정작 행사를 준비한 한국 관계자는 한국 기업들의 외면으로 스폰서를 구하지 못해 쩔쩔 맸다. 유일하게 아시아나항공이 약간

2000년 5월 탤런트 겸 가수 안재욱이 중국 베이징에서 공연을 펼치며 한류 붐을 키워갔고, 텐진케이블TV는 수차례나 〈별은 내 가슴에〉를 연속 방영했다.

의 도움을 주었을 뿐이다. 한 대기업 간부가 협찬 거부의 변으로 내뱉은 다음과 같은 말이 당시 대기업이 한류를 보던 시각의 전형이었다. "거, 애들 일 갖고 무얼 그렇게 난리를 피우는지 모르겠다."[14]

물론 나중엔 모든 대기업이 '애들 일'의 경제적 가치가 무궁무진하다는 걸 알고 스스로 '난리를 피우'게 되지만, 그때까지만 해도 한류에 대한 인식은 그 수준이었다. SM엔터테인먼트는 2000년 4월 엔터테인먼트 업체 최초로 코스닥 주식시장에 입성하지만, 그런 회의적인 시각은 여전했다. HOT의 베이징 공연이 성공을 거둔 데 이어 5월엔 탤런트 겸 가수 안재욱이 베이징에서 잇따라 공연을 펼치며 한류붐을 키워갔다.

한국 드라마도 점차 영역을 넓혀가고 있었다. 2000년 텐진케이블TV는 수차례나 재방송되었던 〈별은 내 가슴에〉, 〈내 마음을 뺏어봐〉를 연속 방영했으며, 베이징TV는 〈의가형제〉를 방영했다. 2000년

12월 조창완은 "지난 1년 사이 한국 드라마는 중국 방송에서 끊이지 않을 만큼 안정적인 지위를 확보하고 있다"고 했다.[15]

대만은 어떠했던가? 2000년 10월 대만의 케이블 채널 GTV를 통해 방영된 드라마 〈불꽃〉은 주인공인 차인표와 이영애를 '국민적 스타'로 만들었을 뿐만 아니라, 한국 문화 상품을 통해 재현된 한국 사회의 전통적이고 권위주의적인 이미지를 바꾸어놓는 데 큰 기여를 했다. 2001년 2월엔 대만 TV 방송이 KBS-2 〈가을동화〉를 방영해 큰 호응을 얻었고, 8월엔 안재욱의 대만 공연이 성공을 거두었다. 한국 드라마의 성공으로 케이블TV에서 입지를 굳힌 GTV에서 2002년 1월 기준 방영된 드라마의 5분의 2 정도가 한국 드라마였다.[16]

이런 성공은 스타급 PD들이 방송사를 떠나 독립제작사로 이전하는 현상으로 이어졌다. 2001년 〈가을동화〉의 윤석호 PD, 〈바보같은 사랑〉·〈푸른안개〉의 표민수 PD 등이 프리 선언을 하고, 예당음향이 출자해 만든 팬엔터테인먼트와 연출 계약을 맺었다. 윤석호는 40회, 표민수는 20회 연출을 계약했는데, 이들의 연출료는 회당 1,500만 원 선으로 알려졌다.[17] 이제 곧 '봉급쟁이 PD'가 아닌, 수십 억대, 수백 억대의 돈방석에 앉는 스타 PD들의 활약이 본격적으로 전개된다.

보아의 활약과 'K-pop' 용어의 등장

일본에선 SM엔터테인먼트 소속의 소녀 가수 보아(1986년생)의 활약이 두드러졌다. 2000년 국내 무대에 데뷔, 이듬해인 2001년 1월 일본 가요계에 데뷔해 5월 일본에서 첫 싱글을 발매한 보아는 이듬해 오리콘 차트(일본 가요 순위) 1위에 올랐고, 연말 가요 축제인 NHK 홍백가합전에 6년 연속 출전하며 K-pop 열풍을 이끄는 맹활약을 하게 된다.

일본에서 자국의 'J-pop'에 대한 상대적 의미로 'K-pop'이라는 용어가 쓰이게 된 것도 바로 이즈음이었다. 2001년에는 아예 『K-pop 스타K-pop star』라는 잡지가 창간되었고, 2002년경부터는 일본 신문에서도 'K-pop'이라는 단어가 사용되었다. 『옥스퍼드 영어사전』에 'K-pop'이라는 단어가 등재된 것도 2002년이었다.[18]

보아 이전에 일본에서 가장 성공한 한국 가수는 단연 조용필이었다. 조용필은 1982년 일본에 진출해 1987년부터 1990년까지 4년 연속 홍백가합전에 출연하는 등 큰 성공을 거두었다. 1989년 홍백가합전엔 조용필 외에도 계은숙(2회째), 김연자(첫 출연), 패티김(첫 출연) 등 4명이 출연하는 기록을 세웠지만, 1990년 일본레코드대상에서 양수경이 '최우수 가요곡 신인상'을 수상한 것을 끝으로 한국 가요의 일본 진출은 한동안 막을 내렸다. 그러다가 1994년 서태지와 아이들, 1998년 SES 등 여러 가수가 다양한 방식으로 일본 진출을 시도했으며, 보아에 이르러 큰 반향을 불러일으킨 것이었다.[19]

2001년 2월, 일본 와세다대학 교수 이와부치 고이치는 1995년에서 1998년에 걸친 연구 끝에 출간한 『아시아를 잇는 대중문화』에서 이런 결론을 내렸다. "일본 미디어 산업은 일본의 문화적 영향력이 역사적·정치적·경제적인 맥락이나 문화 상황에 따라 또 지역마다 크게 달라짐을 알게 되었다. 그리고 이를 통해 일본 미디어 산업은

2001년 1월 일본 가요계에 데뷔해 5월 일본에서 첫 싱글을 발매한 보아는 이듬해 오리콘 차트 1위에 오르고, 연말 가요 축제인 NHK 홍백가합전에 6년 연속 출전하는 등 일본에서 K-pop 열풍을 이끌었다.

다른 아시아 나라나 지역이 능동적인 주체성을 가지고 일본과는 다른 방식으로 전 지구적 문화 왕래와 교섭하고 있음을 알게 되었다.”[20]

의미심장한 말이었다. 1972년에 설립된 일본재단Japan Foundation 이라는 일본 문화 수출 사령탑을 앞세워 아시아 지역에서 문화적으로 미국 행세를 하려 했던 일본의 전략에 근본적인 차질이 생겼다는 게 말이다. 일본은 한동안 아시아 지역에서 USAUS OF ASIA라는 별명을 얻을 정도로 문화 수출에서 성공을 거두었지만, 1990년대 후반부터 다른 양상이 나타나기 시작한 것이다. 이는 한국이 할 역할이 있다는 걸 말해주는 건 아니었을까?

물론 아직은 걸음마 단계였다. 그래서 한류의 갑작스러운 성공을 틈타 이를 이용하려는 ‘한탕주의 상술’도 나타났다. 중국에선 중국 측과 한국 측이 번갈아가면서 관중을 농락하는 일이 벌어졌다. 2001년 7월 선양瀋陽에서 열린 '슈퍼 한韓콘서트'에선 베이비복스와 NRG 등의 공연단이 대박을 꿈꾸며 공연에 나섰지만, 공연 허가를 중개하기로 했던 중국인이 돈만 챙기고 잠적해버림으로써 아예 공연을 하지 못하는 기막힌 일이 벌어졌다. 한국 측의 한 스태프는 "우리가 서커스 무대의 악극단 같은 공연을 해야 하나"라고 한탄했다는 이야기가 한동안 떠돌았다.[21]

2001년 10월 베이징 서우두首都체육관에서는 한국의 유명 여자 댄스 그룹의 공연이 있었는데, 중국 암표상들은 300위안짜리 표를 10분 안에 처분하고 말았다. 약속과 달리 유명 댄스 그룹은 잠시 얼굴만 비치고 다른 무명의 가수들로 시간을 때웠기 때문이다. 이 같은 일이 베이징, 상하이 등 중국 곳곳에서 벌어졌다. 공연을 함께 기획했던 중국의 합작 파트너가 화가 치밀어 한국 파트너의 무대용 기물을 압류하는 사태가 발생하기도 했다.[22]

톱가수 김수희의 1회 방송 출연료는 26만 원

2001년 6월 17일 MBC의 보도 프로그램 〈시사매거진 2580〉이 방영한 '한일 비교: 연예인 대 매니저'편은 음반제작사의 매니저들과 가수의 불합리한 계약을 고발했는데, 이후 2개월간 유례없는 방송사와 매니저 간 대립을 불러왔다. 매니저들로 구성된 연예인제작자협회는 문제의 보도가 연예인과 매니저·소속사의 관계를 심각하게 왜곡했다며 소속 연예인의 방송 출연을 전면 거부한다고 선언하면서 MBC의 사과와 관련자의 징계를 요구하고 나섰다.

『중앙일보』(2001년 7월 9일)는 MBC가 연예인제작자협회의 요구를 심각하게 받아들이고 있다며 이렇게 말했다. "방송 출연 전면 거부가 단순한 선언으로 끝나지 않고 얼마든지 현실화할 수 있다는 위기의식 때문이었다. 과거 지상파 방송사가 연예인에게 압도적인 지위를 누리던 시대가 끝났음을 적나라하게 보여준 사례이다." 이 기사에 인용된 한 대형 엔터테인먼트 업체의 관계자는 이렇게 말했다. "이제 방송사가 연예인 및 엔터테인먼트 업계의 눈치를 봐야 하는 상황이 됐다. 수십 명의 인기 연예인을 거느린 업체 한두 곳만 손잡고 방송 출연을 거부하면 해당 방송사는 큰 곤란을 겪을 수밖에 없기 때문이다."[23]

양자 간 갈등의 와중에 가수의 프로그램 출연료 문제가 대두되었다. 『한국일보』(2001년 7월 7일)의 보도에 따르면, "가수의 출연료가 비현실적이라는 점은 예능 PD들도 공감한다. KBS는 5등급(특급, 가, 나, 다, 라)으로 나누는데 원로급인 특급은 출연료가 60만 원 이상이고 신인 가수는 10만 원 남짓이다. 방송사 측은 '드라마가 주 수입원인 연기자들은 협상을 통해 출연료를 현실화한 반면 가수들은 지금까지 출연료 문제를 등한시해온 편'이라며 '가수협회와 협상을 통해서 조정할 수 있다'고 지적한다."[24]

이 갈등은 8월 14일 연예인제작자협회가 출연 거부를 해제하면서 일단락되었지만, 협상 과정에서 연예인제작자협회가 보인 '공세적' 자세는 대중음악계의 권력 이동이 일어나고 있음을 여실히 보여주었다. 실제 협상에서도 연예인제작자협회는 '가요 순위 프로그램의 존속'이라는 유리한 결론을 이끌어냈다. 가요 순위 프로그램은 여론의 따가운 질책으로 인해 MBC가 폐지하기로 했던 것인데, 이를 다시 존속하기로 한 것이다. 이에 대해 대중음악평론가 신현준은 "이런 협상력을 포함하여 한국의 음악 비즈니스 세력의 '힘'과 '자신감'은 어디에서 연원하는가"라고 물으면서 다음과 같이 답했다.

"그건 다름 아니라 현재 한국의 대중음악, 이른바 '가요'가 국제 경쟁력을 가지고 있다는 사실에 근거를 두고 있다. 1980년대 후반 이후 다국적 메이저 기업이 국내 시장에 직접 배급 시스템을 확립한 이후 15년 가까운 시간이 지났지만 국내 음반 시장에서 '국산' 음악의 비중은 70퍼센트를 넘어서고 있다. 세계시장 전체를 대상으로 볼 때 다국적 메이저 기업이 배급하는 음반이 전체 물량의 70퍼센트를 차지하고 있는 현실에 비추어본다면 국내 음악산업의 '경제적 자립성'은 가히 놀랄 만한 수준이다."[25]

한류의 힘이었다. 하지만 이후에도 지상파 방송사들은 가수의 출연료 문제만큼은 바꾸지 않았다. 4년 후인 2005년 7월 1일 가수들의 노동조합(한국방송연기자노동조합 가수지부)이 출범할 때에도 당면 목표로 내세운 건 '가수의 방송 출연료 현실화'였으니 말이다.[26] 톱가수 김수희가 가수노조 창립식에서 "1회 출연료가 26만 원이다"고 공개한 발언은 많은 사람을 놀라게 만들었으며, 네티즌들에게서 '용감한 발언'이라는 칭찬을 받기도 했다. 그는 대중음악평론가 임진모와의 인터뷰에서 이렇게 말했다.

"제가 방송 출연료 산정 기준으로는 경력 20년이라서 1회 출연에 26만 원을 받아요. 같은 경력의 텔레비전 연기자 출연료의 10분의 1 정도예요. 엄청난 차별대우 아닌가요. 제 얘기기도 하지만 우리 가수들의 얘기죠. 용감할 것도 없어요. 가수노조 집행부에서 참석률이 저조하니 꼭 나와 달라고 전화를 했어요. 나가는 김에 솔직히 한마디를 하게 된 거예요. 대단한 것은 아니고, 단지 부당한 현실을 지적했을 따름이죠."[27]

이런 부당한 현실이 한국 대중음악계가 살 길을 해외에서 찾게끔 만드는 데에 일조했겠지만, 지상파 방송사의 그런 '오만'은 이제 곧 대형 연예기획사들에 의해 응징당하는 부메랑을 맞게 된다. 지상파 방송사들이 기댔던 '힘의 논리'는 이들만 독점할 수 있는 건 아니었으니 말이다.

"오, 한류, 너 정말 문화 맞니?"

민간 부문에서 먼저 시작된 한국의 문화 수출, 즉 한류에 대해 정부가 주목하기 시작한 건 2000년대 들어서였다. 물론 김대중 정부는 1998년 출범부터 문화의 산업적 가치에 주목해 문화산업 정책들을 활발히 추진해왔지만, 한류를 '지속적이고 안정적인 경향을 보여주는 어떤 실체'로 보기까진 시간이 좀더 필요했다.[28]

문화관광부 장관 김한길은 『대한매일신문』(2001년 7월 21일) 인터뷰에서 한류는 "한국 문화의 저력이 세계를 무대로 활발히 뻗어나갈 수 있는 가능성을 보여주는 것"으로 "한류 열풍을 수출과 직결시키도록 지혜를 모아야 할 때"라며, "우리 문화의 해외 진출을 적극 지원하

문화관광부 장관 김한길은 2001년 7월 한류는 "한국 문화의 저력이 세계를 무대로 활발히 뻗어나갈 수 있는 가능성을 보여주는 것"이라며 "우리 문화의 해외 진출을 적극 지원하겠다"고 밝혔다.

겠다"고 밝혔다. 또 그는 "이는 아시아 지역에서 일본, 미국 문화가 차지하던 독점적 지위를 우리 문화가 서서히 무너뜨리면서 아시아인들의 문화적 유사성과 우리 문화에 대한 친근감을 바탕으로 반만년 역사 속에 농축된 한국 문화의 저력이 세계를 무대로 활발히 뻗어나갈 수 있는 가능성을 보여주는 것입니다"라고 말했다.

김한길의 이 발언에 대해 조한혜정은 "경제 이윤을 남길 수 있는 호기를 최대한 활용하자는 수출 제일주의, 미국 문화의 독점적 영역을 이제 우리가 점거하기 시작했다는 식의 제국주의적 근대화주의, 그리고 '반만년 역사'를 거론하는 본질적 민족주의를 읽어낸다면 지나친 비약일까?"라고 논평했다.[29]

결코 비약은 아니었다. 다만 일부 비판적 지식인들을 제외하고, 제국주의적 근대화주의와 본질적 민족주의는 한국인 대다수가 적극 포용한 것으로 이후 한류 담론의 주된 흐름이 되었다는 것은 분명한 사실이다. 한국 언론의 한류 관련 기사는 2001년 중반부터 폭발적으로 많아졌는데,[30] 몇 가지 주요 주장을 살펴보기로 하자.

『중앙일보』기자 이상복은 "지금의 한류는 몇몇 스타의 인기몰이에 치우친 측면이 있다. 1980년대 초 〈영웅본색〉, 〈첩혈쌍웅〉 등 홍콩 영화가 우리 영화가를 풍미했다. 그러나 천편일률적인 스토리, 잔인한 살인 장면 등의 반복으로 그 인기는 그야말로 한때의 열기로 끝나버렸다. 그들은 이제 우리 대중문화를 수입해야 하는 입장에 놓였다"며 다음과 같이 말했다.

"우리가 이 전철을 밟아서는 곤란하다. 내실을 다져가는 노력을 지금부터라도 게을리해서는 안 된다. 방송 프로그램의 경우 해외 매출액이 국내 매출액의 1퍼센트도 되지 않는 게 우리 현실이다. 다시 한번 시스템을 점검하고, 한류를 문화산업으로 연결시키려는 진지한 접근이 필요하다. 한류는 분명한 현상이지만 지나치게 스타 위주로 나가는 것 같아 안타깝다."[31]

『조선일보』기자 박선이는 "한류 열풍은 한국의 콘텐츠 · 소프트산업의 새 활로를 제시한다. '굴뚝 없는 산업'인 대중문화 · 엔터테인먼트 산업은 최근 디지털 방식과 인터넷이란 첨단기술의 지원을 업고 더욱 세계화하는 분야다. 세계 영화 시장의 70퍼센트를 석권하고 있는 미국 할리우드 영상산업이 좋은 예다"며 다음과 같이 말했다.

"지난해 한국서도 히트한 리어나도 디캐프리오 주연의 〈비치〉는 미국에서 제작비의 절반을 겨우 건지는 참패를 했지만, 세계시장에서 미국 내 수입의 3배 가까운 1억 300만 달러를 거둬들이면서 멋지게 흥행에 성공했다. 해외 성공의 열쇠는 바로 디캐프리오. 안재욱은 대만에서 그 디캐프리오를 제치고 인기 1위를 했다. 그런 점에서, 한류 열풍은 결코 만만하게 볼 일시적 현상이 아니다."[32]

반면 이동연은 『문화일보』(2001년 9월 8일)에 기고한 「한류, 정말 문화 맞니?」라는 칼럼에서 "작가들의 평균 월수입이 40만 원도 안 되고 인구 12만 명당 도서관이 하나인 나라에서 한류를 '문화 국책'으로 삼을 만큼 지금 문화관광부는 여유로울 수 있는가?"라는 의문을 제기하면서 다음과 같이 말했다.

"한국의 대중음악 시스템이 개혁되지 않는 한, 문화 민주주의를 실현하는 문화 행복지수가 높아지지 않는 한, 한류는 불행한 우리의 자화상으로 기억될 것이다. 한류는 지배적 문화 유행 형식이 생산해 낸 또 하나의 오리엔탈리즘이고, 천박한 B급 문화자본의 파생물이며, 문화를 정치외교상의 교두보로 환원하고 문화적 콘텐츠를 화폐의 총량으로 환산하려는 산업적 국가주의의 산물이다. 오, 한류, 너 정말 문화 맞니?"

이동연의 견해에 대해 조한혜정은 "'한류 열풍' 현상은 우수한 문화의 저급한 문화로의 전파 현상으로 보기보다는 국경을 넘나드는 초국적 자본과 미디어의 이동, 그리고 사람의 이동으로 일어나는 복합적이고 역동적인 '초문화화' 현상의 일부이자 '권력 재편'의 고정으로 파악될 현상이다"고 진단하면서 다음과 같이 말했다.

"그런 면에서 한류의 주인공인 문화 상품이 B급의 천박한 상업주의 문화임을 그렇게 가슴 아파할 필요는 없을 것이다. 이런 우려를 하

제4장   한국인의 열정과 위험 감수성

기 전에 우리는 현재 세계시장을 제패하고 있는 미국식 상업주의 문화 상품 역시 대부분 B급의 천박한 문화라는 점을 인식할 수 있는 여유를 가져야 한다. 자국의 상품에 대해서 지나치게 허용적이거나, 지나치게 비판적인 '결벽성'의 자를 들이대는 태도를 뒤집어볼 수 있어야 한다는 말이다. 그러면서 문화 상품의 생산과정과 유통망에 대해 생각하는 사유의 훈련이 필요하다."[33]

'한류 뒤집어 보기'와 '한류의 새로운 기획'

2001년 9월 26일 서강대학교 신문방송학과 교수 원용진은「'한류' 뒤집어 보기」라는 칼럼에서 "우리는 20여 년 전, 가깝게는 10여 년까지 우리 안에 부는 미국과 일본의 대중문화 바람에 대해 사회적 고민을 펼쳤다"며 '역지사지易地思之'를 제안했다. 그는 "역지사지로 본 우리의 모습은 참으로 안타까울 정도다"며 다음과 같이 주장했다.

"당장 팔 수 있는 물건들을 수배해내고, 이 기회에 시장을 확실히 확보해야 한다는 천박한 시장 개척 논리가 판을 치고 있다. '한류' 상품들이 어떤 내용들인지 뻔히 알면서도 팔아야 한다는 일념을 보이고 있는 우리는 혹 '아류 문화 제국주의'를 펼치고 있는 건 아닌지. 아시아권에서 서구나 미국의 문화를 막을 수 있는 문화적 블록이 마련되는 일은 매우 소중한 일이다. '한류'는 아시아적 문화 블록 형성을 위한 좋은 계기가 될 수 있다. '한류'는 그런 점에서 아시아적 문화 사건이고 지역 공동체를 마련할 절호의 기회인 셈이다."[34]

2001년 10월 30일 연세대학교 사회학과 교수 김현미는 「욕망의 동시성」이라는 칼럼에서 한류 현상을 아시아 지역의 '욕망의 동시성'이란 개념으로 분석했다. 그는 "한국의 드라마들은 너무나 정형화된 가부장적 남녀 역할을 보여주지만, 동시에 부르주아적 연애 문화의 환상을 불러일으킨다"며 "한류는 한국 대중문화의 질적인 우수성이나 문화적 고유성 때문에 생겨난 것이라기보다는 아시아 지역에서 새롭게 부상하는 욕망들과 다양한 갈등을 가장 세속적인 자본주의적 물적 욕망으로 포장해내는 '능력' 덕분에 탄생한 것인지 모른다"고 했다.[35]

한류에 대한 대중매체의 열띤 논의는 2001년 가을부터 서서히 사그라들기 시작했다. 이즈음 연세대학교 교수 조한혜정은 한류 연구를 위해 2001년 2월부터 10월까지 활자매체에 발표된 글과 TV에서 보도된 기사들을 모아 분석하는 작업에 착수했는데, 그는 당시의 심경에 대해 이렇게 말했다.

"IMF 통화 위기와 마찬가지로 급작스럽게 불어닥친 '한류 열풍' 소식을 접했을 때, 한국의 문화 변동에 계속 관심을 가져온 나로서는 내 자신의 무지에 대해 상당히 당혹스러운 감정이 앞섰다. 그리고는 곧 연구에 들어갔다. 나는 한류 열풍 현상을 통해, 서구 중심의 글로벌리즘만은 아닌 다른 글로벌리즘의 가능성을 찾아보고 싶었다. 아시아 지역에서 일고 있는 '탈경계적' 문화 생산과 유통 상황이 서구 중심적 전지구화 국면에 새로운 대안을 내놓을 수 있을지 알고 싶었던 것이다."

"왜 한국 문화가 인기를 끄는가?" 조한혜정은 초기 칼럼니스트들이 내놓은 답은 ① 아시아 주민이 가진 공통적 감수성을 강조하는 것, ② 미국이나 일본 선진국 대중문화의 폭력성과 선정성을 거론하는 논

리, ③ 아시아 지역에 팽배한 반일 감정과 관련된 것 등이었다고 분류했다.[36]

2001년 10월 중국 공연, 11월 일본 공연에서 성공을 거둔 뮤지컬 〈지하철 1호선〉은 앞서 원용진이 원했던 '아시아권 문화 블록의 형성'에 가장 근접한 한류였다. 1970년대 '포크 음악'의 선두 주자였던 김민기가 연출한 이 작품은 1994년 초연을 한 이후, 1999년 공연에서는 외국인들을 위한 영어 자막이 설치되었고, 2000년 1,000회 공연을 돌파했으며, 15년간 4,000회 공연(관객 71만 명)의 대기록을 세우면서 재즈 가수 나윤선, 뮤지컬 스타 조승우, 배우 설경구와 황정민 등을 배출하게 된다.[37]

성공회대학교 교수 백원담은 중국과 일본의 관객들은 "독일 작품이지만 한국 사회 현실을 녹여 희망의 불씨로 피워낸 그 문화 창신력이야말로 한류의 진수이며 한국 문화의 정수라 격찬을 아끼지 않았다"며 〈지하철 1호선〉을 '동아시아 문화 현상의 희망 열차'라고 했다. 이 작품에서 '한류의 새로운 기획 가능성'을 찾은 그는 이렇게 역설했다. "동아시아 하늘을 뒤덮은 칙칙한 역사의 장막을 활연히 벗어젖히고 모두가 사는 평화 공존의 세상을 만들어가기 위해, 그 발랄한 민간 주도의 문화 파장을 동반과 상생의 문화 기획으로 바꿔내야 하는 것이다."[38]

한국은 '신드롬 공화국'

국내로 눈을 돌려보자면, 2001년에 가장 인기를 누린 대중문화는 TV 드라마 〈아줌마〉였다. 이 드라마는 무엇보다도 지식인의 허위성을 통렬하게 풍자함으로써 큰 화제를 불러일으켰다. 아줌마들의 '의식 고양'을 역설한 것도 주목할 만했다. 〈아줌마〉의 작가 정성주는 『한겨레』(2001년 3월 17일) 인터뷰에서 다음과 같이 말했다.

"나를 포함해서 아줌마는 능멸당해 싼 요소가 너무 많다. 왜냐하면 아직도 극우보수가 가장 이용하기 쉬운 만만한 집단이다. 분유 광고를 보면, '이거 안 먹이면 너네 아이 바보 돼'라는 식으로 거의 공갈 협박을 하는데도, 그걸 싹 무시하지 못해 전전긍긍하고, 내 자식은 반드시 '메인 스트림, 거기에 낑겨 들게 하리라' 하고 남몰래 다짐을 하지를 않나.……그래서 교육개혁이 안 되잖냐."

영화 쪽에선 3월 31일 개봉한 〈친구〉(곽경택 감독)가 관객 818만 명을 동원해 순이익 230억 원을 거둘 정도로 '대박'을 터트렸다.[39] 2000년 9월 9일 개봉해 개봉 25일 만에 150만 명(〈쉬리〉는 36일째)을 돌파한 〈공동경비구역 JSA〉(박찬욱 감독)의 인기를 능가했다. 언론은 이 세 영화의 성공을 가리켜 '한국 영화의 대부활'이라고 환호했다.[40]

『국민일보』는 "영화 〈친구〉 열풍이 거세다. 각종 모임에서의 화제 중심은 온통 〈친구〉 얘기다. 친구끼리 모이면 주인공 유오성의 부산 사투리 대사가 어김없이 등장한다. '개안타(괜찮다) 친구 아이가'……작품성보다는 오락성이 뛰어난 〈친구〉의 예기치 않은 흥행 돌풍에는 복고復古 바람이 크게 작용했다. 교복을 입은 까치머리의 배우들에게선

제4장 한국인의 열정과 위험 감수성

'신드롬 공화국'이라는 말이 나오게 할 정도로 한국인은 열정적이었으며, 이런 열정이 한류의 동력으로 작용했다. 2001년 한국 사회에 '신드롬'을 불러온 영화 〈친구〉와 〈공동경비구역 JSA〉.

학창시절의 빛바랜 사진을 보는 듯한 향수를 불러일으킨다"고 했다.[41]

이성욱은 "한 달여 만에 500~600만 명 이상의 사람을 감염시킨 〈친구〉를 전염병이라 부르지 않으면 어떤 단어가 그 현상을 감당할 수 있을까"라면서 "이 영화가 제시하는 '친구 관계', 의리의 영웅화는 결국 한국 사회의 문제 상황에 대한 무자각적·무반성적 추인으로 요약될 뿐이다"고 했다.[42]

〈아줌마〉도 신드롬이었고, 〈친구〉도 신드롬이었다. 한국은 세계에서 둘째가라면 서러울 정도로 '신드롬 다발 국가'였다. 적어도 1990년대 후반부터 그랬다. 계간 『황해문화』 1997년 가을호 '권두언'은 "지금 한국 문화는 '신드롬'으로 들끓고 있다"며 "박정희 신드롬에서 박찬호-선동렬 신드롬, 람세스 신드롬 등의 신드롬 속에는 영어 회화 신드롬, 이승희 신드롬과 검찰의 만화계 단속이 자리 잡고 있다"며 다음과 같이 말했다.

"이 같은 신드롬의 행진에서 문화의 위기를 진단할 수 있다. 누누이 강조하는 바이지만 신드롬이 없는 사회는 정체된 사회, 닫힌 사회, 그리하여 죽은 사회이지만 신드롬이 꼬리를 무는 사회 또한 건강하지 않다. 신드롬처럼 그 사회의 중심 없음을 드러내는 현상도 많지 않다. 우리는 신드롬이라는 어감에서 '냄비 근성'을 떠올린다."[43]

2002년의 한국 사회를 덮친 신드롬은 단연 '영어 신드롬'이었다. 이게 놀라웠던지 2002년 3월 31일 미국 일간지 『로스앤젤레스타임스』는 한국 학부모들 사이에서 불고 있는 영어 조기 교육 이상 열기를 서울발로 상세하게 보도했다. 이 신문은 한국 영어 교육 관련 시장 규모가 조기 유학 비용을 제외하고도 연간 30억 달러에 이를 것이라고 전하고, 교육방송(EBS)의 인기 토크쇼 진행자 조너선 힐츠의 말을 인용, "한국에서 영어 배우기 열풍은 거의 국가적 종교와 같다"고 말했다.[44] 2002년 5월 영미문학연구회가 낸 반년간 학술지 『안과 밖』은 '우리에게 영어는 무엇인가'라는 특집을 마련하고 최근의 영어 열풍은 억압에서 비롯된 병리적 현상으로, 세계화가 진행되면서 더욱 강화하는 경향을 보여준다고 분석했다.[45]

그러나 이런 과열마저도 긍정적인 면이 두드러지는 한국인의 저력이라는 사실이 이제 곧 밝혀진다. '신드롬 공화국'이라고 해도 좋을 정도로 한국인은 열정적이었으며, 이런 열정이 한류의 동력이 되었다는 가설을 검증해보기로 하자.

　　　　　제4장　한국인의 열정과 위험 감수성

국내의 '〈겨울연가〉 신드롬'

KBS-2 TV는 2002년 1월 14일부터 3월 19일까지 20부작 드라마 〈겨울연가〉(윤석호 PD)를 방송, '〈겨울연가〉 신드롬'을 불러일으킴으로써 이후 전개될 한류 열풍을 예고했다. 〈겨울연가〉는 방송 시작과 동시에 대만, 싱가포르, 말레이시아, 홍콩에 수출되어 50만 달러의 수출고를 올렸으며, 3월 25일부터 드라마 전문채널 KBS드라마의 '화제의 드라마' 코너를 통해 앙코르 방송되었다.[46]

2002년 2월 '2002 한일 월드컵 축구 대회'를 앞두고 MBC프로덕션과 일본 TBS가 3년간 제작해 방송한 한일 합작 드라마 〈프렌즈〉는 일본에서 한국 드라마 수준을 다시 보게 만들었다. 감각적인 영상, 뛰어난 극적 구조, 세련된 연출 기법, 연기력 등 한국 드라마의 미학을 충분히 알리는 장이 되었으며, 주연배우인 원빈을 스타로 만들어 원빈이 출연한 또 다른 드라마 〈가을동화〉(KBS, 2000), 〈레디 고〉(MBC, 1997) 수출로 이어졌다.[47]

2000년 〈가을동화〉에 이어 〈겨울연가〉로 연타석 홈런을 친 윤석호 PD는 〈가을동화〉, 〈겨울연가〉를 통해 한국의 가을과 겨울 정취를 담아냈으니, 앞으로는 봄과 여름을 소재로 드라마를 만들 생각이라고 했다. "평소 시각적인 즐거움을 중요시하는 생활 자세가 드라마에 녹아드는 것 같아요. 독특한 건물의 구도, 햇빛을 받아 새로운 모습을 보여주는 나무의 모습 등 생활 속의 아름다운 '화면'들을 항상 머릿속에 입력시켜두지요. 그것을 드라마에 실현시키려다 보니 스태프들을 고생시키기도 합니다."[48]

'시청률 제조기'로 불리는 김수현 작가의 KBS-2 TV 주말드라마 〈내사랑 누굴까〉가 3월 2일 첫 방송을 내보낸 뒤, 3주째 10퍼센트 초반의 시청률에 머물자 집필한 드라마마다 큰 성공을 거둔다는 '김수현 신화'가 깨지는 것 아니냐는 분석과 더불어 "윤석호 PD의 〈겨울연가〉가 빈약한 대사에도 불구하고 화려한 영상미로 인기몰이에 성공했던 것이 최근 시청자들의 경향을 보여주는 대표적인 예다"는 평가마저 나왔다.[49]

〈겨울연가〉의 부가가치 창출은 전 분야에 걸쳐 이루어졌다. 신인가수 류가 부른 〈겨울연가〉의 주제곡 〈처음부터 지금까지〉는 3월 16일 뮤직박스 가요 차트에서 6주간 정상을 지켰던 신승훈의 〈사랑해도 헤어질 수 있다면〉을 밀어내고 정상에 올랐다. OST 음반은 종영 전에 이미 30여 만 장 판매되었으며, 휴대전화를 통해 〈겨울연가〉 벨소리, 캐릭터, 그림 메시지, 텍스트를 내려 받는 모바일 사업의 반응도 뜨거워졌다. 브로마이드, OST 악보 다운로드, ARS서비스, 폴라리스 목걸이, 촬영지 여행 상품 등과 더불어 〈겨울연가〉 DVD, VCD, 소설 출간 사업도 활발하게 진행되었다.[50]

2002년 5~6월 〈겨울연가〉가 대만과 홍콩에서 방영되어 시청률 1위를 기록하면서 방한 관광 상품이 큰 인기를 끌기 시작했다. 한국관광공사는 남이섬 등 〈겨울연가〉 촬영지를 답사하는 관광 상품을 국내 여행사와 공동으로 개발하고, 방한 패키지 상품의 판매 지역을 홍콩·싱가포르 등 중화권 전역으로 확대하기로 했다.[51]

제4장   한국인의 열정과 위험 감수성

한류를 예고한 '2002 한일 월드컵 축구'

2002년 5월 31일부터 6월 30일까지 열린 '2002 한일 월드컵 축구 대회'는 한국의 '월드컵 4강' 진출 덕분에 전국을 열광의 도가니로 몰아넣었으며, 세계에 한국을 널리 알린 동시에 한국인으로 하여금 큰 자신감을 갖게 만드는 데에 기여했다. 그간 월드컵에 5차례 출전했지만 한 번도 이기지 못하고 4무 10패에 그쳤던 팀이 4강에 오른다는 건 분명히 상식을 뛰어넘는 일이었다.

앞으로 영원히 깨어지지 않을 또 하나의 이변은 '붉은 물결'의 거리 응원이었으니, 폴란드전 49만 8,000명, 미국전 76만 9,000명, 포르투갈전 278만 명, 이탈리아전 420만 명, 스페인전 480만 명, 독일전 650만 명, 터키전 230만 명 등 연인원 2,184만 7,000여 명이 붉은 옷을 입고 거리와 광장으로 뛰쳐나왔다.[52]

응원단인 붉은악마의 응원도 볼 만했다. 붉은악마는 '통천'이라 불리는 가로 60미터, 세로 40미터, 무게만 1톤에 달하는 초대형 태극기와 더불어 다양한 응원전을 선보였다. '태극기 패션'이 전국을 휩쓸었다. 김덕영은 자신이 보기에 '가장 커다란 이변'은 '태극기 패션'으로 대변되는 "국가의 세속화secularization요 탈주술화disenchantment이자 국기의 세속화요 탈주술화"라고 했다.[53]

시인 김지하는 훗날(2005년) "2002년에 보여줬던 붉은악마는 단순한 스포츠가 아니었습니다"라면서 이렇게 주장했다. "문화적 분출, 잠복된 힘이 터져나온 것이며, 억압된 흥이 터져나온 것입니다. 신바람, 신명, 신이 났던 순간이에요. 우리는 고대의 영고, 무천으로 시작

'2002 한일 월드컵 축구 대회'는 한국의 '월드컵 4강' 진출 덕분에 전국을 열광의 도가니로 몰아넣었으며, 세계에 한국을 널리 알린 동시에 한국인으로 하여금 큰 자신감을 갖게 만드는 데에 기여했다.

된 신바람, 신명의 민족이었습니다. 그게 2002년에 발현된 것이죠. 그리고 이것은 분권적 퓨전이에요. 지금 젊은이들은 골방에서 인터넷을 통해 '밀실 네트워크', '방콕(방에 콕 들어박혀) 네트워크'를 형성하고 있습니다. 그렇게 형성된 네트워크가 700만이 모여들게끔 하는 힘을 발휘한 것입니다. 700만이 모였지만 어떤 사고 하나 없이 질서 있는 모습을 보인 것, 이는 혼돈 속의 질서에 바탕한 새로운 문명의 시작을 알리는 계시였던 것입니다."[54]

김지하의 이 주장은 한류에 대해서도 비슷하게 적용된 한류 해석의 한 흐름이 된다. 김종엽은 "누구보다도 월드컵 후유증을 심하게 앓아야 하는 것이 우리 사회 지식인들"이었다고 했는데,[55] 이 또한 이제 곧 전개될 한류 열풍에 대해서도 똑같이 적용할 수 있는 말이었다. 어떻게 설명해야 할지 갈피를 잡기 어렵다는 점에서 말이다.

『경향신문』 베이징 특파원 홍인표는 "중국인의 반한 감정을 우리가 피부로 느낀 것은 2002년 한일 월드컵 때였다. 당시 우리가 16강과 4강에 진출했을 때 중국인은 정말 놀랄 정도로 평가절하했다. 심판을 돈으로 매수했다거나, 심판의 오심 덕분에 그런 성적을 거두었다는 내용이 월드컵 기간 내내 중국 언론을 도배질했다. 당시 한국 팀에 대해 노골적인 적의를 드러낸 CCTV 중계를 보면서 얼마나 많은 유학생이나 주재원이 흥분했는지는 지금도 기억이 생생하다"며 다음과 같이 말했다.

"그런 일이 있었던 것은 우리를 얕잡아본 것도 있지만 중국인의 서구 편향적인 성향 때문이 아닌가 싶다.……그러나 중국인도 월드컵이 끝난 요즘은 한국 축구를 높이 평가하고 한국 축구의 기동력과 조직력을 배워야 한다고 말하고 있다. 당시는 1958년 이후 처음 진출한 월드컵 본선에서 자기 나라는 예선 탈락했고 이웃의 조그만 나라는 내로라하는 이탈리아-스페인을 격파하고 올라간 것에 대해 배가 아팠기 때문이 아닌가 싶다."[56]

이는 이후 나타날 중국의 '항한류抗韓流'를 이해하는 데에도 도움이 될 수 있는 말이었다.

한국인의 유별난 열정과 위험 감수성

좋은 의미에서건 나쁜 의미에서건, 한국인은 종교성이 강한 편이다. 특

187

히 집단적으로 집중할 일이 생기면 집단적 신명이 나타난다. 2002년 6월의 이른바 '월드컵 신드롬'도 바로 그런 경우였다. 한국의 '월드컵 4강' 기적을 낳은 월드컵이 열린 2002년 6월 한 달 동안 2,500여 만 명의 시민을 거리로 뛰쳐나가게 만든 열기 또는 광기는 민족주의 또는 국가주의와 관련해 뜨거운 논쟁을 유발시켰다.

월드컵 신드롬에 대해 "파시즘적 광기", "현실을 망각한 집단적 히스테리 증상", "뉘른베르크의 나치 대회를 연상케 하는 획일화된 전체주의적 태도", "지독한 획일주의, 집단주의" 등과 같은 비판이 쏟아지기도 했지만, 이는 한국인 특유의 신명 또는 종교성을 이해할 때에 온전히 이해될 수 있을 것이다. 한국의 이런 문화와 관련, 재미동포 학자인 캐서린 문Katharine Moon은 다음과 같이 말한다.

"한국인들은 무언가를 하기로 결정하고 나면 모든 에너지를 그 일에 쏟아부어, 전부가 아니면 얻을 게 아무것도 없는 하나의 도전으로, 혹은 일종의 사활을 건 딜레마로 본래 상황을 바꾸어놓기까지 한다. 이에 대한 증거를 찾기란 쉬운 일이다. 그저 어떤 교회 안으로 들어가 큰 목소리로 '아멘'을 외치는 기도자의 열정을 보라. 신의 입장에서도 한국이 아닌 다른 곳에서 이런 목회자를 보고 듣기란 어려울 것이다."[57]

국내외를 막론하고 한국 대중문화가 뜨거운 인기를 누린 데에는 여러 이유가 있겠지만, 한 가지 빼놓을 수 없는 건 한국인들의 그런 열정과 더불어 역동성과 그에 따른 '위험을 무릅쓰는 문화a risk-taking culture'였다. 자기 소망과 발전을 위해선 실험과 모험을 두려워하지 않았다. "억울하면 고쳐라"라는 좌우명을 앞세워 대대적인 성형수술 붐이 일게 된 것도 그런 관점에서 보아야 하지 않을까?

한국갤럽이 1994년 조사한 결과 '성형수술을 고려해본 적이 있다'는 응답이 13.9퍼센트에 불과했으나, 1999년엔 59퍼센트로 4배 이상 늘었다.[58] 1999년 『경향신문』이 PC통신사 네티즌을 대상으로 실시한 설문조사에선 "아름다워질 수 있다면 성형수술을 하는 것도 괜찮다"는 견해에 네티즌의 10명 중 7명이 동의했다.[59] 2000년 5월 27일 MBC는 〈미스코리아선발대회 전야제〉 방송에서 후보자 61명 가운데 40여 명이 성형수술을 했다는 조사 결과를 소개했으며, 31일 〈섹션 TV 연예통신〉은 이문세와의 인터뷰를 통해 '성형수술을 자신 있게 말하는 후보자들의 당당함' 등을 긍정했다.[60]

고재학은 "'자연스러운 게 가장 아름답다'라는 말은 2001년 한국 사회에서는 이제 고전이다"고 했다. "'생긴 대로 살아라'라는 말은 '당신은 얼마든지 예뻐질 수 있다'라는 말로 대체되어야 하는 시대가 왔다.……아무리 자연미를 부르짖어도 '잘생긴 외모'는 전문 지식이나 어학 실력처럼 우리 사회에서 필수적인 '경쟁력'이 돼가고 있다."[61]

미리 말하자면, 2003년 8월부터 2004년 2월까지 서울대학교 의과대학 정신과 류인균 교수팀이 전국의 여대생 1,565명, 남대생 469명 등 2,034명을 대상으로 설문·심층 조사한 결과 여대생의 52.5퍼센트(821명)가 미용 성형을 했고 82.1퍼센트(1,285명)가 원하고 있는 것으로 나타났다. 여대생의 52.1퍼센트는 나중에 결혼 후 자녀에게도 성형수술을 시키겠다고 응답했으며, 또 68.1퍼센트는 미용 성형을 계획 중이라고 밝혔다.[62]

외모가 경쟁력이 되는 외모 차별은 이후 심화되며, 한국 연예 문화는 이를 충실히, 아니 지나칠 정도로 드라마틱하게 반영한다. 한류가 세계적인 성공을 거둔 후, 일부 서양 언론은 이걸 지적하면서 한류에 대해 비판적인 자세를 취하지만, 그들에게 그렇게 말할 자격은 없었다. 외모 차별은 전 인류의 오랜 문화였으며, 서양이 선도한 대중문화의 철칙이 아니었던가. 한국인은 열정과 위험 감수성이 유별나게 좀 강하다는 것뿐이었으니 말이다. 이런 열정이 한류의 모태가 되었음은 두말할 나위가 없다.

사상 최초의 방송 프로그램 수출입 흑자

'2002 한일 월드컵 축구 대회' 덕분이었는지는 알 수 없지만, 2002년은 한국의 방송 프로그램 수출이 사상 처음으로 수입을 앞지른 해였다. 문화관광부의 집계에 따르면, 2002년 방송 프로그램의 수출은 2001년 대비 52.3퍼센트가 증가한 2,881만 3,000달러, 수입은 22.8퍼센트 증가한 2,511만 1,000달러를 기록했다. 최근 6년간 방송 프로그램 수출은 평균 31퍼센트로 꾸준하게 증가했으며, 수출입 대비도 1997년 1:6.8에서 2001년 1:1.08로 크게 개선되었으며, 2002년에는 1:0.87로 처음으로 흑자 구조로 전환되었다. 이는 '놀라운 변화'였다.

수출입 편당 단가도 2001년 대비 수출은 890달러에서 1,089달러로 크게 높아졌고, 수입은 4,460달러에서 3,428달러로 낮아져 수출입 경쟁력이 신장되고 있는 것으로 분석되었다. 매체별 수출에서 지상파가 2,618만 7,000달러, 방송채널사용사업자·독립제작사가 262만 6,000달러를 각각 기록했으며, 수입은 지상파가 1,876만 8,000달러, 방송채널사용사업자는 634만 3,000달러를 기록했다.

장르별로는 동아시아 지역의 한류 지속에 힘입어 드라마가 전체 수출액의 76.8퍼센트를 차지했다. 평균 수출 단가도 2001년 840달러에서 2002년 1,326달러로 크게 상승해 수출 효자 장르로 입지를 굳혔다. 국가별로는 전체 수출액 중 대만(33.2퍼센트), 중국(17.2퍼센트), 일본(10.8퍼센트) 등 아시아 지역에 83.5퍼센트가 집중되었으며, 인도네시아(4.1퍼센트), 베트남(2.5퍼센트), 말레이시아(1.9퍼센트) 등에도 수출이 지속적으로 증가해 한류가 이들 지역으로 확산되고 있음을 보여주었다. 특히 대만은 2001년 248만 7,000달러(전체 20.2퍼센트)에 이어 2002년 708만 5,000달러(전체 33.2퍼센트)로 크게 늘어났다.

문화관광부는 방송 프로그램의 해외 진출이 확대될 수 있도록 국제적 규모의 방송 영상 견본시Broadcast Worldwide, BCWW의 국내 개최, 세계 유수 방송 영상박람회 공동 부스 설치 등 참여 지원, 우수 파일럿 프로그램 등에 대한 사전 제작비 투·융자 지원, 수출용 방송 프로그램의 국제화를 위한 현지화 지원, 방송 영상물 수출 전문 마케터 등 인력 양성 사업 등 방송 영상 콘텐츠 산업에 대한 지원을 강화할 계획이라고 밝혔다.[63]

그럼에도 아직 '한류'라고 단언하기엔 이른 시점이었다. 하종원과 양은경이 잘 지적했듯이, "몇몇 사례들을 중심으로 한류의 윤곽이 포착되고 있을 뿐, 지속적이고 안정적인 경향성을 보여주는 어떤 실체로 규정하기에는 많은 무리가 따른다"는 것이 대체적인 견해였다.[64]

갈 길은 멀고 할 일은 많았다. 구소련 지역과 동유럽 지역에선 한국의 영어 방송인 아리랑TV가 한류의 전진 기지 역할을 하고 있었다. 2002년 기준으로 러시아, 리투아니아, 벨로루시, 우즈베키스탄, 폴란드, 불가리아, 체코, 슬로바키아 등 지역에서 총 200만 가구가 아리랑TV를 시청하고 있었다.[65]

'MP3 혁명'과 업계의 재빠른 대응

이즈음 세계 대중음악계에 불어닥친 디지털 혁명은 MP3MPEG Audio Layer-3의 출현이었다. MP3는 MPEGMotion Picture Experts Group(동영상을 부호화하는 방법을 이용해서 표준을 정하는 것을 목적으로 하는 동화상 전문가 그룹)에서 규정한 고음질 오디오 압축 기술로 음반 CD에 가까운 음질을 유지하면서 일반 CD의 50배로 압축이 가능했다. 1997년 새한미디어(현재 엠피맨닷컴)가 세계 최초로 MP3 플레이어를 내놓은 이후 한국은 2000년까지만 해도 세계 1위 자리를 지켰으나 애플이 2001년 아이포드iPod을 내놓은 이후 시장 주도권을 잃게 된다. 이후 벌어진 일들을 여기서 미리 이야기해보자.

2003년 4월, 0.99달러(약 1,000원)를 내면 노래 한 곡을 내려받을 수 있는 '아이튠스 뮤직스토어'라는 온라인 음악 가게를 연 것이다. 주변의 회의적인 반응에도 이 실험은 성공을 거두어 애플은 2005년 7월 5억 곡을 팔았으며, 약 2년간 5,000억 원의 매출을 올렸다. 애플 사장 스티브 잡스Steve Jobs는 "아이튠스와 아이포드는 '디지털 라이프

스타일'의 시작"이라며 "애플의 소프트웨어로 음악을 만들고 아이포드로 그 음악을 들으며 매킨토시 컴퓨터로 가족들에게 콘서트 장면을 보여주는 시대가 애플이 꿈꾸는 미래"라고 말했다.[66]

이런 흐름의 변화에서 한국은 앞서갔다. 미국 팝 시장에서 디지털 다운로드의 점유율이 음반 판매 점유율을 넘어서며 전 세계에 충격을 안긴 건 2011년의 일이지만, 한국에서는 이미 8년 전인 2003년에 디지털 음악 시장의 규모(1,850억 원)가 음반 시장의 규모(1,833억 원)를 넘어섰다.[67] 김건모의 3집 《잘못된 만남》이 1995년 한국 기네스북에 최다 판매 앨범(연말 기준 256만 장)으로 공식 인정받은 게 아스라한 역사가 되어버린 것이다. 2006년 3월에 나온 한 기사는 가요계의 변화상을 다음과 같이 전했다.

"MP3(음악 등 각종 오디오용 데이터를 저장한 컴퓨터 파일)로 음원을 담는 것이 일반화되면서 LP판과 CD의 판매는 급감했다. 요즘 가요계 관계자들은 '음반이 10만 장만 팔려도 대박'이라고 푸념할 정도다. 머잖아 음반이 사라질 것이라는 전망이 나오기도 한다. 수백 곡을 담을 수 있는 MP3 플레이어의 편리함 덕분에 LP와 CD는 사양길로 접어들었다."[68]

특히 '소리바다'로 상징되는 무료 음원 사이트가 등장하면서, "공짜로 유통되느니, 한 푼이라도 받자"는 취지에서 음원 수익의 70퍼센트를 유통과 관련 협회에 넘겨주는 굴욕적인 계약도 마다하지 않을 정도로 한국의 음반 시장은 사실상 괴멸되었다. 이제 살 길은 오직 나라 밖이었다. 당시 한국 음악 시장의 33배 규모였던 일본 음악 시장을 비롯한 해외시장으로 진출하는 것은 '선택'의 문제가 아니라 '생존'

인터넷을 통해 원하는 MP3 파일을 쉽게 내려받을 수 있도록 한 무료 음원 사이트 소리바다의 등장으로 음반 시장이 쪼그라들자 대중음악인들은 일본 음악 시장을 비롯한 해외시장 진출을 더욱 적극적으로 추진하기 시작했다.

의 문제였다.[69]

　디지털 혁명은 한국 대중음악계에 '저주'인 동시에 '축복'이었다. 김성민은 한국이 디지털 시장에 빨리 반응할 수 있었던 이유로 1997년 IMF 외환위기를 들었다. 경제위기에서 벗어나기 위한 방법의 일환으로 한국 정부가 IT 강국을 목표로 내걸고 정보화를 강력하게 추진한 덕분에 MP3 파일에 용이한 소프트웨어와 하드웨어가 동시에 갖춰지게 되었다는 것이다. 그는 "케이팝업계는 재빨리 이 새로운 환경에 대응했다"며 다음과 같이 말한다.

　"우선 CD에 대한 미련을 버리고 생산, 유통 과정을 디지털 시장에 맞춰 재편했으며 해외시장을 타깃으로 한 활동을 적극적으로 전개했다. 디지털 음악산업의 확대가 국내 산업에 가져온 타격은 피할 수 없는 것이었지만 바꿔 말하면 이는 생산 비용이 드는 매체인 CD와 전통적인 유통 경로가 없이도 충분히 해외 활동이 가능하게 되었다는 것을 의미했다.……특히 아이튠스는 전 세계적으로 형성되기 시작한 케이팝 팬덤을 시장 수준에서 인식시키기에 효과적인 플랫폼이었다."[70]

월드컵이 미디어업계의 판도를 바꾸었다는 점은 주목할 만했다. 1998년 뉴스 시장에 진입한 포털사이트가 "미디어로 부상한 결정적 계기는 2002년 한일 월드컵이었다. 뉴스를 소비만 하던 사람들은 당시 특정 이슈에 관해 다수의 사람과 의견을 나누게 됐고, 그 과정에서 평소 접하지 못했던 정보를 얻는 새로운 경험을 한다. 포털들은 포털들대로 전통적 미디어들과 달리 이용자들의 요구를 만족시키기 위해 활발히 움직였다".[71]

월드컵을 기점으로 포털사이트는 '공룡'으로 변했다.[72] 그로 인한 사회적 그늘은 짙어지지만, 한국인은 특유의 열정과 위험 감수성으로 IT 문화에 관한 한 세계를 선도하는 '얼리 어답터early adopter'를 자임하면서 대중문화를 IT 문화에 접목시키고 세계적인 디지털 혁명을 적극 이용하는 길로 나아가게 된다.

제5장

한류 열풍의 진원지는
바로 한국

일본 NHK 위성방송을 탄 〈겨울연가〉

일본에선 드라마 이전에 영화가 주목을 받았다. 2000년 125만 명을 동원한 〈쉬리〉(매출 18억 엔)에 이어 2001년 〈공동경비구역 JSA〉(매출 11억 6,000만 엔)가 10억 엔 이상 매출을 올리며 흥행에 성공했으며, 이후 연간 수십 편의 한국 영화가 상영되었다.[1] 이런 한류 미풍을 열풍으로 바꾸기 시작한 건 KBS-2 TV에서 2002년 1월부터 3월까지 방영된 20부작 〈겨울연가〉(윤은경·김은희 극본, 윤석호 연출)였다.

2003년 4월 3일 〈겨울연가〉가 NHK 위성방송 BS2를 통해 매주 목요일 오후 10시에 일본 전역에 방송되기 시작했다. 판매 대금은 국내 드라마 수출 사상 최고가인 4억 4,000만 원이었다.[2] 1,200~ 1,500만 가구를 가시청 가구로 하는 NHK 위성방송에서 〈겨울연가〉는 시청률 1~2퍼센트대로 BS2 프로그램 중 외화 부문 수위를 달렸다. NHK 위성방송에서 시청률이 1퍼센트대를 기록하면 '잘 나왔다'는 평가를 받는데, 〈겨울연가〉가 한국 드라마로는 최초로 그 대열에 합류한 것이다.

〈겨울연가〉는 방송사 사정으로 여름 들어 3주간 송출되지 않았는데, NHK 측은 "방송이 일시 중단되자 40대와 50대의 여성층을 중심으로 하루 수천 통의 항의 전화가 걸려왔다"며 "이는 전에 없던 현상이었다"고 밝혔다. 나아가 출판, 비디오 같은 파생상품의 판매에도 좋은 계기를 마련해주었다. NHK가 펴낸 일본어판 동명 소설이 8월 초까지 28만 권이 팔려나갔다(2004년 100만 부 돌파). 또 〈겨울연가〉 특집을 꾸린 NHK의 프로그램 안내서 『스테라STERA』 6월호가 50만 부 전부 팔려나갔다. 이런 영향을 받아 MBC의 〈이브의 모든 것〉 등 다른 드라마들도 일본에서 전파를 타기 시작했다.[3]

국내에서도 큰 인기를 얻은 〈가을동화〉, 〈겨울연가〉, 〈여름향기〉 등 계절 시리즈 드라마로 일본과 중국은 물론 동남아시아에 걸쳐 '한류 열풍'을 일으킨 주역인 윤석호 PD는 이런 계절 시리즈 드라마 수출로 2003년 9월 기준 500억 원이 넘는 돈을 벌어들였고, 송승헌·송혜교·원빈·배용준·최지우·손예진 등을 아시아 최고의 스타로 키워낸 주인공이 되었다. 그는 『세계일보』(2003년 9월 30일) 인터뷰에서 성공 이유에 대해 이렇게 말했다. "동양인만이 공감할 수 있는 '가슴으로 하는 사랑'이란 주제를 일본이나 중국 드라마보다는 세련된 영

〈가을동화〉, 〈겨울연가〉, 〈여름향기〉 등 계절 시리즈 드라마로 '한류 열풍'을 일으킨 주역인 윤석호 PD는 "동양인만이 공감할 수 있는 '가슴으로 하는 사랑'이란 주제를 일본이나 중국 드라마보다는 세련된 영상에 담아"낸 게 드라마 인기의 원인이라고 말했다.

상에 담아낸 점이 그 이유겠죠. 또 황순원의 소설 「소나기」나 주요섭의 「사랑방 손님과 어머니」에 나타나는 한국인만의 아련한 그리움도 한몫했다고 생각합니다."[4]

〈겨울연가〉의 인기는 엉뚱하게도 광주 아파트업체의 배용준 사인회에서도 잘 드러났다. 11월 15일 아파트 브랜드 '하늘연가'를 내놓으면서 토목건설사에서 주택건설사로 변신을 선언한 금광기업은 모델하우스 개관 이벤트의 하나로 주부들에게 인기 높은 탤런트 배용준 사인회를 열었는데, 주부 팬들은 물론 대만, 홍콩 등지의 열성 '한류 팬' 100여 명이 관광버스를 타고 나타나 새벽부터 장사진을 이룬 '사건'이었다.[5]

2003년 9월 일본 아마존닷컴www.amazon.co.jp에서 4만 장 판매를 돌파한 〈겨울연가〉 DVD 세트 2개가 12월 29일 나란히 DVD 부문 판매 1~2위를 기록했다. 아마존닷컴에서는 이 밖에도 음반 부문 1위를 〈겨울연가〉 OST가, 도서 부문 순위 1위는 〈겨울연가〉를 사진집 형식으로 엮은 『겨울의 소나타 특별편』이 차지하는 등 한류 열풍이 거세게 나타났다. 〈겨울연가〉 인기에 힘입어 도서 순위 9위와 10위도 『한국 드라마&영화 스타 가이드』와 『겨울연가로 시작하는 한국어』가 차지했다.[6]

이런 인기가 시사하듯, NHK는 〈겨울연가〉의 재방송 요청이 밀려들자 12월 다시 위성방송 채널을 통해 재방송했다. 이런 인기를 견인한 주요 집단은 중년 여성층이었다. 이에 대해 일본 리쓰메이칸대학 교수 황성빈은 이렇게 말했다. "원래 NHK 위성방송은 별도의 수신료를 지불해야 하기 때문에 경제적으로 안정된 중년층 이상에서 시청률이 높다. 게다가 밤 10시에서 11시 이후의 시간대에 방송되었다. 따라서 중년 여성층이 〈겨울연가〉에 노출되어 이를 주목하게 된 것은 우연이었다. 그 결과 그들은 계속되는 재방송의 시청자가 되어 유행을 주도하는 집단으로 부상한 셈이다."[7]

"보아, 일본을 삼키다"

대중음악 분야에선 보아의 활약이 두드러졌다. 보아는 일본 데뷔 2년 만인 2003년 일본에서 명실상부한 정상급 스타로 자리 잡았다. 6회에 걸친 일본 전국 순회공연을 매회 매진시켜 총 입장권 수익만 25억 원을 기록하는 등 일본 시장에서 성공적 진출을 입증했다. 특히 2003년 4월 5일 도쿄 국립 요요기경기장 공연에는 1만 5,000여 명의 관객과 더불어 모리 요시로森喜郎 전 총리, 나카소네 야스히로中曾根康弘 전 총리 후원회 소속 국회의원 등 정치 거물이 대거 객석에 등장해 눈길을 끌었다. 이날 공연은 라디오를 통해 전국에 생중계되었다.[8]

보아는 6월 초에는 노무현 대통령의 방일 당시 한일정상회담의 만찬회에 초청되어 민간 외교사절 구실도 톡톡히 했다. 일본 오리콘 차트 1위, 일본 순회 콘서트, 음반 판매 484만 장(2003년 7월 1일 기준), 총매출 1,084억 원 등과 같은 기록을 세운 보아의 성공은 한국에서도 화제였다. 7월 19일 SBS에서 방송된 〈그것이 알고 싶다: 보아, 일본을 삼키다〉는 보아가 어떻게 일본에서 성공할 수 있었는지를 분석했다. 전문가들은 보아의 성공 비밀을 철저한 시장조사에 의한 사전 준비와 기획에서 찾았다. 4년간의 트레이닝, 일본어 습득을 위한 어학 연수, 철저한 현지화 전략이 그것이다.[9] 음악평론가 김영대에 따르면, "이때 SM이 투자한 돈이 무려 30억 원에 달했는데, IMF로 상징되는 1997년의 경제 상황을 생각하면 과감한 투자임이 틀림없었다".[10]

훗날(2005년) 이수만은 "초등학교 5학년생이었던 보아에게 가장 먼저 가르친 것이 외국어였어요. 자신이 활동할 나라의 언어를 모르고서는 성공할 수 없죠"라며 보아는 "한국인이지만 한국인답지 않게, 일본인이 아니지만 일본인답게"라는 방식에 충실했다고 밝혔다. 그는 한류 전략 제1조로 '현지화 전략'을 꼽으면서 "한류가 한 방향으로만 흘러서는 곤란합니다. 언젠가는 역풍을 맞게 되거든요"라고 말했다.[11]

SM엔터테인먼트는 그룹을 만들 때 일본, 미국, 중국, 태국 등 현지 국적을 가진 멤버들을 포함시키는 방식을 활용해 큰 성공을 거두었다. 2015년 K-Con 행사에서 공연을 하고 있는 슈퍼주니어.

또한 SM엔터테인먼트는 현지화 전략을 위해 일본 회사인 에이벡스와 합작해 일본 작곡가의 곡을 받아 일본 기획사에서 일본어 노래로 앨범을 내는 등 '국적'을 지우기 위해 애를 썼다. 일본 대중들은 보아의 인기가 높아진 다음에야 그가 한국인이라는 것을 알 정도였다. 2003년 12월 16일 보아와 브리트니 스피어스Britney Spears의 TV 스페셜 무대에 게스트로 출연하면서 데뷔한 동방신기도 2000년대 후반 같은 전략으로 일본에서 성공한다. 또한 SM엔터테인먼트는 한 걸음 더 나아가 일본, 미국, 중국, 태국 등 현지 국적을 가진 멤버 1~2명씩 포함시켜 '연착륙'에 활용하는 방식으로 슈퍼주니어 등을 만들었는데, 이들 역시 중국, 태국 등에서 큰 인기를 끌게 된다.[12]

보아가 일본을 삼켰다는, 과도한 과장이 저질러질 정도로 보아

가 한국인들에게도 큰 감동을 준 건 분명했다. 이어령은 "〈겨울연가〉
는 100년 동안 탈아시아를 표방해온 일본의 기성세대들에게 아시아
적 정서와 그 가치로 돌아오게 하는 계기를 주었다. 그리고 '보아' 선
풍은 할리우드밖에 모르던 일본의 10대들에게 아시아의 동질성과 그
미래에 대한 신선한 이미지를 심었다"고 말했다.[13]

중국에서 외쳐진 "한국인 싫다, 가라!"

2003년 4월 중국의 대표적 배우인 천다오밍陳道明은 중국 언론과의
인터뷰에서 "한국 배우들의 무분별한 중국 영화 및 드라마 출연이 위
험 수위를 넘어섰다"며 더는 이들의 출연을 방치할 수 없다고 주장했
다. 천다오밍은 영화 〈영웅〉에서 진시황, 드라마 〈강희왕조〉에서 강
희제 역을 맡은 중국의 국민배우다. 그는 "한국 스타들은 기본기를 갖
추지 못했다. 중국에 와서 연기를 할 때 너무 거만하다"고 지적하기도
했다.

　이를 계기로 중국 언론에선 '한류, 이대로 좋은가'라는 논쟁이 벌
어졌다. 독자 반응을 보면 한류를 더는 방치할 수 없으므로 한국 배우
의 중국 출연을 막아야 한다는 주장에 찬성하는 사람이 70퍼센트, 막
는 것에 반대한다는 한류 지지자가 30퍼센트로 나타나 보통 중국인
의 정서도 한류에 호의적이지 않은 것으로 드러났다.[14]

　국내 한 휴대전화 제조업체의 상하이 지사장은 중국 내 한류 열풍
의 본질적 속성을 뜻밖에 '중국인의 오만'으로 풀이했다. "한국의 인기

배우나 가수가 중국 등 아시아 각국에서 '한류' 돌풍을 일으키고 있
다"는 국내 언론의 논조와는 사뭇 다른 해석이었다. 그는 현지의 중국
인들에게서 "동방의 귀엽고 어여쁜 오랑캐가 세계의 중심인 중화中華
에 와서 중국인들을 즐겁게 하는 것"이라는 말을 듣는 순간 섬뜩했다
고 한다. 이 말을 소개한 김동원은 "중국인들은 '한류韓流'조차 그네들
의 '한류漢流'로 받아들이고 있었던 셈이다"고 했다.[15]

　반한反韓 감정은 한류와 무관한 일로 인해서도 나타나고 있었다.
베이징의 일간지 『베이징청녠바오』 10월 9일자 13면은 「충칭重慶 관
광단, 한국에서 9시간 불법 감금」이라는 기사로 도배가 되어 있었다.
합법적인 비자를 받은 관광단이 국경절 연휴(10월 1~7일)를 맞아 한
국을 찾았다가 인천공항에서 불법 이민자로 오해를 받아 공항 사무실
에서 감금되었다는 내용이다. 이들 관광객이 감금된 당시를 찍은 사
진 6장도 함께 곁들였다.

　이 기사에 따르면 장둥린張東林 충칭 둥잉헝캉그룹 회장 일가족을
비롯, 충칭의 기업가로 구성된 10명의 관광단(어린이 2명 포함)과 여행
사 가이드 1명 등 11명은 3박 4일 일정으로 서울 관광을 위해 10월
3일 오후 9시 30분 인천국제공항에 도착, 입국 심사를 받으려 했으나
입국을 거절당했다. 이들은 오후 10시 30분쯤 경찰 6명의 안내로 공
항 내 사무실로 옮겨져 격리 수용되어 에어컨 작동도 되지 않는 맨바
닥에서 하룻밤을 꼬박 새웠다. 관광단 일행은 다음 날인 4일 오전 8시,
별다른 설명 없이 사무실에서 풀려나 입국을 했지만 도저히 울분을
참을 수 없어 모든 관광 일정을 포기한 채 주한 중국대사관을 찾아가
한국 정부를 상대로 사과를 요구했다. 이에 대해 홍인표는 이렇게 말

했다.

"단순한 해프닝으로도 볼 수 있는 이 사건에서 우리가 주목해야 할 점은 우리 정부의 대응 방법이다. 현장에서 관광객에게 상황을 설명만 했더라면 그네들의 반한 감정과 중국 언론의 보도를 사전에 막을 수 있었을 것이다."

베이징에 있는 주중 한국대사관 영사부는 2002년 한 해 동안 중국인 16만 명의 비자 신청을 받아 이 중 3만 명을 기각하고 13만 명에 대해 한국 입국을 허용했다. 비자 발급 과정에서 보여준 한국 영사들의 고압적인 태도와 더불어 중국에 사는 한국인이 중국 사람을 얕잡아보는 태도가 중국인의 반한 감정을 키운다는 지적도 나왔다.

중국에서 가정부는 1,200위안, 운전기사는 2,000위안 정도 월급만 주면 고용할 수 있기에 웬만한 한국 교민 집마다 가정부와 운전기사를 두었다. 그러다 보니 무의식중에 이들을 얕잡아보는 행동을 하기도 했다. 한국 사람이 많이 살고 있는 왕징望京이나 우다오커우五道口에서 한국 사람에 대해 좋게 말하는 중국인을 찾아보기 힘들게 된 것도 바로 이 때문이었다. 한국인이 많이 살고 있는 왕징에서는 한때 중국 주민이 '한국인 물러가라'는 플래카드를 내걸기까지 했다.[16]

그래도 HOT의 인기는 건재했다

대중음악은 그런 반감에서 비교적 자유로웠다. "중국의 어떤 오지를 가더라도 현재의 국가 주석이 누군지 모르는 사람은 많지만 한국의

　　　　　제5장　한류 열풍의 진원지는 바로 한국

인기 그룹 'HOT'가 누군지 모르는 사람은 거의 없다"는 말이 떠돌 정도였으니 말이다. 박현숙은 2003년 여름 중국 서부지역 도심과는 한참 떨어진 어떤 농촌 마을을 방문했을 때 이 말이 결코 과장된 표현이 아님을 금방 눈치챌 수 있었다고 했다.

"실제 한 해 평균 수입이 150달러도 채 안 되는 농촌 마을 집들 담벼락에 붉은 스프레이로 'HOT'라는 글자가 여기저기 선명하게 새겨져 있었던 것이다. 이런 오지에도 '한류'가 흘러들었다는 사실이 좀처럼 믿기지 않았다."[17]

중국 두메산골까지 '한류'가 흘러든 데는 한류 관련 인터넷 사이트 winzoo.net.cn와 잡지 『한류셴펑韓流先鋒』을 만든 중국인 원쭤文佐의 공로가 컸다. 2002년 초부터 본격적으로 한류 산업에 뛰어든 그는 이렇게 말했다. "한국 대중문화들을 접하면서 개인적으로 세계 주류 대중문화로서 손색이 없다는 생각을 했어요. 그리고 유럽이나 서방 세계의 대중문화와 달리 중국 청소년들에게도 별다른 거부감이나 부담감 없이 받아들여지는 것을 보고 한류의 '시장성'을 확신하기 시작했습니다."[18]

HOT 출신의 강타는 2003년 11월에 열린 '중국 골든디스크' 시상식에서 '가장 많이 팔린 해외 음반'(20만 장) 특별상을 받았다. 12월 13일 베이징공항에선 소녀 팬 수백 명이 '강타'를 외치며 순식간에 몰려들었다. 공항은 아수라장이 되었다. 안전요원으로 파견된 중국 공안들까지 경호는 뒷전이고 사인 받는 데 정신이 팔려 있었다. 이런 장면은 이제 뉴스거리도 되지 않을 정도로 '한류'에 몸을 실은 한국 가수들에게서 흔히 볼 수 있는 풍경이 되었다.

중국에서 반한 감정이 이는 가운데서도 HOT 출신의 강타는 2003년 11월에 열린 '중국 골든디스크' 시상식에서 '가장 많이 팔린 해외 음반' 특별상을 받는 등 폭발적인 인기를 구가했다.

보아, 강타, 문희준 등이 소속된 SM엔터테인먼트 대표 김경욱은 "중국 시장만 제대로 형성된다면 우리 가요 시장의 30배나 된다. 음반뿐 아니라 온라인, 모바일 유통 시장까지 열리면 돈으로 환산하기 힘들 정도의 거대 시장이 펼쳐진다. 준비를 해야 한다. 앉아서 미국, 일본 등에 빼앗길 순 없지 않겠냐"고 말했다.[19]

일부 중국인들이 보인 반한 정서는 한류라는 대세를 뒤집을 정도는 아니었다. 무엇보다도 젊은 중국 유학생들이 한국으로 몰려오고 있었으니 말이다. 법무부 출입국관리국에 따르면 학위를 따기 위해 국내 대학에 유학 중인 중국인 학생은 2003년 모두 5,400여 명으로 국내 대학에 등록한 전체 해외 유학생 9,456명 중 58퍼센트를 차지했다. 2위인 일본(870명)보다 6배나 많고, 3위인 미국(737명)의 7배가 넘었다. 중국 유학생 수는 2000년 1,700여 명, 2001년 2,500여 명, 2002년 3,800여 명으로 매년 급증세를 보였다. 중국인 단기 어학 연수생도 2000년 500여 명에서 2003년에는 약 4배인 2,197명으로 늘었다.

2004년 11월 기준으로 중국에 진출한 한국 기업은 모두 2,658개로 해외에 진출한 전체 한국 기업(6,625개)의 3분의 1에 이르렀다. 이 때문에 중국어와 한국어를 함께 쓸 수 있는 중국 유학생들에게 한국 행은 취업의 지름길로 인식되고 있었다. 중국 현지 신문에 '한국어 가능자 무조건 채용'이라는 채용 공고가 하루도 빠지지 않고 실렸으며, 중국 내 한국 기업의 임금이 중국 국영기업보다 2~3배 높았다.

『중앙일보』는 중국에 진출하는 한국 기업들의 자문을 위해 설립된 사단법인 중국정경문화원(원장 이재희)과 함께 국내 10개 대학에 재학 중인 중국 유학생 114명을 상대로 설문조사를 했다. 조사 결과 중국 유학생들이 한국을 선택한 이유로는 '취업 희망'이 단연 돋보였다. 전체 응답자 중 40퍼센트가 '더 나은 직장을 구하기 위해 한국을 택했다'고 답했다. '한국 문화가 좋아서'라는 응답은 25퍼센트로 '한류 열풍'을 실감케 했으며, '싼 비용'이라고 답한 학생은 10퍼센트에 불과했다.[20]

'친근감'을 앞세운 한류 마케팅

한류 팬을 끌어들이려는 한류 마케팅의 핵심은 늘 스타를 앞세운 '친근감' 조성이었다. 2003년 5월 23일 국내서는 처음 시도된 〈태극기 휘날리며〉(강제규 감독, 2004) 제작 현장 패키지 관광 프로그램(일본 KNTV에이전시·긴 기니혼 투어 리스트 공동 기획)이 경북 경주 도투락 목장에서 성황리에 끝났다. 13만 5,000엔이라는 고가에도 10대 1의 경쟁률을 뚫고 온 일본 관광객 420명은 강제규 감독, 장동건, 원빈이 차례로 무대에 올라오자 "까아~" 소리를 지르며 환호성과 함께 손을 흔들고 순간순간을 기억하기 위해 디지털카메라나 캠코더로 촬영하는 열성도 보였다.

배우와 사진 촬영을 가진 팬들은 감격한 나머지 울음을 터뜨리기까지 했다. 3세부터 66세까지의 다양한 연령층으로 구성된 이들 관광객은 9명만 남자고 모두 여자였다. 이후 진행된 기습 전투 신에는 폭탄이 터지는 장면을 찍기 위해 폭약 10여 발이 투입되었는데, 여성 팬 10명은 전투복에 분장을 하고 엑스트라로 참여했다. 한편 한류 스타 장동건과 원빈이 일본에 많은 팬을 갖게 된 것은 일본에 영화 〈친구〉와 드라마 〈프랜즈〉가 성공을 거두었기 때문이다.[21]

8월 15일부터 사흘간 경기도 양평에서 한류 스타인 안재욱과 중화권 팬들이 만나는 여름캠프가 열렸다. 한국관광공사가 추진한 이 행사에는 중국 팬 150여 명을 비롯해 대만, 홍콩, 싱가포르, 말레이시아 등 중화권 국가에서 온 열성 팬 250여 명과 국내 팬 100여 명도 참가했다. 한국관광공사 관계자는 "2001년부터 매년 개최되는 안재욱 여름캠프는 스타 마케팅을 통한 엔터테인먼트 산업과 관광 산업의 성공적 접목으로 평가받고 있다"고 말했다.[22]

2003년 11월 한국관광공사가 중국과 대만, 홍콩의 현지인 2,000명을 대상으로 한 '한류 관광 실태 조사'를 발표했는데, 가장 좋아하는 남자 연예인(복수 응답)은 안재욱(42.3퍼센트)에 이어 원빈(27.5퍼센트), 장동건(22.4퍼센트), 배용준(18.8퍼센트) 순이었고 여자 연예인은 김희선(51.2퍼센트)이 압도적인 지지를 받은 가운데 송혜교(30.5퍼센트), 전지현(29.8퍼센트), 채림(19.2퍼센트)이 뒤를 이었다. 또 가장 인상적인 드라마로는 〈가을동화〉(67.5퍼센트), 〈겨울연가〉(32.5퍼센트) 등이 꼽혔으며 〈엽기적인 그녀〉(85.5퍼센트)가 〈조폭 마누라〉(18.8퍼센트)를 제치고 가장 기억에 남는 영화로 선정되었다.[23]

한국 영화의 '리메이크 판권' 수출

국내에서 2001년 개봉한 〈엽기적인 그녀〉(곽재용 감독)는 전국 관객 488만 명을 동원해 그해 흥행 순위 2위를 기록했다. 이 영화로 해외 시장, 특히 중화권과 일본 시장에서 "그동안 한국 영화 하면 무거운 주제와 어두운 이야기 구조로만 인식되던 모습에서 벗어나 스토리나 영상미에서 경쾌함을 드러내 젊은 관객 층위를 흡수"할 수 있었다.[24] 이 영화는 리메이크 판권을 팔아 〈마이 쎄시 걸My Sassy Girl〉(2008)이라는 미국 영화로 다시 새롭게 표현되었고, 2008년 4월부터 6월까지 일본 TBS에서 드라마로 제작되어 방영되었다.

할리우드에 한국 영화 리메이크 바람이 불기 시작했다는 것도 2003년의 한류 관련 주요 뉴스였다. 주역은 최근 3~4년간 한국 영화 의 주류를 형성해온 코믹물이었다. 2003년 봄 코미디 영화 〈광복절 특

2013년 한류 관련 주요 뉴스 가운데 하나는 할리우드에서 한국 영화 리메이크 바람이었다. 〈엽기적인 그녀〉를 리메이크한 할리우드 영화 〈마이 쌔시 걸〉.

사〉, 〈선생 김봉두〉와 멜로물 〈중독〉이 리메이크 판권 계약을 함으로 써 할리우드에서 리메이크되는 한국 영화는 〈조폭 마누라〉, 〈달마야 놀 자〉, 〈엽기적인 그녀〉, 〈가문의 영광〉, 〈시월애〉 등 총 8편에 이르렀다.[25]

　〈쉬리〉의 김윤진은 1년에 최대 105만 달러 개런티를 받고 미 국 안방극장에 진출하기도 했다. 김윤진은 멕 라이언Meg Ryan, 케이 트 윈즐릿Kate Winslet, 케빈 스페이시Kevin Spacey, 리스 위더스푼Reese Witherspoon 등이 소속된 미국의 메이저 에이전시(매니지먼트사) '윌리 엄 모리스'와 3년 전속 계약을 맺고 2004년 3월 방송 예정인 ABC

TV 시리즈물에 캐스팅된 것이다.[26]

해외 영화제 수상도 계속 이어졌다. 이미 2002년 베니스영화제에서 이창동 감독의 영화 〈오아시스〉가 감독상과 신인여우상(문소리)을 수상했다. 일본 만화를 원작으로 박찬욱 감독이 2003년에 만든 〈올드보이〉가 2004년 칸영화제에서 2등상 격인 심사위원 대상을 수상하면서 "유럽과 북미지역 영화비평가들과 영화 애호가들 사이에서 한국 영화에 대한 관심이 급증했다".[27] 이 작품 역시 미국에서 리메이크되어 2014년에 개봉했다.

2004년엔 〈올드보이〉 외에도 〈사마리아〉(김기덕 감독)가 베를린영화제에서 감독상, 〈빈집〉(김기덕 감독)이 베니스영화제에서 감독상을 수상함으로써 "이른바 세계 3대 영화제에서 한 해 중요한 상을 모두 받게 되는 경사"를 맞았다.[28] 미리 이야기를 하자면, 2007년 칸영화제에서 〈밀양〉(이창동 감독)의 전도연이 여우주연상, 2009년 칸영화제에서 박찬욱 감독의 〈박쥐〉가 심사위원상을 수상한다. 2010년 칸영화제에선 이창동 감독의 〈시〉가 각본상, 홍상수 감독의 〈하하하〉가 '주목할 만한 시선상', 2011년 칸영화제에선 김기덕 감독의 〈아리랑〉이 '주목할 만한 시선상'을 수상한다.

일본을 강타한 '〈겨울연가〉 신드롬'

일본에서 〈겨울연가〉의 인기가 지속되자 NHK는 2004년 4월부터 지상파를 통해 방송함으로써 이전보다 훨씬 강한 이른바 '후유소나

〈겨울연가〉 신드롬'이라는 사회 현상이 생기게 되었다. 마지막회 시청률은 20퍼센트를 넘어섰다.[29] 무엇이 일본 시청자들을 사로잡았던 걸까? NHK의 2004년 조사 결과 일본인의 63퍼센트가 〈겨울연가〉의 매력을 '스토리'로 꼽았다. 일본에서 크게 히트한 〈겨울연가〉 주제가(51.4퍼센트)나, 배용준과 최지우 등 주연배우(50.4퍼센트), 매력적인 등장인물 캐릭터(27.3퍼센트)는 모두 스토리보다 나중 순위로 밀렸다(중복 응답). 2004년 KBS 견본시BCWW에 참가했던 NHK 멀티미디어 담당 하가시야마 이치로東山一郎는 "한국 드라마는 국적을 초월해 사람들이 공통적으로 느끼는 감정을 줄거리에 잘 녹여 소화하는 게 장점"이라고 말했다.[30]

『중앙일보』는 이런 '내러티브 경쟁력'은 줄거리를 보고 영화를 선택하는 한국 관객의 까다로운 입맛 덕분이라고 했다. 2003년 영화진흥위원회 조사(중복 응답)에선 영화 줄거리(89.4퍼센트)가 배우(65.1퍼센트)나 감독(26.8퍼센트)보다 월등하게 높았으며, 2004년 9월 여론조사기관 TNS 조사에서도 한국 관객은 영화 선택의 제일 조건으로 배우(9.2퍼센트)나 감독(3.6퍼센트)이 아닌 재미(49.7퍼센트)와 작품성(34.1퍼센트)을 꼽았다는 것이다.[31]

〈겨울연가〉 제작진은 결말을 놓고 고민한 끝에 행복한 결말을 요구하는 시청자들의 요구대로 드라마를 완성했는데, 이런 제작 방식도 비판 일변도였던 이전과는 달리 경쟁력을 키운 원인으로 지목되었다. KBS 방송문화연구팀 연구원 김호석은 "시청자의 요구를 받아들이며 볼거리를 바꿀 수 있는 한국의 드라마 제작 환경은 시청자에게 공동 작가와 같은 역할을 부여한다"며 "제작 완성도에 하자가 생긴다는 사

회적 비판도 있지만 대중성과 상품의 품질을 높이는 순기능을 하기도 한다"고 말했다.[32]

이전의 한류가 주로 중국 중심이었다면, 2004년부터의 한류는 적어도 언론 보도상으로는 일본에서 '욘사마 신드롬'으로 수렴되는 것처럼 보였다. '욘사마'는 드라마 〈겨울연가〉의 주인공인 배용준을 가리키는 일본어의 극존칭이다. 일본 기자들은 '욘사마 신드롬', '욘사마 사회현상', '욘사마 종교', '욘사마 교주', '욘사마 병' 등 다양한 이름을 붙였다. 한국에서 배용준에 대한 취재를 하기 위해 와 있는 일본 기자만 50여 명이나 되었으며, 일본 스포츠신문이나 주간지들은 배용준의 기사 게재 여부에 따라서 최소 5~10만 부 이상의 판매부수 차이가 났다.[33]

2004년 4월 배용준의 방일은 일본 하네다공항을 마비시켰다. 5월 일본 총리 고이즈미 준이치로小泉純一郎의 2차 방북訪北 날이 〈겨울연가〉 방영 날과 겹쳐 방북 특집 때문에 〈겨울연가〉 한 회를 결방한 NHK에는 3,000건이 넘는 항의 전화가 쏟아졌다. 6월 19일 고이즈미 준이치로는 오카야마시에서 열린 참의원 선거 유세에서 배용준을 언급하면서 "욘사마를 본받아 준사마로 불릴 수 있도록 노력하겠다"고 말했다.

일본 시즈오카대학 교수 고하리 스스무小針進는 "심지어 '한국에 이민가고 싶다'는 50대 주부들이 나오고 있는 정도인데, 이것을 한국인들은 믿어주지 않는다"고 말한 적이 있는데, 이젠 그걸 믿는 한국인들도 크게 늘게 되었다.[34] 나중에 한일 관계가 악화되면서 달라지지만, 한류 열풍 기간엔 재일동포에 대한 일본인들의 태도마저 변화를 보였다. 재일동포 2세 김미화는 "일본인들은 제가 한국인이란 사실을 알면 한 단계 아래로 봅니다"라면서 이 시기에 일어난 변화에 대해 이렇게 말했다. "차별을 거의 느끼지 못했다. 일본인들은 내가 한국인이라는 걸 알면 동경의 눈빛으로 쳐다봤다. 그때는 재일교포도 정말 살기 좋았다."[35]

'현실 감각'과 '판타지'의 조화

2004년 가을 약 1억 명의 중국인이 매일 밤 한국 드라마를 시청했으며, 한류 열풍은 아시아를 넘어 동유럽과 중동으로 확산되었다. 드라마 〈올인〉이 동유럽에, 〈겨울연가〉와 〈가을동화〉가 중동지역에서 방영되었으며, 〈겨울연가〉는 아프리카에도 수출되었다.[36]

2004년 9월 22일 한국무역협회 산하 무역연구소가 수출 기업을 대상으로 한 조사에선 응답자의 76퍼센트가 한류에서 도움을 받았다고 대답했다. "직접적인 수출 증가에 도움이 됐다"가 10퍼센트, "국가 이미지 상승으로 간접적으로 도움이 됐다"가 66퍼센트였다.[37] 서울대학교 언론정보학과 교수 이준웅이 2003년 3월 베이징과 상하이에서 실시한 설문조사에 따르면, "전반적으로 한국 드라마 시청은 한국에 대한 태도, 한국 상품 이용, 그리고 한중 간의 호감 형성에 긍정적인 영향을 미치는 것으로 확인되었다".[38]

2004년 9월 24일 〈겨울연가〉의 감독 윤석호는 관광의 날 기념식장에서 대통령상을 받았다. 〈겨울연가〉의 주 촬영 무대인 남이섬, 춘

윤석호는 2004년 9월 24일 관광의 날 기념식장에서 주 촬영 무대인 남이섬 등에 해외 관광객을 유치해 4,290여 억 원에 이르는 외화를 벌어들였다는 공로를 인정받아 대통령상을 수상했다. 〈겨울연가〉의 소품이 전시되어 있는 남이섬.

천, 용평 등에 해외 관광객 30여 만 명을 유치해 4,290여 억 원에 이르는 외화를 벌어들이게 한 공로를 인정받았기 때문이다.[39] 욘사마의 인기와 관련, 여성학자 정희진은 대부분의 남성들은 여성의 사랑과 보살핌을 갈망하면서도 여성에게 집착하지 말아야 한다고 배웠기 때문에 남자의 인생 중 여자와 소통하기 위해 자아를 조절하는modify 기간은 연애할 때 몇 개월이 유일하다고 지적하면서, 〈겨울연가〉의 강준상(배용준 분)은 이 법칙을 깼다는 점에 주목했다.

"준상은 드라마가 방송되는 20회 내내 여성을 이해하기 위해 자신을 버리며, 여성으로 인해 행복해하고 아파한다. 이제까지 여성들만이 해왔던 관계 유지에 필요한 노동을 기꺼이 분담하는, 여성과 대화할 능력이 있는 새로운 남성이다! 이를테면, 여성들에게 강준상은, 스스로 노동자가 된 자본가, 흑인 노예가 된 백인인 것이다. 전후 50년 동안 '회사 인간'만을 겪어온 일본 여성들은 말한다. '일본 드라마에서는 남자의 눈물을 본 적이 없어요.'"[40]

국내에선 한류의 전반적인 원인 분석이 활발하게 이루어졌다. 삼성경제연구소 수석연구원 고정민은 "중국은 저개발의 상태에 있고, 일본은 정적인 문화다. 한국은 역동성과 창의성이 있다. 문화산업에 적합한 민족성이다. 게다가 인터넷과 모바일 보급률 등 인프라도 뛰어나다"고 진단했다. SM엔터테인먼트 대표 김경욱은 외모 자본의 경쟁력까지 꼽았다. "베이징과 도쿄보다 서울 거리에서 잘생긴 사람을 발견하기가 더 쉽다"는 것이다. 일본 문화 전문가 김지룡도 "일본에서 성공한 연예인은 꼭 한국계라는 소문이 돈다. 실제 한국계인 스타가 많은 것도 사실이다. 재일동포들이 주류 사회에 편입하기 어렵기 때문이기도 하지만, 한국인의 외모가 상대적으로 뛰어나기 때문이기도 하다"고 진단했다.[41]

윤석진은 상호 이질적인 '현실 감각'과 '판타지'가 조화를 이루게 하는 것이 한국의 드라마가 아시아 시장을 석권할 수 있는 이유라고 주장했다. 한류 열풍의 진정한 주역은 '배우' 자신이 아니라 그 배우가 연기한 등장인물의 '이미지'라는 것이다. 그는 한국 드라마의 아시아 시장 장악력을 지속시키고 싶다면 동시대 정서를 반영한 현실 감각과 판타지로 무장한 등장인물, 그들이 엮어내는 이야기를 만들어야 한다고 말했다. 스타 마케팅이 아니라 현실 감각이 어우러진 판타지를 충족시켜줄 수 있는 캐릭터와 이야기를 고민해야 하는 이유가 바

로 여기에 있다는 것이다.[42]

"일본은 한국에 미쳤다"

'〈겨울연가〉 열풍'은 2004년 11월에도 뜨겁게 달아올랐다. 11월 22일 대구 가톨릭대학교 교수 이정옥은 『서울신문』에 기고한 「강한 자만이 남을 칭찬할 수 있다」는 칼럼에서 "일본이 올해의 언어로 '욘사마'를 정했다고 한다. 이 소식을 접하면서 기쁨보다 놀라움이 앞섰다.……일본 사회의 내적 자신감과 국경을 뛰어넘는 열린 마음에 대한 놀라움 때문이다"고 말했다. 11월 23일 미국 AP통신은 「일본은 한국에 미쳤다」는 기사에서 "현재 일본의 분위기는 한마디로 한국에 대한 찬미adulation"라면서 "일본인의 한국인에 대한 '감정적, 폭력적이고 믿을 수 없다'는 고정관념과 차별 행위에 비춰보면 깜짝 놀랄 만한 일"이라고 보도했다.[43]

11월 25일 일본 나리타공항엔 7개월 만에 일본을 찾은 배용준을 반기느라 여성 팬 6,000여 명이 몰려들었다. 일본 방송사인 TBS와 후지TV는 각각 헬기를 띄우고 총 20여 개 이상의 방송 카메라를 동원해 나리타공항 개항 이래 최대 인파가 몰린 이 진기한 장면을 생중계했다. 일본 방송사들은 그가 나리타공항에 도착하기 전부터 호텔로 이동할 때까지 2시간 남짓을 특별 생방송으로 중계했다. 공영방송 NHK도 배용준의 일본 방문 소식을 비중 있게 다루었는데, 국내 언론은 일본의 반응에 거꾸로 놀랐다. MBC 〈뉴스데스크〉는 "욘사마로 인

일본 방송사인 TBS와 후지TV는 헬기를 띄우고 총 20여 개 이상의 방송 카메라를 동원해 나리타공항 개항 이래 최대 인파가 몰린 진기한 장면을 생중계했다. 2004년 11월 25일 배용준의 입국을 기다리고 있는 일본 팬들.

해 일본 열도가 들끓었다"고 톱뉴스로 보도했다.

영국의 『더 타임스』는 「일본인들이 오랜 적대국의 스타를 환영했다」(11월 26일)는 기사에서 "영국의 축구 스타 데이비드 베컴이나 미국의 영화배우 톰 크루즈가 왔을 때도 이 정도는 아니었다. 일본인들의 스타 사랑이 유별나지만 이런 히스테리 증상은 일찍이 없었으며, 더욱이 그 주인공이 한국이란 사실은 놀랄 만하다"고 보도했다.[44]

일본 연예지들은 '욘사마 신드롬'과 관련, "한국의 남성 배우들은 일본인에게 없는 러브 파워를 갖고 있다"며 구체적으로 예의 바르면서도 여성을 즐겁게 하는 테크닉이 뛰어나다고 분석했다.[45] 11월 26일 배용준의 화보집 사진전 기자회견에 앞서 밀려드는 인파로 인해 안전사고가 발생했다. 10여 명의 팬이 넘어지고 깔리는 사고가 발생해 병원으로 실려갔다. 27일 배용준의 사진전엔 7,000여 명의 팬이 몰려들었다.

11월 29일 일본 여배우 구로다 후쿠미黑田福美는『경향신문』인터뷰에서 "일본인들을 가장 사로잡는 한국적 가치는 정情이며 바로 일본도 '정을 그리워하는 사회'에 접어들었기 때문에 '한류 열풍'이 일어났다"고 분석했다. 일본인들도 자녀나 부부 간의 속정은 깊지만 겉으로 표현하지 않는 문화적 전통을 이어온데다 자녀들이 20세가 되면 대부분 부모와 따로 살기 때문에 직접적인 애정 표현이 듬뿍 녹아 있는 한국 드라마를 보고 충격을 받았다는 것이다. 구로다 후쿠미는 그러나 '개방 세대'인 10~20대에게 〈겨울연가〉류의 드라마는 통하지 않고 있다고 말했다. 극의 진행 속도가 느린데다 빈부 격차나 학력 차이로 부모가 결혼을 반대한 내용이 많아 이해를 하지 못한다는 것이다.[46]

'한일 아줌마의 취향' 차이

'〈겨울연가〉 열풍'은 2004년 12월에도 여전히 뜨거웠다. 12월 6일 영화평론가 심영섭은 "배용준은 유난히 '흔적 마케팅'이 잘 먹힌다고 한다"며 이렇게 말했다. "그가 거쳐간 장소, 의자, 벤치, 그가 닦았던 손수건 등등 그의 체취가 담긴 것이면 어떤 것이든지 불티나게 연기를 끈다는 것이다. 그의 흔적조차에라도 의미를 부여하는 일본 팬들의 모습에서 아폴로의 그림자라도 잡겠다고 신탁을 찾았던 고대인들의 심성이 어른거리는 것을 본다. 배용준은 일본의 중년 여성들에게 잃어버렸던 '순애보'의 판타지를 대표하는 일종의 신, 사랑의 신인 셈이다."[47] 실제로 일본 도쿄대학에서 나온 한 보고서에 따르면, 드라마 〈겨울연가〉 팬의 평균 연령은 47세이며 93퍼센트가 여성이었다.[48]

12월 7일 『중앙일보』 디지털 담당 부국장 김일은 「감성 공화국, 코리아」라는 칼럼에서 "'욘플루엔자(욘사마+인플루엔자)'라고 불리는 일본 중년 주부들의 배용준에 대한 매료는 우리도 모르고 있던 감성 경쟁력이 우리 안에 있음을 깨닫게 한다. 일본 여성들의 배용준 몰입은 부드럽고 섬세한데다 애정 표현을 듬뿍 쏟아내는 로맨틱한 남성상이라는 데 있다고 한다"며 다음과 같이 말했다.

"그러면서도 일본 남성보다 강인해 보이는 한국의 신세대 남성에게 끌린다는 것이다. '나도 저런 사랑을 받고 싶다'는 열병이다. 우리 생각과 달리 일본은 한국 이상으로 가부장제가 강하다. 그리고 속정을 겉으로 표현하지 않는 전통도 있어 퇴근한 남편들은 대개 무표정하다. 일본인들의 표현은 한국인처럼 직설적이지도 않고 우회적이다. 특히 중년 일본 주부들은 고도 성장기에 직장 일에만 묻혀 산 남편과 무미건조한 가정생활을 해왔다고 한다(이 점은 한국 중년 남성도 마찬가지!), 그 스트레스가 배용준과 〈겨울연가〉가 듬뿍듬뿍 쏟아내는 '감성'을 만나자 열광으로 나타난 것이다."

12월 7일 여성학자 민가영은 『조선일보』에 기고한 「한국 남자는 정말 일본과 다른가」라는 칼럼에서 "요즘 일본 언론들은 일본 남성들이 욘사마 열풍 앞에서 충격과 분노, 일종의 '나라 망신살'을 동시에 감내하고 있다고 전한다. 동시에 '귀공자풍 미소를 남발하는' 배용준의 태도와 성형 의혹을 부추긴다. 자기 집 청소하고 있어야 할 여자들이 남의 나라까지 날아가 〈겨울연가〉 무대인 남이섬에서 담배꽁초를 줍는다고 하니 열이 날 만도 하다"며 다음과 같이 말했다.

"분명한 건 권위와 무뚝뚝함의 '남성 문화'를 걷어치우려는 여성들이 자신의 욕망을 공개적으로 표현하기 시작했다는 점이다. 이 대목에서 한국 남성에게 시집와, 농사일과 집안일 등 이중삼중고에 시달리는 외국인 여성들이 떠오르는 건 왜일까. 그들의 '매매혼적' 결혼 이야기를 '미담'으로 다루는 한국의 국제결혼 담론은 어처구니없다. 욘사마 열풍에 불안해하는 일본 남성들과 다른 점이 있다면, 한국 남성들은 그 불안을 '수입'해온 외국인 여성들에게 투사한다는 것뿐이다."

12월 9일 명지대학교 사회교육원 교수 최송희는 『스포츠조선』에 기고한 「한일 아줌마의 취향」이라는 칼럼에서 '욘사마 신드롬'이 도무지 이해가 안 된다고 말하는 건 "일본 남자들의 이기적인 행태와 무관심을 모르고 하는 소리"라고 주장했다. 일본 아줌마들이 자기밖에 모르는 남편들과 살다 보니 여자를 끔찍이 위하는 배용준이 너무 멋있어 보일 수밖에 없다는 것이다. 이어 최송희는 이렇게 말했다.

"이제 우리나라 사람들은 일본의 그 누군가가 한국에서 선풍을 일으켜도 곱지 않은 시선으로 보지는 않게 될 것이다. 배용준도 그랬으니까 말이다. 그런데 일본 문화 수출 전략을 짜고 있는 그쪽 남자들이 우리 여성들은 왜 〈겨울연가〉의 배용준보다 〈파리의 연인〉의 박신양에게 더 열광했는가를 알아야 할 것이다. 우리 여성들도 순수남을 좋아한다. 다만 무능한 순수남은 싫어한다. 박신양처럼 돈도 있고 갖출거 다 갖추면서 나만을 사랑해주는 남자가 좋은 것이다. 이걸 모르고 일본 꽃미남들이 아무리 덤벼봤자 우리 여자들은 끄떡도 않는다."

12월 9일 소설가 권리는 『한겨레』에 기고한 「'아줌마의 여자 선언' 욘사마 신드롬」이라는 칼럼에서 '오바타리언(아주머니와 외계인의 합성어)'이라는 호칭을 써가며 배용준의 팬들을 폄하하는 일부 일본인들의 눈엔 "욘사마를 보게 됐으니 죽어도 여한이 없어요!"라고 외치는 여성 팬들의 행동은 '광기'나 다름없지만, 그 누구도 욘사마 팬클럽 여성들을 욕할 자격은 없다고 말했다.

"앞서 죽어도 좋다고 말했던 여성의 외침은 '나는 어머니이고 할머니이기 전에 한 명의 여자다!'란 여자들의 절규에 가까운 것이었다. 이들은 한국 드라마의 지리멸렬한 기억 상실한 혈연관계 집착증에 빠져 헐떡대는 단순한 고객이 아니다. 이미 드라마를 넘어, 가부장적 일본 가정에서 소외된 여성들 간의 연대를 만들어내지 않았는가. 그들은 욘사마 팬이 되었다는 사실을 핑계 삼아, 이제 막 극적인 해방감을 느껴본 것뿐이다."

'욘사마 경영학' 논쟁

반면 경제학자와 경제 저널리스트들은 한류에 대해 경제적 실속의 관점에서 접근했다. 2004년 12월 8일 고려대학교 경영학과 교수 이필상은 『문화일보』에 기고한 「숨은 금맥, 문화산업을 캐자」라는 칼럼에서 '욘사마' 경제 효과가 3조 원 이상으로 추산된다며 "앞으로 한류를 더욱 확산시키고 문화 상품을 유리한 조건으로 거래할 수 있는 유

배용준이 '욘사마 신드롬'을 불러일으키자 일본 기업들은 '배용준 마케팅'을 적극적으로 전개했다. 배용준을 광고모델로 기용한 일본의 안경 브랜드 '메가네 이치바眼鏡市場'.

통구조 현대화 및 국제 전문가 양성이 시급하다. 더불어 수익 구조 투명성을 높이기 위한 유통 문화의 혁신이 요구된다"고 말했다.

2004년 12월 8일 『매일경제』의 「'욘사마' 뒤엔 눈덩이 대일對日 적자」(황형규 기자)는 "'욘사마와 렉서스.' 최근 일본은 욘사마(배용준)에 열광하고, 한국은 렉서스에 열광한다"며 이렇게 말했다. "일본 기술력의 상징처럼 여겨지는 도요타자동차의 렉서스는 지난달 국내 수입차 시장 1위를 차지했다. 최근 진출한 혼다 역시 단숨에 3위에 오르는 기염을 토했다. 일본 상품과 투자에 대한 막연한 거부감은 더이상 찾아보기 어렵다.……지난달까지 연간 대일 무역적자는 이미 220억 달러를 넘어선 것으로 추정된다. 지난해 190억 달러를 넘어 최대치다. 그러나 '대일 무역적자 사상 최대치'는 더이상 뉴스조차 되지 못한다. 최근 몇 년째 반복되는 현상이기 때문이다."

『매일경제』는 2주 후에도 비슷한 우려를 내놓았다. 『매일경제』의 「욘사마 경영학: 실속은 일본이 더 챙겨」(2004년 12월 21일)라는 기사는 일본 "NHK는 지난 20일부터는 아예 더빙을 하지 않은 무삭제판 〈겨울연가〉를 또다시 방영하고 있다. 같은 드라마를, 그것도 공영방송에서 네 차례나 내보내는 것은 일본에서도 파격적인 마케팅이다"고 지적하면서, 일본에선 수많은 파생상품이 쏟아지는 등 전방위적인 '욘사마 마케팅'이 엄청난 경제적 파급효과를 낳고 있다고 보도했다. 반면 한국은 NHK에 판권을 넘겨버려 수백억 원을 벌 기회를 날려버렸고, 관광객이 늘어도 변변한 상품이 없어 오히려 일본 관광업계만 재미를 보고 있다며 "10년에 한번 올까말까 한 천재일우의 기회를 그냥 날려버리고 있다는 지적이 많다"는 것이다.

그러나 이런 주장에 대해 『시사저널』은 「'한류의 미래' 그것이 알고 싶다」(2005년 1월 6일)는 기사를 통해 한류로 돈을 번 쪽은 일본이라는 지적은 일면 맞는 부분이 있지만 간과하고 있는 측면이 있다며 이렇게 말했다. "바로 최종 수혜자가 한국이 된다는 사실이다. 일단 일본이 돈을 벌었기 때문에 한류에 대한 역풍이 적었다. 특히 NHK를 비롯한 방송사와 스포츠신문 등 주류 미디어들이 한류를 통해 돈을 벌면서 역풍을 잠재웠다. 〈겨울연가〉와 욘사마의 성공 모형이 생기자, 제2의 〈겨울연가〉와 제2의 욘사마를 발굴하기 위해 다른 한국 드라마와 한국 스타에도 관심을 많이 보이게 된 점이 의미가 크다."

이 기사는 일본 대중문화 산업 종사자들이 〈겨울연가〉를 높이 평가하는 이유는 40~50대 틈새시장을 키워낸 건 물론 이 시장을 10~

20대 주류 시장 못지않게 키웠다는 점이라고 말했다. 일본 음악산업 문화진흥재단 전무이사 마사키 세키正樹關는 "일본 내에서 2005년의 한류 시장 규모는 지난해의 10배가 될 것이다. 40~50대 아줌마는 경제력을 가지고 있는 사람들이다. 10대 아이들의 코 묻은 돈과는 다르다"라고 분석했다는 것이다.[49]

배용준은 '23억 달러의 사나이'

〈겨울연가〉 덕분에 불거진 한류 논쟁은 어느덧 일본 사회를 탐구하는 '일본학'으로 발전해가고 있었다. 2004년 12월 14일 『한겨레』 도쿄 특파원 박중언은 「'욘사마' 바보 같은 광란?」이라는 칼럼에서 일본의 남성 잡지는 배용준에 대한 일본 중년 여성들의 열광을 "바보 같은 광란"으로 묘사했지만, 그 열광의 이면에는 그들이 마음껏 소리칠 수 있는 마당이 거의 없다는 현실이 눈에 띈다고 말했다. 그들은 고도성장에서 가장 소외된 계층으로 봐도 무방하다는 것이다.

"회사형 인간인 남성들이 직장 중심의 놀이문화를 즐기는 사이 이들은 가사와 육아를 전담해야 했다. 성장의 덕으로 젊은층은 넘쳐나는 공연·영화·게임을 누리는 반면 문화 소비층으로 인정받지 못한 이들은 눈높이에 맞는 텔레비전 드라마조차 찾기 어렵다.……이들이 받는 눈총의 상당 부분은 사실 매스컴에 돌려야 한다. 광고·시청률을 노려 배씨의 일본행을 밀착 생중계하는 등의 과잉 보도가 이들의 행동을 광란처럼 비치게 해 거부감을 자극하는 것이다. 배씨 팬이나 이들에게 냉담한 사람들의 공통적인 불만은 엔간히 보도하라는 것이다. 여기에는 기자를 포함해 한국 언론도 예외가 아닐 성싶다."

50대의 한 일본 여성은 "욘사마는 일본의 대중문화를 지배하고 있는 미소년류가 모방할 수 없는 고전적인 신사이다. 배용준에 필적할 수 있는 유일한 미국인은 로버트 레드퍼드이지만, 그는 한물갔다"고 말했다. 가톨릭대학교 교수 이명호는 『시사저널』에 기고한 「욘사마 신드롬과 아줌마의 힘」(2004년 12월 23일)이라는 칼럼에서 이 발언을 소개하면서 "일본 중년 여성들이 배용준에게서 발견하는 것은 여성을 배려할 줄 아는 신사다움이다. 그녀들은 여성의 욕구를 이해하고 그것을 존중할 줄 아는 남성상에 대한 갈증을 욘사마를 통해 풀고 있다"고 말했다.

미국 『뉴욕타임스』 인터넷판은 「한국인이 어째서 진짜 남자인가, 일본 여성에게 물어봐라」(2004년 12월 23일)라는 기사에서 배용준은 한국과 일본 사이에 무려 23억 달러의 경제적 효과를 창출한 '23억 달러의 사나이'가 되었다고 보도했다. 이 기사는 불확실성과 비관론으로 가득 찬 일본 사회에서 '욘사마'는 일본 여성들이 마음속에 그리는 과거의 향수와 일본에서는 찾을 수 없는 감정적 유대감에 대한 동경을 자극한다고 분석했다.

한류를 어떻게 평가하건, 한류 덕분에 일본인들의 한국관이 바뀐 건 분명했다. 2004년 12월 18일 일본 내각부가 발표한 '외교에 관한 여론조사'(10월 조사)에 따르면 한국에 "친근감을 느낀다"는 비율이 56.7퍼센트로 사상 최고를 기록했다. 중국에 대한 친근감은 37.6퍼센트로 사상 최저를 기록했다. 내각부는 "욘사마 열풍 등 한류 붐으로

한국에 대한 일본인의 관심이 커진 것이 원인"이라고 분석했다.[50]

또 일본『아사히신문』(2005년 1월 9일) 보도에 따르면, 2004년 5월 현재 전국 공·사립 고교를 대상으로 외국어 수업 도입 상황을 분석한 결과 영어를 제외하고 한국어(247개교)가 중국어(481개교)에 이어 두 번째로 많이 채택된 것으로 나타났다. 이어 프랑스어(231개교), 독일어(99개교), 러시아어, 스페인어 순서였다. 『아사히신문』은 "지난 한 해 한류 붐이 일본을 휩쓸아치면서 한국에 대한 관심이 크게 증가한 것 같다"고 배경을 설명했다.[51]

'근대화 중간 단계'의 힘인가?

『한겨레21』(2004년 12월 30일)은 한류의 핵심이라 할 드라마 붐에 대해 "문화인류학계에선 일본과 중국·동남아 사이에서 근대화의 중간 단계를 겪고 있는 한국의 상황이 드라마에 반영돼 각각 다른 차원에서 반향을 불러일으키고 있다는 풀이를 내놓기도 한다"며 이렇게 말했다.

"일본에선 일본 드라마가 놓치고 있는 가족과 순정을 재발견하는 복고 열기의 대상으로, 중국과 동남아에선 휘황한 배경과 개방적인 연애담 등이 대리만족과 동일시의 대상으로 비치고 있다는 것이다. 지난달 방한한 가와이 하야오 일본 문화청 장관도 〈겨울연가〉 같은 한국 드라마들이 경제적 성장으로 잃어버린 감정의 흐름, 마음의 여유를 그린 것이 일본에서의 히트 배경'이라고 설명한 바 있다."

일본의 중년 여성들은 배용준을 통해 여성의 욕구를 이해하고 그것을 존중할 줄 아는 남성상에 대한 갈증을 해소했다. 2004년 11월 28일 도쿄 롯본기힐스에서 열린 배용준 사진전의 전시물을 관람하고 있는 일본의 중년 여성들.

이 기사에 따르면, 전 MBC 드라마 국장 김승수는 "비사실적이고 비자연스러운 문학성과 영상 음향, 지고지순한 사랑을 담은 멜로가 한국 드라마의 특성이자 강점"이라고 말했다. 〈겨울연가〉를 연출한 윤석호는 자신은 "기본적으로 사랑의 순수, 사랑의 아름다움과 같은 판타지를 좋아하는 감독"이라며 "일본인 중에 누가 〈겨울연가〉를 두고 일본 중년 여성에게 소녀를 다시 찾아줬다는 표현을 썼는데, 은유적이지만 포인트를 제대로 잡은 것 같다"고 말했다. 그런가 하면 포이보스 대표 김광수는 "일본에선 욘사마나 송승헌 등의 매력을 소비하기 위해 드라마를 본다"고 말했다. 반면 윤석호는 "〈겨울연가〉는 우리 사회가 만들어낸 문화의 산물"이라며 "그걸 배용준 혼자 독점하는 표현에는 당연히 반감이 든다"고 말했다.[52]

서경대학교 일본어학과 교수 이즈미 지하루泉千春는 『주간동아』(2004년 12월 30일)에 기고한 글에서 일본의 평범한 아줌마들이 한류에 빠져드는 주요 이유로 ① 1991년 버블 경제 붕괴로 인해 생겨난 마음의 공허감, ② 일본 TV 드라마가 젊은 여성들만을 상대로 하고 있다는 점, ③ 일본 아줌마들의 시간과 경제력, ④ 열광에 대한 남편의 이해 또는 무관심 등을 들었다.

이즈미는 "현재 일본 문화의 특징은 나약하고, 음울하면서도 '쿨'하다는 것이다. 한국 문화는 과거 일본의 활력을 추억처럼 떠올리게 한다"고 말했다. "풋, 이런 세상 따위⋯⋯" 같은 말을 뇌까리는 일본의 청춘들과는 달리 드라마 속의 한국 청년들은 사랑 때문에 울고불고 쟁취하며 복수한다는 것이다.

이즈미는 한국 드라마의 매력으로 ① 캐릭터가 뚜렷해 명확한 줄거리 전개, ② 순정만화 세계와 같은 로맨틱한 설정, ③ 복고적인 순애보, ④ 드라마틱한 대사와 아름다운 말, ⑤ 효과적인 음악, ⑥ 복잡하지만 가족 간의 끈끈한 애정, ⑦ 끊임없이 어려움에 맞서는 주인공의 노력, ⑧ 남자가 우는 장면과 같은 신선함 등을 들었다.[53]

연세대학교 사회학과 박사과정에서 한류를 연구하고 있던 히라타 유키에平田紀江는 한류 이전 일본인들이 갖고 있던 한국에 대한 이미지에 주목했다. "한류 현상을 가능케 한 것은 지금까지 일본이 가졌던 한국에 대한 무지와 이미지의 부재, 또는 좋지 않은 이미지들이었다. 아이러니하게도 그것이 한류가 이렇게까지 일본에서 주목을 받고 있는 이유 중 하나이다. 몰랐던 것에 대한 앎의 욕구와 오해와 편견 속에서 만들어진 것에 대한 태도의 변화가 한류를 일본에서 더욱 확대

시킨 요인이 되었다."[54]

　지식인들은 한국 언론의 한류 보도가 애국주의적 과장이 심하다고 자주 비판했지만, 독자들이 그걸 다 그대로 믿는 건 아니었으며, 오히려 실제보다 과소평가하려 드는 경향도 있었다. '〈겨울연가〉신드롬'이 바로 그런 경우였다. 히라타 유키에는 "일본 사람인 내가 한국 사람들에게 한류와 〈겨울연가〉 이야기를 할 때면 그들은 흔히 의아해하는 태도를 보인다"며 다음과 같이 말했다.

　"대체로 한국 사람들은 일본에서 〈겨울연가〉가 진짜 인기가 있느냐고 반문하고, 내가 '엄청난 인기'라고 대답해주면 '그렇군. 우리나라 언론이 원래 하도 과장이 심해서 나는 뻥인 줄 알았는데' 하는 식의 반응을 보인다. 그 뒤에 이어지는 반응은 다른 데도 아니고 '왜', '일본에서', 하필 '〈겨울연가〉인가' 하는 의아함이다. 지식인에서 고등학생에 이르기까지 이런 식의 반응을 보이는 한국 사람들을 나는 수없이 만나봤으며, 그러한 반응을 아주 흥미롭게 관찰해왔다."[55]

한류 열풍의 진원지는 바로 한국

많은 전문가가 한류, 특히 〈겨울연가〉로 대변되는 드라마 인기의 비밀을 찾으려고 애를 썼지만, 아마도 가장 간단한 답은 한국이 '드라마 왕국' 또는 '드라마 공화국'이라는 데에서 찾아야 했던 건 아닐까? 시청률 조사기관인 TNS미디어가 2004년 1월 1일부터 12월 12일까지 시청률 자료를 분석해 발표한 자료에 따르면 평균 시청률 순위 상위 10위까지 모두 드라마가 휩쓴 것으로 나타났다.

①〈대장금〉(MBC, 47.8퍼센트), ②〈파리의 연인〉(SBS, 41.5퍼센트), ③〈천국의 계단〉(SBS, 38.4퍼센트), ④〈특집 대장금 스페셜〉(MBC, 32.9퍼센트), ⑤〈풀 하우스〉(KBS-2, 31.9퍼센트) ⑥〈백만송이 장미〉(KBS-1, 30.6퍼센트), ⑦〈두번째 프로포즈〉(KBS-2, 27.1퍼센트), ⑧〈애정의 조건〉(KBS-2, 26.9퍼센트), ⑨〈금쪽같은 내새끼〉(KBS-1, 26.8퍼센트), ⑩〈발리에서 생긴 일〉(SBS, 25.6퍼센트).

『세계일보』(2005년 1월 10일)는 "대한민국은 현재 드라마 왕국이다"며 이렇게 말했다. "한국 드라마는 밖에서는 한류 열풍의 동인이 되고 있으며 안에서는 온갖 신드롬과 '페인'을 양산하고 있다. 최근 들어 각 방송사가 드라마 제작에 부쩍 공들이면서 드라마는 가장 대중적인 매체인 TV를 통해 그 어느 때보다도 언론과 대중의 큰 관심을 받으며 전성기를 누리고 있다. 지상파 채널에서 드라마가 끝나는 심야 시간이 되면 케이블·위성 채널에서도 드라마의 향연이 이어진다."[56]

『월간조선』은 「'욘사마' 열풍의 진원지: 배용준의 한국 팬들」이라는 기사에서 4~5만 명 되는 한국 팬도 배용준을 향한 열정에서 일본 팬들 못지않다고 말했다. 이 기사에 따르면, "배용준 팬들은 요즘 언론의 보도 태도가 못마땅하다고 했다. 동남아에서도 배용준 씨가 엄청난 환영을 받았는데, 부자 나라 일본에서 환영을 받자 그제야 언론이 떠드는 게 못마땅하다는 것이다". 배용준 팬들은 "만약 〈겨울연가〉가 끝난 뒤 인터넷이라는 공간이 없었다면 그냥 혼자서 좋아하다 말았을 거"라고 말했으며, 팬 홈페이지 '시티오브용준' 운영자 정윤희는 "일본 사람들이 저렇게 한꺼번에 공항에 모일 수 있는 것은 인터넷을 통

〈겨울연가〉의 인기에 힘입어 SBS의 〈파리의 연인〉은 니혼TV에 7억 원에 팔렸으며, MBC
의 미니시리즈 〈슬픈 연가〉는 완성 전에 48억 원에 일본 시장에 팔렸다.

해 혼자가 아니라는 것을 알기 때문에 가능했다고 본다"고 말했다.[57]

이는 한류 열풍의 진원지는 바로 한국이라는 걸 말해준 게 아닐
까?[58] TV 드라마가 일본 등 해외시장에서 호황을 누린 건 한국인의
유별난 드라마 사랑을 동력으로 삼았기 때문이 아니었겠느냐는 것이
다. 2003년 드라마 수출액은 4,300만 달러로 같은 해 영화 총수출액
3,098만 달러를 앞섰으며, 이 격차는 더욱 커지기 시작했다. 〈파리의
연인〉은 니혼TV에 7억 원에 팔려 드라마 수출 최고가를 기록했으며,
〈슬픈 연가〉는 완성 전에 48억 원에 일본 시장에 입도선매되었다.[59]

2003~2004년 2년간 중국 TV에서 공식 방영된 한국 영화와 드라마는 총 359편이었는데, 이는 중국 전체에서 방영된 외국 영화와 드라마의 25.4퍼센트를 차지하는 것이었다.[60] 방송 콘텐츠의 해외 수출은 최근 몇 년간 매년 30퍼센트를 넘는 급성장을 거듭해왔으며, 2004년에는 전년보다 60퍼센트 이상이 증가된 7,000만 달러를 기록했다.[61] 문화관광부가 발표한 통계에 따르면 2004년 국내 TV 프로그램 수출액은 모두 7,164만 달러(716억 원)이며, 이 가운데 91.8퍼센트인 5,771만 달러가 드라마 수출 분이었다.[62]

"한류는 자본의 세계화 각축에서 겨우 따낸 상가 입주권"

한류의 주역은 연예인과 연예 기업가들이었지만, 한류에 관한 논의, 즉 메타-한류의 주역은 지식인들이었다. 지향점과 논조는 각자의 이념이나 문화관에 따라 크게 달랐지만, 한류가 이들에게 적잖은 고민거리를 안겨준 건 분명했다. 연세대학교 교수 조한혜정은 2003년 4월 "'종속적 모방'이 아닌 '전복적 모방'의 전략은 없는가?"라는 질문을 던지면서 이런 답을 제시했다. "'변방'에서 새 기류가 일고 있고, 우리는 자본의 흐름, 과학기술의 흐름, 미디어의 흐름, 이미지의 흐름 속에 부유하고 있는 자신을 발견한다. 이 흐름을 사람과 사람의 흐름으로 파악할 수 있는 연구들이 나와야 할 때가 오지 않았는가?"[63]

성공회대학교 교수 백원담은 『한겨레21』에 기고한 「한류의 방향타를 잡아라」(2004년 9월 23일)라는 글에서 세계체제 차원의 거시적인 분석과 평가를 시도했다. 백원담은 "중국과 베트남의 경우 사회주의 해체 이후 급속한 자본화 과정 속에서 문화적 정체성을 구성해가는 과도기적 대행을 한류가 수행하는 것이라면, 동남아의 경우는 할리우드의 스타 시스템이 한류라는 문화적 근접성에 의해 지분을 양보한 상황"이라며 다음과 같이 주장했다.

"한류란 우리가 식민지, 분단, 파행적 자본의 세월을 견뎌 주변부에서 반주변부로 가까스로 수직 이동, 중심부의 배제와 착취의 논리를 피눈물로 익히며 자본의 세계화라는 각축 속에서 겨우 따낸 상가 입주권, 세계 문화 시장이라는 쇼핑몰에 어렵사리 연 작은 점포, 혹은 방금 찍은 명함 한 장과 다름없는 것을 알 수 있다. 처음 점포를 열었으니 미숙하기 짝이 없는데다 한 푼이 아쉬워 행상 수준으로 들고 뛸 수밖에 없는 수준, 안타깝지만 그것이 우리 한류의 현주소이다."

이어 백원담은 "최근 한류는 필리핀까지 확산되는 한편으로, 중국과 대만에서는 한류 스타들이 인기와 돈벌이에만 연연한다는 비판 속에 그 파고가 잦아들고 있는 추세"라면서 한류가 다른 방향으로 나아갈 것을 제안했다. 그는 "한국과 동아시아의 21세기 문화적 관계망은 철저히 자본의 논리가 주도하고 있다. 한류란 이들 거대 문화자본이 기획·조직하는 문화산업 버전인 것이다"며 다음과 같이 말했다.

"그러나 거기에는 주변부적 비판성이 나름의 문화적 해석력과 창신력으로 생동, 그것이 문화의 세계화에 대한 강력한 방어 기제로 현상하고 있음을 눈여겨보아야 한다. 식민지와 분단의 아픔이 한 세기를 넘는 그 억압과 긴장의 세월, 그것을 파행적 자본화의 그늘로 겪어내면서 우리는 어느새 현상 타파의 의지를 삶의 진작 방식으로 체화하게 되었고, 역사의 갈림길을 정면 돌파와 '기우뚱한 균형'의 관계성으로 열어가는 변방적 삶의 방법론을 획득하게 되었다. 그렇다면 작금에 동아시아를 관류하는 한류 또한 그 역동적 삶의 형질을 어떤 형태로든 내재하고 있을 것이다."⁶⁴

대진대학교 교수 이상훈은 『한겨레』에 쓴 「'한류'는 21세기 아방가르드」(2004년 12월 13일)라는 글에서 "한류의 모태인 우리 대중문화는 사실 한국 전통에 기반하기보다 서구 현대 문화의 한국판 시뮬레이션이라고 말하는 것이 더 적합하다"며 다음과 같이 말했다.

"이런 이유로 할리우드나 일본 대중문화의 아류라는 혹평을 받기도 하지만, 한류에는 이런 아날로그 문화의 한계를 뛰어넘는 주목할만한 특징도 있다. 곧, 한류는 현대 대중예술의 여러 장르를 우리 식으로 시뮬레이션하여 21세기 사회 특징과 결합시키는 새로운 아방가르드 정신을 지니고 있는 것이다.······21세기를 맞아 유희적 멀티미디어 문화의 반란 한가운데 한류가 자리 잡고 있다. 지리상의 발견이 근세를 열었다면, 새천년을 맞아 여흥을 동반한 채 서서히 문화의 신대륙이 열리고 있고, 이를 향해 한류가 첫 뱃길을 열고 있는 것이다."

계간 『황해문화』 주간 김명인은 『경향신문』에 기고한 「'욘사마'라는 화두」(2004년 12월 31일)라는 칼럼에서 "지금의 한류 열풍의 근저에는 우리가 지난 30~40년 사이에 이루어낸 고도의 압축 성장과 드라마틱한 민주화 과정에서 배태된 어떤 근원적 활력이 가로놓여 있는 것은 아닐까"라는 문제를 제기했다. "그 역동적 활력이 이제 비로소 나름의 독특한 문화로 전형되기에 이른 것은 아닐까.······그것이 무엇인가를 밝히고 거기서 이 대한민국의 근대적 정체성을 재구성해내는 일, 그것이 여태 혼돈에서 못 벗어나고 있는 우리 인문학이 '욘사마'를 화두 삼아 추구해야 할 최우선의 과제가 아닐까 생각해본다."

〈겨울연가〉의 활약에 힘입어 드라마 수출 시장에서 차지하는 일본의 비중이 3배로 커졌다. 일본의 비중은 2003년 19퍼센트였지만, 2004년엔 57.4퍼센트로 뛰었고, 이어 대만(15.3퍼센트), 중국(10.8퍼센트), 홍콩(2.4퍼센트) 순이었다. 전체 방송 콘텐츠 수출액의 91.8퍼센트를 차지한 드라마는 총 1만 4,265편에 5,253만 8,000달러의 판매액을 기록한 것으로 나타났다.[65]

한류와 IT·자동차 산업 발전의 시너지 효과

자본의 세계화 각축에서 한류라는 '상가 입주권'을 따내는 데엔 IT 산업과 자동차 산업의 발전도 일조했다. 아니 한류와 IT·자동차 산업 발전의 시너지 효과가 발생했다고 보는 게 옳으리라. 2004년 한국 IT 산업의 국가 경제 기여도는 경제협력개발기구OECD 국가 중 1위로 수출의 34퍼센트(2002년), 국내총생산GDP의 16퍼센트를 차지했다. 특히 D램 반도체는 세계시장의 42퍼센트, 초박액정표시장치TFT-LCD는 30퍼센트, 휴대전화는 25퍼센트를 차지하며 IT 산업을 연간 20퍼센트씩 키우는 성장 동력이 되었다. 이와 관련, 곽재원은 영어권 국가에서는 통신 서비스 지역을 세포처럼 나누어놓았다 해서 휴대전화를 '셀룰러 폰cellular phone'이라고 부르는 점에 착안해 한국 경제를 '셀룰러 이코노미(세포의 경제)'라고 불렀다.[66]

내년이면 전세계 3대중 1대가 한국산

한국 휴대폰의 '쿠데타'

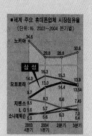

■세계 주요 휴대폰업체 시장점유율
(단위: %, 2003~2004 분기별)

세계 휴대폰 시장에 한국발(發) 지각변동이 예고되고 있다. 삼성전자를 필두로 LG전자, 팬택앤큐리텔 등 국내 업체들의 시장점유율이 급상승하면서 세계 휴대폰 업체 '빅5' 순위가 대거 바뀔 전망이다. 내년이면 전세계 휴대폰 3대중 1대가 한국산이 되고 한국이 세계 최대 휴대폰 생산 국가로 등극하리란 예측도 나오고 있다.

삼성전자는 27일 미국 시장조사 업체 스트래티지애널리틱스(SA)의 자료를 인용, 자사의 2004년 3·4분기 세계 시장 점유율이 13.54%라고 밝혔다. 이는 지난해 같은 기간(11.2%)에 비해 2.34% 높아진 것이다. 2위 업체인 미국 모토로라(13.9%)와의 격차도 0.4%로 줄었다. 삼성전자측은 "모토로라의 4분기 실적이 변수지만 최근까지의 추세가 계속되면 세계 2위 진입이 가능할 것으로 본다"고 밝혔다. 모토로라는 올들어 분기마다 시장 점유율

이 0.9~1.0%가량 계속 떨어지는 부진을 보인 반면, 삼성전자는 3분기까지 6,550만대의 휴대폰을 판매하면서 연간 목표인 8,600만대에 바짝 다가섰다. 이 경우 사상 처음으로 한국 기업이 휴대폰 기술 종주국인 미국 업체를 꺾고 핀란드 노키아에

이어서는 560만대에서 1,180만대로 두 배 이상 늘어난 성과다.
LG전자와 지멘스와의 격차를 0.45%로 좁히면서 4위 업체 자리를 예약했고 모토로라의 뒷받이인 북미 시장에서 승승장구, 삼성전자의 순위 상승에 일조했다. LG전자 관

삼성, 연내 모토로라 추월 2위가 눈앞
LG 4위 예약… 팬택은 내년 5위 예고

와 함께 세계 양대 휴대폰 업체로 이름을 올리게 된다.
'한국 휴대폰의 쿠데타'라고 불릴 만한 이 사건에는 LG전자의 활약이 숨어있다. LG전자는 2003년 1분기 5.2%를 시작으로 꾸준히 시장점유율을 확대해 지난 분기 7.0%로 독일 지멘스에 이어 세계 5대 휴대폰 업체의 자리를 지켰다. 점유율로는 1.8% 차이지만 분기별 판매량에 있

계자는 "(고가제품에 치중하는 삼성전자 보다) LG전자와 모토로라의 경쟁 관계가 더 치열하다"며 "모토로라의 부진도 LG전자 때문이라고 해도 과언이 아니다"고 말했다. 실제로 LG전자와 모토로라의 2·4분기 휴대폰 대당 평균판매가격(ASP)은 각각 167달러와 161달러로 비슷한 가격대를 형성하고 있다.
'국내 빅3'를 벗어나 '월드 빅5'

로 도약을 꿈꾸는 팬택계열의 무서운 성장세도 변수다. 이 회사는 올해 2,000만대의 휴대폰을 판매해 세계 6위 업체에 올라설 목표를 세웠다. 내년에는 3,000만대 이상으로 소니·에릭슨을 꺾고 5위 업체가 된다는 계획이다. 업계 관계자는 "팬택계열이 목표치를 달성하면 한국 업체들의 2005년 세계 시장점유율을 30%에 육박할 것"이라며 "한국이 핀란드를 제치고 세계 최대 휴대폰 생산국이 될 날이 머지 않았다"고 말했다.
정철환기자 plomar@hk.co.kr

영어권 국가에선 한국 경제를 '셀룰러 이코노미'라고 부를 만큼 한국은 휴대전화 수출 강국이 되었다. 국내 휴대전화 시장도 고속 성장을 거듭하는 등 한국은 휴대전화 천국이 되었다. 『한국일보』 2004년 10월 20일.

그렇게 부를 만도 했다. 2004년 12월 초 삼성전자의 애니콜은 모토롤라를 제치고 노키아에 이어 세계 2위로 등극했다. 2004년 휴대전화 수출은 모두 1억 4,800만여 대로 200억 달러를 넘어서 자동차 분야를 제치고 반도체(약 250억 달러)에 이어 2위 수출 품목으로 올라섰는데, 이중 삼성전자의 애니콜이 130억 달러나 차지했다.[67]

국내 휴대전화 시장도 그간 고속 성장을 거듭해왔다. 2004년 10월 말 현재 휴대전화 가입자는 3,625만 2,676명이었다. 1984년 3월에 국내에 선보인 뒤 1990년대 중반 이후 폭발적으로 증가해 1997년 9월 500만 명, 1998년 6월 1,000만 명, 1999년 2월 1,500만 명, 1999년

8월 2,000만 명, 2002년 3월 3,000만 명을 돌파했다. 6~9개월 만에 500만 명씩 늘어난 셈이다. 이동통신사로 보면 SK텔레콤이 1,864만 명(51.4퍼센트)으로 가장 많았고 그다음으로 KTF 1,170만 명(32.3퍼센트), LG텔레콤 590만 명(16.3퍼센트)의 순이었다.[68]

2004년 YWCA의 조사에 따르면, 휴대전화를 가진 중고등학생의 38.6퍼센트가 1년 이내에 휴대전화를 바꾸는 것으로 나타났다. 학교에서 압수당할 때에 대비해서 사용하지 않는 구형 휴대전화를 여분으로 지니고 다니는 학생들도 있을 정도라고 하니, 참으로 기특한 애국자라고 할 수 있겠다.[69]

2004년 9월 말 현재 휴대전화 신용불량자는 258만 359명으로 전체 휴대전화 가입자의 7.1퍼센트에 이르렀으며, 10대 휴대전화 신용불량자는 11만 2,374명이었다.[70] 2004년 한 해 동안 국내 이동통신 3사들이 연예인 누드 등 성인 콘텐츠 서비스로 올린 매출은 SK텔레콤 860억 원, KTF 200억 원, LG 70억 원 등 총 1,130억 원인 것으로 집계되었다.[71]

휴대전화의 기술 발전엔 끝이 없었다. 2005년 5월 1일 위성DMB가 첫 전파를 발사해 이른바 '손안의 TV' 시대를 열게 된다. DMB Digital Multimedia Broadcasting란 위성이 중계하는 디지털 신호를 일반 TV는 물론 휴대전화, 개인휴대단말기PDA, 차량용 TV 등으로 받아 여러 채널의 멀티미디어 방송을 시청할 수 있는 서비스였다. 한국인들은 이 서비스에 또 한 번 열광하지만, 열광의 끝은 없는 것처럼 계속 새로운 기술이 선을 보이게 된다.

이즈음 세계 어느 곳을 가건 목격할 수 있게 된 한국 자동차는 한국인들의 국가적 자부심을 높여주었다. 이에 호응하듯, 국내 자동차 광고도 늘 국가적 자부심을 부각하는 방향으로 이루어졌다. 포니의 수출 때부터 자동차를 선적하는 사진과 함께 국력을 외쳐대는 건 자동차 광고의 기본 포맷이 되었다. 2001년에 나온 쏘나타 광고는 "112개 나라의 번호판을 달고 달립니다. 당신의 쏘나타가 세계 명차들과 당당히 겨루고 있습니다"라고 주장했다.

한국 자동차의 해외 수출과 진출 현황은 언론에 의해 민족주의적 논조로 상세히 보도되었다. 2004년 "옛날 혜초가 걷던 길, 이제 현대가 달린다"는 말이 나올 정도로, 한국 자동차는 한국의 문화적 저력으로 간주되었다.[72] 여기에 각종 통계 수치를 기초로 한 '순위 저널리즘'까지 가세했다. 한국이 자동차 생산에서 '세계 5강'이라는 통계는 언론에 의해 국가적 자부심을 고취시키는 방향으로 보도되는 게 관례로 자리 잡았다. 「차車 생산 '세계 4강' 눈앞에」거나 「한국 승용차 수 아阿 전체보다 많아」 등과 같은 기사 제목이 말해주듯이, 한국은 늘 '자동차 강국'으로 묘사되었다.[73]

외신의 한국 자동차 예찬도 국내에 그대로 수입되어 한국인의 자긍심 앙양에 기여했다. 2005년 5월 현대자동차의 미국 앨라배마 공장 준공을 전후로 그런 기사가 많이 나왔다. 예컨대, 『타임』(2005년 4월 25일)은 현대자동차의 비약적인 성장을 "세계 자동차업계 사상 가장 놀라운 기적"이라고 했다. 현대자동차가 세계 일부 지역의 딜러 만족도 조사에서 독일·일본 차들을 물리치고 1등을 차지했다든가 하는 기사들도 비슷한 효과를 냈다.[74] 훗날 『한겨레』(2009년 4월 2일)도 1975년 포니가 탄생한 지 33년 만에 국산 기술만으로 풀 라인업을 채운 걸 '기술 독립선언'으로 규정하면서 관련 기사 사진 배경에 태극기를 깔았다.

'대중문화 공화국'으로서의 '인터넷 강국'

경제협력개발기구 집계 결과, 2004년 말 기준 한국의 초고속 인터넷 보급률은 24.9퍼센트(인구 100명당 24.9명)로 회원국 중 최고로 2001년부터 4년 연속 1위를 기록했다. 2001년 17.2퍼센트로 1위에 오른 한국은 2002년 21.8퍼센트, 2003년 23.8퍼센트 등 꾸준히 보급률이 증가 추세를 보이면서 1위 자리를 지켜왔다. 이어 네덜란드(19.0퍼센트), 덴마크(18.8퍼센트), 아이슬란드(18.3퍼센트), 캐나다(17.8퍼센트), 스위스(17.3퍼센트), 벨기에(15.6퍼센트), 일본·핀란드(15.0퍼센트), 노르웨이(14.9퍼센트), 스웨덴(14.5퍼센트), 미국(12.8퍼센트) 등 순이었다. 경제협력개발기구 평균은 2003년 7.3퍼센트, 2004년 10.2퍼센트였다.[75]

영국의 『파이낸셜타임스』, 미국의 경제전문지 『포천』 등 해외 언론은 "인터넷 최강 한국을 배워라"며 찬사를 아끼지 않았지만,[76] 문제는 한국인의 인터넷 활용이 지나칠 정도로 오락적 목적으로 이루어지고 있다는 점이었다. 2004년 8월 다음커뮤니케이션 사장 이재웅은 "사람들한테 인터넷 할 줄 아느냐고 물어보면 대부분 할 줄 안다고 해요. 그럼 인터넷으로 무엇을 하냐고 물으면, 잘해야 인터넷 뱅킹이고, 대부분은 뉴스 보고, 고스톱 치고, 메신저로 수다 떤다고 답합니다"라며 다음과 같이 말했다.

"과거에 회사에서 경쟁력 높인다고 사원들한테 전부 휴대전화를 지급했더니 그 휴대전화로 일은 안 하고 전부 잡담이나 하고 있었다는 것과 다를 바 없죠. 인터넷으로 게임이나 하고 포르노나 보면서 IT 강국이라고는 할 수 없잖아요? 그런 측면에서는 우리의 IT 경쟁력은 오히려 미국 등 선진국보다 떨어지는 것 같아요. 이제 국민이 인터넷은 활용할 줄은 아니까, 이것을 발전시켜 국가 경쟁력 향상으로 연계시켜야 하는데 그것이 안 되고 있어요. 어떻게 보면 지금이 위기인 것이죠. 이 상태로 몇 년 지나면 한국의 IT 경쟁력은 없었던 것이 되겠죠."[77]

안철수연구소의 대표 안철수도 2004년 9월 기존의 '인터넷 강국론'에 근본적인 의문을 제기했다. 그는 인터넷의 사용 행태에 대해 "사용 시간은 세계 최고 수준이지만 내용면으로 보면 그렇지도 않다"며 "새로운 부가가치를 만들어낸다기보다는 게임, 채팅, 음란물, 동영상 교환 등 소비적인 측면이 주류를 차지하고 있다"고 지적했다.[78]

리즈경영컨설팅 대표 컨설턴트 이해익은 한국은 산업화에는 뒤졌지만, 정보화에는 앞서자고 지난 십수 년 발작적으로 몸부림쳐온 결과 세계가 놀라는 업적을 이루었지만 그늘도 크다고 말했다. "'정보의 바다'가 '범죄의 바다'라는 경고는 끊임없이 이어진다. '정보 윤리' 없이 IT 강국은 허상일 뿐이다. 따뜻한 디지털 세상 '유클린u-Clean'을 강조하는 목소리도 그만큼 높다.……지금 우리는 신세기의 자유와 상상 그리고 창조의 세계로 가고 있는가. 아니면 디지털 소돔과 고모라로 가고 있는가."[79]

인터넷으로 게임이나 하면서 IT 강국이라고 할 수는 없는 일이었

"한국 IT시장 외국社 배불려줘"

안철수사장 "핵심부품 의존도 커" 쓴소리

"한국은 외국 회사들에게 돈을 벌어주는 거대한 시장 노릇을 하고 있다."

대표적인 벤처기업인인 안철수(42·사진) 안철수연구소 사장이 9일 자사 홈페이지(www.ahnlab.com)에 연재중인 고정칼럼에서 '우리는 진정한 인터넷 강국인가'라는 제목의 글을 통해 국내 정보기술(IT) 업계를 향해 '쓴 소리'를 했다.

한국은 초고속 인터넷 보급률 세계 1위(100인당 23.33명)라는 사실 때문에 국내외에서 '인터넷 강국'으로 불리고 있지만, 이는 화려한 외형에 불과하며 실상은 속빈 강정에 가깝다는 것이 안 사장 칼럼의 요지.

그는 인터넷 산업의 높은 해외 의존도와 저열한 이용 문화를 문제점으로 지적했다.

안 사장은 "국내 초고속 인터넷 장비와 핵심 소프트웨어의 대부분이 외국산"이라며 "특히 서비스가 발전할수록 이러한 경향이 심해지고 있어 외국 업체들의 손쉬운 시장으로 전락했다"고 주장했다.

안 사장은 우리나라의 인터넷 이용 문화에도 일침을 가했다. 그는 "인터넷 사용시간은 세계 최고 수준이지만, 게임·채팅·음란물·동영상 교환이 상당수"라며 "축적된 오프라인 콘텐츠가 온라인으로 파생되는 해외의 인터넷 문화와 비교된다"고 덧붙였다.

그러나 관련업계의 의견은 다소 엇갈린다. 대부분 인터넷 업체들은 안 사장의 지적에 공감했지만, 인터넷 서비스를 제공하는 유·무선 통신 업체들은 '불쾌하다'는 반응을 보였다.

한 통신업계 관계자는 "초고속 인터넷 서비스 초기에는 외국산 장비의 비중이 높았지만 요즘은 국산 장비 비율이 더 높다"고 말했다.

이 관계자는 특히 "국내 서비스가 최첨단을 달리면서 기존 외국 장비로는 기술적 요구를 충족할 수 없어 독자 기술로 개발한 국산 장비가 100%인 분야도 많다"고 해명했다.

정철환기자 plomat@hk.co.kr

안철수는 인터넷 사용 행태에 대해 "사용 시간은 세계 최고 수준이지만 내용면으로 보면 그렇지도 않다"며 '인터넷 강국론'에 근본적인 의문을 제기했다.

지만, 어찌 되었건 게임이 비약적인 발전을 이룬 건 분명한 사실이었다. 물론 여기에도 '후발자의 이점'이 작용했다. 한국은 소규모 게임 전용기 시장이 매우 낙후되어 있었기에 한 단계 건너뛰어 곧장 온라인 게임 시장으로 도약함으로써 그간 잠재되어 있던 게임 욕구가 폭발적으로 증가하면서 이 분야에서 세계 선두의 위치에 오르게 된다.

한국의 온라인 게임 산업은 1998년 5억 원대에 불과했지만, 2002년 3,999억 원대로 급성장했고, 성장률은 2004년 62퍼센트, 2005년 50퍼센트, 2006년 57퍼센트로 폭발적인 증가세를 보이게 된다. 물론 초고속 인터넷의 보급과 더불어 PC방이 가세한 덕분이었다. 한국은 2003년 매출액 기준의 시장 규모로 세계 1위를 유지하면서 세계시장을 주도하는 '게임 수출 강국'으로 떠오르며, 1999년 이후 연평균 38퍼센트라는 놀라운 성장세를 보이며 2010년 수출액 규모가 16억 달러에 달하게 된다.[80]

게임을 어떻게 평가하건, 근본적으론 인터넷과 한국인의 기질 사이에 존재하는 친화성으로 인해 발생하는 '소용돌이'에 한국 사회가 압도당하고 있기에 인터넷의 부작용은 숙명인지도 모를 일이었다. 한국인 특유의 '빨리빨리 문화', 새것이라면 사족을 못 쓰는 '새것 추구 신드롬', 민족 구성의 동질성으로 인한 평등주의와 그에 따른 '쏠림 문화' 등을 감히 누가 막을 수 있었으랴. 그 덕분에 한국은 세계적인 '대중문화 공화국'의 위상을 확실히 해나가게 된다.

한류 DNA의
비밀

"한류, 이대로 가면 5년 안에 끝난다"

미국의 빌 클린턴Bill Clinton 행정부에서 국방부 차관보를 지낸 하버드대학 교수 조지프 나이Joseph S. Nye가 2004년에 출간한 『소프트 파워』라는 책이 주목을 받으면서 2004년엔 전 세계적으로 '소프트 파워soft power' 개념이 유행했다.[1] 이 책은 군사력이나 경제력 등 물리적인 '하드 파워hard power'에 대응하는 '소프트 파워'의 중요성을 강조했는데, 소프트 파워는 문화의 힘을 강조한다는 점에서, 한국이 한류의 확산에 진력해야 할 충분한 이유를 제공한 듯 보였다.

『중앙일보』는 1면 머리기사로 「소프트 파워…소프트 코리아!: '문

화의 힘'에서 미래를 찾는다」(2005년 1월 3일)를 실었다. 이 신문은 ①
소프트로 통한다, ② 소프트가 하드를 이끈다, ③ 소프트는 불경기에
살찐다, ④ 소프트가 팔린다, ⑤ 소프트는 열려 있다 등의 주제로 5회
에 걸쳐 '소프트 파워론'을 연재하면서, "문화력이 국가와 기업을 먹
여 살리는 시대"가 왔음을 선언하고 한국 문화 콘텐츠의 세계적 활약
상을 자세히 소개했다.

그러나 한류는 민간 부문에서 이루어진 일이었기에 체계적인 '기
획'은 없었으며, 이로 인한 부작용이 적잖이 나타나고 있었다. 2005년
1월 10일 열린우리당 의원 민병두는 10일 동안 한류 중심국을 순방
한 뒤 국회 문화관광위원회에 제출한 보고서에서 "한류, 이대로 가면
5년 안에 끝난다"는 결론을 내렸다.

민병두 의원은 '한류 위기'의 가장 큰 원인을 "10년 전 일본의 오
만을 그대로 반복하는 한탕주의 가격 정책"으로 꼽았다. "한국 방송
사들이 장기 전략 없이 단기전에 돈을 벌려고 드라마 공급 가격을 터
무니없이 올렸다"는 것이다. 대만에서는 드라마 1회당 2,000달러 하
던 것이 2만 달러를 상회한다는 것이다.[2]

대만이 2003년 한 해 동안 사들인 한국 방송 프로그램은 810만
달러였지만, 같은 기간 한국이 구입한 대만 프로그램은 겨우 2만
4,000달러로 400배의 차이가 났다. 2004년엔 수출 960만 달러에
수입 6,000달러로 격차가 더 벌어졌다. 이런 문제 등으로 대만의 연
예인 노조는 2002년 "한국 드라마 수입으로 일할 권리를 박탈당하고
있다"며 대규모 시위를 벌였으며, 아예 한국 드라마에 20퍼센트의 관
세를 부과하자는 안이 2004년 말 대만 의회에 상정되기도 했다.[3]

2005년 1월 21일 오후 여의도 흥우빌딩에서 한국 방송 연기자 노조 집행부가 인터넷으로 유포된 '연예인 X파일' 사건에 대한 입장과 향후 대응 방향에 대해 밝히고 있다. 이들은 연예인 문건 유출 파문에 대한 대책을 촉구했다.

불미스러운 스캔들까지 터졌다. 대만의 일간 『렌허바오聯合報』(2005년 1월 10일)는 최근 불어닥친 한류 열풍을 타고 대만 성매매 브로커들이 한국 여성을 집중 공급하고 있다고 보도했다. 특히 방학을 이용해 원정 성매매에 나서는 여대생이 단기간 머물기 때문에 일부 고객들은 대기표까지 받아야 한다고 현지 경찰의 말을 인용해 보도했다. 『세계일보』에 따르면, 국내 한 외사계 경찰은 "한류 열풍으로 한국 여성들의 인기가 높아지면서 일본뿐만 아니라 중국과 동남아 전역으로 성매매 송출이 확대되고 있다"며 "한류 스타들과 닮으면 돈이 2배로 뛰어 성형수술을 하고 나간다는 정보도 나돌 정도"라고 말했다.[4]

엎친 데 덮친 격이었다. 2005년 1월 17일부터 텔런트, 영화배우, 가수 등 정상급 연예인 99명의 사생활, 그것도 미확인 소문까지 실명으로 담긴 광고대행사 제일기획의 내부 문건이 인터넷을 타고 무차별로 유포되는 이른바 '연예인 X파일' 사건이 일어났다(삼성그룹의 계열사인 제일기획은 2003년 취급고取扱高 1조 1,590억 원으로 국내 광고 시장 규모 6조 8,023억 원의 17.0퍼센트를 점하고 있던 국내 제1의 광고대행사였다).

이 사건은 이후 수개월간 온갖 소문과 유언비어를 양산해내면서 실명이 거론된 연예인들을 괴롭혔다. 파일에 거론된 연예인 99명 중 59명이 구성한 비상대책위원회는 제일기획을 고소했지만, 삼성 파워엔 역부족이라고 느꼈는지 4월 12일 "더이상 소송을 이어가는 것이 서로 간의 발전에 도움이 되지 않는다"며 제일기획이 광고·연예계 발전을 위해 노력하고 개별 금전 보상은 하지 않는다는 내용으로 이루어진 합의 사항을 채택하는 선에서 고소를 취하했다.

'K-pop'과 '일식한류'

여러 우려와 부작용에도 일본의 한류는 건재했다. 2005년 2월 기준으로 일본 내 127개의 지상파 방송사 중 총 63개사에서 한국 드라마 70편(중복 편수)이 방송되고 있는 것으로 나타났다. 가격도 올랐다. 〈대장금〉(김영현 극본, 이병훈 연출)은 2004년 NHK에서 드라마 방영권이 미니멈 개런티로만 편당 2만 5,000달러를 받았으며, DVD 등 파생상품에 대한 로열티로는 12~15퍼센트 선에서 계약이 이루어졌다. 2003년까지의 수출 시장 비중은 여전히 대만이 25.4퍼센트로 1위였지만, 일본 시장이 빠른 속도로 커져 2004년은 일본이 점유율 57.4퍼센트(수출액 3,600만 달러)로 대만을 앞질렀다.[5]

2005년 2월 22일 성공회대학교 동아시아연구소 연구 교수 신현준은 성공회대학교 피츠버그홀에서 열린 국제 세미나에서 발표한 논문에서 아시아에서 인기를 얻고 있는 한국 음악을 '가요' 대신 'K-pop'으로 부른다며 "K-pop이란 한국의 음악산업을 통해 생산되고 일본을 비롯한 (동)아시아 권역에서 소비되는 대중음악 및 그와 연관된 문화를 포괄적으로 지칭하는 국제적 고유명사"라고 정의했다. 그는 K-pop은 생성부터 혼종적이었다며, "(일본 문화 개방 이전의) 공식적 금지하에서도 한국의 문화 생산물은 일본의 문화 생산물을 지속적으로 '참고'해왔다는 것은 주지의 사실"이라고 지적했다.

신현준은 한류의 잡종성을 설명하기 위해 일본 문화연구자 모리 요시타카森義隆의 '일식한류日式韓流'의 개념을 비판적으로 인용했다('일식한류'는 모리 요시타카가 2004년 말에 출간한 책의 제목이기도 했다). 모리의 '일식한류'는 "일본 문화도 아니고 한국 문화도 아니고 '일한 공작문화'도 아니고 그 성립과 기원에서부터 잡종적 문화"를 가리키는 말이었다. 모리는 그 근거로 "한류 드라마의 일부에 일본 드라마의 영향이 어디엔가 혼재하고 있다"고 지적했다.

'일식한류'라는 개념에 대해 신현준은 이렇게 말했다. "국경을 넘어 교통하는 한국 대중문화에 '일식日式'은 이미 존재하고 있지만, 국경을 넘어 교통하는 일본 대중문화에 '한식韓式'은 존재하지 않는다. 즉, '일식한류'라고 말할 수는 있어도 '한식일류'라고 말하기 힘들다. 즉, '역내 문화교통'에도 비대칭성이 존재하는 것이다."

신현준은 "한류와 K-pop이 던지는 화두가 '한국'과 '아시아'에 대한 비판적 상상의 재료가 된다면, 나는 한류·K-pop의 진부하고 지루한 미학적 품질이 수치스럽더라도 그 문화적 가치를 인정할 수 있을 것"이라며 "그렇지만 한류·K-pop이 '민족의 긍지의 재확인' 기능을 되풀이한다면, 나는 '대안 없는 한류 비판가'라는 오명을 듣더라도 아무런 부끄러움이 없다"고 밝혔다.[6]

문화사회연구소장 이동연도 3월 초 문화연대 뉴스레터 '문화사회'에 기고한 「지금, 일본에서의 한류와 한계」라는 글을 통해 "일본에서의 한류는 '문화적 우세종'으로서 수용되기보다는 일본이 갖고 있지 않은 '이문화'를 훌륭하게 토착화해버리는 일본의 문화적 특성에서 비롯된 점이 많다"고 지적했다. 예컨대 보아는 일본인들에게 한국 가수로 보이기보다는 노래 잘하고 춤 잘 추는 글로벌 가수로 받아들여진다는 것이다. 그도 이런 현상을 일본의 필요에 따라 활용되는 '일식한류'로 설명했다.[7]

"한국 사람들이 좀 다르잖아요"

2005년 4월, 『중앙일보』는 신년 특집기획으로 연재한 '소프트 파워, 소프트 코리아' 시리즈를 모태로 해서 『한류 DNA의 비밀: 소프트 파워, 소프트 코리아의 현장을 찾아서』라는 책을 출간했다. 이 책은 한류의 주요한 성공 원인을 무엇으로 꼽든 간에 한류에 대해 한마디씩 던질 수 있는 위치에 있는 사람들은 모두 "한국 사람들이 좀 다르잖아요"라는 말을 은연중에 꺼냈다고 말했다. "다시 말해 이 예기치 못한 성공에는 우리도 미처 몰랐던 한국인 특유의 기질, 이른바 '한류

DNA'가 작용했다는 것이다. 전문가들의 말을 모아보면 이야기를 좋아하고, 남의 일에 사사건건 참견하며, '빨리빨리'를 외치는 성질 급한 한국인의 민족성이 소프트 산업이 화두로 떠오른 21세기에 단점 아닌 장점으로 통했다는 것이다."[8]

중국 런민人民대학 교수 마샹우馬相武도 "한국인들이 부끄러워했고 한때 세계적 웃음거리였던 빨리빨리 문화도 한류의 기세에 한몫하지 않나 싶다. 사실 음악이나 드라마, 영화 등의 빠른 전개는 한류에 빠진 중국인들을 매료시키는 요인이기도 하다. 빨리빨리 습성에서 기인하는 부지런함과 과감한 투자도 거론하지 않으면 섭섭하다"고 말했다.[9]

매버릭 엔터테인먼트의 프로듀서 에릭 톰슨Eric Thompson도 "일본인과 일할 때는 솔직히 좀 답답한 때가 있다"며 이렇게 말했다. "뭐하나 결정하는 데 시간이 워낙 오래 걸리기 때문이다. 게다가 어떤 때는 중요한 서류도 그냥 일본어로 작성해 보내는 바람에 시간이 이중삼중으로 소요된다. 이에 반해 한국 사람들은 의사결정을 빨리 하기 때문에 작업이 빠르게 진척된다.……한국인의 '빨리빨리' 증후군은 단지 일의 속도를 빨리 한다는 것뿐 아니라 다양한 감정이 녹아들어 있다는 점에서 분명히 한국 콘텐츠의 경쟁력에 도움을 줬다고 생각한다."[10]

애니메이션 전문가로 1980년대 한국에서 4년 동안 살았던 한국문화콘텐츠진흥원 로스앤젤레스 지사의 마케팅 디렉터 알렉시 월리치는 한류의 성공을 가져온 요인의 하나로 인구를 들었다. "한국은 인구가 적어 항상 밖을 내다볼 수밖에 없다"며 "세계와 관계를 맺어야 하기 때문에 어디서나 통하는 소프트를 만들었고 그게 한류로 이어졌

다"는 것이다.[11]

광운대학교 교수 문상현은 "현재의 한류 현상은 크게 지구화 globalization, 문화의 혼성화cultural hybridity 또는 세역화glocalization, 문화 생산과 수용의 권역화regionalization, 문화적 근접성cultural proximity 그리고 문화 수용의 능동성active reception이라는 다섯 가지의 서로 관련 혹은 대립하는 힘들의 중층적 영향·결정이라는 관점에서 이해되어야 한다"며 다음과 같이 말했다.

"(동아시아) 지역에서 한국 대중문화의 수용은 때로는 자신들이 지나온 과거에 대한 향수를 자극하기도 하고, 혹은 자신들이 지향하는 미래의 모습을 보여주는 계기를 제공해준다. 또한 한국 대중문화 속에 존재하는 동아시아 지역의 전통적 문화 요소들은 드라마나 대중음악 내용에 내면화되어 있는 보편적 세계 문화의 가치를 서구 문화 산업이 생산한 대중문화 형식보다 훨씬 거부감 없이 받아들이도록 하는 역할을 했다. 이렇게 볼 때, 한류 현상은 한국 대중문화 텍스트에 내재되어 있는 문화적 친밀성의 요소들과 유사한 문화적 경험과 배경을 가진 동아시아 지역 수용자들에 의한 적극적인 해석의 상호작용의 결과라고 할 수 있다."[12]

한국인의 독특한 감정 발산 기질

2005년 4월 시인 김지하는 언론 인터뷰에서 한류의 동력으로 '한恨'과 '홍興'을 거론했다. "오늘 제가 류승범 주연의 〈주먹이 운다〉를 보면서 다섯 번이나 울었습니다. 한恨이 많은 우리 민족이 흥을 발휘할 때 그것이 한류를 일으킨다고 봐요. 인간 깊숙이 자리한 한을 흥으로 끌어올려 눈물을 나게 하는 우리의 문화적 역량, 바로 이 점이 한류로서 일본의 시민사회에게 호소할 수 있는 역량이라고 봐요."[13]

1970년대에 한국의 김지하 구명 활동을 했던 일본 철학자 쓰루미 슌스케鶴見俊輔는 5년 전 일본을 방문한 김지하에게 "일본은 경제적으로 망해야 정신적으로 살아납니다. 그 전환의 열쇠가 한반도로부터 도래하는 새로운 문화와 사상일 것인데 이미 음식과 음악에서는 한국의 힘이 널리 퍼지고 있으며 문학에서도 재일 한국인의 에너지에 결정적으로 의지하고 있습니다"라고 말했다. 김지하는 쓰루미의 말을 소개하면서 다음과 같이 주장했다.

"한류! '욘사마 열풍'은 결코 일회적인 것도 아니고 '이제 엔간히 해둬야 한다'는 따위 비판을 가할 수 있는 들뜬 유행도 아닌 것이다. 한반도가 사상과 문화에서 참으로 제 목소리를 내기 시작할 때 바로 그때가 도리어 일본 열도의 거대한 변혁의 시작이기 때문이다."[14]

이어령도 2006년 언론 인터뷰에서 비슷한 의견을 보였다. "『삼국지』「위지동이전」에 나타난 것처럼 우리 민족은 '가무에 능하다'는 점입니다. 남을 억압해 죽이거나 돈을 빼앗아 부자가 되는 민족이 아니라, 춤을 춰서 남을 기쁘게 하는 민족입니다. 노는 데는 확실히 끼가 있는 것이 우리 민족입니다. 이런 신과 흥, 사람들을 사로잡는 매력, 사람을 끌어당기는 힘을 활용해야죠."[15]

김지하와 이어령이 긍정한 한국인의 감정 발산 기질이야말로 한류의 성공 요인이었을까? 차길진은 감정을 억제하지 않는 한국의 문화 풍토에 주목하면서 장례 문화만 하더라도 한일 간엔 큰 차이가 있다고 했다. 그는 일본의 한 장례식장에 갔다가 깜짝 놀랐다며 다음과 같이 말했다.

"한국의 장례식장 분위기를 상상했는데 일본은 마치 중역 회의장에 온 것처럼 사방이 정숙하다 못해 고요했다. 누구 하나 소리 내서 우는 사람도 없었고 한국 장례식장처럼 떠들며 술을 마시거나 고스톱을 치는 일은 더욱더 없었다. 분명 망자의 죽음이 슬펐을 텐데 심하다 싶을 정도로 자신의 슬픔을 죽이며 문상객을 맞는 모습이 충격에 가까웠다. 극도로 감정을 억제하는 힘, 이것이 일본의 파워인 동시에 가장 큰 단점이었다."[16]

정해승도 "놀기를 즐기는 것으로만 친다면야, 남미나 남부 유럽 등 우리보다 몇 배 선수인 나라들도 많다"며 '발산의 문화'에 무게를 두었다. 그 역시 한국의 장례식 풍경에 주목했다. 그는 "그동안 대형 사고가 많았던 우리나라는 본의 아니게 CNN 등 외국 언론을 자주 탔는데, 그때마다 어떤 한 장면이 전 세계 사람들을 의아하게 만들었다고 한다"며 "그것은 바로 희생자 가족들이 '통곡'하는 모습이다"고 했다.

"외국인, 특히 서양 사람들은 절규하듯 땅을 치며 통곡하는 모습을 잘 이해하지 못한다. 서양인들의 장례식 풍경은 대개 검은 상복을 입고 흐느껴 우는 정도다. 우리와 같은 동양이면서 거리상으로도 가까운 일본이나 중국에서도 우리나라와 같은 통곡 장면은 찾아보기 쉽지 않다.……혹자는 그 이유를 한국인 특유의 '한恨' 문화에서 찾지만, 내 생각은 좀 다르다. 필자는 그것을 자신의 감정을 그대로 발산하는 한국인 특유의 기질 때문이라고 생각한다.······한국의 노래방 문화는 '발산의 문화'를 대표적으로 보여주는 모습이다."[17]

중앙대학교 한류아카데미 원장 강철근은 "한류는 광복 후 60년 동안 만들어낸 한국의 최대 걸작이다"고 주장했다. 그는 한류를 일시적인 현상으로 치부하는 시각에 대해 "한류는 1,000년 전 중국에 끌려간 한국 여인들이 '신라방', '고려향' 등을 만들며 문화를 전파한 것에서부터 시작됐다"며 "한류는 5,000년 역사의 내공을 지니고 있기 때문에 쉽게 끝날 성질의 것이 아니다"고 주장했다. 또 그는 한류는 기존 질서에 대한 통쾌한 복수라고 말했다. '딴따라'로 천대받던 대중문화 종사자들이 '한류 열풍'을 일으키며 세계 각국에서 찬사를 받고 있고, 기존의 문화 강국이던 일본과 중국을 누르고 한국이 마침내 세계에 문화 발신국으로 등장했다는 것이다.[18]

찜질방은 '방의 디즈니랜드'

한국 특유의 '발산의 문화'를 입증해 보이겠다는 듯, 2005년 찜질방이 폭발적 인기를 누렸다. 찜질방은 2004년부터 목욕탕 기능을 포함한 종합 놀이 공간으로 부상함으로써 전국 대중목욕탕의 숨통을 조이고 나섰다. 2004년 5월 1,600개를 넘어선 찜질방은 점점 대형화 추세를 보여 심지어 건평 1만 평 규모의 찜질방까지 등장했다. 지방도시까지 100억 원짜리 찜질방이 나타나기도 했다. 2004년 3월 문을 연 전북 전주시 우아동의 한 찜질방은 100억여 원을 투자했으며 고

목욕탕 기능을 포함한 종합 놀이 공간으로 부상한 찜질방은 한국인들이 발산의 문화를 구현하는 공간이다. 찜질방에서 월드컵 경기를 시청하며 응원하는 시민들.

용 인원만 80명(3교대)이었다.[19]

찜질방은 시대적 트렌드라 할 복합화의 정수를 보여주었다. 김명환과 김중식은 "찜질방은 어떤 시설이 있는가를 열거하기보다 없는 시설을 꼽는 게 빠를 정도로 없는 것 빼고는 다 있다"며 "찜질방은 방의 디즈니랜드이자 방의 복합 레저타운이며 방의 종합선물세트"라고 했다.[20]

김찬호는 "욕탕 외에 찜질방이 제공하는 서비스가 실로 다양하다. 식당, 헬스클럽, 안마, 수면방, 놀이방, 노래방, 피시방, 영화방, 소연회장, 기도방, 야외 폭포 정원, 연예인들의 공연이 이뤄지는 중앙 광장……. 바야흐로 찜질방은 복합 레저타운을 지향하면서 그동안 왕성하게 증식해온 방들을 총집결시키는 소우주다"고 했다.[21]

한류의 성공 요인 중 하나로 '발산의 문화'를 꼽은 정해승은 "발산은 때로 발한發汗의 문화로도 이어진다. 전국 곳곳에 퍼져 있는 찜질방에는 삼순이 머리를 한 사람들이 벌건 얼굴로 삼삼오오 모여앉아 식혜나 삶은 달걀 같은 음식들을 먹고 있다"며 다음과 같이 말했다.

"90도가 넘는 불가마에 들어갔다 나와서 땀에 전 몸으로 바닥에 벌러덩 누워 있는 한국인들을 외국인들은 절대 이해하지 못한다. 왜 뜨거운 물에 몸을 한참 불리고 나와서 피부가 다 벌게지도록 이태리 타월로 박박 미는지 그들로서는 정말 불가해할 것이다. 그들이 어떻게 알겠는가. 그것은 열이든 슬픔이든 한이든 속에 있는 그 무엇을 분출하지 않고는 견디지 못하는, 한국인들의 DNA 속에 내재되어 있는 발산의 문화인 것을."22

그야말로 격세지감隔世之感이요 상전벽해桑田碧海였다. 목욕을 불온시한 조선의 유교 문화 때문에 목욕을 멀리 하고 목욕의 주요 기능을 목욕재계沐浴齋戒로만 보았던 한국인들이 이젠 세계에서 둘째가라면 서러워할 '목욕 애호가'로 변했으니 이 어찌 놀랄 일이 아니랴. 게다가 한국은 이제 일본은 물론 미국으로 목욕 문화를 수출하는 '목욕 대국'이 되었으니 말이다.23

한류에 대한 일본의 열광과 반발

2005년 5월 김대중 전 대통령이 일본 도쿄대학의 초청을 받아 일본을 방문했다. 도쿄대학 야스다 강당에서 강연을 하는 것이 주목적이었다. 당시 실무적으로 초청 작업을 주도한 도쿄대학 교수 와다 하루

키和田春樹와 강상중은 하네다공항에 영접을 나가면서 전직 대통령을 맞이하는데 의전이 너무 소홀한 것은 아닌지 걱정했다고 한다. 하지만 김대중이 공항 로비에 들어서자 여기저기서 환성과 박수 소리가 터져나왔다. 사연을 알아보니 연예인 박용하를 보러 나왔던 일본인 여성 팬들이 김대중의 얼굴을 알아보고 환영의 박수갈채를 보낸 것이다. 와다 히루키는 박용하 덕분에 체면이 섰다고 말했다.[24]

일본『요미우리신문』(2005년 7월 27일)은 일본 내 주요 주간·월간 잡지에는 탤런트 이병헌, 배용준, 권상우, 원빈, 이영애, 최지우, 송윤아, 윤손하 등의 큰 광고 사진과 더불어 장문의 기사가 실리고 있으며, 이 같은 '한류 붐'에 힘입어 2004년 일본 내 엔터테인먼트 상품이 사상 최고 매출을 기록했다고 보도했다.

이 기사에 따르면, 비디오 등 판매 수입은 한국 드라마의 비디오와 DVD의 매출 급증으로 최고를 기록한 2001년 대비 5.5퍼센트 증가한 3,040억 엔, 영화관의 매출은 2001년 대비 11.3퍼센트 증가한 2,274억 엔, 영화관 입장자 수도 2001년 대비 6.2퍼센트 증가한 1억 4,257만 명으로 집계되어 과거 최고였던 1975년의 1억 5,879만 명에 육박한 것으로 나타났다.[25]

2005년 9월 1일 배용준은 영화 〈외출〉(허진호 감독, 일본 제목 〈4월의 눈〉)의 개봉을 앞두고 일본 도쿄에서 열린 기자회견에서 '보도진을 가장 많이 끌어 모은 영화배우'라는 기록을 세웠다. 이날 모인 보도진은 일반 기자 700여 명, 사진기자 300여 명, 방송 카메라 기자 100여 명등 1,100여 명에 달했다. 이는 그해 1월 조지 클루니George Clooney와 브래드 피트Brad Pitt(〈오션스 12〉 홍보) 합동 회견 때의 850여 명, 6월

톰 크루즈Tom Cruise(〈우주전쟁〉 홍보) 기자회견 때 모인 700여 명의 보도진을 능가하는 숫자로, 일본 언론은 한마디로 "한류의 힘"이라는 평가를 내렸다.[26]

2005년 10월 22일 일본에서 개봉된 〈내 머리 속의 지우개〉(이재한 감독)는 〈쉬리〉 이후 일본 박스오피스 1위를 차지한 유일한 영화로 기록되면서 30억 엔의 수입을 올렸다. 〈내 머리 속의 지우개〉, 〈외출〉, 〈내 여자친구를 소개합니다〉(곽재용 감독, 일본에서 2004년 12월 개봉)는 한국에선 크게 흥행하지 못했지만 일본에서 모두 다 성공을 거두었는데, 이 세 영화의 공통점은 철저한 '멜로드라마'로 〈겨울연가〉 열풍의 연장선상에 있는 것이었다.[27] 이런 일련의 성공 덕분에 한국 영화의 일본 수출은 2002년 658만 달러 수준에 그쳤지만, 2004년 4,040만 달러, 2005년 6,032만 달러로 크게 늘어났다.[28]

그러나 동시에 한류에 대한 일본 내 반발도 만만치 않았다. 친일적이며 한국·한국인을 비하하는 언행으로 '일본 우익의 애완견'이라는 별명이 붙은 일본 다쿠쇼쿠대학 교수 오선화는 일본 월간지 『분게이슌주文藝春秋』 2005년 7월호에 기고한 「욘사마와 결혼한다면: 한류 결혼의 현실」이라는 글에서 "한국 남성을 '정열적인 로맨티스트'라며 좋아하는 일본 여성이 늘어나는 현실을 보고 걱정스런 마음으로 글을 썼다"고 밝히면서 한국 남성을 결혼 전과 후가 다른 이중인격자로 묘사했다.

오선화는 "한국 남성은 연애할 때는 온갖 미사여구를 다 써가며 여자를 유혹하려 애쓰지만 일단 결혼에 성공하면 '남존여비'의 남자로 표변하고 만다"면서 "결혼 후에는 바람기와 폭력, 남아 선호 사상,

고부간의 갈등 등을 통해 여성들을 견딜 수 없이 괴롭힌다"고 주장했다. 그는 특히 "대부분의 한국 남성들은 일단 마음에 드는 여성이 생기면 무슨 수를 쓰더라도 자기 여자로 만들려고 노력한다"면서 "이런 면이 일본 여성에게는 '남성다운' 모습으로 비쳐 오해를 낳을 수 있다"고 진단했다. 그는 "연애 시절 한국 남성들이 지나치게 완벽한 것에 대해 처음부터 이상하다고 생각하지 않으면 안 된다"고 충고하면서, 이는 자신의 체험을 바탕으로 나온 것이라고 주장했다.[29]

극우 보수적인 내용의 만화책『혐한류嫌韓流』는 2005년 8월 아마존재팬 베스트셀러 1위를 기록했고, 발행 두 달 만에 30만 부가 넘게 팔렸다.[30] 9월엔 대만을 방문한 도쿄도 지사이자 극우 인사인 이시하라 신타로石原愼太郎는 "일본의 중년층과 노년층이 한국 영화를 보기 좋아하는 이유는 1940년대와 50년대 일본 풍경을 담고 있기 때문"이라며 "대만 영화가 당연히 한국 영화에 비해 좋고 내용도 풍부하다"고 주장했다.[31]

"한류는 중국을 문화 노예로 만드는 것"

중국에서도 한류에 대한 반감이 분출되는 가운데 중국 정부는 규제에 나섰다. 2005년 8월 중국 문화부와 광파전신전영총국, 신문출판총서, 상무부, 세관총서 등 5개 부서가 공동으로 마련한 '문화 상품 수입 관리 강화 관련 방침'은 특별 허가를 받은 업체만이 문화 상품을 수입할 수 있도록 했으며, 수입 업체 허가증은 해당 행정부서에서만

일본의 '혐(嫌)한류'

"한국 월드컵 축구
오심 덕에 4강"
만화 30만부 팔려

중국의 '항(抗)한류'

"대장금 찬양하면
우리는 문화 노예"
유명 배우가 나서

한국과 한국인을 폄하하거나 왜곡하는 내용으로 가득 찬 일본 만화책 '혐한류'.

한류 뜨자 이런 역풍도

▶ 관계기사 5면

20일 오후 일본 도쿄(東京) 신주쿠(新宿)의 기노쿠니야(紀ノ國屋) 서점. 도쿄 최대 서점 중의 하나인 이곳 1층 한가운데 코너엔 늘 화제의 서적이 진열된다. 그 절반은 한류 관련 책이다. 『권상우의 비밀』『한국드라마 완

터 한국 드라마의 나쁜 점을 찾아 정면 공격을 펼치면 두려워 게 없다"며 한류와의 투쟁을 선언했다. 드라마 제작들도 한류 폄하에 동조하고 있다. 중국영화드라마제작센터의 옌젠강(閻建鋼) 주임은 "한류는 얼마 못 간다. 한국 드라마는 대부분 방송사에서 제작되기 때문에 깊이가 없고 완전하

"한국을 좋아하나"

■ 2004년 ■ 2005년 (단위:%)

일본	66.6 / 77.8
중국	47.1 / 82.2

자료 KOTRA

한류 열풍이 거세지면서 중국과 일본에서는 한류에 대한 반감이 분출되기도 했다. 중국에서는 항한류, 일본에서는 혐한류가 일었다. 『중앙일보』 2005년 10월 21일.

발급하며, 허가증에 근거해 각급 세관은 문화 상품 통관 수속을 강화하기로 했다. 베이징의 한 업계 관계자는 "이번 조치는 대중문화에 대한 자국산 산업 토대를 강화하려는 움직임 속에서 나온 것"이라면서 "중국에 대량 수출되고 있는 한국산 드라마와 게임 등이 타격받을 것으로 보인다"고 말했다.[32]

중국의 '항한류'는 일부 TV 프로그램 제작업자들과 배우들이 부추기고 있다는 분석도 나왔다. 2003~2004년 중국에서 방영된 한국 드라마는 모두 359편으로 중국 규정에 따라 오후 10시 이후에 방영되었는데도 시청률은 평균 12퍼센트나 되어 그들이 자기들의 '밥그

롯'에 대한 위기감을 느꼈다는 것이다.[33] 유명 배우인 장궈리張國立는 9월 28일 "중국은 지금까지 많은 외침을 당했지만 문화적으로 노예가 된 적은 없다"며 "중국 방송이 한국 드라마를 방송·찬양한다면 그것은 중국을 문화 노예로 만드는 것"이라고 주장하기도 했다.[34]

그러나 한류에 대한 반감은 그만큼 한류의 위력이 막강하다는 걸 반증해주는 것이었다. 심지어 목숨 걸고 한국 TV 드라마를 보겠다는 사람도 있었다. 2005년 9월 중국에서 방영을 시작하자마자 선풍적 인기를 끈 〈대장금〉 시청을 놓고 난징시 사오저우韶州항에 사는 신혼부부가 TV 채널을 다투다 부인이 홧김에 강물에 투신한 사건이 일어났다. 부인은 구조되었으며, 결국 〈대장금〉도 볼 수 있게 되었다.[35]

대중가요계 한류의 선두 주자인 SM엔터테인먼트의 이수만은 『시사저널』(2005년 8월 30일) 인터뷰에서 중국 시장에 대해 낙관적인 전망을 내놓았다. "해적판 시장이 줄고 정품 시장이 커지고 있다. 2000년에 HOT 음반이 5만 장 정도 팔렸는데 올해 강타 앨범이 50만 장 정도 나갔다. 2000년 당시 최고 히트 앨범이 30만 장 나갔는데 지금은 300만 장이 나간다. 5년 동안 대략 10배가 컸다. 디지털 음원 매출도 가파르게 상승하고 있다. 2008년 베이징올림픽 때까지는 지속적으로 성장할 것이다.……2010년쯤에는 중국 시장이 일본 시장을 능가할 것이다. SM엔터테인먼트는 이미 일본에서 중국으로 유턴했다. SM재팬보다 SM차이나 규모가 더 커졌다."

이수만은 중국의 문화 중심지인 상하이 대신 베이징을 공략한 이유에 대해선 이렇게 말했다. "그동안 중국은 홍콩·타이완에서 발원한 문화를 상하이를 통해서 받아들였다. 늘 문화가 북상했는데, 한류를 통해서 처음으로 문화가 남하했다.……북방민족과 북쪽의 한족은 남방의 한족에게 문화적 열등의식이 있었는데 한류가 그것을 극복시켜주었다. 그동안 남풍만 불었는데 한류에 힘입어 북풍을 일으킬 수 있어서 신이 난 것이다."

이수만은 동남아·미국으론 진출할 필요가 없다며 이렇게 말했다. "홍콩이나 타이완은 중국에 영향을 주는 곳이었기 때문에 문화 채널로 활용하기 위해 가지만, 동남아는 시장으로서 가치가 없다.……중국이 곧 미국 되는데, 왜 미국에 가서 헛고생을 하는가. 백인 흑인 히스패닉 다음에 동양인이다. 가서도 마이너리그 시장을 벗어나기 힘들다. 힘을 낭비할 필요가 없다.……가장 큰 시장에서 가장 큰 스타가 나온다. 중국에서 1등 하면 세계에서 1등 하는 날이 온다. 우리 옆에 가장 큰 시장이 생기고 있는데 왜 나가서 에너지를 낭비하나."

또 이수만은 "정부가 한류를 지원하겠다고 공언했는데, 정부가 잘하고 있다고 보는가?"라는 질문에 대해선 이렇게 답했다. "자꾸 무엇을 만들어내려고 하지 말고 현장의 목소리를 들어주었으면 좋겠다. 현장을 모르기 때문에 쓸데없는 정책만 만들어낸다. 며칠 전에도 국회에 가서 한 유력 정치인과 다투었다.……앞으로 중국과의 계약 문제가 대두할 것이다. 그때 우리의 이익을 지켜주었으면 좋겠다. 계약이 제대로 지켜지지 않을까봐 겁이 난다."[36]

'시장가치'가 없기 때문에 동남아·미국으론 진출할 필요가 없다? 물론 미국 시장에 대한 그의 견해는 나중에 오류에 가까운 것으로 밝혀지지만, 한류가 국제적 문화 교류가 되길 희망하는 사람들의 입장에선 수긍하기 어려웠을 것이다. 특히 단지 '시장가치'가 없다는 이유로 동남아를 무시하는 것에 대해선 화를 낼 수도 있는 발언이었다. 하지만 한류는 어디까지나 민간기업들의 이윤 추구 사업으로 이루어진 것임을 부인하기 어려운 게 현실이었다.

'스타 파워'와 '멜로드라마 과잉'

한류는 국내 대중문화계에 축복만은 아니었다. 무엇보다도 스타의 '몸값'이 치솟았기 때문이다. 1998년 IMF 외환위기 직후 회당 200만 원 선이던 TV 드라마 주연급 개런티는 2005년경 최고 10배 뛰어 회당 2,000만 원을 경신했으며, 심지어 회당 1억 원을 요구한 한류 스타까지 나타났다.[37]

한류 파워와 함께 힘이 커진 연예기획사(매니지먼트사)가 대중문화 산업의 실세로 떠오르면서 거대 기획사 소속 연예인들이 오락 프로그램의 40퍼센트가량을 독식한 가운데 SBS 〈생방송 인기가요〉 등 각사 간판 3개 음악 프로그램에서 상위 10개 기획사 소속 가수의 출연 비율은 56퍼센트로 절반을 넘었다(2003년 기준). 스타급 MC가 소속된 기획사들이 아예 제작사로 변신하거나 아니면 외주제작사가 스타급 MC를 영입한 후 이를 무기로 외주제작을 따내는 사례도 급증했다.

한 연예 전문가는 "매니지먼트의 대형화, 기업화가 '한류' 등 우리 스타의 해외시장 진출, 연예 비즈니스의 고도화 등의 성과를 이뤘지만 스타에 지나치게 의존하는 안이한 제작 방식의 일반화, (오락 프로의 경우) 회당 '600~700만 원+a'에 이르는 고액의 개런티 부담으로

제작자의 자율성을 크게 훼손하며 결과적으로 상상력의 말살을 가져올 것"이라고 우려했다.[38]

이벤트업계도 '스타 파워' 때문에 몸살을 앓았다. "한류 때문에 못해먹겠다"는 말까지 나왔다. 1일 행사의 출연료로 10억 원을 요구하는 한류 스타가 있는가 하면, 1시간짜리 팬 미팅을 하는 데에 출연료가 2~3억 원 수준이라는 것이다.[39] 한류가 스타들을 버려 놓는다는 말도 나왔다. 2005년 봄 홍콩 교민사회에선 한류 스타 한 명을 초청해 행사를 하려고 했다가 무산된 일이 벌어졌다. 억대의 출연료 요구는 차치하고 "배용준 수준으로 공항 환영 인파와 호텔 방을 준비해달라", "홍콩에서 가장 높은 행정수반과의 만찬을 주선해달라" 등의 추가 요구 사항을 내세워 기겁을 했다는 것이다.[40]

한류 스타 배용준은 2006년 100억 원 가까운 세금을 납부해 '걸어다니는 1인 기업'의 면모를 과시했지만,[41] "배우는 남고 돈은 안 남았다"는 푸념이 나오기 시작했다. 한국방송산업영상진흥원KBI 조사로는, 2006년 일본의 한국 프로그램 수입이 2005년에 견줘 1,700만 달러(약 160억 원)어치나 줄었다. 한국 드라마 판권 사업을 하는 월드제이의 대표 박태규는 "일본 방송사에서 배용준 출연작 정도를 제외하면 시청률 감을 잡지 못하고 스폰서도 붙지 않아 꺼려 한다"고 말했다.[42] 전북대학교 신문방송학과 교수 김승수는 "시장 지배적 연예기획사 소속 인기 연예인들이 이른바 '인기'를 무기로 지상파 방송 프로그램을 싹쓸이"할 뿐만 아니라 "제작비, 제작 시장의 재원을 싹쓸이한다"며, 이의 시정을 촉구했다.[43]

그럼에도 이런 스타 우대는 불가피한 면이 있었다. 해외에서 최다 한류 열풍으로 스타의 몸값이 치솟기 시작하면서 '스타 권력' 논란이 부상했다. 영화와 TV는 물론이고 연예 관련 산업이 '스타 파워' 때문에 심한 몸살을 앓았다. 이벤트업계에서는 "한류 때문에 못해먹겠다"는 말까지 나올 정도였다. 『한국일보』 2005년 7월 15일.

판매되거나 높은 수익을 창출한 드라마는 주로 남녀간의 애정을 주제로 다루고, 한류 스타를 내세운다는 공통점을 갖고 있었기 때문이다. 이문행이 지적했듯이, "특히, 한국 드라마의 주된 특성인 멜로드라마 형식의 사랑 이야기가 우리나라뿐 아니라, 다른 나라 시청자들의 심금을 울림으로써 지속적으로 한국 드라마에 매료될 수 있도록 만들고 있다는 것은 주지의 사실이다."[44]

그러다 보니 국내 드라마의 90퍼센트가 멜로물인 기현상까지 벌어졌다. 『PD연합회보』가 2004년 9월 1일부터 2005년 8월 31일까지 방송된 KBS, MBC, SBS 3개 방송사 드라마(단막극과 특집극 제외)를 장르별로 분석해본 결과, 모두 76개 드라마 가운데 90퍼센트에 이르는 드라마가 멜로물인 것으로 밝혀졌다.

이에 대해 MBC 드라마 국장 이은규는 "국내 시청자들은 멜로를 선호하는 경향이 강하기 때문에 사랑 드라마를 주로 만드는 것이 사실이다. 그러나 그 비율은 현재 지나치게 높다. 소재의 한계로 인해 멜로드라마들은 갈수록 우연이 남발돼 완성도가 떨어지고 극단적인 소재들이 나오고 있다"고 말했다. 이은규는 "이런 제작 양태는 작가층을 얇게 할 뿐만 아니라 일정 형태의 멜로드라마에 어울리는 젊은 연기자들만 반복 출연시키게 한다. 다양한 장르의 드라마들이 나와야 할 때"라면서 "이를 위한 유일한 방법은 제작 시스템을 선진국형화하는 것이다. 현재처럼 70분 편성에 16부 이상의 긴 드라마를 만들어내는 상황은 PD도, 작가도 창의성을 발휘하기 힘들다"고 말했다.[45]

외주제작 시스템과 '착취 구조의 일상화'

한류가 국내 드라마 제작 구조를 왜곡시키는 문제들도 드러났다. 드라마 제작의 헤게모니가 방송사에서 외주제작사로 상당 부분 옮겨가면서 빚어진 문제였다. 〈겨울연가〉도 외주제작사인 팬엔터테인먼트의 작품이었다. 2000년부터 2004년까지 방송 3사에서 방송된 드라마 207편의 제작사 분포를 살펴보면, 2000년에는 드라마의 외주제 작 비율이 15.6퍼센트였으나 2004년에는 34.1퍼센트까지 늘어났 다. 외주제작사에 의해 많이 만들어진 드라마 유형은 미니시리즈였다. 2000~2004년의 전체 미니시리즈 드라마 106개 중에 44개(41.5퍼센 트)가 외주제작사에서 만들어진 것이었다. 이렇게 만들어진 미니시리 즈는 90퍼센트 이상이 해외에 수출되는 경쟁력을 보였다.[46]

그렇다면, 어떤 문제였던가? 예컨대, 2005년 3월 17일에 막을 내 린 〈슬픈 연가〉(MBC)는 평균 시청률 15.5퍼센트로 기대 이하의 성적 을 거두었지만, 제작사는 드라마 수출액 중 70퍼센트를 갖기로 MBC 와 계약하는 등 수익 배분 계약이 유리해지고 수입원도 다양해져 흐뭇 해했다는 것이다. 급기야 지상파 방송 3사 제작 본부장들은 3월 24일 드라마 제작의 3대 주체인 방송사, 외주제작사, 연예기획사 간에 '견 제와 균형의 원리'가 자리 잡아야 한다고 주장하고 나섰다.

KBS 제작본부장 장윤택은 "'한류 열풍' 이후 출연료의 고공 행진 으로 드라마 출연료가 KBS 전체 프로그램 제작비의 50퍼센트를 넘 어서 드라마 방영 편수를 줄여야 하는 한계에 이르렀다"고 밝혔다. MBC 제작본부장 고석만은 "제작과 스타 매니지먼트에 동시 투자한 거대 자본이 방송사를 위협할 정도"라고 말했다. SBS 제작본부장 지 석원은 "드라마를 통해 스타가 발굴되는 게 아니라 드라마가 기존 톱 스타의 이미지 관리를 위해 이용되는 측면이 있다"고 말했다.[47]

그러나 모든 외주제작사가 다 큰 힘을 발휘할 수 있는 건 아니었 다. 외주제작사들에도 빈부 격차가 있었으며, 이에 따른 '힘의 논리' 가 작동했다. SBS의 〈사랑한다 웬수야〉, 〈해변으로 가요〉, 〈돌아온 싱글〉, MBC의 〈사랑찬가〉 등은 모두 외주제작사가 제작했다가 조기에 종영된 공통점이 있었다. 이와 관련, 국회 문화관광위원회 소속 열린 우리당 의원 노웅래는 방송위원회에 대한 국정감사에서 SBS와 MBC 의 외주제작 표준계약서에는 시청률이 떨어질 경우 방송사가 외주제 작사에 대해 프로그램 제작을 중지할 수 있는 조항이 명시되어 있다고 밝혔다. 노웅래는 "방송협회가 외주제작과 관련한 표준계약서를 만들어 공정거래위원회의 심사를 받아 확정하고 이를 이행할 수 있도록 해야 한다"고 촉구했다.[48]

또 드라마 이외에 다른 프로그램을 포함한 전반적인 외주제작 시스템은 위기 상황에 처해 있다는 비판의 목소리가 높았다. 외주제작 업체는 1998년 100여 개에서 2005년 400여 개로 늘었지만, 이 가운데 절반 가까이는 방송사에 납품 실적을 전혀 올리지 못하고 있었으며 상위 5개사가 전체 외주제작 물량의 3분의 2 이상을 차지하고 있었다. 이들 5개사를 제외한 나머지 대다수 제작사는 방송사 횡포에 시달리고 있다는 것이다.

독립제작사 146개사가 가입한 한국독립제작사협회 회장 고장석은 방송사들이 40퍼센트의 시간을 외주제작에 할당하게 되어 있는 방송법을 어기고 있는데도 방송위원회는 이를 외면하면서 방송사 이익을 위한 활동만 한다고 비난했다. 그는 이제껏 모든 방법을 다 써보았는데도 개선이 되지 않았으며, 따라서 외주제작 채널 도입만이 답이라고 말했다.[49]

『경향신문』 사설(10월 20일)은 공정거래위원회의 보고서 내용에 근거해 "방송사들이 우월적 지위를 이용해 하도급 관계에 있는 외주제작사들의 숨통을 쥐고 흔드는 것이다. 차라리 착취 구조의 일상화라고 하는 것이 적절할 듯싶다"며 "외주제작사는 제작비를 벌충하기 위해 간접광고에 더욱더 의존하게 되고, 선정적·자극적인 프로그램을 만드는 데 매달릴 수밖에 없다"고 했다. 이 사설은 "실효성 있는 표준계약서를 만들어 방송사에 강제할 필요가 있다. 그 일을 맡을 공정위의 역할이 어느 때보다 중요하다"고 말했다.[50]

아르바이트로 생계를 유지하는 영화 조감독들

영화계 역시 그런 착취 구조에서 자유롭지 않았다. 2004년 10월 한나라당 의원 박형준이 설문조사한 결과에 따르면, 영화 제작 현장 스태프의 월평균 소득은 61만 8,000원에도 못 미치며 대부분이 부모나 배우자에게 의지하거나 아르바이트를 병행하고 있는 것으로 나타났다. 『내일신문』의 기사 「"영화 일하려 아르바이트로 생계 유지": 영화판에 몸담은 지 6년 된 어느 조감독 넋두리」(2005년 1월 17일)는 영화 관련 아르바이트로 먹고사는 것도 여의치 않아 건설 현장 일용직으로 나서는 것도 흔한 일이라고 했다.

"'영화만으로 먹고사는 사람은 정말 몇 안 됩니다.' 대학 졸업 후 곧바로 영화판에 뛰어들어 이제 영화 경력 7년차에 접어든 조감독 김모 씨(34)는 아직도 미혼이다. 결혼까지 약속한 사람이 있었으나 결국 헤어졌다.……천만 관객을 동원한 영화가 나와도 이들에게 돌아오는 것은 별로 없다. 수익은 극장과 투자사, 배급사, 제작사가 가져가고

영화계에서도 스타·매니지먼트사와 제작사·스태프·영화제작가협회 사이에 스타 파워를 두고 갈등이 발생했는데, 가장 큰 피해를 입은 것은 영화 제작 현장의 스태프였다. 『문화일보』 2005년 6월 28일.

인센티브도 배우, 감독, 작가, 촬영감독 등에게 돌아가기 때문이다."

대학교에 설치된 영화학과의 수가 50개가 넘고 애니메이션이나 멀티미디어 같은 관련 학과까지 합치면 150여 개에 달했다. 이런 외적 풍요의 이면엔 무엇이 있었던가? 영화평론가 강한섭은 『스포츠조선』에 기고한 「세계 최다 '영화과' 보유국」(2005년 1월 25일)이라는 칼럼에서 "매년 2월 2,000명의 영화과 졸업생이 영화 시장에 얼굴을 내민다. 그러나 그들을 기다리고 있는 것은 한번 취업하면 매년 호봉이 올라가는 안정적인 직장이 아니다"며 다음과 같이 말했다.

"요즘과 같이 영하 10도의 삭풍이 몰아치는 들판과 거리에서 밤을 지새워야 하는 거친 영화 제작 현장의 세컨드의 조수로 사회생활을 시작하게 된다. 임금이라고 할 수 없는 돈을 받고 몇 년을 지내게 되면 많은 수의 졸업생들이 영화 현장으로부터 중도 하차하게 된다. 이제 남아 있는 독종 친구들은 다시 젊음이 다할 때까지 대박 아니면 쪽박만이 있는 경박한 영화 시장과 싸워야 한다.……사정이 이런데도 전국의 대학에 영화과 창설이 유행병처럼 창궐해 한국은 세계에서 가장 많은 영화과를 가진 나라가 되었다."

한류 문화 제국주의 논쟁

성공회대학교 중어중국학과 교수 백원담은 2005년 9월에 출간한 『동아시아의 문화선택 한류』에서 "한류는 확실히 세계체제하에서 우리가 피눈물 나게 습득한, 미국 등 중심의 배제와 착취의 원리를 그대로 답습하는 모습을 보여준다"며 이렇게 말했다. "국가가 나서서 바이 코리아 한류 홍보대사를 임명하고 문화 국가 운운하는데다 언론들도 욘사마, 한류 사천왕(이병헌, 배용준, 장동건, 원빈), 오천왕(사천왕+최지우) 정신없이 떠들어대는데, 이 북새통을 잘 들여다보면 확실히 중심 국가들의 노회한 문화산업 전략과는 천양지차로 졸부 근성 혹은 창부 근성이 농후한, 몸부림이 아찔한 유혹을 목도하게 된다."51

이어 백원담은 "우리 언론들은 하나같이 '문화 침공', '정벌' 등의 표현으로 자기 환각은 물론 같잖은 제국주의적 욕망을 노정하는 데 서슴이 없다"며 이렇게 말했다. "우리가 그렇게 당했으면, 그 식민 지배의 욕망으로 인한 피해 양상과 그 귀결에 전율, 경계 의식을 가질 만도 한데, 전 국민을 무뇌아로, 혹은 제국적 욕망의 앞잡이로 만들기에 혈안이다. 이처럼 사태의 본질을 파악하지 못하는 것은 물론 최소한의 자기방어기제도 가지지 못한 채, 언론이 조장하는 한류 열풍이라는 것은 우리 전체 국민의 삶과 도대체 무슨 관계가 있는 것인가."[52]

백원담은 한류를 문화 제국주의와 연결시켰다. "한류 현상은 패션, 미용, 성형수술, 관광, 요식업, 전자상품 등 소비적인 대중문화를 선도한다는 점에서는 이전의 문화 제국주의 논리가 추구한 동화 기획과는 다른 측면을 드러내지만, 한류의 자장 속에 들어 있는 상대국의 문화적 낙후성을 강조한다는 점에서는 본질을 같이한다. 한류의 영향권 안에 있는 국가의 청소년들의 경우 이러한 문화적 낙후성의 체감은 곧바로 소비 심리로 작동되고, 무차별적 모방을 위한 소비 패턴을 만들어낸다."[53]

백원담은 이 논지의 연장선상에서 이런 진단을 내렸다. "일본에서의 한류는 세련된 향수(노스탤지어)의 소비이다. 홍콩과 대만을 제외한 중국과 동남아시아에서의 한류는 가까운 미래에 대한 선험先驗이다. 개발도상국에 있어서 한국과 한류는 미국이나 일본처럼 요원한 미래가 아니라 손에 잡힐 듯 다가갈 수 있고 이룰 수 있는 희망으로 부유한다. 그러나 일본에서의 한류는 문화적 주변으로 밀려난 사람들이 일본 사회라는 폐쇄회로 속에서 뒤돌아보고 싶은 과거의 재현 욕망을 충족하는 기제이다."[54]

이미 앞에서도 다루었지만, 백원담의 문화 제국주의론은 한류론의 한 흐름을 형성하고 있기에 여기에서 좀 자세히 논의해보기로 하

자. 이 계열의 주장을 하나 더 감상해보자. 영화평론가 황진미는 『문학과사회』에 기고한 「아시아를 딛고 미국을 향한다?: '글로벌 코리아'가 품은 하위 제국주의의 꿈」(2007)이라는 글에서 최근의 한국 영화와 드라마에 드러난 '글로벌 코리아'의 꿈, '아시아를 딛고 미국을 향하는', '동북아 중심 국가' 대한민국의 집단무의식을 지적하면서 다음과 같이 말했다.

"할리우드 영화 속 미국의 패권주의를 비판하면서도, 한국 작품에 내재된 하위 제국주의를 보지 못한다면 대한민국은 아시아의 친구는커녕 한류 문화의 장사꾼으로도 오래가지 못할 것이다. 심지어 노골적인 패권주의로 말미암아 머지않은 장래에 아시아의 적敵으로 자리매김할는지도 모른다. 과거 '탈아입구'의 일본, '대동아공영권'의 일본이 그러했듯이 말이다."[55]

반면 이어령은 『문화코드』(2006)에서 다른 주장을 제시했다. "사실 한국은 물론 수십억이 넘는 중국·일본·동남아시아·중앙아시아 사람들이 같은 드라마, 같은 노래에 함께 울고 웃으며 공감대를 형성하고, 문화적 유대를 맺는다는 것은 놀라운 일이다. 더구나 한류의 전파국인 한국은 작고, 남의 나라를 제압할 만큼 강한 나라도 아니다. 동아시아에서 유일하게 남의 나라를 침략하여 약탈의 괴롭힘을 주지 않은 나라다. 그러니 한류는 문화 제국주의와는 차원이 다르다."[56]

정서적으론 가슴에 와닿지만, 이어령의 반박 논리는 '문화 제국주의'라는 사회과학적 개념과는 거리가 있었다. 오히려 문화 제국주의가 나쁘기만 하냐는 반론이 더 설득력이 있는 게 아니었을까? 홍성욱이 잘 지적했듯이, "'문화적 제국주의' 속에서 무엇보다 우리가 놓치면 안 되는 것은 제3세계로 확산되는 서구 문화 중에 민주주의, 개인주의, 남녀평등의 사상과 제도 같은 긍정적인 요소가 있다는 것이다".[57] 비록 문화 제국주의라는 말은 '세계화'라는 말로 대체되어 사라지고 있기는 했지만, 차분한 균형 감각을 갖고 문화 제국주의의 두 얼굴을 동시에 보는 게 좋겠다.

'한류의 감격'과 '한류의 욕망'

흥미로운 건 백원담이 한류를 비판하는 것만은 아니라는 점이었다. 앞서 보았듯이, 그는 김민기의 뮤지컬 〈지하철 1호선〉에서 한류의 미래에 대한 새로운 모델을 찾으면서, 동아시아 상호소통의 새로운 관계를 만드는 데에 기여하는 '진짜 한류'를 원하기에 그렇지 않은 방향으로 흘러가는 한류에 대해 비판적일 뿐, 한류에 거는 기대는 매우 컸다. 이에 대해선 서강대학교 중국문화학과 교수 이욱연이 『창작과비평』에 쓴 서평이 돋보이는바, 이 서평을 참고하기로 하자. 이욱연은 "백원담은 한류의 독특한 문화적 DNA를 한국 근현대사에 추출한다"며 다음과 같이 말했다.

"한류에는 오랜 변방살이에서 비롯된 강한 비판성, 식민지와 분단·독재의 세월 속에서 일구어낸 빛나는 관계지향의 문화, 사회의 역동성, 인터넷 쌍방향 문화, 역동적인 문화 생산력, 서구 문화를 중역重譯해낸 경험 등이 들어 있다는 것이다. 한류는 '한국 사회의 반주변부적인 역동성이 만들어낸 발랄한 문화 장력'이다. 굴곡진 한국 근현대사

'원작을 뛰어넘는 감동'

- 원작자 볼커 루드비히

Rock Musical

지하철 1호선

2019.10.29 ~ 2020.1.4 학전블루 소극장

원작 Volker Ludwig's (Linie 1 - Das Musikal) 음악 Birger Heymann

번안·연출 김민기 음악감독 정재일

字幕(sub.) : 火(tue) 日本語, Eng. / 水(wed) 中国语, Eng.

백원담은 한류를 '문화 제국주의'와 연결시키면서도 김민기의 뮤지컬 〈지하철 1호선〉에서 한류의 미래에 대한 새로운 모델을 찾았다.

가 한류의 독특하고도 매력적인 DNA를 형성시켰고, 그것이 유사한 역사적 배경을 지닌 동아시아에 한류의 장력을 미치고 있다는 것이 저자의 생각이다."

이욱연은 "이어령의 작업이 우리 사회에서 한류를 해석하는 보수 관점을 대표한다면 백원담은 진보 관점을 대표한다"며 이렇게 말했다. "그런데 나로서는 이어령과 백원담이 겹쳐 보인다. 보수적 차원이든 진보적 차원이든 한류에 다른 동아시아 문화에는 없는, 한국 문화와 관련된 우월하고 독특한 특징이 있다는 차원에서 한류의 문화적 형질을 추출하다 보면, 한류를 동아시아 문화가 선택해야 할 문화적 모델로 절대화하고, 동아시아 문화의 새로운 지향점으로 특권화할 수 있다."

이어 이욱연은 "이러한 한류에 대한 높은 의미 부여를 따라가다보면, 이것이 진보적 기획이라 하더라도 또다른 한류 민족주의로 보인다"며 이렇게 결론 내렸다. "그래서인지 백원담이 '언제 우리가 동아시아를 마음껏 휘돌아본 적이 있던가.……언제 우리가 세계의 이목을 이처럼 집중시켜본 적이 있던가'라고 하면서 '한류의 감격'을 이야기하는 대목이 못내 마음에 걸린다.……나의 제안은, 한류 소식을 접할 때마다 조건반사적으로 불끈불끈 치솟는 민족적 자부심과 오만함을 죽을힘을 다해 억누르면서, 우리 모두 제발, 한류에 대해 오버하지 말자는 것이다."[58]

하지만 어느 쪽 입장에 서건 한류에 대해 오버하지 않는 건 결코 쉬운 일은 아니었다. 한류의 욕망엔 끝이 없었으며, 그 욕망의 실천은 우리에게 놀라운 뉴스를 자주 전해주었으니 말이다. 2005년 이른바 '동아시아 대장정'에 나서 성공을 거둔 가수 비Rain는 『조선일보』(2005년 10월 14일) 인터뷰에서 "아시아 팬들이 나를 '한류' 스타 중의 하나로 보면 그걸로 끝장이라고 생각한다. 나를 한국의 스타가 아니라 가수 '비', 그 자체로 보게 만들겠다"고 말했다. 이에 대해 신현준은 다음과 같이 말했다.

"그의 발언은 이제 '한류 스타'가 스테레오타입의 이미지를 가지게 되었음을 반증해준다. 그건 대체로 '귀엽고 깜찍한 이미지의 아이돌'의 표상을 지칭했다. 이제는 그 용도와 기능이 어느 정도 한계에

다다랐다는 인식이 업계에서조차 나오는 분위기다.…… '비에게 아시아는 너무 좁다'라든가 '비는 미국에서도 통한다'는 식의 발언이 등장한 것은 그 현실성을 불문하고 지금 한류의 욕망이 어디까지 와 있는지를 상징적으로 보여준다."[59]

그 욕망 실현의 방향을 미국으로 돌린 선두 주자는 박진영이었다. 세계 대중문화의 허브인 미국 시장을 곧바로 공략한다는 야심을 품고 2004년 미국으로 떠난 박진영은 현지 아티스트들의 앨범 프로듀싱이나 곡 작업에 참여해 인맥을 넓히는 방식으로 미국 시장을 파고들었다. 악전고투惡戰苦鬪 끝에 2006년 2월 3일 뉴욕의 매디슨 스퀘어 가든에서 열린 가수 비의 단독 공연은 박진영이 그간 뿌려놓은 씨앗이 거둔 성과였다. 2005년 가을부터 현지 언론과 프로모션사를 대상으로 비와 관련된 비디오와 오디오, 자료를 50여 곳에 보냈고 공연 막바지에는 200여 곳으로 늘리는 등 홍보에 전력투구한 결과였다.[60]

'미드 열풍'과 '브런치 열풍'

한류 민족주의에 대한 균형을 맞추겠다는 듯, 2006년 한국 사회엔 '영어 열풍'과 더불어 '미드 열풍'이 불었다. '미드'는 한국 사회에서 일부 시청자층에서 폭발적인 인기를 누리고 있는 미국 드라마의 줄임말이었다. 미드 열풍은 1990년대 말 시트콤 〈프렌즈〉에서 시작되었다. 미국식 유머의 생경함과 동성애 소재 등 정서적 차이에도 실용영어 학습 교재로 활용되면서 큰 인기를 끌었다.[61]

미드 열풍은 2006년 〈프리즌 브레이크〉의 주인공 웬트워스 밀러 Wentworth Miller가 '석호필'이라는 애칭을 얻고 국내 대기업의 광고모델로 등장하면서 정점에 이른 것처럼 보였다. 이 열풍은 회원수 12만 명의 대형 미드 인터넷 클럽 '드라마 24'와 20만 명의 〈프리즌 브레이크〉 팬클럽의 결성으로 이어졌다. 이런 바람을 타고 케이블TV를 거쳐 KBS·MBC·SBS 등 지상파 3사도 '미드 특수'를 즐겼다. 이로 인해 해외 드라마 수입이 크게 늘었다. 한국방송영상산업진흥원에 따르면 2007년 상반기 방송 영상물 수입액 중 드라마가 차지한 비중은 55.3퍼센트로 2006년(연간 24.1퍼센트)보다 2배 이상 커졌다.[62]

미드 열풍은 '칙릿chick-lit 열풍'을 몰고 오는 데에도 일조했다. 오죽하면 국립국어원까지 나서서 칙릿을 '꽃띠 문학'으로 부르자고 제안했겠는가. 'chick'은 젊은 여성을 일컫는 미국의 속어(lit는 'literature'의 줄임말)로, 칙릿은 20대 싱글 직장(주로 광고, 잡지, 패션 등의 업종) 여성의 성공과 사랑을 다루는 소설을 말한다.[63]

이후 칙릿의 고전 〈브리짓 존스의 일기〉가 나오고, 제임스 월콧 James Wolcott이 칙릿이라는 단어를 이끌어낸 칼럼니스트로 주인공이 설정된 TV 시리즈 〈섹스 앤 더 시티〉가 등장했다. 소설 『악마는 프라다를 입는다』, 『쇼퍼 홀릭』 등이 이 장르에 속했다. 한국에서도 정이현의 소설 『달콤한 나의 도시』, 드라마 〈내 이름은 김삼순〉, 〈여우야 뭐하니〉, 〈결혼하고 싶은 여자〉, 영화 〈싱글즈〉 등이 영국·미국산 칙릿과 비슷한 구도를 보였다.[64]

미드는 한국인의 식사 라이프 스타일에도 영향을 미쳤다. 이른바 '브런치 열풍'이었다. 브런치는 브렉퍼스트breakfast와 런치lunch의 합

2006년 한국에는 미드 열풍이 거세게 불었다. 특히 '칙릿'의 대표 주자이기도 했던 〈섹스 앤 더 시티〉는 한국 사회에 이른바 '브런치 열풍'을 몰고 오기도 했다.

성어로 우리식으로 따지면 바로 '아점'이다. 『경향신문』(2006년 11월 30일)은 "소박한 브런치가 국내에선 호화 식사로 둔갑한 지 오래다. 이태원·청담동·방배동 일대에 늘어선 브런치 식당들은 웬만한 저녁식사 한 끼 가격인 2~3만 원에 브런치를 팔고 있다. 빵과 샐러드에 국한되던 메뉴는 프랑스식·이탈리아식·뷔페식 등 다양한 형태로 발전하고 있다"며 다음과 같이 말했다.

"브런치 식당을 찾는 사람들은 토요일 저녁 와인 클럽을 찾는 분위기로 최대한 차려 입고 나온다. 이에 따라 국내 브런치 바람이 본래의 의미는 퇴색된 채 왜곡·발전됐다는 비판이 거세다. 주5일 근무가 보편화된 '번듯한 직장'을 다니고 경제적으로 여유가 있는 '가진 자들만의 문화' 또는 '강남 스타일'이라는 인식이 강해질 수밖에 없기 때문이다. 특히 젊은 여성들의 사치와 허영 심리를 기반으로 브런치 바람이 급속도로 퍼졌다는 지적도 나온다. 미국 드라마 〈섹스 앤 더 시티Sex and the City〉에서 주인공 캐리가 친구들과 먹는 브런치를 막연하게 흉내내고 있다는 것이다."[65]

이런 일련의 열풍을 어떻게 평가하건, 그 근원이 된 '영어 열풍' 엔 '사대주의'라거나 '내 마음의 식민주의'[66]라는 평가만으론 환원할 수 없는 한국적 특수성이 있었다. 거칠게 말하자면, 내부 지위 경쟁에서 역사적 상황과 시류에 맞는 판별 도구로 영어가 선택되었다는 것이다.[67] 한류와 관련해서 보자면, 한 가지 분명한 사실은 미드 열풍이 '고품격 드라마에 대한 우리 시청자들의 욕구'에서 비롯된 것이었다는 점이다.[68] 이렇게 해서 달라진 시청자들의 눈높이는 직간접적으로 드라마를 비롯한 한국 영상 콘텐츠에도 적잖은 영향을 미쳐 한류에 일조했다고 보아야 하지 않을까?

한류는 이윤을 추구하는 민간사업

한류에 대한 진단과 평가에서 가장 중요한 건 한류가 어디까지나 이윤을 추구하는 민간사업이었다는 점이다. 이 점은 SM엔터테인먼트의 이수만이 2005년『중앙일보』인터뷰에서 한 말에서 잘 드러났다. 이수만은 "일부에선 SM이 좋게 말하면 '시장성', 좀 거북하게 이야기하자면 '돈 되는 것만 추구한다'고 합니다. 가요를 상품으로만 파악하지 문화로서의 한 부분임을 간과하고 있다는 것이지요. 어떻게 생각하십니까. 동의합니까?"라는 질문에 다음과 같이 답했다.

"맞아요. 맞습니다. 동의합니다. 한데 지금 우리가 자본주의 하는 것 아닙니까. 자본주의에선 마켓에 따라 시장이 변하지요. 마켓이 커져야 스타도 생기는 법입니다. 돈 되는 것은 곧 인기가 많다는 것입니다. 돈이 돼야 그 사람이 요구하는 큰 대중문화 스타도 나오는 것이라 생각합니다. '할리우드'를 보면 알 수 있듯이요."[69]

이수만은 수년 후엔 "SM엔터테인먼트를 통해 세계에서 가장 돈을 많이 버는 작곡가를 배출하는 게 꿈"이라는 말도 한다.[70] 그게 바로 성공의 바로미터이기도 하기 때문에 한 말일 게다. 이렇듯 세속적 성공에 불타오르는 한류 기업가들에게 지식인들이 소중히 여기는 '문화 교류'의 개념을 요구하는 건 애초부터 기대하기 어려운 일이었다.

한류가 돈이 되니 고급 인재도 몰려들었다. 서울대학교 법대 출신 변호사로 한국 엔터테인먼트 업계에선 최초로 회사 소속 변호사 생활을 시작한 시네마서비스 상무 박영목은 이렇게 말했다. "연수원 마치고 영화사 싸이더스 법무실장으로 간다고 했지요. 그랬더니 다들 왜 어렵게 공부해서 고작 '딴따라'냐고 말리더라구요. 부모님들은 가족 모임 나가기도 창피하다고 말하실 정도였어요."[71]

물론 '딴따라' 비하는 이젠 옛날이야기가 되어가고 있었다. 4년제 대학의 영화 관련 학과 졸업생은 1998년 233명에 불과했지만, 2005년 이후 매년 2월 2,000명의 영화과 졸업생이 영화 시장에 진출하려고 살인적인 경쟁을 벌여야만 했다. 애니메이션·만화 관련 정규교육 기관의 수 역시 1997년 이후 폭발적으로 증가해 2002년의 배출 인력은 1998년에 비해 7배의 급성장을 기록했다.[72]

백원담이 그 점을 모를 리 없었다. 다만 그는 "한류가 자본의 논리를 따라가지만, 그것이 문화인 한 그 안에는 분명히 어떤 가능성을 내재하고 있다는 점을 봐내야 한다"는 기대를 저버리지 못한다.[73] 물론 우리는 이런 기대를 계속 역설해야 하겠지만, 국제관계나 국제시장은 냉정한 현실 논리에 따라 움직인다는 것도 분명한 사실이었다. 정부도 다를 게 없었다.

한국 정부가 한류를 이유로 유네스코의 '문화 콘텐츠와 예술적 표현의 다양성 보호 협약(문화다양성협약)'에 대해 엉거주춤한 자세를 보인 게 흥미롭다. 다른 강대국의 문화 유입을 우려하던 과거와는 처지가 달라졌다는 것일까? 아니면 미국의 눈치를 본 것인가?

2005년 10월 21일 '문화다양성협약'이 찬성 148, 반대 2, 기권 4로 유네스코에서 통과되었다. 반대 2표는 미국과 이스라엘이었다. 협약 제20조는 "이 협약을 다른 어떤 조약에도 종속시키지 않으며, 다른 조약의 해석·적용 시 이 협약의 관련 규정들을 고려한다"고 명시했다.

국내 29개 문화·시민단체가 모인 '세계문화를 위한 연대회의'는 이 협약이 "각국의 문화 정책 수립의 자주권을 국제법"으로 보장하고, "문화 상품과 서비스의 독특한 성격을 인정한 것"이며 "문화 교류 과정에서 나타날 수 있는 분쟁의 해결 절차를 명시"하고 있다는 점에서 인류 문화사의 신기원을 이룬 것이라고 환영 성명을 발표했다.

『한겨레』는 한국은 투표에서는 찬성표를 던졌지만 투표 직후 투표에 대한 의견을 발표하는 자리에서, 미국이 반대했던 제20조가 "기타 국제협정의 권리와 의무에 영향을 주거나 변경, 손상하는 식으로 해석되어서는 안 된다"는 성명서를 발표해 미국의 견해를 지지하는 어정쩡한 태도를 보였다고 꼬집었다.[74] 이런 어정쩡한 태도를 보인 나라는 한국 외에 일본, 뉴질랜드, 멕시코 등이었다.

그러나 주프랑스 대사 겸 유네스코 상주 대표 주철기는 이런 반론을 폈다. "한류 열풍에서 입증되듯 한국은 영화, 드라마 등 문화 상품을 성공적으로 개발해 수출하는 나라의 대열에 들어섰습니다. 문화다양성협약은 말 그대로 각국의 다양한 문화를 촉진하려는 국제 질서이지만, 혹 이 협약으로 각국이 문화 보호주의 성향을 나타내면서 우리나라의 한류 문화 상품 수출에 제동을 걸 수도 있어 투표 후 발언으로 우리 입장을 분명히 밝힌 것입니다."[75]

한국 영화의 '1,000만 신드롬'

한국 영화계에서 통용되는 '1,000만 신드롬'이 다시 2006년 여름을 뜨겁게 달구었다. '1,000만 신드롬'은 1,000만 관객을 목표로 하는 '대형 영화 제일주의blockbuster mentality'가 한국 영화계를 지배하고 있는 현실과 이를 뒷받침해주고 있는 관객의 쏠림 현상을 일컫는 말이었다. 이미 〈실미도〉(강우석 감독, 2003)와 〈태극기 휘날리며〉(강제규 감독, 2004)가 '1,000만 신드롬'을 일으켰는데, 이게 다시 2006년에 재연된 것이다.

2006년 3월 5일 영화 〈왕의 남자〉(이준익 감독, 2005)가 개봉 67일 만에 예전 기록인 관객 1,174만 명을 뛰어넘어 한국 영화 흥행 1위

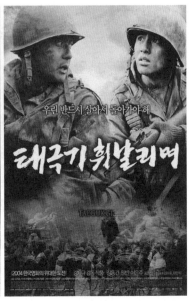

'1,000만 신드롬'은 한국 문화 특유의 '쏠림' 현상을 잘 보여주는 사례다. 한국 영화 역사상 처음으로 1,000만 관객을 동원한 〈실미도〉와 '1,000만 신드롬' 시대를 연 〈태극기 휘날리며〉.

에 '등극'했다. 그해 여름 한국 영화계는 국내 영화 투자와 배급의 양대 산맥이자 라이벌 관계인 'CJ엔터테인먼트'와 오리온 계열 '쇼박스 (주)미디어플렉스'의 경쟁으로 인해 더욱 뜨거워졌다. 2006년 상반기 성적은 CJ의 완승이었지만, 쇼박스는 7월 27일 개봉한 영화 〈괴물〉(봉준호 감독)로 역전을 노리고자 했다.[76]

8월 16일 〈괴물〉은 최단 기간 기록을 자랑하며 개봉 21일 만에 전국 관객 1,000만 명을 돌파했다. 〈괴물〉은 개봉 38일 만인 2006년 9월 2일 〈왕의 남자〉가 기록한 관객 1,230만 명을 돌파해 한국 영화 최고 흥행 기록을 세웠다. 이 기록은 〈왕의 남자〉가 112일 걸린 걸 70여 일 앞당긴 것으로, 불과 5개월 만에 한국 영화 흥행사를 다시 쓴 것이다.[77]

〈괴물〉은 중국 시장에서도 "할리우드 영화와는 달리 블랙코미디, 풍자 등의 요소가 절묘하게 섞인 한국형 제작이라는 점이 바로 중국 관객에게 어필하는 것 같다"는 찬사를 받았을 정도로 흥행에도 성공한 뛰어난 작품이었지만,[78] '1,000만 신드롬'은 별개의 문제로 살펴볼 필요가 있었다.

이와 관련, 장은교는 "오늘의 한국 사회는 늘 양극단만 존재한다. 일등인 것과 일등 아닌 것들, 돈 되는 것과 돈 안 되는 것들, 유명한 것과 유명하지 않은 것들, 대박인 것과 쪽박인 것들……. 영원히 합치될 수 없는 양극단에서 사람들은 피로에 절어 산다. 한쪽은 쟁취하기 위해 또 한쪽은 수성하기 위해 싸운다"며 다음과 같이 말했다.

"경제활동 인구 세 명 중 한 명이 같은 영화를 보러 가고, 1년에 1천만 명이 넘는 관객이 드는 영화가 1~2편씩 양산되는 나라. 겉보기엔 이만한 문화적 소양을 가진 국민들이 없어 보인다. 그러나 그 속을 헤집고 들어가면 문화적 빈곤은 여전히 후진국 수준이다. 다양한 해석이 가능하지만 한편으로는 해석 자체가 불가능하다."[79]

노재현은 "'천만 명이나 쓰는 카드가 있대요. 괜히 천만이겠어요', '대한민국 성인 남녀 넷 중 하나는 ○○카드를 갖고 계십니다. 자그마치 천만이나 쓴다는 얘기죠.' 한 신용카드 회사의 TV 광고 문구에선 '남들 다 쓰는 카드니까 너도 어서 장만하라'는 장삿속이 훤히 들여다보인다. 그렇더라도 1,000만이라는 숫자는 대단하다. 그제 관객 1,000만 명을 넘어선 영화 〈괴물〉도 마찬가지. '너 아직도 안 봤니?'라는 눈덩이 효과가 한동안 이어질 것이다"며 다음과 같이 말했다.

"필자는 어제 영화진흥위 홈페이지www.kofic.or.kr에 들어가 최근

비디오로 본 괜찮은 외국 영화들이 국내 개봉 당시 서울에서 관객을 얼마나 모았는지 알아보았다. 〈천국을 향하여〉(프랑스) 1,699명, 〈스테이션 에이전트〉(미국) 2,580명, 〈내 미국 삼촌〉(프랑스) 3,075명, 〈더 마더〉(영국) 2,295명. 〈타임 투 리브〉(프랑스)나 〈콘스탄트 가드너〉(영국)가 1만 명을 넘긴 게 그나마 다행이었다. 외국 영화도 좀 심각하다 싶으면 관객이 외면해버리니 답답하다. 생태계에서만 종種의 다양성이 위협받고 있는 것은 아니다."[80]

미리 말하자면, '1,000만 신드롬'은 2007년과 2008년엔 나타나지 않아 약화되는 듯싶었는데, 2009년엔 〈해운대〉(윤제균 감독)와 할리우드 영화 〈아바타〉(제임스 캐머런 감독)가 기록을 세웠고, 다시 2010년과 2011년엔 잠잠하다가 2012년 〈도둑들〉(최동훈 감독)과 〈광해, 왕이 된 남자〉(추창민 감독)가 각각 1,300만대, 1,200만대 관객을 동원하는 기록을 세웠다. 2013년 들어서도 〈7번방의 선물〉(이환경 감독)이 개봉 32일 만인 2월 23일 한국 영화로는 8번째로 1,000만명을 넘어섰다.[81]

'1,000만 신드롬'은 한국 문화 특유의 '쏠림' 현상이었다. 1,000만 관객이라지만, 영화계 쪽에선 영화에 진짜 관심이 있어서 본 사람은 20퍼센트가 안 될 것으로 보았다.[82] 비단 영화뿐만이 아니라 어디가 음식을 잘한다고 일단 소문나면 우우 몰려가 줄을 서서라도 반드시 그 음식을 먹어야 직성이 풀리는 사람들이 바로 한국인이었다.

이런 쏠림은 인구의 사회문화적 동질성, 과도한 도시화와 1극 집중 체제로 인한 인구 밀집성, 남들의 언행을 중요하게 여기는 타인 지향성의 산물이다.[83] 이런 조건은 여론을 '획일화의 압력'의 산물로 보는 침묵의 나선 이론the spiral of silence theory의 설명력을 높여준다. 우리는 어떤 의견과 행동 양식이 우세한지를 판단해 그에 따라 의견을 갖고 행동하려는 경향이 있는데, 이는 대중문화 소비에서도 나타난다는 것이다. 한국이 각종 '바람'과 '신드롬'의 나라가 된 것도 바로 그런 이유 때문이다.

한류에 기여한 지상파의 수직 통합 구조

한국의 지상파 방송사들은 방송 프로그램의 제작과 편성은 물론 송출에 이르기까지 가치 창출에 필요한 모든 단계를 수직적으로 통합하는 시스템으로 운영되어왔는데, 이는 독과점의 폐해와 더불어 표현의 자유와 다양성을 해친다는 이유로 늘 비판의 대상이었다. 그래서 1990년 대에 활동한 선진방송정책자문위원회와 방송정책연구위원회 등은 방송사의 수직적 분리가 필요하다고 주장했으며, 궁극적으로 방송사들이 뉴스와 같은 보도 프로그램을 제외한 전 프로그램을 외부에서 조달 편성함으로써 프로그램 편성과 송출만을 전담하는 것이 바람직하다는 방안이 폭넓은 공감대를 얻고 있었다.[84]

하지만 수원대학교 언론정보학과 교수 이문행은 2006년 6월에 발표한 「한국 드라마의 국가 경쟁력에 대한 제작 환경적 요인 분석」이라는 논문에서 "아이러니하게도 그동안 부정적으로 지적되어왔던 지상파 방송사의 수직 통합 구조가 오히려 높은 제작비와 고급 인력을 필요로 하는 드라마 제작 환경 조성에 긍정적으로 작용해왔다는 것을 알 수 있다"고 결론 내렸다.

그러나 지상파의 수직 통합 구조는 독립제작사들을 희생으로 한 것인데다 이 모델이 계속 유지될 수 있는가 하는 지속가능성의 문제를 안고 있었다. 그래서 이문행은 이런 방안을 제시했다. "한국이 아시아의 드라마 제작 허브가 되기 위해서는 제작 산업의 전반적인 체질 강화가 필요하며, 이를 위해서는 독립제작 시장을 보다 활성화시키고 지상파 방송사의 독식을 막기 위한 대책을 보다 적극적으로 마련하는 것이 그 어느 때보다 시급하다고 할 수 있다. 다시 말해 독립제작사들이 지상파 방송사에 속해 있는 제작자들 못지않게 재정적 지원과 배급을 보장받을 수 있어야 한다는 것이다."[85]

2006년 10월 새터민(탈북자) 교육 시설인 하나원이 새터민을 상담한 결과, "TV, 비디오, PC를 보유한 가정이 많은 평양에서는 북중 국경을 통해 입수된 한국 드라마 비디오테이프나 CD 등을 돌려본다"는 증언이 나왔다. 남쪽의 드라마나 영화가 북쪽에 흘러 들어가면서 배용준, 장동건 등 한국 배우들이 북한에서도 스타가 되었고, 이들을 모르면 '왕따'를 당하고 있다는 말까지 나왔다. 한국의 유행어도 함께 퍼지고 있었다. 이영애가 주연을 맡았던 영화 〈친절한 금자씨〉(박찬욱 감독, 2005)에 나왔던 "너나 잘하세요"라는 대사를 변형한 "너나 걱정하세요"라는 말이 평양을 중심으로 유행했다.

북한 내 한류 바람은 젊은이들의 몸치장도 바꾸어놓았다. 앞머리를 삐죽삐죽 길게 내린 이른바 '칼머리'를 한 젊은이와 통을 좁혀 다리에 달라붙는 모양의 '맘보바지'를 입은 여성이 눈에 많이 띈다고 했다. 북한 당국은 남한풍 확산을 막기 위해 당·군·청년 조직을 총동원했다. 또 각종 기관지를 통해 "이색 생활 풍조의 유입을 경계하자"는 선전 활동을 강화했다. 북한은 한 해 정책 방향을 담아 2007년 1월 1일 발표한 신년 공동 사설에서도 "우리식 사회주의를 내부로부터 녹여내리게 하려는 원쑤(원수)들의 심리 모략전과 사상 문화적 침투 책동을 무자비하게 짓뭉개야 한다"고 강조했다.[86]

'신흥 종교'가 된 휴대전화 4,000만 시대

2006년 11월 24일 기준 SK텔레콤, KTF, LG텔레콤 등 이동통신 3사의 국내 휴대전화 가입자는 모두 4,001만 247명인 것으로 집계되었다. 휴대전화 이용자 4,000만 명 시대의 개막은 1984년 아날로그 방식의 이동통신 서비스가 처음 도입된 지 22년 만이며, 2002년 3월에 3,000만 명을 넘어선 뒤 4년 8개월 만이었다.[87]

휴대전화 수출은 2001년 3,800만 대에서 2005년 2억 1,000만 대로 크게 증가했으며, 여기에 수출로 올린 매출도 2001년 11조 원, 2005년 27조 원으로 2배 이상 뛰었다. 2006년 상반기 수출 물량은 1억 1,300만 대, 수출 매출은 12조 원이었다. 자랑스러운 일이었지만, 여기엔 국내 소비자들의 '희생'이 있었다. 국내에서 판매하는 휴대전화 가격이 수출용보다 3배 이상 비싼 것으로 밝혀졌다.[88]

휴대전화는 빈부 격차를 심화시키는 결과마저 초래했다. 2006년 『한국일보』 기획취재팀의 조사에 따르면, 한국의 가계비 중 통신비 비중은 6.3퍼센트로 경제협력개발기구OECD 평균(2퍼센트)의 3배를 바로 알자!

"너 없으면 하루종일 불안해"

⑥ 족쇄 되어버린 '휴대전화'

출퇴근 길 지하철 등 여기저기서 휴대전화로 무언가를 하고 있는 학생들을 쉽게 볼 수 있다. 휴대전화로 문자를 보내고, 통화를 하고, 음악을 듣고, 게임을 하고, 그냥 휴대전화를 만지작거리기도 한다. 이런 모습들은 우리의 아이들이 휴대전화에 너무 집착하는 것이 아닌가, 혹시 휴대폰 중독은 아닌가 하는 걱정을 불러일으키곤 한다.

청소년들이 휴대전화에 열중하고 많은 시간을 휴대폰과 함께 보내는 것은 대부분의 경우 병적인 증상이라기보다 이젠 새대답게처럼 라디오, 텔레비전, 인터넷 등 새로운 기기와 미디어 등에 적응에 가는 과정이라고 보는 게 타당할 것이다.

그러나 병적인 휴대폰 중독도 분명히 존재한다.

친구와 수시로 문자 주고받아도
실제 인간관계 맺기에는 어려움
귓가에 '따르릉' 환청 금단 현상

아이들이 휴대폰에 병적으로 집착하게 되면 휴대폰은 의사소통을 위한 도구가 아니라 아이들의 삶을 모두 지배하는 무언가가 되어버린다. 아이들은 가족들과 이야기하지도 않고, 하루 종일, 심지어 밤폰에 집착하고 매달리는 아이들일수록 진정한 인간관계를 맺기 힘든 경우가 많다.

또한 휴대폰에 지나치게 집착하는 아이들 중에는 우울, 불안, 적응장애와 같은 정신적인 문제가 동반하고 있는 경우가 있다. 휴대폰 중독 이전에 실제 우울증이나 불안장애가 있는 청소년들이 일상생활에 적응하기 어려워지면서 휴대폰에 집착하는 증상을 보이는 경우가, 이때에는 우울증이나 불안장애를 정확히 치료해주는 것이 중요하다.

휴대폰 중독을 의심해 볼 수 있는 증상은 여러 가지다. 일단 문자를 보내거나 통화를 하거나 모바일 서비스를 하느라 상당히 많은 시간을 보내고 거의 대부분의 시간을 휴대폰을 손에 쥐고 살아야 한다면 그것이 첫 번째 증상이 될 수 있다. 하지만 휴대폰 중독이라고 하면 인터넷 중독, 쇼핑중독, 알코올 등과 같은 벽락으로 금단증상과 내성을 보이는 게 특징적이다.

휴대폰을 사용하느라 보내는 시간이 점점 늘어나는 것을 내성이라고 한다면 금단 증상은 휴대폰을 사용하지 못하는 경우에 불안, 초조감이 생기고 휴대폰 벨소리가 울리는 것 같은 느낌이 든다든지, 반복적으로 휴대폰을 사용하는 장면이 떠오른다든지, 나도 모르게 손가락으로 문자를 보내고 있는 경우를 말한다. 그 외에도 휴대폰 사용을 자제하려고 해도 잘 안 된다든지 휴대폰 사용으로 인해 중요한 일을 하지 못하는 경우등 휴대폰 의존도가 높다고 할 수 있다. 특히, 휴대폰 들

현대인의 의사소통을 위해 필수품이 되다시피 한 휴대폰도 내성과 금단현상이 특정인 중독을 일으킨다. 내성은 휴대폰 사용시간을 점점 늘리기는 목으로, 금단현상은 휴대폰을 사용하지 않을 경우 초조감을 느끼게 하는 쪽으로 작용한다. 〈한겨레〉자료사진

'이동성'과 '개인성'을 겸비한 휴대전화는, 한국인들에게 '신흥 종교'가 되었다. 커뮤니케이션 학자들은 휴대전화를 놓지 못하는 사람들이 '접속 갈망 혹은 집착'에 빠져 있다고 진단했다. 『한겨레』 2005년 3월 29일.

넘었다. 한국 가정의 한 달 통신비는 평균 120.7달러로 OECD 국가 중 단연 1위였다. 유별난 첨단 디지털 제품 선호 탓에 국내에서 거래되는 디지털 기기는 외국보다 평균 50~60퍼센트가 비싼데도, 휴대전화 교체 주기는 평균 12개월로 미국(21개월), 러시아(24개월), 캐나다(30개월)의 절반 수준에 불과했다.[89]

저소득층인 가계 하위 20퍼센트 계층의 통신비 비중이 2001년 6.3퍼센트에서 2005년 7.5퍼센트로 늘어났지만 가계 지출 상위 20퍼센트 계층은 3.6퍼센트에서 3.7퍼센트로 제자리에 머물렀다.[90] 2006년 10월 요금을 제때 내지 못한 탓에 '통신 신용불량자'가 급증하면서 그 비율이 국민의 10퍼센트에 육박하며, 통신 요금 연체 금액도 1조 원에 가까운 것으로 밝혀졌다.[91] 미성년자들의 요금 연체 문제도 심각

했다. 만 19세 이하의 통신 서비스 이용자 519만 1,000명 가운데 연체자는 34만 9,000명(6.7퍼센트)이나 되었다.[92]

그러나 한국인들에게 이런 문제는 사소한 것에 지나지 않았다. 휴대전화는 이제 '특권'에서 '오락'을 넘어 '종교'가 되었기 때문이다. 휴대전화란 우리가 이 세상과의 끈을 놓지 않고 있다는 판타지를 공급하는 우리의 주인이 되었다. 그리고 우리의 존재 증명을 유일신으로 모시는 신흥 종교였다.[93]

2006년 10월, 구글은 2005년 2월에 탄생한 유튜브를 16억 5,000만 달러(1조 5,800억 원)에 인수함으로써 세상을 깜짝 놀라게 만들었다. 아니 그렇게 많은 돈을? 하지만 유튜브 인수를 위해 구글이 치른 대가는 2010년 중반 유튜브가 구글과 페이스북에 이어 전 세계에서 가장 많이 방문하는 인터넷 사이트 3위에 오르면서 순식간에 보상을 받게 된다.[94] 아니 훨씬 더 큰 보상이 구글을 기다리고 있었으며, 유튜브는 한류에도 뜻하지 않은 기회를 제공하게 된다.

유튜브가 2008년 1월 23일 한국 시장에 진출하자 유튜브의 힘을 간파한 이수만의 SM은 엠군미디어, CJ미디어 등과 함께 제휴해 국내 유튜브에 합류했다. 연예기획사나 연예 기업이 고민할 차원의 문제는 아니었지만, 한국 전체의 입장에선 마냥 반길 일만은 아니었다. 유튜브는 점차 국내 디지털 미디어 시장을 점령해가는 괴물이 되니 말이다.

한류와
"디지털 문화 코드의 보편성"

'이영애가 이란에 못 가는 이유'

2007년 1월 중국 허난河南TV가 한 달간 허난 지역 주민들을 대상으로 '2006년 내가 사랑한 드라마, 연기자, 광고' 등에 대한 설문조사를 실시한 결과 한류 스타 장나라가 1위를 차지했으며, 천하오陳好, 궁리鞏俐(공리)가 뒤를 이었다.[1] 비록 지역방송사의 인기 조사였을망정, 중국에서 한류가 건재함을 보여준 결과였다.

경제적으론 실속이 약했을망정, 한류는 이미 중동까지 진출했으며, 특히 이란에서 〈대장금〉이 큰 인기를 누렸다. 〈대장금〉은 이미 2005년 1억 8,000만 중국 시청자의 눈길을 사로잡으면서 중국에서 다시 한국 드라마 열기를 불러일으켰다. 중국 월간 『당다이』 편집 부국장 홍칭보에 따르면, "한국 음식에 대한 관심도 덩달아 뜨거워졌다. 이런 현상은 음식 대국임을 자부하는 중국에선 가히 기적이라고 할 수 있다".[2]

그런 '기적'이 이란에서도 일어났다. 2006년 10월 27일부터 이란 국영TV 채널2에서 방영된 〈대장금〉은 전국 최고 86퍼센트, 테헤란에서 90퍼센트 이상의 시청률을 기록했다. 방영 제목은 〈왕궁의 보석Jewelry in the Palace〉이었으며, 이란인들은 '장금'을 '양곰'이라고 불렀다.

『조선일보』는 "테헤란 거리를 걷다 보면, 이 믿기지 않는 시청률 통계에 조금씩 신뢰가 간다"며 이렇게 말했다. "이란인들은 갑자기 다가와 악수를 청하거나, 바짝 다가와 차량 경적을 울려대며 '코레아? 양곰, 카일리 쿠베Kaili Khube(아주 좋다)!'를 연발했다. 곳곳의 키오스크 점포엔 배우 이영애와 지진희의 얼굴이 커버 전체를 장식한 다양한 파르시어 잡지들이 놓여 있다. 극성 주부들이 인터넷에서 미방영분을 이미 다운로드해서, 현지 신문도 아예 결말까지 공개했다."[3]

〈대장금〉이 종영에 가까웠던 2007년 8월, 테헤란에서 남쪽으로 약 140킬로미터에 있는 '곰'시의 성직자 회의에서 한 성직자는 이란 사람들이 시아파 무슬림의 정신적 지주인 '파티마Fatemeh'보다 '양곰'을 더 신성시하고, 양곰의 인기가 높아 이를 더는 좌시할 수 없다면서 당장 정부에 〈대장금〉 방영 중단을 건의해야 한다고 주장했다.[4] 이렇듯 양곰과 관련되어 별의별 이야기가 다 나오면서 유언비어까지 떠돌았다.

2005년 중국 시청자들의 눈길을 사로잡았던 〈대장금〉은 2006년 이란에서도 한류 열풍을 불러일으켰다. 이란 국영TV 채널2에서 방영된 〈대장금〉은 테헤란에서 90퍼센트 이상의 시청률을 기록했다. 〈대장금〉을 연출한 이병훈 PD.

　『경향신문』은 "한국 붐을 고조시키려 '살아 있는 인형'이라는 배우 이영애를 초청하고 싶었다는 것. 하지만 이슬람 성직자 회의에서 '이영애 초청 불가' 결정을 내렸다는 것. 그 이유로 든 것이 마치 사실 같다"며 이렇게 말했다. "바로 이영애가 이란에서 대중 신앙으로 존경받아온 파티마의 인기를 능가할까봐 두렵다는 것이다. 파티마는 예언자 마호메트의 고명딸로 이란 역사상 가장 존경받는 여성으로 추앙받고 있다. 이런 상황에서 가뜩이나 이란인들의 우상이 된 이영애가 이란을 방문할 경우 그 인기를 감당하기 어렵다는 이유로 방문이 거부됐다는 것이다."[5]

　2007년 11월 9일 종영되기까지, 그리고 종영 후에도 '〈대장금〉 열풍'은 전 이란을 휩쓸었다. 11월 20일 테헤란의 주駐이란 한국대사관에서 열린 〈대장금〉 종방 기념 리셉션엔 이란의 외교부·석유부·국영방송 등 정부 고위 인사 100여 명이 대거 참석했다. 김영목 대사는 "이렇게 많은 고위 인사가 참석하기는 처음"이라고 말했다. 〈대장금〉의 인기에 힘입어 〈해신〉도 2007년 8월부터 방영되었으며 〈상도〉, 〈주몽〉, 〈하얀거탑〉도 방영 대열에 섰다.[6]

〈주몽〉도 최고 시청률 85퍼센트를 기록했는데, 당시 주駐이란 대사는 너무 신기한 나머지 과연 드라마 시청률이 85퍼센트일 때 테헤란 시내 도로의 상황은 어떨지 궁금해서, 가장 교통 정체가 심하다는 '서울로'로 나가보았다고 한다. "도로가 아니라 공항 활주로인 줄 알았답니다. 그렇게 정체가 심각하던 도로에 차가 거짓말처럼 한 대도 없었고, 관저로 돌아오는 길에 구급차 한 대가 지나가는 것을 볼 수 있었다고 합니다."[7]

한류는 '미국 문화의 보세 수출'인가?

이즈음 한류는 한국 문화가 아니라 '미국 문화의 보세 수출'에 불과한 것이라는 주장이 많이 대두되었다. 한류는 '한국산 문화'일 뿐 '한국적인 문화'는 아니라는 것이다.[8] 이런 주장은 이후에도 한류 논의에서 자주 등장하는 한 흐름을 형성하는데, 이는 사실상 '문화 본질주의' 논쟁이기도 했다.

본질주의essentialism란 "무엇이 되는데 그것이 없으면 안 되는, 무엇을 규정하는 근본적인 속성들이 있다고 보는 관점"이다.[9] 예컨대,

페미니즘에서 본질주의는 "여성과 남성의 정체성이 생물학적·심리적·사회적으로 '고정되어' 있거나 '결정되어' 있다고 보는 전통적인 생각을 말한다. 따라서 본질주의적 입장에서는 어떤 변화의 가능성도 인정할 수 없다".[10] 결코 바뀔 수 없는 한국 문화의 근본적 속성이 있다고 주장한다면, 이게 바로 '문화 본질주의'인 셈인데, 우리가 즐겨 쓰는 '한국적'이란 단어엔 이런 본질주의 성향이 강하게 배어 있다.

한류가 '미국 문화의 보세 수출'일망정, 아무나 그런 일을 할 수 있는 건 아니었으며, 그 과정에서 한국적인 것이 완전히 배제될 수는 없는 일이었다. 아니 과연 '한국적'의 정체는 무엇일까? 철학자 탁석산이 『한국의 정체성』(2000)이란 책에서 한국의 정체성 판단 기준으로 '현재성, 대중성, 주체성'을 제시하면서 내놓은 다음과 같은 주장에 동의할 수 없다면, '한국적'은 한국인의 일상적 삶과는 아무런 관계도 없는, 박물관에 고이 모신 유물이란 말일까?

"소수의 한국인이 즐기고 부르는 판소리가 한국적인 것이라고 말하기보다는 조용필의 노래가 더욱더 대중적이므로 조용필의 노래에서 한국적인 것을 찾는 것이 더 합당해 보인다. 다시 말해서, 〈서편제〉보다 〈쉬리〉가 더 한국적이라고 말할 수 있다.……우리가 주체적으로 미국 문화를 수용했다면 그 문화는 외양의 유사함에도 불구하고 한국적인 것이 될 수 있다."[11]

흥미롭게도 이와 관련된 명쾌한 답 또는 논쟁거리를 가수인 박진영이 내놓았다. 가수 비의 뉴욕 공연 이후 박진영은 2006년 수출 유공자로 선정되어 국무총리 표창을 받았다. 받긴 받았어도 뭔가 불편했던 걸까? 『중앙일보』(2007년 2월 7일)를 통해 "우리 사회엔 민족주의로 먹고사는 사람이 너무 많다. 영화·노래 등 문화 상품에 '한류'라는 국가 라벨(상표)을 떼내야 한다"는 박진영의 발언이 알려지면서 이른바 '한류 민족주의' 논란이 거세게 일었다.[12] 박진영은 2월 7일 홈페이지에 올린 글에서도 자신의 소신을 재차 밝혔다.

박진영은 "우리에게 부국강병식 제국주의를 퍼뜨린 서구 열강들이 벗어던진 배타적 민족주의라는 질병을 동아시아는 지금도 한창 앓고 있다. 개인적으로 한류와 같은 문화적 소통이 정치·경제적 이슈에 좌우되지 않고 꾸준히 계속돼 동아시아가 유럽이 저지른 세계대전이라는 실수를 똑같이 저지르지 않도록 하는 데 도움이 됐으면 한다"며 다음과 같이 주장했다.

"'우리나라 최고', '우리 민족 최고'라는 관념을 벗어던지는 '포스트모던Post-Modern' 세상에 가보는 게 내 꿈이다. 어린 시절 내내 국기에 대한 맹세를 외우고, 저녁 국기 하강식을 할 때 멈춰 서서 가슴에 손을 얹으며 자란 나로서는 쉬운 일이 아니겠지만 지금부터라도 깨어나고 싶다. 이웃나라 국민과 함께 춤추고 노래하며 문화를 공유하도록 힘쓰는 것, 그래서 서로 싸우기 전에 조금 더 이해하게 만드는 것, 그것이 나 같은 딴따라의 할 일이라고 생각한다."[13]

JYP 박진영의 한류론

박진영은 『조선일보』에 기고한 「내가 애국자라고?」(2007년 2월 13일)라는 칼럼에서도 비슷한 주장을 폈다. "한국 문화의 우수성을 널리 알려주셔서 감사합니다." "당신이야말로 진정한 애국자입니다." "가장 한국적인 것이 세계적인 것이니 미국 음악 그만 흉내내고 우리만의 고유한 뭔가를 만들어라." 박진영이 지난 몇 년간 가장 많이 들은 말이었다고 한다. 그는 "난 물론 '예, 열심히 하겠습니다'라고 대답한다. 갑자기 내가 애국자가 된 것 같아 뿌듯할 때도 있었고 또 뭔가 우리의 것을 해야 한다는 부담감에 억지로 내 음악에 사물놀이를 넣어본 적도 있다. 나 역시 매일 국기에 대한 맹세를 하면서 컸으니까 애국자인 척하고 싶었는지도 모르겠다"며 다음과 같이 말했다.

"그러나 얼마 전부터 난 마음속에서 커지기 시작한 불편함을 억누를 수가 없었다. 나는 사실 한국 문화라고 할 만한 작품을 만드는 사람이 아니기 때문이다. 나는 흑인 음악을 하는 사람이다. 일곱 살 때부터 그게 너무 좋아서 평생 빠져 살다 결국 그게 직업이 됐고 이젠 그 음악의 본고장인 미국에까지 진입을 하는 데 성공했다. 엄밀히 따지자면 사실 난 애국자가 아니라 배신자다. 미국에서 작곡가로 활동을 시작할 때 난 내가 한국인임을 철저히 숨겼다. 힙합이라는 것은 흑인들에게 우리나라의 국악 같은 것이기에 다른 민족은 그것을 제대로 할 수 없다는 선입견이 박혀 있기 때문이다. 그러니 내 데모(시범) CD에는 언제나 J. Y. Park이 아닌 JYP가 씌어 있었다. Park이라는 이름이 너무 한국스럽기 때문이었다."

이어 그는 "한국적인 것이 세계적인 것이라는 말이 문화 다양성이란 측면에서 중요한 의미를 갖는 말인 걸 잘 안다. 하지만 대중문화를 하는 모든 사람들에게 이 말을 너무 강요하면 그것이 족쇄로 작용할 수도 있다. 꼭 한국적인 것이 아니더라도 자기가 좋아하는 것을 열

박진영은 "영화·노래 등 문화 상품에서 '한류'라는 국가 라벨을 떼내야 한다"고 말해 이른바 '한류 민족주의' 논란에 불을 붙였다. 그는 한류의 국제화를 위해 민족주의를 탈색시켜야 한다고 강조했다.

심히 하면 세계적인 것이 될 수 있다고 생각한다. 인도 요리사는 꼭 카레로 성공해야 하는 것은 아닌 것 같다. 프랑스 요리가 좋아서 평생 열심히 하다 보면 세계적인 프랑스 요리사가 될 수도 있는 것 아닌가?"라면서 다음과 같이 말했다.

"김명곤 문화관광부 장관님께서 한류가 우리 문화를 널리 알리는 것이라고 하셨는데 내가 만드는 흑인 음악이 장관님께서 말씀하신 '우리 문화'의 범위에 들어가는 것인지 잘 모르겠다. 다른 나라에서 한류라는 말을 사용하는 것은 몰라도 우리가 우리 대중문화에 꼭 한류라는 말로 태극마크를 붙일 필요가 있을까? 그리고 그것을 우리나라의 자랑, 우리 민족의 자긍심 고취용으로 사용하는 것이 과연 적절한 것일까? 내가 한국인이라는 뿌리는 어디 가는 게 아니다. 다만 난

'우리나라 문화 알리기'보다는 '이웃나라와 친해지기'에 더 기여하고 있다고 생각한다. '한류 역군'이라 불릴 때마다 부담스러웠던 이유가 여기에 있었던 것 같다."[14]

2월 16일 미국 하버드대학 케네디스쿨 3층의 대형 강의실에서 열린 '아시아의 한류Hallyu in Asia: A Dialogue' 세미나에서도 박진영은 한류의 국제화를 위해서는 민족주의를 탈색시켜야 한다고 강조했다. 그는 "한류 문화라고 해서 반드시 한국 사람이 만들고 한국 사람이 부를 필요는 없다"며 민족이란 울타리를 뛰어넘는 문화가 바람직하다고 말했다. 그는 또 "곧 발표할 작품 중에는 흑인 가수가 부를 것도 있다"며 "이런 것도 한류라고 부를 수 있겠느냐"고 물으면서 자신의 작품 활동을 한류로 규정하는 데 대해서도 의문을 표했다.[15]

2007년 가을 JYP 소속 원더걸스가 선보인 〈텔 미〉는 한국 사회에 "텔 미, 텔 미, 테테테테테 텔 미~" 열풍을 불러왔는데, 원더걸스는 2007년 삼성경제연구소가 발표한 10대 히트상품으로 선정되었다. 원더걸스는 2008년 〈노바디〉까지 히트시키며 말 그대로 대박을 쳤는데, 원더걸스는 인기의 정점에 있던 2009년 미국 시장 진출을 선언하게 된다. 원더걸스는 미국에서 문자 그대로 악전고투惡戰苦鬪를 하면서 소소한 성공을 거두지만, 이후 유튜브와 소셜미디어의 영향력이 커지면서 한류의 서구권 진출에서 전혀 다른 문법이 작동하게 된다.[16]

"비보이는 단순히 날라리 춤꾼이 아니다"

뿌리를 묻지 말자는 박진영의 한류론에 어울리는 대표적인 한류 현상이 비보이B-boy였다. 비보이에서 'B'는 Break-dance(브레이크 댄스)를 가리킨다. 즉, 비보이란 '브레이크 댄스를 전문적으로 추는 남자'를 말한다. 여자는 비걸B-girl이라 부른다. 클럽의 DJ가 음악을 틀다가 브레이크Break(노래 중간에 비트만 나오는 구간) 부분을 계속해서 들려주는데, 비보잉B-boying은 이 브레이크에 맞춰 춤을 추는 것이다.

한국에서 비보이 문화는 1990년대 초부터 시작되어 1997년 한국 최초의 비보이 그룹인 '익스프레션Expression'이 탄생했다. 2005년 12월 비보이 전용극장(400석)이 서울 홍익대학교 앞에 문을 열고 개관 기념작 〈비보이를 사랑한 발레리나〉를 올림으로써 한국은 세계 최초로 비보이 문화를 무대공연화한 나라가 되었다. 이 밖에도 난타 제작사인 PMC프로덕션이 비보이와 타악을 접목해서 무대에 올린 〈비보이 코리아〉, 익스트림 댄스와 접목시킨 〈피크닉〉, 〈발랄 High〉 등 2007년 기준으로 10여 편이 공연 중이었으며, 비보이 공연 전용관은 5개였다.

비보이는 공연뿐만 아니라 방송, CF 등을 통해 문화 상품을 만들어냈다. 해외에서 먼저 인정받은 한국의 비보이에게 국내 방송과 CF 등에서도 큰 관심을 보인 것이다. 위성방송, 케이블방송, 인터넷방송에 이어 공중파 방송이 비보이에게 스포트라이트를 비추었으며 음료, 맥주, 자동차, 아파트, 청바지, 은행 등 수많은 광고에 등장했다. 대기업은 홍보 마케팅 수단으로 적극 활용했으며 정부, 지자체, 기업 행사

비보이가 해외에서 인기를 끌자 대기업은 홍보 마케팅 수단으로 이들은 적극 활용했다. 2010년 8월 요르단 암만 레인보우스트리트에서 열린 'LG노트북이 후원하는 한국 문화 교류 행사'에서 익스프레션 크루가 노트북을 들고 포즈를 취하고 있다.

에도 비보이는 섭외 1순위로 떠올랐다. 비보이 공연의 해외 진출도 잇따랐다. 2007년 4월 〈비쇼〉는 홍콩에서 처음으로 공연을 했고, 〈비보이 코리아〉는 일본, 〈피크닉〉은 영국에서 공연을 했다.[17]

2007년 6월 1~2일 서울에서 열린 세계 비보이 대회 'R-16 코리아 스파클링 서울'에서 한국 비보이팀 '리버스 크루Rivers Crew'가 배틀 부문에서 우승했고, 역시 한국 비보이팀 '드리프터즈Drifterz'가 퍼포먼스 부문에서 2위를 차지함으로써 한국 비보이가 세계 최강임이 다시 한번 확인되었다. 『주간조선』은 한국 비보이의 이런 경쟁력 요인으로 9가지를 꼽았다.

첫째, 문자 그대로 피나는 연습이다. 외국 비보이는 생계를 위해 아르바이트도 하고 여가를 즐기면서 연습하는데, 한국 비보이 중에는 하루 10시간 가까이 연습만 하는 사람도 있다. 둘째, 한국에는 비보이 선수층이 두텁다는 점이다. 비보이는 주류가 아닌 언더그라운드에서 주로 향유되었는데, 이 때문에 오히려 저변이 확대되었다. 셋째, 한국이 인터넷 강국이라는 점이다. 초고속 인터넷이 잘 보급되어 온라인 매체를 통한 비보잉 동영상 자료 접근이 쉬워 전반적으로 실력 수준이 높다.

넷째, 한국인의 신체 구조를 들 수 있다. 키가 큰 서양인에 비해 상대적으로 무게 중심이 낮아 물구나무서기에도 좋고 안정적이라는 점이다. 다섯째, 우리 민족이 박자에 강하다는 점을 들 수 있다. 탈춤, 마당놀이 등을 보면 박자와 추임새에 따라 덩실덩실 춤을 춘다. 이는 비트를 타고 춤을 추는 비보잉과도 비슷하다. 여섯째, 한국 비보이는 군대에 가기 전에 기량을 최대한 올려야 한다는 부담감도 실력 향상 요소로 꼽힌다. 입대 전까지라는 한정된 시간에 최고 기량을 쌓기 위해 엄청난 에너지와 시간을 투자해 연습을 한다는 것이다.

일곱째, 외국 문화를 받아들이는 개방적 자세다. 그 덕분에 한국은 비보잉이 가장 빠른 시간 안에 발달한 나라가 되었다. 여덟째, 우리나라의 억압적인 교육과 사회제도를 꼽기도 한다. 비보이팀 '퓨전 MC'의 리더 황정우는 "우리는 단순히 날라리 춤꾼이 아니다. 비보이 정신 중 하나는 제도화된 공교육 시스템, 학벌과 배경이 지배하는 관료 사회, 성공만을 강요하는 기성사회에 대한 저항이라고 할 수 있다"고 말했다. 아홉째, 언어의 장벽이 없다는 것이다. 〈난타〉, 〈점프〉 등 세계로 뻗어나간 넌버벌Non-Verbal 퍼포먼스(비언어극)처럼 비보잉 역시 언어

의 장벽이 없기에 더욱 국제적인 경쟁력을 가진다는 것이다.[18]

"외국 문화 원형에 빨대 꽂고 버틸 수 있나"

2007년 4월 16일 CJ그룹의 엔터테인먼트 계열사인 엠넷미디어가 CJ뮤직과 합병을 결의함으로써 음악·연예 콘텐츠 생산부터 온·오 프라인과 방송 채널까지 통합한 복합 엔터테인먼트 기업이 등장했다. 엠넷미디어는 탤런트 송승헌, 한은정, 하석진, 가수 이효리와 SG워너 비, 영화배우 이범수 등의 연예인이 소속된 엔터테인먼트 회사였다. 온라인 음악 포털사이트 엠넷닷컴을 운영하고 있었고, 인터넷TV 서 비스업체인 곰TV의 최대 주주였다.

CJ그룹 계열사인 CJ뮤직은 국내 음반과 음원 유통 시장의 30퍼센 트를 차지하는 1위 업체로 음악 케이블방송인 Mnet을 운영하고 있 었다. 엠넷미디어 관계자는 "콘텐츠 생산부터 유통까지의 모든 단계 를 통합해 시너지 효과를 극대화하기 위한 결정"이라며 "엔터테인먼 트 시장의 개방에 대비하고 한류韓流를 산업적으로 육성하기 위해서 는 콘텐츠 생산부터 유통까지 가능한 대기업이 필요하다"고 말했다.[19]

2007년 5월 30일 미래상상연구소는 서울 중구 충무아트홀에서 "한류, 외국 문화 원형에 빨대 꽂고 버틸 수 있나"란 주제로 토론회를 열었다. 참가자들은 "빨대 꽂고 버틸 수 없다"와 "더 많은 빨대를 꽂 아야 한다"는 주장으로 나뉘어 열띤 토론을 벌였다.

발제자로 참가한 『경향신문』 논설위원 김택근은 "비나 보아 같은 스타로만 한류 붐을 이어갈 순 없다. 우리만의 원작과 콘텐츠가 필요하다"며 "외국 문화 원형에 빨대를 꽂고 버티다 보면 우리 문화의 허약한 허리가 더 빨리 드러나게 된다"고 주장했다. 그는 "소설, 영화, 드라마 등 수많은 일류日流 콘텐츠들이 한국인의 정서에 가랑비처럼 스며들고 있다. 우리가 드라마 〈하얀거탑〉을 아무리 잘 만들어 일본에 역수출한다 해도 그것은 결국 일본 것일 뿐이다"며 "일본 문화 '주워 먹기'에 맛을 들였다가는 일류는 가랑비가 아닌 장대비로 바뀔 것"이라고 말했다. 그는 또 "한류에는 외국인들이 지니지 않은 빛과 향기와 무늬가 있어야 한다"며 "국내에서 원초적 콘텐츠를 생산하지 못하고 계속 외국 문화에 빨대를 꽂고 문화 가공업에만 몰두한다면, 한류는 머지않아 소멸할 것"이라고 역설했다.

사계절출판사 대표 강맑실과 동아시아출판사 대표 한성봉도 "일본이나 다른 나라의 것을 가져다가 살짝 재가공하는 건 돈이 될지 몰라도, 장기적으로 볼 때 한류를 저해하는 요소가 될 것"이라고 말했다. 그들은 "한류를 산업 논리로 바라보는 것은 조급증"이라며 "산업적 부가가치보다 정서나 문화 등 무형의 가치가 중요하다"며 김택근의 주장에 힘을 실었다.

그러나 미래상상연구소 대표 홍사종은 "미국 할리우드는 세계 여러 나라의 문화 콘텐츠에 빨대를 꽂고 이를 열심히 빨아들여 지금의 명성을 이룩했다"며 "세계의 '이야기 자원'을 적극 활용해야 한다"고 주장했다. 그는 "미국 문화의 상징인 디즈니의 〈백설공주〉와 〈인어공주〉가 독일류 혹은 덴마크류가 될 수 없듯, 일본 만화를 바탕으로 잘 만든 우리 영화 〈올드 보이〉, 〈미녀는 괴로워〉는 분명 한국 영화이지

305

미래상상연구소 대표 홍사종은 "베끼는 것이 아닌 재창조는, 우리 원형 콘텐츠 못잖게 또다른 창조적 산물로 봐야 한다"고 주장했다. 홍사종은 영화 〈올드 보이〉와 〈미녀는 괴로워〉를 재창조의 대표적인 사례로 제시했다.

일본 문화의 아류가 아니다"라며 "베끼는 것이 아닌 재창조는, 우리 원형 콘텐츠 못잖게 또다른 창조적 산물로 봐야 한다"고 말했다. 그는 이어 21세기의 새로운 성장 동력으로 자리 잡을 '이야기 산업'의 중요성을 강조하며 "(그 속에서) 살아남으려면 문화 민족주의에서 세계주의로 발돋움해야 한다"고 주장했다.

인하대학교 교수 조희문과 청강문화산업대학교 교수 박인하도 "다른 나라의 이야기를 재가공하는 것 자체가 창의력"이라며 "문화의 혈통에 집착하는 것보다 기존의 이야기도 새롭게 만드는 아이디어와 방식을 고민하는 것이 더 중요하다"고 주장했다.[20]

2007년 7월 호남대학교 신문방송학과 교수 류웅재는 "아시아권 수용자가 한류 콘텐츠의 어떤 점에 열광하는지를 살펴보아야 한다. 이는 미국이나 유럽의 대중문화가 적절하게 포착하기 어려운 이질적인 근대화의 추억과 그로 인한 독특한 근대성 혹은 (후기) 식민지의 공통된 경험으로 이루어진 상상된 공동Imagined community 의식의 발현을 통해 친밀하고 알아볼 수 있는 것에 관한 즐거움이 충족된 결과이기도 하다"며 다음과 같이 말했다.

"동시에 한류는 온전히 한국적인 콘텐츠로만 채워진 것은 아니며, 지역과 수용자의 취향에 맞게 글로벌하고 동시에 지역적인, 즉 글로컬glocal한 요소를 배합하고 뒤섞은 이종교배Hybridization, 음식으로 비유하자면 짬뽕 혹은 가든 샐러드적인 요소를 가지고 있기에 가능한 것이었음을 이해해야 한다. 글로컬한 문화의 시대에 문화의 순수성을 강조하는 문화 민족주의 혹은 문화 전쟁 등의 수사는 시대착오적이며, 타문화에 대한 이해와 정서의 공유 등을 가능케 하는 소통 행위의 시공간적 요구는 더욱 점증하고 있다."[21]

한국 언론의 한류 과장 보도

2007년 6월 태국 방콕의 최대 복합쇼핑몰인 싸이암파라곤 백화점의 DVD·음반 체인점인 맹퐁 매장에는 특정 국가로는 유일하게 '코리언 시리즈' 코너가 따로 마련되어 있었다. 매장 매니저인 타나콘은 "아시아권에서는 한국산이 가장 잘 팔린다. 최근에는 드라마 〈궁〉과 〈마이 걸〉이 히트했는데, 〈궁〉의 주제곡은 지난해 휴대전화 벨소리 내

려받기 1위였다"고 소개했다. 도서 매장에도 한국 연예인들의 사진이
겉표지를 장식한 잡지들을 쉽게 볼 수 있었다.

　태국에서는 이처럼 대중문화에서 꽃피우고 있는 한류가 이제 한
국의 패션과 음식 등 생활문화는 물론이고 한국 기업과 국가 이미지
에 대한 호감으로 확대되고 있었다. 코트라KOTRA 방콕무역관의 문
화콘텐츠 조사 담당 김경민은 "태국 시청자들이 한국인의 일상생활
을 드라마로 접하면서 한국 전반에 대한 이미지가 좋아지고 있다"면
서 "현지 오퍼상들이 '드라마 장면에 나오는 주얼리나 의류를 들여와
팔고 싶다'며 상담을 하기도 한다"고 말했다. 그는 "페이스샵, 미샤,
스킨푸드 등 한국산 화장품 체인점들이 자리를 잡고, 드라마 〈대장
금〉 방영 이후 한국 음식점들의 매출이 20퍼센트나 늘어난 것도 한류
와 무관치 않다"고 설명했다.[22]

　하지만 국가에 따라 다른 모습도 나타나고 있었다. 2007년 7월
베트남 하노이에 있는 한국문화원 원장 김상욱은 "베트남의 한류 열
풍이요? 여전하죠. 하지만 계속 새로운 한국 문화 콘텐츠를 찾는 현
지인들에게 우리가 줄 수 있는 게 이젠 한계에 달해 애를 먹고 있습니
다"라고 말했다. 그는 "인터넷 발달로 문화 소비의 시차가 점점 좁혀
져, 베트남에서도 과거 인기 한류 콘텐츠를 재탕하는 방식은 통하지
않는다"고 했다. "TV 드라마 〈겨울연가〉나 〈대장금〉은 베트남에서도
'흘러간 드라마'가 된 지 오래예요. 이제 이영애는 베트남에서 인기
순위 10위권에도 들지 못합니다. 요새 설문조사를 해보면 연기자는
이준기, 가수는 슈퍼주니어가 1위로 나와요. 그만큼 베트남 사람들도
우리와 거의 동시에 한국 문화를 소비하고 있다는 뜻이죠."

김상욱은 한류 열풍을 지속시키기 위해선 무엇보다 '쌍방향 교류'가 절실하다고 강조했다. "실은 '한류'라는 말은 너무 일방적이어서 이곳에선 거부감을 나타내는 분들이 많습니다. 한류를 베트남에 전파하려고만 하지 말고 우리는 베트류Viet-流를 얼마나 알고 있느냐도 고민해봐야 진정한 교류의 태도죠. 장기적으로는 한류를 통해서 베트남을 한국에 알릴 수 있다는 믿음을 심어줘야 계속적인 교류가 가능하다고 봅니다. 하루빨리 '한류'에 대한 '향수'에서 벗어나야 해요."[23]

2007년 7월 서강대학교 동아연구소 책임연구원 이한우는 "한류를 전하는 보도들은 동남아 각국의 거리가 온통 한국풍 일색일 것이라고 짐작게 한다"며 언론의 한류 과장 보도를 지적했다. 그는 "한국 관광객이 베트남에서 매매춘 혐의로 벌금을 물고 추방당하는가 하면 호치민시 인근 한국계 기업에서는 파업이 잦다. 호치민시의 조사에 따르면 1995년부터 2006년 11월까지 호치민시 인근 지역에서 일어난 파업 538건 가운데 외국인 투자 기업에서 발생한 것은 245건이었다. 그 가운데 한국계 기업에서 일어난 파업이 120건으로 절반에 달하며, 대만계 기업에서는 87건이 발생하여 그 뒤를 따르고 있다"며 다음과 같이 말했다.

"베트남 신부들은 주로 농촌에서 가난을 벗기 위해 한국으로 오고 있는데, 텔레비전을 통해 보는 한국의 모습에 대한 동경도 그들의 한국행을 부추긴다. 하지만 보기와는 달리 한국 생활이 쉽지 않아 억압적 생활을 견디다 못해 탈출을 시도하는 사람도 있다. 한국 드라마를 본 인도네시아 네티즌들은 한국에서는 여성을 때리는 게 일상적인 일이라고 알고 있다고 한다. 화면에서 그리고 있는 아름답고 발전된 한국 이미지 뒤에 폭력과 비인간적 면모가 도사리고 있는 것이다. 한국에 대한 이미지가 왜 이리 상반되는지 동남아 사람들은 혼란스럽기만하다."[24]

"한류라는 것은 존재한 적이 없다"

2007년 7월 27일 경희대학교와 미국 펜실베이니아대학이 경희대학교 크라운관에서 '한류의 날 심포지엄: 한류에서 신新한류로'라는 심포지엄을 열었다. 한국예술종합학교 교수 이동연은 심포지엄 발표문「한류의 정체성과 세계 속의 한류」에서 과거와는 달리 이제 아시아 팬들은 더는 서양의 팝스타에만 매혹되지 않고 아시아 안에서 자신들의 스타를 찾게 되었으며, 이는 아시아 대중문화 안에 공통의 감각이 존재하고 있음을 입증하는 양상이라고 지적했다. 아시아 팬덤 양상의 변화에 아시아 권역을 관통하는 새로운 매체 환경과 일상 환경의 변화가 큰 영향을 미치고 있으며, 이런 현상을 이끌고 있는 주체가 한류 스타라는 것이다.

　이동연은 한류의 미래에는 소리 소문 없이 사라진 홍콩의 사례와 아시아 문화의 일상 속에 자연스럽게 스며들어 현지 문화 안으로 산화하는 일본(만화 애니메이션 등)의 사례가 놓여 있다면서 일본의 길을 따르기 위해서는 '한류' 담론보다는 한국의 문화, 한국적 문화에 대한 국제적 소통과 감각이 필요하다고 강조했다. 대중문화나 엔터테인먼트 시장 안의 다양한 문화적 자원들을 아시아 등에 소개·소통하는 기회를 적극 마련하고 우리의 전통적 문화 예술 자원들을 매개로 글로벌 문화 안으로 가로질러가는 새로운 선택들도 시도해야 한다는 것이다.[25]

반면 『할리우드리포트』 기자 마크 러셀Mark Russell은 「좀비 웨이브: 이미 죽은 걸 죽일 수 없다」는 발표에서 한류 열풍을 '좀비'라고 주장했다. 좀비zombie는 원래 서아프리카 어느 족속이 신봉하는 뱀신蛇神인데, 보통 '산송장'이나 '주체성을 지니지 못한 채 로봇처럼 행동하는 사람'을 뜻한다. 그는 "한류라는 것은 존재한 적이 없다"고 했는데, 한국에 특별한 무엇이 있었던 게 아니라 대중문화에서 세계화 개념을 제일 먼저 받아들인 아시아의 국가였을 뿐이라는 것이다.[26]

러셀의 주장에 대한 어느 네티즌의 반응이 흥미로웠다. "사실 예전에 이와 같은 말을 스스로도 한 적이 있긴 하지만, 외국인이 이딴 소리하니까 배알이 뒤틀리네요."[27] 그렇긴 하지만, 잘해보라는 뜻으로 받아들여도 무방할 주장이었다. 러셀은 "한국에 본래 특별한 것이 있다고 착각한다면 매우 실망하게 될 것"이라며 "성장과 발전이 없는 자는 허기지고 열망이 큰 상대에게 눌리어 사라질 위험에 처할 것"이라고 경고했으니 말이다.[28]

'본래 특별한 것'이 있느냐 없느냐 하는 건 성장과 발전이 있을 때에 거론될 수 있는 것임을 감안한다면, 한류는 성공해야만 그 존재가 입증된다는 것에 의미를 제기하긴 어려운 일이었다. 아직 성공을 말하기엔 이른 시점이었으니 말이다. 차근차근 한 걸음씩 나아갈 일이었다.

우보천리牛步千里는 '빨리빨리'에 중독된 한국인에겐 별로 어울리

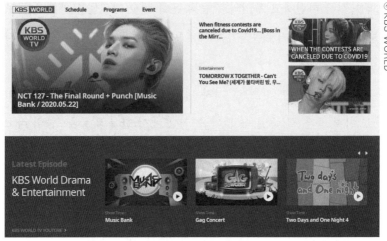

'KBS월드'는 2007년 8월부터 중국 전역에서 24시간 방송을 시작했는데, 이로써 드라마와 가요로 대표되는 한류 확산의 기반을 마련했다고 할 수 있다.

지 않는 행동양식이긴 했지만, 그런 자세로 2007년 8월 KBS 해외 방송인 'KBS월드'(2003년 설립)가 중국 전역에서 24시간 방송을 시작했다. KBS는 중국 진출을 위해 국가신문출판광전총국 측과 2003년부터 4년 3개월 동안 60여 차례에 걸친 마라톤협상 끝에 방송 허가를 따냈는데, 'KBS월드'는 허가를 받은 기존 외국 방송과 마찬가지로 외국인 관광객이 투숙할 수 있는 별 3개 이상 고급 호텔과 외국인 거주 아파트 단지에서만 볼 수 있었다. 다만 광둥성 일부 지역은 일반 가정에서도 시청이 가능했다.

KBS 글로벌 센터장 최춘애는 "KBS월드 방송의 중국 진출은 드라마와 가요로 대표되는 한류 확산의 기반을 마련했다는 데 의미를 두고 싶다"고 말했다. KBS 사장 정연주는 "중국 방송 시장 진출로 미국, 일본, 인도, 남미 등 세계 49개국, 3,800만 가구가 KBS 실시간 뉴스와 드라마를 보고 있다"고 강조했는데, 이는 우리나라 TV 시청 가구(1,800만 가구)의 2배가 넘는 숫자로 사실상 전 세계에서 우리 방송을 보게 되는 것을 의미했다.[29]

한류의 강점은 '디지털 문화 코드의 보편성'

2007년 8월 서울대학교 외교학과 교수 김상배는 「한류의 매력과 동아시아 문화 네트워크」라는 논문에서 "대부분의 한류는 미국적 문화 상품의 형식에 한국적 터치를 가미한 정도이며, 게다가 체계적인 준비를 바탕으로 이룩한 성공이기보다는 우연하게 거두어 올린 성공의 성격이 강하다"며 "1980~90년대의 홍콩과 일본의 대중문화를 대체해서 한류가 등장했듯이 언젠가는 한류를 대체하는 다른 문화 세력이 등장할 것"이라고 보았다.[30]

그럼에도 김상배는 "한류의 부상이 동아시아인들에게 일정한 정도로 네트워킹의 요소를 제공했다는 점"에 주목했다. 그는 한류가 "동아시아 신세대들이 공유하는 디지털 문화 코드의 보편성"을 지녔다는 점에서 홍콩류나 일류와는 다르고, 한류의 성공 요인은 바로 한국이 선두에 선 온라인 게임 등 사이버 문화가 막 생성기에 접어든 동아시아 청소년 디지털 코드와 맞아떨어졌다는 데에 있으며, "문화와 IT가 복합된 CTCulture Technolgy(문화기술) 분야에서 한국이 보유한 지식 역량이 바탕이 됐다"고 보았다.

김상배에 따르면, 미국 주도의 문화 패권 모델이 중심 집중적인 단

單허브mono-hub 네트워크라면, 1990년대 일류와 아날로그 한류는 다多허브multi-hub 네트워크인데, 디지털 한류는 중심이 없는 탈계몽주의적·수평적·쌍방향적 탈脫허브hub-bypass 네트워크다. 이는 기존 글로벌 문화 질서의 틀 안에서 틈새시장을 노리는 아날로그 한류와는 달리 기존 질서에 대한 대항 담론 성격을 지닌다. 그런 맥락에서 "미국 주도하의 글로벌 문화 네트워크에 대항하는 새로운 문화 네트워크의 맹아가 사이버공간을 중심으로 출현하고 있다"는 것이다.

김상배의 "문제의식은 한류의 단편적인 성공과 실패의 사례에 대한 소개의 차원을 넘어서 한류를 통해서 드러나는 21세기 매력soft power 정치와 네트워크의 부상을 인식해야 한다는 것"이며, "이러한 시각은 기존의 아날로그 한류 현상에 대한 분석뿐만 아니라 새로이 주목받고 있는 디지털 한류의 잠재력, 그리고 동아시아 문화 네트워크의 구축 과정에서 차지하는 국가의 역할을 살펴보는 데 있어서도 매우 유용"하다는 것이다.[31]

동국대학교 교수 조흡은 "이런 주장은 비록 각론의 논의에 대체로 동의할 수 있지만 여전히 기술결정론의 문제를 안고 있다는 점에서 논리를 정리할 필요가 있다"며 이렇게 말했다. "아날로그에서 디지털 문화로 넘어오면서 표면적으로 많은 변화를 경험하고 있지만, 정작 이 기술을 움직이는 자본의 속성은 예전과 비교해서 전혀 달라진 것이 없으며, 오히려 수직과 수평 통합을 통한 독점적 상황을 심화시키고 있다.……따라서 아날로그 기술을 바탕으로 한 '미국이 짜놓은 틀' 속에서 하나의 부분으로 동아시아의 문화산업을 편입시키기보다 디지털 기술의 속성을 이용해 새로운 아시아 네트워크를 만들자는 주장은 그 취지에 공감하면서도 구체적인 방법론에서 수용하기 어려운 것이다."[32]

한류韓流가 한류寒流로?

2007년 8월 14~15일 일본 도쿄돔에서 열린 '2007 페이스 인 재팬 프리미엄 이벤트'엔 2만 5,000명의 유료 관객이 몰려 일본 내 한류 열기가 식지 않았음을 보여주었다. 일본 최대 명절 연휴인 '오봉 야스미ぉ盆休み'로 도쿄 거리는 한산했지만, 도쿄돔은 한국 스타를 보러온 일본 여성들로 붐볐다. 일본 여성 팬들은 조현재, 빅마마, 엄태웅, 하지원, 강타, 이동건, 동방신기 등 한류 스타들이 무대에 오를 때마다 "아이시데루(사랑해)! 한류"를 외쳤다. 강타와 동방신기가 등장할 때는 모두 일어나 환호성을 질렀다.

이에 대해 『한겨레』는 "지금까지 한류 행사들이 배용준 등 개별 스타에 의존한 팬 미팅과 이벤트 행사였다면, 한류 엑스포는 스타 종합선물세트 식으로 한류의 다양한 매력을 모아 외국 팬을 공략한다는 점에서 한류 마케팅이 진화하고 있음을 보여주는 행사다"며 이렇게 말했다. "차세대 한류 스타들을 한꺼번에 일본 팬들에 선보이면서 드라마와 영화 등 한국의 각종 대중문화 콘텐츠도 한자리에서 동시에 소개하는 방식이다.……한국 문화산업계는 올 들어 여러 장르의 이벤트를 박람회, 페스티벌 등의 형식으로 묶는 새로운 방식으로 외국 시장을 두드리기 시작했다. 한류 위기의 타개책이라 할 수 있다."[33]

한류는 극소수의 스타에 의존하지만 일류는 다양한 콘텐츠로 무장하고 있어 한일 양국을 놓고 보았을 때 일류가 더 실속이 있는 게 아니냐는 주장들도 적지 않게 제기되었다. 한국 팬들 사이에서 '김탁구'라는 애칭으로 불린 기무라 다쿠야가 주연을 맡은 〈히어로〉.

　　겉보기와는 달리, 한류는 극소수의 스타에 의존하는 반면 일류는 다양한 콘텐츠로 무장해 한일 양국만 놓고 보더라도 일류가 더 실속이 있는 게 아니냐는 주장들도 제기되었다. 2007년 11월 4일 오전 김포공항 입국장의 장면을 보자. 수천 명의 사람이 발 디딜 틈 없이 진을 치고 있었다. 영화 〈히어로〉 홍보차 방한訪韓한 일본 배우 기무라 다쿠야木村拓哉를 보려고 새벽부터 팬들이 몰려온 것이다. 한쪽에선 기무라 다쿠야의 한국어 애칭 '김탁구'를 외쳤고, 한쪽에선 'I love

기무라 다쿠야'라고 적힌 플래카드를 흔들었다.

이에 대해 『조선일보』는 「일류, 다양한 콘텐츠 무장…한류는 1인 의존」이라는 기사에서 "몇몇 스타에 의해 후끈 불이 붙었다가 꺼지곤 하는 한류와 달리, 한국 내 일류는 10년이란 긴 세월 동안 드라마, 소설, 음반 등 폭넓은 장르에서 서서히 가열돼 오다 꽃을 피우고 있다는 점에서 주목받고 있다"며 "밤을 새워 일드(일본 드라마)를 보는 '일드 폐인'이 생겨나는가 하면, 한국 소설을 앞지르는 일본 소설이 등장했다"고 말했다.[34]

중국에서도 한류 열풍이 퇴조해 한류가 점차 '한류寒流'가 되어간다는 말이 나왔다. 무엇보다 한류의 선봉에 섰던 한국 드라마의 인기가 식어가고 있었다. 〈대장금〉이 방송된 2005년 중국에 들어온 한국 드라마는 64편이었으나, 2006년엔 36편, 2007년엔 30편으로 줄었다. 이에 대해 중국 월간 『당다이』편집부국장 홍칭보는 "한류가 들어온 97년 당시 중국은 이미 경제 발전의 기초를 다진 상태였다. 한류는 중국과 중국인이 따라 배워야 할 그 무엇이 아니었다. 다만 화려한 볼거리로서, 재미있는 오락으로서 날로 까다로워지는 중국 소비자들의 입맛에 맞았을 뿐이다. 더욱이 한류는 중국의 지식인 계층에 거의 영향을 주지 못했다. 한류는 애초부터 엽기적인 유행의 색채를 띠었다"며 다음과 같이 말했다.

"한류가 중국에서 식어가는 데 어떤 실수나 착오가 있었던 것은 아니다. 어느 나라든 개방 초기엔 다른 나라의 문화와 경제를 받아들이는 과정에서 과열을 빚곤 한다. 그러다 나라가 이성을 되찾고 성숙하면서 그 거품은 파열한다. 더욱이 모든 정부는 자국의 문화를 보호하기 위해 공격을 최선의 수비로 삼는다. 자국의 문화산업을 지원하며, 문화 제품 수출을 격려한다. 외국의 조류는 형성되자마자 저항을 받을 수밖에 없다. 한류의 퇴조를 부정적으로만 봐서는 안 된다. 어떤 점에선, 중국에서 한류의 퇴조는 두 나라의 전면적인 교류에 장기적으로 도움이 된다. 한류는 중국으로 하여금 한국을 알게 했다."[35]

〈대장금〉이 '최악의 드라마' 1위?

중국 내에선 한류에 대한 반감이 점점 더 커지고 있었다. 공산주의청년단 기관지인 『중국칭녠보中國靑年報』는 2008년 1월 1일부터 중국의 대표적 포털사이트인 신랑망新浪網 · 왕이망網易網 · 야후닷컴차이나와 공동으로 '가장 싫어하는 드라마'를 투표로 뽑는 이벤트를 벌였는데, 1월 10일 현재 〈대장금〉이 4만여 표로 1위에 올랐다. 드라마 품질을 개선해보자는 의도로 시작된 이벤트였지만, 문제는 외국 드라마로는 유일하게 〈대장금〉을 조사 대상에 포함시켰다는 점이었다.

이에 대해 『중앙일보』는 "많은 중국 전문가는 '대표적 한류 드라마인 〈대장금〉을 의도적으로 흠집 내려고 한 것'이란 의혹을 제기한다"며 이렇게 말했다. "중국에서 한류가 확산하면서 중국의 일부 무책임한 대중문화계 인사들이 근거 없이 한류에 대한 혐오감을 퍼뜨리는 일이 있었다. 〈대장금〉과 〈허준〉 등 한국 드라마로 인해 중국의 전통의학인 중의中醫의 원조가 마치 한의韓醫인 것으로 왜곡되고 있다는 억지 주장을 폈다. 이런 배경 때문에 『중국칭녠보』가 흥분하기 쉬운 네티즌을 동원해 한류에 대한 견제 심리를 노골적으로 드러낸 것이라는 분석도 나온다."[36]

『중국칭녠보』가 〈대장금〉을 조사 대상에서 뺀 것으로 확인되자, 『중앙일보』는 이렇게 말했다. "늦었지만 다행스러운 일이다. 그러나 비중 있는 언론사가 양 국민의 우호 관계에 금이 갈 만한 엉뚱한 행동을 하고도 독자에게 아무런 해명도 없이 슬그머니 꼬리를 내려 뒷맛이 개운찮다. 잘못된 점이 있다면 솔직하게 반성하고 바로잡는 것이 올바른 언론의 길이 아닐까."[37]

한류에 대한 반감은 한류의 인기가 너무 높다는 것에서 비롯된 것이었다. 일부 시청자와 네티즌들은 "요즘 CCTV-8 드라마 채널이 밤이 되면 거의 다 한국 드라마를 방영하니 차라리 한국 드라마 전문 채널로 바꾸라"는 불만을 드러냈으니 말이다.[38]

일본의 한류 열풍은 중국과는 다른 양상을 보이고 있었다. 『한겨레』(2008년 1월 28일)는 "일본 지상파에서 현재 한류 드라마를 방영하는 데는 아무 곳도 없다"며 이렇게 말했다. "2004~2005년 거센 한류 드라마 거품은 거의 빠졌다. 판에 박은 이야기 구조로 공장에서 상품처럼 찍어내고, 촬영 당일 허겁지겁 '쪽대본'이 배우들에게 전달되는 날림 제작으로는 시청자들의 마음을 빼앗을 수 없다. 국경을 떠나 드라마는 생생한 인간 탐구가 전제되지 않으면 재미가 없다."[39]

한류에 대한 반감은 한국 내에서도 제기되었다. 대중음악평론가 성기완은 "2007년 한 해를 돌아보니 한류가 뜸해졌다. 한류가 아시아를 어떻게 한다느니 떠드는 말이 지겹고 한심했는데, 참 잘됐다. 경기 고양시 일산의 허허벌판에는 '한류우드'라는 단지까지 있다. 그 자체로 코미디다. 한류 생산업체가 입주하는 공단쯤 되나"라고 꼬집었다. 그는 "한류 드라마의 스타일을 한마디로 표현하라면 유치하다는 거다. 미끈한 주인공이 목도리 두르고 기억상실에 사랑 쇼하는 드라마. 그런 드라마들이 일본 아줌마들을 휘어잡았다는 게 어이없는 거지 뭐 그리 대단한가. 호소력의 포인트는 뻔하다. 대놓고 유치해주니까 짜릿한 거다"며 다음과 같이 말했다.

"노래도 그렇다. 한류랍시고 중국이나 베트남 같은 곳을 돌아다니는 음악들은 공장에서 찍어낸 것처럼 반반하기만 하고 아무 매력도 없다. 미소년 미소녀들 뽑아다 합숙시켜서 제작자가 원하는 그대로 뽑아내는 표준생산 시스템 아이돌 밴드의 판에 박힌 음악들이 한류의 라벨을 붙이고 팔린다는 게, 인디 밴드를 하는 사람 처지에서 늘 창피했다. 한국에는 그런 인형 같은 가짜 음악만 있다고 외국 사람들이 생각할 것 같아서다. 근본적인 발상의 전환이 필요하다. 중요한 것은 파는 게 아니라 소통하는 것이다. 남의 나라에서 내 나라 문화 상품이 잘 팔리는 거야 좋지만 그 땅에 원래 존재하던 문화를 몰아내고 그 자리에 한류가 난입하기를 원하는 건 제국주의적 발상이다. 무엇보다도 소통과 공감의 장으로 한류를 설정해야 한다."[40]

물론 이와 같은 주장은 소수파의 의견이었다. 한국인의 절대 다수는 '소통과 공감'보다는 한류를 산업으로 보는 것이 당연하다는 입장이었다. 2008년 4월 11일 한국국제경영학회는 서울 명동 은행회관에서 21세기 문화의 시대를 맞아 문화 콘텐츠 산업의 글로벌라이제이션에 대해 논의해보는 심포지엄을 열었다.

이 심포지엄에서는 2007년 무역의 날에 문화공연업계로는 최초로 100만 달러 수출탑상을 수상한 코믹 넌버벌 퍼포먼스 〈점프〉, 2007년 미국 극장가에 개봉되어 1,000만 달러를 벌어들인 영화 〈디워〉, 2007년 10월까지 DVD와 출판 등 부가상품 판매만으로 350억 원의 수입을 올린 드라마 〈태왕사신기〉의 사례를 집중 분석했다. '맞춤 한류 상품'이 해외시장서 통했다는 결론이 내려졌다.[41] (심형래 감독의 〈디워〉는 2008년 중국에서 큰 반향을 일으키며 많은 화제를 낳았다. 그 덕분인지 3,400만 위안의 흥행 수입을 올려 〈괴물〉의 기록을 능가했다.)[42] 2008년 6월 한국방송영상산업진흥원이 국제문화산업교류재단의 의뢰를 받아 발표한「한류의 지속적 발전을 위한 종합 조사 연구」보고서도 "한류도 나라별로 차별화를 하자"는 처방을 내렸다.[43]

"왜 중국 여자는 장동건, 일본 여자는 배용준에 죽는가?"

2008년 7월 중국 전문 채널인 중화TV가 베이징과 상하이 등 중국 8개 도시 20대 대학과 대학원생 800명을 대상으로 조사한 결과, 중국 20대가 좋아하는 남자 배우는 장동건(24.4퍼센트), 원빈(15.0퍼센트), 이준기(12.5퍼센트), 송승헌(9.9퍼센트), 배용준(9.4퍼센트) 순으로 나타났다. 이 조사 결과와 관련, 파티마의원 원장이자 성형미학 칼럼니스트인 남궁설민은 왜 "중국 여자는 장동건에 죽고 일본 여자는 배용준에 죽는가"라는 의문을 제기하면서 다음과 같이 설명했다.

"요즘 젊은 세대들은 다르지만 시커먼 숯덩이 눈썹에 눈을 부릅뜨며 배를 내밀고 힘주어 툭툭 던지듯 말하는 것이 사나이답다고 여기며 여자를 우습게 여겨온 일본 남자들이다. 그래서 그녀들은 부드럽고 상냥한 남자, 여자를 위해줄 줄 아는 배려심 많은 남자에 녹아버리고 만다. 배용준이 바로 이런 이미지이기에 그는 일본 여성의 마음을 사로잡을 수 있었다. 얼음도 녹일 것 같은 미소, 한없이 따뜻해 상대의 모든 것을 받아줄 것 같은 시선을 그녀들은 여성을 존중하고 배려하는 이상적인 남성의 모습으로 받아들인다. 차분하면서도 차갑지 않고 고상함 속에 열정을 드러내는 그의 외유내강은 열정이 부족하고 사랑의 감성이 부족한 일본 남자들에 비해 훨씬 매력적일 수밖에 없다."

반면 중국은 어떤가? 남궁설민은 "담담한 것을 좋아하는 일본인과 달리 중국인들은 화려하고 스케일 큰 것을 좋아한다. 중국 여성들은 이런 대륙적인 취향이 있는데다 남자에게 눌려 산 한이 없어 차분하고 기품 있는 미남보다 멋지고 선이 굵은 남자를 선호한다. 여자에게 쩔쩔매는 남자를 많이 봐온 탓인지 '나 잘났소' 하고 어깨에 힘주는 영웅적 미남이 그녀들에겐 더 어필한다. 그래서 서구적인 미남형의 대명사인 장동건 같은 스타가 먹히는 것이다"며 다음과 같이 말했다.

"이목구비가 뚜렷한 조각 같은 마스크에 약간 오만한 표정이 깃든 그의 이미지는 결코 평범하지 않다. 때문에 오종종하게 좁은 무대보다는 대형 무대가 더 어울리는 배우다. 다들 장동건을 미남이라고 인정하면서도 한국인들에게 그는 약간 부담스러운 외모의 남자인 것이 사실이다. 하지만 중국인들에게 유덕화를 닮은 그의 선 굵은 얼굴은 전혀 부담스럽지 않다. 그는 자신에게 맞는 넓이의 땅을 만난 셈이다. 그의 부리부리한 눈매와 높은 콧날이 주는 호방한 인상은 과장된 정서로 포장한 화려한 이야기에 감흥을 느끼는 중국인들의 취향에 맞는

〈겨울연가〉에서 풍기던 순수한 사랑의 이미지와
는 너무나 달랐기 때문일까? 배용준이 광개토대
왕 역으로 출연한 〈태왕사신기〉는 일본에서 큰
인기를 얻지 못했다.

것 같다. 일본인들이 좋아하는 예민한 얼굴은 중국에서는 먹히지 않
고 대륙풍의 무신경한 얼굴은 일본인들이 좋아하지 않는다."⁴⁴

바로 그런 이유 때문에 2007년 국내에서 방송되어 시청률 35.7퍼
센트까지 기록한 MBC 판타지 사극 〈태왕사신기〉가 일본에서 재미
를 보지 못한 걸까? 이 드라마는 일본을 뒤흔드는 한류 스타 배용준이
주인공 광개토대왕 역을 맡았고 〈모래시계〉의 콤비 김종학 PD·송지
나 작가가 힘을 합쳤다는 점에서 국내에서 성공 못지않게 일본에서도
대단한 성과를 얻을 것으로 기대되었지만, 결과는 딴판이었다. 일본
NHK 지상파를 통해 매주 토요일 밤 11시에 방영된 〈태왕사신기〉는
2008년 9월 27일 종영을 앞둔 시점에서 시청률은 7퍼센트 안팎이었
다. 배용준 신드롬의 근간인 〈겨울연가〉가 20퍼센트 이상 시청률을

기록했다는 점을 감안하면 성공했다고 보기 어려운 수치였다.

일본인들이 〈태왕사신기〉에 대해 가장 먼저 언급한 아쉬움은 "너무 어렵고 복잡하다"는 점이었지만, 배용준의 이미지 변신도 부정적으로 작용했다. 일본 연예기획사 호리프로덕션의 노무라 다이스케野村大輔는 "배용준 씨가 안경을 벗고 말을 탄 채 적들과 싸우는 영웅으로 변신하니까 좀 어색하다"며 "많은 일본 주부들은 배용준 씨에게서 여전히 순수한 사랑의 이미지를 기대하고 있다"고 말했다. 대중문화평론가 후루사 마사유키古屋正行도 "일본에서 소비되는 배용준의 이미지는 여전히 〈겨울연가〉의 준상"이라며 "영화 〈스캔들〉, 〈외출〉도 그래서 예상보다는 부족한 흥행 성적을 올렸던 것"이라고 말했다. 그러나 배용준에 대한 일본 내 팬덤은 여전해, 2008년 6월 일본 오사카 교세라돔에서 열린 '〈태왕사신기〉 프리미엄 이벤트'엔 배용준을 보기 위해 3만 5,000여 명의 팬이 몰렸다.[45]

한류의 '원 소스 멀티 유즈' 전략

한국방송영상산업진흥원의 「2008년 방송 프로그램 수출입 현황」 보고서를 보면, 2008년 국내 방송 프로그램 수출액은 총 1억 8,016만 8,000달러로 2007년의 1억 6,258만 4,000달러에 비해 10.82퍼센트 증가하는데 그쳤다. 1998년 이후 프로그램 수출이 매년 평균 27.8퍼센트 수준으로 증가해온 것에 비하면 상대적으로 낮은 수준이었다. 방송 프로그램 수출액 증가율은 2005년 72.8퍼센트를 기록하는 등 호황을 누렸지만, 2006년 증가율 19.6퍼센트, 2007년은 10.05퍼센트에 머물렀다. 수출 대상국은 일본이 7,911만 3,000달러 (68.4퍼센트)로 가장 비중이 높았고 대만이 776만 9,000달러(6.7퍼센트), 미국이 602만 5,000달러(5.2퍼센트) 순으로 나타났다. 반면 방송 프로그램 수입액은 2007년보다 32.3퍼센트 감소한 2,184만 7,000달러로 나타났다. 미국 드라마가 전체 수입의 44.5퍼센트를 차지했고 영화의 점유율(16.85퍼센트)은 급격히 줄었다.[46]

한국콘텐츠진흥원의 「드라마 제작&유통의 현재와 진흥 방향」 보고서를 보면, 2008년 해외 프로그램 수출에서 드라마가 차지한 비중은 금액으로 1억 500만 달러(91퍼센트), 편수로 3만 3,000편(80퍼센트)으로 다른 분야를 압도했다. 보고서는 그러나 드라마 외주제작사는 파행적인 제작비 조달 구조와 만성적인 적자 제작으로, 방송사는 자체 제작 기회 축소로 각각 제작 시스템의 붕괴 위기에 직면해 있다고 지적했다.[47]

2008년 11월 24일 문화체육관광부는 '100년 감동의 킬러 콘텐츠 육성 전략'을 발표했다. 앞으로 5년간 만화, 애니메이션, 캐릭터, 문화 콘텐츠 인력 양성에 4,100억 원을 투입하겠다는 것이다. 유인촌 장관은 "앞으로 5년 안에 세계 5대 콘텐츠 강국에 드는 것이 목표"라며 OSMUone-source multi-use 제작 지원 강화에 힘을 쏟겠다고 강조했다. 이에 『중앙일보』는 "'100년 감동의 문화 강국'을 위하여"라는 기획 기사(3회 연재)에서 다음과 같은 사례를 들어 OSMU의 중요성을 강조했다.

"드라마 〈겨울연가〉를 일본에 팔아 KBS가 번 돈은 270억 원. 적

원 소스 멀티 유즈는 잘 만들어진 문화 콘텐츠를 다양하게 활용한다는 뜻으로, '콘텐츠 강화 전략'이라고 할 수 있다. 허영만 만화를 원작으로 한 영화 『식객』과 『타짜』.

지 않은 돈이다. 그런데 〈겨울연가〉로 일본도 돈을 벌었다. 그것도 그 40배가 넘는 1조 2,000억 원이다. 드라마가 인기를 끌기 시작하자 DVD, 사진집, 액세서리 등 관련 상품이 계속 쏟아져나오며 OSMU 의 힘이 제대로 발휘된 것이다. 하지만 당시 KBS는 일본 NHK에 부가판권까지 함께 파는 바람에 추가 수입을 얻지 못했다."[48]

잘 만들어진 문화 콘텐츠를 다양하게 활용한다는 뜻의 OSMU는 수년 전부터 '콘텐츠 강화 전략'에 반드시 등장하는 말이 되었다.[49] 'B급달궁'이라는 인터넷 만화작가의 〈다세포 소녀〉는 원 소스 멀티 유즈의 전형적 예를 제공했다. 가상공간에서 발표된 〈다세포 소녀〉는 현실 공간에서 단행본으로 출간되었고 소설로도 다시 만들어졌다. 이

제7장 한류와 "디지털 문화 코드의 보편성"

재용 감독에 의해 뮤지컬 스타일로 새롭게 영화화되었고 영화음악 앨범도 출시되었다. 또 케이블TV로도 제작되고 만화 속의 여주인공이 늘 갖고 다닌 '가난 인형'은 캐릭터 상품으로 만들어졌다.

MBC 드라마 〈대장금〉이 뮤지컬과 애니메이션으로 제작되고, 허영만 원작 만화『식객』과『타짜』가 드라마와 영화로 만들어진 것도 좋은 예였다. 이와 관련, 하재봉은 "정보화 사회의 문화 생존법인 원 소스 멀티 유즈의 전략은 필연적으로 퓨전 문화를 잉태시킨다. 하나의 소스를 각각 다른 모습으로 탈바꿈시키면서 뒤섞임이 발생하는 것이다"고 말했다.[50]

'스타의, 스타에 의한, 스타를 위한' 한류

'원 소스 멀티 유즈' 전략도 좋지만, 그 이전에 문제가 된 것은 하늘 높은 줄 모르고 치솟은 스타의 몸값이었다. '특A'급 연기자의 회당 출연료는 2002년만 해도 500만 원 정도에 불과했지만 송승헌이 회당 7,000만 원, 이정재 5,000만 원, 최지우 4,800만 원 등으로 5년 만에 10배 이상 뛰었다. 급기야 한국드라마제작사협회는 2008년 12월 11일 드라마 〈쩐의 전쟁〉 4회 연장분 출연료로 회당 1억 7,050만 원을 요구한 배우 박신양에 대해 무기한 출연 정지를 결의했다.

스타 개런티의 문제는 이미 2005년 6월 영화계에서도 큰 논란이 된 사안이었다. 당시 잘나가는 어느 스타를 향해 "돈 너무 밝히지 마세요"라고 면전에서 충고했다는 어느 젊은이의 행태가 말해주듯, 이른바 '스타 권력'에 대한 문제 제기는 포퓰리즘 성향이 농후했다. 정작 문제 삼아야 할, 극장 체인을 가진 대기업 자본의 '스타 선호'와 부율賦率(수익 분배 비율) 문제 등 핵심은 비켜간 채 스타의 '인간성' 문제가 부각되는 어이없는 일이 벌어진 것이다.

스타가 한류의 원천이었음을 어찌 부인할 수 있으랴. 수원대학교 언론정보학과 교수 이문행의 2005년 실증적 연구 결과에 따르면, "해외 창구에서 최다 판매되거나 높은 수익을 창출한 드라마는 주로 남녀간의 애정을 주제로 다루고, 한류 스타를 내세운다는 공통점을 지니고 있다는 것을 알 수 있다. 실제로 해외 판매를 담당하는 담당자들은 이러한 한류 현상을 지속시키기 위해서 기존의 한류 스타를 통한 스타 마케팅 강화와 함께 새로운 한류 스타 발굴의 필요성을 지적하고 있다."[51]

문제의 핵심은 스타의 '탐욕'이 아니라 투기 바람까지 몰아친 시장 상황과 그에 따른 변태적 시장 논리였다. 이와 관련, 선문대학교 교수 김진웅은 "히트 상품은 〈겨울연가〉와 〈대장금〉밖에 없었는데 드라마만 만들면 해외에 나가 '대박'을 낼 수 있다는 전제를 깔고 투기하듯 몸값 경쟁을 벌였다"며 "이들 때문에 제작비가 오르다 보니 각종 간접광고와 협찬까지 끌어와 자본을 투자해놓고 적자를 내는 일이 반복됐다"고 말했다.[52]

한류 바람이 약해지자 스타의 개런티에 이어 새삼 드라마의 스토리 구성까지 비판의 도마 위에 올랐다. 이마저 스타 탓으로 돌려졌다. 드라마 제작사들의 소위 '주연배우 올인'이 드라마의 질적質的 경쟁력을 떨어뜨렸다는 것이다. 『조선일보』는 "한류가 붐을 이루는 동안 국내의 연관 산업인 조명이나 소도구, 미술, 조연 등에 대한 투자는 오히려 후퇴했다"며 다음과 같이 말했다.

"일선 제작 현장에서는 스타급 출연자의 출연료를 대기 위해 조연급 배우의 비중과 출연 횟수를 줄여야 했다. 제작사 스태프로 활동한 뒤 임금을 받지 못하는 사례도 속출했다. 이는 결국 드라마 전반의 질적 저하로 이어졌다. 외국 바이어들은 이미 오래전부터 '한국 드라마는 불륜과 배신, 출생의 비밀 등 동일 패턴에 따른 식상한 구성뿐이고, 스토리텔링story telling 기능이 현저히 떨어진다'는 불만을 표시해왔다. 하지만 이런 기형적 제작 시스템은 개선되지 않았다."[53]

지상파 방송사들까지 대형 스타에 절절 매는 모습을 보였다. 강명석은 "송승헌은 한류 스타다. 그가 군대에서 제대할 당시 수많은 일본 팬들이 그의 제대를 지켜봤고, MBC 〈에덴의 동쪽〉은 그로 인해 일본 수출 협상이 진행되고 있다. 이것은 요즘 그의 이름이면 무엇이든 가능하다는 뜻이다"며 다음과 같이 말했다.

"〈에덴의 동쪽〉에서 이다해는 원래 송승헌과 사랑에 빠지기로 했던 자신의 캐릭터가 크게 달라지자 스토리 수정을 요구하다 도중하차했다. 반면 송승헌은 원래 시놉시스와 달리 한 여자만을 사랑하는 남자로 남고 싶다는 의사를 제작진에게 전달, 이를 관철시켰다. 또한 MBC는 공동 수상이라는 무리수를 두면서까지 김명민과 송승헌에게 2008 연기 대상을 수여했다. 송승헌이 대상을 원한다고 했을 리는 없지만, MBC 입장에서 높은 시청률을 기록할 뿐만 아니라 해외 수익을 기대케 하는 한류 스타를 챙기지 않을 수 없었을 것이다."

이어 강명석은 "MBC 〈궁〉의 황인뢰 PD가 '내수만으로는 드라마로 수익을 내기 어렵다'고 할 만큼 국내 경기는 침체되고, 해외 수출 비중은 늘어날 대로 늘어난 한국 대중문화 산업에서 한류 스타는 무엇이든 할 수 있는 '절대반지'다. SBS 〈스타의 연인〉에서 최지우가 출연한다는 이유만으로 일본에서 투자가 들어오듯, 한류 스타가 움직이면 못할 것이 없다"며 다음과 같이 말했다.

"하지만 문제는 이 '절대반지'의 힘 때문에 시장의 룰이 왜곡될 때다. 어떤 드라마는 한류 스타의 출연으로 인해 일본의 한류 팬에게만 통할 구시대적인 작품이 되었고, 어떤 한류 스타는 국내 활동 없이 한류 스타라는 타이틀만으로 스타 행세를 한다. 한류 스타로 돈은 벌되 오히려 한국인이 즐길 콘텐츠는 줄어드는 상황이 될 수도 있는 것이다. 불황은 깊어지고, 돈을 벌게 만들어줄 스타의 숫자는 줄어들었다. 그리고 모두가 한류 스타를 쳐다본다. 이런 상황에서 그들의 선택은 무엇일까. 마음껏 업계를 휘저을까, 아니면 산업에 도움이 될까. '절대반지'를 가진 그들의 선택이 궁금하다."[54]

기획사와 여행사의 '악덕 상혼'?

2008년 12월 일본을 찾아 한류 퇴조 원인을 분석한 이태희에 따르면, 우선 '악덕 상혼'이 꼽혔다. 일본인 관광객 가이드 생활을 8년째 해온 이재은은 "기획사와 여행사가 일부 한류 스타들의 뻔한 스토리의 팬 미팅을 1만 5천~2만 엔(22만~30만 원)씩 받고 계속 판매하고 있다"며 "부실한 내용에 질린 이들의 마음이 떠나는 것은 당연하다"

고 말했다. 열혈 한류 팬이었던 일본인 가에코는 다음과 같이 말했다.

"팬 미팅이라고 가보면 이벤트로 노래 몇 곡과 춤 솜씨를 보여주고, 그간 일본과 한국에서의 활동을 동영상으로 보여준다. 그리고 꼭 자신의 어머니 이야기를 하면서 눈물짓는다. 그때 팬 미팅에 참석한 40~50대 여성들은 모두 같이 울게 마련이다. 그리고 당첨된 몇몇 팬들이 앞에 나가 포옹을 하거나 사진을 찍는다. 이게 끝이다. 딱 1시간 30분 정도다. 이런 내용이 해마다 똑같이 반복되니까 1만 5천 엔이나 주고 참석할 이유를 못 느낀다."

그래도 희망은 있다는 분석도 나왔다. 문화 콘텐츠 에이전시인 브레인즈 네트워크 대표 안성민은 "노래나 드라마 등 대중문화 측면에서만 보면 한류는 분명히 마니아 시장으로 위축됐지만, 음식이나 패션 등 생활 속에서는 한류가 더 깊고 풍부해지고 있다"고 지적했다. 일본인들의 한국 여행 덕분이었다. 그는 이런 전망을 내놓았다. "일본의 문화 구조를 이해하면 한류를 지속시킬 방법을 알 수 있다. 일본 방송은 10대와 20대만을 위한 방송, 특히 드라마를 주로 만들기 때문에 30대 이상의 성인들이 볼 드라마가 없다. 이들이 한국 드라마에 열광하는 것은 이런 이유 때문이다. 일본을 제대로 이해한다면 일본에서 제2의 거센 한류 바람이 부는 건 시간문제일 것이다."[55]

한류 바람은 일본에선 약해지고 있는 반면 중동, 인도, 동남아시아에선 거세지고 있었다. 방송통신위원회의 국제협력기획과장 이용석은 "술을 마시지 않아 특별한 밤 문화가 따로 없는 중동 사람들은 대체로 밤에 가족들끼리 티브이를 많이 보는 편"이라며 "할리우드, 터키 드라마 등과 함께 한국 드라마를 주로 보는데, 제작 기술이 뛰어나

고 이야기 전개가 극적이라 인기가 많다"고 말했다.[56]

2008년 12월 인도 동북부의 나가랜드에서 열린 '코리아-인디아 뮤직 페스티벌'의 한 장면을 보자. "이날 행사의 '히어로'는 한국인 가수. 톱가수는 아니지만 '일락'이 무대에 오르자 관객들은 '한국 연예인이 왔다'는 사실에 고무된 듯 '일락', '일락'을 목청껏 외쳤다. 일락이 빠른 템포의 율동을 선보이자 '꺄아악' 자지러지는 소리가 일제히 터져나왔고, 일부 10대들은 일락의 땀방울까지 보려는 듯 무대 앞에 쳐놓은 1m의 철책을 넘었다. 졸지에 '월드스타'로 등극한 일락이 노래 4곡을 부르고 행사장을 빠져나가자 소녀 팬들은 '폰 넘버(전화번호)', '폰 넘버'를 외치며 승용차를 따라갔다."[57]

'인디 문화'는 '잠수함 속의 토끼'

한류는 과연 퇴조하고 말 것인가? 언젠가는 퇴조할 수도 있겠지만, 그렇게 말하기엔 아직 이른 시점이었다. 국내로 눈을 돌려보자면, 정작 문제는 '관심의 쏠림' 현상이었다. 한류는 내부적으로 문화의 다양성엔 좋지 않은 영향을 미친 것으로 보였다. 특히 인디 음악의 사정은 날이 갈수록 어려워지고 있었다.

인디indie는 independent의 약어이자 애칭이다. 독립성을 내세우는 한국 인디 음악의 역사는 1990년대 중반으로 거슬러 올라간다. 마침 홍익대학교 앞을 중심으로 헤비메탈이 아닌 펑크와 얼터너티브 등을 연주하는 밴드가 등장했고, 그들이 공연하는 클럽이 각광받기 시작하면서였다. 당시 인디 담론을 주도했던 측은 과거의 운동권과 진보 진영이었으며, 그들은 인디에 정치적 함의를 부여해 '문화 게릴라'라는 프레임을 설정했다.[58]

이후 어떤 일이 벌어졌던가? 훗날(2012년) 강헌은 "1997년부터 인디의 붐을 주도했던 세 축, 곧 홍대 앞 클럽 '드럭'과 '강아지 문화예술기획', 그리고 인디 제작·유통사 '인디'는 새로운 천년에 이르러 드럭을 제외하고는 모두 몰락의 수순을 걸었다. 한때 붐을 이루었던 클럽 역시 드럭과 힙합을 중심으로 하는 마스터플랜 등을 제외하면 모두 운영난에 봉착하며 하나둘씩 우리 곁을 떠나갔다"며 다음과 같이 말했다.

"언더그라운드 문화는 잠수함 속의 토끼와 같다. 그것은 오버그라운드 문화가 거품 같은 소모전으로 전락하는 것을 방어한다. 우리에게 그리고 작은 클럽 무대에 선 밴드들에 지금 필요한 것은 바로 스스로에 대한 솔직한 탐문이다. 클럽은 클럽이며 인디는 인디이다. 우리는 언제나 가장 낮은 곳에서 그리고 가장 작은 것에서 출발해야 하는 운명이다."[59]

2008년 이후 인디 문화에 적잖은 변화가 일어났다. 김작가는 "데뷔 앨범을 내기도 전에 이미 스타가 된 장기하의 스타덤은 다시 인디란 무엇인지를 고민하게 했다. 마니아뿐만 아니라 일반 대중, 심지어 최근 음악에 관심도 없던 386세대가 그에게 열광했다. 지상파 음악 프로그램뿐만 아니라 시사 프로그램에서까지 다뤄질 정도였다"며 다음과 같이 말한다.

"장기하뿐만 아니라 요조, 국카스텐, 검정치마, 브로콜리너마저 등

인디 문화를 잠수함 속의 토끼에 비유하지만 한류의 풍요는 딴 나라 세상에서 일어난 일과 다를 바 없을 정도로 인디 음악의 사정은 날이 갈수록 어려워지고 있다.

새로운 세대의 뮤지션들이 더불어 나름의 지분을 확보했다. 사람들은 다시 인디 음악을 얘기하기 시작했다. 그건 문화 게릴라로서도, 실력 파도, 라이브 중심도 아니었다. 그냥 인디 음악이었다. 개념은 사라졌다. 아이돌의 대척점으로서 인디 음악이 거기에 있을 뿐이다.……TV에서는 갈수록 보기 힘든 뮤지션을 통칭해서 한국 사회는 인디라고 부르고 있다. 즉 상당히 포괄적인 의미를 담고 있다는 얘기다.”[60]

　그래서 넓은 의미의 인디 밴드들 사이에 빈부 격차가 심했다. 미리 이야기하자면, 2012년 10월 17일 저녁 서울 홍익대학교 앞 문화공간 인디프레소에서 ‘예술인소셜유니온’ 준비위원회 발족식이 열렸다. 만성적 생활고와 문화예술계의 구조적 문제 해결을 위해 음악·미술·영화·방송·만화 등 다양한 분야의 예술인들이 노동조합을 꾸리자고 뜻을 모으는 자리였다. 이 자리에서 인디 밴드 ‘더 문’의 리더 정문식은 다음과 같이 말했다.

"끝날 때까진 끝난 게 아니라는 야구 명언이 있죠. 이 바닥에선 (돈을) 받을 때까진 받은 게 아니라는 말이 있어요. 홍대 앞에서 음악만 해서는 먹고살기 어려워서 영화·뮤지컬·드라마 음악 일을 했거든요. 작업료 입금을 차일피일 미루더니 갑자기 연락 끊고 사라지는 일이 부지기수입니다. 음악감독이 스태프인 내가 만든 곡을 자기 이름으로 올리고는 '나도 너 만한 때는 그랬어'라고 하죠. 그걸 거부하면 업계에서 매장돼요.……그래도 너희는 하고 싶은 거 하니까 좀 굶어도 괜찮아, 네가 선택한 길이잖아, 원래 예술가는 가난한 거 아니냐, 이런 인식이 가장 큰 문제입니다. 예술 노동의 가치가 경시되는 풍토를 바꾸는 게 가장 중요합니다."[61]

'잠수함 속의 토끼'라는 말이 인상적이다. 토끼에겐 잠수함 속의 공기가 탁해지는 걸 가장 먼저 알아차릴 수 있는 능력이 있지만, 그러다가 호흡 곤란으로 가장 먼저 죽을 수도 있잖은가. 그러면서도 살겠다고 조금만 발버둥 치면 '인디 상업주의'라고 욕을 먹으니 그것도 참 못할 일이다. 음악 관계자들은 "독립 음악을 하면서도 먹고살 수 있는 방법을 찾는 것이 인디 음악계에 놓인 과제"라고 말했는데,[62] 그건 결코 쉽지 않은 일이었다. 이들에게 한류의 풍요는 딴 나라 세상에서 일어난 일과 다를 바 없었다.

"제2한류는
SNS가 한국에 준 선물"

'21세기 동아시아의 대중문화 형성'

2009년 1월 지상파 3사는 주당 5,520분, 하루 약 13시간씩 드라마를 방송함으로써 한국이 '드라마 공화국'임을 입증해 보였다.[1] 문화연대 미디어문화센터 운영위원 홍성일은 이렇게 말했다. "드라마 공화국의 은유. 만일 이 은유가 진부하다면 이는 전적으로 공화국이라는 용어의 적절치 않음 때문이다. 공화국은 최소한의 민주적 선거 절차를 지녀야 한다. 그러나 오늘 우리가 목도하고 있는 한국의 방송은 드라마 독재, 드라마크라시dramacracy이다."[2]

'드라마크라시'는 한류에 친화적이었다. 2009년 2월 태국의 "까올리 피버"를 보자. '까올리'는 한국을 뜻하는 태국어, 여기에 열병이란 영어 '피버'를 더하니 태국판 한류 '한국 열풍'이다. 방콕 중심가 시암의 쇼핑센터 'MBK센터'에서 아시아 영화·드라마 DVD와 음반을 파는 가게 'MBK 무비'에 진열된 대부분의 음반과 DVD는 한국산이었다. 가게 주인인 완다는 "우리는 아시아 전문 가게인데 팔리는 물건 가운데 한국 영화·드라마·노래가 70퍼센트에 이른다"고 말했다. 그 밖에 일본산이 20퍼센트, 중국산이 10퍼센트를 차지한다고 했다. 까올리 열풍은 문화 상품뿐만이 아니라 화장품 같은 뷰티·패션 상품의 인기로 이어져, 한국 하면 '아름다움'을 떠올리는 현상까지 벌어졌다.[3]

2009년 2월 한국동남아학회와 AUNASEAN University Network이 태국 왕립 부라파대학에서 공동 개최한 '21세기 동아시아의 대중문화 형성: 혼종화hybridization 또는 아시안화Asianization' 국제 세미나에선 한류의 긍정적·부정적 영향과 전망 등을 다룬 논문 6편이 발표되었다.

베트남 호치민시 사회과학인문대학 교수 응오티프엉티엔은 「한국 드라마(영화)가 베트남 시청자(관객)에게 미친 영향」이라는 논문에서 "10여 년 전 베트남 TV에서 방영되기 시작한 한국 드라마는 단순한 엔터테인먼트가 아니라 '정신적인 식단spiritual menu'이 됐다"고 밝혔다. 그는 한국 드라마의 영향은 최근 베트남 제작자들이 표절 논란이 일 정도로 유사한 드라마를 만들 정도라고 했다. 베트남 소녀들이 한국 남성과의 결혼을 선망하게 되면서 2001년 134건에 불과했던 베트남 여성과 한국 남성의 결혼은 2008년 초 2만 5,000여 건으로 늘었다.

2006년 6월 16일 태국 방콕 도심 공연장 '벡테로 홀'에서 '채널V 타일랜드'가 개최한 제5회 뮤직비디오 어워드 시상식에서 태국의 한류 팬들이 동방신기를 보기 위해 기다리고 있다.

영국 런던대학 골드스미스칼리지 박사 과정 대학원생인 켈리 푸 쑤인Kelly Fu Su Yin은 싱가포르의 한류를 분석한 논문 「정치·이념적 영역이 배제된 미디어 이미지 영역: 싱가포르의 한류」에서 "싱가포르의 한류는 '한국적인 것'이라기보다 큰 틀의 중국 문화로서 소비되는 경향이 강하다"고 말했다. 한국 드라마와 영화 등이 언어 장벽 때문에 홍콩과 대만에서 중국어로 더빙되거나 자막이 입혀져 들어오는 경우가 많아 중국 문화의 일부로 인식된다는 것이다. 그는 한국 정부 등에서 한류와 함께 해외에 한국어를 알리는 데 관심을 기울여야 한다고 강조했다. 2000년 드라마 〈가을동화〉가 방영되면서 한류가 본격화되었는데도 8년 뒤에야 싱가포르국립대학에 한국어 교육 프로그램이 마련된 것은 한국이 한국어를 알릴 기회를 살리지 못한 경우라고 지적했다.

해외 학자들 중에는 한류가 아시아 문화 시장을 장악하기 위한 방편의 하나가 아니냐는 우려도 나왔다. 태국 쭐랄롱꼰대학 커뮤니케이션 학부 교수 우본랏 시리유와삭은 「문화산업과 아시아화: 새로운 '상상된' 아시아 경제」에서 "한국 대중문화의 특징 중 하나는 아시아적인 것으로 포장하는 것인데 이는 아시아 지역 간 문화산업 교류에서 더 많은 몫을 차지하기 위한 현지화 작업"이라고 밝혔다. 그는 "한류가 표방하는 '아시아의 얼굴Asian Face'에는 한국의 민족주의와 역사적인 거만함이 숨어 있다"며 "특히 〈주몽〉 같은 역사 드라마는 중국 등 다른 나라들과의 역사를 한국적인 입맛에 맞게 포장해 한국의 영웅 신화를 수출하고 있다"고 했다.

성신여자대학교 문화커뮤니케이션 학부 교수 심두보는 「포스트 한류 시대를 대비하며」라는 논문에서 "한류는 품질이 높아진 한국 문화 상품에 대해 국제 시장이 호의적으로 반응한 데 따른 것인데도 정부의 정책적인 육성을 공개리에 강조함에 따라 외국의 반발을 키워온 측면이 있다"며 정부 지원 방식에 대한 재검토를 주문했다. 그는 또 "'민족'과 '우리' 중심으로만 한류를 볼 것이 아니라 다른 문화를 포용하고 어울리는 유연함이 중요하다"며 "한류를 위해서도 문화적 다양성에 대한 교육이 필요하다"고 했다.[4]

2010년 후반기에 베트남, 싱가포르, 태국, 인도네시아 등 4개국에서 현지 한류 수용자들을 대상으로 심층 인터뷰를 실시한 김수정은 문화 민족주의 정서가 매우 강한 한중일 3개국과는 다른 동남아의 문화적 특수성에 주목했다. 김수정은 동남아 국가들은 짧게는 몇십 년에서 길게는 몇백 년에 걸쳐 스페인·네덜란드·프랑스의 식민지, 또는 미국·일본·중국의 점령지였으며, 제2차 세계대전 후에도 미국 대중문화를 오랫동안 수용해왔기 때문에 문화적 개방성과 관용성이 높다고 했다. 따라서 "동남아 지역에서 한류가 인기 있다고 해서, 한국 미디어의 표현처럼 마치 한류가 이들 대중문화의 장을 '점령'하거나 현지 시청자들의 취향을 일시에 '휩쓰는' 현상으로 이해하는 것은 착각일 수 있다"는 것이다.[5]

연예기획사의 연예계 성 상납 사건

2009년 3월 7일 인기 드라마 〈꽃보다 남자〉에 출연한 탤런트 장자연이 소속 기획사가 자행한 술자리 접대와 성 상납 강요 등을 폭로한 문건을 남기고 스스로 목숨을 끊어 큰 충격을 주었다. 이 사건을 계기로 한국방송영화공연예술인노동조합(한예조)이 연기자 183명을 대상으로 설문조사한 결과 19.1퍼센트인 35명이 '나 또는 동료가 성 상납을 강요받았다'고 밝혔다. 5명 중 1명꼴이었다. 한예조는 확보된 '가해자 리스트'까지 공개하지는 않았지만, 가해자의 직업은 방송사 PD, 작가, 방송사 간부, 연예기획사 관계자, 정치인, 기업인 등이었다.[6] 여성 연예인들의 술자리 접대는 주로 룸살롱에서 이루어졌기에 이는 '룸살롱 사건'이기도 했다.

3월 18일 이 사건에 놀란 문화체육관광부는 '연예 매니지먼트업 등록제' 등을 정부 입법으로 추진하겠다고 밝혔다. 공정거래위원회도 불공정 계약을 막기 위한 표준약관 도입에 들어갔다. 그러나 한 연예 관계자는 "노예 계약은 예전에 비해 많이 사라지고 투명해졌다"며

연기자 중에서 '나 또는 동료가 성 상납을 강요받았다'는 이가 5명 중 1명꼴이었다. 2009년 3월 7일 술자리 접대와 성 상납 강요 등을 폭로한 유서를 남기고 스스로 생을 마감한 탤런트 장자연.

"매니저와 기획사들만 악의 소굴로 모는 것은 절반의 해법"이라고 주장했다. "여전히 문제 있는 기획사도 분명 있지만, 오디션 같은 정당한 절차 대신 접대와 인맥을 통해 끼워 넣기 식으로 캐스팅하는 관행 자체, 접대를 당연시하는 언론사·기업 쪽 인사들의 도덕적 해이도 심각한 문제"라는 것이다. 이와 관련, 『중앙일보』 기자 양성희는 다음과 같이 말했다.

"그의 말은 이번 사태의 본질을 짚어주고 있다. 실력보다 인맥이 중시되며, 술과 여자가 동원되는 향응이 있어야만 비즈니스가 되는 한국적 밤 문화 말이다. 물론 이는 법·제도 이전에 관행과 문화의 문제지만, 그래서 그만큼 더욱 강고하다. '역사는 밤에 이루어진다'는 남성적인 접대 문화, 밤 문화가 여전히 막강한 위력을 발휘하는 한, 성적 서비스의 수단으로 착취되고 꺾이는 '나약하고 힘없는' 제2·제3의 장자연은 끊이지 않을 것이다."[7]

일본 전문가인 최석영은 한국의 연예기획사는 일본 모델을 그대로 따르고 있다면서 이렇게 말했다. "한국의 연예계 역시 한번 '뜨기' 위한 엄청난 경쟁, 기획사 대표의 눈 밖에 나면 영원히 찬밥 생활을 면치 못하게 되는 구조 등 고질적인 병폐는 일본과 상당히 유사하다고 할 수 있다."[8]

세상은 성 접대를 받은 사람들의 이름을 적은 이른바 '장자연 리스트'에만 주목했을 뿐 연예계 내부의 고질적 병폐는 척결할 뜻이 별로 없는 것처럼 보였다. 한류에 대한 관심도 그런 문제를 외면케 하는 데에 일조한 것처럼 보였다.

'핵심 문화 콘텐츠 집중 육성' 논쟁

2009년 6월 한국무역협회 국제무역연구원은 「문화 콘텐츠 산업 수출 현황과 활성화 방안」 보고서에서 2003년 60.9퍼센트에 이르던 문화 콘텐츠 산업 수출액 증가율이 2007년 13.1퍼센트까지 떨어졌다고 밝히면서, 그 이유로 '킬러 콘텐츠'가 없는 점을 꼽았다. 과거 '욘사마' 배용준 등 인물에 국한되었던 한류가 핵심 콘텐츠 위주로 바뀌어야 시장 확대가 가능한데 그렇지 못했다는 것이다. 국제무역연구원은 정부 등 수출 정책 관련 기관에 "'선택과 집중'에 입각한 수출 전

략"을 주문했다.[9]

그러나 '핵심 문화 콘텐츠 집중 육성'에 대한 비판의 목소리도 나왔다. 2009년 7월 22일 국회를 통과한 미디어법은 국내 미디어의 글로벌 경쟁력을 내세웠지만, 야당과 시민단체들이 미디어법을 재벌과 거대 신문사들의 미디어 장악을 초래케 할 '정치적 악법'으로 규정하면서 뜨거운 논란이 벌어졌고, 이에 따라 '핵심 문화 콘텐츠 집중 육성'도 정치적 이슈가 되어버린 것이다.

2009년 8월 성공회대학교 중어중국학 교수 백원담은 "현 정부는 집권 당시 '소프트 파워가 강한 창조 문화 국가'를 표방했다. 그러나 192개 국정 과제 중 문화 관련 항목은 '핵심 문화 콘텐츠 집중 육성 및 투자 확대' 1개뿐이다. 문화 정책 비전이라는 것도 '문화 예술로 삶의 질 선진화'를 '콘텐츠 산업의 전략적 육성'과 '체육의 생활화·산업화·세계화' 다음 항목으로 밀어놓았다. 선진화도 비루하지만, 문화를 '국익(경제 회복을 통한 선진 일류 국가 형성)'을 위한 경제 가치로만 산정하는 것이다. 여기서 미디어 악법의 강행은 예정된 수순이었다"며 다음과 같이 주장했다.

"방송법, 멀티미디어법, 신문방송겸영법으로 대기업과 신문사는 방송 운영에 전면 참여할 수 있고, 자기 논리를 무한 방출할 수 있다. '핵심 문화 콘텐츠 집중 육성'은 바로 조·중·동의 콘텐츠로 국민 문화를 일색화하는 정책임이 차제에 확인된 것이다. 게다가 세계 금융 자본의 투자를 허용하였으니, 금융자본의 논리대로 신문 방송을 이익 창출 구조로 상정한다면 문화 경제는 쉽게 실현된다. 새 문화 콘텐츠들을 애써 만들 필요 없이 완성도 높은 미국과 일본의 문화 상품들을 가져다 그대로 내보내면 될 터, 문화 (수입) 강국 대열에 올라서는 것도 시간문제인 것이다. 신문 방송의 공익성 운운하는 불순세력은 잡아넣으면 그만이고. 한류 10년, 포스트 한류는 감사의 기도소리 일색으로 세계만방에 울려 퍼질 것이다. '오늘도 이 지위와 재산을 지켜주시고 증식까지 해주시니 감사합니다. 하느님. 할렐루야 아멘!!'"[10]

반면 『동아일보』 논설실장 황호택은 "민주당의 새 미디어법 반대 투쟁은 미디어 산업의 미래를 내다보지 못한 근시안에서 비롯됐다. 관련 기술의 발전으로 매체 간 칸막이는 사라지고 텔레비전, 신문, 통신, 인터넷, 케이블이 하나로 융합하고 있다. 새 미디어법은 방송 시장에 자유경쟁 체제가 도래함을 의미한다"며 다음과 같이 주장했다.

"권력의 강제가 아니라 시장의 힘으로 일부 지상파 방송의 방만한 경영을 구조조정할 수 있다. 정부여당이 종합편성채널 선정을 신문에 시혜를 베푸는 것처럼 생각한다면 잘못이다. SBS가 출범하던 때와는 시장 상황이 판이하다. 새 미디어는 풍랑이 거친 '레드 오션'으로 뛰어드는 일대 모험이다.……종편 선정 절차에서는 정략政略을 배제하고 글로벌 미디어 산업 육성이라는 입법 취지에 충실해야만 한다.……MB가 글로벌 경쟁력을 갖춘 미디어 산업을 키운 대통령으로역사에 남을 수 있을 것인가. 그것은 새 채널의 탄생 과정에서 어떻게 문화 산업의 틀을 짜주느냐에 달려 있다."[11]

"불합리한 저작권 소유 구조가 한류의 발목을 잡는다"

2009년 9월 27일 일본에서 발매된 배용준의 수필집 『한국의 아름다움을 찾아 떠난 여행』이 3일 만에 초판 5만 부가 매진되었다. 이 책의 소비자 가격은 2,835엔(약 3만 7,000원)이었지만, 인터넷 옥션 등에선 3~4배를 호가했다. 배용준은 출간 전 일본에서 6,750만 엔(약 8억 원)의 저작권료를 받아 화제를 모았다.[12] 배용준은 어느 기자회견장에서 '혹시 추천해주고 싶은 한국의 여행지나 명소가 있는가'란 질문을 받고 선뜻 답을 못한 것이 가슴에 걸려 전국을 다니면서 우리 문화의 정수를 체험한 것을 책으로 쓰게 되었다고 밝혔다(이 책은 한국에선 출간 20여 일 만에 4만 부가 판매되었다).[13] 이에 고무된 『중앙일보』는 사설을 통해 "〈겨울연가〉의 스타 배용준 씨의 최근 행보는 새롭게 진화하는 한류의 가능성을 엿보게 한다"며 다음과 같이 말했다.

"아쉽게도 지난 몇 년간 한류 열풍은 주춤했던 게 사실이다. 2003년에 전년 대비 60퍼센트를 웃돌았던 드라마·게임 등 문화 콘텐츠 수출 증가율이 2006년, 2007년엔 11퍼센트, 13퍼센트에 그친 것만 봐도 알 수 있다. 애당초 한류가 해외에서 예기치 못한 채 시작되다 보니 우리 정부와 업계가 체계적으로 관리, 육성하지 못한 탓이 크다. 한류가 돈이 될 뿐 아니라 국제사회에서 한국의 소프트 파워(매력)를 키우는 데에도 강력한 무기임을 확인한 만큼 이제라도 효율적인 발전 방안을 모색해야 한다. 몇몇 스타에게 기댈 게 아니라 경쟁력 있는 킬러 콘텐츠를 지속 생산하는 시스템을 갖출 수 있도록 민관이 머리를 맞대야 한다."[14]

일본에서 발매된 배용준의 『한국의 아름다움을 찾아 떠난 여행』은 가격이 2,835엔의 고가임에도 3일 만에 초판 5만 부가 매진되는 등 일본에서 배용준의 인기를 다시 한번 확인시켰다.

　　2009년 10월 12일 방송개혁시민연대 주최로 서울 세종로 세종문화회관에서 열린 '신한류 기반 조성과 발전을 위한 전문가 토론회'에 참석한 그룹에이트 대표 송병준은 "불합리한 저작권 소유 구조가 한류의 발목을 잡고 있다"고 주장했다. 그는 '혐嫌한류', '한류寒流'란 말이 생기는 등 '드라마 한류'가 역풍을 맞는 원인에 대해 "지상파 3사가 장악한 경직된 유통 구조가 문제"라고 지적했다. 그는 "방송사가 수출을 주도하다 보니 인기 드라마에 10년 전 드라마를 끼워 파는 일이 종종 일어난다"며 "해외 시청자가 이런 콘텐츠로 한국 드라마를 처음 접하면 식상하고 고루하다는 생각을 갖게 된다"고 했다.

드라마 저작권을 지상파 방송이 일방적으로 갖고 있으면서도 부가상품으로 활용하지 못하는 구조적 문제도 지적되었다. 송병준은 "한 드라마를 제작하며 주인공이 나오는 화보집용 현장 사진도 미리 촬영해놨다. 그러나 콘텐츠 저작권을 가지고 있던 방송사로부터 '원치 않는다'는 통보를 받았다"며 "이후 일본에서 화보집을 내자는 요청을 받자 방송사가 로열티를 주겠다며 비로소 콘텐츠를 요청해왔다"고 밝혔다. 이 프로젝트는 결국 무산되었다.

방송개혁시민연대 정책기획위원장 김진철은 해외 수출 시 외주 제작사에 간접광고PPL 편집권을 주자고 제안했다. 미국·일본 등에선 간접광고 규제가 비교적 느슨한 편이므로 해외 판매 드라마의 경우 한국 드라마에서 노출하지 못한 광고를 끼워넣자는 것이다. 그는 "간접광고를 보다 적극적으로 넣을 수 있도록 정부에 정책 건의서를 제출한 상태"라며 "기업은 해외 홍보, 제작사는 제작비를 충당하는 '윈-윈' 방식"이라고 설명했다.[15]

"한류는 2.0 시대로 접어들고 있다"

2009년 11월 한류전략연구소장 신승일은 "이제 한류는 2.0 시대로 접어들고 있다"고 주장했다. "한류 2.0 시대엔 대중문화보다는 전반적인 한국 문화가 콘텐츠가 되고, 한류의 주체는 스타 위주에서 다양한 문화산업 종사자로 무게 중심이 이동한다. 한류 스타와 콘텐츠, 한류 종사자와 현지 유통망을 아우르는 한류 문화산업이 각광을 받고 한류 관광은 더욱 활성화할 것이다. 우리 문화를 체험하고 먹고 사고 아름다운 우리 강산을 보고자 하는 외국인이 늘수록 한류 문화산업에 종사하는 저변 인구는 급격히 늘어날 것이다. 이런 때를 대비하고 준비하는 것이 한류 2.0 시대의 과제다."[16]

반면 영화감독인 인하대학교 교수 육상효는 한류에 대한 근본적인 질문을 제기했다. 그는 "혹시 일본에서의 한류韓流 열풍이 그들의 무의식 속에 깊이 내재된 식민지에 대한 향수로부터 기인한다면 어쩌겠는가? 그래서 일본 한류 팬의 대부분이 중년 이상의 어른들이고, 한류의 시작이 된 드라마들이 〈겨울연가〉 같은 노스탤지어를 기본 정서로 하는 드라마들이었던 것은 아닌가?"라며 다음과 같이 말했다.

"아니면 혹시 중국, 베트남 등 아시아 각국의 한류 열풍의 정체가 우리가 재빨리 복사하고 습득한 서구식, 아니 더 정확히는 미국식 생활방식과 문화의 대리 전달이라면 어쩌겠는가? 그래서 그들의 한류는 한국의 아이돌 가수들이나 도시적 감수성이 과도하게 치장된 드라마들에 대한 열광인 것은 아닌가? 한류가 아시아를 넘어서 미국이나 서구로 진출하지 못하는 것도 그쪽 나라들에서는 자신들의 복제품을 굳이 다시 볼 이유가 없어서인 것은 아닌가?"

이어 육상효는 "혹시 한류는 지금 아시아 각국에서 생겨난 하드웨어적 인프라와 그 하드웨어를 채울 소프트웨어적인 인프라 사이의 간극을 채우는 일시적인 문화 현상이 아닌가? 다시 말하면 방송국 설비와 송출의 시스템은 있으나 그 안을 채울 자국의 콘텐츠가 없을 때 일시적으로 그 빈자리를 채워주는 역할은 아닌가? 과거 우리 TV의 황금시간대를 채우던 〈타잔〉, 〈6백만 불의 사나이〉 등의 미국 드라마와 우리의 극장들을 채우던 홍콩 영화들이 지금은 흔적도 없이 사라지고 우리의 콘텐츠로 대체된 것처럼 한류도 어느 날 그렇게 사라지는 것은 아닌가?"라면서 다음과 같이 말했다.

"그러면 지금은 한류의 대중문화 작품들 속에 무엇을 담아야 할 것인가를 고민해야 될 때는 아닌가? 일방적 산업 논리에서 벗어나서 한류 드라마와 노래와 영화들 속에 과연 우리는 무엇을 담아야 할 것인가를 고민해야 될 때는 아닌가?……한국도 아니고, 보편이라는 이름 속에 음험하게 도사린 서구도 아닌, 아시아적 감수성으로 아시아적인 휴머니티를 담아내는 것이 한류의 몫이 아닐까? 그것만이 이데올로기와 정치가 빠르게 해체되고 다시 생성되는 21세기의 아시아에서 한류라는 피상적인 문화적 현상이 진정하게 내면화하는 길이 아닐까?"[17]

이렇듯 한류는 대중문화 종사자들뿐만 아니라 학자들도 바쁘게 만들었다. 손승혜의 「학술 논문의 메타 분석을 통해 본 한류 10년」이란 논문을 보면, 2009년까지 학술 논문이 총 250여 편 발표될 정도로 학자들은 한류에 깊은 관심을 보였다. 하지만 논문의 80퍼센트가 한류 확산을 위한 제언을 포함하고 있었으며, 관련 논문이 주로 관광, 경영, 경제 분야에서 나오고 있는 점은 한류가 정책적이고 경제적인 측면에 치우치고 있음을 보여주었다.[18]

한류의 다변화와 성숙인가?

한류의 다변화인가? 2010년 들어 일본에서 한식韓食의 인기가 본격적인 화제가 되었다.『마이니치신문』기자 사와다 가쓰미澤田克己는 "한국 음식은 붐의 단계를 지나 정착의 단계"라면서 "대중성으로 보자면 중국 식당과 비슷한 수준이 된 것 같다"고 말했다. 그는 "'오늘은 한국 식당 갈까'라고 말하는 친구들이 점점 많아지고 있고 바쁠 때 한식 도시락을 시켜먹는 일도 자주 있다"고 했다.

2003년 〈겨울연가〉 방영 이후 시작된 한국어 학습 붐은 이제 통계로 확인되었다. 한국어 검정시험 응시자는 2004년 4,000명대, 2006년 8,000명대에서 2009년 1만 900여 명에 이르렀다. 1993년 이 시험이 시작된 이래 1~5급까지 18만 7,899명이 응시, 10만 8,857명이 합격했다. 일본 문부과학성이 추산한 일본 전국의 한국어 학습자는 200만 명가량이었으며, 1990년대까지 한 달에 수천 부밖에 팔리지 않던 NHK 한국어 강좌 교재가 2009년엔 20만 부 안팎 나가고 있었고, 사설 학원도 도쿄 시내에만 107개나 되었다. 한국어를 제2외국어로 선택하고 있는 고교가 1999년 131개교였으나 2008년에는 426개교로 급증했다.[19]

한류의 다변화에 힘입어 시너지 효과가 작동한 걸까? 도쿄 신주쿠에 있는 대형 음반 매장 HMV에서도 변화가 나타났다. 2009년 동방신기의 일본 내 음반·DVD 판매액은 900억 원이 넘을 정도로 폭발적인 인기를 누리면서, 2009년까지만 해도 3층 월드뮤직 코너에 속해 있던 'K-pop'이 1층 베스트셀러 단독 코너로 내려왔다. 옆에는

2009년 동방신기의 일본 내 음반·DVD 판매액이 900억 원을 넘을 정도로 폭발적인 인기를 누리자 일본의 대형 음반 매장 HMV는 'K-pop' 관련 상품을 1층 베스트셀러 단독 코너에 마련했다. 도쿄 시부야의 HMV에 마련된 동방신기의 음반 코너.

동방신기 관련 상품 판매대도 마련되었다.[20]

한류의 핵인 한국 드라마의 방송 편수도 꾸준히 늘어, 2008년 11월 총 27편에서 2009년 6월 42편이 되었다. 이 중 지상파 방영도 2편에서 6편으로 늘었다. DVD 대여에서도 총 매출의 8~10퍼센트를 차지했으며, 대여 회전율을 통한 수익률도 최고 수준을 기록했다. 일본 최대 DVD·CD 대여 업체 쓰타야TSUTAYA 수익의 30퍼센트가 한국 드라마에서 나왔다. 한국콘텐츠진흥원 일본사무소가 2009년 8월 일본인을 대상으로 조사한 결과 '한류가 축소되었다'는 의견은 6퍼센트에 그쳤다. 90퍼센트는 한류 팬이 증가했거나, 고정 팬 위주로 안정화되었다고 답했다. 한국콘텐츠진흥원 일본사무소장 홍정용은 "동방신기 등 아이돌 가수들의 인기로, '한류 오바상(한류 아줌마 팬)'을 넘어 한류가 다변화됐다"고 말했다.[21]

일본 중장년 여성의 전유물이던 한국 드라마에 매료되는 일본 남성들도 갈수록 늘어났다. 쓰타야가 2008년 말 내놓은 자사의 DVD 대여 통계자료를 보면, 한류 붐의 선구자인 〈겨울연가〉는 2004년 NHK 방송 때 대여 비율이 여성 73.3퍼센트로 압도적이었지만, 2년 뒤 〈대장금〉은 남성 비율이 33.9퍼센트로 크게 높아졌다. 다시 2년 뒤인 2008년 NHK 방송 이후 인기를 누린 〈태왕사신기〉는 남성 비율이 39.8퍼센트로 늘었다. 이윽고 〈주몽〉에서는 남성이 44.7퍼센트로 더 높아졌다가 마침내 〈대조영〉에서는 52.9퍼센트로 여성을 앞질렀다. 쓰타야는 "최근 일본 내 한국 TV 드라마의 호조는 〈주몽〉이나 〈대조영〉 등 한류 사극의 인기에 따라 한류의 기본 지지층인 50세 전후 여성에 중장년 남성이 더해진 결과"라며 "일본 남성의 한류 붐 시대가 올 것"이라고 전망했다.[22]

2010년 5월 일본 『아사히신문』 계열의 시사주간지 『아에라 AERA』(5월 3일~5월 10일)는 일본 내 한국 드라마 붐과 이에 따른 현상들을 5페이지에 걸쳐 분석하면서, "한국 드라마가 일본에 정착한 것은 드라마 자체의 재미 때문이기도 하지만 일본이라는 나라가 정체돼 있다는 증거인지도 모른다"면서 "한국 드라마는 점점 일본인에게 없어서는 안 될 약이 될지도 모른다"고 했다.[23]

드라마가 주춤하면 아이돌 그룹이 나선다

일본에서 한국 드라마의 인기가 주춤해지면 아이돌 그룹이 새 한류를 이끌었다. 그래서 "40~50대 여성 중심으로 확산돼 '찻잔 속 태풍'이라는 평가를 받던 한류가 비로소 일본 대중문화의 핵심 소비층인 10~20대와 접점을 찾으며 더욱 보편적인 힘을 갖게 될 채비를 차린 것"이란 평가가 나오기도 했다.[24]

『경향신문』(2010년 5월 20일)은 "일본 음악 시장에 일고 있는 한국 가요 붐이 심상치 않다. 일시적 한류로 바람을 타는 것이 아니라 일본 음악(J팝) 시장에서 'K팝'이라는 장르로 안착하며 존재감을 드러내기 시작한 것이다. 이 같은 움직임은 국내 아이돌 그룹이 주도하고 있다"고 했다. 한국 유니버설뮤직 상무 박진은 "보아만 해도 데뷔 당시부터 일본 가수로 받아들일 정도로 현지화됐지만 이후 진출한 동방신기, 빅뱅 등은 한국의 아이돌 톱스타라는 인식이 일본 팬들에게 각인된 상태에서 활동했다"면서 "노래, 춤, 퍼포먼스 등 다방면에서 수준 높은 모습을 보여준 것이 한국 가요를 일본 소비자들이 새롭게 받아들이는 계기로 작용한 것 같다"고 분석했다.[25]

그룹 빅뱅은 2010년 2월 일본 골드디스크 대상 시상식에서 '더 베스트 5 뉴 아티스트상'을 받은 데 이어, 5월 말 일본 요요기 내셔널 스타디움에서 열린 MTV '월드스테이지 비디오 뮤직 어워드 재팬' 시상식에서 '최고 팝 비디오상' 등 3개 부문을 수상했다. 2PM · 2AM · 샤이니 · 비스트 · 엠블랙 등도 10~20대 일본 팬들의 지지로 적극적인 활동을 벌였다. YG엔터테인먼트 홍보팀장 황민희는 "앞서 인기를 얻었던 비와 세븐의 팬 중에는 30~50대 여성이 많았지만 빅뱅을 비롯한 요즘 아이돌 그룹은 일본 10대에게 주목받고 있다"고 했다.[26]

2010년 5월, 걸그룹 카라는 8월로 예정된 일본 정식 데뷔를 앞두고 일본에서 기자회견과 미니 콘서트를 겸한 팬클럽 창단식을 가졌다. 4,000여 명의 팬과 주요 TV, 음반사 관계자들을 비롯해 오기 도루扇亨 일본음악협회장까지 참석해 큰 관심을 끌었다. 유니버설뮤직을 통해 시장에 발매된 카라의 히트곡 패키지 앨범은 오리콘 데일리 차트 7위를 차지했다. 소속사인 DSP 관계자는 "시부야 타워레코드, HMV 등 주요 음반 매장마다 카라 음반 판매대가 큰 규모로 따로 마련될 정도로 현지에서 큰 관심을 얻었다"고 설명했다.

또다른 걸그룹 포미닛도 5월 초 일본 유니버설뮤직을 통해 음반을 발매하고 성황리에 단독 콘서트를 열면서 일본 시장에서 공식 활동을 시작했다. 남성 그룹 유키스도 일본 최대 포털사이트인 야후재팬과 제휴를 맺고 일본 활동을 본격화했다. 이외에도 이미 활동을 시작했거나 준비 중인 아이돌 그룹은 SS501, 샤이니, FT아일랜드, 초신성, 티아라 등이었다. 소니뮤직 J-pop 부문 부장 신성희는 "과거에는 한류 때문에 특정인이 부른 한국 가요가 관심을 얻는 양상이었지만 지금은 일본 시장에서 K팝이 음악 소비자들에게 특정 장르로 자리매김하면서 파이도 커지고 있다"면서 "아이돌 그룹뿐 아니라 발라드 가요도 시장 전망이 밝다"고 말했다.[27]

한국 음악을 소개하는 채널 Mnet재팬 본부장 민병호는 "AKB48 외에는 일본 걸그룹의 활동이 눈에 띄지 않는다"며 "현재 일본 내 한국 걸그룹 팬의 80~90퍼센트가 10~20대 여성이라는 점에서 미래가

일본에서 아이돌 그룹이 새로운 한류를 이끄는 현상이 나타났다. 아이돌 그룹의 활약으로 '찻잔 속 태풍'이라는 평가를 받던 한류는 비로소 일본 대중문화의 핵심 소비층인 10~20대와 접점을 찾기 시작했다. 아이돌 그룹 빅뱅과 포미닛.

더욱 밝다"고 말했다. Mnet재팬의 가입 가구수는 2008년 1월 5만여 명에 불과했지만 2년 만인 2010년 2배 가까운 9만 명으로 늘어났다.[28]

아이돌 그룹만 일본에서 각광받는 건 아니었다. 차분한 발라드로 일본 중장년의 감성에 호소하는 가수들은 이미 자리를 잡았다. 대표적인 그룹이 SG워너비였다. 지난 4년간 100여 회 공연을 성공적으로 마친 이들은 2010년에 발표한 싱글 음반 타이틀곡 〈프레셔스, 너만이 내가 돌아갈 곳〉을 오리콘 차트 5위에 올려놓았다. SG워너비 소속사 IS 엔터미디어그룹은 "SG워너비 공연의 관객 중 70퍼센트는 40~50대"라고 말했다.[29]

2010년 6월 30일 자살로 세상을 떠난 배우 겸 가수 박용하는 보름 후 한국에선 잊혀갔지만, 일본에선 팬들의 추모 열기가 식을 줄 몰랐다. 7월 18일 도쿄의 박용하 헌화식에서는 일본 전역에서 몰려든 1만 4,500명의 일본 팬이 그의 명복을 비는 카네이션 꽃을 바쳤다. 예상을 넘는 추모 인파에 행사 주최 측은 5,000송이의 카네이션을 추가로 긴급 마련했다. 박용하는 2003년 일본에서 〈겨울연가〉로 인기를 얻은 이후 지금까지 9장의 싱글 앨범, 8장의 정규 앨범, 17장의 DVD 타이틀을 발매해 합계 100만 장이 넘는 판매를 기록하는 등 일본에서 주로 가수로서 큰 인기를 얻었다.[30]

2010년 6월 8일, 일본은 쿨 재팬Cool Japan 담당부서인 '쿨 재팬실'을 경제산업성 산하에 설치하는 등 '일류'를 진흥시켜 보려고 애를 썼다. '쿨 재팬'은 1990년대에 영국의 토니 블레어Tony Blair 정권이 추진한 '쿨 브리타니아Cool Britannia(멋진 영국)'라는 영국 대중문화 진흥책을 모방한 것이었지만, 대중문화라는 게 국가 주도의 진흥책으로

발전시킬 수 있는 게 아니라는 건 곧 밝혀진다.[31]

"골빈 놈들이 있는 한 성전은 계속된다"

2010년 6월 9일 밤 중국의 유명 검색엔진 바이두baidu.com에 "골빈 놈(한류 팬)들이 사라지지 않는 한 성전은 계속될 것이다腦殘不滅 聖戰不休"라는 글이 올라왔다. '반한류' 캠페인인 '69성전'을 벌이자는 구호였다. 이후 10만 명이 넘는 네티즌이 한류 팬(중국어로는 하한쭈哈韓族)을 비난하는 글을 쏟아냈고, 일부는 한류 스타들의 홈페이지 등 수십 개 한국 사이트를 공격했다.

'69성전'은 5월 30일 상하이 엑스포 공연장에서 열린 한국 인기 그룹 슈퍼주니어의 공연이 도화선이 되었다. 당시 한류 팬 수만 명이 슈퍼주니어 공연 무료 입장권을 받으려고 밤을 새우며 줄을 섰으나, 엑스포 조직위가 무료 입장권을 대폭 축소해 상당수가 입장권을 받지 못했다. 또한 조직위가 무장 경찰을 동원해 한류 팬들을 에워싸 분노한 팬들과 충돌하기도 했다. 반反한류 팬들은 한류 팬들의 이런 행동이 국가의 체면을 손상시킨 것이라며 '69성전'을 벌인 것이다. 인기 채팅 사이트 큐큐qq.com의 한류 스타 관련 카페 400여 개에는 6월 10일 '성전' 댓글이 폭주했고, 바이두의 한류 스타 관련 자유게시판에도 동시에 15만 명이 클릭해 서버가 다운될 정도였다.[32]

그런 가운데 중국을 대표하는 누리꾼이자 2009년 말 미국『타임』이 선정한 '영향력 있는 인물 200인' 중 한 사람으로 뽑힌 바 있는 한

한韓寒의 분석은 그 자체로 또 논란이 되었다. 그는 "이 사건은 나이 좀 든 누리꾼이 어린 누리꾼을 몰아붙인 사건에 불과하고, 솔직히 양쪽 사람들이 다 부끄럽다"며 "중국 누리꾼 내부의 세대 간 단절이 비이성적인 반한 감정 혹은 맹목적인 애국주의로 포장되었다"고 일갈했다.

한한은 또 어린 누리꾼들에게 "국적에 상관없이 우상偶像을 갖는 건 당연한데, 훗날 나의 우상은 누구누구였다고 당당히 말할 수 있을 정도가 되려면, 우상 자체가 정말 노력하는 삶을 산 사람이어야 한다. 때론 내 어렸을 때 우상이 누구였다는 게 부끄러울 수 있는데 이 점을 조심해야 한다"고 조언했다. 또한 나이 든 누리꾼에 대해서도 "당신은 한때 일본 만화나 미국 드라마에 열광했던 사람으로 어린 친구들이 한국 가수에 열광하는 것에 대해 욕할 자격이 없다. 또 애국주의로 무장해서 어린 친구들을 몰아붙이는 시간은 5·4운동, 6·4천안문 사건 기념일 즈음이었음에도 그런 것에는 도통 관심이 없으면서 어린 친구들에게 애국주의를 들먹이는 건 어불성설"이라고 비판했다.[33]

드라마로 촉발된 태국의 한류 열풍은 경제적 효과로도 나타나고 있었다. 한태교류협회가 태국 외무부에 제출한「태국의 한류 실태 보고서」를 보면, 태국의 3개 공중파 방송은 2002년 한국 드라마 5편을 방영한 것을 시작으로 2010년 8월까지 180편의 한국 드라마를 방영했다. 특히 2006년 이후 2009년까지 3개 공중파에서만 118편을 방영, 매일 평균 약 100분씩 태국 전역에 한국 드라마가 방영되었다. 태국인의 97퍼센트는 "5년 전에 비해 한국의 이미지가 좋아졌다"고 응답했고, 그 원인으로 TV 드라마의 영향이 62.2퍼센트, 우수한 한국

제품의 영향이 20퍼센트라고 대답했다. 2002년 7만 3,900명이던 한국 방문 태국인은 2009년 19만 명, 2010년 상반기에만 12만 명으로 급증했다. 그해 방영된 드라마의 숫자와 이듬해 한국 방문객 숫자의 증가폭이 정확히 일치했다.[34]

내수시장에 주력했던 한국 화장품업체들도 수출 역군으로 거듭나고 있었다. 특히 아시아 전역으로 퍼진 한류에 힘입어 안착에 성공한 중국, 홍콩, 대만 등 중화권 시장에서 활약이 두드러졌다. 이들 업체들은 뛰어난 품질을 앞세워 몇몇 한류 스타를 통해 현지에 소개된 한국의 아름다움을 계승·확산시키는 역할을 톡톡히 함으로써 화장품 산업을 또 다른 한류 상품으로 만들었다.[35] 그 덕분에 2012년에 이르러선 화장품 수출액이 수입액을 앞지르는 역전이 이루어진다.[36]

소녀시대와 카라가 주도한 '코리안 인베이전'

"얼마 전부터 트윗팅을 시작했다. 재밌다. 시작한 지 한 3주 동안은 푹 빠져 헤어 나오질 못했다. 새로운 세상을 사는 기분이었다. 몇 번 오프 모임도 가졌다. 전혀 색다른 만남이었고, 설렘도 있었다. 나이 오십 중반에 접어들면서 설렘이라니."[37] 2010년 6월 언론학자 원용진이 한 말이다. 이즈음 트위터를 시작한 경영 전문가 공병호는 "와, 정말 대단하네"라는 탄성을 내지르면서 며칠 후 트위터에 이런 글을 올렸다. "역사는 BTBefore Twitter와 ATAfter Twitter로 나누어진다."[38] 어쩌면 한류의 역사야말로 BSBefore SNS와 ASAfter SNS로 나누어야 할지도 모를 일이었다.

2010년 8월 25일 도쿄 하네다공항. 일본 첫 '쇼 케이스(홍보 공연)'를 위해 이곳을 찾은 걸그룹 '소녀시대' 멤버들의 입이 딱 벌어졌다. 일본 열성 팬 800여 명이 공항 로비를 점거하다시피 한 것이다. 쇼 케이스 현장인 도쿄의 아리아케 콜로세움Ariake Colosseum 공연장 모습은 더 놀라웠다. 2만 2,000여 명의 일본 팬이 전국에서 구름처럼 몰려들었다. 그룹 멤버 윤아는 "일본 땅을 밟은 게 처음이고, 데뷔도 안 했는데 2만 2,000여 명이 운집해 어안이 벙벙했다"고 말했다. 일본 팬들은 어떻게 현지에서 음반 한 장 낸 적 없는 이들의 노래를 어떻게 척척 따라 부르고, 춤·의상까지 흉내낼 수 있었을까? 한국 TV를 많이 봐서일까? 답은 SNS였다. 유튜브와 트위터·페이스북 등등.[39]

또 하나 놀라운 건 쇼 케이스 관객 중 80퍼센트가 10~30대 여성들이었다는 점이다. 소녀시대 복장으로 차려 입은 코스프레 팬들이 객석을 뒤덮었다. 소녀시대보다 먼저 일본 시장에 데뷔한 포미닛, 카라, 브라운아이드걸스도 마찬가지였다. 소녀시대 멤버 써니는 놀라움을 이렇게 표현했다. "한국에서는 공연을 하면 '우와' 하는 남자들 환성이 크게 들렸는데 일본에서는 '꺄악' 하는 소리에 압도됐어요. 우리 또래 여자들이죠. 그분들에게 저희가 멋있게 보이나 봐요."[40]

일본에서 새 음반이나 신인 가수를 관계자에게 알리기 위한 '쇼 케이스'는 보통 레코드점에서 간단한 행사와 악수회를 하는 게 일반적이고, 많이 모여봐야 수천 명이었다. 일본 음반업계 관계자는 "DVD만 나왔을 뿐 정식 데뷔도 하기 전인 쇼 케이스에 2만 명이 넘는 팬들이 몰린 것은 외국인 가수로는 최초"라고 놀라움을 표시했

일본 데뷔 싱글 〈지니Genie〉 발표를 앞두고 2010년 8월 25일 도쿄 아리아케 콜로세움에서 열린 소녀시대의 첫 일본 쇼 케이스를 보기 위해 일본 팬들이 줄을 선 채 입장을 기다리고 있다.

다.[41] 이날 일본 NHK는 9시 뉴스 톱기사로 5분간 한국 걸그룹을 보도했다.

　일본 언론은 소녀시대와 카라 등 한국 걸그룹의 일본 진출을 '코리안 인베이전(한국 침공)'으로 불렀다. 『조선일보』(2010년 8월 26일)는 "이 말 속에는 긴장과 열광의 감정이 엉켜 있다"고 했다. 이 기사는 "2004년 '욘사마'와 드라마 〈겨울소나타〉(〈겨울연가〉)가 1차 '코리안 인베이전'이었다면 올해 8월부터 시작된 한국 걸그룹들의 일본 '침공'은 2차에 해당한다"며 다음과 같이 말했다.

　"그 사이 보아와 동방신기 등 일부 한국 가수들이 일본 음악 차트에서 성공을 거두긴 했지만, 일본에서의 한류韓流는 '욘사마'로 대표되는 정적인 이미지였다. 일본 젊은이들에게 한류는 그저 '아줌마 문화' 정도로 치부됐었다. 그러나 소녀시대와 카라의 진출로 한류 팬층과 이미지는 크게 달라졌다. 한 일본 네티즌은 '소녀시대 공연은 아빠와 내가 함께 보고 싶은 것'이라고 했다. 아버지도 소녀시대를 좋아할 이유가 있고, 딸도 소녀시대에 열광할 이유가 있다. 2차 침공은 일본의 전 세대에 영향을 주고 있다."[42]

소셜미디어의 힘은 일본에만 그치지 않았다. 미국 시사주간지 『타임』(2010년 8월 26일)은 한국 가요가 유튜브, 페이스북 등 소셜미디어를 타고 미국과 캐나다 등 북미 시장을 파고들고 있다고 보도했다. 인기 그룹 빅뱅의 멤버인 태양은 7월 첫 솔로 앨범《솔라》를 온라인으로 발표했는데, 이는 예상을 뒤엎고 태평양을 건너 북미에서 반향을 일으키며 미국 아이튠스 R&B 차트에서 2위, 캐나다에서 1위에 올랐다. 아시아 가수 중에서는 처음이었다. 이 앨범은 한국과 일본의 팬들을 겨냥한 것으로 북미에서는 어떤 홍보활동도 하지 않았기 때문에 의외의 결과로 받아들여졌다. 태양은 『타임』에 "처음에는 그렇게 멀리 떨어진 곳에 내 앨범을 사는 팬들이 있다는 걸 믿기 어려웠다"고 말했다.[43]

연습생 기간 '3~6년'과 '6개월~1년'의 차이

소녀시대와 카라 등 한국 걸그룹의 강점은 탄탄한 실력이었다. 『경향신문』(2010년 9월 2일)은 "'아이돌 고시'라는 말이 나올 정도로 국내 시장 경쟁의 문이 좁다보니 아이돌 그룹은 라이브 실력과 춤 등 퍼포먼스까지 갈고 다듬어 경쟁력 있는 콘텐츠를 자랑한다. 여기에다 주먹구구식 접근이 아니라 현지의 대형 기획사나 음반사와 손잡고 마케팅을 펼치면서 시장에 안착하는데도 큰 도움을 받고 있다"며 다음과 같이 말했다.

"다양한 음악 장르가 발전한 일본이지만 한국식 걸그룹과 같은 형태가 없다는 점도 인기 요인이다. 일본의 걸그룹으로는 모닝구 무스메, AKB48 등이 명맥을 유지하고 있지만 지나치게 마니아층 중심으로 접근해왔으며 완벽하게 갖춰진 모습 대신 성장 과정을 보여주는데 주력했다. 이 같은 상황에서 실력이나 대중 친화력이 훨씬 뛰어난 한국 걸그룹의 등장은 일본 대중을 매료시키며 신선한 충격을 주고 있다는 분석이다."[44]

대중음악평론가 김작가는 "일본 걸그룹의 춤이 율동 수준이었다면 한국 걸그룹은 군무를 통해 훨씬 뛰어난 비주얼 퍼포먼스를 보여줄 뿐 아니라 라이브 실력, 외모까지 경쟁력을 자랑하며 문화적인 경쟁력과 생산력이 강해졌다"고 평가했다. 또 "걸그룹의 인기와 활동 영역의 정도는 단순히 한류를 좋아하는 소비 계층에 머무는 것이 아니라 일본 대중문화 전반에 더 넓고 큰 영향력을 미칠 것으로 보인다"고 덧붙였다.[45]

『조선일보』(2010년 9월 7일)도 "한국 걸그룹은 기본적인 춤과 노래 실력에 있어서도 일본 걸그룹과 비교해 우위에 있다"며 이렇게 말했다. "한국은 연습생 기간이 3~6년에 달하지만 일본은 6개월~1년 사이다. 일본 아이돌 기획사들은 최근 '누구나 아이돌이 될 수 있다'는 모토를 앞세우며 물량 공세에 집중하고 있다. '서민庶民 아이돌'이라는 표현까지 나올 정도다. 멤버 수가 48명인 AKB48은 도쿄 아키하바라의 소극장에서 매일 공연을 열고 팬을 만나왔다. 일단 데뷔를 시켜놓고 이런 무대를 통해 실전 훈련을 시키는 방식으로 아이돌이 양성되는 것이다."⁴⁶

일본 내 최초 한류 잡지를 펴낸 『코리아 엔터테인먼트 저널』 한국 연예 담당 기자 사이토 미즈키는 『한겨레』 인터뷰에서 "외국인 가수가 단번에 이렇게 인기를 얻는 것은 일본에서도 처음 있는 일이다. 이유가 뭔가?"라는 질문에 이렇게 답했다. "그들은 일본 걸그룹과 전혀 다른 매력을 가지기 때문이다. 춤, 노래가 되는 것은 기본이고, 새로운 곡을 낼 때마다 새로운 콘셉트를 만들어낸다. 귀엽고 깜찍한 소녀들이 갑자기 섹시 여전사로 돌아오는 등 팬들은 지루할 틈이 없다. 일본 걸그룹은 남성 팬을 의식한 귀여운 콘셉트로 밀고 가기 때문에 뭔가 부족함을 느끼고 있던 일본인들이 한국 걸그룹의 매력에 빠지는 것 같다."

그는 "한국 걸그룹 인기 원인을 실력이 뛰어나기 때문이라고 말하는데, 일본 아이돌도 혹독한 연습 기간을 거치지 않는 것인가. 차이가 있는 이유는 무엇인가?"라는 질문엔 이렇게 답했다. "물론 일본도 연습 기간이 있지만, 한국처럼 몇 년 동안 심하게 연습을 시키지 않는다. 팬들은 조금 부족한 듯한 아이돌이 성장하는 과정을 지켜보면서 수십 년을 함께하기 때문이다. 게다가 일본 여성 아이돌은 무엇보다 남성 팬을 사로잡는 '귀여움'을 제일 중요하게 생각해왔다. 그에 비해 한국 걸그룹은 실력이 없으면 금세 퇴출당하고, 이성은 물론, 동성까지 사로잡는 카리스마를 요구받는다. 이 때문에 차이가 있는 것이라고 생각한다."⁴⁷ '일본 귀여운 것들 비켜!'라는 재미있는 기사 제목처럼, '귀여움'이 '카리스마'를 당해낼 수는 없는 일이었다.⁴⁸

'소녀시대 지수'와 '소녀시대 경영론'

2010년 9월 4일 미국 로스앤젤레스 테이플스센터에서 4시간여 동안 진행된 'SM타운 라이브 월드 투어' 공연은 보아, 소녀시대, 슈퍼주니어 등 SM 소속 가수 40여 명이 총출동한 가운데 성황리에 끝났다.⁴⁹ 이런 활동 등에 힘입어 K-pop의 글로벌 지명도는 높아졌으며, 특히 소녀시대의 인기가 두드러졌다. 9월 12일 기준으로 1,000만 명이상 조회한 유튜브 동영상이 3편(〈지Gee〉 2,255만 명, 〈오Oh!〉 1,950만명, 〈런 데빌 런Run Devil Run〉 1,029만 명)이나 되었다(SM엔터테인먼트 전체로는 1억 9,000만 명).

이 통계를 제시한 『시사IN』의 분석에 따르면, 소녀시대 데이터에서 흥미로운 건 소녀시대 뮤직비디오 동영상을 가장 많이 보는 나라는 한국이 아니라 태국이었다는 점이다. 한국이 소녀시대 동영상을 441만 번 플레이할 때, 태국은 무려 그 3배에 육박하는 1,237만 번이나 플레이했다. 태국 다음으로 조회수가 많은 나라는 930만 번 조회한 미국이었다. 이후 조회 순서는 대만(660만 명), 필리핀(612만 명), 베트남(564만 명), 일본(526만 명), 한국(441만 명), 싱가포르(380만명), 말레이시아(367만 명), 홍콩(329만 명)으로 이어진다. 10위권 밖으로는 캐나다·오스트레일리아·브라질 등이 뒤를 이었다.

[소녀시대] 한국 히트곡 모음 BEST 30 (2007~2018)
원투쓰리
1년 전 · 조회수 551,400회
SNSD Girls' Generation Korea Best Collection 30 Songs
(Evolution of 'SNSD')

[소녀시대] 한국 히트곡 모음 BEST 50 (2007~2020)
원투쓰리
3개월 전 · 조회수 14,994회
#소녀시대 #GIRLS_GENERATION #노래모음 #SNSD #少女時代

Girls' Generation 소녀시대 '소원을 말해봐 (Genie)'
MV
SMTOWN ☑
10년 전 · 조회수 67,849,700회
Girls' Generation's 2nd mini album '소원을 말해봐' has been released. Listen
and download on iTunes & Apple Music, Spotify, ...

Girls' Generation 소녀시대 '훗 (Hoot)' MV
SMTOWN ☑
9년 전 · 조회수 48,153,398회
Girls' Generation's 3rd mini album "Hoot" has been released. Listen and
download on iTunes & Apple Music, Spotify, and Google ...

소녀시대(Girls' Generation) - Lion Heart(라이온 하
트) @인기가요 Inkigayo 20150906
스브스케이팝 / SBS KPOP
4년 전 · 조회수 10,199,369회
SBS 인기가요 831회 20150906 SBS

2010년 9월 12일 1,000만 명 이상이 조회한 소녀시대의 유튜브 동영상은 〈지〉, 〈오!〉, 〈런 데빌 런〉 등 3편이나 되었다. 유튜브에 올라와 있는 소녀시대의 동영상들.

『시사IN』은 인구 대비 소녀시대 동영상 조회 비율을 환산함으로써 맥도날드 '빅맥 지수'처럼 일종의 '소녀시대 지수'를 산정했는데, 결과는 이렇게 나타났다. 한국은 인구 100명당 9명이 유튜브에서 소녀시대 동영상을 조회했는데, 싱가포르는 무려 100명당 83명이 조회했다. 홍콩은 47명, 대만은 29명, 태국은 19명, 말레이시아는 15명이었다. 한국보다는 적지만 캐나다(7명)·필리핀(7명)·베트남(7명)도 충성도가 높았다. 소녀시대가 이제 막 활동을 시작한 일본은 100명당

4명(오스트레일리아 4명), 아직 제대로 활동을 시작하지도 않은 미국에서도 3명이나 되었다. 『시사IN』은 '글로벌 한류'가 시작된 것이라고 평가했다.[50]

인기 걸그룹 '소녀시대'가 일본 시장에 신新한류 돌풍을 일으킨 가운데, 일본의 유력 경제 주간지인 『닛케이비즈니스日慶BP』는 「제2의 삼성이 여기에 있다: 숨겨진 한국의 급성장」이라는 기사에서 주목할 만한 한국의 차세대 기업과 소녀시대의 공통점을 비교하기도 했다. 한국 경제계에는 '소녀시대 경영론'까지 등장했다. 오랜 연습을 통해 기량을 축적한 뒤, 당차고 적극적인 글로벌 경영으로 만족스러운 결과를 만들어내고 있는 소녀시대의 성공 비결을 국내 기업들도 본받자는 주장이었다.

삼성경제연구소는 10월 14일 「아이돌 그룹이 이끄는 신新한류 시대」라는 보고서를 내고 "자원의 절대적인 열세 속에서도 한국 아이돌 그룹이 세계적인 인기를 구가하는 것은 글로벌 경쟁을 하는 한국 기업에 시사하는 바가 크다"면서 소녀시대, 슈퍼주니어, 카라 등 인기 가수의 성장 과정을 유심히 살펴보라고 지적했다. 삼성경제연구소 선임연구원 정태수는 "새로운 변화를 모색하는 기업들 역시 도전 정신을 발휘하되 치밀한 계획과 준비를 통해 위험 관리를 하면서 성공 경험을 축적해나가는 것이 중요하다"고 밝혔다.

'소녀시대 마케팅'에 적극 나선 기업도 있었다. KTB투자증권 대표 주원은 트위터 내 소녀시대 팬 모임인 '소시당'에 가입해 젊은 이용자들과 다양한 이야기를 나누며 공감대를 형성해나갔는데, 회사 측은 "소시당의 영향 덕분인지 최근 젊은 고객이 늘고 있다"고 밝혔다. 증권사가 발간하는 투자 보고서에도 소녀시대 이름이 등장했다. 소녀시대가 소속된 SM엔터테인먼트의 투자 보고서에는 "소녀시대의 해외 진출에 따른 수혜가 기대된다"는 증권사의 분석 내용들로 가득했다.[51]

10월 26일 소녀시대는 해외 여성 그룹으로는 30년 만에 일본의 대표적 대중음악 순위인 오리콘 차트 1위에 올랐다. 10여 년 전만 해도 미국의 빌보드 차트와 마찬가지로 감히 넘볼 수 없는 차트였다. 소녀시대가 국내 최고의 걸그룹으로 자리매김하고 일본에 진출해 현지에서 선전하면서 브랜드 파워가 공고해지는 동안 SM 주가도 빠르게 치솟았다. 11월 2일 현재 소녀시대 소속사인 SM 주가는 2만 1,450원을 기록했다. 2010년 말 4,495원으로 마감되었던 데서 377퍼센트나 올랐다. 같은 기간 코스피 지수가 13.9퍼센트 오른 것과 비교하면 30배나 높은 성장률이었다.[52] 이제 곧 소녀시대의 자산 가치는 1조 원이 넘는다는 평가마저 나오게 된다.[53]

"제2한류는 SNS가 한국에 준 선물"

2010년 10월 8~11일 트위터에선 인기 그룹 '슈퍼주니어' 멤버 김희철의 이름이 나흘 내내 주요 검색어에 오르는 이변이 일어났다. 세계 팬들이 11일을 '김희철의 날'로 정해 각국 언어로 관련 '멘션(140자 미만으로 작성하는 트위터 글)'을 일제히 쏟아낸 덕분이었다. 이와 관련, 『중앙일보』(2010년 11월 23일)는 "시장도 몰라보게 커졌다"며 다음과 같이 말했다.

"인터넷이 되는 곳이면 어디든 한류 팬이 생겨난다. 얼마 전 사우디아라비아의 한 가장이 여섯 명 딸의 성화에 못 이겨 KBS 음악 프로그램 〈뮤직뱅크〉를 방청하러 내한해 화제가 됐다. 음원이 팔리는 나라도 늘었다. 동남아시아뿐 아니라 미국·유럽 등지에서 인터넷을 통해 국내 뮤지션의 음원을 구입하는 일이 잦아진 것이다. SNS는 무엇보다 글로벌 시장 진출에 필요한 마케팅 비용을 크게 줄였다. SNS의 사이버공간에서 홍보와 마케팅의 주력 부대는 기업이 아닌 일반 네티즌이다."[54]

SM엔터테인먼트 대표 김영민은 "독이던 인터넷이 약으로 변했다"고 말했다. 콘텐츠 불법 복제의 온상이던 온라인이 한류의 글로벌 도약대 역할을 하게 되었다는 뜻이다. 그는 "유튜브·페이스북·트위터 같은 보편적 SNS 플랫폼이 활성화하면서 시간·공간의 제약을 뛰어넘어 세계 팬들과 실시간 소통할 수 있게 됐다"고 말했다.

YG엔터테인먼트 홍보팀장 황민희는 "과거엔 국내 최고 스타라도 해외에 진출하려면 많은 스태프가 현지 숙소를 잡고 바닥부터 새로 시작해야 했다. 이젠 온라인으로 미리 반응을 체크한 뒤 각 시장에 맞는 세부 전략을 세울 수 있어 위험 부담이 줄었다"고 말했다. 대우증권의 애널리스트 김창권은 "스마트TV·태블릿PC까지 대중화하면 한류와 국내 엔터테인먼트 산업이 더 힘을 받을 것"이라며 "제2한류는 SNS가 우리나라에 준 선물"이라고 평했다.[55]

물론 아무 노력 없이 거저 받은 선물은 아니었다. SM, JYP, YG 등은 일찌감치 유튜브에 공식 채널을 개설하고 자사 소속 가수들의 홍보 마케팅 창구로 이용해왔다. SM은 2006년 유튜브 채널을 개설한

소셜미디어와 유튜브 등 동영상 플랫폼은 K-pop의 글로벌 지명도를 크게 높이는 원동력으로 작용했다. SM, JYP, YG 등은 일찌감치 유튜브에 공식 채널을 개설하고 소속 가수들의 홍보 마케팅 창구로 이용해왔다. 위에서부터 SM, JYP, YG의 유튜브 공식 채널.

이후 2010년 11월 4일 현재 채널 조회수는 611만 명, 총 업로드 조회수는 2억 4,400만 명을 넘어섰다. 구독자 수도 17만 명에 달했다. JYP도 2008년 유튜브 채널을 개설해 조회수만 120만 명, 총 업로드 조회수는 2,870만 명, 구독자 수는 62만 명을 기록했다. JYP의 원더걸스와 2PM도 유튜브 채널을 개설했는데, 채널 조회수와 총 업로드 조회수 등이 소속사 채널보다 3배 정도가 높았다. YG도 유튜브 채널(2008년 개설) 조회수 390만 명, 총 업로드 조회수 1억 9,400만 명, 구독자 수 16만 명을 넘겼다.[56]

스토리가 드라마의 성패를 좌우한다

2010년 10월 '영상미의 대가'로 불린 '원조 한류 드라마 연출가'인 윤석호(윤스칼라 대표)는 『조선일보』(2010년 10월 15일) 인터뷰에서 "한류 드라마가 가능했던 건 우리나라 특유의 세련된 연출력 때문이었죠. 하지만 스토리가 받쳐주지 못하면 그 인기도 단명하고 맙니다. '반짝반짝 빛나는 원작'을 발견해야 진정한 중심을 잡을 수 있죠"라고 말했다.

윤석호는 "현재 우리나라 드라마는 극적인 강도強度를 높이는 데만 치우쳐 있고 밀도密度를 높이는 데는 소홀하다"며 "최근 일본 만화를 원작으로 한 드라마가 넘치고, 막장·대작 드라마만 나오고 있는 것이 단적인 예"라고 했다. 그는 호흡이 짧고 빠른 우리나라 드라마 제작 여건상 스토리의 중요성은 더욱 크다며 이렇게 말했다. "스타

PD가 작가에게 개략적인 기획을 던질 수는 있겠죠. 하지만 캐릭터를 구체화하고 안타까운 대사와 상황을 만드는 건 결국 스토리를 만드는 작가의 힘이에요. 게다가 영화처럼 드라마는 대본을 다 써놓고 시작할 수 없기 때문에 후반부로 갈수록 작가에 대한 의존도가 심해지죠."

윤석호는 '요즘 한류 열풍이 한풀 꺾였다'는 일각의 지적에 대해 "오직 '수익'을 목적으로 만든 드라마가 늘고 있기 때문"이라고 답했다. 〈겨울연가〉의 엄청난 성공 신화를 노린 '맞춤형 드라마'들이 잇따라 제작되면서 오히려 한류 경쟁력을 깎아먹고 있다는 것이다. 그는 "〈겨울연가〉를 만들 때까지만 해도 '어떻게 하면 더 감동을 줄까'라는 일차적인 고민만 했다"며 "하지만 지금 제작사들은 '해외에 먹히려면 누굴 캐스팅해야 하나', '어떻게 만들어야 투자를 이끌어내나'에만 집중하고 있다"고 일침을 놓았다.

하지만 그는 '제2의 한류'에 대해선 비교적 긍정적인 답변을 내놨다. '한국인의 감성'만큼 드라마틱한 힘은 없다는 이유였다. "우리 민족은 희로애락이 강한 민족 아닙니까. 쉽게 흥분하고 쉽게 슬퍼하는 감정의 진폭이 큰 사람들인데, 이게 바로 드라마에서 터지면 엄청난 힘이 되죠." 그는 "최근 '한류 드라마가 없다'는 지적이 나오는 것은 기존에 있는 소재를 너무 편하게만 발굴하려고 하는 안이함도 한몫했다"며 "개인적으로 최근 방송된 〈제빵왕 김탁구〉처럼 긍정의 에너지와 창작의 힘을 동시에 보여준 스토리를 높이 평가한다"고 했다.[57]

그렇다면 한국 드라마(한드), 일본 드라마(일드), 미국 드라마(미드)의 차이는 과연 무엇일까? 『시사IN』 기자 고재열이 트위터에 평가를 부탁했더니 '짧고 굵게' 분석한 촌철살인 멘트들이 쏟아져나왔다. 날

카로운 안목이 번득이는 멘트들을 소개하자면, 다음과 같다.

"한드는 막장, 일드는 과장, 미드는 긴장." "한드 맵고, 일드 심심, 미드 느끼." "한드는 막판에 대화합, 일드는 행불행이 분명, 미드는 궁금하면 시즌2 기다리시든가." "한드는 쓸데없이 흥분, 일드는 쓸데없이 열심, 미드는 쓸데없이 진지." "한드는 가족사, 일드는 사회사, 미드는 지구사(?)." "한드는 성질나서 악 받쳐서 억울해서 혼자 엉엉, 일드는 소속감 느끼고 감동 받아 친구 직장 동료들이랑 떼로 엉엉, 미드는 일 해결하고 가족·연인이랑 얼싸안고 엉엉." "한드는 뜨면 CF, 일드는 뜨면 영화화, 미드는 뜨면 시즌2." "한드는 안 봐도 스토리 알고, 일드는 봐도 모르겠고, 미드는 끝까지 봐야 안다."

"한드는 재벌과 연관된 출생의 비밀을 가진 주인공, 일드는 근면 성실한 가난뱅이지만 마지막엔 운이 좋은 주인공, 미드는 추리력과 관찰력이 좋은 똑똑한 주인공." "한드는 아이들에게 망상을 심어주고, 일드는 일상을 심어주고, 미드는 공상을 심어준다." "한드는 욕하면서 보고, 일드는 비웃으면서(만화 같은 설정에) 보고, 미드는 감탄하면서 본다." "한드는 사람 냄새가, 일드는 생활 냄새가, 미드는 화약 냄새가 난다." "한드는 남편이 웬수, 일드는 찌질한 내가 웬수, 미드는 범죄와 테러가 웬수." "한드는 사랑이 우릴 구원할 거야, 일드는 상상력이 우릴 구원할 거야, 미드는 보험이 우릴 구원할 거야."[58]

한국콘텐츠진흥원의 '2010년 방송 콘텐츠 수출입 현황과 전망'에 따르면, 방송 콘텐츠 수출액 1억 5,000만 달러 가운데 드라마가 차지한 비중은 전체의 87.6퍼센트인 1억 3,000만 달러에 이르렀다. 지역별 방송 콘텐츠 수출 현황은 일본 53.9퍼센트, 대만 13.2퍼센트,

중국 8.8퍼센트, 홍콩 3.2퍼센트, 필리핀 2.7퍼센트, 태국 2.3퍼센트 순이었다.[59]

"한류 스타 너무 건방져요"

전국 온라인 쇼핑몰과 오프라인 소매점의 음반 판매량을 집계한 한터 차트를 보면, 2010년 음반 판매 순위 20위 안에 아이돌 그룹(출신 솔로 가수 포함)이 17팀 포함되었다. TV 예능 프로그램, 드라마, 뮤지컬, 영화관에서도 2010년의 핵심 키워드는 '아이돌'이었다. 이런 쏠림 현상 못지않게 심각한 건 음반 시장의 비대칭적 성장이었다. 문화체육관광부의 「2009 콘텐츠 산업 백서」를 보면 2008년 국내 음반 시장 매출액은 811억 원에 그친 반면 디지털(음원) 시장 매출은 5,264억 원에 이르렀다. 음원을 팔아 번 돈은 대부분 유통사에 귀속되었고, 한 곡당 가수에게 돌아가는 돈은 기껏해야 수십 원, 심지어 채 5원이 되지 않는 경우도 있었다.

이런 현상에 대해 음악평론가 임진모는 "주류나 인디를 구분할 것 없이, 음악을 만들어봐야 돈이 되지 않는 상황이 심화되고 있다"고 말했다. 그는 "특히 올해 온라인 시장에선 단 한 곡도 1주일 이상 다운로드 순위 톱을 지키지 못했다"며 "2010년은 대중문화 상품으로서 음악의 수명이 한층 더 짧아지고, 음악인들의 양극화가 심화된 해"라고 분석했다.[60]

그런 양극화의 외중에서 "한류 스타 너무 건방져요"라는 말도 나

2010년 음반 판매 순위 20위 안에 아이돌 그룹이 17팀이나 포함될 정도로 아이돌의 강세가 이어졌다. 위에서부터 음반 판매 1위를 차지한 슈퍼주니어의 정규 4집 앨범《미인아》, 2위를 차지한 소녀시대의 정규 2집 앨범《오oh!》, 3위를 차지한 소녀시대의 미니 3집 앨범《훗Hoo》.

왔다. "힘들게 표를 구해서 팬 미팅 현장에 가면 우리를 돈벌이 도구로만 보는 것 같아 화가 나요." 2010년 12월 1일 한국문화산업교류재단이 서울 프레스센터에서 주최한 '한류의 새로운 도약' 토론회에서 나온 말이었다. 베트남의 문화 전문기자 당티에우응언, 중국의 문화평론가 마쉐馬雪, 일본 마이니치 방송 아나운서 야기 사키八木早希, 태국 피사누룩 나레수안대학 한국어과 교수 쭈타맛 분추 등이 패널로 등장해 동아시아 각국에서 한국 문화 콘텐츠가 차지하고 있는 위상이 어떤 것인지, 문제는 뭔지를 솔직하게 전했는데, 『조선일보』는 "솔직히 낯이 뜨거울 지경이었다"고 했다.

쭈타맛은 "팬 미팅은 팬과 스타가 즐겁게 만나는 자리인데 한국 스타들은 10만 원 이상 입장료를 받는데다 함께 사진을 찍거나 포옹을 하려면 5만 원·10만 원씩 돈을 더 받는다"며 "그런 모습을 볼 때마다 정말 실망스럽다"고 말했다. 마쉐는 "중국에서는 ○○○의 형, ○○○의 사촌동생이라는 등 한류 스타와 혈연관계라는 이유로 무작정 연예인으로 데뷔하는 사람들이 있다"며 "그런 실력 없는 사람들 때문에 한류가 침체된다는 걸 알고 있느냐"라고 물었다. "일부 한류 스타들은 노래를 2~3곡만 부르고 가버리는 행사를 주최하면서 콘서트라는 이름을 붙이고 고액의 입장료를 받아 비난을 받기도 한다"고 덧붙이기도 했다.

이들은 모두 한국의 드라마·음악·영화에 대해 깊은 애정을 갖고 있는 사람들이었지만 반짝 인기를 타고 한몫 챙기려 눈이 벌게진 일부 한국 연예인과 기획자들의 상혼商魂에 넌더리를 냈다. "순수한 마음을 가진 동아시아 팬을 상대로 돈 버는 비즈니스만 하려 한다", "한

제8장 "제2한류는 SNS가 한국에 준 선물"

류 스타들은 너무 건방지다"는 이야기가 쏟아졌다.[61]

오디션에 134만 명이 몰리는 '아이돌 고시 열풍'

정말 한류 스타가 건방진 건지, 아니면 애초에 공연 기획이 건방지게 보일 수밖에 없게끔 이루어진 것인지는 알 수 없으나, 적어도 3대 기획사의 아이돌 관리는 철저히 '인성교육'에 맞춰져 있었다. JYP 대표 정욱은 2010년 9월에 가진 인터뷰에서 다음과 같이 말했다.

"우리가 강조하는 건 '무조건 좋은 사람이 돼라'에요.……실수를 할 확률이 적은 좋은 사람이 되어야 해요.……어떤 사람들은 연예인에게 너무 높은 도덕성을 요구하지 말라고도 하지만, 그건 한국의 특수성을 생각해보면 다른 나라와는 다르다고 생각해요. 연예인은 공적 영역에서 활동하는 개인이고 책임을 져야 할 부분이 있다고 봅니다."[62]

이런 생각은 JYP뿐만 아니라 SM과 YJ에서도 통용되는 철칙이었다. 이건 별도의 연구 주제겠지만, 한국은 연예인을 '공인'으로 간주하면서 공인이 가져야 할 도덕성을 요구하는 유별난 나라다. 게다가 연예인에겐 '좋은 성격'과 '유쾌하고 명랑한 표정'까지 요구한다.[63] 시장 풍토가 연예인의 그런 '감정노동'을 당연시하고 있으니, 그 기준을 맞추지 못하는 연예인은 퇴출 대상이었다. 따라서 기획사로서는 무슨 고결한 뜻이 있어서라기보다는 애써 키운 연예인의 '지속가능성'을 위해서라도 '인성교육'을 강조하지 않을 수 없었다.

이에 대한 심도 있는 논의는 제9장에서 하겠지만, '인성교육' 못지않은 한국적 특수성은 아이돌의 스파르타식 훈련과 사생활 관리에 대해서도 잘 나타났다. 이에 대해 인권침해 논란이 있기는 했지만, 사실 한국에선 그게 큰 문제가 되진 않았다. 여기서 또 작동하는 게 바로 '과로過勞'를 미덕으로 보는 한국적 풍토와 문화였다. 앞서 인용한 정욱이 그 점을 잘 지적했다.

"한국이 좀 특이한 게 있어요. 일단 물리적으로 일을 많이 하잖아요. 기업으로 봐도 이 작은 한국에서 글로벌 대기업이 나오는 것이 신기하지 않나요? 한국의 글로벌 대기업과 한국의 초국적 아이돌 사이의 관계도 생각해볼 수 있을 것 같아요.……우리는 일요일 새벽 2시에도 믹싱을 합니다(웃음)."[64]

사회 전 분야에 걸쳐 나타나는, 더 높은 곳을 향하여 질주하는 한국형 상향 경쟁이 '모험 산업'이나 '도박 산업'에 가까운 대중문화 영역에서 나타나는 건 너무도 당연한 일이었는지 모른다. 2009년 JYP엔터테인먼트에서 연습생 3명을 공채하는 데 모두 2만여 명이 몰려서 약 7,000대 1이라는 경쟁률을 기록했고, Mnet에서 제작한 오디션 프로그램 〈슈퍼스타K 시즌2〉(2010)에는 134만 830명이 몰렸다. 이런 '아이돌 고시 열풍'이 말해주듯이, 연예기획사의 연습생으로 뽑혔다는 것만도 엄청난 행운으로 여겨지는 풍토가 자리 잡았다.[65] 4인조 여성 그룹 JQT가 말했듯이, "김연아·박태환 선수, 그리고 여러 프로 선수의 그것과 다르지 않다".[66]

134만 명이란 수치는 전 국민 40명 가운데 1명이 UCC(사용자 제작 콘텐츠)나 ARS 전화를 통해 오디션을 받은 셈이라는 이야긴데, 이

© 연합뉴스

'아이돌 고시 열풍'이 시사하듯 더 높은 곳을 향하여 질주하는 한국형 상향 경쟁은 대중문화 영역에서도 고스란히 나타났다. 2011년 7월 2~3일 잠실 실내체육관에서 열린 〈슈퍼스타K 시즌3〉 서울 지역 예선 현장.

런 나라가 지구상에 또 있을까?[67] 여기저기 음악 학원에 "오디션 프로그램 대비 단기 속성 과외"라는 플래카드가 내걸리는 건 한국에선 당연한 일이었으며, 이런 희한한 '아이돌 고시 열풍'의 모태는 한국인 절대 다수가 지지하는 '코리안 드림'이었다. 〈슈퍼스타K 시즌2〉에서 "수리공 출신 허각의 우승은 불평등한 세상에서 유일하게 실력으로 평가하는 공정한 방법이 오디션이라는 사회적 메시지를 전하며 많은 이를 감동시켰고, 사회적 반향도 대단했다".[68]

'한류 낭인'과 '아이돌 7년차 징크스'

2010년 10월 18일 KBS 국정감사에서 한나라당 의원 안형환은
"KBS 〈뮤직뱅크〉를 보며 경악하지 않을 수 없었던 것이 카라, 티아라
등 미성년자들이 소속돼 있는 여성 그룹이 섹시 콘셉트로 짧은 치마
나 바지 속이 훤히 보이는 옷 등을 입고 춤추며 노래하고 있었다. 또
오락 프로그램의 사회자들은 어린 여자 가수들에게 '섹시 댄스', '섹
시 표정' 등을 주문한다"고 지적했다. 이어 "이런 모습이 자꾸 방송에
나오다 보니 많은 학생들이 흉내를 낸다. 우리나라 초등생 42퍼센트
가 가수, 8퍼센트가 탤런트를 꿈꾸는데 이는 정상적인 나라가 아니
다"라고 주장했다.

안형환은 또 "어린 청소년들이 너무나 많은 연예 활동을 하며 착
취를 당하고 있다"면서 "2TV 〈스폰지〉는 17세의 '씨스타' 멤버를 자
정까지, 〈해피투게더〉는 '원더걸스' 안소희, 혜림을 새벽 3시까지 녹
화를 하도록 했다. 이러니 (미성년 연예인들이) 고등학교 자퇴를 하는
등 학업을 제대로 못하는 게 아니냐"고 문제를 제기했다. 이어 "어린
나이에 연예계 데뷔가 많이 이뤄지고 있는 일본도 오후 10시 이후에
는 (미성년의) 방송 출연을 허용하지 않고 있으며, 미국의 대부분 주에
서도 미성년 연예인의 노동 시간을 제한하고 있다"며 관련 법·제도
개선의 필요성을 주장했다.[69]

더욱 큰 문제는 이른바 '한류 낭인'이었다. 어린 시절부터 춤, 음
악, 연기 이외의 일반적인 학습을 하지 않았던 이들이 선택받지 못했
을 때 어떻게 살아갈 수 있을 것인가 하는 문제였다.[70] 선택되고 나서

도 성공의 문제가 기다리고 있었고, 성공 후엔 '아이돌 7년차 징크스'라는 말이 시사하듯 수명의 문제가 기다리고 있었다.[71] 이는 미국에서 벌어진, '농구 황제' 마이클 조던Michael Jordan을 둘러싼 논란과 비슷했다.

조던은 "해보는 거야Just Do It"라는 슬로건으로 유명한 나이키의 광고 모델이었다. 조던을 흠모하고 그 광고 슬로건을 사랑한 수많은 흑인 청소년이 조던처럼 되기 위해 학교 수업까지 빠져가면서 농구에 미쳐 돌아갔다. 그 결과 나이키 미국 매출의 3분의 1이 흑인들에게서 나왔지만, 흑인 청소년이 NBA 경기에서 뛸 수 있는 확률은 13만 5,800분의 1에 지나지 않았다. 그래서 일부 지식인들은 조던이 흑인 젊은이들에게 다른 메시지를 주어야 한다며 그를 비판했다.[72]

아이돌 지망생 134만 명이 아이돌로 선택되어 데뷔나마 할 수 있는 확률은 13만 5,800분의 1보다는 높을 것이라는 점에서 위안을 찾아야 할까? 평범한 10대들도 입시 전쟁의 벼랑으로 내몰리고 있던 상황인지라,[73] 그게 큰 이슈가 되긴 어려웠던 걸까? 아니면 그게 바로 누구나 겪어야 할 한국적 삶의 문법이기에 우리는 체념했던 걸까?

이런 경쟁의 열풍 속에서 '듣는 음악'에서 '보는 음악'으로 전환을 주도한 MTV 혁명은 그 정신에 가장 철저한 한국에 의해 한 단계 업그레이드된 단계로 접어들게 된다. 휴대전화에 인터넷 통신과 정보검색 등 컴퓨터 지원 기능을 추가한 스마트폰이 국내에 첫 선을 보인 건 2009년이었지만, 이후 놀라운 속도로 보급률이 높아지면서 3년 만인 2012년에 67.6퍼센트로 보급률 세계 1위를 기록하게 된다. '대중문화 공화국'다운 폭발력이라고 할 수 있다.

"장기 계약이
K-pop의 성공 요인이다"

대만과 일본의 혐한류

2011년 1월 11일 대만 여·야 의원들이 '본국 프로그램 비율' 하한을 40퍼센트로 높이는 개정안을 의회에 냈다. 한국 드라마를 견제하려는 움직임이었다. 대만은 한국과 가까우면서도 한류 진출이 늦은 편이었다. 대만 사람들은 일본 대중문화에 빠져 있었다. 그러다 2000년 대 초 드라마 〈불꽃〉과 시트콤 〈순풍 산부인과〉가 상륙했다. 한국에 대해 전쟁 후 낙후된 이미지만 갖고 있던 대만 사람들 생각이 바뀌기시작했다. 2003년 〈대장금〉이 전파를 타면서 한류의 불을 질렀다.

대만에선 2010년 광저우 아시안게임에서 여자 태권도 유력 금메달리스트 후보였던 양수쥔楊淑君이 1회전에서 실격패 당하자 "한국 심판이 부당한 판정을 내렸다"면서 한국 상품 불매운동과 한국 드라마 시청 거부 운동이 벌어졌다. 그럼에도 한류의 열기는 식지 않았다. 대만엔 한국 드라마 전문 채널만 5개에 이르렀다. 이 중에 GTV·둥썬東森·웨이라이緯來는 3대 드라마 채널에 꼽혔다. 이 채널들은 대개 평일엔 한국 드라마를 종일 틀다 휴일엔 황금시간 말고는 대만 드라마를 내보냈다. '본국 제작 프로그램이 20퍼센트를 넘어야 한다'는 법 규정 때문이었다.[1]

그랬던 대만에서 한류에 대한 반감은 9월에도 터져나오는데, 이 또한 행정 분야의 반감이었다. 대만 행정원장(총리 격) 우둔이嗚敦義는 "대만 TV 프로그램은 진부하고 매일 모두 외국, 특히 한국 드라마다"라면서 "어떤 프로그램은 재탕 삼탕 방영되는데 구역질 나게 한다"라고 말했다. 그는 이어 한국의 '韓'자와 썰렁하다는 뜻을 가진 '寒'자의 중국어 발음이 같은 점을 이용해 "(한국 드라마는) 보면 볼수록 오싹하다"라고 말했다.[2]

2011년 1월 13일 소녀시대, 카라 등 한국 아이돌 가수들이 성 접대를 한다는 내용의 혐한류 일본 만화가 인터넷에 유포되자 이들 그룹의 소속사가 강경 대응에 나서기로 했다. 「K-POP 날조설 추적」이라는 이 만화는 카라를 떠올리게 하는 여성들이 옷을 입지 않고 카라의 히트 댄스인 엉덩이춤을 추거나, 소녀시대로 보이는 여성들이 무대의상을 입고 속옷을 노출하는 장면 등이 담겨 있었다.

이 만화는 전직 한국 아이돌 가수 출신 호스티스의 말을 통해 한국 가요계의 실상을 전달하는 것처럼 꾸며, 한국의 걸그룹이 성 상납을 하고 있고 엔터테인먼트 업계는 노예 계약을 하고 있다고 묘사했다. 또 한국 정부가 국책 사업으로 한 해 1조 6,000억 엔(약 20조 1,500억 원)을 투자해 한류를 조장한다고 비난했다. 만화 작가는 말미에 "이 이야기는 취재를 바탕으로 각색됐다"고 주장했지만,[3] '혐한류'가 장사가 되는 추악한 상술을 적나라하게 보여준 것에 지나지 않았다.

CJ E&M의 탄생과 '오디션 프로그램 열풍'

2011년 3월 1일, CJ미디어(방송)+온미디어(방송)+CJ엔터테인먼트 (영화)+엠넷미디어(음악+공연)+CJ인터넷(게임)이 합병해 탄생한 CJ E&MEntertainment & Media은 국내 최초로 방송, 영화, 음악, 공연, 게임 콘텐츠를 아우르는 종합 콘텐츠 기업의 면모를 과시했다. CJ E&M은 2011년 〈남자의 자격〉 신원호 PD와 〈성균관 스캔들〉 김원석 PD에 이어 2012년 12월 〈1박 2일〉의 나영석 PD를 영입했다. 이들은 2001년 KBS 입사 동기 '3인방'이었지만, 이제 'tvN 3대장'으로 불리면서 지상파 방송의 위기를 심화시키는 데에 큰 기여를 하게 된다.[4]

모든 방송사가 치열한 경쟁 마인드를 갖고 있었지만, CJ E&M의 수준 또는 강도를 뛰어넘긴 어려웠다. CJ E&M 계열사인 Mnet이 죽느냐 사느냐는 살벌한 경쟁을 흥미 포인트로 삼는 '오디션 프로그램'의 선두 주자로 나선 건 당연한 일이었는지도 모른다. Mnet은 이미 2009년 7월 24일 〈슈퍼스타K〉라는 오디션 프로그램을 선보임으로써, 이후 수년간 한국 대중문화계를 '오디션 열풍'으로 몰아갔다.

CJ미디어＋온미디어＋CJ엔터테인먼트＋엠넷미디어＋CJ인터넷이 합병해 탄생한 CJ E&M은 방송, 영화, 음악, 공연, 게임 콘텐츠를 아우르는 종합 콘텐츠 기업의 면모를 과시하고 있다.

〈슈퍼스타K 시즌2〉(〈슈스케2〉)는 2010년 10월 케이블·위성채널 사상 최고의 시청률(마지막회 시청률 19퍼센트)을 기록했는데, 이는 CJ E&M이 한국 대중문화계에서 향후 차지할 위상을 말해주는 듯했다. 〈슈스케2〉의 성공이 부러웠던 것일까. 2011년 들어 MBC의 〈위대한 탄생〉, 〈일요일 일요일 밤에-신입사원〉, SBS의 〈기적의 오디션〉, tvN 의 〈코리아 갓 탤런트〉 등 지상파와 케이블방송사의 비슷한 오디션 프로그램이 봇물처럼 터져나왔다.

방송사들이 너도나도 〈슈스케2〉의 성공을 꿈꾸며 오디션 프로그램에 달려든 이유는 오디션 프로그램이 탈락과 합격이 바로 결정되는 등 짧은 시간에 긴장감과 반전을 연출할 수 있기 때문이었다. 또 〈슈스케2〉의 우승자 허각처럼 평범한 사람도 실력만 있으면 성공할 수 있다는 극적 감동을 연출하는 등 눈길 끌 만한 여러 가지 요소가 복합된 장르이기도 했다. "이렇게 오디션만 하다가 대통령까지 오디션으로 뽑겠다"는 냉소적인 반응이 쏟아져나왔지만,[5] 오디션 프로그램의 인기는 높았다.

2011년 3월 6일 첫 선을 보인 MBC '우리들의 일밤'의 〈서바이벌 나는 가수다〉는 직업 가수들마저 사실상 '오디션 열풍'에 휘말려들었다는 점에서 주목할 만했다. 이 프로그램은 이소라, 박정현, 윤도현 등 가수 7명이 매회 주어진 곡을 부르면 청중 심사단이 점수를 주고 7등 한 1명은 탈락하는 서바이벌 형식을 선보였다. 이 프로그램은 큰 화제를 불러일으킨 동시에 기존 대중음악인들의 큰 반발을 샀다.

〈나는 가수다〉는 "예술에 대한 모독이다"

가수 조영남은 프로들을 어떻게 순위를 정해 나열할 수 있느냐며 "대중가요 기만한 천박한 발상"이라고 비난했다. "가수들이 스스로 망가지고 있다. 누가 점수 받으려고 기 쓰고 처절하게 노래하는 것을 보고 공연을 보러 가겠는가. 노래는 그렇게 하는 게 아니다. 가수의 노래를 점수로 매겨 떨어뜨리는 것은 예술에 대한 모독이다. 지금도 생각하면 가슴이 울렁거린다. 김건모나 이소라가 거기서 왜 그러고 있나. 참을 수가 없다."

그동안 시청률이 낮다며 〈음악여행 라라라〉 등 음악 프로그램을 폐지해 정작 노래 잘하는 가수가 설 공간을 없앤 MBC가 그 자리에 서야 할 가수들을 예능으로 데려와 서바이벌 게임으로 소비하고 있다는 비판도 터져나왔다. 음악평론가 서정민갑은 "그런 좋은 무대를 없애고 가수들을 몰아넣고 떨어뜨리며 서바이벌 게임처럼 소비하는 것에 분노한다"며 "박정현이 그렇게 노래 잘하는지 몰랐다거나 〈바람이 분다〉가 그렇게 좋은 노래인지 몰랐다는 것은 방송국이 책임 있는 전달자의 역할을 못 했다는 반증일 수도 있다"고 말했다.[6]

황정현은 〈나는 가수다〉 현상을 '대한민국 현실을 반영하는 생존 게임의 정점'으로 보았다. 그는 "우리는 어릴 때부터 등수에 집착해왔다. 아니 정확하게 말하면 등수에 집착하게 만드는 교육과정 속에서 살아왔다. 그래서 그런지 몰라도, 우리나라 예능 프로그램이나 프로그램 속 코너에는 차트 쇼, 순위 등의 형태가 많다. '그럼 3위부터 볼까요?'라고 말하며 긴장감과 호기심을 유발하는 것은 텔레비전에서 흔하게 목격하게 되는 풍경이다"며 다음과 같이 말했다.

"너무나도 경쟁에 매몰되어 산 나머지, 대중들은 다른 이들의 등수를 궁금해하며 자신의 '등수'를 확인하고 싶어 한다. 내가 어디쯤 있는지, 나는 어디에 위치하고 있는지 끊임없이 타인과 나를 비교하며 안도하고 혹은 좌절한다. 제일 무서운 것은 생활 속에서뿐만 아니라 우리가 보는 방송 프로그램에서 경쟁과 생존이라는 화두가 이제 너무 익숙해졌다는 것이다.……대중은 영웅을 흠모하지만, 또한 영웅의 몰락을 원한다. 그 몰락을 통해 영웅들 또한 자신과 별다를 게 없는 나약한 인간임을 깨닫고 위안을 얻기 때문이다. 그 위안에는 '나와 같이 경쟁에 내몰린 처지' 또한 포함되어 있다. 그런 의미에서 〈나는 가수다〉는 '로열럼블(한 사람씩 링 밖으로 밀어내 혼자 남으면 이기는 프로레슬링 형식)'처럼 브라운관이라는 링 위에 가수들을 집어넣고 정수를 뽑아내며 경쟁시킨다는 점에서 영악하면서 또한 불편하다. 하지만 무엇보다 제일 불편하면서 또한 안타까운 이유는 그것이 지금 우리 사회의, 대중문화계 생존 방식의 가장 현실적인 버전이기 때문이다."[7]

하지만 '비판적 지지' 목소리도 만만찮았다. 작곡가 겸 프로듀서 김형석은 첫 방송이 나간 3월 6일 자신의 트위터에 "좋은 가수와 음악을 이렇게 배틀로 진열대에 올려 관심 받게 하는 현실이 좀 서글프긴 하지만, 그래도 저변 확대 측면에서는 그 의도가 꼭 나쁘지만은 않다"고 지지했다. 〈나는 가수다〉에 참여하고 있는 한 자문위원도 "크게 보면 대중문화의 다양성에 있어서 도움이 될 것"이라고 평가했다. 그는 "시청률을 의식하지 않고 너무 의미만 살리다 보면 결국 실패할 수 있다"며 "그런 의미에서 서바이벌이란 형식에 전적으로 동의하진 않지만 (시청률 면에서) 필요하다고 생각한다"고 말했다.[8]

대중의 호응도 뜨거웠다. 1회 방송이 나간 뒤 박정현을 궁금해하는 이가 많았고 이소라의 〈바람이 분다〉와 2회 이소라가 부른 변진섭의 〈너에게로 또다시〉는 검색어 1위에 올랐다. 트위터와 인터넷 등에는 "이소라가 대단하다는 걸 다시 한번 느꼈다. 콘서트에 가겠다", "이들이 부른 노래를 음반으로 내면 꼭 사겠다"는 글이 올라왔다.[9]

〈나는 가수다〉의 폭발적 인기는 무엇을 말하나?

시간이 흐를수록 〈나는 가수다〉의 인기는 고공 행진을 계속했다. 5월에 이르러선 이런 말까지 나왔다. "요즘 텔레비전 프로그램 〈나는 가수다〉의 인기가 하늘을 찌르고 있다. 어딜 가나 화두에 오르는 건 단연 〈나는 가수다〉이다. 일주일에 한 번씩 방송되면서 어김없이 방송에서 공연한 곡이 음원으로 발표되고, 이 노래들은 각종 가요 차트를 휩쓸고 있다."[10]

6월 12일 〈나는 가수다〉 방송은 12.4퍼센트(에이지비닐슨미디어리서치 집계)라는 높은 시청률을 기록했다. 자연스레 광고 수입이 크게 늘었다. 〈나는 가수다〉 방영 전엔 광고 수익이 매주 1억 5,000만 원에서 2억 원 정도였는데, 이젠 약 6억 원(본방송 기준)으로 3배 가까이 늘었다. 제작비 확보 차원에서 기획한 음원 사업도 쏠쏠했다. 주요 음악 사이트들의 다운로드 횟수를 집계하는 가온 차트를 보면, 〈나는 가수다〉 첫 방송이 나간 3월부터 6월 4일까지 〈나는 가수다〉에 나온 음원의 다운로드 횟수는 2,800만 건을 넘어섰다. 보통 음원 1곡당 다운로드 가격은 600원인데, 각 음악 사이트가 마련한 정액제 상품에 가입하면 곡당 60원까지 떨어졌다. 이를 단순 대입해보면 음원 매출액은 최소 16억 8,000만 원 이상이 될 것으로 추산되었다.

출연 가수들은 적지 않은 음원 수익을 얻는 동시에 공연 흥행에서도 큰 성공을 거두었다. 5월 박정현은 티켓 발매 3분 만에 전석을 매진시키며 공연을 끝마쳤고, 6월 24~26일로 예정된 김연우의 서울 공연은 2분 만에 매진되었다. 〈나는 가수다〉 출연으로 신드롬까지 몰

〈나는 가수다〉에서 공연한 곡은 음원으로 발표되자마자 각종 가요 차트를 휩쓸었다. 2011년 12월 29일 '2011 MBC 방송연예대상'에서 MBC 최고 예능 프로그램으로 선정된 〈나는 가수다〉의 이병혁 PD가 수상 소감을 말하고 있다.

고 온 임재범의 6~8월 전국 투어는 폭발적인 관심을 받았다. 임재범은 〈나는 가수다〉 출연 뒤 음반 매니지먼트사인 예당과 전속계약을 맺었고 광고 섭외도 쇄도했다. 임재범의 매니저인 김재은은 "여성 의류 광고 등 10개 이상 제의를 받았고 해외 공연 요청도 몰려든다"며 "모든 제의를 다 받아들인다고 가정하면 100억 원의 수익을 거둘 수 있다"고 예상했다.[11]

그럼에도 〈나는 가수다〉 수혜자는 가수 아닌 대기업이라는 역설을 지적하는 목소리도 나왔다. 매주 방송 이후 각종 음원 판매 사이트에 공개되는 〈나는 가수다〉의 음원 시장이 연말까지 계산하면 500억 원을 넘어설 것이라는 관측이 나왔는데, 한 방송 프로그램에서 전체 음원 시장(6,500억 원)의 7퍼센트의 매출이 나온다는 건 어마어마한 기록이다.[12] 그런데 〈나는 가수다〉 음원 유통권은 SKT 계열사이자 음악 사이트 '멜론'을 운영하는 로엔엔터테인먼트가 갖고 있었고, 이를 위해 로엔은 〈나는 가수다〉 제작에 상당액을 투자했다. MBC 뉴미디어사업국에 따르면 음원 매출액의 약 49퍼센트를 로엔이 가져갔다. 저작권료(9퍼센트), 실연권료(5퍼센트), 수수료(5퍼센트) 등을 뺀 나머지 32퍼센트를 MBC와 가수가 16퍼센트씩 나누어갖는 구조였다. 기부금(1.6퍼센트)과 음원 제작 비용은 방송사 부담이니, MBC는 음원 매출액의 8~9퍼센트가량을 가져가는 셈이었다.[13]

새로운사회를여는연구원의 부원장 김병권은 "음원 유통사는 일반적으로 중소기업들의 다양한 경쟁 구도로 인식하고 있지만 사실 알고 보면 통신 대기업의 계열사 2~3개가 과점한 시장"이라고 지적했다. 그는 "가수도 넓은 범위에서 노동자라고 본다면 대기업 계열의 유통사, 거대 방송사, 대형 기획사 등으로 짜여진 음원 수익 구조에서 연예 종사자들이 가져가는 몫이 상대적으로 적은 게 사실"이라며 "적절한 시기에 사회적으로 이슈화시켜 개선할 필요가 있다"고 밝혔다.[14]

〈나는 가수다〉의 폭발적 인기는 무엇을 말하는 것이었을까? 혹 한류도 이와 비슷한 구조나 모양새를 가진 건 아니었을까? 서양인들이 자주 지적하는 한류의 '그늘'은 연예인들로 하여금 자신의 일에 목숨 걸고 달려들게 만드는 원동력이 되었던 건 아닐까? 그게 좋건 나쁘건,

바람직하건 바람직하지 않건, 한류의 경쟁력은 그런 과정을 거쳐 만들어진 게 아니었겠느냐는 것이다.

〈나는 가수다〉의 포맷이 미국에 100만 달러에 팔리는 등 한국의 포맷 수출이 점점 늘자, MBC 예능 PD 권석은 이렇게 말했다. "후생가외後生可畏랄까. 이제 우리도 포맷 수출국이 됐다. 우리가 숨어서 베끼기에 바빴던 방송 선진국 미국과 일본이 우리 것을 사서 프로그램을 만든다. 포맷은 단순히 프로그램의 형식만을 의미하지 않는다. 그 안에는 한국의 문화와 역사, 그리고 가치관이 녹아 있다."[15]

'후생가외'란 "뒤에 난 사람은 두려워할 만하다는 뜻으로, 후배는 나이가 젊고 의기가 장하므로 학문을 계속 쌓고 덕을 닦으면 그 진보는 선배를 능가하는 경지에 이를 것이라는 말"이다.[16] 이걸 가능케 한 게 바로 혼종화 또는 융합 능력의 힘이었다. 〈나는 가수다〉에 녹아 있는 '한국의 문화와 역사, 가치관'이 바람직하지 않은 것일 수도 있지만, 수용자를 사로잡아야 하는 대중문화에선 성공 사례였다는 평가를 내릴 수밖에 없는 게 현실이었다.

〈뽀롱뽀롱 뽀로로〉와 〈로보카 폴리〉의 활약

2011년 3월 한국관광공사 베트남 하노이 지사 개소식 행사장에 뽀로로(연기자)가 등장했다. 남녀노소를 불문하고 베트남 측 참가자들이 일제히 달려들어 디카와 휴대전화로 사진을 찍느라 작은 혼란이 발생했다. 뽀로로의 세계적 인기를 말해준 해프닝이었다. 뽀로로는 2003년

제9장 "장기 계약이 K-pop의 성공 요인이다"

11월 EBS에서 첫 방영을 시작한 유아용 애니메이션 〈뽀롱뽀롱 뽀로로〉의 줄임말이자, 주인공 펭귄의 이름이었다.

〈뽀로로〉는 한국 방영 이전인 2003년 4월 이탈리아 '카툰스온더베이 국제 애니메이션 영화제' 3개 경쟁 부문에 먼저 진출했으며, 2003년 7월엔 국제 애니메이션 축제 '프랑스 안시 페스티벌'에 출품되었다. 〈뽀로로〉의 가치를 먼저 알아본 것은 프랑스였다. 〈뽀로로〉는 2003년 11월 프랑스 국영방송 TF1과 배급 계약을 체결했는데 2004년 시청점유율은 무려 47.1퍼센트에 달했다. 한국에선 2005년부터 폭발적인 인기를 누리기 시작했는데, 프랑스에서 인기가 큰 영향을 미쳤다. "아니, 문화 선진국 프랑스에서 통했단 말이야? 우리 아이에게 보여주어도 되겠는 걸"이라고 생각한 사람이 많아진 것이다.[17]

〈뽀로로〉는 처음부터 글로벌 시장 진출을 염두에 두고 제작된 철저한 기획의 산물이었다. 〈뽀로로〉의 최초 기획자로 알려진 최종일은 "국내 애니메이션이 국내 시장에서만 성공해서는 제작비를 회수하기 어렵다. 애초에 해외시장을 염두에 두고 만들었다"면서 이렇게 말했다. "캐릭터를 동물로 정한 데는 '친근감'을 고려한 측면도 있지만, 사람은 특정 인종, 국가, 문화로 한정될 수 있다는 염려도 작용했다. 전 세계 아이들이 함께 공감할 수 있는 캐릭터를 원했다. 뽀로로와 친구들이 사는 곳 역시 춥고 눈이 많은 곳이라고 연상될 뿐, 특정 나라나 지역이 떠오르진 않는다."[18]

〈뽀로로〉는 원 소스 멀티 유즈의 대표적 성공 사례로 거론되면서 창의성의 대명사로 떠올랐다. 실제 2011년 국립중앙도서관이 홈페이지와 네이버 등을 통해 '2011년 대한민국을 움직이는 창의성은 무

'뽀통령'으로 통할 만큼 폭발적인 인기를 구가한 〈뽀로로〉는 처음부터 글로벌 시장 진출을 염두에 두고 제작된 철저한 기획의 산물이었다. 2013년 싱가포르의 쇼핑몰 넥스NEX에서 어린이 팬들과 만나고 있는 뽀로로.

엇인가?'를 물은 인터넷 설문조사에서 〈뽀로로〉는 23.8퍼센트로 1위를 차지했다. 'K-pop'과 '카카오톡'이 각각 18.9퍼센트와 18.2퍼센트로 뒤를 이었다.[19] 〈뽀로로〉는 프랑스, 영국, 스페인, 노르웨이, 일본 등 세계 120여 개국에 수출되었다.[20]

　　EBS의 또다른 애니메이션 〈로보카 폴리〉는 2011년 2월 28일 첫 방송을 했는데, 방송 두 달 만에 〈뽀로로〉까지 제치고 가장 높은 시청률(평균 5퍼센트 정도)을 기록하는 등 폭발적인 인기를 끌었다. 〈뽀로로〉가 3~5세의 유아들을 대상으로 삼은 반면 〈로보카 폴리〉는 4~7세의 아동을 주요 타깃으로 삼았다. 이는 〈뽀로로〉가 개척한 유아 애니메이션 시장을 〈로보카 폴리〉가 더욱 세분화해 또 다른 시장을 만든 것으로 볼 수 있었다.[21]

〈로보카 폴리〉는 2012년 4월 프랑스의 메이저 공중파 채널 카날 플러스CANAL+의 유아 전문 채널 'PIWI+'를 통한 방송을 시작으로 유럽 공략에 들어갔으며, 같은 해 9월부터 알자지라 방송 네트워크를 통해 중동과 아프리카의 아랍어권 국가 20여 개국에서 방영되었다.[22] 2012년을 기준으로 1년 만에 방송 확정·더빙 작업 등이 진행 중인 국가만 30~40개국에 달했는데, 이는 〈뽀로로〉가 10여 년에 걸쳐 이룬 성과와 비슷한 것이었다.[23]

유럽까지 불어닥친 한류 열풍

K-pop 열풍은 유럽 국가들에서도 나타났다. 2011년 2월 25일 런던 트라팔가광장 옆 한국문화원 앞에선 영국 청소년들이 200미터 이상 줄을 서는 진풍경이 펼쳐졌다. 제1회 '런던 K-pop의 밤' 행사장에 들어가기 위해 대기하는 것이었다. 런던에서 600킬로미터 이상 떨어진 스코틀랜드에서도 이 공연을 보기 위해 찾아오는 등 700여 명의 팬이 운집했다. 영국 청소년들은 빅뱅, 2NE1, 슈퍼주니어의 율동을 흉내내며 노래 가사를 따라 불러 한국문화원 관계자들을 놀라게 했다.

유럽의 젊은이들이 K-pop에 매료되는 요인은 무엇이었을까?

© Kccuk

2011년 2월 25일 런던 트라팔가광장 옆 한국문화원 앞에선 영국 청소년들이 200미터 이상 줄을 서는 진풍경이 펼쳐지는 등 K-pop 열풍은 유럽 국가들에서도 나타나고 있었다. 영국의 K-pop 서포터들이 영국의 상징인 2층 버스를 배경으로 포즈를 취하고 있다.

K-pop 열성 팬인 프랑스 10대 소녀 소피Sophie는 "K-pop 스타들은 노래도 잘 부르고, 춤도 잘 추는데다 얼굴, 몸매까지 좋아 모든 게 완벽하다. 뮤직비디오도 아주 잘 만들어서, 한번 보면 중독돼 자꾸 보게 된다"고 했다. 프랑스의 K-pop 팬 모임 '코리언커넥션'의 대표 막심 파케Maxime Pacquet는 "프랑스 대중음악은 가창력이 아니라 가사 중심이라 재미가 없는 반면 K-pop은 가창력, 멜로디, 가수들의 외모, 춤 실력 모든 게 잘 어우러져 차원이 다른 음악 세계를 보여준다"고 극찬했다.

K-pop의 유럽 상륙에는 유튜브 등 인터넷 매체들도 역할을 톡톡히 했다. 프랑스의 마니아들 사이에 K-pop 스타들의 뮤직비디오나 K-pop 스타들이 주연으로 등장하는 한국 드라마를 다운로드받을

수 있는 별도 사이트가 있을 정도였다. K-pop 스타들의 노래 상당수가 유럽 작곡가들의 창작품이라는 점도 유럽 팬들에게 어필하는 또 다른 요소였다. 소녀시대의 〈소원을 말해봐〉는 유럽 작곡팀(디자인 뮤직팀), f(x)의 〈츄Chu~♡〉는 스웨덴 작곡팀, 동방신기의 〈주문-미로틱 Mirotic〉은 덴마크 작곡팀의 작품이었다.

유럽 언론들도 K-pop 확산 현상을 주목하기 시작했다. 연초 프랑스 국영방송 TF2는 〈한국, 감춰진 저력〉이란 제목의 다큐멘터리를 통해 K-pop 스타들의 활동상 등 한류 열풍을 상세히 소개했다. 영국 BBC방송도 4월 26일 "한류가 아시아를 넘어 유럽·미국에서도 나타나기 시작했다. 한국의 국가 브랜드가 '재벌기업'에서 'K팝'을 주축으로 하는 한류로 이동하고 있다"고 보도했다.[24]

5월 13일 부산 벡스코에서 열린 한국언론학회 학술대회에서 프랑스 보르도대학 언론정보학과 교수 홍석경은 '서유럽의 동아시아 대중문화 향유를 이해하기'를 발표했다. 이 발표의 주요 내용을 보도한 『중앙일보』 기사의 일부를 소개하자면, 다음과 같다.

서유럽엔 한국 드라마와 대중음악을 공유하는 인터넷 사이트가 20여 개 있으며, 드라마는 유럽에서 평균 15~17개 언어로 번역되었다. 〈꽃보다 남자〉는 한국 방송 후 3~4일 만에 20개 국어가 넘는 자막이 달렸다. 4개 국어 이상 번역되는 드라마의 비중을 따지면 일드보다 한드가 훨씬 높았다. 드라마에 이어 〈무한도전〉, 〈뮤직뱅크〉 등 오락 프로그램까지 자막 서비스가 확대되었다. 유럽 한류 열풍의 진원지는 프랑스였다. 특히 프랑스에 분 '망가(일본 만화)' 붐이 자양분이 되었다. 망가를 드라마로 만든 한국 드라마를 즐기다 한드 팬으로 진화했다는 것이다. 이들이 주로 25~40세 여성에 집중된 1차 핸드 팬이라면, 2차 핸드 팬들은 K-pop을 좋아하다 그 가수가 나온 드라마를 찾아보는 청소년층이다.

드라마의 인기엔 캐릭터의 진화도 결정적인 요소였다. 기존 서구 미디어 속 아시아 남성에 대한 스테레오타입(무술엔 능하나 여성을 매혹시킬 수 없는 유아적 존재)을 뛰어넘어 근육질에, 로맨틱하며, 춤과 노래에도 능해 과거 할리우드 스타에 버금가는 매력적 존재로 그려지고 있었다. 이런 매력적인 남성 배우들과 함께 핸드의 '수줍은 사랑 이야기'가 로맨티시즘이 사라진 서구 대중문화에 식상한 여성 시청자들을 빨아들였다. K-pop 또한 짧은 시일 안에 바이러스성으로 전파되었는데, 이는 장기간에 걸쳐 언더그라운드 음악으로 자리 잡은 J-pop과는 다른 경로였다. 현지 공연이 거의 없었던 한국 가수들이 100퍼센트 디지털 미디어를 통해 성장해온 것인데, 특히 팬 사이트·SNS 등 사이버공간이 큰 역할을 했다.

홍석영은 "K팝은 2000년대 초반 이후 서구에서 사라진 보이 밴드·걸 밴드의 공백을 채우고 있다"고 분석했다. 이어 "소녀를 대상으로 하는 대중문화 콘텐츠가 절대적으로 부족한 유럽에서 강력한 영향력이 예상된다"고 말했다. K-pop 아이돌 가수들이 실력과 종합 엔터테이너라는 점도 긍정적으로 평가했다. 10대를 넘어 다양한 세대에게 어필할 수 있는 매력으로 꼽았다. 최초의 J-pop·K-pop 라디오가 프랑스 안에서 다문화 지수가 높은 마르세유 지역에 처음 생긴 것처럼, 프랑스 젊은 세대의 다문화·혼종 문화에 대한 열망도 한류 열기의 한 요인이라고 설명했다.[25]

제9장 "장기 계약이 K-pop의 성공 요인이다"

이수만의 '문화기술 이론'과 '한류 3단계론'

2011년 5월 1일 프랑스 파리 루브르박물관 앞에서 벌어진 K-pop 팬들의 시위는 한류 열풍이 아시아를 넘어 유럽으로 확산되고 있는 것을 보여준 상징적 사건이었다. K-pop 열성 팬 200여 명은 6월 10일로 예정된 동방신기, 슈퍼주니어, 소녀시대, 샤이니, f(x) 등 한국 K-pop 스타들의 공연 티켓을 구하지 못했다며 공연을 하루 더 해달라고 시위를 벌였다. 인터넷으로 판매된 공연 티켓 6,000장은 발매 15분 만에 동났으며, 암표가 돌면서 최고 1,500유로(약 200만 원)까지 치솟았기 때문이다.[26]

SM엔터테인먼트 대표 프로듀서 이수만은 6월 10일로 예정된 파리 'SM타운 라이브' 공연을 앞두고 가진 『조선일보』(2011년 6월 7일) 인터뷰에서 "우리가 관계를 맺고 있는 각국 작곡가가 300여 명쯤 된다. 이번 파리에서만큼 큰 규모는 아니지만 매년 2~3회씩 세계 각지에서 20~30명의 작곡가·안무가·프로듀서가 한자리에 모여 논의를 한다. 우리는 10여 년 전부터 국내에 안주할 생각을 버렸다"고 말했다. 그는 "외국 작곡가가 만드는 음악을 한국 음악이라 할 수 있나"는 질문에 대해 다음과 같이 답했다.

"한국만의 음악을 고집하는 게 어떤 의미가 있을까. 지금은 퓨전의 시대다. 우리 음식이 외국에 진출하는 경우를 보라. 항상 현지인의 입맛에 맞게 그들의 음식과 뒤섞이는 과정이 있지 않은가. 음악도 세계시장의 인정을 받으려면 퓨전에 초점을 맞춰야 한다. 해외 작곡가들은 한국인이 만든 음악을 각자의 나라에 걸맞은 방식으로 조금씩

수정한다. 그들이 만든 노래를 여러 방식으로 고치기는 우리 또한 마찬가지다. 고집을 버려야 살아남을 수 있다."

이수만은 1년 중 대부분을 로스앤젤레스에서 머무는 이유에 대해 "지금 세계 대중음악의 본산은 미국이다. 그리고 할리우드가 있는 LA에는 거물 작곡가, 프로듀서, 사업가들이 밀집해 있다. 내가 할 일은 이곳에서 그들과 네트워크를 만드는 것이다"고 했다. 그는 "미국 시장에서 인정받는 건 더 큰 그림의 중간 단계일 뿐이다"며 이렇게 말했다. "나는 중국에서 최고가 되어야 한다고 믿는 사람이다. 곧 중국에 할리우드를 능가하는 엄청난 엔터테인먼트 시장이 형성될 것이다. 우리는 일본 시장에서 성공했고 미국과 유럽을 공략하고 있지만 최종 목표는 중국의 할리우드를 우리 것으로 만드는 것이다. 단언컨대 앞으로 5년 내에 아시아 1등이 세계 1등이 될 날이 온다."[27]

이수만은 6월 11일 파리에서 SM과 함께 작업하는 유럽 작곡가, 프로듀서 70여 명과 가진 콘퍼런스에선 '문화기술Culture Technology, CT' 이론과 '한류 3단계론'을 소개해 눈길을 끌었다. 그는 한류의 성공을 '문화기술' 이론으로 설명했다. 미국에서 컴퓨터 엔지니어링을 전공했던 그는 "14년 전 우리 문화 콘텐츠를 갖고 아시아로 나가기 시작할 때 IT(정보기술)와 구별하기 위해 CT란 용어에 주목했다"며 "IT가 지배하던 90년대 이후엔 CT 시대가 올 것이라 생각했다"고 말했다. 그는 "CT는 IT보다 더 정교하고 복잡한 기술로 IT 기술은 3개월 정도면 습득할 수 있지만 CT는 배우기가 쉽잖다"며 "연습생을 뽑아 수년을 훈련시켜 '보석'으로 만드는 과정이 CT며 음악·댄스·뮤직비디오·메이크업 등의 노하우가 여기에 포함된다"고 설명했다.

이수만은 '한류 3단계' 발전론도 제시했다. 1단계=음반 등 한류 상품을 직접 만들어 수출, 2단계=현지 회사 또는 연예인과의 합작으로 시장을 확대, 3단계=현지 회사와 합작회사를 만들어 현지인에게 CT를 전수하는 단계다. HOT가 중국 시장에서 인기를 끌던 때가 1단계 한류고, 2006년 강타가 대만 F4의 바네스와 결성한 'KANGTA & VANNESS'가 2단계 한류에 해당하며, 3단계는 2010년부터 SM이 준비하는 현지화 사업이라는 것이었다.

이수만은 "CT의 3단계는 현지화에서 얻어지는 부가가치를 함께 나누는 것이며 이것이 한류의 궁극적 목표"라고 말했다. 이어 "중국에서의 3단계 한류를 준비 중이며 중국에서만 활동하는 슈퍼주니어 M을 만들고 여성 아이돌 그룹 에프엑스에 중국인 멤버를 영입한 것도 이 과정"이라고 밝혔다. 그는 "이제 'made in(원산지)'이 아닌 'made by(제조자)'가 중요하다"고 강조했다. "3차 한류의 스타가 중국인 아티스트나 중국 회사가 될 수도 있지만 그 스타가 바로 SM의 CT로 만들어질 것"이라고 자신했다.[28]

그렇다면 CT는 IT와 어떻게 다른가? 이수만은 "IT(정보기술)는 새 기술이 나와도 3개월 정도면 매뉴얼로 만들고 습득할 수 있지만 CT는 그렇지 않다"며 "SM은 3~7년 후 바뀔 얼굴과 모습, 목소리까지 시뮬레이션해 가능성 있는 인재를 발굴하고 이들에게 노래, 춤, 연기, 작곡, 외국어까지 교육시키며 글로벌 아티스트로 성장시킨다"고 소개했다. 그는 "SM은 독보적인 캐스팅과 훈련, 프로듀싱 시스템을 기반으로 음악과 유행, 문화의 트렌드를 분석한다"며 "CT는 감에 의존하지 않고 음악, 춤, 뮤직비디오, 메이크업까지 모든 분야를 이론으로 정립하고 있다"고 설명했다. 이어 "140여 대의 매트릭스 카메라 시스템을 통해 만들어낸 역동적인 화면과 극대화한 특수효과, 별도의 특수 사운드까지 결합해 맞춤형 비디오가 탄생한다"고 말했다.[29]

SM의 파리 공연과 SNS·유튜브 파워

2011년 6월 10일과 11일(한국시간) 이틀간 프랑스 파리 제니스(대중 가수 전용 콘서트홀)에서 개최된 'SM타운 월드 투어 인 파리' 공연은 그야말로 대박이 났다. 파란 눈의 팬들은 소녀시대와 슈퍼주니어에 열광하며 눈물까지 흘렸다. 공연 전 수천 명의 팬은 드골공항에서 열 렬하게 스타들을 맞이했으며, 파리 루브르박물관 근처의 시위로 연장 공연이 이루어지는 등 대성황을 이루었다. 프랑스의 양대 유력 일간 지인 『르피가로』와 『르몽드』는 9일과 10일자 지면에 한류와 관련한 비중 있는 기사를 게재했다.

4년 후에 공개된 것이지만, 이런 성공의 숨은 공로자는 주프랑스 한국문화원 원장 최준호였다. 그는 한국문화원에서 마지막 해를 기념 하는 의미에서 프랑스인들이 쉽게 잊지 못할 한국의 흔적을 남기고 싶어 SM을 설득해 SM의 돈으로 하는 이 콘서트를 기획했으며, SM 콘서트 횟수를 늘리기 위해 '젊은 프랑스인 동지들'을 동원해 플래시 몹 형태의 시위, '드골공항에 모인 최대 인파'라는 기록을 세운 환영 행사까지 간접적인 방식으로 연출했다.[30]

최준호의 역할이 지대하긴 했지만, 이 콘서트의 성공은 SM 사단

제9장 "장기 계약이 K-pop의 성공 요인이다"

프랑스 파리 제니스에서 개최된 'SM타운 월드 투어 인 파리' 공연에서 파란 눈의 팬들은 소녀시대와 슈퍼주니어에 열광하며 눈물까지 흘렸다. SM타운의 프랑스 공연을 비중 있게 보도한 프랑스 일간지 『르피가로』와 『르몽드』.

가수들에 대한 프랑스인들의 사랑에서 비롯된 것임은 두말할 나위가 없었다. 『르몽드』는 유럽에 퍼지고 있는 한류의 배경으로 트위터, 페이스북 등 다양한 뉴미디어 매체를 지목했다. 유럽의 많은 음악 팬이 SNS 등을 통해 쉽게 K-pop을 접할 수 있게 되었다는 것이다. SNS와 동영상 플랫폼 유튜브의 급속한 확산이 '보는 음악'을 추구해온 이수만에게 날개를 달아준 것이다.[31]

이는 그동안 동영상 유포에 적극적이었던 SM이 거둔 성과였다. 앞서 말했듯, SM은 오랫동안 페이스북을 비롯한 SNS와 유튜브에 공식 채널을 만들어 소속 가수들의 소식과 노래를 동영상으로 소개해왔는데 이에 힘입어 SM 팬덤은 아시아는 물론이고 미국과 유럽의 국경을 넘어서며 대확장된 것이다. SM 소속 가수들의 뮤직비디오는 유튜브를 통해 2010년 6억 건의 조회수를 기록했으며, 2011년 1월부터 4월까지 조회수만 4억 건에 달했다.[32] 이에 앞서 2010년 9월 'SM타운 라이브 월드 투어' 로스앤젤레스 공연은 SNS와 유튜브의 파워 덕에 빌보드 공연 차트 10위에 오르기도 했다.[33] 2010년 12월 대우증권 애널리스트 김창권은 "유튜브, 트위터, 페이스북 등의 활성화로 국외시장에서 SM엔터테인먼트가 새로운 사업 기회를 발견할 수 있을 것"이라고 분석했는데, 그의 전망은 딱 맞아떨어졌다.[34]

'SM타운 월드 투어 인 파리'에서도 SM은 SNS · 유튜브를 적극 활용했는데, 페이스북 SM타운에 업로드된 파리 공연 영상은 3일간 무려 8,700만 명이 보았다. 이는 아시아 최고를 기록했다. 이런 놀라운 결과에 힘입어 2011년 6월 10일 페이스북의 SM타운 페이지는 한국 연예인으로는 최초로 '페이스북 셀러브리티'로 선정되엇다. '페이스북 셀러브리티'는 전 세계 페이스북 가운데 국제적인 인지도, 콘텐츠 내용의 흥미성, 지속적인 업데이트 여부 등을 기준으로 내부 심사를 통해 선정하는데 페이스북 SM타운 페이지는 6월 1일 문을 열었으니, 불과 일주일 만에 대박을 친 것이다.[35]

유럽 언론이 보는 'K-pop의 그늘'

'SM타운 월드 투어 인 파리' 공연에 대해 한국 언론들은 일제히 '한류의 유럽 시장 정복'을 알렸다. 이를 두고 '유럽 한류'를 넘어 '코리안 인베이전'이란 말까지 등장했다. 이 밖에도 수많은 찬사가 쏟아졌다. 이에 화답하듯, 이수만은 SM이 "칭기즈칸도 하지 못한 역사적인 일을 하고 있다"고 주장했다.[36]

하지만 이 공연에 대해 찬사만 나온 건 아니었다. 6월 11일 프랑스의 『르몽드』는 콘서트에 맞춰 게재한 「K-pop, 유럽을 정복하다」라는 기획기사를 통해 K-pop의 성공 비결을 자세히 설명하며 "K-pop은 한국의 역동적인 국가 이미지를 알릴 수단으로 인식하는 한국 정부의 지원을 등에 업고, 한국의 연예기획사들이 길러낸 소년 소녀들"이라며 한국의 아이돌 육성 시스템에 대해 비판적인 시각을 보였다.[37]

이어 6월 14일 영국 BBC방송은 「한국 대중음악의 어두운 면」이라는 특집기사에서 한류를 문화 현상이라기보다는 한국 업계와 정부의 돈벌이 수단이라면서 "한류는 돈과 인권 문제 대상"이라고 폄하했다. 이 방송은 한국 대중음악계의 가장 큰 문제로 이른바 '노예 계약'을 지적하며 동방신기와 SM엔터테인먼트의 법정 다툼, 7인조 여성 그룹 레인보우 등을 주요 사례로 들었다. 터무니없는 장기간의 전속 계약에 매여 있는 가수들이 하루 종일 일하면서도 돈도 제대로 받지 못한다는 것이다.

BBC는 한국 내 음반 시장에서는 돈을 거의 벌지 못하는 점을 또 하나의 문제로 짚었다. 음반 시장은 침체되어 있고, 온라인 음악 판매로는 노래 한 곡에 겨우 몇 센트 정도밖에 받지 못하는 국내 상황이 한국 대중음악의 해외 진출에 열을 올리게 만들고 있다는 것이다. 대중음악 해외 진출 컨설팅 회사인 DFSB콜렉티브의 대표 조수광은 "톱스타들은 한국에서 1년 동안 버는 것보다 더 많은 돈을 일본에서 1주일 만에 벌어들인다"고 말했다. 이 기사는 한국 정부가 멋진 문화적 이미지를 가진 일본에 필적할 만한 국제적 명성을 얻기 위해 K-pop 판촉에 열중하고 있지만, 이런 문제들을 고치지 않으면 '악명'만 높아질 수도 있다고 지적했다.[38]

영국의 대중문화는 돈벌이 수단이 아니었는지 되묻고 싶지만, 이 비판을 가급적 선의로 해석해보기로 하자. 이 방송이 지적한 문제들은 이수만의 이른바 '보석 이론'에 따르면 불가피한 것이었는지도 모르겠다. 앞서 보았듯이, 이수만은 "CT는 IT보다 더 정교하고 복잡한 기술로 IT 기술은 3개월 정도면 습득할 수 있지만 CT는 배우기가 쉽잖다"며 "연습생을 뽑아 수년을 훈련시켜 '보석'으로 만드는 과정이 CT며 음악·댄스·뮤직비디오·메이크업 등의 노하우가 여기에 포함된다"고 하지 않았던가.

SM 사장 김영민은 '보석 이론'과 유사한, 한국 연예기획사 특유의 사업 모델이라는 '360도 비즈니스 모델'이라는 개념을 내놓았다. 360도 비즈니스란 캐스팅과 트레이닝, 프로듀싱을 거쳐 매니지먼트까지 한 기획사에서 원스톱으로 총괄하는 시스템이다. 글로벌 오디션과 온라인 오디션 등을 통해 스타를 발굴하고 노래부터 연기·안무·작곡·외국어까지 교육시킨다. 이어 스타에게 맞는 음악과 뮤직비디오 등을 제작하고, 광고와 콘서트·영화·뮤지컬 등에 출연시키기까지 모든 역할을 이 회사가 담당한다. 이에 대해 김영민은 "원석에서 다이아몬드를 가공하는 것과 비슷하다"며 "가장 좋은 원석을 고른 뒤 가장 좋은 디자인을 입혀 가장 잘 팔리는 시장에 내놓는 것이 우리의 사업 모델"이라고 말했다.[39]

　　문제는 가장 좋은 원석을 고르는 선별 과정에서 탈락자가 생길 수밖에 없다는 것인데, 그건 공적 문제 제기로서 그 가치는 있을망정 일반적인 비즈니스에선 고려 사항이 아니었다. 유럽 언론이 보는 'K-pop의 그늘'은 본질적으로 한류를 문화로 보느냐, 비즈니스로 보느냐 하는 차이에서 비롯된 것이었는지도 모른다. "그러는 너희들은 대중문화를 비즈니스가 아닌 문화로 보느냐?"라는 반론이 가능할 수도 있겠지만, 한류를 둘러싼 논란은 늘 이런 문제에서 비롯된다는 걸 염두에 둘 필요가 있겠다.

"아이돌 육성 시스템 이대로 좋은가?"

이런 비판과 관련, 『한겨레』(2011년 6월 17일)는 세 문화평론가의 견해를 「[논쟁] 아이돌 육성 시스템 이대로 좋은가?」라는 기사로 소개했다. 이 기사는 세 필자를 적절히 잘 골라 각기 차별성이 있는 주장을 소개했는데, 이는 당시, 그리고 이후 한류를 바라보는 시각의 3가지 흐름을 보여주는 것이라는 점에서 주목할 만했다.

최지선은 "기업과 개인 사이에 이루어지는 불공정한 계약 관행이나 부적절한 보상 체계"는 "아이돌 스타 시스템이 자본과 산업의 논리에 편입되는 과정에서 비롯한 것이다"며 이렇게 말했다. "과도하리만큼 센 노동 강도와 그를 보상하지 않은 한국의 경제·사회 구조와 무관하지 않다. 극도의 경쟁을 강조하는 자본주의 사회의 단면도 그대로 노정한다. 케이팝의 외국 진출이라는 신화 역시 '수출형 산업'을 강조해야 하는 한국형 산업구조와 동형 관계에 놓아도 이상하지 않다. 그런 점에서 이 시스템은 '성실과 노력의 판타지'와 '근면 이데올로기'를 통해 노동력을 집약하고 여타의 문제를 타개하려 했던 '경제성장 신화'의 문화적 버전이 아닐까. 이렇게 아이돌 스타 시스템은 양날의 검이 된다."

박은석은 1년 전 전 세계 음악산업 관계자들의 연례 콘퍼런스인 '뮤직 매터스'에선 K-pop이 "궁극적으로 대중음악 산업의 본토인 미국과 영국 시장에서도 성공할 수 있을 것인가에 대해 각국의 전문가 패널들은 회의적인 입장이었다"며 이렇게 말했다. "'공장에서 찍어낸 듯한 음악들로는 힘들다'는 것이었다. 개성적인 음악과 창조적

제9장 "장기 계약이 K-pop의 성공 요인이다"

인 역량이 확고해야 한다는 의미다. 알다시피, 그건 성형수술이나 합숙 훈련으로 얻을 수 있는 게 아니다. 『르몽드』 기사의 행간에 자리한 논점도 그것이다. 오로지 스타가 되겠다는 일념으로 일방적인 시스템의 통제를 자청한 아이들에게서 음악적 자의식을 기대하기는 힘들다는 뜻일 터다. 결국은 음악이다."

이승한은 "음악에만 전념해도 됐다면 피차 좋았겠지만, 엠피3의 도래에 발맞추지 못한 한국 음악 시장의 몰락은 그걸 불가능하게 만들었다"며 이렇게 말했다. "수익 창구를 다변화하지 않으면 생존이 불가한 상황, 해법은 대중의 기대치를 모두 채울 만능 신인을 육성하는 것이었다. 육성 기간이 길어질수록 지출은 증가했고, 그럴수록 소속 가수가 창출하는 수입에 대한 의존도는 높아졌다. 자연스레 계약 기간은 길어졌으며, 아이돌 산업은 고위험 고수익의 도박이 되었다.⋯⋯현 시스템에 문제가 없다는 것은 아니다. 그러나 간신히 도박에서 산업의 단계로 접어든 지금 시점에서 필요한 건 변혁이 아니라, 시스템을 어떻게 점진적으로 개선할 수 있는가에 대한 고민이다. 이 불완전한 시스템마저 얼마나 많은 시행착오 끝에 나온 것인가를 고려하면 더더욱 그렇다. 그리고 그 개선안을 만드는 작업은 아이돌 육성 시스템에 대한 긍정에서부터 가능할 것이다."[40]

"한국이 대중음악계를 구축할 별다른 방법이 없었다"

동네뮤지션 금토일은 『미디어오늘』(2011년 6월 21일)에 게재된 글에서 '노예 계약', 동방신기 등 주요 스타급 그룹들과의 법정 소송을 비롯한 보복 등을 거론하면서 이수만에 대해 맹공을 퍼부은 후 "그런 일, 한두 번도 아니었고 소소한 사건도 아니어서 언론에 대서특필되곤 했었다. 그러나, 수출 역군이 되니 갑자기 모든 것이 용서되는 듯한 이 분위기는 또 무언가"라고 개탄했다.[41]

일본 전문가 최석영은 그런 문제가 이수만이 일본의 거대 연예 기획사인 자니스Johnny's를 벤치마킹했기 때문에 빚어진 것으로 보았다. 자니스의 창립자인 자니 기타가와ジャニー喜多川는 자신의 조직에 남은 사람에게는 아낌없는 지원을 하는 반면, 이탈자에겐 잔인할 정도로 철저한 보복을 함으로써 조직의 기강을 잡는 걸로 유명, 아니 악명을 얻은 인물이었다.[42]

반면 재미교포 작가인 유니 홍Euny Hong은 『코리안 쿨: 세계를 사로잡은 대중문화 강국 '코리아' 탄생기』(2014)에서 "케이팝이라는 상표가 어린 예비 스타들을 모집해서 장장 13년짜리 엄격한 계약에 묶어두는 건 사실이다. 하지만 한국이 대중음악계를 구축할 별다른 방법이 없었다는 점을 이해해야 한다"며 다음과 같이 말했다.

"(비틀스의 경우처럼) 훌륭한 밴드가 되기까지 정말로 1만 시간이 걸린다면 7년에서 13년에 이르는 케이팝의 계약 관습은 전적으로 합리적이다. 특히나 그 기간의 절반은 예비 스타들이 대중 앞에 나서기 전에 트레이닝을 하며 보내기 때문이다.……어떻게 보면 이런 가혹한 계약이 한류의 성공에 확실히 한몫한 바 있다."

물론 유니 홍이 모든 '노예 계약'이 합리적이라고 주장한 건 아니었다. 그는 사안별 평가가 필요하다고 보는 듯했다. "그렇지만 케이팝

아이돌 육성 시스템과 관련해서는 불공정한 계약 관행이나 부적절한 보상 체계 등을 두고 논란이 끊이지 않았다. 2009년 8월 28일 동방신기의 팬들이 국가인권위원회에 SM엔터테인먼트가 불공정한 계약으로 동방신기 멤버들의 인권을 침해했다며 진정서를 제출했다.

가수들의 계약에는 여전히 논쟁의 여지가 있다. 기간만이 아니라 유연성과 자유의 문제도 크다.……동방신기의 계약에서 드러나다시피 한국의 그룹은 미국의 일류 그룹에 비해 기가 막힐 정도로 형편없는 수입을 얻었다. 동방신기의 경우 음반이 5만 장 판매될 때까지는 수익을 배분받을 수 없었다."⁴³

평소 아이돌 계약 방식에 대한 비판을 적잖이 들었을 이수만은 『연합뉴스』(2011년 7월 11일) 인터뷰에서 외부엔 부정적으로 비치는 관행이 "지금의 한류를 일으킨 원동력"이라며 이렇게 주장했다. "이제는 훌륭한 가수들은 오랜 노력과 훈련을 통해서 만들어진다는 것을 국민이 알게 된 것을 다행으로 생각한다. 미국은 에이전시가 있지만 매니지먼트가 약하다 보니 투자가 안 일어난다. 그러나 우리나라와 일본은 매니지먼트가 되다 보니 투자를 할 수 있었다. SM도 거기에 매진했고 오해를 불러일으킬 수 있었지만 이제 국민이 좀더 많은 이해를 해줬으면 한다. 세계적인 경쟁력을 키우려면 기업화가 필요하고 오랜 훈련과 오랜 계약이 있어야 우리도 충분히 투자를 할 수 있다는 것을 이해해주고 격려를 해주었으면 한다."[44]

이수만을 비웃었던 언론의 '과잉 뉘우침'인가?

언론은 이수만의 이런 변명 또는 해명을 대체적으로 수용하는 것처럼 보였다. 그래서인지 2011년 8월 한류를 논의하는 학술 세미나 자리에선 이런 일도 있었다. 서강대학교 교수 원용진은 "유럽에까지 퍼져가는 한류를 포트폴리오 삼아 주식시장에서 수익을 올리면서 자신을 '애국' 주체로 포장하는 연예기획사에 대한 비판"을 했는데, 토론자로 나선 한 대형 언론사 기자는 자신이 이수만을 인터뷰하면서 감동을 받았다는 말로 반박의 포문을 열었다.

그 기자는 "이 사람이 세계 무대에서 성공하도록 돕겠다. 이토록 치밀한 세계 정복 계획을 가지고 있다니"라며 놀랐다고 털어놓았다. 이후 유럽에서 K-pop 성공을 보고는 자신의 느낌과 각오가 틀리지 않았다고 확신했다며, 시종일관 자신이 직접 이수만을 만났고 긴 시간 대화를 나누었다는 점을 강조했다는 것이다. 이에 대해 원용진은 "한류의 수용은 이미 언제나 초국가적으로 이뤄지고 있지만 주류 담

제9장 "장기 계약이 K-pop의 성공 요인이다"

론은 한류를 지속적으로 한국 안으로 끌어오는 구심력적 편협함에 맴돌고 있다"고 말했다.[45]

그 기자는 왜 그렇게 이수만에 감동했던 걸까? 대중음악평론가 강헌의 회고에서 그 답을 찾을 수 있을 것 같다. "1990년대 후반만 해도 우리(기자나 평론가들)는 현장을 몰랐기 때문에 SM의 이수만 대표를 보고 비웃기도 했어요(웃음). 그런데 이 대표는 'HOT'에 열광하는 중국과 동남아의 수만 명의 10대 팬들을 직접 접했기에 '아시아 시장을 제패한다'는 원대한 꿈을 일찌감치부터 꿀 수 있었고, 실제 현실로 만들어낸 거지요."[46] 그러니 어찌 감동하지 않을 수 있었으랴. 자신들의 '비웃음'을 뉘우치는 입장에서라도 이수만의 활약을 찬양하지 않을 수 없었을 것이다. 그게 '과잉 뉘우침'이었건 아니었건 말이다.

이수만을 어떻게 평가하건, 세계 대중음악계의 작동 문법을 일시에 바꾸어버린 SNS·유튜브와 SM 음악의 친화성이 컸다는 건 분명했다. 영상 유통 플랫폼으로서 SNS와 유튜브의 최대 강점은 무엇인가? 음악을 듣기보다는 보는 시대에서 영상 이미지와 비주얼을 주력으로 한 음악은 '문화적 할인cultural discount'이 적다는 점이었다. 유튜브란 무엇인가? 음악 팬들에게 뮤직비디오의 시청자 범위가 글로벌 수준으로 확장되었다는 점에서 그건 '21세기의 MTV'였다. 확장성과 파급력에서 유튜브는 MTV를 훨씬 능가했다.[47] 강헌은 "워크맨 시대에는 가사와 멜로디가 위주인 J팝이 떴지만 음악을 비주얼로 즐기는 유튜브 시대에는 K팝이 대세"라고 말했다. 댄스 팝은 언어적인 영향력이 덜하기 때문에 SNS·유튜브와 궁합이 잘 맞는 장르이고 그 결과 세계시장에서 성공할 수 있었다는 것이다.

"조용필과 조동진이라면 가사에 담긴 스토리가 중요하겠지만 댄스 팝은 춤과 외모 등 시각적인 요소가 훨씬 더 중요하거든요. 실제 한국 가수가 중국어나 태국어로 현지 진출할 수는 없는 일입니다. 한국어와 가장 가까운 일본어로 불러도 현지인에게는 어색하게 들리는 게 사실이에요. 하지만 음악 콘텐츠를 영상 콘텐츠로 바꾸는 혁신으로 이런 대성공이 가능해진 거지요. 요즘 다들 유튜브로 노래 접하잖아요."[48]

2011년 한 해 동안 전 세계인이 유튜브를 통해 K-pop 영상을 조회한 수는 22억 8,600만여 회로 나타났다. 2년 전 7억 9,300만여 회에 비해 3배 가까이 증가한 수치였다.[49] 이해에 미국의 빌보드는 처음으로 K-pop 음악만을 대상으로 하는 순위 집계인 'K-pop 차트'를 신설했으며, 『뉴욕타임스』는 2011년 10월 처음으로 K-pop을 특집 기사로 다루면서 K-pop의 성장세에 주목했다.[50]

일본 후지TV 앞 '한류 반대 시위'

"솔직히 '채널8(후지TV)'에는 여러모로 신세를 지고 있지만 정말 보지 않게 된다. 종종 한국 방송국인가 싶을 때도 있다. 우리 일본인은 일본 전통 프로그램을 보고 싶은데, 일단 한국 관련 방송이 나오면 텔레비전을 꺼버린다니까. 굿바이!" 2011년 7월 23일 자신의 트위터에 이런 발언을 남긴 일본 배우 다카오카 소스케高岡奏輔가 자신의 아내이자 인기 배우인 미야자키 아오이宮崎あおい한테까지 수정 요구를

당하는 후폭풍에 시달리다 결국 소속사를 탈퇴하는 일이 벌어졌다.

다카오카의 발언은 한류 드라마의 일본 방송 편성 비율이 갈수록 높아지는 현상에 대한 일본 연예인의 반감과 위기감을 대변한 것이라는 분석이 나왔다. 실제 일본 TV 편성표를 살펴보면, 7월 26일 현재 지상파에서는 TBS와 후지TV에서 각각 한국 드라마 〈아가씨를 부탁해〉, 〈제빵왕 김탁구〉 등을 오전·오후 시간에 방영하고 있었다. 위성채널에서도 NHK BS를 제외하고 거의 모든 채널에서 한국 드라마 또는 예능 프로그램을 2~3개씩 내보내고 있었다.[51]

7월 29일 일본 뉴스 블로그 '로켓뉴스24'는 "후지TV와 한류 '붐'을 비판해 소속사에서 퇴사한 배우 다카오카 소스케를 찬성하는 사람들이 트위터 상에 잇따르고 있다"며 "8월 8일 '후지TV의 날'에 후지TV를 보지 말자는 시청 거부 운동이 일어나고 있다"고 전했다. 인터넷에서는 다카오카를 응원하며 후지TV를 시청하지 않겠다는 의견이 잇따랐다. 일본 트위터 이용자들은 "다같이 후지TV를 보지 말자", "이번 소동으로 트위터러의 힘을 보일 때가 왔다", "8월 8일 후지TV 시청률 0퍼센트를 목표로 노력하자"는 내용의 글을 올렸다.[52]

8월 7일 오후 2시쯤 일본 도쿄 오다이바 후지TV 앞에 500여 명의 시위대가 모여 '한류 반대 시위'를 벌였다. 시위 참가자들은 "한류 그만둬라", "방송 면허를 취소하라" 등의 구호를 외치며 일장기와 플래카드를 들고 1시간가량 후지TV 주변을 돌았다. 일부 참가자는 "한국의 손으로부터 후지TV를 되찾기 위해 모였다"고 말한 것으로 알려졌다. 일본 언론매체 『닛칸겐다이日刊現代』는 "소스케의 발언 이후 후지TV 주가가 하락하고 있다"며 "후지TV의 최대 광고주인 화학제품 회

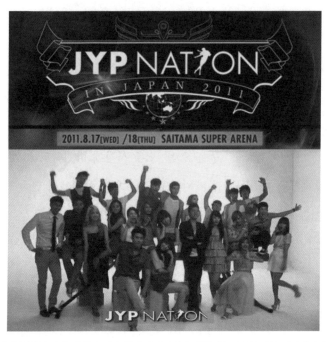

일본 내에서 '한류 반대 시위'가 여러 차례 일어났지만, 8월 17~18일 일본 사이타마 슈퍼 아레나에서 열린 'JYP 네이션 인 재팬'은 성공리에 공연을 마쳤다.

사 '가오花王'에 대한 불매운동도 연이어 발생하고 있다"고 보도했다.[53]

8월 21일 후지TV 본사 앞에서 6,000여 명이 몰려들어 "한류는 이제 그만" 구호를 외치는 2차 한류 반대 시위가 열렸다. 앞선 7일의 시위가 집회 신고를 내지 못해 '산책 시위' 형식으로 치러진 데 비해, 이번에는 정식으로 허가를 받아 이루어졌다. 이번 집회를 기획한 시위실행위원회 관계자는 "1,000명 정도 모이면 성공이라고 생각했는데 이렇게 많은 사람들이 우리의 생각에 동조해 놀랍다"고 말했다. 주최 측은 "우리는 후지의 편향 보도나 한류 강요에 항의하는 것이지 '반한'이나 '혐한'을 주장하는 것은 아니다"라고 밝혔다. 이날 시위에

는 지난번처럼 기미가요 제창이나 '천황 만세' 등의 구호는 등장하지 않은 것으로 알려졌다.[54]

그러나 이런 반한류 움직임은 한류, 특히 K-pop 바람엔 아무런 영향을 미치지 못했다. 8월 17~18일 일본 사이타마 슈퍼 아레나에서 열린 'JYP 네이션 인 재팬', 8월 25일 일본 도쿄 부도칸武道館에서 열린 '유나이티드 큐브 인 재팬', 9월 2~4일 3차례 열린 SM타운 도쿄돔 공연 등이 성공리에 공연을 마쳤다. SM 소속 가수들 36명이 총 출동한 합동 공연인 SM타운 콘서트는 애초 두 차례 공연을 예정했다가 티켓을 구하려는 이들만 60만 명이나 몰리는 바람에 세 차례로 늘렸으나, 역시 일찌감치 매진되었다. 5만 석 규모의 도쿄돔을 사흘 내리 가득 채운 건 마이클 잭슨처럼 세계적인 팝스타나 일본 최정상급 가수 정도를 제외하고 좀처럼 드문 일이었다.[55]

팬덤이라는 '상상의 공동체'

반한류 움직임을 넘어선 K-pop 바람이 시사하듯이, 그 어떤 나라도 넘보기 어려운 한국 대중문화의 인프라는 강력한 팬덤이었다. 특정 스타를 혼자서만 좋아할 수 있는가? 그건 얼마든지 가능하지만, 열광의 경지까지 도달하긴 어렵다. 열광은 혼자 할 수 있는 게 아니다. 스타에 대한 애정과 열광을 공유하는 다른 사람들의 존재가 중요하다. 그래서 형성되는 게 바로 팬덤이다. 이는 베네딕트 앤더슨Benedict Anderson, 1936~2015이 말한 '상상의 공동체imagined community' 메커니즘과 비슷한 이치다.

앤더슨은 '민족'을 '상상의 공동체'로 보았는데, 이는 민족을 머릿속에서 마음대로 상상하거나 꾸민 것이라는 뜻이 아니라, 특정한 시기에 사람들의 경험을 통해서 구성되고 의미가 부여된 역사적 공동체라는 뜻이다. 앤더슨은 다음과 같이 말한다.

"민족은 본래 제한되고 주권을 가진 것으로 상상되는 정치 공동체이다. 민족은 가장 작은 민족의 성원들도 대부분의 자기 동료들을 알지 못하고 만나지 못하며 심지어 그들에 관한 이야기를 듣지도 못하지만, 구성원 각자의 마음에 서로 친교communion의 이미지가 살아 있기 때문에 상상된 것이다."[56]

앤더슨은 민족의 구성과 의미 부여에 이른바 '인쇄 자본주의'가 큰 영향을 미쳤다고 보았다. 인쇄 자본주의는 빠르게 늘어나는 사람들이 심오하게 새로운 방식으로 그들 자신에 대해 생각하고, 그들 자신을 다른 사람들에게 연결할 수 있게 해주었다는 것이다. 앤더슨은 특히 신문의 역할에 주목했다.

"신문은 현대인에게 아침 기도의 대용 역할을 한다고 헤겔이 관찰했듯이 대중 의례의 의미는 역설적이다. 이 대중 의례는 조용한 사적인 시간에 머리를 식히면서 행해진다. 그러나 각자는 그가 행하는 의례가 수천의(혹은 수백만의) 다른 사람들에 의해 동시에 반복되고 있음을 잘 알고 있다. 수많은 다른 사람들이 있다는 것은 확실히 알지만 그 사람들의 신원은 전혀 모른다. 더욱이 이 의례는 하루 한나절의 간격으로 끊임없이 반복된다. 세속적이고 역사적으로 시간이 측정되는 상상의 공동체에 대해 이보다 더 생생한 다른 모습을 상상할 수 있는가?

동시에 신문 독자는 자신이 보는 신문과 똑같은 복사품을 전철, 이발소, 자기 거주지의 이웃들도 읽고 있는 것을 보고, 상상된 세계가 눈으로 볼 수 있게 일상생활에 뿌리내리고 있다고 계속 확신하게 된다."[57]

팬덤의 구성과 의미 부여도 다를 게 없다. 오늘날 '인쇄 자본주의'는 '사이버 자본주의'로 바뀌었지만, 친교의 이미지를 생산하는 방법은 같다. 팬질의 대부분이 스타의 생산물을 다양한 방식으로 즐기는 동시에 스타와 스타를 따르는 사람들의 언행에 관한 이야기를 생산하고 해석하고 공유하고 전파하는 것이 아니던가. 스타는 팬덤 공동체의 교주이지만, 근접할 수 없는 교주이기에, 스타를 매개로 공동체 성원들 간의 관계가 중요해진다. 물론 '민족'과 '팬덤'이라는 구성 단위와 작동 방식의 차이 때문에 팬덤은 친교의 이미지는 물론 실질적인 친교를 많이 나누기도 하지만, 한 번도 만나보지 못한 다른 팬들과의 연대와 결속은 '상상의 공동체' 모델로 설명할 수 있다는 것이다.[58]

"장기 계약이 K-pop의 성공 요인이다"

'상상의 공동체'는 인쇄 자본주의 시대의 것으로 낡았다고 생각한 걸까? 2011년 8월 16일 SM엔터테인먼트의 총수인 이수만은 경영학회 통합학술대회에서 경영학 교수들을 대상으로 한 강연에서 '가상 국가virtual nation'라는 신조어를 꺼내 들었다. 이수만은 유튜브 현상을 예로 들며 이렇게 말했다. "앞으로는 원론적이고 물리적인 성격의 국가보다 '버추얼 네이션'이라는 가상 국가가 급부상한다. 이러한 가상

2011년 11월 23일 서울 르네상스호텔에서 열린 'KT IT CEO 포럼'에서 이수만은 'SM Town Virtual Nation'이라는 주제로 시공간을 초월해 문화 콘텐츠를 공유하는 가상 국가의 개념과 비전에 대해 강연했다.

국가 속에 SM타운이 중심에 설 것이다. 프랑스 한류 팬을 어떻게 평가하나. 국적은 프랑스지만 SM의 '재프랑스 동포'나 다름없다. SM 음악을 중심으로 프랑스인, 중국인, 미국인이 모여들고 동질감을 느끼는 것이다."[59]

그러나 이수만의 '가상 국가'엔 늘 13년에 이르는 장기 계약, 즉 '노예 계약'이라는 말로 대변되는 그늘이 드리워져 있었다. 이수만은 『조선일보』(2011년 10월 15일) 인터뷰에서 공정거래위원회와 협의 끝에 계약 기간을 한국에만 있을 경우 7년, 해외에 나갈 경우 10년으로 줄였다고 밝히면서, 장기 계약에 의한 매니지먼트 시스템이 K-pop의 성공 요인이라고 역설했다.

"우리 같은 매니지먼트 시스템은 미국도 하지 못했던 일입니다.

연습생을 선발해서 장기 계약해서 오랫동안 트레이닝하는 일이 미국에선 못하게 돼 있습니다. 미국은 에이전시 제도라고 해서 가수나 연예인이 스스로 커지면 에이전시 회사에 일을 하도급을 맡기는 식입니다. 그러니 에이전시가 하도급 업체로 전락하고, 유망주에 장기적으로 투자할 수 없는 것이죠. 그런데 뒤늦게 문화산업이 발달한 한국이나 일본은 자유 계약이 가능했고, 그래서 장기 투자를 하게 된 겁니다."

그러면서 그는 SM엔터테인먼트의 힘은 3가지라고 했다. "첫째 트레이닝, 둘째 시스템적으로 움직이는 것, 셋째 곡을 중요시하는 겁니다. 새 팀 하나 론칭하는데 보통 4년이 걸립니다. 동방신기 곡 하나 쓰는데 50명이 모여서 썼고, 맨 처음 데뷔하는 데 40억 원이 들었습니다. 게다가 음반을 내는 프로모션비가 또 40억 원씩 들어갑니다."[60]

"공짜 티켓 요구 사라져야 한국서도 잡스 나온다"

2011년 8월 24일 중국 공산당 기관지 『런민일보人民日報』는 일본에서 일어난 한류를 소재로 「관용·흡수가 문화 발전의 동력」이라는 평론을 냈다. 이 평론은 "한류 붐은 한국 정부의 '문화 건국' 전략에 의한 것으로, 상업 이익뿐만이 아니라 자국 문화의 보급과도 연결돼 있다"며 한국이 지금의 한류를 만들어낼 수 있었던 과거를 분석했다.

평론에 따르면, 과거 한국에서는 일본의 '일류日流'가 유행해 거의 매일 일본의 콘텐츠가 방송되면서 많은 팬이 생겨난 동시에 불만이나 항의의 목소리도 높아졌다. 하지만 한국은 일류를 단순히 배척하는 대신 일본의 문화산업에 대한 연구나 학습도 강화해나갔으며, 그 결과 일류의 인기가 떨어지는 동시에 한류가 폭발적인 인기를 얻게 되었다는 것이다. 이 신문은 일본과 한국은 모두 역사적으로 외래 문화를 흡수해 로컬라이즈localize(자신의 것으로 소화)하는 능력이 뛰어나고, 자국의 문화산업을 열렬히 지지하면서 (자국 내에서) 보호를 호소하는 공통점이 있다고 평가했다.

또『런민일보』는 "자국 문화의 보호는 필요하기는 하지만, 최선의 보호법은 '감정적인 거절'이 아니라, 자국 문화를 기반으로 한 이노베이션innovation(혁신)을 진행하는 것"이라며 "글로벌적인 시야를 가지고, 개방적이고 너그러운 마음으로 양분을 빨아들임으로써 전진하는 힘을 얻을 필요가 있다"고 주장했다. 그러면서 일본인들이 한류 방영을 한 후지TV에 대해 항의 시위를 벌인 사건은 섬나라인 일본의 자의식이 감정적인 행동으로서 나타난 결과라고 분석했다.[61] 하지만 중국은 이제 곧 섬나라인 일본보다 더욱 옹졸한 방식으로 한류에 대한 반감을 드러내게 된다.

2011년 9월 3일 프랑스의『르몽드』는「일본 TV와 민족주의」라는 기사를 통해 "양국의 민족주의적 갈등에도 불구하고 일본에서는 한국 드라마 등의 시청률이 최근 몇 년간 상승했다"며 한국 엔터테인먼트 업계의 창의력과 시장 전략, 일본 미디어 업계의 콘텐츠 고갈 등을 한류 성공의 이유로 지목했다.

이 기사는 일본의 반한류 시위가 극단적 민족주의로 변질되는 최근의 현상들을 우려하고 비판한 것이었다. 하지만 일본 넷우익은 오히려 고무된 모습이었다. 일본인들의 냉소적 시각을 세계에 알린 만큼 한류가 악영향을 받을 것이라는 관측 때문이었다. '2채널' 등 일본 대형 커뮤니티 사이트에서 활동하는 넷우익들은 "일본인이 한국인을 싫어한다는 점이 유력 언론을 통해 기사화됐다. 일본의 진짜 생각을 세계에 알렸다"거나 "일본의 시위가 파문을 일으켜 전 세계 한류에 악영향을 줄 것"이라고 주장했다.[62]

한국은 반한류에 어떻게 대응해야 할 것인가? 아마도 묵묵히 내실을 다져야 한다는 게 모범 답안일 텐데, 때마침 공연 분야 한류의 대표 격인 뮤지컬 〈난타〉를 제작한 PMC프로덕션 대표 송승환이 아주 좋은 말을 했다. 그는 2011년 10월 20일 서울 소공동 조선호텔에서 열린 코리아리더스 포럼에 패널 토론자로 참석한 자리에서 "지위가 높아진 친구들이 나에게 공짜 표를 요구하는 경우가 허다하다"면서 "상류층 사람들은 적절한 가격에 공연 표를 구입하는 걸 수치스럽게 생각하는 것 같다"고 꼬집었다. 고깃집에서도 공짜 고기를 내놓으라고 요구하지 않는데 적지 않은 돈을 쏟아부은 뮤지컬 공연에는 특히 인색하다는 것이다. 그는 "이런 분위기가 공연을 비롯한 문화시장을 키우는 데 장애물이 되고 있다"면서 "결과적으로는 공대를 졸업한 사람들이 문화를 가까이 접할 수 있는 인프라가 형성되지 못했고, 지금은 스티브 잡스의 창의력을 기대하기 힘든 구조가 됐다"고 덧붙였다.

송승환은 "대한민국처럼 에너지도 없고 국토가 좁은 나라에서 문화산업은 아이디어만으로 부가가치 창출이 가능한 미래 산업"이라며 "난타의 경우 공장도 필요 없이 식칼 4자루와 도마만 있으면 1년에 400억 원을 벌어들인다"고 말했다. 그는 또 "문화산업이 파이가 작을지 모르지만 한류에서 증명됐듯이 국가 브랜드 이미지를 높이는 데 엄청난 영향을 주고 있다"면서 "문화를 가까이 하는 분위기가 결과적으로 국가 브랜드 제고에 기여할 수 있다는 사실을 입증하는 예"라고 강조했다.[63]

카카오톡 가입자 2,000만 돌파

2010년 3월 17일 서비스 개시와 함께 앱스토어 1위에 오른 카카오톡은 2011년 4월 1일 가입자 1,000만 명을 돌파한 데 이어, 2011년 7월 28일 가입자 2,000만 명을 돌파했다. 매일 1,600~1,700만 명이 카카오톡 앱에 접속하고 있는 것으로 나타났는데, 이는 국내 최대 포털사이트 네이버의 하루 평균 순방문자수(1,520만 명)보다 많은 수치였다. 또 카카오톡을 통해 오고가는 메시지 건수는 하루 평균 5억 건으로, 이는 국내 통신 3사 가입자들이 주고받는 문자메시지 전체를 합친 것보다 많은 양이었다.[64]

카카오톡은 스마트폰 시대를 맞아 연령·지역·계층을 뛰어넘는 광범위한 사용자 기반을 갖추어 이용자층이 편중된 트위터·페이스북과는 전혀 다른 형태의 메시지 유통을 가능케 했을 뿐만 아니라 SNS와는 달리 실시간 대화가 가능한데다 비교적 개인적인 성향이 강해 가까운 지인들과의 대화 창구로 기능함으로써 팬덤의 소통 강화에 큰 기여를 했다.[65]

2011년 12월 1일 드디어 말도 많고 탈도 많았던 조선·중앙·동아·매경의 종합편성채널 4곳이 합동 축하 쇼를 열고 일제히 개국했

제9장 "장기 계약이 K-pop의 성공 요인이다"

다. 『한겨레』는 「종편 개국, 언론과 민주주의의 대재앙 시작되다」라는 사설을 통해 "온갖 특혜와 반칙을 통해 태어난 보수언론의 종편사들이 언론 시장을 황폐화시키는 시대가 막을 올린 것이다"며 맹공을 퍼부었다.[66] 하지만 정치와 무관한 대중문화 시장과 연예인들에게 방송 채널은 다다익선多多益善이었다.

종편 개국을 전후로 자극을 받은 것인지는 알 수 없지만, 지상파 방송사들이 한류를 적극 이용하기 시작했다. MBC는 2011년 9월부터 11월까지 총 8회에 걸쳐 전 세계의 K-pop 팬들에게서 참가 신청을 받아 제작한 〈K-pop 로드쇼: 커버 댄스 페스티벌〉이라는 프로그램을 선보였다.[67] 커버 댄스는 가수의 퍼포먼스를 그대로 모방해 추는 춤을 말한다.

2011년 12월 4일 SBS의 버라이어티 프로그램 〈일요일이 좋다〉의 2부 코너로 출범한 〈K팝 스타〉는 세계시장을 공략할 차세대 K-pop 스타를 발굴하는 서바이벌 프로그램을 표방했다. 이 프로그램은 무엇보다도 SM, YG, JYP 3대 기획사가 심사를 맡고, 우승자는 즉시 가수가 되거나 3대 기획사의 연습생이 되며, 자신이 가수 생활을 하게 될 소속사를 선택할 기회가 주어진다는 점에서 큰 화제를 모았다.[68]

KBS-2의 〈뮤직뱅크〉는 '월드 투어' 특집 기획으로 한류의 확산에 기여했다. 2012년 2월 〈뮤직뱅크 인 파리〉를 시작으로, 현지 방송국과 연계해 이후 1년간 홍콩, 칠레, 자카르타 등을 다녀왔다. 칠레 공연에서는 엠블랙, 라니아, 애프터스쿨, 다비치, 씨엔블루, 슈퍼주니어 등이 출연했다.[69]

현실적 영광을 위한 '가상 국가' 체제의 삶

이수만의 '가상 국가' 주장을 검증하기 위한 것은 아니었겠지만, 프랑스의 『르몽드』와 『르피가로』가 2012년 6월 9~10일 지면에 한류와 관련한 비중 있는 기사를 각각 게재해 눈길을 끌었다. 이 두 신문의 기사 한 대목씩을 차례대로 인용해 감상해보기로 하자.

"170여 명의 직원을 거느리고 60여 개의 그룹과 가수들을 보유하고 있는 SM엔터테인먼트는 적절한 전략을 추구하고 있다. '우리는 그룹의 콘셉트를 생각할 때 세계 여러 나라의 젊은이를 먼저 염두에 둔다'고 SM엔터테인먼트의 김영민 대표이사는 설명하고 있다. 한 그룹을 만들어내는 과정은 매년 1만여 명의 지원자들이 몰려드는 오디션을 통한 인정사정없는 선정을 거치는 등 아주 세밀하게 짜여 있다. 일단 오디션을 통과하면 SM아카데미에서 노래 연습, 댄스, 연극 심지어는 외국어 교육 등 3~5년간의 집중 교육을 받게 된다."

"이번 공연에서 소녀시대는 다른 보이스 밴드들인 샤이니, TVXQ!, 슈퍼주니어와 함께 무대에 설 예정이다. 유니섹스한 복장의 이들 남성 그룹들은 프랑스 소녀 팬들 사이에서 큰 인기를 얻고 있다. 종종 초등학교부터 발굴된 이 아이돌 스타들은 스파르타식 훈련을 거치면서 노래, 춤, 드라마 연기나 광고 출연(광고 출연은 한국 쇼 비즈니스에서 중요한 수입원 중의 하나이다) 등 모든 것을 배우게 된다."[70]

이 두 신문이 그렇듯, 외국 언론은 K-pop 열풍에 대해 보도할 때 '스파르타식 훈련'을 빠트리지 않았다. 그걸 부럽다는 듯 배우려는 나라들도 있었지만, 나이 어린 가수 지망생들의 인권 문제를 들어 좋지 않게 보는 시각도 있었다. 어떻게 보건 한국 아이돌 스타들의 경쟁력이 스파르타식 훈련에서 나온다는 건 분명한 사실이었다.

일본 인기 그룹 AKB48 프로듀서 아키모토 야스시秋元康는 "한국 아이돌 그룹은 모든 면에서 뛰어납니다. 딱 봐도 연습량이 많았다는 걸 금세 알 수 있죠"라고 했고, 태국 최대 음반사 GMM그래미 부사장 수라차이 센스리Surachai Sensri는 "본사도 한국의 시스템을 벤치마킹한 상태입니다. 한창 공부하고 있습니다"라고 했다.[71]

아이돌 가수들의 사생활 관리도 엄격했다. 기획사와 아이돌 가수들 사이에는 '특별한 약속'이 있었다. 계약서에 명시하지는 않더라도 '성형 금지', '연애 금지', '개인 휴대전화 사용 금지', '음주와 흡연 금지' 등 가수들과 구두로 약속한 각종 '금지령'들이었다.[72] 강제 단체 생활을 해야 했고, 허락받지 않은 외출을 금지하기 위해 숙소 현관에 CCTV를 달아놓기도 했다. 이 모든 게 가상 국가 속의 삶이었지만, 그건 현실 국가 속에서 영광과 승리를 위해 거쳐야 할 과정이었다.

한 일본 아이돌 그룹의 멤버는 "한국 아이돌들이 한 숙소에서 생활하는 게 신기하다"고 했다지만, 일본 아이돌이 '코리안 드림'을 알 리 없었다. 2013년에 데뷔하는 BTS는 연습생 때부터 휴대전화도 개인 소지하고 연애 금지령도 없는 파격을 선보였는데, BTS 기획사는 "금지하지 않아도 꿈을 이루려고 스스로 잘 관리하더라"고 했다.[73] 이런 자율 방식의 '코리안 드림' 실천법이 얼마나 확산 될지는 두고 볼 일이었다.

SNS와 유튜브가 만든 '엔터테인먼트 국가'

2012년 3월 15일 한미FTA가 협상 개시 6년 만에 발효되었다(방송 관련 부문은 3년 유예 항목에 포함되어 2015년 3월 15일에 발효되었다). 협상이 시작된 2006년 한미FTA 저지 범국민운동본부 문화예술공동대책위원회는 "한미FTA는 문화 제국주의적 이데올로기 침탈은 물론이고, 우리의 감정과 욕망, 공동체 문화, 정체성, 생태적 조건 등 전체적인 '삶의 방식'을 크게 바꿔놓을 것이 분명해지고 있다.……이는 노란 얼굴을 한 미국인을 양산하는 길이다"고 반대 의사를 분명히 했지만,[74] 그간 한류의 활약에 흐뭇해하고 있던 여론의 지지는 받지 못한 것으로 보였다.

2012년 6월 29일 이수만은 충남 태안 안면도에서 열린 '에너지와 문화 콘텐츠 융합을 통한 지역 발전 전략 대토론회' 기조연설에서 "한국은 5,000만 명이 아닌 수십억 명의 인구를 가진 거대한 나라일 수 있다"며 SM이 중심이 된 '가상 국가' 건설을 선언했다. 이수만이 말하는 가상 국가는 물리적 영토를 초월해 SM 소속 가수들의 음악을 즐기는 각국 팬들을 국민으로 삼는 문화적인 개념의 국가를 의미하는 것으로 SM타운 국민으로서 시민권을 받을 자격이 있는 이들은 유튜브와 페이스북 등을 통해 SM 콘텐츠를 접하는 세계 각지 팬들이었다.

"미래에는 누구나 두 개의 시민권을 갖고 태어납니다. 하나는 아날로그적 출생국의 시민권이며 다른 하나는 '버추얼 네이션virtual nation'이란 가상 국가의 시민권입니다. 버추얼 네이션 중 가장 먼저 떠오르는 게 SM타운입니다. 지난해 파리에서 한 공연도 그곳에 사는

'SM타운 국민'들을 위로하기 위한 것이었습니다. 아프리카, 남미, 아랍에도 SM타운 국민이 살고 있습니다. 한국은 5,000만 명이 아니라 수십억 명의 인구를 가진 대국일 수 있습니다."[75]

2012년 8월 19일 서울 잠실 스타디움에서 열린 '한류 팬의 전당 대회'에서 가수 보아와 강타는 "SM의 음악과 퍼포먼스로 모두가 하나가 되는 뮤직 네이션 SM타운의 국가 탄생을 선포합니다"고 했다. 전 세계 30여 개 나라에서 이날 공연에 참석한 팬들이 박수를 치는 가운데 가상 국가 국기가 게양되었고, 참석자들에게는 SM타운이 만든 분홍색 '여권'이 주어졌다. 『동아일보』는 "올 것은 왔다. 소셜네트워크서비스SNS와 유튜브로 다국적 팬까지 결집한 케이팝K-pop(한국 대중가요)은 이제 국경을 넘고, 지우고, 다시 긋고 있다. '엔터테인먼트 국가의 탄생'이다"면서 SM타운 건설 선포식을 다음과 같이 묘사했다.

"'서울올림픽이 열린 이곳에서 케이팝으로 하나 된 세계인들이 모여드는 장면을 보게 되네요.' 슈퍼주니어 멤버들의 현장 중계방송이 장내에 울려 퍼졌다. '미국!' '말레이시아!' '이스라엘!' 국가 이름이 호명될 때마다 국기가 그려진 피켓을 든 기수가 그 나라에서 온 팬들과 함께 입장해 주경기장 트랙을 돌았다. 올림픽 개막식과 똑같은 형식. 30여 개국 팬들의 입장이 끝났다. 스타디움 특설 무대 주변에는 샤이니, 에프엑스, 엑소케이 등 가수 52명의 전신 사진이 걸렸다. 소녀시대 등 SM엔터테인먼트 소속 가수들이 커다란 SM기를 펼쳐 들고 트랙을 돌았다. 이어 SM기 게양식. 하얀 옷을 차려 입은 가수 강타와 보아가 무대 한가운데로 나왔다. '여기 모인 우리는 언어와 민족은 다르지만 SM의 음악과 퍼포먼스로 하나 되는 뮤직 네이션Music Nation,

2012년 8월 18일 서울 잠실 종합운동장 올림픽 주경기장에서 열린 'SM타운 라이브 월드 투어 Ⅲ 인 서울' 공연. 다음 날 SM은 전 세계 30여 개 나라에서 참석한 팬들 앞에서 가상 국가 SM타운의 탄생을 선포했다.

SM타운의 국가 탄생을 선포합니다!' 불꽃이 터지면서 대형 스크린에 잡히는 'SM기', 그리고 불끈 쥔 손을 흔들며 환하게 웃는 이수만 SM 엔터테인먼트 회장의 모습. 가수들의 SM타운 주제곡 〈디어 마이 패밀리〉 합창. 국가의 탄생이었다."[76]

물론 SM이 추구하는 '엔터테인먼트 국가'에 대해 불편해하는 시선은 늘 존재했으며, 2012년 10월엔 미국의 권위 있는 문화 잡지 『뉴요커』가 그런 시선을 드러냈다. 대중음악 저널리스트 존 시브룩John Seabrook은 「공장 소녀들Factory Girls」이라는 9쪽짜리 장문 기사를 통해 성형수술로 만들어진 육체의 아름다움에 집착하는 K-pop 스타 중에는 악기 연주가 가능한 뮤지션도 거의 없으며 이들은 공장과 같은 시스템에 의해 생산되고 있다고 지적했다.

그러나 시브룩은 균형 감각은 잃지 않았다. 그는 미국 팬과 음악 관계자들을 매료시킨 소녀시대 뮤직비디오를 반복해서 보는 사이 자신도 그녀들을 사랑하게 되었음을 깨달았으며, 그것은 J-pop과는 완전히 다른 것이라고 주장하면서 이렇게 말했다. "절정을 맞았을 땐 관객들로부터 원초적인 팝의 감성, 즉 순수한 사랑의 감정을 이끌어내고 있었다. 그건 비치 보이스나 초기 비틀스, 필 스펙터가 프로듀싱한 걸 그룹 같이 소수의 위대한 팝 아티스트들에게만 가능한 것이었다."[77]

1조 원을 넘어선 SM의 시가총액

이수만이 꿈꾼 '가상 국가'는 국제정치와 외교에서 자유로울 수 있는 국가가 결코 아니었다. 2012년 8월 한국 대통령 이명박의 독도 방문과 일왕에 대한 사과 요구 등으로 한일 관계가 냉각되면서 일본에서 한류는 큰 타격을 입었다. '한류 방송국'으로 불린 후지TV는 바로 이때에 〈사랑비〉를 끝으로 한류 드라마를 편성하지 않았으며, 2014년엔 TBS와 NHK도 한류 드라마 편성을 전면 중단한다.[78]

그럼에도 이제 한류는 일본 시장에 목숨을 거는 수준은 아니었기에 "세계는 넓고 할 일은 많다"는 자세로 임할 수 있었다. 연예기획사들의 규모도 이전과는 차원을 달리 할 정도로 커졌다. SM은 이미 2007년 음반 도매, 이벤트, 방송 프로그램·애니메이션 제작, 연예 대행, 인터넷, 영상 노래방, 출판 인쇄, 캐릭터, 라이선스 사업에 이르기까지 40여 업종에 손을 뻗었으며, 'SM 픽처스'를 설립해 영화 사업에도 진출했다. 해를 넘길수록 사업 영역은 더욱 확장되었고, 2012년 기준 외식('SM F&B', 'SM 크라제'), 여행('SM타운 트래블'), 드라마·영상 제작('SM C&C'), 노래방('SM 어뮤즈먼트'), 패션(이랜드와 설립한 조인트 벤처 아렐)까지 진출했다. SM C&C의 팀장 이의영은 SM타운의 의미에 대해 "SM 콘텐츠로 만들어진 하나의 'Life Style' 구축"이라고 말했다.[79]

2012년 11월 20일 종가 기준으로 주식 시가총액은 SM엔터테인먼트 8,784억 원, YG엔터테인먼트 5,883억 원, 로엔엔터테인먼트 3,541억 원, JYP엔터테인먼트 1,141억 원, 키이스트 730억 원에 이르렀다.[80] 주가가 최고조에 올랐을 때인 2012년 8월 24일 종가 기준으론 SM의 시가총액은 1조 원을 넘어 1조 1,255억 원을 기록했으며, SM의 지분 21.5퍼센트를 보유한 이수만의 주식 가치는 2,420억 원, YG 양현석의 보유 주가는 2,231억 원에 이르기도 했다.[81]

가요계의 '빅3'로 불리는 SM·YG·JYP를 이끄는 사람들은 이수만, 양현석, 박진영으로 모두 가수 출신이며, '빅3'는 이들의 스타일을 그대로 반영했다. SM은 잘 짜인 인공미, YG는 재기 넘치고 자유로운 자연미, JYP는 대중성을 중시하는 특성을 갖고 있었다.[82]

이정혁·백지은은 "소녀시대, 동방신기, 샤이니 등 SM 가수들이

'SMP'라 불리는 칼로 잰 듯 완벽한 군무를 통해 시선을 사로잡는 반면, 빅뱅, 2NE1 등 YG 가수들은 자유롭게 뛰어노는 무대를 선호한다. 2PM, 원더걸스 등 JYP 가수들의 노래는 한국인의 정서에 가장 어필할 수 있는 사랑과 이별에 관한 것들이 대부분이며 가장 대중적인 성격을 보인다"며 다음과 같이 말한다.

"무대 밖에서의 모습에서도 분명한 차이가 있다. 소녀시대 서현이나 동방신기 최강창민을 보면 알 수 있듯 SM 가수들은 '모범 답안'과 같은 모습이다. 바르고 단정한 이미지를 갖고 있으며 어떤 질문에도 정리된 대답을 내놓는다. 반면 JYP 가수들은 '인간미'를 물씬 풍긴다. '깝권' 2AM 조권이나 아이돌 가수 최초로 열애 사실을 자발적으로 인정한 원더걸스 선예가 대표적인 예. 이들은 20대 또래 친구들과 조금도 다름없는 모습으로 팬들에게 친근감을 선사한다. YG 가수들은 '반항아'적 이미지가 강하다. 예뻐 보이는 것 대신 거리낌 없는 자유분방한 사고방식을 보여주는 케이스다."[83]

싸이의 〈강남스타일〉 열풍

한국인들에게는 '한류 가상 국가'의 중심에 SM이 있든 YG가 있든 JYP가 있든 그건 그다지 중요한 일이 아니었다. 2012년 7월 15일 YG 소속 가수인 싸이의 〈강남스타일〉이 공개되었다. 〈강남스타일〉은 발매되자마자 국내 주요 음원 서비스 사이트 정상을 휩쓸었고 일찌감치 빌보드 K-pop 차트 1위에 올랐다. 해외 팬이 많은 한류 스타도 아니었지만, 싸이의 〈강남스타일〉은 빠른 속도로 전 세계에서 인기를 얻어나갔다.

8월 1일 미국의 온라인 매체 『허핑턴포스트』는 「중독성 강한 바이러스 같은 K-pop 스타의 귀환」이라는 기사를 내놓았다. 이 매체는 "〈강남스타일〉 뮤직비디오가 유튜브 조회수 1,000만 건을 돌파했고, 빌보드 K-pop 차트에서 1위에 올랐다"고 소개하면서 "중독성 강한 비트와 후렴구로 인기를 끌고 있다. 매료당할 수밖에 없다"고 평했다.

8월 2일에는 미국의 뉴스 채널 CNN이 〈강남스타일〉 신드롬에 합류했다. CNN은 "(〈강남스타일〉이) 아시아를 넘어 미국 내에서도 반응이 대단하다"면서 "티페인T-Pain, 로비 윌리엄스Robbie Williams 등 유명 연예인들도 자신의 SNS에서 〈강남스타일〉을 칭찬하고 있다"고 소개했다.

8월 3일 싸이의 6집 앨범 《싸이6甲(갑) 파트1》 타이틀곡 〈강남스타일〉 뮤직비디오의 유튜브 조회수가 1,158만 건을 넘어섰다. 백인 여성 2명이 이 뮤직비디오를 보며 파안대소하는 모습을 담은 '〈강남스타일〉 리액션' 영상도 24만 8,000회 이상 재생되었다.[84]

8월 11일 저녁 서울 잠실 올림픽종합운동장 보조 경기장에서 열린 싸이의 공연 '썸머스탠드-훨씬 더THE 흠뻑쑈'에는 3만여 관객이 참여해 한목소리로 "오빠 강남스타일~"이라고 외쳤다. 〈강남스타일〉의 돌풍 탓에 객석 3만 석은 일찌감치 매진되었으며, 국내 50여 명 취재진뿐 아니라 미국 CNN, ABC, 『월스트리트저널』, 프랑스 OTV, 영국 『로이터』 등 외국 취재진도 몰렸다.[85]

싸이가 2012년 8월 11일 잠실 종합운동장 보조 경기장에서 열린 콘서트 '썸머스탠드 훨씬 더 흠뻑쑈'에서 열창하고 있다. 이날 3만여 관객은 한목소리로 "오빠 강남스타일~"이라고 외쳤다.

성균관대학교 신문방송학과 교수 정성은은 "확산에 결정적인 역할을 한 것은 소셜미디어인 트위터"라며 이렇게 말했다. "초기에 싸이가 소속된 YG 소속 가수들의 팬을 중심으로 확산의 기초 세력이 형성되고 '올케이팝' 등 트위터리언이 중심이 된 한류 팬들의 글로벌 네트워크가 작동하면서 〈강남스타일〉의 확산이 가속화된 것으로 보인다. 여기에 미국과 영국 뮤지션들이 트위터를 통해 소개하면서 미국과 영국에서 급속히 확산되기 시작하였다."[86]

국제적인 〈강남스타일〉 열풍은 급기야 국내 주식시장까지 흔들었다. 싸이의 소속사인 YG엔터테인먼트 주가는 외국인들의 러브콜을 받으면서 코스닥 시장에서 폭발적인 상승세를 탔다. YG엔터테인먼트 주가는 〈강남스타일〉 뮤직비디오가 CNN에 소개된 직후인 8월 2일(4만 9,800원) 이후 14일(5만 5,100원)까지 10.64퍼센트(5,300원)나 올랐다. 〈강남스타일〉이 알려지기 전인 7월 2일에는 외국인 지분율이 5.37퍼센트(53만 5,273주)였지만, 8월 15일 6.91퍼센트(71만 2,685주)까지 높아졌다. 코스닥 시장의 연예기획사 관련주인 SM엔터테인먼트도 같은 기간 외국인 지분율이 17.65퍼센트(360만 4,848주)에서 18.17퍼센트(371만 2,373주)로 덩달아 상승했다.[87]

'국적·국경의 물리적 장벽을 허무는 인터넷의 힘'

2012년 8월 14일 미국 ABC 방송은 싸이의 〈강남스타일〉이 유튜브에서 폭발적인 조회수를 기록하면서 수많은 패러디를 양산하고 있는 중독적 음악이라고 보도했다. 싸이는 ABC와의 인터뷰에서 "강남은 한국의 비벌리힐스와 같은 상류층 동네"라면서 "하지만 나는 비벌리힐스에 살게 생기지 않았고, 춤과 뮤직비디오 상황도 비벌리힐스와 어울리지 않는다"고 말했다. 이어 "그럼에도 비벌리힐스 스타일이라고 우기는 것이 현실을 비트는 포인트"라고 자신의 노래를 소개했다.

8월 15일 시사주간지 『타임』은 인터넷판에 「최고의 투명 말 타기 랩 비디오 〈강남스타일〉을 시청하세요」라는 기사를 통해 "한국의 래퍼이자 리얼리티 쇼 심사위원인 싸이가 중독적인 노래와 뮤직비디오로 큰 인기를 끌고 있다"고 보도했다. 이 기사는 〈강남스타일〉 뮤직비디오의 후속편으로 15일 공개된 〈오빠 딱 내 스타일〉도 함께 소개했다. 외신들은 오빠를 'Oppa'로 표기하고 'older brother', 'big brother'라는 설명을 곁들였다.

8월 20일 『타임』은 오프라인 잡지에서 주간 주요 뉴스를 소개하는 '브리핑'의 월드뉴스 1면에 「"뮤지션이 되지 않았더라면 십중팔구 루저가 됐을 것"」으로 〈강남스타일〉과 싸이를 소개했다. 『타임』은 싸이를 히트송 〈강남스타일〉 뮤직비디오로 유튜브에서 3,000만 건의 조회수를 기록하고 있는 한국의 팝스타라고 소개했다.[88]

8월 21일 〈강남스타일〉 뮤직비디오가 미국 아이튠스의 실시간 뮤직비디오 차트에서 한국 가수로는 처음으로 1위에 올랐다. 〈강남스타일〉 뮤직비디오는 공개된 지 40일 만에 8월 24일 유튜브 조회수 5,000만 건을 돌파했다. 싸이 소속사 YG엔터테인먼트는 이날 "〈강남스타일〉은 지금까지 제작된 국내 가수 뮤직비디오 중 가장 짧은 기간에 5,000만 조회수를 돌파해 이날 현재 5,020만여 건을 기록했다"

고 밝혔다.

대륙별로는 아시아가 2,286만여 건, 북미가 1,140만여 건, 유럽이 829만여 건 등이라고 유튜브코리아 쪽은 밝혔다. 싸이가 지난 15일 공개한 후속편 〈오빤 딱 내 스타일〉 뮤직비디오 역시 현재 1,550만 건이 넘는 조회수를 기록하고 있었다. AP통신은 23일 "〈강남스타일〉의 인기는 국적·국경 같은 물리적인 장벽을 허무는 인터넷의 힘에 기반한 것"이라고 분석했다. 미국의 『월스트리트저널』도 이날 인터넷판에서 "〈강남스타일〉 패러디 뮤직비디오가 끊임없이 나오고 있다"며 '오빤 딱 내 스타일'과 '포니Pony 강남스타일', '평양스타일', '홍대스타일', '영어판 강남스타일'을 '패러디 5선'으로 꼽기도 했다. 심지어 근엄한 MIT 교수 놈 촘스키Noam Chomsky마저 '오빤 촘스키 스타일'로 등장했다.[89]

9월 4일 오후 7시 가수 싸이의 〈강남스타일〉 뮤직비디오가 유튜브 조회수 1억 건을 돌파했다. 국내 가수가 유튜브에서 단일 영상물로 조회수 1억 건을 돌파한 것은 이번이 처음으로, 뮤직비디오를 올린 지 52일 만이었다. YG엔터테인먼트는 유튜브 계정을 분석한 뒤 "북미, 남미, 유럽, 아시아 등 각 지역을 막론하고 전 세계 각국에서 고른 분포가 나왔다"며 "1위가 미국으로 1,844만 건, 2위가 한국으로 1,679만 건을 기록 중이며 이후 태국, 대만, 캐나다, 네덜란드, 호주 등 다양한 대륙의 국가에서 수백만 건이 조회됐다"고 소개했다. 남녀 성비로 보면 남성이 63.1퍼센트, 여성이 36.9퍼센트로 남성 팬이 많았다.[90]

〈강남스타일〉의 숨 가쁜 '신기록 행진'

2012년 9월 20일(영국 현지 시간) 기네스는 홈페이지를 통해 싸이의 〈강남스타일〉이 유튜브 사상 가장 많은 사용자가 추천(좋아요like)한 비디오로 선정되었다고 밝혔다. 기네스가 공개한 이날 기록에서 싸이의 뮤직비디오 추천수는 214만 1,758건이었다. 이는 종전 기록인 미국의 일렉트로닉 듀오 LMFAO의 〈파티 록 앤섬〉(157만 건), 저스틴 비버Justin Bieber의 〈베이비〉(132만 건), 아델Adele의 〈롤링 인 더 딥〉(124만 건) 등을 뛰어넘는 것이었다. 23일(한국 시간) 현재 〈강남스타일〉의 유튜브 추천수는 245만 건을 넘었다.

기네스는 싸이를 "가수, 송라이터, 래퍼인 한국의 팝 슈퍼스타"로 소개하면서, 〈강남스타일〉을 싸이의 최고 히트곡이자 유튜브에서 가장 많은 조회수를 기록한 K-pop 뮤직비디오라고 설명했다. 또 한국 가수 중 최초로 아이튠스 차트에서 정상을 차지했다고 덧붙였다. 기네스 담당자인 댄 배럿Dan Barrett은 "〈강남스타일〉은 지난 두 달 동안 최고의 화제를 모은 동영상이다. 몇 년 전만 해도 한 동영상이 1억 건이 넘는 조회수를 기록한다는 것은 상상하기 어려웠지만 〈강남스타일〉은 석 달 만에 그 두 배가 넘는 조회수를 기록했다. 이런 동영상에 상을 줄 수 있다는 것이 영광스럽다"고 평가했다.[91]

『매일경제』뉴욕 특파원 박봉권이 11월 초부터 일주일간에 걸쳐 미국인 146명으로 대상으로 실시한 설문조사에 따르면, 싸이를 모르거나 〈강남스타일〉 노래를 들어본 적이 없다는 답변은 단 3명에 그쳤다. '인기의 이유'를 묻는 질문에 가장 빈도수가 높은 답변은 '춤 동작

PSY - GANGNAM STYLE (강남스타일) M/V

〈강남스타일〉의 세계적인 성공은 싸이의 승리인 동시에 유튜브의 승리였다. 〈강남스타일〉 뮤직비디오는 유튜브의 역대 최다 조회수 기록을 갈아치웠다. 2013년 5월 16일 기준 16억 건 이상의 조회수를 기록했다.

이 코믹하고 재미있다', '리듬이 중독성 있다', '(한국어라 무슨 의미인지 모르지만) 춤과 노래를 따라 하기 쉽다' 같은 것들이었다.[92]

11월 24일 싸이의 〈강남스타일〉 뮤직비디오가 유튜브의 동영상 사이트 역대 최다 조회수 기록을 갈아치웠다. 조회수 8억 369만 건을 기록하며 이전까지 1위였던 미국 팝스타 저스틴 비버의 〈베이비〉를 제친 것으로, 2010년 2월 공개된 〈베이비〉가 2년 9개월 만에 이룬 성과를 〈강남스타일〉은 불과 4개월여 만에 넘어선 셈이었다.[93]

종합해보자면, 〈강남스타일〉의 세계적 성공은 싸이의 승리인 동시에 유튜브의 승리이기도 했다. 2011년 대중음악평론가 강헌은 "워크맨 시대에는 가사와 멜로디가 위주인 J팝이 떴지만 음악을 비주얼로 즐기는 유튜브 시대에는 K팝이 대세"라고 했는데,[94] 그 말이 맞아 떨어졌다. 싸이는 데뷔 12년간 한 번도 미국에서 홍보활동을 하지 않았지만, 오로지 동영상 하나만으로 미국은 물론 전 세계 구석구석까지 파고들었으니 말이다.

〈강남스타일〉 뮤직비디오는 2012년 7월 15일에 첫 공개된 후 5,000만 건을 찍는 데 41일이 걸렸지만 1억 건까지는 11일, 1억 5,000만 건까지는 8일, 2억 건까지는 6일이 걸리는 등 가파른 속도로 조회수가 올라갔으며, 공개 73일 만에 3억 건, 2013년 4월 6일 15억 건을 달성하는 기록을 세웠다. 총 220개가 넘는 국가에서 〈강남스타일〉 뮤직비디오를 보기 위해 유튜브에 접속했다고 하니, 이야말로 유튜브의 놀라운 승리가 아니고 무엇이랴.[95]

그럼에도 국내 언론 보도엔 지나친 점이 있었다. 한국예술종합학교 교수 이동연은 "〈강남스타일〉이란 노래는 싸이의 특유의 애국주의 마케팅과 미디어의 국민주의 저널리즘 광풍이 서로 합체되어 누구도 대적할 수 없는 괴물이 되었다"면서 "싸이의 기사들은 21세기 문화적 국민주의의 프로파간다인 셈"이라고 비판했다.[96]

문화 수입국에서 수출국으로

김환표는 2012년에 출간한 『드라마, 한국을 말하다』에서 "한국인의 드라마 사랑을 키운 건 팔 할이 수난과 고통으로 점철된 암울한 근현대사였다"며 이렇게 말했다. "그런 험난한 세월은 끝났는가? 아니다.

아직도 현재진행형이다.······한국인의 드라마에 대한 뜨거운 사랑과 몰입은 강력한 카타르시스를 요구하는 한국인의 고강도 스트레스와 밀접한 연관을 맺고 있다. 그런 의미에서 '드라마 공화국'은 '스트레스 공화국'의 다른 얼굴이다!"[97]

시청자들이 드라마를 보면서 스트레스를 푸는 만큼 제작자들의 스트레스는 올라갔다. 2012년 방송사들 간 시청률 경쟁이 너무 치열해 '피 튀기는 시청률 전쟁'이란 말이 나올 정도였다.[98] 시청률에 따라 프로그램의 수명과 PD의 능력 정도가 결정되는데, 어찌 그러지 않을 수 있었겠는가. 다매체·다채널 시대가 본격화된 가운데 두 자릿수 시청률을 기록하는 게 어렵게 되면서, 방송사들은 시청률 1퍼센트가 오르고 내리는 것에 더욱 민감하게 되었다.

포화 상태에 이른 각종 연예 매체들은 '시청률 전쟁'을 더욱 부추겼다. 시청률이 일주일 전과 비교해 겨우 1퍼센트 내에서 미미한 차이를 보이기만 해도 '하락세', '약세가 두드러진다'고 써댔고, 2퍼센트 안팎으로 떨어지면 바로 '급락', '추락', '곤두박질', '속수무책' 같은 단어를 써대면서 호들갑을 떨어댔으니 시청률에 대한 심리적 압박은 더욱 커지기 마련이었다. 제작진이 시청자들을 향해 시청률이 오를 수 있게끔 주말 재방송, 케이블, DMB, VOD 서비스, 인터넷 TV, P2P 등으로 시청하지 말고 '본방 사수'를 해달라고 호소하는 것도 바로 그런 이유 때문이었다.[99]

대중음악 분야의 경쟁은 더욱 치열했다. 2012년 8월에 시작된 〈슈퍼스타K 시즌4〉 오디션엔 2년 전의 시즌2에 134만 명이 몰렸던 기록을 비웃기라도 한 듯 208만 명이 참가했다. 같은 해 미국의 비슷한 오디션 프로그램인 〈아메리칸 아이돌〉의 참가자가 8만 명인 것에 비추어 인구 대비로 따지자면 한국의 경쟁률이 미국의 150배가 넘었다.[100]

2012년 한 해에 데뷔한 아이돌 가수만 최소 30여 팀이어서 시장이 '아이돌 포화상태'일 수밖에 없었다. 그룹 이름도 갈수록 복잡하고 이상해져 이름을 알기조차 어려웠다. 그러니 더욱 예능을 통해 이름을 알려야 할 필요성이 높아졌다. 그 밖에 '유닛(팀 내 소그룹)' 활동을 하거나 연기를 겸업하는 '연기돌'로 나가는 등 다른 생존 방식도 도입되었다.[101] 2013년 10월 기준으로 지상파 3사 저녁과 밤 시간대 드라마 38개 중 23개에 아이돌이 출연(3개는 아이돌이 주인공)했다.[102] 2010년대 중반에 이르면 아이돌이 되기 위해 연습생 생활을 하는 청소년들이 100만 명에 이르는 그야말로 살인적인 경쟁이 벌어진다.[103]

한류는 대중문화 종사자들의 그런 살인적인 경쟁과 그로 인한 스트레스 축적에서 탄생한 것임을 어찌 부인할 수 있으랴. 2012년 말 한류미래전략연구포럼은 한류의 경제 효과가 5조 6,170억 원(2011년), 한류의 자산 가치가 94조 7,900억 원(2012년 6월)에 달했다고 발표했다. 그대로 다 믿을 건 아니었지만, 약 95조 원인 한류의 자산 가치는 국내 대표 기업 삼성전자의 자산 가치인 177조 원의 절반이 넘고, 현대자동차(51조 원)와 포스코(32조 원)를 합친 것보다 11조 원 이상 높았다.[104]

2012년 한 해 동안 한국은 국제 수지 가운데 서비스 수지의 한 부분인 개인·문화·오락 서비스 수지에서 8,550만 달러(약 933억 2,000만 원)의 흑자를 냈다. 12억 5,260만 달러(1조 3,670억 원)의 수입을 올렸고, 11억 6,710만 달러(1조 2,730억 원)를 지급했다. 영화·TV 프로그램·애니메이션·음악 등 한류 산업을 포함한 이 분야에서 수입이 지급을 초과한 것은 1980년 관련 통계가 시작된 이후 처음이었다.[105] 바야흐로 문화 수지 흑자 시대가 열린 것이다. 문화 수입국에서 수출국으로 대전환이었다.

"문화적 상상력이
밥이다"

"문화적 상상력이 밥이다"

2013년 1월 1일 『동아일보』는 「세계적 격랑 헤치고 기적의 역사 다시 쓰자」라는 신년 사설에서 "춤추고 노래하기 좋아하는 우리 민족성에 신명나고 화끈한 고유의 콘텐츠를 담고, 첨단 테크놀로지의 유튜브와 융합시켜 글로벌 무대로 날아오른 싸이는 세계화 시대 한국 경쟁력의 상징이다"며 이렇게 말했다. "미국 등 선진국은 최근 산업의 하드웨어에 소프트웨어와 인터넷을 융합해 새로운 가치를 창출하는 '산업 인터넷'으로 제3의 산업혁명을 추구하고 있다. 세계를 또 한 번 깜짝 놀라게 할 코리아 모델은 바로 과학기술과 정보통신기술을 비빔밥처럼 산업에 융합한 '산업의 강남스타일'이 될 수 있다."[1]

2013년 1월 2일 『중앙일보』는 「문화적 상상력이 밥이다」는 특집 기사에서 "'해리 포터'의 성공 이후 창조 경제 시대를 이끈 영국처럼 경제의 신동력으로 '문화＝콘텐츠＝상상력'이 떠오르고 있다"고 했다. 한국수출입은행 해외경제연구소에 따르면 문화 상품 수출이 100달러 늘어날 때 관련된 소비재 수출은 4배에 달하는 412달러나 증가한다는 걸 그 근거 중 하나로 제시했다. 이 기사에 인용된 상지대학교 경제학과 교수 임상오는 "지금까지가 경제(산업화) 시대였다면 이제는 문화가 미래 성장 동력이 되는 문화 경제 시대"라며 "최근의 한류 열풍은 우리의 경제구조 자체가 창조 경제로 전환되는 과정"이라고 말했다.[2]

문화체육관광부 산하 한국문화관광연구원은 '2013년 문화 예술 트렌드'의 하나로 'K-Culture'를 전망했다. "1990년대 후반부터 2000년대 중반까지 한국 드라마K-Drama가 주도한 한류 1.0시대, 2000년대 중반부터 2010년 초반까지 한국 가요K-Pop가 주도한 한류 2.0 시대를 거쳐 한류를 한국 문화 전반, 즉 K-Culture로 연결시키는 한류 3.0의 시대로 진화될 것이다."[3]

2013년 1월 9일 세종문화회관 사장 박인배는 "다양한 예술 분야에서 한국적 소재로 세계인이 공감하는 K-Culture가 확산될 때, 한국을 찾는 외국인들은 한국 문화의 본질적 특징은 무엇인지에 대한 물음을 던지게 될 것이다. 그때 무엇이라고 답을 하고 어떻게 보여줄 것인가?"라는 질문을 던지면서 이렇게 답했다. "'잘 놀 줄 아는 한국 사람'이다. 대륙과 해양의 중간에 위치하기에 여러 이질적 문화 요소들을 잘 융합할 줄 아는 '비빔밥의 문화'. 그리고 그 이면裏面에 감춰진 풍자, 그것을 다시 새로운 차원으로 승화시키는 '신명풀이'. '어려운 이야기는 집어치우고, 신명나게 한판 놀아보세!'[4]

2013년 1월 10일 『헤럴드POP』 기자 한지숙은 '한류 업그레이드를 위한 조건'으로 "3C를 드러내고, 3B를 감춰야 한다"고 역설했다. 상대국과 우의를 바탕으로 한 문화 교류Companionship, 창의성Creative, 저작권Copyright을 우선시하는 태도가 중요하며, 한류에 부정적인 이미지를 입히는 지나친 상업주의Business mind, 관료주의Bureaucracy, 비매너Bad manner를 넘어서야 한다는 것이다.

이어 이 기사는 "이런 노력들은 정작 한류 스타 개개인의 잘못된 행동으로 인해 물거품이 될 수도 있다"고 경고했다. "지난해 블락비는 태국에서 무례한 인터뷰로 한류에 찬물을 끼얹었다. 민간 외교인이어야 할 스타들의 그릇된 문화 우월감, 상대를 무시하는 태도 등은 전체 한국과 한국인, 한국 문화에 대한 거부감을 키운다. 연예기획사의 매너 교육을 포함한 스타 양성 시스템, 불량한 연예기획사를 거르는 대책이 필요하다."[5]

2013년 1월 28일 한류 관련 최초의 글로벌 학회인 세계한류학회가 서울 대우재단빌딩에서 창립 총회와 학술 대회를 열었다. 참가자들은 사회학, 인류학, 행정학, 의학, 한국어 교육, 문화산업학, 스포츠학, 미디어 등 다양한 분야의 전공 학자들이었다.[6] 세계한류학회는 전세계 20여 개국에 지부를 두는 글로벌 조직으로 발전하는데, 이 학회의 탄생에 주도적 역할을 한 고려대학교 민족문화연구원 교수 오인규는 훗날(2016년) "세계한류학회를 시작하면서, 나는 한류가 끝났다고, 혹은 끝나기를 바라는 학자나 시민들을 많이 만났다"며 다음과 같이 말한다.

"일본보다 한국이 세계에서 제일의 반한류·혐한류 국가가 아닌가 하는 의구심을 가진 적이 한두 번이 아니다. 내가 일하는 고려대 민족문화연구원은 한류를 학문으로 인정하지 않고, 나의 한류에 대한 연구 자체도 한국학의 새로운 연구 업적으로 인정하려고 하지 않는다. 어떨 때는 차라리 한류가 빨리 끝나기를 바랄 때도 있다. 한류를 싫어하는 민족을 위해 내가 왜 이렇게 한류를 연구해야 하는 것일까 반문하기도 한다."[7]

한국인에겐 '게임 유전자'가 따로 있는가?

토종 액션 게임의 자존심이라 할 〈던전앤파이터〉 가입자가 2013년 1월 31일 기준으로 전 세계에서 4억 명을 돌파하는 대기록을 달성했다. 이에 대해 허준은 "4억 명은 대한민국 인구 5천만 명의 8배에 해당하는 수치. 전 세계 누적 회원 4억 명을 돌파한 온라인 게임은 〈던전앤파이터〉가 처음이다. 공식적인 발표는 없지만 전 세계에서 가장 많은 가입자를 확보한 온라인 게임으로 추정된다"며 다음과 같이 말했다.

"〈던전앤파이터〉는 한국 디지털 콘텐츠로도 전 세계에서 가장 많은 회원을 확보한 상품이 됐다.……게임업계 관계자는 '〈던전앤파이터〉의 전 세계 가입자 수 4억 명이라는 기록은 당분간 누구도 넘볼 수 없는 대기록'이라며 '안방에서는 천덕꾸러기 취급을 받는 한국 게임이 전 세계에서 가장 경쟁력 있는 콘텐츠라는 것을 다시 한번 증명한 셈'이라고 말했다."[8]

그런 경쟁력 덕분에 한국의 게임 산업은 K-pop 수출의 12배, 한국 콘텐츠 수출의 56퍼센트를 차지할 정도로 규모가 큰 '국민 산업'이 되었다.[9] 1990년대 말 세계 최초로 e스포츠란 용어를 만들어낸 것도 한국인 데서 알 수 있듯이, 한국은 세계적인 게임 강국이었다. 2005년 8월 1일 우즈베키스탄에서 개최된 'WCG 2005 우즈베키스탄 국가대표 선발전'에서 스타크래프트 종목 1·2·3위를 모두 고려인들이 차지해 "한민족에게는 게임 유전자가 따로 있다"라는 말까지 나올 정도였다.[10]

정말 한민족에게는 게임 유전자가 따로 있는 걸까? 한국이 온라인 게임 시장 규모 세계 1위인 동시에 게임 중독 역시 세계 최고 수준인 것도 그렇게 이해해야 할까?[11] 다른 나라와는 다른 한국 게임 문화의 특성은 무엇일까? 히트 게임 〈카트라이더〉를 만든 넥슨 로두마니 스튜디오 개발본부장 정영석은 "한국 게이머들은 독특한 특성을 갖고 있다. 게임을 즐기기보다는 게임 속에서도 경쟁에 목을 맨다. 다른 사람이 갖지 못한 아이템을 얻거나 해내지 못한 임무를 완수하고 싶어 한다"며 다음과 같이 말했다.

"이전에 온라인 게임을 운영하다가 실수로 서버를 날린 일이 있다. 몇몇 게이머들의 아이템이 일시적으로 사라졌다. 게이머들에게서 바로 전화가 오더라. 당장 아이템 내놓으라고. 옥신각신 하다가 그 게이머가 전화를 끊었다. 그리고는 넥슨에 찾아와 문을 부숴놓고 갔다.

한국이 세계적인 게임 강국이 된 배경에는 한국인들의 지고는 못 배기는 근성 혹은 기질에 있다. PC방에서 게임에 몰두하고 있는 게이머들.

게임을 하나의 체험이나 재미로 보는 게 아니라 또 하나의 삶 내지는 실질적인 재산 유지 수단으로 생각한다. 그런 부분이 미국과 차이가 있을 것이다."[12]

아닌 게 아니라 한국이 세계적인 게임 강국이 된 배경엔 '유전자'까진 아니더라도 한국인 특유의 기질이 적잖이 작용한 것 같다. 2012년 10월 『월스트리트저널』은 모바일 게임 〈애니팡〉에 빠진 한국의 모습을 전하면서 "한국인들이 집착에 가까운 행태를 보이고 있다"고 평했는데,[13] 그 집착의 정체는 과연 무엇일까? 김일은 "지고는 못 배기는 근성은 세계 최고라 할 골프 열풍, 도박 열풍, 대학 입시 과열 등을 불러왔고 바둑, 스포츠, 인터넷 게임 강국이 되게끔 했다"고 분석했다.[14]

경쟁의 무대는 컴퓨터에서 스마트폰으로 옮겨갔다. 온라인 게임 소비의 산실이라 할 PC방은 2008년 2만 2,000여 개에 이르렀지만,

2013년 1월 스마트폰 보유 3,000만 명 시대에 직면해 PC방은 1만 5,000여 개로 급감했으며 계속 줄어드는 추세였다.[15] PC방은 위기일 망정 나날이 고조되고 있는 게임 열풍은 '호모 루덴스Homo Ludens(놀이하는 인간)'를 실증해주었다. 한국인은 호모 루덴스의 진면목, 정수, 극치를 보여주었다. 일과 놀이를 구분하지 않았으며, 놀이에 신들림까지 가미해 목숨을 걸다시피 하면서 놀면서 일하고 일하면서 노는 문화를 가꾸어왔다.[16] 그게 바로 게임을 '국민 산업'으로 만든 최대의 동력이었을 것이다.

한국은 '갈라파고스 신드롬'과는 상극인 나라

한국인에게 정말 '게임 유전자'가 따로 있는지는 더 따져보아야 할 문제이겠지만, 한국 게임의 성공은 한국이 이 지구상에서 이른바 '갈라파고스 신드롬Galapagos syndrome'과는 거리가 가장 먼 나라라는 점과 무관치 않았을 것이다. 갈라파고스 신드롬은 전 세계적으로 쓸 수 있는 제품인데도 자국 시장만을 염두에 두고 제품을 만들어 글로벌 경쟁에 뒤처지는 현상을 가리키는 말이다. 달리 말해, 한국의 모든 대중문화산업은 해외 진출을 하지 않으면 죽는다는 절박한 처지와 마인드를 갖고 있었다는 것이다. 이는 한류의 최초 동력이 IMF 환란이었다는 말과 통하는 이야기다.

자국 시장만을 염두에 두고 제품을 만드는 나라도 있단 말인가? 물론이다. 그 대표적 나라가 바로 일본인지라, '일본Japan'과 '갈라파고스Galapagos'의 합성어인 '잘라파고스Jalapagos'라는 말까지 등장했고, 이게 2013년 국내에서 화제가 되었다.

일본 통신산업은 세계 어느 나라보다 빠르게 모바일 인터넷, 모바일TV 등을 상용화했으며, 1999년 이메일, 2000년 카메라 휴대전화, 2001년 3세대 네트워크, 2002년 음악 파일 다운로드, 2004년 전자결제, 2005년 디지털TV 등 매년 앞선 기술을 선보였다. 일본 내 3세대 휴대전화 사용자가 2009년 들어 미국의 2배 수준인 1억 명에 이를 정도였다. 하지만 커다란 내수 시장에 만족해온 일본은 국제 표준을 소홀히 한 탓에 경쟁력 약화라는 치명적인 약점을 만들어 한국에 완패를 당한 것이다.[17]

J-pop이 K-pop에 압도당한 것도 바로 그런 이유 때문이었다. 대중문화 전문가 서황욱은 일본의 큰 내수 시장 규모는 '독약'과도 같은 것이라며 이렇게 말했다. "일본과 미국은 전 세계 음악 시장에서 양대 탑의 규모를 가지고 있죠. 아직도 실물 음반 판매가 가능한 시장이다 보니 제이팝 가수로서는 굳이 다른 나라에 가서 자기 음악을 알리기 위해 노력할 필요가 없죠.……한국에 있는 음악 관계자들에게는 한국 밖을 나가는 게 옵션이 아니라 생존을 위한 필수였어요."[18]

미국이 일본보다 큰 내수 시장을 갖고 있으면서도 늘 세계를 지향해왔다는 사실에 비추어보자면, 일본이 갈라파고스화Galapagosization의 길을 걷게 된 것은 단지 내수 시장이 크기 때문만은 아니었다. 2010년 조사에서 일본 화이트칼라 노동자의 3분의 2가 해외 근무를 원치 않는 것으로 밝혀졌는데, 바로 이런 독특한 내부 지향성과 더불어 '정보쇄국情報鎖國'이라는 악명을 얻을 정도로 견고한 일본 특유의

　　　　제10장 "문화적 상상력이 밥이다"

폐쇄적 문화가 결정적인 이유일 가능성이 높다.[19]

내수 시장이 작을 뿐만 아니라 실제보다 작은 걸로 간주하는 성향이 강한 한국은 기업뿐만 아니라 개인도 해외 진출에 뜨거운 열정을 갖고 있는 나라가 아닌가. 앞서 지적했던 '위험을 무릅쓰는 문화a risk-taking culture'도 세계 최고 수준이니, 어찌 보자면 한류는 당연한 결과가 아니냐는 반문이 가능할 정도였다.

K-pop의 원동력이 된 디지털 파워와 팬덤 파워

2013년 7월 홍석경의 『세계화와 디지털 문화 시대의 한류』라는 책이 출간되었다. 2000년부터 프랑스 보르도대학 교수로 재직하면서 현지 한류 붐을 체험·관찰하다가 2013년 초 서울대학교 언론정보학과 교수로 부임한 홍석경은 이 책에서 K-pop과 '한드' 열풍 등 유럽발 한류를, 디지털·다문화·혼종성 등의 키워드로 분석했다.

영국의 『이코노미스트』가 발표한 2010년 통계를 보면, 한국인은 개인당 월 33기가바이트GB를 사용하는 세계 1위의 데이터 송수신 국가였고, 이것은 2위인 프랑스의 11기가바이트를 3배나 앞서는 수치였다. 이는 많은 한국의 시청각물이 방송된 직후 다양한 인터넷 영상 공유 포털사이트에 업로드되어 유통되고 있다는 걸 의미하는 것이었다. 이 수치에 주목한 홍석경은 "한국이 세계 최고의 디지털 국가군에 속한다는 점도 한국의 문화 콘텐츠를 세계 속으로 유통 가능한 디지털 파일로 공급한 중요한 요인이다"고 했다.[20]

홍석경은 "서구 팬들을 동아시아 문화산업으로 이끄는 매력은 무엇보다도 아이돌 스타와 팬 사이에 구축된 적극적이고 친밀한 관계이다. 서구의 연예인들은 일단 유명해지면 대중으로부터 멀어지고 천상의 사람들처럼 살아가는 스타의 감각 속으로 들어가버린다. 따라서 팬 서비스가 약하고 팬들을 좌절과 목마름 상태로 방치하는 경향이 있다"며 다음과 같이 말했다.

"그러나 한국의 아이돌들은 소속 기획사의 통제를 넘어 팬들에게 직접 트윗을 하고 페이스북을 운용하고, 힘들어도 여러 가지 팬 서비스를 마다하지 않는다. 그야말로 온몸을 다 바쳐 인기를 갈구하고 팬들의 사랑을 유지하기 위해 애쓴다. 팬들 또한 그에 호응하여 엄청난 열정으로 자기의 아이돌을 '사수'하고, 촬영장에 점심을 나르고, 선물 공세, 팬픽, 공연 필수 관람을 통해 아이돌에게 사랑을 표현한다. 한국 네이버 사이트에서 공지되는 아이돌과 관련된 온갖 소식이 영어로 번역되어 인터넷 한국 문화 관련 플랫폼을 통해 제공되기에 서구의 팬들은 한국의 팬덤 문화에 대해 상세히 알 수 있고, 그들에게 이러한 아이돌과 한국 팬의 관계는 무척 따스하고 부러운 대상이다. 이것은 마치 동아시아 드라마 팬들이 한국 드라마에서 '정'을 느끼는 것과 비슷하다."[21]

이화여자대학교 교수 이수안도 「문화 혼종 이론으로 본 케이팝 열풍」(2013)이라는 논문에서 한국 가수들의 인기 이유 중 하나로 '동양적인 가치와 태도'를 지적하면서 이렇게 말했다. "기존 서양의 팝스타들에게서 발견하지 못했던 동양적 공손함 등이 배태된 태도가 한국의 문화를 표현하고 있다면 이를 긍정적으로 받아들이는 유럽인들의 수

한국의 아이돌은 직접 트윗을 하고 여러 가지 팬 서비스를 마다하지 않는다. 이런 '동양적인 가치와 태도'가 세계적인 인기를 끌 수 있었던 중요한 요인이다.

용 과정에서 문화 혼종이 시작되고 있다고 평가할 수 있다."[22]

물론 그로 인한 한계도 있었다. 홍석경은 『중앙일보』 인터뷰에서 "현재 유럽에서 K팝은 '여자애 같은 얼굴의 어린 남자들과 인형 같은 어린 여자들이 로봇처럼 춤추는 상냥한 음악'으로 통하고 있다"며 "성과 마약, 폭력이 없는 '소독된' 엔터테인먼트라는 이미지로 보수적인 중산층, 주로 노동자층이 많은 다문화 청소년층, 심지어 30~40대 부모들까지 사로잡았다"고 분석했다. 그는 "아무리 패션과 스타일이 튄다고 해도 빅뱅과 2NE1에게는 마돈나, 레이디 가가에서 보이는 정치적 불온성이 없다"며 "K팝의 체제 순응성은 인기 비결이지만 동시에 한계"라고 지적했다.[23]

K-pop의 체제 순응성은 보수적인 시장 관문을 고려한 전략이기

도 했다. 예컨대, 2008년 9월 25일에 발매된 동방신기의 4번째 정규 앨범《미로틱》은 그룹이 분열되기 전인 5인 체제에서 발매된 마지막 국내 정규 앨범으로 큰 상업적 성공을 거두었다. 이는 이 노래가 원래 "I've got you under my skin"이란 가사 때문에 19세 이상만 구매할 수 있었지만, 19세 미만에게도 판매가 가능하도록 "I've got you under my sky"로 바꾸었기에 가능한 것이었다. 그 어떤 이유 때문이건, 문화평론가 이문원의 말마따나, "한국에는 '불량 악동' 모델이 없으며, 전부 다 착한 아이"라는 건 분명한 사실이었다.[24]

K-pop의 정체성은 '집단적 도덕주의'

K-pop의 체제 순응성을 어떻게 보아야 할까? 이건 K-pop의 정체성과 관련해 의외로 중요한 문제다. 김수정과 김수아는 「'집단적 도덕주의' 에토스: 혼종적 케이팝의 한국적 문화 정체성」이라는 중요한 논문을 발표하는데,[25] 여기서 미리 소개하기로 하자. 그간 일부 진보적 지식인들은 K-pop엔 한국적 문화적인 정체성이 없다는 주장을 해왔는데, 김수정·김수아는 '집단적 도덕주의' 에토스라는 답을 제시함으로써 그런 주장에 반론을 편다. 이 반론의 무게를 감안컨대, 수많은 한류 논문 가운데 매우 중요한 논문 중 하나라고 평가해도 무방할 것 같다.

　김수정·김수아는 K-pop의 생산, 텍스트, 소비를 관통하며 작동하는 특정한 구성 원리이자, K-pop에 독특한 결을 형성하는 지역 문화적 특성locality을 '집단적 도덕주의'로 설명한다. 첫째, 생산 조직 차원에선 연예기획사의 '인-하우스in-house 시스템'이 인성 교육을 필수적인 존립 기반으로 삼고 있으며, 기획사와 연습생·소속 연예인의 관계는 가부장제적 가족 공동체 성격을 지니고 있다. 둘째, 텍스트 차원에서는, K-pop 음악의 주요 주제가 성애性愛가 제거된 순수한 사랑으로 한정되고, 팬에 대한 아이돌 스타의 겸손과 헌신이 스타의 퍼포먼스를 구성하는 원리가 되고 있다. 셋째, 소비 차원에선 한국 대중이 K-pop 아이돌들에게 높은 규범성을 요구하며 그들의 행동을 관리하고 있다. 바로 이런 '집단적 도덕주의'가 아이돌의 행위를 포함한 K-pop 생산과 소비를 조직화하는 한국 문화의 특성이라는 것이다. 이 3가지 차원을 순서대로 좀더 구체적으로 살펴보자.

YG에서 나온 '양 사장님의 지시사항'은 다른 기획사들에서 통용되는 원칙이다. "가수가 되기 이전에 먼저 인간이 돼라." "모든 연습생들은 자신보다 나이가 많은 분들이나, YG 소속 가수들 및 직원 분들을 보면 90도로 큰소리로 인사하도록 해라." JYP의 "무조건 좋은 사람이 돼라", SM의 '매너와 겸손한 마음'이라는 행동 강령 역시 다를 게 없다. 이는 한국 사회의 전 분야에서 요구되는 처세술인 동시에 "훈련 양성 시스템을 계속 작동 가능하게 하는 구성원들의 조직 윤리"이기도 하다. 동시에 연습생과 연예인들에게 끊임없이 강조되는 근면성실의 윤리는 개인의 미래라는 차원을 넘어 기획사의 조직 시스템의 생산성과 직결된다. 예컨대, K-pop의 독보적인 '칼군무'는 그런 윤리와 더불어 다른 사람에게 피해를 끼치면 안 된다는 집단주의 정서로 인해 가능한 것이다. 또한 3대 기획사의 조직 문화는 아버지의 책임 아래 보호되고 훈육되는 가부장적 가족 공동체의 정서에 기반하고 있다.

K-pop의 가사 주제엔 성애적 요소나 마약과 폭력 같은 위험한 내용들이 제거되어 있다. 미국의 장르 형식으로 빌려올 때에도 주제 내용만큼은 대부분 사랑만을 노래하는 분명한 특성을 보인다. 앞서 지적했듯이, 이는 문화적으로 여전히 보수적인 국내 시장을 고려한 전략이겠지만, 글로벌 시장을 지향함에도 첫 번째의 '인성 교육'과 맞물려 K-pop의 특성으로 굳어진 것으로 볼 수 있다. 아름답고 건전한 감정만을 보여주려고 애쓸 뿐만 아니라 팬들에게 헌신적이고 친밀한 태도를 보이는 아이돌의 퍼포먼스도 그런 맥락에서 이해할 수 있다. 이는 무엇이 먼저인지는 알 수 없으나 한국 특유의 팬덤 문화와 맞물려 K-pop의 본질에 가까운 특성이 된 것으로 보인다.

K-pop에 열정을 보이는 한국의 소비자 대중은 아이돌의 '품행 방정'을 요구하며, 겸손과 노력으로 성장하는 아이돌에게 호감을 보인다. 일반적으로 소비자 대중은 연예인이나 방송 출연자에 대해 높은 규범적 보수성을 적용하는 정서 구조를 갖고 있다. 이는 '정서적 평등주의'로, 현실에서 구현되지 못한 경제적 평등주의의 희구希求가 방송이라는 대중문화에서 정서적으로 표출되는 것으로 이해할 수 있다. 더 나아가 소비자 대중은 연예인이 의식 있는 인물이 될 것까지 바라며, 이는 '개념돌'이라거나 '개념 연예인'이라는 말로 표현되기도 한다. 연예인이 역사의식과 애국주의까지 갖출 걸 원하는 도덕주의도 강한 편이며, 일부 연예인은 이에 적극 화답하는 모습을 보이기도 한다.

김수정·김수아도 강조했듯이, K-pop의 이런 '집단적 도덕주의'
는 한국의 '유교' 문화로 환원할 수 없는 것이다.[26] '집단적 도덕주의'
엔 한국인의 강한 타인 지향성, 서열주의, '개천에서 용 난다'는 말로
대변되는 '코리안 드림'이 큰 역할을 하고 있는데, 이들을 유교 문화
라고 할 수 있을까?[27] 그런 식으로 유교 문화의 범위를 넓혀 부르겠다
면, 이 지구상에 유교 문화를 갖고 있지 않은 나라가 얼마나 될지 모
르겠다.

한류 콘텐츠와 한류 비즈니스의 결합

2013년 8월 25일(현지 시각) 오전 10시 미국 로스앤젤레스 시내에
있는 대형 경기장 '메모리얼 스포츠 아레나'에는 다양한 피부색을 가
진 미국인 10~20대가 수백 미터 줄을 서 있었다. 2만여 명의 미국 젊
은이가 한류 스타 공연과 패션·식품·IT·자동차 등 한국 기업 제품
전시회가 동시에 열리는 'K-Con(케이콘)' 행사장에 입장하기 위해
행사 시작 30분 전부터 줄을 선 것이다.

K-Con은 사람을 끌어모으는 효과가 큰 콘서트Concert를 매개로
국내 대기업과 중소기업 제품을 체험하는 컨벤션Convention을 융합해
한국Korea 브랜드를 종합적으로 체험할 수 있도록 만든 행사였다. CJ
에서 기획해 시작한 행사로 2013년이 2회째였다. 한류에 열광하는
해외 팬들을 직접 찾아가 소통하고, 기업은 이를 활용해 해외 진출과
브랜드 홍보를 하겠다는 전략이었다. K-Con은 2012년 로스앤젤레

스 교외 오렌지카운티 어바인시市에서 시범 개최된 데 이어, 2013년 엔 규모를 대폭 확대해 열렸다. 참여 기업 수도 2012년의 30개에서 75개로 2배 이상 늘었다.

K-Con 행사에는 미국 최대 통신사인 버라이즌과 CJ·현대자동차·농심 등 대기업뿐만 아니라 이도 발효차, 액세서리 업체 엠주 등 국내 중소기업들도 대거 참여했다. K-Con에 참여한 기업들은 한류를 매개체로 트렌드에 민감하고 전파력이 빠른 미국의 10~20대 젊은 소비자들을 적극적으로 공략했다. 이들을 잠재 소비자로 끌어들이고, 입소문 효과까지 노린 것이다.

K-Con의 마지막 행사인 콘서트 공연 티켓은 한 장에 300달러 하는 VIP 좌석 1,200석이 판매 개시 10분 만에 매진되는 등 1만 1,000석이 모두 팔렸다. K-Con을 기획한 CJ의 브랜드 전략 고문 노희영은 "K-Con은 한류 콘텐츠를 전파하고 한류 비즈니스를 확장해 대·중소 기업의 해외 수출에 마중물 역할을 할 것"이라고 말했다. 이후 K-Con은 미국 이외에도 일본, 프랑스, UAE, 프랑스, 태국으로도 확대되어 개최된다.[28]

해외의 K-pop 열풍은 국내 시장에도 큰 영향을 미쳤다. 2013년 10월 민주당 유기홍 의원실과 '대중음악SOUND연구소'가 공동 발간한 국정감사 정책 자료집 「K-POP의 특정 장르 편중 현황과 대책」에 따르면, 10곡 가운데 8곡의 장르가 아이돌(82퍼센트)이었으며, 팝이 8퍼센트, OST가 5퍼센트, 힙합·록·포크 등이 각각 1퍼센트를 차지하는 등 거의 절대적으로 아이돌 장르에 편중되어 있는 것으로 나타났다. 이는 2012년 한국 가온 차트 주간 순위 상위 3위 이상을 바

© 연합뉴스

2012년 로스앤젤레스 교외 오렌지카운티 어바인시에서 개최된 K-Con 행사는 해를 거듭할수록 폭발적인 반응을 이끌어냈다. 2015년 8월 8일 미국 뉴저지주 뉴어크 푸르덴셜센터에서 열린 'K-CON 2015 USA'에서 걸그룹 AOA가 공연을 펼치고 있다.

탕으로 장르별 비중을 분석한 결과였다. 이 정책 보고서는 "90년대 중반부터 메이저 음악업계(연예기획사+지상파 방송국)는 '상호 이익'에 따라 아이돌 음악만 돈이 되는 유통 구조를 '결과적'으로 형성했다"고 지적했다.[29]

이런 쏠림 현상은 영화 분야에도 나타났다. 2013년 영화 관객이 2억 1,200만 명으로 최초로 2억 명을 돌파한 가운데 한국은 1인당 평균 영화 관람 편수가 4.12편으로, 미국(3.88편)을 제치고 처음 세계

1위에 올랐다. 호주가 3.75편으로 3위, 프랑스가 그다음이었다.[30] 전체 매출액은 1조 5,432억 원을 기록했지만, 한국과 미국 두 나라 영화에 대한 집중도는 97퍼센트로 더 커졌다. 영화평론가 전찬일은 "특정 문화에 대한 편식으로 특정 문화에 대한 비대중이 염려된다"며 "다양한 국적과 감독의 영화를 보면서 관객들로서는 문화적 감수성을 넓힐 수 있고, 이를 바탕으로 한국 영화계도 다양한 소재와 형식으로 영화의 질을 높일 수 있을 것"이라고 아쉬워했다.[31]

2013년의 한국 영화 흥행에 일조한 봉준호 감독의 〈설국열차〉는 프랑스 만화를 원작으로 CJ E&M이 투자한 450억 원의 제작비를 들여 만든 SF 액션 스릴러 영화로, 국내 흥행은 물론 전 세계 167개 국가에서 개봉되었고 총 2,000만 달러의 수출액을 기록해 2013년과 2014년 한국 영화 수출액 증가에 큰 기여를 했다. 이 영화는 기획 초기부터 글로벌 시장을 염두에 두고 대부분의 대사를 영어로 반영하는 동시에 주연배우까지 크리스 에번스Chris Evans, 틸다 스윈턴Tilda Swinton 등의 할리우드 배우를 섭외했다. 한 해 전인 2012년에 개봉된 최동훈 감독의 〈도둑들〉은 한국 영화 중 6번째로 1,000만 관객을 돌파했고, 홍콩과 대만 등 아시아 주요 국가들에 수출되었다.[32]

중국의 〈별에서 온 그대〉 열풍

2014년 초 SBS 드라마 〈별에서 온 그대〉(박지은 극본, 정태유·오충환 연출) 열풍이 중국을 강타했다. 인터넷 동영상 사이트로만 시청이 가능했음에도 드라마를 방영한 동영상 사이트 4곳은 누적 시청수가 25억 건에 이르렀다. 드라마 방영을 결정한 중국 측도 미처 예상을 하지 못한 뜨거운 인기였다. 드라마에 나온 갖가지 소품은 중국에서 불티나게 팔려 나갔다. '첫눈이 내리면 치킨과 맥주를 먹겠다'는 여주인공 대사 덕분에 중국 전역은 '치맥'과 '도민준(김수현 분)'에 열광했다.

3월 5일 중국 공산당 권력 서열 6위인 중앙기율검사위원회 서기 왕치산王岐山은 전국인민대표대회(전인대) 베이징시 대표단의 정부 업무 보고 토론 과정에 참석해 "한국 드라마가 중국을 왜 점령했는가"라고 일갈했다. 그는 "그들이 담고 있는 것은 바로 전통문화의 승화"라고 결론 삼아 말했다. 중국 언론은 그의 발언을 비중 있게 소개했다. 그의 발언은 한국 드라마를 거울삼아 중국을 문화 강국으로 만들겠다는 최고 지도부의 의지가 담긴 행보로 분석되었다.[33]

3월 8일 김수현은 중국 장쑤江蘇 위성TV 예능 〈최강 대뇌: 더 브레인〉 녹화에 장바이즈張柏芝와 함께 출연했는데, 한국에선 그의 출연료가 화제가 되었다. 김수현은 초청 비용으로 600만 위안(약 10억 원)를 받았고, 시간당 100만 위안(약 1억 7,000만 원)이 넘는 출연료를 받은 것으로 알려졌다.[34]

3월 9일 반半관영 『중국신원망中國新聞網』은 "한국 드라마의 인기 비결에는 잘생기고 예쁜 주인공도 있지만, 아줌마 작가들의 노력 없이는 불가능한 일이었다"고 전했다. '아줌마'라는 표현은 한국식 발음을 그대로 옮겨 '阿祖媽(중국어 발음 '아쭈마')'라고 썼다. 기혼 여성 작가들의 특징도 소개했다. 이 매체는 〈별에서 온 그대〉의 극본을 쓴 박지은 작가의 말을 인용, "한국 여성들은 지적 수준이 높고 섬세하

2014년 초 SBS 드라마 〈별에서 온 그대〉 열풍이 중국을 강타했다. 인터넷 동영상 사이트로
만 시청이 가능했음에도 누적 시청수가 25억 건에 이르러 드라마 방영을 결정한 중국도 깜짝
놀라게 만들었다.

다. 가사를 하면서 한가한 시간에 글을 쓰기 때문에 실패해도 괜찮다
는 자세를 갖고 있다"고 전했다. 또 이러한 주변 환경이 작가들에겐
긴 분량의 대본을 써내려가는 데 도움이 되고, 주변에서 흔히 볼 수
있는 가정사와 애정사도 쉽게 녹여낼 수 있다고 했다.

중국 매체들은 한국에서 인기 드라마 작가의 권위가 주연배우만
큼이나 높고 제작진조차 내용에 관여하기 어렵다는 점에 주목했다.
드라마나 영화가 엄격한 검열을 거쳐 제작되는 중국과 달리 한국은
자유로운 창작 활동을 보장하고 있다는 것이다. 『중국망中國網』은 "한
국 유명 작가들은 최소 1편당 2,000만 원 이상의 원고료를 받고 활동
한다"면서 "한국에선 감독이나 배우가 대사에 손대는 것을 매우 예의
없는 행동으로 여긴다"고 전했다. 한국 드라마가 진작부터 '불치병',

제10장 "문화적 상상력이 밥이다"

'교통사고', '주인공은 절대 죽지 않는다'는 뻔한 코드에서 탈피할 수 있었던 것은 이 때문이라고 강조했다.

그간 국내에선 늘 욕을 먹던 드라마 제작 방식마저 찬양의 대상이 되었다. 영화감독 자오바오강趙寶剛은 "한국 드라마는 대본을 써가면서 촬영해 시청자의 반응을 반영하지만, 중국 드라마는 검열을 받기 위해 사전 제작을 해서 방송사에 판매하는 구조"라며 "이런 식으로는 한국과 같은 드라마를 절대 만들어낼 수 없을 것"이라고 쓴소리를 했다.[35]

『경향신문』중국 전문기자 홍인표는 "최근 불어닥친 한국 드라마의 인기는 한류의 부흥이라고 볼 수 있다. 하지만 속내를 들여다보면 새로운 형태의 한류가 중국 시청자들을 사로잡았다고 할 수 있다. TV를 통해 진출한 것이 아니라, 인터넷 동영상 사이트를 통해 중국 안방에 들어간 것이 두드러진 특징이다"며 다음과 같이 말했다.

"드라마나 영화가 정식 절차를 통해 진출하려면 까다로운 허가를 받아야 한다. 더욱이 귀신이나 도박, 폭력을 미화하는 내용을 다루면 진출이 사실상 불가능하다. 인터넷으로 진출하면 한국과 거의 동시간대에 드라마를 볼 수 있다는 장점이 있다. 드라마 전개도 기존 한국 드라마의 틀을 깼다. 반짝했던 한국 드라마 인기가 중국에서 시들했던 것도 전개가 너무 늘어진다는 시청자들의 불만 때문이었다. 하지만 〈별그대〉는 드라마가 긴박하게 전개되는데다 판타지(환상) 요소가 가미되면서 시청자들의 관심을 불러오는 데 성공했다."[36]

중국 정부의 인터넷 콘텐츠 규제

그러나 한국의 처지에선 〈별에서 온 그대〉의 성공을 마냥 반길 수만은 없었다. 서병기는 "중국은 문화 교류 상대국이 뭔가 된다 싶으면 규제를 강화하는 경향이 있다"고 했는데,[37] 실제로 중국 내 한류는 '쫓고 쫓기는 게임'의 양상을 보였다. 중국 정부의 해외 완성작에 대한 규제를 피하기 위해 방송 포맷의 수출이라는 새로운 대안이 모색된 가운데, 2013년 한 해 〈아빠! 어디가?〉를 비롯해 〈나는 가수다〉, 〈1박 2일〉 등 7편의 포맷이 수출되어 성공을 거두자 중국은 포맷 수입도 규제하기 시작했다. 중국에서 미디어 정책을 총괄하는 국가신문출판광전총국이 각 위성방송국에 포맷 수입을 1년 1회로 제한하는 내용을 법으로 제정해 2014년부터 적용하기 시작했다.[38]

또한 국가신문출판광전총국은 2014년 3월 26일 인터넷으로 방송하는 드라마·영화 등에 대해서도 '선先 심사, 후後 방영' 제도를 실시하기로 했다. 앞으로는 인터넷 방송도 사전 심사 대상에 넣어 한류 확산의 통로를 중국 당국이 관리하겠다는 것이었다. 국가신문출판광전총국은 심사를 통과한 인터넷 콘텐츠도 언제든지 방영을 중단시킬 수 있도록 했다. 이 제도는 〈별에서 온 그대〉가 중국 지상파 TV가 아니라 인터넷을 통해 인기를 얻은 데 대한 규제 성격을 지니고 있었다.[39]

4월 3일 중국 베이징에서 40대 가장이 한국 아이돌 그룹 EXO를 광적으로 쫓아다니던 13세 딸과 격렬한 말다툼을 벌이다가 칼로 딸을 살해하는 사건이 발생했다. 이 소녀는 EXO의 베이징 공연을 보기 위해 1,200위안(약 21만 원)이 필요하다고 요구했다. EXO에게 줄 선물까지 사려면 2,700위안(약 47만 원)이 필요했다고 한다. 그러나 소녀의 부모는 농민공(농촌 출신 도시 근로자) 출신으로 특정한 직업이 없어 경제적으로 상당히 어려웠다. 딸이 요구한 돈은 부모의 한 달 소득에 맞먹는 액수였다. 아버지가 야단을 치자 딸은 "내게는 (한류) 스타가 부모보다 중요하다. 스타를 더 사랑한다"고 대들었다. 이어 "돈은 나중에 벌어서 갚으면 될 것 아니냐"고 말했다. 이에 격분한 아버지는 칼로 딸을 찔렀다는 것이 사건의 전말이다.

중국 언론은 이 사건을 「한류 스타에 미친 13세 소녀가 아버지에게 살해당했다」는 자극적인 제목을 달아 상세히 보도했다. EXO의 중국 팬 중에는 한국까지 쫓아와 스타의 사생활을 일일이 따라다니는 일명 '사생팬'까지 있었다. 이들은 EXO가 다니는 미용실이나 숙소뿐 아니라 멤버의 친척 결혼식까지 난입해 소동을 벌였다. 중국 현지에서 봉변을 당한 한류 스타도 있었다. '빅뱅'의 멤버 승리는 2013년 12월 상하이에서 사생팬들의 추격을 받다가 교통사고까지 당했다. 택시를 타고 승리 일행을 뒤따라가던 팬들이 일부러 스태프의 차량을 뒤에서 받았고, 스태프 차량이 다시 승리가 타고 있던 차량을 받은 것이다.[40]

예능 한류, 공동 제작, 드라마 PPL

2014년 봄 '리얼 버라이어티'의 불모지였던 중국 전역에서 한류 예능 프로그램이 큰 인기를 누렸다. 그동안 방송사들이 국내 예능 프로그램을 판매하거나 더 나아가 포맷을 수출하는 형식으로 접근했다면 이젠 중국 현지 방송사의 제작 컨설팅을 맡거나 공동 제작을 하는 등 본격적으로 뛰어드는 방식으로 진화했다.

2014년 5월 SBS는 예능 프로그램 〈일요일이 좋다-런닝맨〉을 중국판으로 공동 제작해 저장浙江 위성TV에서 방영하기로 했다. 글로벌 콘텐츠 판매를 맡은 SBS PD 김용재는 "기존에는 〈기적의 오디션〉, 〈K팝 스타〉 등과 같이 포맷 위주로 중국에 수출했지만, 〈런닝맨〉의 경우 국내 스태프가 직접 현지에서 제작에 참여할 계획"이라고 말했다. 이어 "중국에서 리얼 버라이어티에 대한 관심이 높지만 야외에서 제작하는 기술력이 부족한지라 공동 제작에 나서게 된 것"이라며 "제작진이 현장에 투입되면 포맷만 수출하던 이전과는 다른 결과물이 나올 것"이라고 설명했다.

CJ E&M의 히트작인 tvN 〈꽃보다 할배〉의 중국판 〈화양예예花样爷爷〉에도 국내 제작진이 중국 현지로 날아가 컨설팅을 했다. CJ E&M은 그간 오디션 프로그램 〈슈퍼디바〉(2012), 연애 리얼리티 프로그램 〈더 로맨틱〉, 〈슈퍼스타K〉(2013) 등 포맷 위주로 중국에 수출해오다가 〈꽃보다 할배〉는 처음으로 제작 컨설팅에 나섰다. CJ E&M 홍보팀 대리 최무송은 "나영석 PD가 직접 중국 현지에 가서 기획이나 연출, 캐릭터 역할에 대한 부문에 대해 전반적으로 제작 노하우를 전수했다"며 "중국 측 제작진이 국내에 방문했을 때도 이우정 작가가 컨설팅에 동참했으며, 현지에는 플라잉 PD가 상주하면서 제작을 지원하고 있다"고 설명했다.

방송사들이 포맷 수출에 방점을 찍던 기존과 달리 제작 교류에 나

예능 프로그램은 2014년부터 국내 제작진이 중국 현지 방송사의 제작 컨설팅을 맡거나 공동 제작을 하는 방식으로 진화했다. 중국에서 〈화양예예〉란 이름으로 재탄생한 tvN의 〈꽃보다 할배〉.

선 이유는 잠재력이 큰 중국 콘텐츠 시장에서 추가 수익을 누릴 수 있다는 판단에서였다. 아이디어만 파는 포맷 수출보다 공동 기획·공동 제작을 할 경우 중국 현지에서 발생한 수익을 공유할 수 있기 때문이었다. 예컨대 중국 측은 〈아빠! 어디가?〉의 성공에 힘입어 영화 제작, 음원 출시로 약 2,000억 원을 벌었지만, MBC는 포맷 판매비만 받았다. 국내 방송사가 공동 제작·개발해 1,000억 원의 수익이 발생할 경우 9대 1로 해도 100억 원의 수익을 거두는 등 수익 창출의 기회가 되는 셈이었다.[41]

〈별에서 온 그대〉가 일으킨 중국 내 한류 후폭풍 이후 중국 기업들이 한류를 마케팅 포인트로 적극 활용하면서 중국 업체들이 한국 드라마에 PPL을 시작했다. 한국 드라마를 즐겨보는 중국의 젊은 소비자들을 노린 것이었다. 박하선이 중국 타오바오淘宝의 스마트폰 앱을 이용해 식당 예약을 하는 〈쓰리 데이즈〉, 중국 리오Rio 칵테일이 소품으로 나온 〈닥터 이방인〉 등이었다. 〈운명처럼 널 사랑해〉에서는 중국 전자상거래업체 쥐메이聚美의 배송 상자를 보여주며 3분여 업체를 호평하는 장면이 나오기도 했다. 거꾸로 중국 진출을 노리는 국내 업체들의 PPL도 있었다. 〈괜찮아 사랑이야〉에 주요 배경으로 등장한 커피 전문점 C사는 중국 진출을 계획하고 있었다.[42]

그래서 나중엔 이런 일까지 벌어진다. "어제 KBS 〈프로듀사〉 보셨나요? 김수현이 마신 이 맥주 뭘까요? 아무리 찾아봐도 없던데 궁금하네요." 2015년 5~6월에 방영된 KBS-2 드라마 〈프로듀사〉 방영 중 여러 네티즌이 인터넷 게시판에 올렸던 글이다. 해당 맥주는 중국에서 2014년 12월에 출시된 리큐어 맥주로 한국엔 수입이 안 되었으니 찾지 못하는 게 당연한 일이었다.[43]

"중국 배만 불리는 한류 두고만 볼 건가"

2014년 9월 중국의 한류 붐은 도취감에 취해 안이하게 대응하다가는 자칫 '독이 든 성배'일 수 있다는 지적이 나오기 시작했다. 특히 막강한 자본력을 가진 중국의 인터넷 업체들이 사극 중심인 중국 TV에 만족하지 않는 젊은 층을 위한 '한류 콘텐츠' 싹쓸이에 나선 것에 대한 반응이었다. 텐센트Tencent, 유쿠투더우優酷土豆 등 중국의 인터넷

강자들이 국내 지상파 3사와 연간 계약을 맺은 데 이어 SM·YG 등과
도 손을 잡았다.

스타 작가나 PD들의 중국행도 이어졌다. 〈별에서 온 그대〉의 장
태유 PD, 〈시크릿 가든〉의 신우철 PD, 〈최고의 사랑〉의 작가 홍자매
등이었다. 이런 중국행에 불을 붙인 건 한국 프로그램의 리메이크 바
람이었다. 〈아빠! 어디가?〉 중국판(후난湖南 위성TV)의 히트 이후 봇물
을 이룬 한국 예능 리메이크는 제작 자문, 플라잉 PD 파견 등이 필수
였다. PD와 작가는 물론이고 여타 제작 스태프, 예능제작사 자체가
중국으로 날아갔다. 리메이크는 〈개그 콘서트〉, 〈런닝맨〉 등 예능, 〈루
비반지〉, 〈넝쿨째 굴러온 당신〉 등 드라마까지 광범위하게 이루어지
고 있었다.

문제는 외견상 활황으로 보이지만 실속이 없다는 것이었다. 〈아
빠! 어디가?〉는 중국에서 TV 외에 영화, 모바일 게임 등으로 만들어
지면서 2,000억 원의 수익을 올렸지만 부가수익은 고스란히 중국 몫
이었다. 중국판 〈아빠! 어디가?〉는 심지어 동남아에 팔려나가기도 했
다. 드라마 온라인 전송료 역시 〈별에서 온 그대〉 4만 달러(회당)에서
〈내겐 너무 사랑스러운 그녀〉(20만 달러)로 반년 사이 5~6배 치솟았
으나 중국 유통사가 가져가는 수익에 비하면 미미했다. 한 관계자는
"〈별그대〉가 38억 뷰인데 뷰당 광고료를 10원씩이라고 해도 380억
원이다. 최종 수익은 어마어마할 것"이라고 말했다.

제작 노하우가 이전되는 것을 우려하는 목소리도 높았다. J콘텐츠
허브 팀장 정일훈은 "노하우를 습득한 후에는 굳이 우리 인력을 쓸 이
유가 없다"며 "게임 산업의 전철을 밟지 말아야 한다"고 경고했다. 핵

심 제작 역량이 중국으로 넘어가 자체적인 제작 기반을 잃고 하청 기지가 될 수 있다는 우려였다. 브로드스톰 대표 이교욱은 "면밀한 대응 없이는 중국 한류가 독이 될 수 있는 상황"이라며 "가급적 공동 제작으로 기획 단계부터 우리가 이니셔티브를 쥐고 최대한 수익을 챙길 수 있는 방식을 고민해야 한다"고 말했다.[44]

2014년 10월 12일 새정치민주연합 의원 우상호는 미래창조과학부 국정감사 정책 자료집을 통해 한류 콘텐츠가 중국에 헐값으로 수출되는 것에 대한 문제를 제기했다. 중국에서 돌풍을 일으킨 드라마 〈별에서 온 그대〉는 한국 제작사가 얻은 수익은 5억 1,000여 만 원에 불과한 반면 이 드라마를 수입한 중국의 아이치이愛奇藝는 수백억 원의 이익을 얻었다는 것이다. 드라마 〈쓰리 데이즈〉도 16부작의 수출 총액이 겨우 8억 5,000만 원이었다. 드라마 한 편 제작비용이 2~3억 원 선인 현실을 감안하면 터무니없이 적은 액수였다. 반면 드라마를 수입한 중국 업체는 광고 등으로 천문학적인 수준의 부가 수입을 올렸다. 우상호는 중국에서 큰 성공을 거두고 있는 〈아빠! 어디가?〉 등 예능 프로그램의 포맷 수출도 문제 삼았다. 낮은 판매 금액에 비해 필요 이상의 정보를 제공하고 있다는 것이다.

『경향신문』은 「중국 배만 불리는 한류 두고만 볼 건가」라는 사설에서 "이런 현상이 지속되면 한국이 중국의 문화산업 하청 기지로 전락하는 상황이 벌어질 수도 있다"며 "정부와 콘텐츠 전문가, 업체들이 머리를 맞대고 한류 콘텐츠가 정당한 대가를 얻을 수 있는 안정적인 유통망을 마련해야 한다"고 역설했다.[45]

게다가 아예 제작사를 사들이려는 움직임도 보였다. 초대박 한류

〈아빠! 어디가?〉는 중국에서 TV 외에 영화, 모바일 게임 등으로 만들어지면서 2,000억 원의 수익을 올렸지만 부가수익은 고스란히 중국 몫으로 돌아갔다. 〈아빠! 어디가?〉의 중국판 〈파파 거나아爸爸去哪兒〉.

드라마를 만든 A제작사는 중국의 B인터넷 업체에서 3,000억 원 투자 제안을 받은 것으로 알려졌다. 독점 콘텐츠를 공급해달라는 것이었다. 중국의 C사는 무려 1조 원을 들고 여러 제작사를 입질 중인 것으로 알려졌다.[46] 2014년 10월 화처미디어華策影視는 국내 3대 영화 배급사인 NEW의 지분 15퍼센트를 인수해 2대 주주가 되었다. 2014년 11월 주나 인터내셔널Juna International이 드라마 〈주몽〉의 제작사였던 초록 뱀미디어의 주식 31.4퍼센트를 인수하면서 국내 메이저 방송 제작사 가 중국에 매각되는 첫 사례가 되었다.[47]

'후발자의 이익'을 둘러싼 경쟁

그런 일련의 흐름은 오래전부터 예견된 것이었다. 중국 역시 한국이 누렸던 '후발자의 이익'을 누리고자 했던 것이기에 그건 어찌 보자면 당연한 수순이기도 했다. 이와 관련, 중국 베이징대학 교수 린이푸林毅夫는 이렇게 말했다. "산업혁명 이후 선진국들은 기술과 산업의 최전선에 있었고, 이 때문에 고비용·고위험이 수반되는 연구·개발에 뛰어들어야 했다. 이에 비해 개도국들은 후발 주자의 이점을 누렸다. 기술 혁신과 산업 발전을 기존 기술의 모방과 수입, 융합으로 달성할 수 있었고, 이는 선진국보다 훨씬 낮은 연구·개발 비용을 의미한다."[48]

린이푸는 모든 개도국은 성장할 수 있는 잠재력을 모두 갖고 있지만, 무엇보다도 후발자가 갖고 있는 이점을 활용할 줄 알아야 한다고 역설했다. "후발 주자의 이점을 활용할 수 있으려면, '실용적'이어야 한다. 어떤 산업을 개발할지 결정해야 한다. 현대화 과정에서 몇몇 개도국이 너무 야심찼다. 선진국처럼 대규모의 첨단 산업을 성급하게 추진·육성하려 했다. 어떤 산업을 개발하는 것이 유리한가를 고민해야 한다. 즉, 자국의 비교우위와 특성이 무엇인지 정확히 파악해야 한다."[49]

발전 단계를 생략함으로써 얻는 이익도 컸다. 예컨대, 다른 국가들이 '현금→신용카드→모바일 결제'의 단계로 넘어간 데 반해, 중국은 현금에서 바로 모바일 결제 단계로 넘어가며 최첨단의 핀테크Fin Tech 환경을 구축했다. 알리바바그룹 계열사인 앤트파이낸셜이 세계 최대의 핀테크 업체로 성장했고, 10억 명이 사용하는 텐센트의 모바일 플랫폼 위챗Wechat에 적용된 위챗페이는 중국인의 삶을 바꾸는 촉매제

가 될 수 있었던 것도 바로 그런 이점 덕분이었다.[50]

중국 문화산업의 급성장엔 이런 후발자의 이익이 크게 작용했다. 후발자의 이익을 얻기 위한 노력은 다방면에서 전개되었다. 2001년부터 2012년까지 중국의 주요 학술지에 한국 드라마 관련 논문 120편이 발표되었는데, 연구 주제에서 한국 드라마의 '인기 원인'을 분석하는 연구(19.2퍼센트)가 가장 많았다. 연구 주제 중 '인기 원인' 다음으로 '문화산업 전략·정책'이 많은 비중을 차지했다.

'인기 원인'에서도 한국 문화산업의 우수성을 이유로 제시하는 연구가 있기 때문에 실질적으로 중국 학계는 자국의 문화산업 발전을 위해서 한국 문화산업을 분석하는 연구 경향을 보였다. 여러 논문이 한국 정부의 적극적인 지원이 한류를 가능케 했다는 주장을 폈는데,[51] 이는 한국 정부의 과장 홍보도 한몫을 했겠지만, 중국 문화산업 발전을 꾀하겠다는 '행정적 연구'적 마인드가 작용했기 때문이었을 것이다.

『런민일보』를 비롯한 언론도 중국의 문화 수출을 위해 한류韓流와 한풍漢風을 서로 비교·분석하면서 한류 콘텐츠의 내적 구성과 제작 기법에 주목하는 기사를 많이 게재했다.[52] 이를 심층 분석한 정수영·유세경의 논문을 보면, "『인민일보』의 대중문화 한류에 대한 인식과 태도의 기저에서 한류를 성공한 '한국의 대중문화, 정책, 기업 전략, 수출품'으로 바라보고 중국 대중문화 산업의 나아가야 할 방향이자 롤 모델로 규정하고 있음을 읽을 수 있다".[53] 또 합작 드라마나 한국인 제작자 기용 등을 통해 후발자의 이익을 얻으려는 시도도 왕성하게 이루어졌다.[54] 훗날(2015년 8월) 중국 재벌 완다그룹이 할리우드 제작사 와인스타인에 3,000만 달러를 투자했을 때 가장 원했던 것도 촬영

과 편집, 마케팅 등 영화제작 과정의 모든 과정에서 미국의 기술과 노하우를 배우려는 것이었다.[55]

이영애, "민주화가 한류의 성공을 만들었다"

후발자의 이익을 누렸던 한국이 중국이 추구하는 후발자의 이익에 되치기를 당할 것인지는 두고 볼 일이었지만, 아직 2014년은 그런 비판을 하기엔 이른 시점이었다. 게다가 한국은 중국엔 없는 비교우위가 있었으니, 그건 바로 민주화였다. 2014년 10월 24일 〈대장금〉의 스타 이영애는 홍콩 『밍바오明報』와의 인터뷰에서 "민주화가 한류의 성세盛世을 만들었다. 한국은 1998년부터 민주화가 시작돼 금기를 타파하고, 창조력을 발휘할 수 있어 한류가 발전할 수 있었다"고 말했다.

　대만 국립정치대학 한국어학과 교수이자 대만 지한문화협회 대표인 주리시朱立熙는 『미디어오늘』에 기고한 글에서 이영애의 이 발언을 소개하면서 이것이야말로 7개월 전 왕치산이 던진 "한국 드라마가 중국을 왜 점령했는가"라는 질문에 대한 답이라고 평가했다. 그는 "그러나 그녀는 이러한 점을 간략하게만 언급했다. 왜 현재 홍콩 사람이 한국 드라마를 보게 되었는지, 왜 현재 한국에서 유행하던 홍콩 영화가 몰락하게 되었는지에 대해서는 언급하지 않았다. 그러나 이에 대한 답변은 매우 간단하다. 홍콩이 1997년 중국에 반환된 이후, 언론의 자유와 표현의 자유가 움츠려들면서 점차 몰락하게 된 것이다"며 다음과 같이 말했다.

"틀림없이 민주화는 한류를 만들었다. 이영애는 유일하게 홍콩에서 진실하게 자신의 소신을 밝힌 한국의 연예인이다. 그녀의 지혜와 도덕적 용기가 왕치산 등의 중난하이中南海의 한국 드라마 팬 고위 간부들을 부끄럽게 했다고 믿는다. 그들은 자유롭게 창작하고, 말할 수 없는 상황 아래서 우수한 영화와 텔레비전 문화를 발전시킬 수 없다는 것을 모르는 것일까? 어쩌면, 그들은 자유 민주주의 체제가 없는 사회에서 생활했기 때문에 이러한 사실을 알 수 없는 것일 수도 있다."[56]

전 KBS 이사 조준상은 "비슷한 생각을 별로 기대하지 않은 이로부터 듣게 될 때 묘한 즐거움이 분명히 있다. 어제 그런 경험이 찾아왔다"며 주리시의 기고문을 언급했다. 그는 이영애의 "이런 깨어 있는 인터뷰 내용이 국내 언론에 보도된 적이 있는지를 '네이질(네이버 검색)'을 하면서 열심히 뒤져봤지만 못 찾았다"고 했다. 매우 신선한 발언이었는데, 국내 언론이 왜 그랬는지 이상한 일이다.

조준상은 "이영애발 뒤늦은 소식을 읽고 내친 기분에, 지난 3월 BBC가 방송한 라디오 다큐멘터리 〈한국, 조용한 문화 강국〉을 다시 들어봤다"고 했다. 그는 다큐 진행자가 "날의 거침the roughness at the edges이야말로 자신의 문화에 진정으로 글로벌한 존재감을 주기 위한 한국의 최선의 희망일지 모르겠다"고 말한 것에 주목하면서 "거시적으론 민주주의와 자유주의 세례, 사회적 압력과 이로부터 벗어나려는 몸부림과 그 속에서 느끼는 카타르시스, 그리고 미시적으로는 거칠고 도발적인 날 것의 생생함"에 의미를 부여했다.[57]

한국국제교류재단의 자료집 「2014 지구촌 한류 현황」을 보면, 2014년 현재 전 세계 79개 국가에 약 1,248개의 온라인 한류 동호

중국의 문화산업은 후발자의 이익을 활용해 한류를 추월할 수 있을까? 그러나 자유롭게 창작하고, 말할 수 없는 상황 아래서 우수한 영화와 TV 문화는 나올 수 없다. 2014년 9월 홍콩에서 행정장관 선거의 완전 직선제를 요구하며 발생한 우산 혁명.

회가 결성되어 전체 회원수가 2,182만여 명에 달하는 것으로 조사되었다. 이는 전년의 약 900만 명보다 2배 이상 늘어난 수치였다. 지역별로는 아시아·대양주大洋洲의 회원수가 가장 많은 것으로 나타났다. 중국을 포함해 이 지역 한류 동호회 회원수는 2014년 현재 1,760만 명에 달해 전년의 약 680만 명보다 약 1.6배 늘어났다.[58]

코트라·한국문화산업교류재단이 발간한 「2014년 한류의 경제적 효과에 관한 연구」 보고서를 보면, 생산 유발 효과는 2011년 11조 1,224억 원, 2012년 11조 3,535억 원, 2013년 12조 375억 원으로 늘었다. 분야별로는 게임(2조 2,476억 원)·관광(2조 1,068억 원)·식음료(1조 8,188억 원) 순이었다. 화장품(8,824억 원)은 전년 대비 56.6퍼센트 늘었다. 10만 2,226명의 일자리도 만들었다. 29개국 한류 소비자 7,216명을 설문조사한 결과 베트남·말레이시아·미얀마는 한류가 대중화한 나라로, 이란·인도·일본은 한류가 쇠퇴하는 나라로 분류되었다.[59]

'1인 방송' 시대의 개막

2014년 국내에서 나타난 주요 미디어 현상 가운데 하나는 '1인 방송'의 급증이었다. '공방(공부 방송)', '먹방(음식 먹는 걸 보여주는 방송)', '음방(음악 방송)', '겜방(게임 방송)' 등이 그런 경우였다. 1인 방송을 하는 사람들은 크리에이터creator, V로거Vlogger, 유튜버 등으로 불렸다. V로거는 비디오 블로거video blogger의 준말로 1인 방송을 하는 사람들을 일컫는 말이고, 유튜브에 직접 제작한 다양한 장르의 영상을 게시·공유하는 사람을 지칭해 유튜버라 했다.[60]

1인 방송의 성공 사례가 늘어나면서 1인 제작자·1인 채널의 방송 활동을 지원하는 MCNMulti Channel Network 비즈니스도 확대되었다. 세계적인 동영상 플랫폼 유튜브는 물론이고 한국의 인터넷방송 아프리카 등이 파워 크리에이터 발굴과 지원에 나섰다. CJ E&M은 게임·뷰티·엔터테인먼트에 이르는 국내외 크리에이터를 발굴·육성하기 시작했는데, 2014년 12월 현재 CJ E&M의 크리에이터 그룹은 사업 1년 만에 총 144팀의 콘텐츠 제작자를 확보, 총 1,200만 명이 개인 채널들의 영상을 유튜브를 통해 구독하고 있었다. 소셜 라이브 미

디어 아프리카TV에는 매일 10만 개 개인 채널이 열리며 최고 77만 명이 동시 접속하고 있었다.[61]

파워 크리에이터의 활동 범위가 넓어지고 영향력이 커지자 2014년 12월 한국 정부는 콘텐츠 크리에이터 육성에 정책적 지원을 하겠다고 나섰다. 파워 크리에이터가 창조적인 상상력으로 일자리와 소득을 만들어내는 것을 핵심으로 하는 박근혜 정부의 '창조 경제' 콘셉트와 맞아떨어진다고 보았기 때문이다. 정부는 파워 크리에이터들의 아이디어를 발굴해 세계적 콘텐츠를 만들어낸다는 계획을 세우고 '글로벌 파워 크리에이터' 선발 프로젝트까지 진행하기 시작했다.[62]

1인 미디어에 대한 부정적인 시각도 있었다. 명승은은 "전통적인 매스미디어의 경우 콘텐츠 이용자들이 점점 외면하고 있는데도 그동안 사회적인 이슈를 제기하거나 토론을 진행하고 다큐멘터리를 만드는 등 공공성의 문맥을 갖춰온 게 사실이다"며 이렇게 말했다. "이에 비해 MCN을 통해 유통되는 영상 콘텐츠들은 대개 사적이고 엽기적이며 보편적이지 않은 화제성에만 집중하게 될 가능성이 높다. 정치적이거나 역사와 사회에 대한 통찰을 담은 이슈, 또는 사회적 약자에 대한 주의 환기를 위한 공익적 콘텐츠는 갈수록 더 외면받기 십상이다. 보고 싶은 것만 볼 수 있는 시대가 되었기 때문에 고민해야 할 것이 더 많아졌다."[63]

"문화적 상상력이 밥이다"는 말은 대중문화계에서 거스를 수 없는 철칙이었지만, 그 상상력은 자주 타락의 길로 빠지기도 한다는 게 문제였다. 10년 전 한국을 방문했던 인도 출신의 탈식민주의 이론가인 가야트리 스피박Gayatri Spivak은 "사이버공간의 가장 심각한 문제는 자신을 즐기기 위해 끝없이 남을 파괴한다는 데 있다. 자신이 즐기기 위해서라면 바이러스까지 만들어내지 않는가? 훈련되지 않은 상상력이 다른 사람을 파괴하는 데 사용되고 있다. 결국은 남의 입장에 설 줄 아는 상상력은 훈련시켜야 하는 것이다"고 주장했다.[64] 상상력의 훈련은 꼭 필요한 일이었지만, 문제는 사이버공간의 적나라한 즉각적 만족이나 호기심 충족의 시장 논리에서 그런 기회를 갖기는 어렵다는 데 있었다.

제11장

'한류의 중국화'와
K-pop의 세계화

'차이나 머니'의 습격인가?

2015년 1월 1일 중국 국가신문출판광전총국은 원래 4월부터 시행할 예정이었던 해외 온라인 동영상에 대한 사전 심의를 앞당겨 시행하기 시작했다. 방송 6개월 전에 사전 심의를 하되 해외 수입 콘텐츠가 전체 콘텐츠 총량의 25퍼센트를 넘지 못하도록 하는 게 핵심이었다.

이에 대해 한국콘텐츠진흥원 정책 연구실 연구원 윤재식은 "온라인 동영상까지 사전 심의를 하기로 한 건 최근 급증하고 있는 한국 드라마 소비를 억제하고 자국 콘텐츠를 보호하기 위한 목적으로 이해하고 있다"고 말했다. 그는 "사전 심의가 도입되면서 한국에서 방송 종료 이후 최소 6개월 이상 판매를 할 수 없기 때문에 흥행 기회를 놓쳐 판권 가격이 떨어지고 그동안 불법 복제가 늘어나면서 국내 드라마 제작사들이 큰 타격을 입게 된다"고 설명했다. SBS미디어홀딩스 부장 김혁은 "지난해까지만 해도 드라마 판권을 서로 사가려는 분위기였는데 이제는 6개월 뒤를 예측할 수 없기 때문에 일단 관망하는 분위기로 돌변했다"면서 "회당 2~3억 원에 팔렸을 드라마가 절반 이하로 떨어진 상황"이라고 말했다.[1]

그런 상황에서 거대 중국 자본의 국내 방송 콘텐츠 제작사 인수와 제작 인력의 해외 유출이 심각한 상황에 이르렀다. 특히 협상 개시 2년 6개월 만인 2014년 11월 10일 한중FTA 타결로 투자 분위기가 고조되면서 중국 자본의 국내 진입은 더욱 속도를 내기 시작했다.[2] 2015년 3월 6일 국회에서 열린 '한중FTA에 따른 방송 환경 개방의 영향과 전망' 토론회에서 패널들은 한중FTA가 '차이나 머니'의 습격으로 인해 한국 방송 시장에 '기회'이기보다 '위기'가 될 가능성이 더 크다고 입을 모았다.[3]

2015년 7월 22일 중국 국가신문출판광전총국은 "텔레비전 예능 프로그램은 저속한 허영심과 물신주의를 배격하고 사회주의 핵심 가치관을 고양해야 한다"는 내용의 지침을 각 방송국에 내려 보냈다. 국가신문출판광전총국은 "최근 몇 년 사이 일부 예능 프로그램이 중국에서 인기를 끌고 있지만 한편으로는 시청률 올리기에 집착해 신변잡기적인 말장난과 호들갑 떨기에 매달리고, 사치 낭비 풍조를 조장하고 있다"며 "도를 넘는 저속함과 오락성은 반드시 근절해야 한다"고 지시했다. 국가신문출판광전총국은 한국 예능 프로그램 모방 풍조

中华人民共和国国家新闻出版广电总局
State Administration of Press Publication,Radio,Film and Television of The People's Republic of China

公　告

国家新闻出版署门户网站（www.nppa.gov.cn）拟于5月7日上线试运行。原
国家新闻出版广电总局政府网站（www.sapprft.gov.cn）拟于6月底停止解析服
务，届时将无法访问。
特此公告。

国家新闻出版署
2020年4月26日

2015년 7월 22일 중국 국가신문출판광전총국은 "텔레비전 예능 프로그램은 저속한 허영심과 물신주의를 배격하고 사회주의 핵심 가치관을 고양해야 한다"는 내용의 지침을 각 방송국에 내려 보냈다. 이는 사실상 한국 방송 프로그램을 겨냥한 것이었다.

에도 제동을 걸었다. 이 기관은 "일부 예능 프로그램이 한국이나 미국 방송의 틀을 그대로 가져오다시피 하는 풍조는 근절해야 한다"며 "프로그램 제작자들이 중국 고유의 문화에 자부심을 지니고 이를 반영해야 한다"고 요구했다.[4]

김헌식은 "이러한 규제 지시는 사실상 한국 방송 프로그램을 겨냥한 것"이라며 이런 대응 방안을 제시했다. "한국적인 예능 프로그램 가운데는 사회주의적인 요소와 부합할 수 있는 점도 있다. 예컨대, 공익적인 내용을 포함하고 있는 예능이 대표적이라고 할 수 있다.…… 솔루션 프로그램도 가능할 수 있다. 현실에 바탕을 둔 건설적이고 긍정적인 대안을 찾는 내용을 중요시하겠다고 광전총국이 밝히고 있기 때문이다."[5]

이즈음 드라마 제작사들은 중국 제작사에서 드라마 대본과 리메이크 권리를 넘겨달라는 제안을 많이 받고 있었다. 돈 주고 사겠다는 것이니 반길 일이었지만, 문제는 중국 측이 리메이크 권리를 사되 한국 드라마의 리메이크라는 것을 밝히지 않겠다는 조건을 요구한다는 점이었다. 이마저 받아들일 수도 있는 일이었지만, 더 큰 문제는 일부 중국 제작사들이 그 리메이크를 자신들의 오리지널 드라마라며 제3국에 다시 리메이크 권리를 팔아넘긴다는 것이며, 실제로 그런 사례가 있었다. 한 드라마 제작사 관계자는 이렇게 말했다. "아무리 제작사들이 어렵다고 해도 한국 드라마라는 것을 숨기는 조건에 동의해 주는 것은 마치 영혼을 파는 것 같아 거절하고 있다."[6]

'한류 마케팅'과 '한류 스타 체험 상품'

2015년 3월 25일 코트라는 아시아·중화권·중남미·유럽·아프리카 등 지역별 한류 마케팅 주요 사례를 소개했다. 드라마 〈별에서 온그대〉에서 남자 주인공 도민준 역을 맡아 최고 한류 스타가 된 김수현이 모델로 출연한 경남제약의 비타민C 제품 '레모나'는 중국 내 매출이 전년보다 30퍼센트 이상 증가했고 '중국인이 사랑하는 한국의 명품 브랜드'에 선정되었다. 대만 쌤소나이트는 김수현을 모델로 채용한 이후 매출이 550퍼센트 증가해 아시아 지역 최고 성장률을 기록했다. 파리바게트는 전지현을 모델로 기용한 후 중국 현지에서 우유식빵을 출시한 당일 10만 명분 판매 기록을 세웠다.

코믹한 국내 이미지와 달리 동남아에서는 '아시아의 프린스(왕자)'로 통한 모델 겸 배우 이광수는 예능 프로그램 〈런닝맨〉에서 '기린', '배신남' 캐릭터를 선보이면서 해외 촬영 때마다 국내에서보다 많은 팬을 몰고 다녔다. 이광수가 커피 전문점 '카페베네' 말레이시아 1호점 개점 행사에 등장했을 때 1만여 명이 모였을 정도였다. 브랜드 홍보에 성공한 카페베네는 연말까지 말레이시아 매장을 6개로 늘리기로 했다.

아모레퍼시픽의 화장품 브랜드 '이니스프리'는 배우 이민호 덕분에 싱가포르에 첫 매장을 연 지 한 달 만에 4억 7,000만 원의 매출을 올렸다. LG전자는 중국 상하이에서 유기발광다이오드OLED TV 출시 행사를 열면서 이민호를 초청했는데, 제품 선구매 예약자만 10만 5,000여 명에 달했다.

크로아티아와 우크라이나에는 가수 싸이의 글로벌 히트곡 이름을 딴 한식당 '강남스타일'이 운영되고 있었다. 크로아티아 수도 자그레브 무역관 관계자는 "강남스타일 한식당은 연매출 성장률이 150퍼센트에 이를 정도로 한류 재미를 톡톡히 보고 있다"고 말했다. CJ푸드빌의 한식 브랜드 '비비고'는 영국 런던에서 싸이를 모델로 한 마케팅을 펼쳤으며, 하이트진로는 과테말라 현지에서 판매하는 '참이슬' 겉면에 싸이의 사진을 붙여서 판매 중이었다.[7]

문화체육관광부의 2013년 외래 관광객 실태 조사에 따르면, 한국에 온 외래 관광객의 1인 평균 지출 경비는 1,648.2달러(약 179만 9,000원)였다. 가장 소비를 많이 하는 국가는 중국(평균 2,271.9달러, 약 247만 9,000원)으로, 가장 돈을 적게 쓰는 독일인(969.5달러, 약 105만 8,000원)의 2.3배 수준이었다. 중국인들이 한국에 와서 저렴한 화장품과 옷 쇼핑에만 열을 올린다는 건 옛말이 되었고, 이젠 돈이 많이

들어도 특이한 체험을 할 수 있는 '고급 투어'에 눈을 돌리고 있었다. 이런 중국인들을 위해 한류 스타가 방송에서 입던 옷을 입고 사진을 찍거나 뮤직비디오 촬영을 하는 상품이 등장했다. 이를 잘 다룬 『조선일보』(2015년 4월 11일) 기사 내용의 일부를 소개하자면, 다음과 같다.

2015년 4월 중년의 중국 여성이 10대 딸과 함께 서울 강남구 삼성동 'SM타운 코엑스 아티움'을 찾았다. SM타운 코엑스 아티움은 SM 소속 가수들과 관련된 물품을 구매하거나 문화 상품을 즐길 수 있는 복합 문화 공간이었는데, 이날 어머니는 딸에게 15세 생일 선물로 '한류 스타 체험'을 선사했다. 두 사람은 스튜디오에서 전문가에게 화장을 받고 머리를 한 뒤 걸그룹 소녀시대가 방송에서 입고 나온 것과 같은 의상을 입고 사진 촬영을 했다. 이날 찍은 사진으로 80쪽짜리 화보집과 벽에 붙여놓을 수 있는 대형 사진을 만들었다. 7~8시간이 소요되는 이 상품은 어떻게 구성하느냐에 따라 비용이 수십만 원에서 수백만 원까지 들기도 했다. 연예인과 함께 있는 자신의 모습을 3D 프린터를 이용해 조각상으로 만드는 상품도 가격이 최고 62만 5,000원에 달하는데도 중국인들에게 인기가 높았다.

서울을 한눈에 내려다볼 수 있는 헬기 투어도 중국인 관광객들이 좋아하는 관광 상품이었다. 이들은 30분 동안 잠실-팔당댐-롯데월드-잠실종합운동장을 둘러보는 99만 원짜리 팔당댐 코스와 15분간 잠실-여의도공원-63빌딩-국회의사당을 돌아보는 51만 원짜리 여의도 코스를 많이 찾았다. 헬기 1대엔 최대 3명까지 탈 수 있었는데, 2014년 4월부터 2015년 3월까지 1년 동안 중국인 6,500명이 헬기 투어를 하며 서울을 내려다보았다. 블루에어라인 이사 노상호는 "중국에서 인기 있는 한국 아이돌이 헬기 투어를 하는 모습이 방송에 등장한 이후 '럭셔리 투어'라며 중국인 손님이 늘었다"고 말했다.

결혼사진을 찍기 위해 한국을 찾는 중국인들도 계속 늘었다. 한국관광공사는 웨딩 촬영을 위해 한국을 찾은 중국인이 2014년에만 1만 쌍에 이를 것으로 추정했다. 한국관광공사 관광벤처 팀장 강규상은 "중국에서 50만 원 정도인 웨딩 촬영 비용은 한국에 와서 찍을 경우 적게는 300만 원에서 많게는 1,000만 원까지 든다. 여기에 숙박과 관광 비용이 더해지면 수백만 원이 추가되는 데도 인기다"라고 말했다.

'한국 웨딩 촬영'과 연계한 관광 상품은 수천만 원에 달하는 고가高價임에도 웨딩서비스업체 아이웨딩이 한국에서 웨딩 촬영을 해준 중국인 신혼부부는 2014년 641쌍으로 2010년(24쌍)의 약 27배에 달해 약 12억 원의 매출을 올렸다. 아이웨딩 해외사업본부장 한상민은 "한류 열풍의 영향도 있지만 한국의 사진 촬영과 보정 기술이 중국보다 뛰어나 '한국에서 사진을 찍으면 연예인처럼 예쁘게 나온다'고 소문이 났다"고 말했다.[8]

빠순이는 '불가촉천민'인가?

생각해보면 이상한 일이었다. '한류 스타 체험 상품' 판매엔 모든 사람이 흐뭇해하면서도 국내의 열성 팬, 특히 빠순이들에 대해선 전혀 다른 자세를 취했으니 말이다. 빠순이들의 헌신으로 큰 직접적 수혜자들은 배은망덕背恩忘德의 모범을 보여주기라도 작심한 듯 빠순이들을 너무 함부로 대했다. 2015년 5월 이진송은 「빠순이 발로 차지 마라 너는 누구에게 한 번이라도 찐득한 사람이었느냐」는 글에서 "통장에 빨대 꽂는다는 표현이 있다"며 다음과 같이 말했다.

"혹은 감정이 있는 ATM. 포토카드를 모으려고, 사인회에 당첨 되려고, 콘서트에 가려고, 굿즈를 사려고, 빠순이들은 개미처럼 입금을 한다. 그리고 그것은 고스란히, 아이돌뿐만 아니라 엔터테인먼트 업계 종사자들의 '밥줄'이 된다. 공개방송처럼 무료로 진행되는 행사라고 할지라도, 없는 방청객은 돈을 주고라도 사와야 하고 결국 그 콘텐츠의 소비자들이 빠순이라는 점에서, 자리를 채우는 빠순이들은 소비자일 뿐 아니라 돈 한 푼 안 받고 일하는 파트타임 노동자이기도 한 셈이다."

빠순이들은 그에 따른 정당한 대접을 받고 있었는가? 전혀 그렇지 못했다. 이진송은 "자본주의 사회의 기본은 불특정 다수인 소비자가 평등하게 누릴 수 있는 권리이다. 자신이 지불한 값에 준하는 물건·서비스를 받고, 문제가 발생했을 때 이의를 제기하고 합당한 배상과 사과를 받는 것. 왕일 필요도 없고, 딱 그 정도면 족하다. 그러나 빠순이들의 현실은?"이라고 물으면서 다음과 같이 말했다.

"녹화가 끝나고 들어가는 '오빠'에게 잘 가라는 인사를 건네는 것만으로 방송국 스태프에게 혼쭐이 나고 눈 부라림을 당한다. 행사를 맡은 아나운서는 빠순이들에게 말을 잘 듣지 않으면 '오빠'를 불러주지 않겠다고 협박하고, 그 자리를 채우게 한 장본인에게 비아냥대는 발언을 서슴지 않는다. 사전 녹화나 사인회는 늘 예정보다 늦어져 열악한 환경에서 하염없이 기다려야 한다. 안전 요원들은 벌레 보듯 쳐

한류를 만든 일등공신이지만 콘서트장이나 공개방송 현장에서 빠순이들은 불가촉천민 비슷한 대접을 받는 경우가 적지 않다. 심지어 안전요원들에게 폭행을 당하는 경우도 있었다. 팬에 대한 과잉 진압 논란이 발생했던 '2015 안산M밸리 록 페스티벌'.

다보고 촬영 관계자는 '되게 할 일 없으신가 봐요' 하고 빈정거린다. 사랑을 저당 잡힌 죄로, 빠순이들은 그냥 을이 아닌 불가촉천민이 되는 것이다."[9]

한류를 위해 헌신했으면서도 그 공을 인정받기는커녕 오히려 혐오와 박대의 대상이 되는 또 다른 집단이 있었으니, 그들은 바로 독립PD였다. 아니 대중문화계에 종사하거나 대중문화와 관련 있는 모든 사람이나 집단 중 오직 약자만이 그런 대접을 받았다.

외주제작사 독립PD들에 대한 인권유린

2015년 6월 종합편성채널 MBN의 PD가 외주제작사의 독립PD를

폭행해 안면 골절상을 입힌 사건이 발생한 가운데, 7월 28일 한국
독립PD협회와 전국언론노동조합 등이 주최한 '방송사 외주제작 프
리랜서 노동 인권 실태 긴급 증언 대회'에선, 그동안 묵혀져온 방송
사 PD들의 외주 PD에 대한 인권침해 사례들이 보고되었다. 한 외주
제작사 독립PD는 방송사 직원들과의 회식 자리에서 농담을 받아주
지 않았다는 이유로 방송사 소속 PD에게서 뺨을 맞았다고 증언했다.
"프로그램에서 광고·협찬을 많이 하지 않았다는 이유로 갑자기 제작
에서 배제됐다", "4~5명이 주말 내내 일했는데도 합쳐서 180만 원
정도밖에 받지 못했다" 등의 증언들도 나왔다.[10]

8~9월에 한국독립PD협회와 전국언론노동조합이 독립PD 175명
을 상대로 한 '독립PD 노동 인권 긴급 실태 조사'를 보면, 업무와 관
련해 폭행을 당한 경험이 있다고 답한 비율은 응답자 96명 중 17명
(17.7퍼센트)이었고 이 중 가해자가 방송사와 독립제작사 소속 관리자
혹은 직원은 80.0퍼센트에 이르렀다. 여성 독립PD는 성적 수치심을
느끼게 하는 희롱이나 추행 등 성폭력을 당했다고 답한 비율이 응답
자 32명 중 14명(43.8퍼센트)이었다. 전국언론노동조합 관계자는 "인
권침해 질문은 타질문에 비해 무응답률이 압도적으로 높았다"라고
말했다.[11]

방송 제작 때 서면 계약서를 작성했다는 응답은 41명(23.5퍼센트)
에 불과했다. 83명(47.4퍼센트)은 구두계약을 했고, 계약 없이 일을 하
는 경우도 51명(29.2퍼센트)이나 되었다. 독립PD들은 2013년 문체
부가 마련한 '방송 영상 프로그램 제작 스태프 표준계약서'의 존재조
차 모르고 있었다. 안다는 응답자는 3명(1.7퍼센트)에 불과했다. 급여

형태도 불안정했다. 월급이 아닌 방송 건당 임금을 지급 받는 경우가 절반 가까이(47.4퍼센트) 되었고, 체불 경험도 64.4퍼센트나 되었다. 방송 제작 전이나 제작 중 프로그램이 취소된 경우엔 임금을 받기 어려웠다. 아예 받지 못한 경우는 35.1퍼센트, 받지 못한 적이 더 많았던 경우는 37.5퍼센트였다. 국민연금(미가입률, 50.0퍼센트), 고용보험 (84.0퍼센트), 산재보험(82.3퍼센트) 등의 혜택도 제대로 누리지 못하고 있었다. 건강보험은 지역 가입이 57.1퍼센트였으며, 업무상 관련된 부상이나 치료비를 '개인 부담'하는 경우도 83.7퍼센트로 집계되었다.[12]

9월 새정치민주연합 의원 우상호가 발간한 '종편 및 방송사 독립 제작 관행 실태 조사'는 상상을 초월하는 일들을 보여주었다. 외주제작 PD가 무릎을 꿇고 지상파 방송사 메인 작가의 하이힐에 소주를 받아 마셨다며 울먹이면서 증언하는 내용도 실려 있었다. 이에 숙명여자대학교 미디어학부 교수 강형철은 "방송사 인력 간에 골품제처럼 신분적 질서가 존재하는 나라에 창의 콘텐츠가 발전하길 기대하는 것 자체가 어불성설이다"고 했다.[13] 한류의 성공이 그런 모든 문제를 은폐했던 건 아니었을까?

'슈퍼스타 이론'과 '고독한 영웅 이론'

방송사 인력 간에 존재하는 골품제 같은 신분적 질서는 연예인들 사이에도 존재했다. 후자는 합법적이라는 차이는 있었지만 말이다. 국회 기획재정위원회 소속 더불어민주당 의원 박광온이 국세청에서 제출받은 '2016년 연예인(배우·가수·모델) 수입 신고 현황' 자료를 분석한 결과를 보면, 가수·배우·모델 등 연예인의 하위 90퍼센트가 버는 연평균 소득은 1,000만 원도 채 안 되는 것으로 나타났다.

연예인 중 소득 쏠림 현상이 가장 두드러진 부문은 가요계였다. 가수 중 수입액 상위 1퍼센트가 벌어들인 돈은 연평균 42억 6,400만 원이었다. 이는 가요계 전체 수입의 52퍼센트에 해당했다. 범위를 조금 넓혀보면 상위 10퍼센트의 연평균 수입은 7억 3,200만 원으로 전체 수입의 90.3퍼센트를 차지했다. 하지만 나머지 하위 90퍼센트의 연평균 수입은 870만 원에 불과했다. 가수 상위 1퍼센트와 하위 90퍼센트 간 소득 격차가 무려 490배에 달했다.

배우도 상황은 비슷했다. 수입 상위 1퍼센트와 상위 10퍼센트의 연평균 소득은 각각 20억 800만 원(전체 수입액의 47.3퍼센트), 3억 6,700만 원(전체 수입액의 86.8퍼센트)이었다. 하지만 나머지 하위 90퍼센트가 올린 연평균 소득은 620만 원이었다. 배우 상위 1퍼센트 소득이 하위 90퍼센트의 324배에 이르렀다. 모델은 수입 상위 1퍼센트와 하위 90퍼센트의 소득액이 각각 5억 4,400만 원, 270만 원으로 그 격차는 201배였다.[14]

물론 이는 전 세계적인 현상이었고, IT 기술 발전은 그런 빈부 격차를 심화시켰다. 1981년 미국 시카고대학의 경제학자 셔윈 로젠Sherwin Rosen, 1938~2001은 『미국경제리뷰American Economic Review』에 20세기의 기술 혁신이 어떻게 슈퍼스타들의 수입을 극대화했는지에 관한 논문 「슈퍼스타 경제학The Economics of Superstars」을 발표함으로

2017년 2월 28일 서울 구로아트밸리 예술극장에서 열린 '2017 한국 대중음악상 시상식'에서 최우수 포크 노래 부문을 수상한 가수 이랑은 트로피를 즉석 경매해 판매했다. 그는 "1월 수입이 42만 원, 2월에는 96만 원"이었다고 말했다.

써 이른바 '슈퍼스타 경제학'의 창시자가 되었다. 특히 저렴하면서도 효과적인 커뮤니케이션 기술 덕분에 소수의 스타들은 예전보다 빨리, 그리고 강력하게 세계적인 인기를 얻으면서 엄청난 돈을 벌어들이고 있었다. 이를 가리켜 '슈퍼스타 이론Superstar Theory'이라고 한다.[15]

1980년 『포천』이 선정한 200대 기업의 CEO는 일반 노동자의 42배에 해당하는 소득을 올렸지만, 이 비율은 2000년까지 500배 이상으로 증가한 것으로 나타났다.[16] 일반적인 기업계에선 '슈퍼스타 이론'의 자매 이론인 '고독한 영웅 이론Lone Ranger Theory'이 기업 내의 그런 빈부 격차를 정당화하는 논리로 동원되었다. 론 레인저Lone Ranger는 정의를 위해 싸우는 미국 대중문화의 아이콘이다. 1933년 라디오에 등장한 이래로 TV(1949~1957), 만화, 잡지, 영화 등에 의해 미국인을 사로잡은 픽션의 영웅이다. CEO를 기업의 Lone Ranger 로 간주한 이 이론은 CEO가 그 회사의 주식 가치를 결정하는 일차적 인 요인이라는 사실에 근거했다.

스티브 잡스와 애플의 관계가 '고독한 영웅 이론'의 대표적 사례 로 거론된다. 애플에서 잡스의 역할은 절대적이었기 때문이다. 그러 나 그런 예외를 제외하고 보자면 회사의 성공 중 얼마만큼이 CEO에 의해 이루어진 것이고 또 얼마만큼이 운 때문인지를 구별해내는 게 쉽지 않다는 것이 이 이론의 한계라고 볼 수 있었다.[17]

"아이돌 지망생 100만 명, 데뷔는 324명"

한류는 '슈퍼스타 이론'과 '고독한 영웅 이론'을 껴안은 현상임은 두 말할 나위가 없다. 한류 스타와 기업가들은 전 세계 대중의 오락 생활 에 큰 기여를 하고 있기에 공익을 추구하는 '슈퍼스타'이자 '고독한 영웅'이라고 볼 수도 있겠지만, 한국에선 주로 '코리안 드림'의 표상 으로 소비되는 경향을 보였다. TV의 예능 토크쇼에선 연예인들이 나 와 무명 시절 고생담을 이야기하는 게 주요 메뉴가 되었고, 그래서 급 기야 한 어린이는 아버지에게 "아빠, 연예인이 되려면 어릴 때 반지하 방에 살아야 해?"라고 묻는 지경에 이르렀다.[18]

자수성가自手成家의 모범을 보였다는 점에선 긍정적이었지만, 언 론이 더 주목하는 건 '건물주' 리스트였다. 한류 스타와 기업가들이 무슨 건물주가 되었다는 기사는 한국 연예 뉴스의 주요 품목이 되었다. 예컨대, 2014년 8월 재벌닷컴은 유명 연예인 40명이 보유한 빌딩의 실거래 가격을 발표했다. SM엔터테인먼트 회장 이수만 등 18명이 100억 원 이상 빌딩을 가진 것으로 집계되었다. 이수만은 서울 강남구 압구정동 소재 빌딩 2채 등이 650억 원으로 연예인 최고 빌딩 부자에 올랐다.

2위는 YG엔터테인먼트 대표 양현석으로 마포구 서교동과 합정동 소재 빌딩 실거래가가 510억 원이었다. 3위는 가수 서태지로 강남구 논현동과 종로구 묘동 소재 빌딩이 440억 원이었다. 배우 전지현은 강남구 논현동과 용산구 이촌동 소재 빌딩의 실거래가가 230억 원으로 여자 연예인 중 최고 빌딩 부자였다. 이후 순위는 송승헌(210억 원), 비(200억 원), 유인촌(190억 원), 박중훈(190억 원), 권상우(180억 원), 차인표·신애라 부부(170억 원), 김희애(170억 원), 김태희(140억 원), 장동건(120억 원), 장근석·고소영(각 110억 원) 등이었다.[19]

그래서 '조물주 위에 건물주'라는 말은 유행어가 되었고, 심지어 초등학생의 꿈이 되었다. 훗날(2018년 6월) 이진석은 "초등학생들에게 꿈을 물어보면 '서장훈처럼 되고 싶다'는 대답을 들을 확률이 꽤 높다는 말을 들은 적이 있다"며 이렇게 말했다. "농구 선수가 되겠다는 게 아니다. TV 예능 프로그램에서 '6,000억 원대 건물주'로 불리고 있기 때문이라고 한다. 실제로도 300억 원 정도 건물주로 알려졌다. 청소년들 사이에서 연예인과 운동선수가 장래 직업으로 인기가 높은 것도 그들이 소유한 건물 때문이라는 분석이 나온다. '장동건 빌딩', '박찬호 빌딩'처럼 유명 스타의 이름이 붙은 건물들이 서울에만 100개를 헤아린다."[20]

'조물주 위에 건물주'라는 말은 '갓물주'라는 말로 진화했다. '갓 God(신)'과 '건물주'의 합성어로, 건물주가 자신의 모든 것을 결정한다는 의미로 건물주를 신으로 빗대어 표현한 말이었다. 훗날 MBC 〈PD수첩〉(2020년 4월 21일)은 '연예인과 갓물주'편을 통해 연예인 건물주들의 숨겨진 부동산 투자법을 소개하는데, 지난 5년간 건물을 매입한 연예인은 총 55명으로 건물 63채를 매입, 매매가 기준으로 그 액수가 4,700억 원에 달하는 것으로 집계되었다. 이들 중 상당수가 은행에서 최대한으로 대출을 끌어와 건물주가 된 후 되팔아 시세차익을 노리는 투자 또는 투기를 한 것으로 나타났다.

초등학생들의 장래 희망 1위가 아이돌이 되면서 성공을 꿈꾸는 지망생들만 줄잡아 100만 명에 달했지만, 아이돌 음악 전문 비평 웹진인 아이돌로지가 펴낸 『아이돌 연감 2015』에 따르면 2015년 한 해 동안 데뷔한 신인 아이돌은 60개 팀(324명)에 불과했다. 이 중 팬들이 알아봐주는 아이돌은 한 해 10개 팀 남짓이었으며, 그나마 그 10개 팀도 장기간 활동에 성공할지는 알 수 없었다.[21]

2017년 7월 한 인터넷 커뮤니티에서는 한 회원이 지난 10년간 데뷔한 아이돌의 팀명과 데뷔 날짜를 정리한 표가 화제가 된다. 이 표에 따르면 2007년 15팀, 2008년 11팀, 2009년 26팀, 2010년 27팀, 2011년 49팀, 2012년 63팀, 2013년 45팀, 2014년 59팀, 2015년 59팀, 2016년 52팀, 2017년 상반기 28팀 등 400팀이 넘었다. 이들 중 정작 1년에 한두 팀이 남기도 어려운 게 현실이었다.[22]

애프터스쿨 출신 이가은의 어머니는 2015년 1월 영국 BBC방송에 출연해 "당장 뉴스만 봐도 아이돌 그룹이 하루에 몇 개씩 생겨나고 사라진다"며 "가은이가 다시 가수를 하겠다고 하면 말리고 싶다"고 말했다.[23] 그러나 어이하랴. 꿈 없인 살 수 없는 게 우리 인간인 것을! 아이돌 지망생들은 이가은 어머니의 말씀을 '승자의 여유'쯤으로 간주했을지도 모를 일이었다.

서양인을 놀라게 만든 '한국 클래식 음악의 비밀'

세계적 스타가 되기 위한 열정은 클래식 음악 분야에서도 나타나고 있었다. 1970년대에 정명훈, 정명화, 정경화 등 세 사람의 이름이 알려지기 시작한 이후로 한 해 국제 콩쿠르에 입상하는 젊은 음악가의 수는 수십 명에서 100명대로 올라갔다. 특히 바이올린과 성악, 이 두 분야에서는 콩쿠르의 파이널에 한국인 또는 한국계가 다수가 되는 경우가 많았다. 콩쿠르에서 한국인을 견제하는 조치가 나올 정도였다. 유럽 극장에서 한국 성악가를 빼놓으면 그 극장들이 공연에 타격을 받을 정도로 한국인은 클래식 음악계의 실세로 활약하고 있었다.[24]

2010년 5월 벨기에 공영방송 RTBF는 〈한국 음악의 비밀〉이란 프로그램을 제작해 방영했는데, 세계 3대 콩쿠르 중 하나인 퀸엘리자베스 콩쿠르 등 유수의 콩쿠르를 한국인이 석권하게 된 배경, 한국 음악 교육의 비결을 다룬 내용이었다. 1995년 전만 해도 결승에 진출한 적이 없었는데, 그 후 16년 만에 한국인 378명이 결승에 진출했고, 이 중 60명이 분야별 최우수상을 차지한 것이 너무도 신기하고 이해가 안 가 만든 프로그램이었다.

세계 유수의 콩쿠르를 석권하고 있는 한국인들은 외국인들에겐 탐구의 대상이다. 2015년 10월 21일 세계 3대 국제 콩쿠르의 하나인 쇼팽 콩쿠르에서 조성진은 한국인으로는 처음으로 우승했다.

2011년 6월 30일 차이콥스키 콩쿠르 남녀 성악 부문에서 한국인은 각각 1위, 피아노 부문에서 2, 3위, 바이올린 부문에서 3위로 입상해 상을 휩쓸다시피 했다. 2012년 6월 17일 오페라의 본고장인 이탈리아의 베르디 국제 성악 콩쿠르에서도 한국 성악가가 1, 2, 3위를 차지했다. 2015년엔 조성진이 3대 국제 콩쿠르의 하나인 쇼팽 콩쿠르에서 한국인으로는 처음으로 우승했다.[25]

발레에서 활약도 두드러졌다. 2016년 7월 은퇴 공연을 마친 슈투트가르트의 수석 발레리나 강수진이나 아메리칸발레시어터 수석 무용수 서희, 2016년 남성 최고의 무용상이며 무용아카데미상이라는 '브누아 드 라 당스'상을 수상한 김기민(여성은 1999년 강수진, 2006년 김주원 수상) 등의 활약을 보더라도 한국인은 음악과 춤에서 발군의 실력을 드러내 보였다. 문학 분야에서도 2012년 신경숙의 『엄마를 부탁해』가 '맨아시아 문학상'을 수상하는 등 2009년부터 미국 시장에 진출했으며, 2016년 5월엔 한강의 『채식주의자』가 영국 세계 3대 문학상인 '맨부커상'을 수상했다.[26]

클래식 음악에서의 활약에 한국인의 타고난 자질이 얼마나 작용했는지는 알 수 없으나 왕성한, 아니 부모의 자기희생적인 교육열 덕분이라는 건 분명한 사실이었다. 예술의전당 사장 김용배는 외국의 대연주가들이 한국에 연주하러 와서 우리의 10대 초반 어린 음악도들을 보고 3번 놀란다는 이야기가 있다고 했다. "어린 학생이 연주하겠다고 하는 곡목이 그 대가가 어렸을 적엔 스무 살이 넘어서야 겨우 손대기 시작하는 엄청난 곡이라서 처음 놀라고, 다음에는 그럼에도 불구하고 그 어려운 곡을 너무나 잘 연주해 또 놀라고, 마지막으로 그 곡보다 기교적으로 훨씬 쉬운 기초적인 곡을 시켜봤을 때 너무나 못해 다시 한번 놀란다는 것이다. 조급증이 빚어낸 우리 예술계의 병폐가 아닐 수 없다."[27]

그러나 그 '병폐'가 동시에 클래식 음악 시장을 확대시켜줌으로써 뛰어난 음악도들의 수상에 큰 힘이 되었음을 어찌 부정할 수 있으랴. 한국과 일본 등 동아시아 국가들은 서양과는 달리 고급문화와 대중문화의 경계가 비교적 분명하지 않다는 점도 그런 시장 형성에 큰 영향을 미쳤을 것이다. 영국 런던대학 교수 돌로레스 마르티네즈Dolores Martinez는 일본을 예로 들면서 "문화에 대한 서구의 관념, 특히 고급과 저급 혹은 엘리트와 대중문화 사이의 분할은 보편적으로 유효한 개념인가" 하는 의문을 제기하면서 다음과 같이 말했다.

"서구에서 엘리트 혹은 고급문화라고 분류될 법한 행위들이 일본에서는 계속 중산층의 영역으로 편입되고 있다는 것이다. 일본에서는 많은 여성들이 다도, 고전무용, 클래식 악기 연주 등을 배우고 있다. 그리고 광범위한 여성층이 연극, 클래식 음악, 발레, 오페라 같은 수입된 고급 외국문화를 소비하고 있다. 이런 식으로 몇 백만 명의 사람들이 소위 '엘리트' 행위에 참여할 때, 어떻게 이것을 대중문화로 분류하지 않을 수 있겠는가?"[28]

정도의 차이는 있겠지만, 한국도 그런 의문을 제기할 수 있는 나라였다. 1994년 세계 음반 판매량 중 클래식 음반의 비중이 가장 높은 나라는 네덜란드(14퍼센트)였지만, 한국이 8.8퍼센트로 영국(8.7퍼센트), 이탈리아(7.9퍼센트), 미국(3.7퍼센트) 등을 누르고 중상위권을 차지했다는 게 그걸 잘 말해준다 하겠다.[29] 또한 한국에 초청된 서양 공연 예술 티켓 값은 동아시아 국가들을 포함해 세계에서 가장 비싼 축에 속했다. 2005년 베를린 필하모닉 입장료(R석 기준)는 45만 원으로 일본(31만 원), 중국(24만 원)을 크게 웃돌았다. 이에 대해 김헌식은 "한국에서 예술 공연은 사치재이므로 관람료가 비쌀수록 더욱 각광받는다"고 했다.[30]

이는 한국과 일본 모두 고급문화가 전통적인 것이 아니라 서양에서 수입된 문화라는 점과 연결시켜 살펴보아야 할 것이다. 물론 대중문화도 그런 점이 있지만, 그래도 대중문화는 처음엔 서양에서 수입되었을망정 '현지화'의 과정을 거쳐 다시 태어나거나 더욱 발전된 면모를 보이기도 한다는 점에서 차이가 있었다.

"서바이벌과 오디션이 아니면 안 되는가?"

대중음악계의 오디션 열풍은 다소 변형된 서바이벌 형태로 힙합에도 들이닥쳤다. 원래 힙합은 1970년대 중반 미국 뉴욕 빈민 계층의 흑인 음악으로 출발했지만, 한국에선 1990년대 이후 중산 계층 이상의 가정에서 자란 젊은이들의 음악으로 자리 잡았다. 이런 계층 차이와 더불어 한국 힙합엔 미국이나 유럽에선 볼 수 없는 특성이 있었는데, 그건 바로 사신의 우월성을 드러내려는 '구별짓기' 용도였다. 이규탁이 지적했듯이, "힙합 음악을 듣는 사람은 아이돌 댄스 음악이나 트롯, 혹은 발라드 음악을 즐겨 듣는 사람에 비해 '음악을 좀더 제대로 아는 사람'의 우월한 위상을 가지게 된 것"이다.[31]

2015년 Mnet의 〈쇼미더머니 시즌4〉의 1차 지원자는 약 7,000명에 달했다. 시즌3엔 3,000명이었던 지원자가 2배 이상 폭증한 것이며, 시즌5엔 9,000명, 시즌6엔 1만 2,000명으로 늘게 된다. 〈쇼미더머니〉 효과는 가수의 주요 수입원인 대학 축제 섭외에서 잘 나타났는데, 실제로 2016년 가을 대학 축제에 섭외된 가수 대부분이 〈쇼미더머니 시즌5〉의 본선 진출자거나 〈프로듀스 101〉 출연진이었다.[32]

방송을 통해 인지도를 쌓지 못한 래퍼들에게는 그만큼 무대에 설 기회가 줄어들었다는 건 두말할 나위가 없었다. 김수아와 홍종윤이 지적한 것처럼, "이제 한국 힙합에서 성공은 단순하게 정의된다. 〈쇼미더머니〉에 나가 주목받는 것이다".[33] 더욱 큰 문제는 방송의 속성에 부응하기 위한 노력으로 인한 힙합의 변질이었다. 이종임은 "수많은 경쟁자들을 물리치고, 짧은 시간에 자신의 역량을 발휘해야 하는 지

대중음악계의 오디션 열풍은 다소 변형된 서바이벌 형태로 힙합에도 들이닥쳤다. Mnet의 〈쇼미더머니 시즌3〉의 지원자는 3,000명이었지만 시즌4엔 약 7,000명, 시즌5엔 9,000명, 시즌6엔 1만 2,000명으로 증가했다.

원자들은 공격적이고 자극적인 내용을 선호할 수밖에 없다"며 다음과 같이 말했다.

"서바이벌 프로그램이므로 타인을 배려하기보다는 자신이 돋보여야 한다는 프로그램의 근본적 틀을 벗어날 수는 없기 때문이다. 하지만 힙합 장르에서 보여주는 비판 정신이 상대방을 노골적으로 비난하거나 사회적 약자를 무시해도 된다는 것은 아니다. 힙합이 젊은 세대의 호응과 더불어 하나의 대중문화로 자리 잡을 수 있었던 것은 사회 부조리에 대한 적극적 비판, 약자와 가난에 대한 억압적 상황을 힙합에서만 가능한 '거친 언어'로 표현하기 때문이었다. 하지만 현재 국내 서바이벌 프로그램에서는 사회에 대한 비판이 아니라 내 앞에 있는 경쟁자에 대한 노골적 비난만 남았다."[34]

Mnet은 힙합 장르를 적극적으로 활용했다. 〈쇼미더머니〉만 시즌 4가 만들어졌고, 여성판 〈쇼미더머니〉인 〈언프리티 랩스타〉 역시 인기를 끌어 시즌2가 제작 중이었다(〈언프리트 랩스타〉는 시즌3까지 진행되었다). 비인기 장르가 대중에게 널리 알려진 점은 긍정적이었지만, 미디어의 입맛에 맞게 왜곡되고 있다는 게 문제였다. 힙합 전문 웹진 '리드머'의 편집장 강일권은 "Mnet이 힙합이라는 음악 장르를 망치고 있다"면서 "이 장르와 뮤지션들이 방송 하나에 좌우되고 문화 전체가 휩쓸리고 있어 우려된다"고 말했다. 대중적인 장르가 아닌 힙합에 유일무이한 오디션 프로그램이 만들어지자 래퍼들이 성공을 위해 줄을 서게 되었으며, 실력보다는 미디어가 원하는 '스타'가 곧 분야의 최고로 평가받는다는 것이었다.

랩을 통해 출연자들이 서로를 비난하는 '디스dis'가 중점적으로 나오고 팀 디스 미션을 통해 탈락자를 거르기도 하는 등 〈쇼미더머니〉는 '갈등'을 지나치게 부각했다. 강일권은 "힙합은 곧 '디스 문화'라는 게 제작진의 인식인데, 일정 요소인 건 맞지만 이 장르의 전부인 것처럼 왜곡한다. 장사가 되는 자극적인 요소를 부각해 장르 자체를 왜곡하고 있다. 이는 제작진의 무지와 오만에서 비롯된다"고 비판했다.[35]

김성현은 "한국 힙합의 호황은 슬프게도 가요계 전반의 불황이나 체질 약화와 깊은 연관이 있다"고 했다. "가요계가 아이돌 중심으로 재편되고 음반 시장이 빈사瀕死 상태에서 헤어나지 못하면서 중견 가수들이 직격탄을 맞았다. 대중음악이 두 발로 굳건하게 서지 못하고 방송에 의존하면서 서바이벌과 오디션이 아니면 음악 프로그램이 살 아남지 못하는 기현상이 벌어졌다. 1990년대 힙합의 인기가 홍대 클 럽의 부상浮上과 연관 있다면 지금의 인기는 서바이벌과 오디션 프로 그램에 기대고 있다."[36]

"이수만과 양현석 위에 김태호가 있다"

2015년 8월 대중음악계에선 "이수만과 양현석 위에 김태호가 있다" 는 말이 떠돌았다. 김태호 PD가 연출하는 MBC 〈무한도전〉에서 2년 마다 가수들을 섭외해 여는 '〈무한도전〉 가요제'에 출연하면 음원 차 트와 포털사이트 검색어 순위 상위권에 오른 것을 두고 나온 말이었 다. 이번엔 밴드 혁오와 싱어송라이터 자이언티가 김태호의 '간택'을 받았다. 각종 음원 차트에서 50위 밖에 있던 두 사람의 노래는 방송이 나간 후 1~5위를 휩쓸었다. "가요계 최고 권력은 〈무한도전〉"이라는 말이 나올 법한 일이었다.

권승준은 "지상파 음악 프로그램은 대중에게 좋은 음악을 고루 소 개한다는 본래의 취지를 잃은 지 오래됐다. 1시간 방송 내내 아이돌 이 나와 춤을 추며 입을 뻥긋거리는 게 요즘 음악 프로의 전부다. 지 상파 3사가 모두 같은 아이돌들로 돌려막기를 하고 있으니 다른 음악 을 듣고 싶은 시청자들은 돌릴 채널이 없다. 그 빈자리를 김 PD처럼 영민한 연출자들이 파고들었다"며 다음과 같이 말했다.

MBC 〈무한도전〉이 가수들을 섭외해 연 〈무한도전〉 가요제'에 출연한 가수가 음원 차트와 포털사이트 검색어 순위 상위권에 오르자 대중음악계에선 "이수만과 양현석 위에 김태호가 있다"는 말이 나왔다.

"문제는 예능은 어디까지나 예능이란 점이다. 요즘 인기를 끄는 MBC 〈복면가왕〉에 나오는 가수는 기괴한 복면을 쓰고 '화생방실 클레오파트라' 같은 우스꽝스러운 별명으로 불려야 한다. 섬세한 감정 표현이 필요한 발라드를 불러도 복면 때문에 도통 감정이입이 되지 않는다. 자신의 정체를 들키지 않아야 한다는 프로그램 규칙 때문에 가수는 본래 창법을 무리하게 뒤틀고 변형시켜 노래한다. 오락 프로에선 결국 재미있고 웃기는 게 우선이니 이 모든 걸 감수해야 한다. 케이블 Mnet 〈슈퍼스타K〉 같은 경연 프로그램도 마찬가지다. 노래 실력보다는 기구한 사연을 가진 이들이 더 주목받는다."

권승준은 "이런 기형적인 구조의 책임은 모두가 나눠갖고 있다"며 이렇게 말했다. "음악 프로 PD들은 변화와 혁신을 거부하고, 예능 PD들은 시청률을 핑계로 뮤지션들을 데려다가 쇼를 시킨다. 음악가는 대중에게 자신을 알리고 싶은 절박함에 그걸 받아들이고, 대중은 그저 즐길 뿐이다. 이것이 정상이라고 보는 이는 거의 없지만 바꿔보겠다고 나서는 이도 거의 없다. K팝이니 한류니 어느 때보다 화려함을 뽐내는 한국 대중음악계가 마주한 외화내빈外華內貧의 현실이다."[37]

대형 연예기획사와 지상파 방송사의 갑을관계

그러나 "이수만과 양현석 위에 김태호가 있다"는 말은 예능 프로그램과 김태호가 큰 인기를 누리고 있었다는 것일 뿐, 전반적으로 지상파 방송사와 대형 연예기획사의 관계는 이미 갑을관계를 형성한 지 오래였고, 막강한 연예인 군단을 거느린 후자가 '갑'의 위치에 있었다.[38] 연예기획사의 전성시대가 열리면서 2016년 기준으로 등록된 연예기획사의 수는 1,952개에 이르렀고, 이 가운데 소속 연예인이 없는 업체(캐스팅 디렉터, 모델 에이전시 등)는 444개로 22.7퍼센트를 차지하고 있었다. 연예기획사의 전체 매출 규모는 2조 5,840억 원이었고, 증권시장에 상장된 14개 대형 연예기획사는 1조 2,533억 원을 차지하고 있었다.[39]

서울 강남구 SM엔터테인먼트 사무실에는 매주 신곡이 100곡씩 쌓이고 있었는데, 국내 작곡가의 곡만이 아니라 스웨덴·덴마크·네덜란드·영국·프랑스·미국 등 세계 음악계에서 활동하는 작곡가 700~800명이 신곡을 보내오고 있었다. SM엔터테인먼트에서 가수 발굴과 신곡 채택을 전담하는 4팀 30명이 이 곡들을 놓고 세 차례에 걸쳐 심사를 벌였다. SM엔터테인먼트 프로듀싱본부장 이성수는 "매년 4,000~5,000곡을 듣고 평가하다 보면, 폭넓은 음악적 색채를 만드는 데 톡톡히 도움이 된다"면서 "최근에는 일본·중국 작곡가 발굴이나 협업에도 공을 들이고 있다"고 말했다.[40]

2006년 12월 가수 겸 작곡자인 한성호에 의해 설립된 FNC엔터테인먼트는 FT아일랜드, 씨엔블루 등과 같이 아이돌 그룹과 밴드 시스템을 결합한 '아이돌 밴드'로 성공을 거두면서 2016년 JYP를 제치고 업계 3강의 위치에 오르기도 했으며, 이후 한국 연예기획사는 SM·YG·JYP·CUBE·FNC의 5강 체제를 유지하게 된다.[41]

지상파 방송을 위협하는 건 대형 연예기획사들만이 아니었다. 2015년 9월 2일 CJ그룹은 '문화사업 20주년 미디어 세미나'에서 2020년까지 문화 사업에 10조 원을 투자하겠다고 밝혔다. 연 매출이 수십조 원에 달하는 월트디즈니·타임워너와 같이 TV제작·영화·음악 등 콘텐츠와 TV채널·극장 등 플랫폼을 아우르는 글로벌 문화 기업으로 성장하겠다는 계획이었다.[42]

한국 대중음악계의 외화내빈 속에서도 2015년 영어 전용 방송인 아리랑TV가 가요계에서 최고의 홍보 채널로 각광받고 있었다. 전 세계 106개국에 송출되는 국내 유일한 방송인데다 다른 지상파 방송과 달리 유튜브를 통해서도 쉽게 접근할 수 있기 때문이었다. 아리랑TV의 연예·예능 프로그램 〈애프터스쿨 클럽〉은 국내 가수들과 해외의 K-pop 팬들이 직접 영상 통화를 하며 소통할 수 있는 코너('행아웃')를 운영해 열광적인 반응을 얻었다.

〈애프터스쿨 클럽〉이 방송되는 시간이면 전 세계 트위터 실시간

'트렌드 토픽' 1위가 '행아웃' 출연 가수일 정도였다('트렌드 토픽'은 트위터 사용자들이 검색하는 단어를 순위로 매긴 것으로 포털사이트 실시간 검색어와 비슷한 개념이다). 한 가요기획사 대표는 "예전만 해도 새 앨범이 나온 뒤 지상파에 출연하기 위해 안간힘을 썼으나 요즘은 국내 가수들의 해외 진출이 활발해지면서 오히려 아리랑TV에 출연하고 싶어 한다"며 "아리랑TV에 출연하는 것이 단기간에 효과적으로 해외 인지도를 높일 수 있는 방법이기 때문"이라고 설명했다.[43]

한국 하면 가장 먼저 떠오르는 이미지는 K-pop

2015년 10월 미국 『뉴욕타임스』는 '빅뱅'의 북미 투어 콘서트 리뷰에서 '압도적인 공연overwhelming K-pop carnival'이었다며 K-pop을 이렇게 평했다. "자동차는 미국서 만들었지만 이젠 한국이 더 좋은 자동차를 만들 수 있는 것처럼 아이돌 음악도 미국에서 먼저 시작했지만 한국이 완성시켰다." 『빌보드』는 "K-pop 이전엔 유튜브 영상에 익숙한 10대가 즐길 만한 음악이 없었다. K-pop이 그 틈새를 파고들었다"고 분석했다. 『빌보드』 편집장 재니스 민Janice Min은 "화려한 패션과 멋진 춤에 매혹되는 10대에게 K-pop은 딱 맞는 음악"이라고 했다.

　K-pop의 특징은 곧 '멋지다cool'는 이미지로 이어졌다. 한국문화산업교류재단이 2015년 10~12월 중국·미국·브라질 등 14개국 6,500명을 대상으로 실시한 조사 결과인 「2015 해외 한류 실태 조사

보고서」를 보면, K-pop을 듣는 이유로 "가수들의 뛰어난 댄스와 퍼포먼스", "가수들의 매력적인 외모"란 응답이 1, 2위였다.

한류를 경험한 외국인들은 한국을 경제 선진국(복수 응답, 67.8퍼센트)→문화 강국(60.8퍼센트)→호감 가는 국가(54.9퍼센트) 순으로 인식했다. 한국 하면 가장 먼저 떠오르는 이미지는 K-pop(20.1퍼센트)→IT·자동차 산업(13.5퍼센트)→한식(12.1퍼센트)→북핵·6·25전쟁(9.8퍼센트)→드라마(9.5퍼센트) 순으로 응답했다. 대한무역투자진흥공사 이장현 박사는 "지난해 3위였던 북한 관련 이미지가 4위로 내려선 것은 국가 브랜드 상승에 매우 긍정적 신호"라고 말했다. 2015년 우리나라 총수출액은 전년 대비 7.9퍼센트 하락했지만, 문화 콘텐츠 수출액은 오히려 8.8퍼센트 증가했다. 2010년 이후 증가세가 단 한 번도 꺾이지 않았다.[44]

개인이 제작한 '1인 방송' 프로그램이 한국의 게임·화장법·드라마·K-pop 등의 콘텐츠로 한류 확산의 새로운 개척자로 부상하는 흐름도 보였다. 1인 방송 진행자들이 수십만 명의 시청자를 거느리며 힘을 발휘하자, 거대 자본도 이 시장에 뛰어들었다. 이들에게 방송 제작과 마케팅을 지원하고 광고 수익 등을 나누어갖는 방식이었다.

CJ E&M은 1인 방송 진행자 500여 명과 계약을 맺고 이들이 만든 동영상을 온라인으로 내보냈다. 이 회사가 운영하는 '다이아DIA TV'는 국내외 누적 구독자 2,977만 명, 월평균 콘텐츠 조회수는 8억 2,000건에 달했다. CJ E&M 방송콘텐츠 부문장 이덕재는 "K뷰티 관련 콘텐츠는 중국과 동남아 시장의 관심이 가장 높은 분야 중 하나"라며 "2017년까지 1인 방송 진행자를 2,000명 이상 확보하고, 동남아

등 해외 현지의 1인 방송 진행자 비중도 30% 이상으로 늘릴 것"이라
고 말했다.[45]

'한류의 중국화'인가?

중국의 해외 온라인 동영상에 대한 사전 심의는 한국의 드라마 제작
방식에도 큰 영향을 미쳤다. 중국에선 방영 6개월 전에 프로그램 방
영 계획을 보고하고, 3개월 전에 완성된 드라마의 심의를 받도록 되
어 있었다. 그동안 한국 드라마는 주로 '아이치이', '유쿠투더우' 등의
중국 동영상 사이트에 수출해왔는데, 인터넷에서도 사전 심의제가 시
행되면서 수출 길에 타격을 받게 되었다. 이에 따라 방송사들은 중국
규정에 맞춰 적어도 방영 6개월 전에 방영 계획 보고를 하기 위해 사
전 제작에 나서기 시작했다. 결국 한국과 중국에서 동시에 방송하지
않으면 중국 시장에서 수익을 기대하기 어렵게 된 상황이 사전 제작
바람을 불러온 것이다.

사전 제작 드라마들이 성공하면 한국에도 사전 제작 시스템이 안
착될 수 있다는 기대감도 나왔지만, 중국 자본의 투자를 받아 진행되
는 사전 제작 흐름이 중국 입맛에 맞춘 드라마만 쏟아내면서 다양성
을 훼손할 수 있다는 목소리가 더 컸다. 〈사임당〉은 홍콩 엠퍼러그룹
에서 150억여 원을, 〈태양의 후예〉는 중국 화처미디어에서 수백억 원
을 투자받은 것으로 알려졌다. MBC 관계자는 "중국 심의에 맞춰 내
용을 수정하거나, 중국 투자자가 제작 단계부터 드라마 소재를 조율

중국이 해외 온라인 동영상에 대한 사전 심의에 나서면서 한국의 드라마 제작 방식도 큰 영향을 받았다. 홍콩 엠퍼러그룹에서 150억여 원을 투자받아 사전 제작한 드라마 〈사임당〉.

하기도 한다"고 말했다.[46]

2015년 12월 22일 한국콘텐츠진흥원과 독립제작사협회가 공동으로 주최한 세미나에서 중앙대학교 미디어커뮤니케이션학부 교수 유홍식은 "방송 시장 자체가 중국 자본에 종속될 수 있다"며 "현재 지상파 방송의 40~50퍼센트를 만드는 외주제작사들이 자본을 따라 중국으로 넘어가게 되고 지상파가 스스로 경쟁력을 가지지 못한다면 콘텐츠 생산 능력 자체가 답보되거나 저하될 수 있다"고 우려했다.

한 독립PD는 "국내 제작사들이 중국 자본에 팔리고 제작자들도 중국의 콜을 받고 가는 상황에서 굉장한 위기감을 느끼고 있다"며 "단기적으로는 제작사나 제작자가 돈을 벌겠지만 장기적으로 보면 콘텐츠 업계의 쌍용차 사태가 되지 않겠느냐"고 말했다. 인도의 다국적기업 마힌드라그룹이 쌍용자동차를 인수한 후 대량 해고와 기술 유출 논란이 일었듯이 콘텐츠 제작 분야도 결국 기술력이 유출될 뿐 자체 경쟁력을 잃을 가능성이 크다는 분석이었다. 그는 "중국은 제작 경험이 있는 PD와 작가를 턴키로 불러 최고급 대접을 해주지만 촬영 후 종합 편집 때에는 시시콜콜 요구하고 관여하는 경우가 많다"며 "심지어 중국에 일하러 가면 담당 프로그램 외에 다른 프로그램 편집을 봐달라고 요구하는 등 제작비가 후한 만큼 뽑아먹는 것"이라고 전했다.[47]

2016년 1월 중화권 최고 유력 주간지 『야저우저우칸亞洲週刊』은 표지 기사를 통해 '한류의 중국화'에 대해 상세히 보도했다. 중국 문화산업은 한류가 필요해 거액을 쓰고, 한국 방송사·기획사들은 거대 시장의 힘에 매혹되어 중국에 '올인'하는 현실이었다. 한국 예능 PD의 상징 김영희를 비롯해 대표 PD들이 아예 직접 중국으로 활동 무대를 옮겼다. 한국 예능 프로그램 포맷을 그대로 수입해 중국 출연진을 등장시킨 프로그램이 대유행이었다. 〈무한도전〉을 토대로 상하이의 제작사와 MBC 제작진이 공동 제작한 〈대단한 도전〉, 〈런닝맨〉을 틀로 삼은 〈달려라 형제〉를 비롯해 중국판 〈아빠! 어디 가?〉, 〈나는 가수다〉 등 한류 예능 프로그램이 20여 편 방송되고 있었다.[48]

'쯔위 청천백일만지홍기 사건'의 경고

이른바 '쯔위 파동'은 K-pop 분야에서 '한류의 중국화'를 시사하는 사건이었다. 소녀시대처럼 9인조 걸그룹으로 2015년에 데뷔한 트와이스의 대만 출신 멤버 쯔위子瑜는 그해 11월 방영된 MBC 예능 프로그램 〈마이 리틀 텔레비전〉 생중계에서 같은 그룹 멤버인 모모, 미나, 사나와 출연했다. 방송 중 네 멤버는 제작진이 준비한 각자의 출신 국기를 들었다. 일본 출신인 모모, 미나, 사나는 일본 국기를 들었고, 대만 출신인 쯔위는 대만의 국기인 청천백일만지홍기를 들었다. 당시 이 모습은 생중계로만 전해졌을 뿐, 이후에는 편집되어 본방송에는 실리지 않았다.

두 달 후인 2016년 1월, 대만의 한 방송은 이 장면을 캡처해 이미 '대만의 빛'으로 불리고 있던 쯔위에게 애국자 이미지를 씌운 내용의 보도를 했다. 그러자 2016년 1월 8일, 대만 출신 싱어송라이터인 황안黃安이 중국에 이 상황을 알리며 쯔위를 '대만 독립분자'라며 비난하기 시작했다. 삽시간에 중국 내 여론은 험악해졌고, 상하이 둥팡東方위성TV의 명절 프로그램인 〈춘완春晚〉에 출연 예정이었던 트와이스의 해당 스케줄은 취소되었다. 그뿐만 아니라 중국 내 여론 자체가 점점 심각해져 쯔위가 속한 트와이스 외 JYP엔터테인먼트의 다른 가수들의 활동도 취소 요청을 받는 보이콧 사태가 일어났다.

대만 14대 총통 선거(2016년 1월 16일)가 다가오면서 대만 내 여론도 이 사태를 악화시키는 데 기여했다. 당시 여당인 중국 국민당과 야당인 민주진보당 양측 모두 쯔위를 옹호하며 선거운동을 펼쳐갔다. 이에 대만 내 여론은 점점 더 격앙되어갔고, 민주진보당의 집권이 유력해져갔다. 하나의 중국과 대만 정체성을 반대하며 독자적인 대만 정체성을 추구하는 민주진보당의 집권이 유력해지는 것은 중국으로서는 국민당이 집권하는 것보다 불편한 상황이었다.[49]

1월 14일, 트와이스 소속사인 JYP 측은 이 사건이 정치·외교적인 문제로 커질 것을 우려해 1, 2차 사과문을 통해 트와이스의 중화권 활동을 잠정 중단하겠다고 발표했다. 다음 날인 15일 밤, JYP 측은 쯔위가 직접 출연해 사과를 하는 동영상을 유튜브에 올렸다. 검은 옷을 입고 잔뜩 긴장한 표정의 16세 소녀 쯔위는 허리까지 굽혀가며 머리를 깊이 조아렸다. "죄송합니다. 일찍 나와 사과했어야 하는데 어떻게 해야 할지 몰라 이제서야 나왔습니다. 중국은 하나뿐이고, 양안(중국과 대만)은 일체이며, 나는 중국인인 것이 자랑스럽습니다." 종이에 쓰인 글을 읽어가는 목소리는 떨렸다.

대만 내 언론은 이 영상을 긴급 속보로 전하며 연일 방송했다. 한국과 대만의 네티즌은 하나같이 사상의 자유를 억압한 인권침해라고 JYP 측을 비난했다. 대만인들의 분노는 폭발했고, 대만 양안정책협회의 조사 결과 쯔위 동영상을 본 뒤 젊은 유권자 134만 명이 애초 의사를 바꾸어 중국에 비판적인 차이잉원蔡英文 후보에게 투표한 것으로 나타났다. 당선자인 차이잉원 후보가 얻은 689만 표의 거의 20퍼센트였다.

중국인들은 이 사과 동영상에 대해 "강요당하거나 중국 시장 때문에 억지로 사과하는 느낌이 역력했다", "사과 안 하느니만 못하다"는 반응을 보였다. 『한겨레』는 "제이와이피의 대응에는 어린 가수의 인권에 대한 감수성도, 중국과 대만의 정치·사회에 대한 이해도 없었다"며 이렇게 말했다. "이익이 큰 중국 시장에서 빨리 사태를 진화해야겠다는 조급함만 드러낸 무리수로 사면초가에 빠졌다.……중국 시장의 이익을 위해 다른 지역 팬들의 정서, 연예인의 인권은 무시되는 한류 모델은 지속가능한가? 쯔위 사태는 수많은 질문과 경고를 던진다."[50]

연세대학교 커뮤니케이션대학원 교수 윤태진은 "쯔위의 사과 영상은 너무나 전형적이었다"며 이렇게 말했다. "수수한 검은 옷과 하얀 배경, 옅은 화장, 수척한 얼굴, 허리를 120도로 꺾는 인사. 도박이나 폭력 사건 때문에 사과 인터뷰하던 연예인들과 너무도 유사하다.……수억 명의 중국 소비자 눈치를 보는 동안, 미성년자 외국인 한 명이 가진 인간으로서의 품위는 사라졌다. 소속 연예인들을 상품 가치로만 평가하는 한국 연예기획사들의 탐욕만 남았다."[51]

'다국적 아이돌' 시스템에 대한 의문

쯔위 사태는 외국인 멤버를 기용하는 '다국적 아이돌' 시스템에 의문을 제기한 사건이기도 했다. SM엔터테인먼트가 2001년 중국에서 연 오디션 프로그램을 통해 발탁한 중국인 한경韓庚이 포함된 슈퍼주니어를 2005년 출범시킨 이후, 후발 주자인 JYP는 2008년 그룹 2PM에 태국계 미국인 닉쿤을 포함시켰고, 2010년 데뷔한 미쓰에이는 중국인 멤버 지아와 페이를 합류시켰다. 갓세븐엔 대만계 미국인 마크와 홍콩인 잭슨, 태국인 뱀뱀 등이 가세했다. 이들 외에도 f(x), 크로스진, JJCC, 타이니지, 피에스타 등에서도 외국인 멤버가 활약했다.

특히 SM은 2012년 '초대형 아이돌의 결정체'라고 할 수 있는 EXO를 만들면서 한국인으로만 구성된 EXO-K와 크리스, 루한, 레이, 타오 등 중국인(또는 중국계) 4명에 한국인 2명이 포함된 EXO-M을 같은 날 출범시켰다. 한국과 중국어권 시장을 동시에 공략하겠다는

© HeyDay

쯔위 파동은 외국인 멤버를 기용하는 '다국적 아이돌' 시스템에 의문을 제기한 사건이자 '한류의 중국화', '연예인의 인권' 등과 관련해서도 질문을 야기한 사건이기도 했다. 트와이스의 멤버 쯔위.

전략이었지만, SM은 이후 소속된 중국인 멤버들의 잇단 무단이탈과 소송 전으로 내홍을 겪는 등 적잖은 문제점이 드러났다. 2016년 1월 기준으로 다국적 아이돌 그룹으로 이름이 알려진 팀은 17개로 33명의 외국인이 속해 있었기에, 이는 K-pop 전체의 문제이기도 했다.

그래서 '다국적 아이돌' 시스템에 대한 근본적인 회의론도 제기되었다. 문화평론가 박상미는 "유럽과 미국, 캐나다의 한류 팬들을 대상으로 설문조사한 결과 한국적인 특색 때문에 K팝을 좋아한다는 응답이 월등히 많았다"며 "외국인 멤버로 인해 K팝의 특색 자체가 사라질 수 있는데다 외국인 멤버의 무단이탈도 계속될 것으로 예측되기 때문에 장기적으로 잃는 것이 더 많을 수 있다"고 말했다.[52]

2016년 7월 12일 네덜란드 헤이그 국제상설중재재판소PCA가 중국과 필리핀의 남중국해 영유권 분쟁에서 필리핀의 손을 들어주었다. 중국은 남중국해 파라셀제도에 있는 우디섬 실효 지배를 근거로 대부분의 영유권을 주장해왔지만, PCA가 이 같은 주장은 법적 근거가 없다는 판결을 내린 것이다. 이 판결은 '제2의 쯔위 파동'을 낳았다.

PCA의 판결이 알려진 후 EXO 레이, f(x) 빅토리아, 피에스타 차오루, 미쓰에이 페이 등 국내 활동 중인 중국 국적의 연예인들은 웨이보微博, 인스타그램 등 자신의 SNS에 "중국은 한 점도 작아질 수 없다中國一点都不能少"는 글과 함께 남중국해를 중국의 땅으로 표시한 지도를 게재했다. 그러자 중국 팬들은 중국에서 활동 중인 한류 스타들에게까지 이 같은 입장 표명을 요구하고 나섰다. 특히 소녀시대 윤아의 인스타그램은 "입장 표명을 하라"는 중국 팬들과 "중국 팬들의 요구를 들어주면 안 된다"는 필리핀·베트남 팬들, "한국인인 윤아에게 왜들 이러냐"는 한국 팬들의 댓글로 한바탕 난리가 났다.[53]

〈별에서 온 그대〉 열풍을 재현한 〈태양의 후예〉

MBC PD 출신인 김영희와 SBS 〈런닝맨〉을 제작했던 PD 조효제의 중국행은 이들이 나중에 자신의 방송 제작사를 차릴 정도로 성공을 거두었지만, 이런 성공 사례를 보고 중국으로 향하는 한국 제작자들의 발길이 이어지는 것에 대해선 우려의 목소리도 나왔다. SBS 글로벌제작 CP 김용재는 다음과 같이 말했다.

"중국 내 후난성, 산둥성 등 각 성급 위성방송 하나가 20여 개의 채널을 가지고 있다. 이 정도의 수준의 방송국 프로그램에서는 이미 시청률 2퍼센트가 넘어야만 제작비 투입 대비 수익이 난다는 이야기가 있다. 점차 생각보다 성공을 거두기 쉽지 않은 현실이다. 1.5퍼센트 이상의 시청률을 기록할 수 있는 한중 합작 프로그램도 1년에 한두 편 나올까말까 정도다. 한국 제작진과의 갈등도 많아 일각에서는 한국과 제작 불가 얘기까지 나오고 있는 상황이다."

『한국경제』 콘텐츠 PD 이상준은 "돈의 흐름은 억지로 규제할 수 없고 무조건 나쁘다고도 할 수도 없다. 또한 중국이 돈을 투자한 이유는 그만큼 중국을 위한 콘텐츠를 만들어달라는 것이다. 그러면 한국이 내세울 수 있는 명품 다큐멘터리나 드라마, 한국 토종 캐릭터 개발 등에 누가 매달리겠나. 중국 자본의 흐름을 막을 수는 없지만 정부가 지원해서라도 지켜야 할 부분은 있다"는 의견을 제시했다.[54]

중국 베이징에서 중국 예능 프로그램을 제작 중인 이창욱 PD는 "지금과는 다른 관점으로 중국을 바라볼 필요가 있다"며 이렇게 말했다. "우리의 제작력과 기획력을 높게 평가한다고 해서, 가르쳐주러 간다는 태도로 중국에 가서는 곤란하다. 돈 벌러 중국에 왔다가 실패하고 돌아가는 이들이 많은 이유도 여기에 있다. 맹목적으로 한국의 제작 시스템이 우수하다며 중국에 맞추라고 강요하러 들거나 '내가 한국에서는 이 정도로 성공했던 사람'이라며 자존심부터 내세우는 한국의 제작자들이 부지기수다. 중국 내에 한국 제작자 '블랙리스트'가 있다는 얘기는 여기서 나온다."[55]

2016년 4월 영상 사이트 아이치이를 통해 중국에서 동시 방송된

KBS-2 TV 드라마 〈태양의 후예〉의 중국 누적 조회수가 12회분 방영만에 20억 뷰를 돌파하는 진기록을 세웠다.[56] 2월 24일부터 4월 14일까지 16부작으로 방송된 〈태양의 후예〉는 종영일 기준으로 중국 누적 조회수가 25억 뷰를 넘어섰으며, 한국에선 시청점유율 38.8퍼센트를 기록했다.[57] 〈태양의 후예〉의 인기가 너무 높아 중국 공안이 웨이보에 '송중기 상사병' 주의보를 내릴 정도였다. 남자 주인공인 송중기의 인기가 너무 높아 부부싸움 등 부작용이 우려된다는 친절한(?) 설명과 힘께였다.[58]

130억 원이라는 대규모 제작비가 투입된 〈태양의 후예〉의 성공은 중국의 사전 심의 규제에 따른 사전 제작의 승리였다. 『중앙일보』는 "우리 드라마 〈태양의 후예〉(태후)가 중국에서 또 한 번 일을 냈다. 중국의 규제 강화로 제2의 〈별에서 온 그대〉(별그대)는 나오기 어렵다는 예상을 깬 쾌거다"며 다음과 같이 말했다.

"'태후'로 인해 다시 한번 중국 시장과 자본이 주목받고 있다. 그간의 과정을 보자면 '헐값'에 넘긴 몇몇 콘텐츠와 굴지의 국내 드라마 제작사에 대해 가슴 아파할 수도 있다. 하지만 고질적 병폐였던 '쪽대본'과 '생방송 촬영'이 일거에 사라지고 관련 시장이 활기를 띠게 된 것은 분명 반가운 점이다. 올 하반기 상영될 예정으로 이영애의 드라마 복귀작으로 주목받고 있는 〈사임당, 더 허스토리the Herstory〉 또한 '태후'와 여러모로 닮아 있어 또 한 번 기대를 걸어봄 직하다."[59]

전북대학교 신문방송학과 교수 김승수는 「중국 문화굴기의 역설」이라는 논문에서 "한류 문화는 대체로 중국이 추구하는 성장 제일주의, 이윤 추구, 상업주의, 소비문화, 애국심, 위계질서와 같은 가치를

2016년 4월 영상 사이트 아이치이를 통해 중국에서 동시 방송된 〈태양의 후예〉는 드라마의 인기가 너무 높아지자 중국 공안은 웨이보에 '송중기 상사병' 주의보를 내렸다.

담고 있다"며 "〈태양의 후예〉는 장교와 여성 의사의 사랑을 그린 드라마이지만 그 배경에는 애국심이 깔려 있다. 중국 지배층이 이런 드라마를 싫어할 까닭이 없다"고 했다.[60]

이렇듯 잘나가던 중국 내 한류는 2016년 7월 22일 한국 정부가 '사드THAAD(고고도미사일방어체계) 배치'를 전격적으로 발표하고, 이에 반대하던 중국 정부가 한류를 제한하는 이른바 '한한령限韓令'이라는 보복 조처를 취함으로써 큰 타격을 입게 된다. 사드 배치 이후 중국의 웨이보에서 중국인 32만 명을 대상으로 실시한 설문조사 결과, 전체 응답자 중 87퍼센트가 '한한령'에 찬성하는 것으로 나타났다.[61]

2015년 기준으로 국내 방송 콘텐츠의 일본 수출액은 7,097만 달러로 전체의 32.9퍼센트, 중국이 5,258만 달러로 전체의 24.3퍼센트를 차지하고 있었기에 한한령으로 인한 타격은 컸다.[62]

"미디어 공룡 CJ E&M의 그늘"

2010년대 중반 CJ E&M은 '국가대표 문화 기업'이니 '한류의 첨병'이니 하는 말을 들을 정도로 맹활약을 하고 있었다.[63] CJ E&M은 2016년 1~4월 광고 매출에서 MBC(1,579억 원)에 이어 1,345억 원을 기록, 사상 처음으로 KBS(1,237억 원)와 SBS(1,150억 원)를 앞질렀다. 지상파 직접 수신율이 3퍼센트대로 떨어진 유료방송 시대에서 CJ E&M은 14개 케이블 채널을 보유한 콘텐츠 강자로 군림하면서 이미 위기에 처한 지상파의 마지막 목을 조르고 있었다.[64]

CJ E&M의 영화 사업 부문 대표 정태성은 2015년 언론 인터뷰에서 OSMTOne Source Multi Territory라는 말을 처음 사용했다. 기존의 OSMUone-source multi-use 개념을 원용한 OSMT는 한 문화 상품을 해외 진출을 염두에 두고 각 국가나 문화권의 소비자 특성에 맞게 변용하는 것을 뜻했다. OSMT는 CJ E&M이 2017년 5월 태국 극장 사업자 메이저 시네플렉스 그룹과 함께 영화 투자 제작 합작회사를 설립하면서 널리 알려지게 된다. OSMT는 리메이크 영화에도 적용되었는데, CJ E&M이 이 방식을 적용한 영화 〈수상한 그녀〉와 〈써니〉는 아시아권에서 큰 성공을 거두었다.[65]

CJ E&M은 태국 극장 사업자 메이저 시네플렉스 그룹과 OSMT 방식을 적용한 영화 〈수상한 그녀〉와 〈써니〉를 제작해 아시아권에서 큰 성공을 거두었다.

　　CJ E&M은 한류에 큰 기여를 하고 있었지만,[66] 내부적으론 날이 갈수록 힘이 커지면서 그 그늘도 짙어져가고 있었다. 언론의 주목을 받진 못했지만, 2016년 10월 방송통신위원회 국정감사에선 CJ E&M의 탈법적 문제가 불거졌다. 더불어민주당 의원 변재일이 방송통신위원회에서 제출받은 자료를 보면, CJ E&M 계열 채널이 방송법상 방송광고 위반으로 2011년부터 2016년 7월까지 과태료 부과 건수가 102건으로 방송 사업자 중 최대치를 기록했다. 과태료 액수는 15억 3,546만 원에 달했다.

　　같은 기간 전체 방송광고 위반 건수(389건) 기준 26.2퍼센트, 전체 과태료(53억 1,000만 원) 기준 28.9퍼센트에 달하는 것으로 위반

행위 4건 중 1건이 CJ E&M 계열 채널에 몰린 것이었다. 이는 지상파의 지난 5년간 위반 횟수 평균인 30건에 비해 3배가 넘었다. 방송광고 위반 유형은 광고 시간 위반, 중간광고 관련 위반(횟수와 시간, 고지 위반), 간접광고 위반, 가상광고 위반 등이었다.

더불어민주당 의원 고용진은 "CJ E&M은 결합 판매를 통해 사회적 책임은 지지 않고, 오히려 중소 방송사의 매출을 가져가고 있다"고 지적했다. 지상파는 코바코Kobaco(한국방송광고진흥공사), 미디어크리에이트 등의 광고 판매 대행사를 통해 지상파 광고를 팔면 일정 부분을 지역방송, 음악 방송 등 군소 채널에 나누어주는 결합 판매를 하며 방송 생태계 상생에 기여를 하지만, 직접 광고 영업을 하는 CJ E&M이나 각 방송사당 광고 판매 대행사를 하나씩 가진 종편은 이 같은 역할을 수행하지 않는다는 것이었다.[67]

CJ E&M에 대한 규제 필요성의 목소리가 높아지는 가운데 국민의당 의원 최명길은 2017년 5월 "지상파 방송만큼 사회적 영향력이 커진 CJ E&M의 공적 책임과 공공성을 강화해야 한다"면서 '방송법 개정안', '방송통신발전기본법 개정안'을 대표 발의한다. '방송법 개정안'에는 현재 지상파, 종편, 보도전문채널 등 보도 기능이 있는 사업자에만 설치하도록 하는 시청자위원회를 10퍼센트 이상 시청점유율(전체 방송사 시청률을 환산한 것)을 기록한 사업자도 설치하도록 하고 시청자 평가 프로그램(옴부즈맨) 편성을 강제하는 게 골자였다. 보도 기능이 없는 사업자 중에서는 CJ E&M만 시청점유율 10퍼센트를 넘겼다.

최명길은 "CJ E&M이 방송한 각종 프로그램들이 사회적으로 큰 반향과 관심을 불러일으키고 있지만, 지나치게 자극적이고 선정적인 장면과 부적절한 표현 등이 방송되면서 사회적 논란이 빚어지는 경우 또한 적지 않았다"면서 "CJ E&M을 규제하기 위한 법안이 아니라 사회적 영향력에 걸맞은 법적 위상을 부여하는 의미가 있다"고 밝혔다. 최명길의 '방송통신발전기본법 개정안'에는 방송 광고 매출액을 기준으로 징수율을 정하도록 한 현재의 방송발전기금 징수 방식을 '방송사 협찬 매출', 'IPTV의 결합 상품 매출'까지 확대하는 내용도 담겼다.[68]

"어느 날 아침 눈을 떴을 때 내가 죽었으면 했어"

2016년 3월 미국의 경제 전문지 『포브스』에 따르면 BTS는 한 달간 SNS에서 리트윗(539만 건)이 가장 많이 된 음악인이었다. 미국의 인기 래퍼 칸예 웨스트Kanye West(375만 건)와 저스틴 비버(358만 건)보다 많은 수치였다. SNS를 비롯해 오프라인을 통해 멤버들이 자유롭게 해외 팬들과 소통하며 나온 결과였다.[69]

RM(랩 몬스터, 김남준), 진(김석진), 슈가(민윤기), 제이홉(정호석), 지민(박지민), 뷔(김태형), 정국(전정국) 등 소년 멤버 7명으로 구성된 방탄소년단防彈少年團, Bulletproof Boys Scouts: BTS은 이름 그대로 "총알을 막아내는 방탄조끼처럼 10대에 대한 모든 편견과 억압을 막아내겠다"는 슬로건을 내세우며 2013년 6월 작곡가이자 프로듀서인 방시혁의 기획으로 탄생한 프로젝트 그룹이었다.

데뷔 당시 16세에서 21세였던 이들은 모두 국내파였다(경기도 일산과 과천 출신이 각 1명씩, 부산 출신 2명, 대구 출신 1명, 광주 출신 1명, 경남 거창 출신 1명). 이들은 자신을 '촌놈'으로 규정하고 '촌놈 정체성'을 거리낌 없이 드러내면서 '흙수저 아이돌'을 자처했다. 많은 사람이 영어가 유창한 RM을 해외파로 보았겠지만, 그는 경기도 일산에서 어머니가 사다 준 미국 드라마 〈프렌즈〉 전 시즌 DVD로 영어를 배웠다.[70]

대중문화 시장에서 '편견과 억압'은 중소 기획사에도 작동하는 것이었기에, BTS는 그 벽을 넘어서기 위해 소셜미디어를 적극 활용하는 길을 택했다. BTS가 데뷔하기 6개월 전인 2012년 말부터 블로그와 트위터를 개설해 SNS 활동을 시작한 데서 알 수 있듯이, 이제 곧 나타나게 될 'BTS 신드롬'의 진원지는 바로 소셜미디어였다. 이들은 10대와 20대 청춘들의 생각, 꿈, 삶과 사랑을 주요 스토리로 담은 앨범에 걸맞게 팬들과의 실시간 1대 1 소통 방식을 택했으며, 이에 따라 충성도가 매우 높은 글로벌 다국적 팬덤 아미A.M.R.Y, Adorable Representative MC for Youth가 결성되어 'BTS 신드롬'의 동반 주역으로 맹활약하게 된다.[71]

그러나 BTS와 아미의 성장 과정은 순탄치 않았다. 중소 기획사 소속 아이돌에 대한 '편견과 억압'은 상상을 초월하는 수준이었다. 데뷔 초부터 2016년까지 거대 기획사 팬덤은 BTS를 향해 "덕질할 맛 안 나게 생긴 중소돌"이라는 조롱과 더불어 악의적 루머와 공격을 맹렬히 퍼부었다. 이런 악의적 공격을 견디다 못해 팬덤을 떠난 아미도 꽤 많았다.[72]

『BTS와 아미 컬처』의 저자인 이지행은 "멤버들의 인터뷰와 노

멤버 전원이 국내파였던 BTS는 중소 기획사 소속 아이돌에 대한 '편견과 억압' 속에서 성장했다. 2013년 9월 14일 인천국제공항 잔디광장에서 열린 '2013 인천공항 Sky Festival K-pop 콘서트'에서 공연하고 있는 BTS.

래에도 그 시절 그들이 겪었을 불안과 고통이 은연중에 묻어난다"며 RM은 2017년 새해 첫날 발매한 〈always〉라는 공개곡에서 다음 가사를 통해 속내를 비쳤다고 했다. "어느 날 아침 눈을 떴을 때 내가 죽었으면 했어."[73] BTS의 〈바다〉는 아예 직설적으로 세상의 '편견과 억압'에 맞섰다. "빽이 없는 중소 아이돌이 두 번째 여름이었어 / 방송에 잘리긴 뭐 부지기수 / 누구의 땜빵이 우리의 꿈 / 어떤 이들은 회사가 작아서 쟤들은 못 뜰 거래."[74]

이지행은 "그러나 외부의 적은 내부를 단합시킨다고, 오랜 시간 국내외의 K팝 팬들로부터 고초를 당해온 아미들은 결과적으로 더 똘똘 뭉치기 시작했다"며 이렇게 말했다. "든든한 배경도 없고 미디어의 혜택도 받지 못하는 방탄에게는 오로지 아미밖에 없다는 절박한 심정은, 후에 해외 팬들이 오직 방탄을 위해 미국 시장의 문을 본격적으로 두드리게 만드는 밑거름이 되었다."[75]

『BTS: The Review 방탄소년단을 리뷰하다』의 저자인 김영대는 해외 팬들이 BTS를 주목하기 시작한 건 2014년 여름 미국 로스앤젤레스에서 열린 북미 K-pop 축제인 'K-Con'이었다며, 이렇게 말한다. "정작 이들의 잠재력을 알아본 것은 편견이 적은 미국 시장의 케이팝 팬들과 현지의 언론이었던 것이다. 그들의 절대적인 숫자는 크지 않았지만, 그것이 담고 있는 의미는 상징적이었다."[76]

'K'를 지워가는 K-pop의 세계화

BTS를 만든 방시혁은 어떤 인물이었던가? 어려서부터 '음악광'이자 '만화광'이었고 대학(서울대학교)에선 미학을 전공한 그는 JYP의 전속 작곡가이자 수석 프로듀서로 박진영 휘하에서 god, 박지윤, 비의 히트곡을 만든 뒤 2005년 빅히트엔터테인먼트를 설립했다. 이런 배경과 관련, 『동아일보』 기자 임희윤은 이렇게 말했다. "미학도이자 철학도, 히트 가요 작곡가, 소년 성장 만화의 오랜 팬. 이쯤 되면 헤르만 헤세부터 카를 구스타프 융까지 참고하며 만드는 '방탄소년단 세계관'의 샘물이 어디서 발원했는지 짐작하는 일은 어렵지 않다."[77]

2016년 12월 BTS가 북미 투어를 앞둔 가운데 K-pop 공연 역사상 가장 빠른 매진 기록을 세웠다. BTS은 미국, 브라질, 칠레 등 북남미 4개 도시에서 7회 열리는 '2017 BTS 라이브 트릴로지 에피소드

3 윙스 투어2017 BTS LIVE TRILOGY EPISODE III THE WINGS TOUR'
의 티켓 9만 5,000장을 전석 매진시켰다. 특히 온오프라인 동시에 티
켓 판매를 진행한 칠레는 티켓 예매 2일 전부터 600여 명의 팬이 판
매 창구 앞에 서서 기다리는 진풍경이 연출되는 등 이제 곧 더 거세게
다가올 'BTS 열풍'을 예고했다.[78]

중국의 한한령을 넘어서기 위해 K-드라마나 K-pop에서 'K'를
빼자는 의견도 나왔지만, 'K'를 넣건 빼건 K-pop은 이미 'K'를 훌쩍
넘어서고 있었다. 2017년 들어 BTS의 팬덤인 '아미'가 이른바 'BTS
is not Kpop' 논쟁을 촉발한 건 BTS가 K-pop 팬덤과 분리되어 광
범위한 일반 팬을 흡수하기 시작했다는 걸 의미하는 사건이었다.[79] 이
미 2016년부터 BTS에 관한 미국 내 검색량은 'K-pop'이라는 키워
드의 검색량을 앞서기 시작했고, 그 이후 많게는 최대 6배에 달하는
격차를 보이는 것으로 나타난다.[80]

하지만 이규탁은 "아무리 글로벌한 인기를 얻었다고 해도 BTS를
일반적인 팝스타로 취급하는 것은 여전히 불가능하다"며 이렇게 말
한다. "BTS가 '비서구·비영어권 출신의 글로벌 최고 인기 그룹'으로
인식되고 있기 때문에 오히려 '한국 그룹'으로서의 정체성을 분명히
할 것에 대한 국내외 팬들의 요구가 더 강해지고, 아이러니하게도 그
결과 BTS의 국가 정체성은 더욱 확고해진다."[81]

아미는 "K팝이 아니라 BTS팝이다"는 입장을 취하기도 했다.
온라인 등에서 유행하는 신조어를 등재하는 『어번 딕셔너리Urban
Dctionary』는 'BTS팝'을 이렇게 정의한다. "모든 K팝 그룹 중에서
BTS 음악만 열심히 듣고 BTS만 좋아하는 사람들을 BTS팝 팬이

2017년 4월 2일 미국 애너하임에서 열린 '2017 BTS 라이브 트릴로지 에피소드3 윙스 투어'에서 BTS는 전석을 매진시키며 흥행에 성공했는데, 이는 이제 곧 거세게 다가올 'BTS 열풍'을 예고한 것이었다.

라고 부른다. 일례로, 만약 당신이 오직 BTS만 좋아한다면 당신은 K 팝 팬이 아니라 BTS팝 팬이다."[82] 이런 현상이 다른 한국 그룹들에서도 유사하게 재현될 것인지는 두고 볼 일이었지만, K-pop의 세계화가 새로운 국면을 맞이했다는 건 분명한 사실이었다.

탈북 유도하는 '북한의 한류'

한국국제교류재단에 따르면, 2016년 기준으로 전 세계 88개국에서 1,652개의 한류 동호회가 생겨났고, 5,939만 명의 회원이 활동 중이었다.[83] 비록 통계에 잡힐 수 없는 음지의 동호인들이었을망정, 북한도 이런 한류화의 무풍지대는 아니었다. 2012년 7월 15일 북한 군 총참모장 이영호가 실각하자, 『중앙일보』는 미제 타도를 외친 군부 강경파는 숙청된 반면 평양 시내 공연에선 미키마우스가 등장했다는 걸 들어 기사 제목을 「이영호, 미키마우스에 밀리다」로 뽑았다.[84] 하지만 미키마우스보다 더 강한 건 바로 한류였다.

2015년 서울대학교 평화통일연구원이 2011년 이후 탈북한 주민 600여 명을 대상으로 조사한 자료를 보면, 북한에서 한국의 방송, 영화, 드라마, 노래 등을 경험했다는 응답이 80퍼센트 이상으로 나타났다. 학력이 높을수록, 소득이 많을수록, 나이가 어릴수록 남한 문화 경험이 많았다. 중국 방문 중 『동아일보』 기자와 전화 연결이 된 한 평양 주민은 "현재 북한에서 한국 노래를 가장 많이 유통시키는 세대는 중학생으로 특히 여중생들이 활발하다"며 "(북한 당국이) 평양의 모 중학교에서 학생들의 가방을 불시에 수색했는데 한국 노래가 적혀 있지 않은 수첩이 없을 정도였다. 수첩 하나에 수백 곡의 한국 가요가 적혀 있기도 했다"고 밝혔다.[85]

2016년 12월 북한인권운동가 백지은은 『뉴욕타임스』에 기고한 글에서 "한국에서 제작된 TV 드라마와 영화·라디오 프로그램은 북한 주민이 바깥세상을 바라보는 눈이 되고 있다"며 이렇게 말했다. "탈북자와 인터뷰해보면 북한은 지금 상당한 정치·사회적 변화를 겪고 있음을 알 수 있다. 서울 사람 말투를 흉내내거나 당국이 금지한 헤어스타일을 하고 한국 연예인의 옷차림을 따라 입는 주민들이 늘고 있다. 장마당 등장 이후 태어난 젊은 세대들이 한국이나 미국 영화에 나오는 서구식 데이트를 즐기기 시작했다는 보도도 있다. 남녀는 서로 낯을 가려야 한다는 북한의 유교적 규범을 거부하는 것이다."[86]

북한의 한류 열풍은 날이 갈수록 거세졌다. 2019년 8월 20일 미국의 『워싱턴포스트』는 「K-pop은 어떻게 북한 젊은이들을 탈북하게 했나」라는 기사에서 K-pop 덕분에 탈북을 결심한 젊은이들을 소개했다. 2015년 탈북한 류희진은 북한에서 동방신기 · 소녀시대의 음악을 몰래 들었다. 류씨는 "K-pop을 듣고 북한에서 지낸 삶이 파라다이스가 아니고 만들어진 환상이라는 것을 알게 됐다"며 "북한 음악을 들으면 아무런 감정이 생기지 않는데 K팝은 듣고 있으면 온몸에 소름이 돋을 정도로 감동적"이라고 했다.

북한의 한 예술고등학교에서 성악을 전공한 탈북자 강나라는 "K-pop 뮤직비디오에 나오는 것처럼 머리를 염색하거나 미니스커트와 청바지를 입고 나 자신을 자유롭게 표현하고 싶었다"고 했다. 『워싱턴포스트』는 "냉전시대에 소련 젊은이들이 비틀스의 음악을 불법 테이프로 들었고, 동독 젊은이들이 데이비드 보위David Bowie의 공연을 보기 위해 베를린 장벽에 모여들었던 것처럼 K-pop이 북한 젊은이들에게 비슷한 영향을 주고 있다"고 보도했다. 대북 민간 방송인 국민통일방송은 북한 내 휴대전화 보급과 중국 국경의 장마당에서 이루어지는 활발한 교류 덕분에 K-pop이 확산되고 있다고 분석했다.[87]

동유럽 사회주의 체제의 붕괴와 관련, 미국 디즈니의 회장 마이클 아이스너Michael Eisner는 1995년 미국 오락의 교육적이고 정치적인 힘이 너무나 확고해서 실제로 동유럽에서 공산주의를 약화시키고 몰락시키는 데 일익을 담당했다며, 이렇게 주장했다. "미국의 오락 산업이 역사를 바꾸는 데 일익을 담당했다는 것은 그다지 과장이 아니다.

베를린 장벽은 서구의 무기에 의해서 무너진 것이 아니라 서구식의 사고에 의해서 무너진 것이다. 그런 사고를 전달한 수단은 무엇이었는가? 다름 아닌 미국의 오락이 그 역할을 담당했다는 사실을 인정해야 한다."[88]

그 사실을 인정하건 인정하지 않건 동유럽 사회주의 체제의 붕괴 이후 동유럽 국가들은 파도처럼 밀려드는 미국과 서유럽의 오락 문화로 인해 심한 정체성 갈등을 겪게 되었다는 건 분명한 사실이다. 과거 동유럽의 공산당 간부들은 "퇴폐적인 미국 음악"을 들었다는 이유로 젊은이들에게 징역형까지 내렸지만 이는 나중에 역효과가 난 것으로 판명되었다. 과연 한류가 북한 사회 체제에 어떤 영향을 미칠 것인지는 두고 볼 일이다.

제12장

'한류의 새로운 문법'은
팬덤과 소통

"한류는 국가적 지원 때문에 가능했다"는 미신

2017년 한국의 1인당 국민총소득GNI이 처음으로 3만 달러를 돌파했다. 2006년 2만 달러를 돌파한 이래 11년이 걸린 것이다. 이른바 '선진국' 진입을 목전에 두었다고 의미를 부여하던 언론은 이후 「국민소득 4년 만에 뒷걸음… '4만 달러 시대' 멀어져」, 「1인당 국민소득, 다시 2만 달러대로 회귀하나」 등과 같은 기사를 통해 '2, 3, 4'라는 상징에 큰 관심을 기울이는데, 이런 오래된 습관은 한류 보도에서도 여전했다. 언론의 한류 보도는 산업적·애국주의적 관점과 더불어 기존 '사건 보도'의 형식을 취하고 있었다. 2017년 1월 21일 홍석경은 언론 보도의 문제점에 대해 다음과 같이 말했다.

"한국 드라마 수출 곡선이 완만해진다거나, 사드 문제로 중국 정부가 한국 연예인들의 입국을 불허하고 한국 드라마 방송에 차질이 생길 때, 그리고 일본의 혐한류 시위로 인해 시장 위축이 예상될 때, 한류는 뉴스가 된다. 우리의 현실 인식은 미디어 시스템의 이러한 작동 원리로부터 자유롭지 못하기 때문에, 한국 밖에서 벌어지는 현상인 한류에 대해 여러 가지 미망에 사로잡히기 쉽다."[1]

국내 언론의 한류 보도 방식은 나라 밖에도 영향을 미치기 때문에 "한류는 한국 정부의 국가적 지원 때문에 가능했다"는 미신을 퍼뜨리는 데에도 일조했다. 김수정은 이미 2012년 "다른 나라 정부가 소리 없이, 그리고 저작권이나 노동, 교육 등 기초 하부구조 차원에서 문화 지원을 하는 데 반해서 한국 정부는 '앞서서 나가' 외양에 치우친 과시성 지원을 하는 경우가 많은 것 같다"고 했는데,[2] 이는 시정되지 않은 채 지속되었다.

"한국 정부가 어떻게 지원하기에 대중문화가 이렇게 성공적으로 수출되고 있습니까?" 2017년 2월 홍석경은 프랑스에 사는 동안 프랑스 기자들에게서 가장 많이 들은 질문이라며 이렇게 말했다. "이 질문은 한국 정부의 문화 정책을 칭찬하는 것 같지만 사실 심각한 편견을 안고 있다. 전 세계로 자국의 대중문화를 널리 퍼뜨려온 미국·일본·영국 정부에 대해 이런 질문을 했었던가. '정부가 경제 개발하듯 투자하고 계획한다고 문화가 발전하나요? 그렇다면 지원이 훨씬 많은 프랑스의 대중문화가 더 수출이 잘돼야 하겠네요.' 나는 언짢아 이런 반문을 했었다." 그들의 질문엔 "어떻게 '한국 같은' 나라가 서구

2015년 8월 27일부터 3일간 중국 상하이 인텍스 전시장에서 열린 '코리아 브랜드 & 한류 상품 박람회 2015'는 정부 주도로 화장품과 의류 등 소비재와 콘텐츠, 서비스 등 한류 파생상 품을 수출로 연결하기 위해 마련한 행사였다.

로 대중문화를 수출할 수 있고, 이렇게 열렬한 팬을 만들 수 있지?"라 는 다소 인종주의적 전제가 숨어 있다는 것이다.

이어 홍석경은 "거리를 두고 생각해보면 외국 기자들의 이런 질문 은 한국 정부의 과도한 전시적 지원의 결과이기도 하다"며 이렇게 말 했다. "정부의 문화 관계자들은 가시적이고 수적으로 증명되는 결과 를 가져오는 지원을 선호한다. 그러니 눈에 띄지 않는 기반 지원보다 미디어 보도가 확실한 행사성 공연이 선호되고, 관람객이나 매출 등 즉각적인 결과에 연연하게 된다. 그뿐만 아니라 한국의 정치인들은 해외 방문이나 공식 일정에 한류 스타를 동반해 이들의 긍정적 이미 지를 자신과 국가 이미지 향상에 이용하려고 노력한다. 그 결과 한류 는 한국 정부의 성공적인 문화산업 지원의 결과이고, 이것은 당연히 국가 이미지 향상과 연결되는 무엇, 국가 차원의 효과를 얻기 위해 사용할 수 있는 자원이 되고 만다."[3]

한국 정부의 과도한 전시적 지원은 한류 3.0, 한류 4.0 등과 같은 용어에서도 잘 드러났다. 처음에 인터넷 사용자의 적극적인 참여와 집단 협력이 가능해진 웹 2.0에 의존해 한류가 해외로 퍼져나가는 현상을 지칭하기 위해 한류 2.0이라는 말이 쓰였는데, 정권 차원에서 이 용어를 응용해 써먹은 것이다. 홍석경은 한류 3.0은 이명박 정부 시절인 2012년 초 문화체육부가 전통문화와 현대 문화를 결합해 '신한류'를 만든다는 정책으로 태어났고, 한류 4.0은 정황상 박근혜 정부의 크리에이티브 코리아 4.0과 관련이 있는 것 같다면서 다음과 같이 말했다.

"이러한 한류 담론들은 한류 위기설과 수출을 강조하는 한류 정책 속에서 탄생했고, 그러다 보니 산업 중심적, 결과 중심적으로 추진되었다.……창조 산업의 화려한 구호 아래 일자리는 불안정하고, 정규직 PD가 자살로 호소할 정도의 부당한 노동 조건, 인력을 갈아넣어 프로그램을 만든다는 극심한 과로, 열정 노동, 감정노동, 보호 없는 노동이 이어지고 있다. 한류 정책이 문화 수출 정책과 동의어로 이해되는 악순환을 멈추고, 문화를 위한 지원은 이들이 배고프지 않고 죽지 않으며 창작과 제작에 전념할 수 있도록 일과 개인의 삶을 병행할 수 있는 노동환경을 만들어주는 데 투자돼야 한다. 그러니 새 정부에 당부한다. 우리에겐 새로운 한류 5.0이 필요한 것이 아니라 문화 창작 분야 종사자들에게 정당한 노동환경을 마련해주는 정책이 절실하다."[4]

독립PD에게 '앵벌이'를 강요하는 착취

문화 창작 분야 종사자들에게 정당한 노동환경을 마련해주는 정책을 요구하는 목소리는 오래전부터 외쳐져왔지만, 달라진 건 아무것도 없었다. 그럼에도 한류가 잘나간다면, 그건 '국가적 지원'이 아니라 혹 종사자들에 대한 인력 착취 덕분은 아니었을까?

2017년 7월 15일 남아프리카공화국에서 EBS 다큐멘터리 〈야수의 방주〉 촬영 중 교통사고로 박환성·김광일 두 독립PD가 사망했다. 『미디어오늘』은 사설을 통해 "안타까운 사고였지만 독립PD들 가운데 이 사고를 단순 교통사고로 보는 이들은 없다. 두 독립PD들 죽음 이면에 열악한 제작 현실과 방송사 '갑질' 문제가 있다고 보기 때문이다. 상당수 독립PD들이 이구동성으로 '사고사가 아니라 사회적 타살'이라고 말하는 이유다"며 다음과 같이 말했다.

"언제부터인가 방송계에서는 '제작비 후려치기'를 당연한 관행처럼 여겨왔다. 정상적으로 프로그램을 만들 수 없는 제작비를 책정한 뒤 나머지는 외주사나 독립PD들이 '알아서 해야' 하는 비정상적인 상황을 관행이라는 이름으로 합리화시켰다. 말이 관행이지 '갑'인 방송사들이 '을'인 외주사와 독립PD들에게 일방적으로 강요한 불공정 규칙이었다. 박환성·김광일 PD의 안타까운 죽음도 이런 '비정상적인 관행' 때문에 발생했다고 해도 과언이 아니다."[5]

사망 직전까지 방송사의 불공정 거래에 대한 문제제기에 앞장섰던 박환성은 이런 말을 했다. "제가 밥줄을 내놓고 교육방송EBS과의 일을 언론에 공개하기로 마음먹은 이유는, 이 문제가 해결되지 않고

서는 '한국 방송 바닥에서 독립피디·외주제작사를 한다는 것은 방송사 앵벌이 그 이하도 이상도 아니다'라는 지난 15년의 생각이 굳어질 것 같아서입니다."[6]

8월 16일 한국독립PD협회가 개최한 '방송사 불공정 청산 결의대회'에서 한 독립PD는 최근 작성된 외주 계약서를 보여주었다. 그에 따르면 이 독립PD는 프로그램 제작을 위해 약 8,200만 원의 협찬(수수료 제외)을 따냈다. 하지만 실제 제작비로 쓴 돈은 5,800만 원에 불과했다. 나머지는 방송사에 '전파 사용료' 명목으로 지불해야 했다. 방송사는 손 하나 까딱하지 않고 프로그램 한 편과 2,400만 원을 챙겼다. 2차 판권 등 사후 권리에 관한 계약서 규정은 어처구니가 없을 정도였다. 독립제작자의 권리에 대해 "방송사 권리를 제외한 나머지 권리를 행사할 수 있다"고 해놓고, 방송사 권리는 "모든 권리"라고 했다. 독립제작자는 사실상 아무런 사후 권리가 없었으니, 이게 무슨 말장난인가.[7]

9월 한국독립PD협회가 공개한 MBC 본사 PD의 고백 내용을 들어보자. "문화방송MBC 〈리얼스토리 눈〉의 경쟁력 상승은 외주사의 고혈을 짜내며 만들어졌다는 점에서 부도덕하다.……본사 담당 국장은 제작물의 수준이 떨어지는 경우 아예 '불방'시켰다. 그리고 거의 다 만들어온 프로그램 제작비를 지급하지 않았다. 공식적으로는 방송 보류였다. 그러면 외주사는 촬영과 편집을 보강했다. 그럼에도 계속 방송 보류가 나면 (외주사들은) '딜레마'에 빠진다. 더 열심히 해서 어떻게든 제작을 할 것인가, 아니면 이쯤에서 포기해 더 큰 손실을 만들 것인가. 회사는 그저 보류를 이야기하며 책임을 피했지만 이 잔인한

한류를 위해 헌신했으면서도 독립PD 역시 갑질과 인권침해에 시달리거나 앵벌이를 강요당하기도 했다. 2017년 8월 16일 '방송사 불공정 행위 청산과 제도 개혁을 위한 한국독립PD협회 기자회견'에서 발언하고 있는 독립PD들.

선택을 해야 하는 외주사는 불방을 스스로 선택하고 적자를 떠안아야 했다."⁸ 독립PD에게 '앵벌이'를 강요하는 이런 착취가 한류의 경쟁력에 일조했다고 한다면, 우리는 과연 한류를 자랑스럽게 생각해도 괜찮은 걸까?

중국의 '한한령'과 '팬덤 파워'

중국 정부의 '한한령' 충격파가 날이 갈수록 거세지자 문화체육관광부는 2017년 3월 16일 신고 센터를 만들었다. 한국콘텐츠진흥원 등이 공동 운영하는 '중국 사업 피해 신고 센터'에는 3월 28일까지 17건의 한한령 피해 사례가 접수되었다. 방송 5건, 애니메이션 4건, 게임 3건, 연예엔터테인먼트 2건, 캐릭터 1건, 기타 2건 등이었다.

신고 내용에 따르면, 2017년 1월 소프라노 조수미와 피아니스트 백건우의 중국 공연 무산에 이어 발레리나 김지영의 중국 공연과 베이징심포니 한국 방문이 좌초되었다. 3월 들어선 한국이 세계시장을 겨냥해 영어권 배우들을 불러와 제작비만 110억 원을 들여 만든 뮤지컬 〈지킬 앤 하이드〉 월드 투어의 중국 공연이 최종 무산되었다. 2011년 베네치아비엔날레 한국관 출품 작가였던 이용백은 4월 29일부터 중국 베이징에서 열리는 국제 미술품 장터 '아트베이징 2017'의 출품 작가로 초대받았지만 3월 중순 취소되었다.

이미 알려진 사례도 많았다. 드라마 〈화랑〉은 중국 미디어그룹 LeTV와 동시 방송 계약을 체결했지만, 2회 방영된 뒤 이유 없이 중단되었다. 후난TV에서 방송하려던 〈사임당〉도 중국 심의가 흐지부지되었다. 이미 판권이 팔려 시즌제로 방영되던 예능 프로그램은 한국색 지우기에 나섰다. 후난 위성TV의 중국판 〈나는 가수다〉는 시즌5부터 제목을 〈가수〉로 바꾸었다. 매 시즌 황치열, 더원 등 한국 가수들이 출연했는데 이 시즌에는 단 한 명도 없었다. 저장 위성TV는 중국판 〈런닝맨〉의 제목을 〈달려라 형제〉에서 〈달려라〉로 바꾸었다. 배우들의 예능 섭외도 잦아들었다. 송중기, 김수현 등 한류 스타들이 출연했던 광고도 모델이 교체되었다.

2016년 그룹 'EXO'의 중국 공연 연기 등으로 직격탄을 맞았던 대중음악 쪽도 사정은 비슷했다. 한 기획사 관계자는 "지난해 중국을 겨냥해 만든 아이돌 그룹이 데뷔하려던 찰나 한한령 때문에 접어야 했다. 대표가 '아무것도 할 수 없는 상황'이라고 말했다"고 전했다. 프로듀싱, 작곡 등에서 활발했던 중국 진출도 전면 중단되었다. 이 관계자는 "예전에는 중국 시장에서 '한국인 작곡가'가 만든 곡이라고 홍보했던 데 비해, 지금은 곡을 받아 가더라도 '이름 쓸 수 없는 것 알죠?'라고 한다"고 했다.[9]

홍석경은 "하지만 국내 문화산업 종사자들이 느끼는 위기감만큼 이 상황이 한류의 매력을 반감할 것인가?"라는 질문에 던지면서 이렇게 답했다. "물론 '남의 눈이 무서워' 한류 팬임을 드러내는 일이 줄어들겠지만 온·오프라인으로 관찰되는 팬덤의 현장은 사드나 일본의 험한 시위와 상관없이 진지하고 열렬하다.……좋아하는 연예인·드라마·노래·그룹에 대한 한류 소비자의 충성도가 높아 파생 문화 상품과 정보를 반복적이고 장기적으로 소비한다. 중국 정부가 한국 연예인의 입국 비자를 내주지 않더라도 수십만 중국 팬픽션의 주인공은 여전히 한국 아이돌이다.……K팝 아이돌들의 사진은 각국의 소셜네트워크와 팬덤 커뮤니티를 통해 실시간 전파되고, 스타의 부재를 일시적으로 메우는 일용할 양식으로 소비된다."[10]

한류 기업들은 유튜브 채널을 통한 다양한 모바일 콘텐츠 제공으로 대응했다. 이수만이 2016년 1월 기자회견을 열고 MCN을 자사의 신사업 중 하나로 소개한 이후, SM은 소속 셀러브리티를 적극 활용한 MCN 콘텐츠 제작에 돌입했다. 그런 시도 덕분에 SM은 2017년 3월 유튜브에서 '다이아몬드 버튼'을 받았다. 다이아몬드 버튼은 구독자 수 1,000만 명이 넘는 채널에 유튜브가 수여하는 상으로 국내 채널 중에선 SM이 최초였다. 자사 아티스트들의 두터운 팬층을 기반으로, 뮤직비디오·티저 등 기존 콘텐츠에 더해 볼거리가 풍성한 '예능스러운' 콘텐츠를 배치한 것이 먹힌 결과였다.

다이아몬드 버튼 수상 이후 SM은 2017년 5월 자체 MCN 채널 '스타디움TV'를 론칭했다. 기존 콘텐츠를 SM 공식 유튜브 채널에만 업로드하던 것에서 한발 더 나아가 아예 MCN 시장을 개척하고 나선 것이다. SM엔터테인먼트의 공식 유튜브 채널 구독자 수는 2017년 7월 6일 1,066만 4,350명이었다. 이 전략의 핵심은 글로벌이었는데, SM 엔터테인먼트 공식 유튜브 채널의 구독자 90퍼센트 이상이 외국인이었다.

연예기획사들이 지상파 PD를 영입한 것도 주목할 만했다. SM 자회사 SM C&C는 2015년 〈안녕하세요〉·〈우리 동네 예체능〉 등을 연출한 KBS PD 이예지를 영입하고 콘텐츠 기획실을 신설했다. 가장 공격적으로 지상파 PD를 영입한 곳은 YG였다. YG는 2017년 초부터 〈라디오 스타〉 조서윤 PD, 〈무한도전〉 제영재 PD, 〈진짜 사나이〉 김민종 PD 등 MBC 예능 PD들과 Mnet 〈음악의 신〉 박준수 PD, 〈쇼미더머니〉 이상윤·최효진 PD, tvN 〈SNL 코리아〉 유성모 PD 등 CJ E&M 예능 PD를 대거 영입했다.[11]

BTS의 빌보드 '톱 소셜 아티스트'상 수상

2017년 5월 21일 BTS가 미국 유명 음악 매체인 『빌보드』가 주관하는 '2017 빌보드 뮤직 어워드BMA'의 '톱 소셜 아티스트'상을 받았다. 1년간의 디지털 음원 성적과 소셜미디어 빅데이터, 글로벌 팬들의 투표를 합산해 선정한 상으로, 총 투표의 75퍼센트나 되는 3억 표

5월 29일 서울 중구 롯데호텔에서 열린 2017 빌보드 뮤직 어워드 '톱 소셜 아티스트' 부문 수상 기념 기자 간담회에 앞서 포토타임을 갖고 있는 BTS는 2016년까지 이 상을 독식했던 저스틴 비버를 제쳤다.

를 차지한 결과였다. 2011년 처음 이 부문이 제정된 후 2016년까지 이 상을 독식했던 저스틴 비버를 제치고 얻어낸 성과였는데,[12] 이는 한국형 팬덤 문화를 그대로 받아들인 아미의 승리이기도 했다.

이지행이 지적했듯이, "자기 가수 신곡이 나왔을 때 숨 쉬듯 스트리밍을 해서 차트 상위권에 줄을 세우고, 연말 시상식 인기투표에 조직적으로 총공세를 퍼붓는 것이 일종의 팬 문화로 자리 잡은 K팝 팬덤"의 열정은 단연 독보적인 것이었다. 놀랍게도, 나중에 어떤 나라들에서 BTS에 표를 던졌는지 확인해본 결과 북한에서도 비공식적으로 몇 백 표가 나온 것으로 밝혀졌다.[13]

북한이라는 철의 장막까지 파고들었을진대, 어딘들 뚫지 못하랴. BTS는 한국어로 노래하고 미국 시장 진출을 겨냥한 영어 가사 노래 하나 없는데도, "이 새롭게 떠오르는 아티스트의 열정을 느끼는 데 그 언어를 알 필요는 없다", "젊은 세대의 문화를 가감 없이 전적으로 날

것으로 접근한다", "한국어를 모르는 팬들을 소외시키지 않는다"는 평을 받았다.[14]

2017년 9월 서울 잠실 올림픽주경기장에서 열린 서태지의 데뷔 25주년 기념 콘서트 무대에 BTS가 스페셜 게스트로 섰다. 서태지는 전체 27곡 중 BTS와 함께 8곡을 불렀다. 일부에선 이 공연을 "문화 대통령과 대세돌의 만남"이라고 불렀지만, 김성철은 "이 공연은 그보 다 더 큰 문화사적 의미가 있었다"며 다음과 같이 말했다.

"서태지는 콘텐츠 면에서나 산업적으로나 한국 대중가요계의 미 래를 바꿔놓았다. 방탄소년단은 서태지가 변혁시킨 대중가요 콘텐츠 흐름과 산업 토대 위에서 싹을 틔웠고 그 토대를 자양분으로 성장해 왔다. 그리고 서태지와 다른 선배들이 내닫지 못했던 새로운 미래로 나아가고 있다.……서태지 데뷔 25주년 기념 콘서트는 과거와 미래, 두 분기점의 역사적 만남이었다."[15]

한국어를 알 필요는 없지만 배우고 싶다

2017년 10월 20일 미국 연예 주간지 『US위클리』가 선정한 '소셜미 디어에서 가장 영향력 있는 유명인The Most Influential Celebrities on Social Media'에서 BTS는 15명 중 14위를 기록했다. 가수 비욘세Beyonce(1위), 아리아나 그란데Ariana Grande(2위), 도널드 트럼프Donald Trump(6위), 버락 오바마Barack Obama 전 대통령(12위) 등과 함께 이름을 올렸다. 아시아인 가운데 명단에 오른 건 BTS뿐이었다.[16]

멤버 7명이 하나의 계정을 함께 운영하는 BTS는 한국인 최초로 트위터 팔로워 1,000만 명을 돌파한 데 이어 구글 트렌드 검색 1위에 오르는 등 SNS에서 맹활약하고 있었다. 유튜브에는 멤버들이 직접 제작한 '방탄 밤' 에피소드를 지속적으로 올리는 등 플랫폼별로 차별화된 정책을 꾀하면서 해당 유저에 최적화된 콘텐츠를 제공했다.[17]

2017년 11월 20일 오전 10시(한국 시각) 미국 캘리포니아주 로스앤젤레스 마이크로소프트 공연장에서 열린 '2017 아메리칸 뮤직 어워즈' 시상식에서 BTS는 최신곡 〈DNA〉를 공연함으로써 미국 TV 데뷔 무대를 성공적으로 마쳤다. 이들의 공연은 구글 실시간 트렌드 1위를 기록했고, 트위터에 이들을 언급한 글이 2,000만 건 넘게 올라왔다.[18]

기네스는 공식 트위터에 "지난밤 '아메리칸 뮤직 어워드'에서 있었던 방탄소년단의 뛰어난 퍼포먼스를 축하한다. 한국 밴드가 음악 그룹으로는 트위터에서 가장 많이 언급돼 2018년 기네스 세계 기록에 등재됐다"고 밝혔다. BTS는 '트위터 최다 활동Most Twitter engagements' 남성 그룹 부문에서 리트윗 수 15만 2,112회를 기록했으며, 미국 로스앤젤레스 마이크로소프트 공연장에서 열린 '2017 아메리칸 뮤직 어워드'에서 공연과 관련한 트윗은 2,000만 건 발생했다.[19]

한국어를 알 필요는 없지만 배우고 싶다는 것이었을까? BTS를 비롯한 K-pop 스타들과 더 많은 소통을 원하는 해외 팬들은 한국어에 빠져들었다. 외국인들의 한국어 능력을 평가하는 시험인 토픽TOPIK은 1997년 첫 시험을 치를 때만 해도 응시자가 2,500여 명으로 한국인과 결혼하는 아시아권 이민자나 재외 동포가 대부분이었지만,

2016년 응시자 수는 25만 명으로 뛰었으며, 시험장도 73개국, 268개 도시로 확산되었다.[20]

교육부에 따르면 2017년 10월 기준 한국어를 제2외국어로 배우는 외국 학생은 전 세계 26개국, 11만 5,044명에 이르렀다. 한국어를 배우는 학생 규모만 놓고 보면 태국이 3만여 명으로 가장 많았고, 일본(1만 8,303명), 미국(1만 4,646명), 호주(9,235명), 우즈베키스탄(7,107명) 순이었다. 남아프리카공화국, 벨라루스, 파라과이, 타지키스탄에서도 한국어를 가르쳤다. 문화체육관광부가 세계 58개국에 설립한 144개 세종학당도 매 학기 몰려드는 신입생들로 '홍역'을 치를 정도였다. 모스크바 세종학당은 신입생 급증으로 강의실이 포화 상태에 달하자 입학시험까지 도입했다.[21]

'한류의 새로운 문법'은 팬덤과 소통

BTS의 아메리칸 뮤직 어워드 수상 무대 공연과 관련, 미국 언론엔 한 재미학자의 인터뷰 기사가 실렸다. 이 기사를 본 홍석경은 분통을 터트리며 이렇게 말했다. "방탄소년단이 정부의 지원책과 적극적인 홍보 덕으로 성공했다고 말하고 있어요. 한류가, 소프트 파워로 키워낸 국가 주도 대중문화라는 거죠. 이 재미학자뿐 아니라 서구 언론이 한류에 대해 흔히 갖는 오해죠."[22]

홍석경은 "싸이의 성공이 인터넷 문화의 어법인 바이럴한 전파 시스템의 효과라면, 방탄소년단의 비상은 전형적으로 세계 속에 형성되어 있는 디지털 팬덤 문화가 만들어낸 것이다. 모든 문화물을 적극적이고 생산적으로 수용할 수 있는 디지털 환경 속에서, 문화 소비자는 더이상 전통적 매개자들이 큐레이팅해주기를 기다리지 않고 자신의 취향과 선호를 쫓아 언어와 문화의 장벽을 기꺼이, 그리고 가뿐하게 넘어선다. BTS는 영어로 된 노래를 하지 않고, 미국 시장을 겨냥한 어떤 프로덕션과 홍보 차원의 남다른 노력 없이, 팬덤의 힘과 소통의 노력을 통해 오늘에 이르렀다"며 다음과 같이 말했다.

"서구의 엘리트 기자단이 들어서 좋아할 이론인 한류가 정부 지원에 의지한 수출형 문화산업의 결과이고 정부의 적극적인 홍보 효과라는 설명들이 더이상 힘을 얻지 못하기를 바란다. 세계 모든 정부가 문화산업을 위해 투자하고 해외 진출을 지원하지만, 세계적인 성공은 그것의 효과가 아니다. 정부는 물길이 트이도록 도울 수는 있지만 흐르는 물길을 이루는 것은 아니다. 한국 정부가 한류의 지속적 발전을 위해 무언가 해주고 싶다면, 수없이 언급되었듯이 대중문화 속에서 꿈을 이루려는 젊은이들의 노동과 삶의 조건을 개선하기 위한 기초를 정책적으로 마련해주는 것이 최선이다."[23]

윤태진은 "방탄소년단의 성공은 미디어 기술 환경, 즉 인터넷과 스마트폰이 '21세기 전 지구 문화'의 핵심적 기반이라는 점을 보여준다"며 "SNS를 통해 무대 뒷이야기를 영상으로 올리고, 사진과 메시지를 시시콜콜 제공하면서 (잠시만 방심하면 언제든 떠날 수 있는) 팬덤과의 유대감을 유지하는 것은 최근 생겨난 성공의 문법이다"고 했다.

윤태진도 이 새로운 문법을 외면하는 정부의 개입 시도에 일침을 가했다. 그는 "정부기관이 나서서 '이제는 게임, 만화, 한식, 한복까지 포함하는 K컬처의 시대! 한류 3.0을 실현시키자!'라고 목소리를 높이는 모습을 보면 창피하고 화가 난다. 아류 문화 제국주의를 부추기거나 시대착오적인 국수주의를 소환할 가능성이 크기 때문이다. 그나마 정부의 한류 지원 정책이 산업 현장에 실질적인 도움을 준 적도 별로 없다"며 다음과 같이 말했다.

"방탄소년단의 성공에서 새로운 한류의 가능성을 읽지만, 한편으로는 걱정도 된다. 또 누군가가 흥분해서 뉴욕 타임스스퀘어에 한국문화 광고를 하거나 강남 한복판에 말춤 동상을 세우지는 않을까 하는 노파심이다. 한류의 새로운 문법은 낯설고 새로운 문화를 언제든지 쉽게, 그리고 자주 만나서 이해하고 즐기는 전 지구 문화의 문법이다. 방탄소년단과 K팝의 성장은 역사적인 문화 변동의 한 단서로 이해했으면 한다. 설마 재기 넘치는 한국의 아티스트들을 저열한 '애국주의 한류 2.0'의 포로로 만드는 일은 없겠거니 한다."[24]

이제 한류의 중심은 SNS의 상호성이다

2017년 11월 30일 홍콩에서 열린 Mnet 아시아 뮤직 어워드MAMA 전문 부문 시상식 기조연설에서 방시혁도 BTS의 성공 비결 중 가장 큰 이유로 '소셜미디어와 미디어 환경의 변화'를 꼽았다. 그는 "서구의 음악 시장은 전통적인 미디어를 중심으로 견고하게 형성돼 주류와 비주류 간의 차이가 있었다"면서 "그러나 최근 몇 년간 소셜미디어가 대두하고 온라인 플랫폼이 다변화되면서 음악산업의 축이 거세게 흔

방시혁은 BTS의 성공 비결 중 가장 큰 이유로 '소셜미디어와 미디어 환경의 변화'를 꼽았다. 그는 2017년 12월 5일 삼성동 코엑스에서 열린 '2017 대한민국 콘텐츠 대상' 시상식에서 해외 진출 유공 포상 문화 교류 부문 대통령 표창을 받았다.

들렸다"고 분석했다.

방시혁은 "방탄소년단은 SNS를 적극적으로 활용하는 10~20대와 같은 플랫폼을 통해 소통하고 있다"며 "이 과정에서 발생하는 화제성이 방탄소년단을 잘 모르던 사람은 물론 기존 미디어마저 관심을 갖게 했다"고 말했다. "SNS가 기존 미디어의 흐름을 바꾼 좋은 예"로 꼽은 것이다. 그는 "음악이라는 매개체를 통해 언어, 국가를 초월하는 공존의 순간이 무엇인지 보여줬다"며 "강력한 팬덤을 기반으로 새로운 주류 문화로 떠오를 수 있는 가능성이 있다"고 덧붙였다.[25]

양성희는 "방탄은 디지털 무기 중에서도 쌍방향 소통이 가장 활발한 SNS를 내세웠고, 그와 함께 한국식 팬 문화가 해외 팬들에게 확산됐다"고 평가했다. 그는 "가령 아메리칸 뮤직 어워드AMA 무대에서 이들이 〈DNA〉를 부를 때 미국의 소녀 팬들은 마치 한국 소녀 팬들이 그렇듯 노래를 따라 부르며 눈물을 글썽였다. 한국식 '팬챈트(아이돌 팬들이 사전 학습으로 만들어낸 의례적 집단 호응)'의 완벽한 구현이다"며 다음과 같이 말했다.

"SNS 강자인 방탄은 24시간 무대 뒤 일상을 실시간 중계했고, 일일이 영어 댓글로 소통했다. 콧대 높은 서구 스타나 아이돌들과는 달리 격의 없이 친근한 관계를 맺으며 팬들은 스스로를 단순한 소비자가 아닌, 이들의 성장을 응원하는 '친구' 혹은 '후원자'로 위치시켰다. 방탄 역시 시상식 때마다 '아미(팬클럽 이름)'에게 감사를 표했다. 방탄의 성공은 스타와 팬덤이 함께 일군 일대 사건인 것이다."[26]

김성철도 BTS의 성공 요인으로 밀레니얼 세대의 상호성에 대한 욕구를 잘 짚어낸 SNS 마케팅을 꼽았다. BTS는 기획사가 정해주는 대로 콘텐츠를 만들지 않았고, 밥 먹는 모습부터 방에서 노래 부르는 모습까지 팬들이 원하는 모습을 적절한 때에 자연스럽게 보여주었다는 것이다. 방시혁은 "데뷔 전부터 모든 멤버들이 또래들처럼 SNS로 본인들의 생각을 공유하고 일상을 올리는 것이 자연스러웠다"며 "멤버들의 자발적이고 꾸준한 노력이 없었다면 불가능했을 일"이라고 말했다.[27]

이지영은 BTS가 세계적 인기를 끌 수 있었던 첫 번째 핵심적인 요인으로 '음악적 탁월성'을 들었다. 예컨대, 아메리칸 뮤직 어워드 무대에서 BTS의 라이브가 너무 완벽한 탓에 립싱크 논란까지 격렬하게 일어났고, 급기야 라이브였음을 확인해주는 언론 보도까지 등장할 정도였다는 것이다. 이어 이지영은 두 번째 핵심 요인으로 '진정성'을 꼽았다. "자신들의 삶에서 느끼는 시련과 아픔, 절망, 두려움, 희망에서 발원"한 진정성이 "전 세계 팬들의 마음에 울림을 주고 그들이 연대하여 행동하게" 만들었다는 것이다.[28]

"문화를 '진흥'한다는 낡은 프레임"을 넘어서

2018년 1월 홍석경은 "한류를 연구하며 가장 행복할 때는, 한류 경험이 팬들의 가슴을 보다 넓은 세상으로 열게 함을 확인할 때이다"며 이렇게 말했다. "특히 케이팝의 젊은 수용자들은 자신이 '이토록' 남다른 문화를 '이처럼' 사랑할 수 있음을 처음 발견했다고 토로한다. 이로부터 또 다른 문화도 이만큼 사랑할 수 있으리라는 것, 자신이 아직 모르는 사랑할 가치가 있는 문화가 세계 도처에 있을 수 있음을 깨닫는다. 이러한 마음이야말로 이상적 세계시민주의가 자랄 수 있는 기본 태도 아니겠는가. 이것은 한국 사회와 대중문화물 속에 녹아 있는 과도한 민족주의나 위험한 인종주의와 대조되어 사뭇 신기하기도 하고 상당히 감동적이다."[29]

그런 감동은 정부가 주도하는 문화 진흥 정책에 의해 이루어질 수 있는 건 아니었지만, 한국 사회엔 '진흥'이라는 말이 홍수 사태를 이루고 있었다. 양성희는 "우리에게는 많은 문화 '진흥' 기관들이 있다.

한국콘텐츠진흥원, 영화진흥위원회, 출판문화산업진흥원 등이다. 경기콘텐츠진흥원 등 지자체 단위에도 있다. 출판문화산업진흥법에 의거해 문체부 장관은 5년마다 출판 진흥 기본 계획을 세워야 한다"며 다음과 같이 말했다.

"혹 이처럼 정부 기관명에 '진흥'이라는 단어를 내세우는 것이 한류를 정부 주도 문화 수출 산업의 산물로 오해하게 한 것은 아닐까. 아니 도대체 문화가 진흥하려면 진흥되기는 하는 걸까. 더 중요한 것은 이것이 문화계에 가져온 여파다. 진흥을 위해 지원을 하고, 지원을 위해 돈을 나눠주는 과정에서 정치적으로 내 편, 네 편을 가르며 블랙리스트 사태의 싹이 텄음은 부정할 수 없다. 문화에 대한 정부의 가장 좋은 태도는 '지원은 하되, 간섭은 최소화'라는 원칙이다.……정부는 건강한 생태계가 조성될 수 있도록 인프라를 갖추는 데 주력해야 한다. 인프라 갖추기에는 진보·보수가 따로 없다."[30]

철저히 민간 자율에 의한 대중문화엔 국가간 정치·외교적 갈등이 일시적 타격은 줄 수 있을망정 근본적인 위협은 되지 않는 것처럼 보였다. 일본 내 반한反韓 분위기로 '몰락 위기'에 빠졌던 일본 도쿄 신주쿠 신오쿠보의 코리아타운이 2018년 들어 되살아나고 있었으니 말이다. 일본 『요미우리신문』은 최근 "기성세대가 한·일 관계 악화 등에 신경을 많이 써 한류도 부침을 겪었지만 최근 젊은 층은 그런 경향이 옅어지고 있다"고 보도했으며, 도요대학 교수 시마카와 다카시 島川崇는 "문화 소비에서 외교 문제 등 정치적 바람을 타지 않는 새로운 세대가 한류 전면에 등장한 것"이라고 분석했다. 대중문화평론가 후루야 마사유키古家正亨는 "K팝은 이제 어디서나 볼 수 있는 주류 문화의 한 부분이 됐다고 생각한다"며 "성장하는 소녀들과 함께 '지속 가능한 한류'가 될 것"이라고 했다.³¹

"'빌보드 1위' 이런 날도 오네"

BTS는 2018년 5월 20일(현지 시각) 미국 라스베이거스에서 열린 '2018 빌보드 뮤직 어워드'에서 2017년에 이어 '톱 소셜 아티스트' 상을 받았으며, 5월 27일엔 정규 3집 새 앨범 《러브 유어셀프: 티어》가 미국 '빌보드 200' 차트 1위를 차지했다. 빌보드 역사상 한국 가수가 앨범 차트 1위를 차지한 것은 처음이었다. 2009년 3월 보아가 발표한 앨범 《BoA》가 '빌보드 200'에서 127위를 기록하며 한국인 첫 빌보드 입성 기록을 세웠다. 같은 해 10월 원더걸스가 〈노바디〉로 한국 최초로 싱글 차트인 '핫 100' 기록(76위)을 세웠으며, 2012년엔 싸이가 〈강남스타일〉로 7주 연속 '핫 100' 2위에 올랐다.³²

왜 싸이는 전 세계적 히트를 쳤음에도 끝내 1위를 하지 못했던 걸까? '미국 내 라디오 선곡 횟수'가 장벽이었다. 미국 라디오는 외국어로 된 노래에 대한 진입 장벽이 높기 때문에, 세계적으로 그 어떤 일이 벌어져도 미국 라디오에서 외면당하면 1위에 올라서긴 어려운 일이었다. 이 장벽을 뚫은 주인공이 바로 아미였다. 미국 50개 주의 BTS 팬 사이트 연합체인 BTSX50States가 미국 내 라디오 방송사들을 면밀히 조사한 내용을 담은 매뉴얼을 만들어 모든 아미에게 배포했다. 이후 어떤 일이 벌어졌던가? 이지행은 다음과 같이 말했다.

2018년 5월 27일 BTS의 정규 3집 《러브 유어셀프: 티어》가 미국 빌보드 메인 앨범 차트인 '빌보드 200'에서 빌보드 역사상 한국 가수로는 처음으로 1위를 차지했다. 서울 시내의 한 음반 판매점에 비치된 BTS의 앨범.

"한 번이라도 방탄의 노래를 틀어준 디제이들은 그 지역 아미들로부터 꽃다발이나 디저트와 함께 정성스러운 카드를 받았다.……그간 팬덤과 친분을 쌓아온 디제이가 방송사를 그만두거나 이직할 때면, 마음을 담은 선물과 함께 앞날에 행운을 비는 카드를 보내 감동을 안겨 주기도 했다. 디제이들은 오랫동안 라디오에서 일하며 수많은 가수의 팬들을 봐왔지만 방탄 팬들의 가수에 대한 서포트는 수준 자체가 다르다며 놀라워했다."[33]

한국 사회는 "'빌보드 1위' 이런 날도 오네"라며 열광했으며, 대통령 문재인은 공식 SNS을 통해 축하 인사를 전했다.[34] 신문들은 앞다퉈 「땀과 활력, 그리고 방탄소년단 빌보드 1위」,[35] 「빌보드 1위, 방탄소년단의 성공이 던지는 메시지」,[36] 「한류 신천지 열어젖힌 방탄소년단의 쾌거」[37] 등의 사설을 통해 축하했다.

투자자들은 한 발 빨랐다. 이미 한 달 전인 4월 강남 고액 자산가를 중심으로 판매된 한 헤지펀드에 순식간에 200억 원이 몰려 화제가 되었다. BTS가 소속된 기획사 빅히트엔터테인먼트(빅히트)에 주로 투자하는 펀드였는데, 일명 'BTS 펀드'로 통했다. BTS 펀드는 최소 가입 금액이 3억 원이었음에도 입소문이 나기도 전에 자산가들이 몰려 조기에 완판되었다. 빅히트의 상장 움직임에 주목한 증권가에선 4월 빅히트 지분 25.7퍼센트를 2,014억 원에 매입해 2대 주주로 떠오른 모바일 게임업체 넷마블 등 빅히트 주식을 보유한 기업들의 주가가 큰 상승세를 보였다.[38]

넷마블은 연내 BTS의 캐릭터를 활용한 게임 'BTS 월드'를 출시하기로 했는데, IT기업과 연예기업 사이에 이루어지는 이런 협업 방식은 이미 익숙한 것이었다. SK텔레콤은 대표적인 연예기획사인 SM엔터테인먼트와 손을 잡고 EXO·레드벨벳 등 유명 가수들이 등장하는 동영상 콘텐츠를 제작하고 있었으며, 네이버는 연예기획사인 YG엔터테인먼트와 손잡고 아시아를 넘어 미국·유럽 시장까지 공략하고 있었다. 카카오톡을 운영하는 카카오는 자회사 카카오엠을 통해 배우 이병헌·고수·유지태·김태리 등 한류 스타가 대거 포진한 국내 중견 연예기획사 3곳을 한꺼번에 인수하는 방안을 추진하고 있었다.[39] 이렇듯 뉴스를 만들어낼 수 있는 BTS의 활약은 계속되어 사실상 한동안 국내 언론의 한류 관련 뉴스를 독점하다시피 했다.

"BTS는 K-pop 한류를 넘어섰다"

2018년 8월 24일 발매한 BTS의《러브 유어셀프: 앤서》가 9월 2일 빌보드 앨범 차트인 '빌보드 200'에 1위로 핫샷 데뷔Hot Shot Debut 했다. 지난 5월《러브 유어셀프: 티어》의 핫샷 데뷔 이후 3개월 만이 었다. 핫샷 데뷔란 한 주에 발표된 새 음악 중 가장 높은 순위에 오르는 것을 뜻한다. 빌보드에 따르면 팝 장르에서 1년 이내 빌보드 앨범 차트 1위에 2번 오른 것은 2014년 영국 보이그룹 '원 디렉션One Direction' 이후 4년 만이었다. 당시 원 디렉션은 거의 1년 만인 51주 만에 2번 1위에 올랐는데, 미국의『포브스』는 "불과 석 달 만에 낸 새 앨범이어서 더욱 인상적"이라고 평했다. 음악평론가 김영대는 "팬덤 중심의 앨범 구매가 방탄소년단의 높은 차트 성적을 만드는 데 가장 큰 힘이 되고 있다"며 "이번 성적은 K팝 한류를 넘어서 세계적인 방탄소년단 팬덤이 제대로 정착했음을 보여주는 것"이라고 했다.[40]

2018년 9월 24일 미국 뉴욕 유엔본부에서 열린 유엔아동기금 UNICEF(유니세프) 행사에 참여한 BTS를 대표해 리더 RM은 '자신만의 목소리를 내라'는 주제로 연설했다. "자신의 목소리를 내주세요. 조금씩 자신을 사랑하는 방법을 배워나갑시다"라는 그의 메시지는 큰 반향을 불러일으켰다. ABC-TV가 생중계한 6분간의 연설은 미국 내 일부 학교에서 자기 긍정의 교육 자료로 활용되었다.

RM은 "서울 근처의 일산이라는 아름다운 도시에서 태어나 아름다운 어린 시절을 보냈다"고 자신을 소개했다. 그렇지만 9~10세 무렵 타인의 시선을 의식하게 되었고, 남들이 만들어놓은 틀에 자신을

BTS의 리더 RM은 뉴욕 유엔본부 유니세프 행사에서 '자신만의 목소리를 내라'는 주제로 연설했다. 그의 메시지는 큰 반향을 불러일으켰고, 이 연설은 미국 내 일부 학교에서 자기 긍정의 교육 자료로 활용되었다.

집어넣기 시작하면서 나만의 목소리를 잃게 되었다고 고백했다. 이어 "별을 보면서 꿈꾸지 말고 실천해보자고 생각했다. 내 몸의 목소리를 들어보자고 생각했다"면서 "저에게는 음악이라는 도피처가 있었다. 그 작은 목소리를 들을 때까지 오랜 시간이 걸렸다"고 말했다.

RM은 "사람들이 'BTS는 희망이 없다'고 말했고 포기하고 싶은 생각도 들었지만, 포기하지 않았다. 멤버들이 있었고 아미 팬들이 있었기 때문"이라고 했다. 이어 "실수하고 단점이 있지만 제 모습을 그대로 유지할 것"이라며 "우리 스스로 어떻게 삶을 바꿀 수 있을까. 우리 스스로 사랑하는 것이다. 여러분 목소리를 내달라. 여러분의 스토리를 이야기해달라"고 연설했다.[41]

10월 6일(현지 시각) 뉴욕 시티필드 경기장에서 열린 BTS의

558   제12장 '한류의 새로운 문법'은 팬덤과 소통

'Love Yourself' 공연은 열광과 환호의 도가니였다. 미국 콘서트에 선 스탠딩석 티켓을 구입한 모든 팬을 선착순으로 입장시키기 때문에 공연이 시작되기 약 일주일 전부터 시티필드 일대는 스탠딩 앞좌석을 차지하기 위해 천막을 치고 노숙하는 열혈 팬들로 인해 '텐트촌'으로 변했다. CBS는 "2일 태풍에도 팬들이 텐트를 떠나지 않았다"고 보도 했다. 공연 당일 뉴욕 지하철공사는 트위터 계정을 통해 "BTS의 시 티필드 공연 때문에 지하철 대체 노선을 추가한다"고 공지했다.

3시간 가까이 진행된 공연에서 BTS는 〈페이크 러브〉, 〈DNA〉, 〈불타 오르네〉, 〈쩔어〉 등 히트곡을 열창했고, 팬들은 매 곡마다 제각 기 다른 응원가를 외치며 화답했다. 공연을 보러온 이들은 10~20대 여성뿐 아니라 중·장년층까지 다양했다. 인종도 아시아, 흑인, 백인, 히스패닉을 아울렀다. 그러나 BTS를 향한 '팬심'은 나이, 인종, 국적 의 장벽을 순식간에 허물었다. 공연이 시작되자 관객들은 한국어 노래 를 일제히 '떼창'했다. 최신곡 〈아이돌〉에 등장하는 "얼쑤 좋다", "지 화자 좋다" 같은 한국 전통 후렴구가 관중석 전체에서 메아리쳤다.[42]

『뉴욕타임스』는 이날 공연에 대해 "4만 명의 관객과 함께한 토 요일 밤 공연은 때론 땅이 흔들릴 정도로 활기찬 공연이었다"며 "그 들을 보는 관객의 미소 역시 그 어떤 빛보다 밝았다"고 소개했다. 대중음악평론가 존 카라마니카Jon Caramanica는 『뉴욕타임스』에 쓴 「K-pop 슈퍼스타 BTS가 시티필드 무대를 빛나게 했고, 팬들은 화 답했다」라는 콘서트 리뷰 기사를 통해 "K-pop의 여러 가수가 미국 시장에 도전했고, BTS는 그중 가장 성공적인 K-pop 가수가 되었 다"고 평가했다.[43]

2018년 10월 6일 뉴욕 시티필드 경기장에서 열린 BTS의 공연은 열광과 환호의 도가니였다. 이 공연으로 뉴욕 지하철은 추가로 운행되었다. 미국의 『타임』 표지를 장식한 BTS.

BTS는 미국 시사주간지 『타임』(10월 22일)의 표지를 장식했다. 『타임』은 온라인판에 게재한 「BTS는 어떻게 세계를 접수했을까」라는 기사에서 "BTS는 비틀스, 원 디렉션처럼 심장을 뛰게 하는 잘생긴 외모와 귓가를 간지럽히는 목소리로, 뉴 키즈 온 더 블록, 엔싱크 같은 춤으로 팬들을 모으며 새 장을 열었다"며 "K-pop이 50억 달러(약 5조 7,170억 원) 규모 산업으로 성장했지만, 서구 시장에선 (이들 외엔) 성공한 전례가 없었다"고 했다. 또 BTS의 노래 대부분이 한국말로 되어 있다는 점을 강조하며 "세계적 현상이 되기 위해 영어로 음악을 해야 하는 것은 아니라는 것을 증명해냈다"는 유명 DJ 스티브 아오키Steve Aoki의 분석도 덧붙였다.[44]

"20년 전엔 일본 베꼈지만 K-pop 일본 수출이 수입의 100배"

2018년 10월 20일, 이날은 일본 대중문화 개방 20주년이 되는 날이었다. 1998년 10월 20일 우리 정부는 일본 영화·만화를 전격 개방한다고 발표했다. 2006년까지 방송·음반·게임·애니메이션을 전면 개방했다. '왜색 문화가 우리 문화 시장을 빠르게 잠식할 것'이란 우려가 높았다. 당시 문화관광부 문화산업국장으로 일본 대중문화 개방의 실무를 주도했던 오지철은 "빠른 속도로 우리 문화를 점령할 것이란 공포심이 있었다"며 국민 정서를 거스르지 않는 '단계적 개방'이 과제였다고 회고했다.

정부는 "좋은 문화만 들여오겠다"며 1차 개방 때 세계 4대 영화제 수상 영화만 개방했다. 구로사와 아키라의 〈카게무샤〉, 이마무라 쇼헤이今村昌平의 〈우나기〉가 그때 들어왔다. 1999년 2차 개방 때는 〈철도원〉, 〈러브레터〉, 〈링〉 등이 들어왔다. 『조선일보』는 "우리 문화계 반응은 긍정적이었다"며 이렇게 말했다. "1993년 〈서편제〉와 1997년 〈접속〉의 성공으로 자신감이 붙을 무렵이었다. 게임도 그랬다. 일본이 강세인 비디오 게임과 달리 일찍부터 온라인 게임에 뛰어들었던 김택진 엔씨소프트 대표나 김범수 당시 한게임커뮤니케이션 대표는 '전혀 신경 쓰지 않는다'는 반응이었다."

1998년 10월 20일 일본의 대중문화가 개방되자, '왜색 문화가 우리 문화 시장을 빠르게 잠식할 것'이라는 우려가 높았다. 1차 개방 때 들어온 영화 〈카게무샤〉와 2차 개방 때 들어온 영화 〈러브레터〉(2019년 20주년 기념 개봉).

오지철은 "대중문화 개방이 우리 문화의 경쟁력을 높이는 계기가 됐다"고 평가했다. "공식적으로 수입되면서 몰래 베끼는 문화가 사라졌다." 2002년 3차 개방이 이루어질 무렵부터는 NHK가 〈겨울연가〉와 〈가을동화〉를 수입해 방영했고, 대중음악 산업은 그야말로 상전벽해가 되었다. 오지철은 "당시만 해도 가수 육성 시스템을 갖춘 일본 기획사 AVEX와 합작하려고 난리였다"면서 "이수만도 아무로 나미에를 보고 보아를 육성했다. 그런데 지금은 방탄소년단처럼 우리가 더 완벽한 상품을 시장에 내놓게 됐다"고 했다. 그는 "문화 경쟁력은 정부 정책이 아니라 자연스럽게 융합이 이뤄지는 시장에 맡겨야 한다

는 것이 지난 20년의 교훈"이라고 했다.[45]

일본 대중문화 개방 20년을 맞아 이젠 극적인 역전 현상이 벌어지고 있었다. '콘텐츠의 역전'은 음악 시장에서 가장 두드러졌다. 한국 음악의 일본 수출액은 2016년 2억 7,729만 달러로 일본 음악 수입액 291만 달러의 약 100배에 이르렀다. 게임 분야도 크게 앞섰다. 수출액은 6억 달러로 수입액 5,160만 달러의 10배가 넘었다. 〈바람의 나라〉(넥슨)에서 〈배틀 그라운드〉(펍지)까지 한국 온라인 게임이 일본 PC방을 장악했다. 방송도 수출액이 수입액의 약 12배에 이르렀다.

전문가들은 개방 초기부터 대규모 시장인 일본을 노려 공격적으로 대응한 것이 주효했다고 평가했다. 대중음악평론가 김작가는 "일본 걸그룹이 '성장형 국민 여동생' 이미지로 자급자족 수익에 주력했지만 한국은 일찍부터 글로벌 시장에 눈을 돌렸다. 칼군무에 외국어 실력을 갖추며 경쟁력을 높였다"고 했다. 대중문화평론가 정덕현은 "1960년대 미국에서 비틀스가 엄청난 인기를 끌자 '브리티시 인베이전(영국의 침략)'이라고 했던 것처럼 '21세기 비틀스'라 불리는 BTS를 중심으로 한류 바람이 거세지자 일본 내 위기의식이 커지고 있다"고 분석했다.[46]

"한국은 세계 게임의 성지"

한국인들은 한류에서 게임보다 K-pop이나 드라마에 더 열광적이었지만, 게임은 세계 무대에서 압도적 우위를 지키고 있는 분야였다.

2011년 라이엇게임스의 〈리그 오브 레전드LOL(롤)〉 출시와 함께,[47] PC 온라인 게임 〈스타크래프트〉의 인기 이후 주춤했던 세계 e스포츠 시장이 다시 살아나면서 한국 게이머들의 활약도 두드러졌다. 2016년 9월 미국 로스앤젤레스에서 열린 '롤 월드 챔피언십(일명 롤드컵)' 결승전에서는 최고 실력자인 이상혁 선수가 이끈 SK텔레콤의 프로게임단 T1이 삼성 갤럭시를 누르고 우승했다. T1은 2013·2015년에 이어 사상 첫 롤드컵 3회 우승의 기록을 세웠다.

롤드컵 결승전은 전 세계에서 약 4,400만 명이 시청한 것으로 집계되었는데, 이는 25년 만에 가장 많은 시청자를 끌어모았던 '2016 미국 프로야구 메이저리그 월드시리즈' 7차전(4,000만 명)의 기록을 앞서는 것이었다. SK텔레콤은 T1 우승을 통해 최소 250억 원 이상의 브랜드 광고 효과를 누린 것으로 분석했다. 이상혁의 연봉은 30억 원으로 알려져 게임 마니아들의 선망의 대상이 되었다.[48]

"페이커Faker! 페이커! 페이커!" 2017년 11월 4일 중국의 베이징 국립경기장을 꽉 채운 4만여 관중이 일제히 한 명의 이름을 연호했다. e스포츠 구단 SK텔레콤 T1의 프로게이머 이상혁 선수가 롤드컵 결승전에서 삼성 갤럭시에 패배한 뒤 눈물을 흘리자 울지 말라며 그의 닉네임(게임 내 별명)을 외친 것이다. 여성 팬 사오슈에는 "내 사랑은 송중기가 아니라 페이커"라며 "사드(고고도미사일방어체계)로 한중 관계가 복잡하다지만 정치는 정치, 스포츠는 스포츠"라고 말했다. 장쎈은 "삼성 최고"라며 '삼성 포에버forever♥'라는 플래카드를 흔들었다.

이날 전 세계로 인터넷 생중계된 '롤드컵 결승전'의 시청자는 5,000만 명 이상으로 추산되었다. 삼성e스포츠단 사무국장 김가을

게임은 K-pop이나 드라마에 비해 주목도는 낮지만, 한국이 세계 무대에서 압도적 우위를 지키고 있는 분야다. SK텔레콤의 프로게임단 T1은 2013년, 2015년, 2016년 사상 처음으로 롤드컵 3회 우승의 기록을 세우기도 했다. '2015 롤드컵' 결승전을 지켜보고 있는 팬들.

은 "e스포츠는 세계 대회가 많고 팬들도 세계 여러 나라에 있어 e스포츠 팀은 효과적인 글로벌 마케팅 수단"이라고 말했다. 미국의 경제전문지 『포브스』는 최근 "e스포츠는 단순한 게임이 아니라 글로벌 브랜드들이 마케팅 각축전을 벌이는 뉴new엔터테인먼트 산업"이라고 보도했다.[49]

2016년 국내 게임 산업 수출액은 2015년보다 7.5퍼센트 늘어난 34억 5,000만 달러(약 4조 350억 원)로 방송, 영화, 음악 등을 모두 합친 콘텐츠 산업 전체 수출액(63억 1,000만 달러)의 55퍼센트에 달했다.[50] 게임 산업 수출액은 2017년 5조 원을 돌파한 데 이어, 2018년엔 전년 대비 8.2퍼센트 증가한 64억 1,149만 달러(7조 546억 원)에 이르렀다. 수출액 비중은 중국(30.8퍼센트), 미국(15.9퍼센트), 대만·홍콩(15.7퍼센트), 일본(14.2퍼센트), 동남아(10.3퍼센트), 유럽(6.5퍼센트)의 순서로 나타났다. 수입액 규모 또한 전년 대비 16.3퍼센트 증가한 3억 578만 달러(3,365억 원)로 집계되었다. 국내 게임 산업 매출액은 전년 대비 8.7퍼센트 증가한 14조 2,902억 원으로 집계되었다.[51]

한국은 전 세계 게임 팬들에게 '게임의 성지聖地'로 여겨졌다. 국내 게임 산업 규모는 중국·미국·일본에 이어 세계 4위였지만(이것도 놀라운 일이지만), 게임 전문 채널도 한국에서 맨 먼저 탄생했고, 전 세계 게임팀 코치의 30퍼센트가 한국인이었으며, 2018년 프로게이머 92명이 소속된 미국 최대 게임팀 선수들이 '한국의 빠른 인터넷 환경에서 한국 팀들과 붙으려고' 한국에 전지훈련을 와서 하루 10시간씩 컴퓨터 앞에 앉아 게임을 할 정도였다.[52]

BTS가 혐한보다 강했다

2018년 10월 26일 일본『도쿄스포츠』가 이른바 'BTS 반일 논란'을 촉발했다. BTS 멤버 지민은 7개월 전인 3월 공개된 유튜브 유료 다큐멘터리 〈번 더 스테이지Burn the Stage〉에서 원자폭탄 투하 사진이 프린트된 티셔츠를 입고 나왔는데, 『도쿄스포츠』는 이 티셔츠 사진과 함께 "BTS의 '반일 활동'이 한국에서 칭찬받고 있다. 이는 자국 역사에 대한 뿌리 깊은 콤플렉스가 나타나는 것"이라고 소개한 것이다. 이후 리더인 RM이 2013년 광복절을 맞아 트위터에 올린 "역사를 잊은 민족에게 미래는 없다. 쉬는 것도 좋지만 순국하신 독립투사분들께 다시 한번 감사드리는 하루가 되길 바란다. 대한독립만세"라는 글도 반일 논란의 소재가 되었다.

이 논란엔 일본 극우 성향의 시민단체도 가세했다. '재특회(재일 특권을 용납하지 않는 시민모임)'는 10월 30일 트위터를 통해 BTS가 11월 13일 공연하는 날 도쿄돔 앞에서 시위를 열겠다고 밝혔다. 재특회를 비롯한 일본 극우 성향 누리꾼들은 BTS 출연이 예정되었던 방송사와 후원 기업에 대한 항의 전화 운동도 전개했다. 급기야 11월 8일 반한 감정을 의식한 일본 TV아사히 〈뮤직스테이션〉 측은 9일 예정이던 BTS의 방송 출연을 취소했다.[53]

그러나 이런 일련의 공세는 BTS의 인기엔 별 영향을 미치지 못했다. BTS의 9번째 싱글인 〈페이크 러브 / 에어플레인 파트.2FAKE LOVE/Airplane pt.2〉는 11월 7일 발매 뒤 오리콘 차트 데일리 싱글 차트 1위에 올라 11일 닷새째 1위를 유지했다. 13~14일 일본 도쿄·오사카·나고야·후쿠오카에서 열리는 '러브 유어셀프' 돔 투어의 열기도 여전했다. 모든 좌석이 매진되었으며 10만 원대 표가 몇 백만 원짜리 암표로 팔리는 일이 벌어져 소속사 빅히트엔터테인먼트는 일본 공식 팬클럽 홈페이지에 암표를 구입하지 말아달라는 취지의 공지문까지 올려야 할 정도였다.

대중문화평론가 정덕현은 "지금은 대중문화 시장에서 국적의 구분이 크게 의미 없는 글로벌 콘텐츠 시대다. 과거 국가주의적 사고방식을 자꾸 자극하면서 자신들의 존재 의미를 찾는 일본 극우파들의 행동에 일반 대중들은 별로 휘둘리지 않는다"고 말했다. 또 "방송에 목매던 시절이라면 큰 영향을 받겠지만 지금은 유튜브 시대 아니냐"
며 "방송사가 아무리 방탄소년단 출연을 막아도 팬들은 알아서 유튜
브를 통해 콘텐츠를 공유하고 알아서 공연장에 간다"고 말했다. 음악
평론가 차우진도 "일본의 대중문화 소비자 세대가 달라졌다"며 "자존
감이 높고 취향에 기반한 네트워킹을 최우선으로 생각한다. 나이·성
별·언어·문화 요소들이 복합적으로 작용하는 것이지 정치적 논란에
바로 영향을 받지 않는다"고 짚었다.[54]

11월 13일 낮 12시, BTS의 콘서트를 앞두고 일본 도쿄돔 앞에선
어떤 일이 벌어졌던가? 이날 도쿄돔에서 BTS에 열광한 팬들은 5만
명이 넘었지만 BTS를 규탄하겠다고 거리에 나선 일본인은 2명에 불
과했다. 도쿄돔 밖에서 우익 인사 2명은 '일본새벽회日本曉の会', '양
이攘夷(외적을 물리치다)'라고 적힌 깃발을 세워둔 채 마이크를 들고
"BTS의 지민이라는 녀석이 '원폭 만세' 티셔츠를 입은 것을 용서할
수 없다. 일본이 싫다면 일본에 돈을 벌러 오지 마라"며 "그렇게 BTS
가 좋으면 (팬들은) 조선반도로 가라"고 소리쳤다. 발길을 멈추고 이들
의 이야기를 듣는 노인이나 직장인들의 모습도 눈에 띄었지만, 어린
학생들은 "웃긴다", "싫어요" 같은 장난투 대답을 하고 있었다.『조선
일보』는 이날의 풍경을 다음과 같이 전했다.

"기념품 매장 앞에선 연신 '앓는 소리'가 이어졌다. 방탄소년단의
팬클럽 '아미ARMY'가 도쿄돔 내부에 걸린 멤버 지민의 단독 사진을
보고 내는 소리였다.……지민의 대형 사진과 기념사진을 찍으려는 팬
들이 끊임없이 몰려들었다. '지민아 노래해줘서 고마워'라는 플래카
드를 든 팬의 기념 촬영이 끝나자, 뒤에서 순서를 기다리던 한 팬이 지

『도쿄스포츠』가 촉발한 'BTS 반일 논란'에도 BTS의 공연이 열린 도쿄돔 공연장에는 10만 명의 팬이 운집했다. 11월 13일 도쿄돔 공연장 앞에 줄을 선 일본 팬들.

민을 향해 하트를 날리는 포즈를 취했다. 도쿄에 산다는 한 10대 고등학생은 자신과 지민이 같이 나온 사진을 확인한 후 '앞으로도 계속 방탄소년단이랑 지민이를 응원할 거예요'라고 말한 뒤, 한국어로 '감사합니다'라는 인사도 덧붙였다.……14일 열릴 2차 도쿄돔 콘서트와 오사카·나고야·후쿠오카 돔 콘서트도 모두 매진 상태다. 모두 3~4만 명을 수용할 수 있는 대형 콘서트장이다. 방탄소년단이 지난주 발매한 싱글 〈페이크 러브/에어플레인 파트.2〉는 이날까지 45만 장이 넘게 팔렸다."[55]

산업과 문화의 갈림길에서

2018년 12월 18일 현대경제연구원은 「방탄소년단BTS의 경제적 효과」 보고서에서 "빙탄소년단의 생산 유발 효과는 연평균 약 4조 1,400억 원으로 계산된다"고 밝혔다. 생산 유발 효과는 특정 산업이 생산한 국산품 1단위에 대한 최종 수요가 발생했을 경우 해당 산업과 다른 산업에서 직·간접적으로 유발된 국내 생산이다. 연구원은 "부가가치 유발 효과는 연간 약 1조 4,200억 원으로 추정된다"고 설명했다. 부가가치 유발 효과는 특정 산업이 생산한 국산품 1단위에 대한 최종 수요가 발생했을 경우 해당 산업과 다른 산업에서 직·간접적으로 유발된 부가가치다.

구체적인 추산 내용을 보면, BTS가 데뷔한 2013년 이후 인지도 상승에 따른 외국인 관광객 증가 효과는 연평균 79만 6,000명(국내 전체 외국인 관광객의 7.6퍼센트)으로 이들의 총소비 지출은 9,249억 원(2018년 평균 1인당 소비지출액 1,042달러)에 달했다. 연구원은 이를 국내 산업 연관 분석에 적용할 경우 국내 생산 유발액은 연평균 1조 6,300억 원, 부가가치 유발액은 7,200억 원이라고 추산했다. 또 BTS의 인지도 상승에 따른 주요 소비재 수출액은 1조 2,400억 원(전체 소비재 수출액의 1.7퍼센트)으로, 이에 따른 국내 생산 유발액은 2조

5,100억 원, 부가가치 유발액은 7,000억 원으로 추산했다.

연구원은 2013년 이후 BTS 인지도 상승과 주요 소비재 수출액 증가 효과를 의복류 연평균 2억 3,398만 달러, 화장품 4억 2,664만 달러, 음식류 4억 5,649만 달러로 추정했다. 연구원은 향후 5년간 BTS가 2013~2018년 인기의 평균 수준을 유지한다고 가정할 경우 데뷔 이후 10년(2014~2023년)간 경제적 총효과는 국내 생산 유발액은 41조 8,600억 원, 부가가치 유발액은 14조 3,000억 원에 이를 것으로 예상했다.[56]

한국국제문화교류진흥원이 2018년 11월부터 두 달간 세계 16개국에서 15~59세의 한국 문화 콘텐츠를 경험한 7,500명을 대상으로 실시한 '2018 해외 한류 실태조사'에 따르면, 이들은 K-pop을 좋아하는 이유로 '중독성 강한 후렴구와 리듬'을 첫째로 꼽았다. 'K-pop 가수나 그룹의 '매력적인 외모와 스타일', '뛰어난 퍼포먼스'가 그다음이었다.

하지만 크게 보자면, 오늘날 K-pop 인기의 가장 큰 배경은 대중음악이 유통되고 소비되는 방식의 디지털화인 것으로 밝혀졌다. 예컨대, 2017년 미국 내 K-pop 이용자들은 온라인 모바일 스트리밍(유튜브, 페이스북, 트위터 등)을 통한 K-pop 접촉이 58.9퍼센트로 가장 많았고, 음악 전문 스트리밍(아이튠스, 스포티파이)이 48.7퍼센트로 그 뒤를 이었다. 언제 어디서든 무료로 음악을 들을 수 있는 이들 플랫폼의 확산으로, TV·라디오 등 주류 미디어에서 K-pop을 소개해주지 않더라도 팬들이 K-pop을 접할 수 있게 된 것이다.

서울여자대학교 언론영상학부 교수 오미영은 "유튜브는 물리적으로 멀리 떨어져 있는 다른 이용자들과 정보를 공유하고 의견을 나누는 일종의 '팬 커뮤니티'가 되고 있다는 점에서 케이팝을 향유하고 공유하는 공간일 뿐만 아니라 이를 확산시키는 중요한 기반이라고 볼 수 있다"고 말했다.[57]

문화체육관광부와 한국콘텐츠진흥원의 「대중문화 예술 산업 실태조사」 보고서를 보면, 한류 덕분에 국내 대중문화 예술 산업이 큰 폭으로 성장한 것으로 나타났다. 대중문화 예술 산업 전체 매출액은 2018년 기준 6조 4,210억 원으로 집계되었는데, 이는 2년 전인 2016년의 5조 3,691억 원보다 19.5퍼센트 성장한 것이며, 전체 매출 가운데 해외는 8,742억 원으로 2016년에 비해 68.9퍼센트나 증가한 것으로 파악되었다.[58]

한류 연구도 크게 증가했다. 심두보와 최은경이 국내의 대표적 학술 논문 플랫폼인 디비피아 사이트dbpia.co.kr에서 '한류'라는 검색 키워드로 1997년 1월부터 2018년 12월까지 기간을 설정해 집계한 결과 논문 767개가 생산되었다. 학문 분야도 초기의 신문방송학에서 경제, 경영, 관광, 사회복지, 지리, 지역, 법학, 정치외교, 교육, 행정, 문헌정보, 심리학 등으로 다양화된 것으로 나타났다.[59]

디비피아에 수록되지 않는 논문집들도 있거니와 '한류'라는 키워드만으론 잡히지 않는 한류 관련 논문도 많기에 실제 연구는 이보다 훨씬 많았다. 임학순과 채경진이 2002년부터 2013년까지 생산된 한류 관련 국내 연구 경향 분석에서 한국연구재단의 한국 학술지 인용 색인 홈페이지kci.go.kr에서 수집한 논문만 해도 526건이었음을 참고할 필요가 있겠다. 이들의 연구에서도 한류를 다루는 학문 분야가 다

양화되면서 대체적으로 경제적·정책적 접근을 하는 연구가 주류인 것으로 밝혀졌다.[60]

"한국 스마트폰 보유율 세계 1위"

미국의 여론조사기관인 '퓨 리서치'가 2018년 중반에 조사한 결과를 보면, 한국의 스마트폰 보유율은 95퍼센트로 조사 대상 27개국 가운데 가장 높았다. 나머지 5퍼센트는 인터넷 연결이 안 되는 휴대전화를 보유, 결국 전체 인구가 휴대전화를 사용하는 것으로 나타났다. 이는 조사 대상 중 유일했다. 한국에 이어 스마트폰 보유율 2위는 이스라엘(88퍼센트)이었으며, 네덜란드(87퍼센트)와 스웨덴(86퍼센트) 등이 뒤를 이었다. 호주, 미국, 스페인, 독일, 영국, 프랑스, 이탈리아, 아르헨티나, 일본, 캐나다의 스마트폰 보유율은 81~66퍼센트였고, 헝가리, 폴란드, 러시아, 그리스는 64~59퍼센트였다.[61]

각 국가의 소셜미디어 사용 수준은 어떨까? 페이스북이나 트위터, 유튜브 등 소셜미디어 사용자 비율은 같은 국가 그룹 안에서도 큰 차이를 보이는 것으로 나타났다. 선진 국가 그룹에서 소셜미디어 사용자 비율이 가장 높은 국가는 이스라엘로 18세 이상 성인 가운데 77퍼센트가 소셜미디어를 사용하는 것으로 나타났다. 한국은 76퍼센트로 2위를 기록했고, 스웨덴과 네덜란드가 각각 73퍼센트와 72퍼센트로 3위와 4위에 올랐다. 하지만 독일과 일본은 소셜미디어 사용자 비율이 각각 44퍼센트와 43퍼센트를 기록해 선진국 그룹에서 가장 낮았다.[62]

한국의 이런 놀라운 기록은 환영할 일만은 아니었다. 보건복지부의 「2018년 아동 종합 실태조사」 보고서에 따르면, 빈곤층(중위소득 50퍼센트 미만) 가구의 아동·청소년은 2명 중 1명(48퍼센트)이 스마트폰 과의존 위험군으로 분류되었다. 스마트폰 이용이 하루 일과에서 가장 중요한 활동이 될 정도로 스마트폰 의존이 심하고, 스마트폰을 오래 사용하는 문제로 가족과 다투는 등의 경험을 하는 상태라는 것이다. 반면, 중산층(중위소득 50~150퍼센트)이나 고소득층(중위소득 150퍼센트 이상) 가구의 자녀는 이 같은 문제가 10명 중 3명 정도에 그쳤다.[63]

아주대학교 사회학과 교수 노명우는 「스마트폰이라는 늪에 빠진 한국인들」이라는 칼럼에서 "오늘도 95%의 사람들은 거리를 걸으며 버스와 지하철에서 심지어 연인과 카페에서 마주 보고도 스마트폰에 코를 박고 있다"고 했는데,[64] 물론 그들이 집중하는 건 주로 대중문화였다. 방송통신위원회의 「2019 방송 매체 이용 행태 조사」에 따르면, OTTOver the top 서비스를 이용하는 이용자가 13세 이상 한국인의 절반을 넘어섰으며, OTT 시청 기기는 스마트폰(91.6퍼센트)이 압도적이었고 TV 수상기(5.4퍼센트), 노트북(5.2퍼센트) 등 순이었다. OTT 시청 시 이용한 서비스는 유튜브(47.8퍼센트)가 압도적 1위였다. 이어 페이스북(9.9퍼센트), 네이버(6.1퍼센트), 넷플릭스(4.9퍼센트)가 뒤를 이었다. OTT 서비스로 시청하는 방송 콘텐츠 유형은 오락·연예(68.7퍼센트)가 가장 높고 드라마(30.7퍼센트), 스포츠(22.2퍼센트), 뉴스(21.9퍼센트), 시사·교양(14.5퍼센트) 등 순이었다.[65]

유튜브·넷플릭스가 소환한 '미디어 제국주의'

한류의 축복으로 여겨졌던 유튜브는 2018년 기준 국내 온라인 동영상 시청 시간의 80퍼센트를 차지하면서 국내에서 4조 원(추산)의 광고 매출을 집어삼키는 괴물로 커버렸다. 유튜브는 이른바 'How to' 정보에 대한 검색 영역에서도 네이버와 다음의 시장을 무섭게 잠식해 들어갔지만, 이 모든 게 시장 논리에 따른 국내의 적극적인 협조로 인해 일어난 일이었다.

2016년 한국 시장에 진출한 미국의 멀티미디어 엔터테인먼트 OTT 기업인 넷플릭스도 유튜브와 비슷한 길을 걷고 있었다. 넷플릭스는 초기에 국내 이용자 수가 주춤하기 시작하자, 한국 자체 오리지널 프로그램을 공격적으로 제작하며 한국 공략에 나섰다. 2017년 제작비 500억 원 규모의 영화 〈옥자〉(봉준호 감독)를 시작으로, 2018년 〈범인은 바로 너〉, 〈유병재의 스탠드업 코미디 B의 농담〉, 〈YG전자〉, 〈라바 아일랜드〉를 서비스했다.[66]

이들의 한국 시장 공략에 대해 콘텐츠연합플랫폼 플랫폼사업본부장 이희주는 「미디어 제국주의에 대처하는 우리의 자세」라는 글을 통해 "미디어 제국주의의 시대가 도래한 것"이라며 이렇게 말했다. "한국의 기존 미디어 산업과 국민의 실생활에 이렇듯 막대한 영향을 끼치며 '차세대 미디어 권력'으로 급부상하는 뉴미디어 기업이 '세금 한 푼 내지 않는' 미국의 유튜브, 넷플릭스 등이어야 하는가에 대해서는 심각한 우려를 금할 수 없다. 미디어는 산업이기 이전에 문화다. 우리 문화를 미국 미디어 기업에게 맡길 수는 없는 일이다."[67]

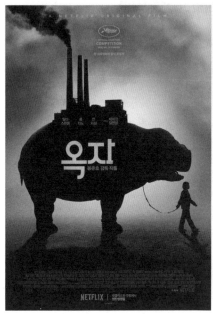

유튜브는 2018년 국내에서 4조 원의 광고 매출을 집어삼키는 괴물이 되었고, 넷플릭스는 한국 자체 오리지널 프로그램인 영화 〈옥자〉와 〈유병재의 스탠드업 코미디 B의 농담〉 등을 선보이며 '미디어 제국주의' 시대를 열었다.

구글 역시 다를 게 없었다. 한국인터넷진흥원 수석연구위원 최희원은 "한국에서 발생한 구글 앱 마켓 수수료는 싱가포르의 구글아시아퍼시픽으로 매출이 잡히도록 해놓았다. 구글의 이런 행동을 보면 범죄자들의 조세 회피 방법을 보는 듯한 느낌마저 든다"며 "구글은 우리에게 거대한 영향력을 미치고 있지만, 한편으로는 슬프게도 어두운 그림자도 짙어간다"고 했다.[68] 한국이 구글의 '데이터 식민지'로 전락하는 건 아니냐는 우려마저 나왔다.[69]

한류는 문화이기 이전에 산업이라는 자세를 견지해왔던 한국의 업보였을까? 아니면 한미 양국이 콘텐츠와 플랫폼을 각기 분담해 '미

제12장 '한류의 새로운 문법'은 팬덤과 소통

디어 제국주의'를 건설해보자는 협업 체제를 묵인하기로 한 걸까? 그러나 세계는 바야흐로 '플랫폼 전쟁'의 시대에 접어들지 않았던가.[70] 그럼에도 콘텐츠로 승부를 보는 한류에 열광할 일은 계속 일어났고 언론이 그런 열광에 집중하는 사이에 유튜브·넷플릭스·구글에 대한 문제의식은 점점 희박해져가고 있었다. 하지만 이후에도 계속 그럴 것인지는 두고 볼 일이었다.

BTS와
봉준호의 〈기생충〉

'빠순이' 비하에 대한 방시혁의 분노

2019년 1월 1일 한국에서 12년간 살아온 영국 칼럼니스트 팀 알퍼 Tim Alper는 『조선일보』에 기고한 「유럽 팬들마저 끌어당기는 K팝의 '팬덤'」이라는 칼럼에서 '한국 팬들의 열정과 지극정성'에 대한 놀라움을 토로했다. 지구상 어디엔가 참혹한 자연재해가 일어나면 한국의 팬클럽은 자기가 좋아하는 가수들의 이름으로 쌀이나 구호 물품을 보내고, 팬들이 사비私費를 들여 서울 지하철역에 아이돌 스타의 대형 사진과 생일 축하 메시지로 가득한 광고판을 내거는 열정은 유럽 사람들에겐 상상할 수 없는 일이라는 것이다. 그는 다음과 같이 말했다.

"서양식의 자본주의와 도시 생활은 한국의 젊은이들을 개인주의, 경쟁, 고독으로 끌고 갔다. 하지만 팬덤은 고락苦樂을 함께 나누던 오래전 한국의 공동체적 삶으로 되돌려놓고 있다. 이런 팬 카페들은 사이버공간에만 존재한다. 하지만 이런 팬덤은 허구가 아니라 실체에 가깝다. 그곳의 멤버들은 대화와 경험, 감정을 공유하며 20세기 실존주의 철학자들이 '진실된' 행동이라고 부를 만한 행동들을 함께한다. 이런 의미에서 필자는 진심으로 그들을 경외한다."[1]

그러나 그들을 경외하는 한국인은 거의 없었다. '빠순이'라고 비하하지 않기만 해도 다행이었다. BTS를 키워낸 빅히트엔터테인먼트 대표 방시혁이 2월 26일 서울대학교 졸업식 축사에서 그런 '빠순이'들을 적극 옹호하고 나선 게 인상적이었다. "내 성공의 원동력은 '분노'"라고 말한 그는 그런 풍토에 분노를 드러냈다. "K팝 콘텐츠를 사랑하고, 이를 세계화하는 데 일등공신 역할을 한 팬들은 지금도 '빠순이'로 비하되는 경우가 비일비재합니다. 아이돌 음악을 좋아한다고 떳떳하게 말하지도 못합니다."[2] 그는 "엔터테인먼트 산업이 처한 상황은 상식적이지 않았고, 그것들에 분노하고 불행했다"며 "이제는 그 분노가 나의 소명이 됐다고 느낀다"고 말했다.[3]

빠순이의 힘은 서울 지하철 광고에서도 유감없이 드러났다. 2019년 한 해 동안 팬들의 아이돌 지하철 광고는 전체 지하철 광고 1만 468건의 21퍼센트를 차지했다. BTS가 227건으로 가장 많은 것으로 나타났으며, EXO 165건, 워너원 159건, NCT 127건, 뉴이스트 44건, 세븐틴 41건 등을 기록해 남자 아이돌 대세를 입증했고, 여자 그룹은 IZ*ONE(아이즈 원)이 40건으로 가장 많았으며, 트와이스와 블랙핑

2019년 한 해 동안 팬들의 아이돌 지하철 광고는 전체 지하철 광고 1만 468건의 21퍼센트를 차지할 만큼 팬들의 힘은 지하철 광고에서도 유감없이 드러났다. BTS 멤버 지민의 2016년 생일 축하 광고.

크가 각각 22건을 기록했다.[4]

　드라마 분야에서 대중음악의 '빠순이'에 해당하는 건 과거 언론이 외쳤던 '드라마 망국론'이었으리라. 그러나 드라마는 그런 비난과 비하를 견뎌내고, 대중음악과 더불어 한류를 견인하는 쌍두마차가 되었다. 2019년 1월 공개된 넷플릭스의 첫 한국 오리지널 드라마인 〈킹덤〉은 전 세계적인 돌풍을 일으키게 된다.

　미리 이야기하자면, 〈킹덤〉에 출연했던 배우 류승룡은 "다른 프로그램 촬영차 아프리카 짐바브웨를 갔는데 초원에서 동물이랑 생활하는 원주민까지 〈킹덤〉을 알고 있어 깜짝 놀랐다"며 "극 중에서 무서운 인물로 나오는 나를 보고 도망가더라"고 말하기도 했다. 〈킹덤〉은 『뉴

욕타임스』가 꼽은 2019년 최고 인터내셔널 TV쇼 톱10 중 하나로 선정되었다.[5]

'버닝썬 게이트'와 'K-pop 산업의 미래'

2019년 3월 서울 강남 클럽 폭행 사건에서 시작한 이른바 '승리 게이트' 또는 '버닝썬 게이트'가 터지면서 외신은 일제히 「K-pop의 어두운 면」, 「섹스, 거짓말 그리고 비디오: K-pop을 강타한 스캔들」 같은 기사들을 양산해냈다. 외신들은 한국 연예 산업이 돈과 인기만 좇다가 도덕성을 잃어버렸다고 질타했다. 어린 아이돌 지망생에게 오로지 노래와 댄스만 주입하느라 몸가짐에 대한 교육과 스트레스 관리가 되지 않았다며, 이런 아이돌 스타를 '걸어다니는 시한폭탄'이라고까지 표현했다. 싸이의 〈강남스타일〉로 알려진 서울의 모습은 성범죄와 마약, 폭력, 뇌물로 얼룩진 '버닝썬의 도시'로 묘사되고 있다는 말까지 나왔다.[6]

이 게이트의 직격탄을 맞은 YG엔터테인먼트 주가는 승리가 은퇴를 발표한 3월 11일 하루 만에 시가총액 1,109억 원이 줄어든 이후에도 계속 하락해 3월 15일 6,520억 원 수준으로 떨어졌다. 2011년 상장 이듬해 싸이의 〈강남스타일〉이 세계적인 돌풍을 일으키며 1조 원을 넘겼을 때와는 대조적인 상황이었다. 첫 보도 당시 "조작된 문자 메시지"라고 반박했던 내용이 모두 사실로 드러나고, 지드래곤·탑 등의 마약 관련 사건·사고가 끊이지 않으면서 회사 자체가 큰 위기를

맞게 되었다.[7]

앞서 보았듯이, 그토록 '인성교육'을 강조했던 YG에서 이런 일이 일어나다니, 참으로 이상한 일이었다. "클럽으로 흥한 자, 클럽으로 망한다?"며 YG 특유의 '클럽 문화'를 문제의 원인으로 지목한 진단도 나왔고,[8] "보이그룹은 팬덤이 탄탄해 매출은 상대적으로 더 높지만 대형 사고를 자주 치고, 걸그룹은 상대적으로 멤버들이 구설수에 오르는 일은 거의 없지만 아무래도 팬덤이 약해 매출이 안정적이지 않다"(한 대형 기획사 관계자)는 진단도 나왔지만,[9] 그 '인성교육'의 정체는 아리송하기만 했다.

온 나라가 '버닝썬 게이트'와 정준영의 단톡방 안에서 오간 연예인들의 추악한 대화에 경악하는 동안 일부 언론은 K-pop 산업의 미래를 걱정했다. 무려 '5조 6,000억 원' 규모나 되는 거대 산업으로 성장한 K-pop 산업이 '논란' 때문에 흔들릴 수 있다거나 BTS가 9만 석 규모의 영국 웸블리에서 공연하기까지 세계적 규모로 성장하는 데 20여 년의 시간이 걸렸지만 근 한 달 사이 급격하게 무너지고 있다는 우려가 줄을 이었다. 이승한은 이런 우려에 비판적 자세를 취하면서 다음과 같이 말했다.

"언론사 기자부터 나 같은 칼럼니스트까지, 이쪽 분야에서 글을 쓰는 사람들은 다 조금씩은 오늘날의 '버닝썬 게이트'에 대한 책임이 있을 것이다. 남자 연예인들이 방송을 통해 보여준 이미지를 기사와 칼럼을 통해 거푸 증폭시켜, 검증되지 않은 판타지의 장벽을 굳건히 해준 책임 말이다. 그 책임 때문에라도, 언론은 한국 연예계의 구조적 문제에 대해 더 많이 지적하고 더 많은 검증과 개선을 요구할 의무가 있다. 케이팝 산업이 얼마나 위축이 되었고 재건을 위해서는 얼마나 오랜 시간이 필요할지 헤아리는 건, 그 모든 작업이 일단락되고 난 뒤에 해도 늦지 않다."[10]

그런 상황 속에서도 5세대 이동통신인 5G가 2019년 4월 3일 오후 11시 한국에서 세계 최초로 시작되었다. 당초 4월 5일 상용화를 계획했던 SK텔레콤·KT·LG유플러스 등 이동통신 3사는 4월 3일 밤 11시 각각 5G 1호 가입자를 배출하며 '세계 최초 5G'를 선언했다. 국내 이통사들은 미국 통신사 버라이즌Verizon이 자사 5G 상용화 일정을 4월 4일로 앞당길 것이란 동향이 파악되자, 당초 상용화 일정을 앞당겨 기습적인 5G 개통 작업을 진행했다.

5G는 4세대 이동통신인 LTE에 비해 속도가 20배가량 빠르고, 처리 용량은 100배 많았다. 강점인 초저지연성과 초연결성을 통해 제4차 산업혁명의 핵심 기술인 가상현실, 자율주행, 사물인터넷 기술 등을 구현할 수 있었다. 5G는 국내 서비스 1년 만에 577만 가입자를 돌파했다. 글로벌 시장조사업체 카운터포인트리서치는 「5G 스마트폰 출하량 전망」 보고서에서 2020년 국내에서 약 840만 대의 5G 스마트폰이 판매될 것으로 예측했는데, 이는 국내 스마트폰 가입자 절반(48퍼센트)이 5G를 선택한다는 뜻이었다.[11]

"한류의 원동력은 독창성보다는 왕성한 흡수력"

2019년 4월 12일 BTS가 전 세계에 동시 발매한 미니 앨범《MAP

OF THE SOUL: PERSONA(맵 오브 더 솔: 페르소나)》가 공개와 동시에 미국·캐나다·브라질·인도·일본 등 세계 86개국 아이튠스 앨범 차트 1위에 올랐다. 타이틀곡 〈작은 것들을 위한 시〉(〈작은 시〉)는 67개국 음원 차트 1위를 차지했다. 〈작은 시〉의 뮤직비디오는 역대 최단 시간인 37시간 만에 유튜브 조회수 1억 회를 넘었다. 세계 최대 음원 스트리밍 업체 스포티파이는 BTS가 재생 횟수 50억 회를 넘은 첫 번째 K-pop 그룹이라고 발표했다.[12] 김성현은 BTS를 비롯한 K-pop의 활약과 관련, "한국 문화 수출의 원동력은 독창성보다는 왕성한 흡수력에서 찾아야 한다"며 다음과 같이 말했다.

"1990년대 이후 한국 영화 르네상스의 주역은 프랑스 누벨바그 영화를 보면서 자라난 감독들이다. 마찬가지로 K팝 역시 일본 대중음악(J팝)의 성공 사례를 면밀히 살펴보면서 '후발 주자'의 이점을 톡톡히 누렸다. 만약 문화 개방 대신 쇄국鎖國 정책을 고집했다면 우리는 아직 영화 〈쉬리〉와 가수 보아 이전에 머물고 있었을지도 모른다.……역설적인 건, 반제反帝와 종속 이론이 극에 이르렀던 1980년대 현대자동차와 삼성전자는 본격적인 미국 수출을 시작했다는 점이다. 제조업에서만 가능한 줄 알았던 세계 진출이 문화 분야에서도 얼마든지 가능하다는 걸 입증한 건 21세기 들어서다. 현재 중국·동남아가 한국을 모델로 맹추격하고 있지만, 지난 세기의 패배주의와 열등감에 비하면 격세지감이 아닐 수 없다."[13]

2019년 5월 2일 미국 라스베이거스 엠지엠 그랜드 가든 아레나에서 열린 '2019 빌보드 뮤직 어워드'에서 BTS는 한국뿐 아니라 아시아 가수로는 처음으로 '2019 빌보드 뮤직 어워드' '톱 듀오·그룹'

부문을 수상했으며, '톱 소셜 아티스트'상을 3년 연속 수상하며 2관왕에 올랐다. 음악평론가 김영대는 "한국 대중음악이 사상 처음으로 미국 팝 주류 시장 중심부에서 성과를 공인받은 역사적인 순간이라고 볼 수 있다. '미국 음악' 시상식에서 한국 그룹이 한국어 음악으로 이뤄낸 성과라는 점이 하나의 중요한 전기가 될 것이다"라고 말했다.[14]

그로부터 20여 일 후인 5월 25일 프랑스 칸에서 열린 칸영화제 폐막식에서 봉준호 감독의 영화 〈기생충〉이 최고 작품상인 황금종려상을 수상했다는 소식이 전해졌다. 쿠엔틴 타란티노Quentin Tarantino 감독의 〈원스 어폰 어 타임 인 할리우드〉, 장 피에르Jean Pierre · 뤼크 다르덴Luc Dardenne의 〈소년 아메드〉 등 쟁쟁한 21개 작품을 제치고 최고의 영화로 선정된 것이었다. 한국 영화 역사상 최초로 황금종려상의 영예를 안은 봉준호는 수상 소감에서 "이 트로피를 손에 만지게 될 날이 올 줄을 몰랐다"며 "위대한 배우들이 없었다면 만들어지지 않았을 것"이라며 함께한 배우들에게 감사를 전했다.[15] 그러나 봉준호와 더불어 '위대한 배우들'이 놀랄 일은 아직 더 남아 있었다.

"한류의 원동력은 독창성보다는 왕성한 흡수력"이라는 평가는 10세 무렵부터 미군 방송 AFKN으로 영화를 보며 꿈을 키워온 봉준호에게도 해당되는 것이었다. 칸영화제에선 "봉준호가 장르가 되었다"는 평가마저 나왔는데,[16] 이는 한류의 왕성한 흡수력이 '한국적 독창성'을 곁들인 흡수력임을 말해주는 것이었다. 한국보다 자본주의 역사가 훨씬 앞선 나라가 많지만, 자본주의에 대한 문제의식과 표현 방식에서 〈기생충〉이 독보적인 영상 언어를 구사했다는 점에서 말이다.

영화평론가 이형석은 "〈설국열차〉가 '고장 난 자본주의'의 미래에

2019년 5월 25일 프랑스 칸에서 열린 칸영화제에서 최고 작품상인 황금종려상을 수상한 봉준호 감독의 영화 〈기생충〉은 왕성한 흡수력이 '한국적 독창성'으로 이어졌음을 보여준 사례였다.

관한 묵시록이라면, 〈기생충〉은 '정상적 자본주의'의 현재에 대한 암담한 비평이다"며 이렇게 말했다. "21세기의 자본주의는 고장 나서가 아니라, 정상적으로 작동하기 때문에 비극적이다. 정상적인 자본주의는 성공의 신화 한편으로 비극을 끊임없이 확대 재생산하는 것이다.……〈기생충〉은 우리가 살아가는 매일, 특별히 잘못된 것 없고, 특별히 나쁜 놈이 없는 일상, 그 속에 배태된 사회적 비극을 가장 평범한 인간들의 가장 극적인 드라마로 만들어냈다."[17]

BTS는 '자기계발서' 또는 '종교'다

'정상적 자본주의' 체제하에서 대중문화는 늘 경제적으로 환산되는 과정을 거치기 마련이었다. 2019년 6월 6일 현대경제연구원은 「방탄소년단의 성공 요인 분석과 활용 방안」 보고서에서 빅히트엔터테인먼트의 2018년 기준 기업 가치가 1조 2,800억 원(11억 6,000만 달러)에서 2조 2,800억 원(20억 7,000만 달러) 수준으로 추정된다고 밝혔다. 이는 국내 증시에 상장된 3대 연예기획사인 SM(1조 604억 원), JYP(9,296억 원), YG(5,805억 원)의 5일 시가총액을 훌쩍 뛰어넘는 수치였다. 빅히트의 2018년 매출액은 2,142억 원이며 영업이익과 순이익은 각각 641억 원, 502억 원으로 2016년 대비 6배 이상 증가했다. BTS의 '빅히트'에 힘입어 기획사의 실적과 기업 가치가 급증한 것이다.[18]

BTS의 맹활약에 대해 BTS를 공정하게 평가한 서양 언론도 많았지만, 인종차별주의적 편견과 오만으로 BTS를 폄하한 언론도 있었다. 한 프랑스 TV 기자는 "성형수술을 강요받고, 살찌는 것이 허용되지 않으며, 물건을 파는 데만 혈안이 되어 있다"고 보도했는가 하면, 스페인의 한 방송은 "전원 성형수술을 받았다"며 "음악이 아니라 외모로 유명해진 것"이라고 폄하하기도 했다. 그리스에선 심지어 BTS를 여성 같다고 비교해 팬들의 분노를 사기도 했다.[19] 이들이 놓치거나 아예 생각조차 하지 못한 건 이전의 팝스타와는 전혀 다른 BTS의 사회적 의미였다.

영국 런던에 사는 데이지는 4년 전만 해도 친구 하나 없는 외톨이였다. 잦은 괴롭힘으로 학교생활은 공포였다. 그는 우리말로 또박또박 "BTS가 날 구해줬다"고 말했다. "유튜브를 보다 '나약해지지 마, 이길 거랬잖아'라는데 제 어깨를 토닥이는 것 같았죠. '너 자신을 사랑하라'는 말은 정신적 무기가 됐어요." 네덜란드의 헤이예스는 "대학도 못 가고 취업도 안 돼 방황했을 때 BTS 초기 시절 이야기를 알게 됐다"며 "앞날도 모르고, 힘든데도 최선을 다하는 걸 보면서 'BTS처럼 하자'고 마음을 다잡았다. 얼마 전 직장도 구했다"고 말했다.

2019년 6월 10일 『조선일보』 문화부 차장 최보윤은 「BTS라는 자기계발서」라는 칼럼에서 영국 웸블리 BTS 공연장에서 이와 같은 팬들의 이야기를 들으니 "BTS는 그들에게 '살아 있는 자기계발서'였다"고 말했다. 기자회견에서도 영국 SKY뉴스 기자가 BTS에게 이런 질문을 던질 정도였다고 한다. "팬들을 만나보니 힘든 시기를 극복하게 도와주고, 삶의 태도를 긍정적으로 변화시켰다 입을 모은다. 비결이 뭔가."[20]

BTS의 팬들은 힘든 시기를 극복하게 도와주고, 삶의 태도를 긍정적으로 변화시켰다고 입을 모은다. 이는 BTS가 이전의 팝스타와는 전혀 다른 사회적 의미를 가진 스타라는 것을 시사한다. 2019년 6월 영국 웸블리 스타디움에서 열린 BTS 콘서트에 모인 팬들.

SBS PD 이재익은 「BTS가 제2의 비틀스 맞냐고 묻는 분들에게」라는 칼럼에서 BTS를 감히 비틀스에 비견할 수 있는 가장 큰 이유는 시대정신에 있다고 했다. 그는 "비틀스가 반전과 평화를 노래한 것처럼 방탄소년단도 음악을 통해 메시지를 전해왔다. 빈부 격차가 공고하고, 남과 비교당하기 쉽고, 그래서 그 어느 시대보다 개개인이 초라해지기 쉬운 지금 가장 필요한 메시지다"며 다음과 같이 말했다.

"무려 유엔이라는 무대에서 '너 스스로의 목소리에 귀를 기울이고, 너의 이야기를 하고, 무엇보다 너 자신을 사랑하라'는 아르엠RM의 연설을 보며 (필자를 포함한) 세계 각국의 남녀노소가 눈물 지은 이유도 그래서다. 우리가 진정으로 원하던 위로를 방탄소년단이 건네준

2019~2020년

것이다. 나는 이제 방탄소년단의 위치가 종교의 영역에 들어왔다고 생각한다. 종교가 별건가? 신이 따로 있나? 내가 어찌 할 수 없는 것들에 대해 의지할 수 있는 대상이 바로 신이다. 아무리 그래도 신은 너무했다고? 근엄한 척 뒤로는 온갖 비행을 저지르고, 정치인 행세를 하는가 하면 신도들에게 돈 뜯어낼 생각에 골몰하는 일부 혹은 다수 종교인들보다 방탄소년단에 빠지는 편이 몇 배는 더 도움 된다. 나 역시 자기 혐오와 막연한 공포에 질려 있던 최악의 시기에 방탄소년단을 통해 구원받았음을 간증한다. 할렐루야. 나무아미타불."²¹

이지행은 "방탄이 대변하는 게 마이너리티성, 혹은 언더독underdog성이다. 신자유주의는 세계 인구의 99퍼센트를 스스로 언더독이라고 여기게 하는 측면이 있지 않나. 방탄은 언더독 중에서도 언더독으로 출발했다. K팝 중에서도 굉장히 낮은 곳에서 출발했고. 그런 언더독의 한계를 극복해간 과정에 대한 응원이 크다"며 다음과 같이 말했다.

"2018년 초 그래미상을 주관하는 레코딩아카데미 트위터에서 '자신의 인생에 가장 영향을 끼친 앨범'을 물었는데, 누군가 BTS를 썼다가 '진짜 음악을 말하라'는 조롱이 쏟아졌다. 그때 전 세계 아미들이 달려들어서 방탄이 내 인생에 어떤 영향을 줬는지 수만 개의 댓글을 달았다. '우울증이었는데 자살 생각을 하지 않게 도와줬다.' '목을 매기 직전 BTS를 보면서 울었다.' 이런 글이 많았다. 밑바닥에서 올라온 방탄의 성장사, '지금 자체로도 괜찮다'는 음악의 메시지에 공감하면서 위로받았다는 것이다. '미국이 더는 인종차별 말고 방탄을 인정하는 게 다양성을 실천하는 길'이라는 글도 많았다. 이 '그래미의 난亂' 이후 콧대 높은 그래미가 방탄을 받아들이게 된다."²²

방시혁은 "타 팬덤에 비해 방탄은 남성 팬들의 수가 비교적 많은 편"이라고 했는데, 아마도 그런 이유 때문이었을 것이다. 이지행의 조사에 따르면, 실제로 트위터에서 BTS의 트윗에 멘션을 남기거나 리트윗을 하는 계정들의 성별 비율 통계를 보면 여자 6, 남자 4 정도가 나왔다.[23] 2019년 3월 11일 알제리에서 대통령 연임 반대 시위에서 한 남성이 들고 있던 플래카드에 BTS의 〈Not Today〉 가사 중 일부가 등장한 것도 BTS가 세계 모든 언더독의 친구임을 말해주는 게 아니었을까? "전 세계의 모든 언더독들은 들어라. 언젠가 우리가 질 날이 올지도 모르지만 그게 오늘은 아니다. 오늘 우리는 싸울 것이다."[24]

바로 이런 이유 때문에 BTS 멤버들은 '무결점의 사람'이 되어야 한다는 강박에 시달릴 가능성이 높고, 다른 아이돌에 비해 '감정노동'의 강도도 높았겠지만, 자신들이 아미에게 전한 메시지를 자신들에게 적용해 실천하는 길로 나아가게 된다.

'K-pop 레이더'의 'K-pop 세계지도'

2019년 8월 12일 음악 스타트업 스페이스오디티는 K-pop 가수들의 전 세계 팬덤 현황을 한눈에 볼 수 있는 서비스인 'K-pop 레이더 kpop-radar.com'를 공개했다. 스페이스오디티가 최근 세운 팬덤 연구소 '블립'의 이름 아래 내놓은 첫 서비스였다. 블립은 대중음악이 생겨난 20세기의 LP, 라디오, TV 등에서 지금 21세기의 디지털 음원, 유튜브, SNS 등으로 옮겨가는 과정에서 과거 소비자였던 팬덤이 이제는 음악인의 변화를 견인하게 되었다는 점에 주목했다. 팬들은 주체적으로 집단지성을 발휘해 사회적인 움직임까지 만들고 있으며, 그 중심에 K-pop이 자리하고 있기에 팬덤 관련 데이터를 모으는 게 필요했다는 것이다.

스페이스오디티 대표 김홍기는 "과거엔 음반 판매량과 음원 소비량으로 팬덤 규모를 측정했지만, 이제는 실물 음반을 잘 사지 않을 뿐아니라 '1위 만들기' 마케팅의 대상이 된 음원 차트도 공신력을 잃어가고 있다. 이 시대에 맞게 팬덤 규모와 변화량을 측정하는 새로운 기준이 필요한 시점"이라고 말했다. 그래서 대안으로 마련한 게 유튜브·SNS·팬카페 등 멀티 플랫폼에 대한 측정이며, 이를 한눈에 볼 수 있게 만든 게 K-pop 레이더라는 것이었다.[25]

10일 후 블립은 국내 아이돌 76개 팀에 대한 전 세계 유튜브 데이터를 관측한 'K-pop 세계 지형도'를 발표했다. 블립이 2018년 7월부터 1년간 아이돌 관련 유튜브를 분석한 결과, 전 세계에서 K-pop 아이돌 영상을 조회한 경우는 총 265억 5,000만여 건에 이르렀다. 이 가운데 한국에서 조회한 횟수는 전체의 10.1퍼센트에 불과했다. 나머지인 약 89.1퍼센트는 해외에서 K-pop 영상을 본 것이었다.

K-pop 가수들의 유튜브 조회수를 국가별로 분석한 결과, 인도네시아(9.9퍼센트)는 한국(10.1퍼센트)에 이어 전 세계 2위였다. 태국(8.1퍼센트), 베트남(7.4퍼센트), 미국(7.4퍼센트)이 뒤를 이었다. 블립은 세계 도시별 1인당 K-pop 영상 조회수도 분석했다. 세계 도시별 유튜브 영상 조회수를 도시 인구수로 나눈 결과, 베트남 호치민에서는 1명당 K-pop 영상 조회수가 평균 393.2번에 이르는 것으로 나타났다. 방

BTS는 미국·유럽, 블랙핑크는 인도네시아·태국, 트와이스는 일본에서 인기가 높았다. 트와이스가 일본에서 압도적인 인기를 누리는 것은 멤버 9명 중 대만 출신의 쯔위 외에 일본인 모모, 사나, 미나가 포함되었기 때문이다. 2019년 1월 골든 디스크 어워드에 참석한 트와이스.

콕도 115.1회에 이르러서 서울(91.1회)보다 높았다.

대륙별 인기 K-pop 그룹도 조금씩 달랐다. BTS가 미국·유럽에서 압도적 지지를 얻어 전체 K-pop 조회수의 20.9퍼센트를 차지했다. 하지만 아시아에서는 걸그룹 블랙핑크와 트와이스의 인기가 높았다. 특히 인도네시아·태국에선 블랙핑크의 영상 조회수가 BTS의 2배 이상이었다. 일본은 트와이스가 '꽉 잡고' 있었다. 모모랜드·EXO를 포함해서 현재 K-pop 인기를 주도하는 이 5개 팀의 영상 조회수가 전체 K-pop 조회수의 절반이 넘는 54.3퍼센트를 차지했다. 5팀을 묶어 '방블트모엑'이란 신조어도 생겼다.[26]

트와이스가 일본에서 누린 압도적 인기엔 멤버 9명 중 대만 출신의 쯔위 외에 일본인 모모, 사나, 미나가 포함된 것도 큰 역할을 했다. 이들 외국인 멤버 4명은 팬들 사이에선 이름 앞 글자를 딴 '미사모쯔'

라는 애칭으로 불렸다. 1세대 아이돌 그룹엔 한국계 외국인들이 포함되어 '세계화' 이미지를 풍겼지만, 2세대부터는 외국인 멤버들의 참여도가 대폭 증가했다. 이에 대해 이규탁은 다음과 같이 말한다.

"2세대 이후 외국인 멤버들은 단순한 이미지 메이킹이나 현지 인기 획득을 위한 교두보 정도의 역할을 넘어 팀 내에서 리더를 맡거나 한국인 멤버를 제치고 국내외 팬들로부터 가장 높은 인기를 누리는 등 그룹의 중추 역할을 담당하는 경우도 많다. 따라서 멤버 구성이나 외국인 멤버들의 그룹 내 위상만 놓고 보면 케이팝은 일본, 중국 등 동아시아는 물론 미국·유럽과 비교해도 국제화가 많이 이루어진 상태라고 할 수 있다."[27]

빅히트엔터테인먼트와 SM엔터테인먼트의 경쟁

2019년 8월 21일 서울 강남구 대치동 섬유센터에서 열린 빅히트엔터테인먼트의 설명회에서 방시혁은 "빅히트의 2019년 상반기 매출이 2018년 연간 매출과 맞먹는 수준인 총 2,001억 원을 달성했습니다"라고 발표했다. 대중음악계의 '빅3'인 SM·JYP·YG를 모두 제친 결과였다. 별도재무제표 기준으로 SM의 상반기 매출은 1,215억 원, YG는 795억 원, JYP는 616억 원이었다.

방시혁은 기존의 음반·음원 중심에서 영화·웹툰·소설·드라마로 사업 영역을 확장하겠다는 포부를 밝혔다. 이미 빅히트는 기존의 팬 커뮤니티를 대체할 수 있는 새로운 온라인 플랫폼 서비스인 '위버

SM엔터테인먼트는 미국의 초대형 음원 제작·유통 기업 CMG와 손잡고 '슈퍼엠'이라는 비장의 카드를 꺼내들었다. 니콜 프란츠 수석 부사장은 "K-pop은 미국 음악산업의 새로운 메인 스트림"이라 성장 가능성을 높게 보았다.

스Weverse'를 개통했고, 콘서트 티켓과 응원봉·컵 등 각종 기념품을 판매하는 온라인 전용 쇼핑몰 '위플리'도 론칭했다. BTS를 스타로 키우는 줄거리의 온라인 게임 'BTS 월드'도 출시했는데, 방시혁은 "K게임(한국 온라인 게임)의 시장 규모가 K팝의 10배에 달한다"고 했다. 걸그룹 '여자친구'의 소속사인 쏘스뮤직도 인수했는데, 방시혁은 "글로벌 오디션을 통해 걸그룹을 탄생시킬 것"이라고 밝혔다. 이 같은 파격 행보 때문에 2018년 말 156명이었던 직원 수도 400여 명으로 늘었다.[28]

그간 BTS의 활약에 압도당했던 SM엔터테인먼트는 '슈퍼엠Super M'이라는 비장의 카드를 꺼내들었다. 미국 캐피톨 뮤직 그룹CMG과 손잡고 샤이니 태민, EXO 백현·카이, NCT 127 태용·마크, WayV

의 루카스·텐 등 멤버 7명으로 구성된 연합팀을 출격시킨다는 전략이었다. 이수만은 "CMG 스티브 바넷Steve Barnett 회장으로부터 동서양의 시너지를 낼 수 있는 새로운 팀 프로듀싱을 부탁받았다"며 "슈퍼엠은 차원이 다른 음악과 퍼포먼스를 보여줄 것"이라고 밝혔다.

이런 계획에 대해 음악평론가 김작가는 "BTS의 성공으로 빅히트에 주도권을 뺏긴 SM 입장에서 한계효용을 극대화할 수 있는 가장 빠르고 확실한 방법이지만 CMG와의 협업이 시너지를 낼지는 미지수"라고 밝혔다. 빌보드 칼럼니스트로 활동하고 있는 제프 벤저민Jeff Benjamin은 "K팝 산업에서 가장 강력한 브랜드 파워를 가진 SM만이 할 수 있는 매우 흥미로운 기획"이라며 "완성된 음반을 배급·유통만 하는 형태의 협업이 아니라 양사가 기획 단계부터 함께하는 조인트 프로덕션이기에 파급력이 더 클 것"이라고 밝혔다.[29]

오디션 프로그램 생방송 투표수 조작 사건

2019년 11월 5일 Mnet 오디션 프로그램 〈프로듀스 101〉 생방송 투표수 조작 혐의로 안준영 PD와 김용범 CP가 구속됨으로써 큰 충격을 안겨주었다. 2016년 시작된 〈프로듀스 101〉 시리즈는 대형 연예 기획사나 미디어의 개입 없이 오직 '국민 프로듀서'라 지칭된 시청자 투표를 통해서만 '데뷔조'가 결정된다는 공정성을 앞세워 신드롬적 인기를 얻었지만, 〈프로듀스 101〉의 투표 조작 정황은 시리즈가 내세운 공정성이 결국 산업 내 고착화된 부조리를 감추기 위한 허울일 뿐

제13장 BTS와 봉준호의 〈기생충〉

이었다는 추악한 진실을 드러냈다.[30]

　문화체육관광부와 한국콘텐츠진흥원이 운영하는 '대중문화예술 종합정보시스템'에 등록된 연예기획사 수는 2017년 2,025개에서 2019년 2,916개로 증가했다. 서울에만 2,555개의 연예기획사가 집중되어 있었다. 한국콘텐츠진흥원이 발표한 「한국 대중문화 예술 산업 실태 보고서」에 집계된 1,952개(2017년 기준) 기획사 중 연습생을 보유한 회사는 13.4퍼센트(261개)였으며, 연습생 수는 총 1,440명이었다. 이는 2014년 대비 240명이 증가한 것으로, 1,440명의 연습생 중 가수 연습생이 1,079명으로 가장 많았다.[31] 연습생 착취와 기만의 사례가 줄줄이 폭로되었다.

　그런 상황에서 〈프로듀스 101〉은 방송사 입장에선 시청률과 제작 비용을 동시에 해결해주는 포맷이었다. 〈프로듀스 101〉은 2017년 시즌2부터 "당신의 소년에게 투표하세요"라는 슬로건을 내세워 시청자의 투표로 데뷔 멤버 11명을 결정하는 방식을 취함으로써 팬들의 경쟁 심리를 자극, 마지막 생방송은 총 120만 건의 투표수를 기록했고, 이를 통해 데뷔한 '한시적' 신인 그룹 '워너원'은 데뷔 앨범의 초동 판매량만 41만 장에 달하는 대형 아이돌 그룹이 되었다.[32]

　즉, Mnet은 시청자를 '국민 프로듀서'로 부르며 참여를 유도했고, 선발된 아이돌을 데뷔시켜 회당 수십억 원이 드는 제작비를 충당한 것이었다. 〈프로듀스 101〉 포맷을 만든 안준영 PD는 방송가에서 '천재'라는 소리까지 들었다. 한 방송 관계자는 "PD들 사이에선 100년이 지나도 이보다 나은 포맷은 나오지 않을 것이라고 할 만큼 완벽한 수익 구조"라고 했다.[33]

국민이 직접 프로듀싱하는 걸그룹을 육성한다는 기획 의도를 가지고 만든 오디션 프로그램 〈프로듀스 101〉은 공정성을 앞세워 신드롬적 인기를 얻었지만, 생방송 투표수를 조작한 것으로 밝혀져 큰 충격을 안겨주었다.

콘텐츠 기획자 황효진은 "현재 한류의 중심인 K-POP은 비유하자면 큰 판돈이 걸린 도박판이다. 더이상 산업은 한국에만 머물지 않고 전 세계로 퍼져나간다. 성공하기까지는 어렵지만 일단 성공만 하면 큰 수익을 보장받는다. 이런 상황에서 CJ가 만드는 것과 같은 방송 콘텐츠는 엄청난 권력을 갖는다. 어떤 연습생이 〈프로듀스 101〉과 같은 프로그램에 출연해서 비중 있게 나올 경우, 그는 데뷔 전부터 K-POP 시장에서 주목받을 기회를 선점하고 데뷔하자마자 글로벌 스타가 된다"며 다음과 같이 말했다.

"101명의 아이돌 연습생 중 시청자 투표를 통해 데뷔 멤버를 뽑는다는 방식의 〈프로듀스 101〉은 시종일관 연습생들의 꿈을 강조했다. 그것은 누군가의 간절한 희망을 이뤄주고 싶은 '국민 프로듀서'의 마음을 움직이는 방법이기도 했고, 프로그램에 참가한 연습생들이 겪을 수밖에 없는 고통을 당연한 것으로 여기게 만드는 방법이기도 했다. 10대 중반에서 많아야 20대 중반 정도밖에 되지 않는 연습생들은 TV 앞에 앉은 수많은 사람들로부터 신체 부위를 나뉘어 낱낱이 평가받고, 상상 이상의 빡빡한 스케줄과 열악한 환경에 놓여야 했지만 프로그램 안에서 이 모든 것은 '꿈을 이루기 위해서라면'이라는 말로 정당화됐다."[34]

CJ E&M의 '갑질'과 K-pop 팬덤의 극단화

2019년 11월 11일 『한겨레』 기자 엄지원은 「케이팝 열풍과 전근대성」이라는 칼럼에서 "음악 방송 제작이 끝난 뒤 제작진에게 90도 인사를 하기 위해 줄지어 기다리는 아이돌 멤버들의 풍경은 얼마나 구태의연한가. 케이팝 열풍의 포스트모던함에 견주면 그 이면의 전근대성은 믿을 수가 없을 정도다. 문화의 첨단에서 일어나는 이런 문화지체 현상은 유튜브처럼 직접 소통할 채널이 생긴 뒤에도 전 세계 케이팝 소비자들에게 국내 음악·예능 방송의 영향력이 지배적이기 때문에 벌어지는 일이다"며 다음과 같이 말했다.

"'프로듀스 시리즈'를 통해 방송과 음원 유통과 제작에 이어 매니지먼트에까지 손을 뻗친 씨제이이엔엠CJ E&M은 이런 방송사 갑질 구조를 고도화했다는 게 매니지먼트 업계 관계자들의 설명이다. 씨제이이엔엠은 계열사 구조 안에서 음원을 제작·유통하고, 음악 방송과 예능 방송에 출연시켜 매니지먼트까지 맡아 하며 '아이돌 상품'의 판매 구조를 장악했다.……그러는 사이 오늘도 젊은 매니저들은 '비티에스BTS 신화'를 꿈꾸며 방송사 문지방을 밟고, 숱한 아이돌 지망생들은 '피 땀 눈물'을 쏟으며 연습실을 지킨다."[35]

11월 18일 『한겨레』 기자 남지원은 "조작이 밝혀진 뒤에도 달라지지 않는 엠넷을 보면 참담한 마음마저 든다"며 이렇게 말했다. "이들은 또 다른 10대 경연 프로 '10대 가수' 제작을 강행하고 있다. 쏟아질 비난을 모르지 않는데도 아이들의 꿈을 볼모 삼아 또 다른 경연을 준비하는 건 10대 콘텐츠가 돈이 되기 때문이다. 씨제이이엔엠의 한 예능 피디는 '욕하면서도 지원하지 않느냐'고 말한다. 그의 말처럼 아이들은 또 지원하고 있다. 어쩌면 '프듀' 새 시즌이 만들어진다고 해도 지원할 것이다. 누군가에게는 '조작이든 아니든 경연에 나가는 것만으로도 얼굴을 비출 수 있는 절실한 기회'이기 때문이다. 문제는 그걸 아는 어른들이 그런 마음을 이용한다는 것이다."[36]

오디션 프로그램은 조작이 없었다면 괜찮은 것이었을까? 그렇게 보기 어려운 점이 있었다. 〈프로듀스 101〉은 3세대 팬덤의 출발점이 되었는데, 팬덤의 진화라고 하지만, 여기엔 명암明暗이 있었다. 신윤희의 분류에 따르면, 1세대 팬덤은 또래 집단을 기반으로 팬 개인 사이의 관계를 통해 공동체를 형성했고, 2세대 팬덤은 웹을 통한 연결이 전국으로, 해외로 퍼지게 되면서 온라인 중심의 공동체를 형성한 반면, 3세대 팬덤은 팬들이 아이돌 생산의 기획 단계에 적극적으로 참여한다는 점에서 이전의 팬덤과는 다른 성격을 갖게 되었다.[37]

신윤희는 "이제 팬들은 스타를 무조건 지지하지 않고, 애정을 기반으로 관리하고 감독한다. 직접 기획하고 홍보해가며 키워낸 스타라는 점이 팬들의 개입을 가능하게 한다"며 이렇게 말한다. "3세대 팬덤의 핵심적인 특징은 양육에 있다. 2세대 팬덤의 연령대가 20대 이상으로 확장되면서 소비 능력, 즉 경제적 능력을 갖게 되었다면, 3세대 팬덤은 양적 확장을 이루는 동시에 주체성과 기획 능력을 갖게 되었다. 국민 프로듀서라는 부름은 팬덤을 기획자이자 유통자, 전략가, 홍보가, 평론가 등으로 존재하게 했고, 이는 단순한 소비 능력을 뛰어넘는 팬덤의 위치를 만들어냈다."[38]

그런 '양육'의 과정은 치열한 경쟁을 수반하기 마련이었다. 양성희는 "'프듀'가 안 그래도 과열된 K팝 팬덤을 더욱 극단화했다는 지적도 있다. K팝 팬덤의 특징인 양육자 모델(팬이 돈과 시간을 들여 스타를 응원하며 키워내는 방식)을 '극성 헬리콥터 맘'이란 극단으로 끌고 갔다는 뜻이다"고 했다. 이어 양성희는 "스타와 팬 사이 거리가 먼 해외와 달리, K팝 팬덤은 양자 간 친밀한 소통을 내세우고, 그만큼 팬들의 충성도도 높다. 밤새운 음원 스밍(스트리밍), 시상식 투표, 포털 실검이나 트위터 실시간 트렌드 총공(총공격) 등에 열성적으로 참여하며 아이돌의 순위를 올려주거나 사회적 화제를 만들어내는 '노동하는 극성 맘'이 K팝 팬덤의 정체성이다"며 다음과 같이 말했다.

"스스로 스타와 팬의 관계를 '새끼'와 '맘(엄마)'이라 칭하기도 한다. '프듀'는 여기서 나아가 시청자가 투표로 당락을 결정하며 생사여탈권을 쥐는 방식으로 팬덤의 과몰입, 과당경쟁을 촉발한다. '내가 뽑은 아이돌이니 내 마음대로'라는 식의 과도한 개입을 낳기도 한다. 굳이 순위가 의미 없는데도 팬덤 간 기싸움 하듯 각종 기록 줄 세우기 경쟁을 하거나, '닥치고 지지'라는 폐쇄적인 아이돌 팬덤 문화가 여타 팬덤 문화의 근간을 이룬다는 점에선 문화적 심각성도 있다."[39]

단지 열성 팬들만 문제였을까? 그게 결코 그렇지 않다는 데에 문제가 있었다. 대다수 시청자가 문자 그대로 손에 땀을 쥐게 만드는 경쟁 구조 자체를 워낙 좋아하는 수요의 문제가 있었다.[40] K-pop 팬덤의 극단화도 바로 그런 수요 차원에서 발생한 일이었다.

"왜 그렇게 많은 여배우들이 자살하는지 알겠다"

2019년 11월 대학가에서 홍콩 시위를 지지하는 한국 학생과 중국 유학생 사이에서 갈등이 벌어졌다. 중국 웨이보엔 고려대학교에서 일어난 양측의 충돌 장면을 찍은 영상과 글이 올라가기도 했다. 여기에 달린 중국인들의 댓글엔 전혀 동의할 수 없어 혀를 끌끌 찼지만, 어느 댓글 하나엔 그럴 수 없었다. "왜 그렇게 많은 여배우들이 자살하는지 알겠다. 뼛속 깊이 증오심이나 가득하니 그렇지"라는 댓글이었다.[41]

이 댓글의 취지에도 동의할 순 없었지만, 많은 연예인을 죽음으로 몰아간 '증오의 악플'이 가장 심한 나라가 한국이라는 데엔 수긍하지 않을 수 없었다. 연예인, 특히 여성 연예인에 대한 '악플 테러'로 인한 연예인 자살이 수년째 지속되어오고 있음에도 한국 사회는 믿기지 않을 정도로 둔감했으니, 이걸 어찌 이해해야 하는 걸까? 정말 모든 국민이 '뼛속 깊이 증오심이나 가득하니' 증오의 표현에 너그러워진 걸까?

인터넷 실명제가 해결책은 아닐망정 이마저도 용납하지 않으려는 게 한국 사회였다. 2012년 8월 23일 헌법재판소는 인터넷 실명제를 규정한 정보통신망법 조항에 대해 실효성이 없다는 근거하에 위헌을 결정함으로써 인터넷 사용자의 실명과 주민등록번호가 확인되어야만 인터넷 게시판에 글을 올릴 수 있도록 한 인터넷 실명제는 실시된 지 5년 만에 폐지되었다. 지식인들은 표현의 자유를 내세워 사실상 댓글에 무한대의 자유를 줄 것을 요구하고 했으니, 과거 표현의 자유를 억압했던 독재 정권 시절에 덴 상흔이라고 하기엔 너무 가혹한 게 아니었을까?

2019년 10~11월 갖은 욕설과 성폭력을 담은 악성 댓글(악플)에 시달리던 두 여성 연예인(설리, 구하라)이 자살, 아니 '사회적 타살'을 당한 비극적인 사건 이후 댓글 폐지론이 강하게 대두되었다. 청와대 국민청원 게시판에는 11월 25일 '인터넷 실명제 도입을 원한다'

한국은 연예인들에 대한 악플이 가장 심한 나라다. 특히 여성 연예인들에 대한 '악플 테러'는 '사회적 타살'이라고 할 정도로 그들을 자살로 몰아간다. 2019년 안타깝게 세상을 떠난 설리와 구하라.

는 청원에 이어 26일 '포털사이트 뉴스 댓글을 폐지해달라'는 청원이 올라왔다. SNS에는 "댓글과 연관 검색어로 사람이 죽고 고통받는다", "익명의 그늘에 숨어 누가 더 인간 말종인지 경쟁하게 됐다", "관리도 못하고 책임도 안 진다면 폐지하는 것이 맞다" 같은 의견이 빗발쳤다.[42]

이에 포털사이트 다음은 연예 뉴스 댓글과 인물 관련 검색어 폐지를 결정하고 이를 실행에 옮겼으며, 국내 최대 포털사이트 네이버는 2020년 2월, 4·15 총선 기간에 자사의 실시간 검색어 서비스를 중단하고, 연예 기사 댓글도 잠정 폐지하기로 했다.[43] 이어 네이버는 3월 19일부터 댓글 작성자의 과거 이력 전체를 공개하는 조치를 취했다.

그러자 한때 하루 100만 건이 넘던 댓글 수는 21일엔 37만 건(자진 삭제 제외)으로 급감했다.[44]

연예인을 대상으로 한 '악플 테러'가 이런 정도의 조치로 사라지진 않을 것이다. '악플 테러'는 '대중문화 공화국'의 업보일까? '악플 테러'는 이 공화국 체제의 명암明暗 가운데 최악의 암暗일 텐데, 이는 한류라는 명明을 위해 감수해야 한다는 걸까? 모든 한국인의 각성이 더 요구된다는 건 두말할 나위가 없다.

한국 웹툰 100개국 만화 앱 1위

라인웹툰(네이버웹툰의 글로벌 서비스명)은 해외 진출 5년째인 2019년 세계 100개국 만화 앱 부문 수익 1위(구글 스토어)를 기록한다. 9월 기준 월 사용자는 총 6,000만 명으로 한국을 제외한 아시아가 2,500만 명으로 가장 많았다. 빈익빈 부익부의 그늘도 뚜렷했다. 웹툰계 최강자인 네이버의 연재 작가 62퍼센트(221명)는 2019년 기준 연봉 1억 원 이상, 전체 평균 연 수익은 3억 원가량이었지만, 중소 플랫폼 작가를 포함하면 웹툰 작가 761명 중 68.7퍼센트는 연봉 3,000만 원도 벌지 못하는 것으로 나타났다(한국콘텐츠진흥원, 2018년 기준).[45]

잠시 역사를 거슬러 올라가보자면, 2013년 1월 기준 네이버는 130여 편, 다음은 70여 편을 연재할 정도로 웹툰은 탄생 10년 만에 호황을 누렸다. PC를 통한 네이버웹툰의 2012년 한 달 최고 페이지뷰PV는 9억 건을 넘어섰으며, 스마트폰과 태블릿PC를 이용한 방문

605

자수도 폭발적으로 늘었다. 2012년 12월 네이버에선 처음으로 모바일 이용 비중이 51퍼센트를 기록해 PC보다 높게 나타났다. 스마트폰에서 구현되는 웹툰을 가리키는 스마툰smartoon: smart + cartoon이라는 신조어도 생겨났다.

또한 웹툰은 영화, 드라마, 연극, 뮤지컬, 게임 등으로 다시 태어나면서 대중문화 전반에 깊은 영향을 미쳤으며, 웹툰에 대해 가장 뜨거운 애정을 보인 곳은 충무로였다. 역대 웹툰 원작 최고 흥행작인 강우석 감독의 〈이끼〉(2010년, 340만 명)에 이어 2012년 강풀 원작의 웹툰을 극화한 영화 〈이웃사람〉(243만 명)과 〈26년〉(294만 명)이 성공하며 본격적인 불이 붙었다.

웹툰에 무관심했던 방송사들의 태도도 변하기 시작했다. 강도하 원작의 tvN 〈위대한 캣츠비〉, 원수연 원작의 KBS 〈메리는 외박중〉에 이어 여러 편의 웹툰이 드라마로 만들어졌으며, 〈위대한 캣츠비〉와 〈바보〉, 〈그대를 사랑합니다〉(이상 강풀 원작)가 연극이나 뮤지컬로 제작되어 좋은 결과를 낳았다. 게임이나 캐릭터 상품으로 활용되는 경우도 늘어났다.[46]

2016년 기준으로 네이버웹툰과 다음웹툰, 레진코믹스를 비롯한 40여 개의 웹툰 플랫폼에서 매일 수백 개의 웹툰이 경쟁적으로 쏟아져나왔다. 네이버의 '도전 만화'엔 13만 명이 웹툰 작가를 꿈꾸며 자신의 작품을 올렸다.[47] 2017년 웹툰을 포함한 만화 산업 매출액은 전년보다 6.3퍼센트 증가해 총 1조 원을 넘어섰으며, 연 수출액도 4,000만 달러를 넘어선 것으로 집계되었다.[48]

웹툰 한류의 견인차 역할을 한 작품은 〈노블레스〉, 〈마음의 소리〉,

웹툰이 대중문화 전반에 깊은 영향을 미치면서 2016년 기준 네이버웹툰과 다음웹툰, 레진코믹스를 비롯한 40여 개의 웹툰 플랫폼에서 매일 수백 개의 웹툰이 경쟁적으로 쏟아져 나왔다. 위에서부터 네이버웹툰, 다음웹툰, 레진코믹스.

〈신과 함께〉 등이었다. 한국의 웹툰이 일본 만화 시장에 진출한 건 2013년이었는데, 5년 만인 2018년 일본 만화 수입액(595만 달러)보다 수출액(915만 달러)이 많았다.[49] 2019년엔 웹툰이 수개월간 일본 만화 앱 1, 2위를 휩쓸기도 했다.[50] 〈열혈강호〉, 〈풀하우스〉, 〈궁〉, 〈프리스트〉 등 출판 만화도 해외에서 큰 인기를 얻으면서 만화 한류의 선봉으로 맹활약했다.[51]

2020년 4월 1일 이용자가 3억 명이 넘는 미국 최대 커뮤니티 사이트인 레딧reddit.com의 주간 애니메이션 랭킹에서 〈신의 탑tower of god〉이 1위에 올랐다. 한국 만화를 원작으로 한 애니메이션이 1위에 오른 것은 처음이었다. 미국의 경제 전문지 『포브스』는 "〈신의 탑〉을 보면 500만 독자를 사로잡은 원작의 매력을 이해할 수 있다"고 평했다. 11년째 네이버웹툰에서 연재 중인 이 작품은 영어·중국어·일본어 등 11개 언어로 번역되었으며, 2019년엔 웹툰(2부 20화) 한 편에 독자 댓글 100만 개가 달리기도 했다. 네이버웹툰에서 전체 이용자 중 젊은 층(14~24세)의 비율은 미국(75퍼센트)·일본(41퍼센트)·한국(46퍼센트)·대만(61퍼센트)·태국(57퍼센트) 등 나라를 가리지 않고 매우 높아 드라마·영화 등 2차 저작물의 성공 가능성이 클 것으로 전망되었다.[52]

아카데미 4관왕에 오른 봉준호의 〈기생충〉

2019년 12월 8일(현지 시간) 봉준호 감독의 영화 〈기생충〉이 미국 로스앤젤레스비평가협회LAFCA에서 작품상과 감독상, 남우조연상(송강호) 수상작으로 선정되었다. 〈기생충〉은 마틴 스코세이지Martin Scorsese 감독의 넷플릭스 영화 〈아리시리맨〉을 제치고 감독상과 작품상을 받았다. 또한 〈기생충〉은 이날 발표된 토론토비평가협회TFCA상에서도 작품상과 외국어상, 감독상 3관왕을 차지했다.

봉준호는 시상식 수상 소감에서 의미심장한 말을 던졌다. "LAFCA(로스앤젤레스비평가협회)를 들으니 갑자기 AFKN이 생각납니다. 주한 미군 방송인데, 한국 문화가 정말 보수적일 때 AFKN은 유일하게 야한 거, 폭력적인 걸 볼 수 있던 곳이었어요. 아홉 살 때 부모님이 주무시면 혼자 나와서 금요일 밤에 영화를 봤습니다. 그땐 몰랐지만 정말 유명한 감독님들의 영화였어요. 그 당시엔 영어도 몰라서 영상만 봤는데 그때 몸속에 영화적인 세포들을 만든 것 같습니다."[53]

〈기생충〉은 LAFCA에 앞서 전미비평가협회(외국어영화상)와 애틀랜타비평가협회(감독·각본·외국어영화상)에서 상을 받았고, 『뉴욕타임스』 선임 평론가들이 뽑은 올해 최고의 영화 3위에 오르기도 했다. 이에 따라 〈기생충〉이 골든글로브상 후보작에 포함될지, 수상 가능성은 있을지에 관심이 쏠렸다.[54]

2020년 1월 5일(현지 시간) 미국 로스앤젤레스 비벌리힐튼호텔에서 열린 제77회 골든글로브 시상식에서 봉준호 감독의 영화 〈기생충〉이 한국 영화 최초로 '외국어영화상'을 수상했다. 아카데미와 더불어 미국의 양대 영화상으로 꼽히는 골든글로브는 '아카데미'의 전초전으로 불리기에 아카데미 수상 가능성에 대한 기대가 높아졌다. 〈기생충〉은 각본상과 감독상 후보에도 선정되었지만, 수상에는 실패

2020년 2월 9일 〈기생충〉이 제92회 아카데미 시상식에서 작품상, 감독상, 각본상, 국제장편
영화상을 수상하자 이 역사적인 '아카데미 4관왕'의 기록에 한국인은 모두 열광했다.

했다. 각본상은 〈원스 어폰 어 타임 인 할리우드〉의 쿠엔틴 타란티노
감독에게 돌아갔고, 감독상은 〈1917〉의 샘 멘디스Sam Mendes 감독이
수상했다.[55]

봉준호는 골든글로브 시상식 레드카펫 행사에서 캐나다의 CTV
'eTALK'와 인터뷰 중 "제가 비록 골든글로브에 와 있긴 하지만 BTS
가 누리는 파워와 힘은 저의 3,000배 이상"이라면서 "그런 멋진 아티
스트들이 많이 나올 수밖에 없는 나라인 것 같다. 감정적으로 격렬하
고 다이내믹한 나라"라고 밝혔다.[56] 'BTS가 누리는 파워와 힘은 저의
3,000배 이상'이란 말은 믿기 어려웠지만, 한국이 '감정적으로 격렬
하고 다이내믹한 나라'라는 건 분명한 사실이었다.

2020년 2월 9일(현지 시간) 〈기생충〉이 미국 로스앤젤레스 할리우드 돌비극장에서 열린 제92회 아카데미 시상식에서 작품상, 감독상, 각본상, 국제장편영화상을 수상했다. 이 역사적인 '아카데미 4관왕'의 기록에 한국인은 모두 열광했다. MBC는 10일 밤 그의 수상을 기념하기 위해 2019년 6월 방송했던 〈MBC 스페셜: 감독 봉준호〉 편을 재방영했다. 그의 다음과 같은 고백은 세계 영화계에서 한국의 과거 처지와 비슷해 묘한 울림을 주었다.

"영화 동아리를 할 때는 카메라가 갖고 싶어서 6개월 정도 학교 매점에서 도넛을 팔았다." "1995년에 결혼해서 2003년 〈살인의 추억〉 개봉까지 굉장히 힘들었다. 대학 동기가 집에 쌀도 갖다 줄 정도였다." "첫 영화 〈플란다스의 개〉 시사회 때 영화가 끝나기 전에 자막 올라가기 시작할 때 뛰쳐나왔다. 얼굴이 새빨개졌다. 너무 외롭고 창피했다." "영화 〈괴물〉 촬영 전에는 투자자를 찾기 쉽지 않았다. 영화 〈반지의 제왕〉을 작업한 회사와 예산 때문에 결국 계약이 결렬됐다. 그때 자살하려고 했다. 자살 생각을 정말 많이 했다. 이미 촬영 일정은 발표가 된 상황이었는데 그렇게 되니 나 자신이 사기꾼처럼 느껴졌다."[57]

봉준호의 '영화적 세포'의 원천은 AFKN

TV조선 앵커 신동욱은 〈9시 뉴스〉의 '앵커의 시선: 아카데미에 휘몰아친 폭풍'에서 "가난하고 남루하던 시절, 할리우드를 꿈꾸던 아이들이 있었습니다. 할리우드 영화에 빠져, 언젠가는 누추한 현실을 벗어

봉준호는 자신의 '영화적 세포'의 원천은 AFKN이라고 말했는데, 이는 한류가 미국의 대중문화를 주체적으로 수용한 토양 위에서 성장해왔다는 것을 의미한다. 왼쪽부터 봉준호, 최우식, 최여정, 장혜진, 박소담, 이선균, 송강호.

나 저 멋진 곳으로 가리라 맘먹곤 했습니다. 소설가 안정효는 자신을 포함한 그 시절 아이들을 '할리우드 키드'라고 불렀습니다"라면서 다음과 같이 말했다.

"봉준호는 그보다 한두 세대 뒤 '충무로 키드'였습니다. 기름기 흐르는 할리우드 상업 영화를 그리 좋아하지 않았습니다. 그런 봉준호도 열 살 무렵부터 미군 방송 AFKN으로 영화를 보며 꿈을 키웠습니다. 몰래 봤던 야하고 거친 영화들이 알고 보니 마틴 스코세이지, 브라이언 드 팔마 작품이더라고 했습니다.……한국인의 영화 사랑은 특별합니다. 한 해 극장 관객 2억 명을 벌써 7년째 넘기고 있습니다. 어두운 좌석에 몸을 묻고서 영화와 함께 울고 웃는 사람들에게 봉준호가 오늘 최고의 보답을 했습니다. 이제 노년이 된 옛 '할리우드 키드'부터 어린 '충무로 키드'까지 온 국민에게 소름 돋는 기쁨과 자랑과 꿈

제13장 BTS와 봉준호의 〈기생충〉

을 선물했습니다."⁵⁸

성균관대학교 교수 천정환도 봉준호가 LAFCA 감독상을 받은 뒤 자신의 '영화적 세포'의 원천은 AFKN이었다고 말한 수상 소감은 아카데미 4관왕과 봉준호 붐이 가진 여러 역설 중 하나를 선명히 표현해주었다고 지적했다. 천정환은 "20~30대에겐 낯설 AFKN은 대한민국 안방극장의 황금 채널(2번)을 노골적으로 차지한, 냉전 문화와 미국의 신식민지적 지배의 상징이었다. 미군 방송을 보며 자란 '시네마 키드'가 이룬 아카데미 4관왕은 현대 한국(문화)과 미국(문화)의 관계를 압축하고, '한국적인 것'의 역설도 유감없이 나타낸다"며 다음과 같이 말했다.

"'한국적인 것이 세계적인 것'이라는 일면 무척 게으르고, 일면 역설적 탄성이 들려오는 일은 어쩌면 당연한 일이겠으나 기실 '한국적인 것'은 이미 '미국적'이고 또 '주변'으로서 세계적이었던 것이다. 이 수상과 (자한당조차 숟가락 걸치는) 붐에서 '가장 한국적인 것'은 한국인들이 이토록 기뻐한다는 사실 자체겠다. 물론 이는 제국의 인정에 갈급했던 찢어지게 가난한 식민지 의식과는 결이 좀 다른 듯하다. 이 성취는 한국 영화사뿐 아니라 현대 문화사에 온 '특이점'일까? 이로써 '한국 문화'는 이전과는 좀 다른 방식으로, 대단히 역설적으로, (〈기생충〉의 투자·배급사인) 재벌 CJ와 함께, 또 그 힘으로, 미국 중심 문화 체제에 더 깊숙이 연루·개입된다. 이 사건은 (월드컵 4강처럼) 한국인의 자기인식-문화적 눈높이와 위치 감각을 한 번 더 재조정할 것이다. 그리고 한류의 흐름에도 강하게 영향을 미칠 것이다."⁵⁹

영화평론가 이동진은 "(5월의 칸영화제부터) 〈기생충〉이 10개월 동

613

안 벌였던 장대한 레이스는 그 자체로 장관이었다"며 이렇게 말했다. "지켜보면서 몇 번이나 벅차올랐던 내 감정의 정체가 뭔지 스스로 궁금할 정도였다. 이제 막 100년을 넘어선 한국 영화 역사에 전달된 화려한 선물 같은 이벤트였다.……〈기생충〉이 빚어낸 휘황한 성공담에도 불구하고, 장담컨대, 봉준호의 정점은 아직 도래하지 않았다."[60]

〈기생충〉은 일본에서도 2월 주말(15~16일) 영화 〈1917〉을 따돌리고 정상에 올랐다. 한국 영화가 일본에서 박스오피스 정상에 오르기는 2005년 〈내 머릿속의 지우개〉 이후 15년 만이다. 1월 10일 개봉과 함께 5위로 출발한 〈기생충〉은 차츰 순위가 오르더니, 아카데미 시상식에서 작품상 등 4관왕을 휩쓴 뒤 입소문을 타고 결국 정상을 차지했다.[61]

『중앙일보』 논설위원 양성희는 「'기생충'에 기생하기」라는 칼럼에서 "〈기생충〉이 뜨고 나니 숟가락 얹는 이가 많다"고 했다. "서울시는 아현동 슈퍼, 노량진 피자집 등 촬영지 네 곳을 엮는 '〈기생충〉 팸투어' 안을 내놨다. 〈괴물〉, 〈살인의 추억〉 등 봉준호의 다른 영화 촬영 현장을 돌아보는 '봉보야지bong voyage' 투어 개발도 추진한다. 극중 반지하 집과 동네, 부잣집 세트장이 있었던 고양시와 전주시는 철거한 세트장을 재건립해 관광 코스로 개발한다. 모두 한류 관광 효과를 노린다. 정치권에선 총선 출마 예비후보 사이에 봉준호 공약이 난무한다. 봉준호의 고향인 대구에 '봉준호 영화박물관' 건립을 필두로 '봉준호 카페거리', '봉준호 생가터 조성', '봉준호 동상', '기생충 조형물 설치' 등 멀미 날 정도다."[62]

〈기생충〉과 BTS가 일본에 준 충격

영화 〈기생충〉의 아카데미 4관왕에 이어, 2월 말엔 BTS가 새 앨범 《MAP OF THE SOUL: 7(맵 오브 더 솔: 7)》으로 영미 차트 동시 석권을 예약하는 일이 벌어졌다. 미국 빌보드와 영국 오피셜 차트 동시 1위는 2019년 《맵 오브 더 솔: 페르소나》에 이어 두 번째였다. 특히 빌보드에서 2년 안에 4연속 앨범 차트 1위에 오른 것은 비틀스 이후 처음, 대기록이었다.[63]

BTS의 국내 앨범 누적 판매량은 가온 차트 3월 앨범 차트 기준으로 총 2,032만 장을 넘김으로써 한국 가요계 사상 최다 음반 판매량을 기록했다. 종전까진 가수 신승훈이 1,700만 장으로 최다 기록을 보유하고 있었다. BTS가 앨범 누적 판매량 1,000만 장을 돌파한 것은 2018년 11월이었는데, 불과 1년 4개월 만에 그런 대기록을 세운 것이다.[64]

BTS의 새 앨범은 일본에서도 오리콘 데일리 앨범 차트(2월 24일) 1위를 차지했다. 일본에서 BTS와 더불어 〈기생충〉이 독보적인 인기를 누리자 일본 언론들은 속속 분석 기사를 내놓았다. 『마이니치신문』은 그 이유를 '마당 문화'에서 찾았다. 『마이니치신문』는 "한국의 마당놀이를 보고 있으면 통역 없이도 웃을 수 있다"며 "이는 언어의 장벽을 뛰어넘은 영화 〈기생충〉과 비슷하다"고 말했다. 이 신문은 K-pop의 인기를 "〈전국노래자랑〉의 인기"로 분석하면서 "일본 노래자랑과 달리 한국은 관객들도 모두 의자에서 서서 노래하고 춤춘다"고 했다. 한국의 역동적 정치 상황도 대중문화의 원천으로 해석했다. "한국 정치에 대한 헝그리 정신이 대중문화, 특히 영화 에너지의 원천"이며 "선거철에도 각 진영 지지자들은 개사한 히트곡을 부르고 춤춘다. 도시의 혼돈이 크리에이터들에게 자극을 준다"는 것이다.

일본 『아사히신문』 인터넷판은 비빔밥 문화를 언급했다. "영화 〈기생충〉과 그룹 BTS로 한국 대중문화는 일본·아시아를 넘어 세계 쇼 비즈니스를 석권하려 한다"며 "다양한 재료를 넣어 하나의 요리로 만드는 비빔밥 같은 한국 대중문화 속에 특유의 '한恨'의 정서가 더해지며 폭발력을 갖고 있다"고 분석한 것이다. 또한 "K-pop의 가사는 영화나 드라마처럼 서사가 분명하다"며 "2003년 드라마 〈겨울연가〉 한류는 '서브컬처'였지만, 지금 한류는 '메인컬처'"라고 썼다.[65]

양성희는 〈기생충〉과 BTS의 '진짜 의미'를 '세계에 통한 한국어의 승리'로 해석했다. "방탄과 〈기생충〉의 공통점은 온전히 한국어로 이뤄진 콘텐츠의 성공이란 점이다. 한국의 특수한 현실에서 출발한 이야기와 노랫말로 전 세계가 공감하는 보편적 주제의식을 끌어냈다. 언어·국적·인종의 장벽을 넘는 '초국적성'의 획득이다. 둘 다 한류의 역사를 새로 썼고, 동시에 서구 주류 대중문화의 역사도 새로 썼다.……그들은 한류만 진화시킨 게 아니다. 다원주의·다양성의 바람에 올라탄 서구 주류 문화의 세계사적 변화도 이끌어내고 있다."[66]

〈기생충〉과 BTS의 그늘에 가려지긴 했지만, 2월 29일 폐막한 제70회 베를린영화제에서 홍상수 감독이 그의 24번째 장편인 〈도망친 여자〉로 은곰상에 해당하는 감독상을 수상했다. 유선희는 "최근 1년 사이 칸과 아카데미에 이어 베를린에까지 깃발을 꽂은 한국 영화는 이제 변방에서 중심으로 확실히 그 좌표를 옮겨 적게 됐다"고 전제하

한국 영화계에 제2의 봉준호가 나오기 위해서는 대기업의 배급·상영 겸업을 금지해서 영화 한 편이 전국의 스크린을 싹쓸이하는 스크린 독과점을 해결해야 한다는 주장이 나오고 있다. 2019년 개봉해 흥행에 성공한 영화 〈겨울왕국 2〉와 〈어벤져스: 엔드게임〉.

면서도 그간 영화계에서 수없이 지적되어온 숙원 사업들에 주목했다. 그는 "먼저 대기업이 배급과 상영을 겸업하는 수직 계열화 문제다. 한국 영화 산업의 구조를 살펴보면, 극장 입장료 매출의 97퍼센트를 차지하는 씨제이·롯데·메가박스 등 멀티플렉스 3사가 배급 시장까지 장악하고 있는 모양새다"며 다음과 같이 말했다.

"'포스트 봉준호법'에 서명한 영화인들은 이런 상황에 대해 '미래의 봉준호들이 반지하를 탈출하는 데 쓰일 자금이 극장으로 흡인되고 있다'고 꼬집었다. 미국의 패러마운트 법(1948)처럼 한국도 상영·배급의 겸업을 금지해야 한다는 것이 이들의 주장이다. 영화 한 편이 2,000개가 넘는 스크린을 싹쓸이하는 스크린 독과점도 반드시 해결해야 할 문제로 꼽는다. 지난해 〈겨울왕국 2〉와 〈어벤져스: 엔드게임〉의 상영 점유율은 70~80퍼센트에 달했다. 스크린 10곳 중 7~8곳이 이들 영화만 상영했다는 뜻이다. 영화 한 편이 1일 상영 횟수 30퍼센트를 초과할 수 없도록 법으로 규제하는 프랑스와 같이 우리도 '스크린 상한제'를 실시해야 한다는 주장이 나오는 이유다."[67]

'코로나19' 사태와 '온라인 공연 비즈니스 모델'

2020년 봄 전 세계를 강타한 '코로나19' 사태에서 한국이 잘 대처하면서 '방역 한류'니 'K방역'이라는 말이 탄생했다. 아주대학교 사회학과 교수 노명우는 「국가 대항 '코로나 올림픽'이 아니지 않은가」라는 칼럼에서 "한국이 K방역이라는 신조어를 만들어낼 정도로 코로나19에 잘 대처하는 동안, 선진국이라 생각했던 나라의 실상을 가리고 있던 베일이 찢어졌다. '헬조선'이라는 단어가 빠르게 넷상에서 사라지고 부정적 뉘앙스가 제거된 '국뽕'이 새로운 유행어가 되었다"고 했다.[68]

'코로나19' 사태로 인해 물리적(사회적) 거리 두기가 일상이 되면서 관객을 마주 해야 하는 공연 문화를 얼어붙게 만들었다. 이에 수익을 염두에 두지 않은 온라인 공연이 이루어졌다. 4월 18~19일 성공리에 개최된 BTS의 '방에서 즐기는 BTS 콘서트(방방콘)'는 유튜브 공식 채널 '방탄 TV'를 통해 기존 공연 실황을 모아 24시간 동안 스트리밍 서비스를 했는데, 총 조회수는 5,059만 건이었으며, 최대 동시 접속자 수는 224만 명을 넘겼다.

이 밖에도 4월 19일 세계보건기구WHO와 글로벌 시티즌이 기획한 온라인 콘서트 '원 월드: 투게더 앳 홈One World: Together At Home', 24~26일 콜드플레이Coldplay·브루노 마스Bruno Mars 등 팝스타 65개 팀의 공연 실황을 유튜브에서 보여준 워너뮤직그룹의 온라인 음악 페스티벌 '플레이 온 페스트Play OnFest' 등이 집에 갇힌 관객들을 위로하고 나섰다.

하지만 '코로나19' 사태가 지속된다면 이런 공연들은 '지속가능성'의 차원에서 명백한 한계를 안고 있었다. 온라인 공연의 비즈니스 모델은 가능한가? SM엔터테인먼트는 네이버와 공동 글로벌 사업을 추진하는 양해각서를 맺고, 코로나19 시대가 만든 언택트Untact 문화와 5G 기술의 결합이라는 답을 내놓았다. 4월 26일 네이버 V 라이브를 통해 생중계한 그룹 슈퍼엠의 콘서트 '비욘드 라이브beyond LIVE'는 세계 최초로 시도된 온라인 공연 비즈니스 모델이었다. 전 세계 109개국, 7만 5,000여 명이 3만 3,000원의 유료 티켓을 구매하고 동시 접속함으로써 공연 매출액은 약 24억 7,000만 원을 기록했다.

이 공연은 무대 위로 호랑이들이 뛰어다니더니, 이윽고 공연장 전체가 콜로세움으로 변하는 등 증강현실AR이 접목된 그래픽을 구사했고, 카메라가 무대 중앙으로 난입해 퍼포먼스를 '초밀착'으로 담아내는 가운데 채팅창은 다양한 언어로 적힌 열광으로 가득 찼다. 세계 각국의 '방구석'에서 응원봉과 팻말을 흔드는 200명의 모습이 무대 위 화면을 가득 채우기도 했다. SM엔터테인먼트는 이와 같은 방식으로 자신들이 프로듀싱한 중국 그룹 웨이션브이(5월 3일), SM 소속 그룹

NCT DREAM(5월 10일), NCT 127(5월 17일) 등의 공연을 펼치기로 했다.

SM엔터테인먼트는 "비욘드 라이브는 전 세계 팬들을 한번에 만날 수 있는 새로운 공연 비즈니스 모델의 가능성을 타진해볼 수 있는 기회"라며 "오프라인과 온라인 콘서트를 병행하는 미래가 올 수도 있다"고 말했다. 반면 이규탁은 "더 많은 사람들이 공연을 쉽고 편하게 즐길 수 있게 한다는 점에서 온라인 공연 확산은 공연 문화 대중화에 큰 역할을 할 것"이라면서도 "넷플릭스가 영화 산업의 양극화를 낳았듯, 많은 비용을 지불하고서라도 꼭 봐야 할 대규모 온·오프라인 공연과 무료로 즐기는 소규모 온라인 공연의 양극화를 부추기는 결과로 이어지지 않을까 우려된다"고 말했다.[69]

한류는 이른바 'AC After Corona' 시대에도 건재할까? 지난 30여 년간 '한류 위기론'은 주기적으로 나타났지만, 모두 다 성급한 것이었음이 드러났다. 물론 한류의 성장세도 언젠간 꺾이고 주저앉을 수 있겠지만, 적어도 당분간 그런 일은 일어나지 않을 것으로 보인다. 이제 우리에게 남겨진 문제는 한류에 대한 성찰적 평가이겠지만, 시장에서 팔리는 '상품'을 통해서도 상호 이해·공감·소통은 얼마든지 가능하다는 점에도 관심을 기울이면서 좀더 현실적이고 구체적인 비평에 임하는 것도 좋지 않을까?

연꽃은
수렁에서 핀다

나는 지금까지 대중의 일상적 삶에서 뜨겁게 발현되는 놀이 문화, 대중문화에 대한 뜨거운 열정, 그런 열정을 쏠림 현상으로 전화轉化한 한국 사회의 소용돌이 체제, 생존 본능으로 고착된 치열한 경쟁 문화 등으로 대변되는 '대중문화 공화국'이라는 토양이 한류를 만들었다는 점을 말하고자 했다.

이런 논의들을 종합해보자면, 한류를 만든 요인은 ① 뛰어난 혼종화·융합 역량과 체질, ②근대화 중간 단계의 이점과 '후발자의 이익', ③ '한恨'과 '흥興'의 문화적 역량, ④ '감정 발산 기질'과 '소용돌이 문화', ⑤해외 진출 욕구와 '위험을 무릅쓰는 문화', ⑥ 'IT 강국'의 시너지 효과, ⑦강한 성취 욕구와 평등 의식, ⑧치열한 경쟁과 '코리안 드림', ⑨대중문화 인력의 우수성, ⑩군사주의적 스파르타 훈련 등 10가지로 정리할 수 있겠다.

뛰어난 혼종화·융합 역량과 체질

첫째, 뛰어난 혼종화·융합 역량과 체질이다. 2004년 9월 세계 최대 배낭여행 사이트인 'lonelyplanet' 웹사이트에 "한국이 여전히 존재하는 것은 기적이다"는 주장이 올랐다. 그 이유론 "중국은 한국의 서쪽에서 다가오고 있고, 일본은 동쪽에서 한국을 찌르고 있다. 한국이 수세기 동안 본의 아니게 전쟁 게임에 주인으로 참가했다는 것은 이상한 일이 아니다"며 결국엔 살아남았다는 설명을 제시했다. 이에 대해 항의가 잇따르자, 'lonelyplanet' 웹사이트 측은 "비하가 아니라 경탄"이라고 주장했다.[1]

사실 국내에서도 그런 '경탄'의 관점에서 한국 역사를 다시 볼 걸 주장하는 사람이 적지 않다. 이른바 '사대주의 논쟁'이다. 사대주의는 주체성이 없이 강한 나라나 사람을 섬기는 태도를 말한다. 사대주의는 늘 비난의 대상이 되어왔지만, 한국의 사대주의에 대해선 다른 의견들도 있다는 것이다. 예컨대, 김대중은 『김대중 옥중서신』(1984)에서 "사대주의를 우리는 매우 부끄럽게 생각하지만 세계 역사를 객관적으로 전경적으로 볼 수 있는 어떤 미국의 학자는 한국의 사대주의를 대륙의 압력 아래서 자기의 생존을 유지하려는 슬기로운 지혜라고도 평하고 있습니다"라면서 다음과 같이 주장했다.

"우리 민족은 비록 형식적으로는 사대를 했지만 내부적으로 특히 국민 대중은 자기의 주체성을 튼튼히 유지했습니다. 중국 문명의 월등한 영향 속에서도 문화 전반의 뚜렷한 자기 특색을 보존해왔습니다. 의복, 음식, 언어, 주거 등 전체 생활이 분명한 특색을 간직했으며, 경제면에서는 저 유명한 화교의 침투와 지배를 완전히 봉쇄하였습니다. 동남아시아 각국이 지금까지도 그 경제권을 화교의 손에 내맡기고 있는 현실을 보면 우리는 우리 조상에게 감사하지 않을 수 없을 것입니다."[2]

이런 나라가 지구상에 얼마나 있을까? 그런 역사의 과정에서 길러진 게 바로 뛰어난 혼종화·융합 역량과 체질이다. "AFKN은 40년 동안 사실상 한국의 TV 방송이나 다름없었다"는 사실을 부정적으로 보거나 비판적으로 보는 게 그간 학계의 주류 시각이었지만, 한류는 그런 토양의 덕을 보았음을 부인하기 어렵다. 아니, 미국 대중문화에 압도당하지 않고 나름의 주체적 이용 방안을 모색해왔다는 걸 긍정해야 하지 않을까?

영국의 커뮤니케이션학자 제러미 툰스탈Jeremy Tunstall이 1977년에 출간한 책의 제목처럼 "미디어는 미국적The Media Are American"이었다.[3] 이미 1920년대에 할리우드 영화는 전 세계 모든 상영 영화의 5분의 4를 차지했으며,[4] 1925년 할리우드 영화는 영국 시장의 95퍼센트, 프랑스의 77퍼센트, 이탈리아의 66퍼센트를 장악했다.[5] 20세기는 적어도 제2차 세계대전 이후 '코카콜라화Coca-Colonization', '맥도날드화McDonaldization' 등의 조어들로 대변되는 '미국의 세기American Century'였음을 부정하긴 쉽지 않다. 기분이 나쁘더라도 말이다.

코카콜라와 맥도날드가 '문화적 동질화cultural homogenization'의 상징으로 거론된 것은 도처에 편재하는 이들의 시각적 가시성 때문이었지만,[6] 미국 대중문화는 그 이상의 힘으로 세계 대중문화를 동질화했다. "세계는 현대적으로 될수록 그만큼 더 미국적으로 된다"(루퍼트 머독)거나 "모든 사람에겐 두 개의 고향이 있다. 하나는 그가 자라난 곳이고, 다른 하나는 미국이다"(밀로스 포먼)는 말은 지나친 과장일망정,[7] 한류는 그런 동질화에 빨리 적응하면서 혼종화와 융합을 성공적으로 이루어낸 대표적 사례였다고 보아도 무방하리라.

미국 대중문화의 세계적 패권은 21세기 들어서도 마찬가지다. 전 세계 박스오피스 흥행 상위 20위권 영화 중 미국 국적이거나 미국이 공동 제작에 참여한 영화는 2015년에 18편, 2016년에 19편이었다. 반면 2018년 기준 한국에서 역대 박스오피스 상위 10위권 영화 중 미국 영화는 4위인 〈아바타〉 1편뿐이었다. 상위 20위권에선 미국 영화가 4편이었고 나머지는 모두 한국 영화였다.[8] 이런 저력이 한류에도 작동했다고 보아야 하지 않을까?

류웅재가 잘 지적했듯이, "한류는 온전히 한국적인 콘텐츠로만 채워진 것은 아니며, 지역과 수용자의 취향에 맞게 글로벌하고 동시에 지역적인, 즉 글로컬glocal한 요소를 배합하고 뒤섞은 이종교배Hybridization, 음식으로 비유하자면 짬뽕 혹은 가든 샐러드적인 요소를 가지고 있기에 가능한 것이었음을 이해해야 한다".[9]

한국인의 혼종화·융합 역량과 체질은 '비빔밥 정신'으로 표현해도 무방하리라. '비빔밥 정신'의 핵심은 "섞여야 산다"이다. 이런 '비빔밥 정신'이 시대적 대세로 떠오른 지 오래인데, 그게 바로 '컨버전스convergence'니 '융합'이니 하는 것이다. 단지 기술적 요구와 필요에 의해 '컨버전스'나 '융합'을 하는 것과 달리, 한국인은 역사적으로 늘 '컨버전스'와 '융합'의 삶을 살아왔기에 다른 나라들에 비해 비교우위가 있다고 볼 수 있다.

근대화 중간 단계의 이점과 '후발자의 이익'

둘째, 근대화 중간 단계의 이점과 '후발자의 이익'이다. 세계체제 차원의 거시적인 분석과 평가를 시도한 백원담은 "한류란 우리가 식민지, 분단, 파행적 자본의 세월을 견뎌 주변부에서 반주변부로 가까스로 수직 이동, 중심부의 배제와 착취의 논리를 피눈물로 익히며 자본의 세계화라는 각축 속에서 겨우 따낸 상가 입주권"이라고 말한다.[10] 다만, 세계체제에서 한국과 같은 위치에 처한 나라들이 모두 대중문화 수출에 성공한 건 아니므로, 이런 거시적 시각은 한국 내부의 다른 점도 살펴보는 중시·미시적 시각에 의해 보완할 필요가 있다.

'상가 입주권'이란 표현보다는 백원담이 2002년 '이미지 오브 코리아' 좌담 중에 한 다음 말이 더 가슴에 와닿는다. "서구가 우리 몸속을 통과해서 형성된 문화, 그것이 파행적인 자본주의라고 할지라도 결과적으로 형성된 최첨단 대중문화가 한류로 부상하게 된 거죠."[11] 우리 몸속을 통과했다는 점이 중요하다. 즉, 모든 후발 국가가 한국처럼 될 수는 없다는 뜻이기도 하다. 이는 한국이 그만큼 잘났다는 뜻이 아니라, 한국 사례를 일반화시켜 다른 제3세계 국가들에 대해 이러쿵

저러쿵하는 건 문제가 있다는 뜻이다.

근대화 중간 단계의 이점은 당연히 '후발자의 이익'을 포함하는데, 한국은 압축 성장의 과정에서 개방적인 자세로 '후발자의 이익'을 극대화시키는 역량을 발휘했다. 그런 '개방적인 자세'엔 한국보다 앞서간 나라들의 대중문화를 밥 먹듯이 모방하고 표절까지 하는 행태도 포함되어 있지 않느냐는 비판도 가능하겠지만, 그건 후발 주자들이 거치는 과도기적 과정으로 이해하는 게 합리적이다.

그런 과정에서 문화 제국주의와 문화 종속을 우려하는 목소리가 높았지만, 전형적인 제3세계 국가를 모델로 삼은 문화 제국주의·문화 종속 이론은 적어도 한국엔 들어맞지 않는다는 것이 밝혀졌다. 오히려 한국이 '아류 문화 제국주의' 국가가 되는 게 아니냐는 우려의 목소리가 나올 정도로 말이다. 실패가 아닌 성공이 비판의 근거가 되는 역전 현상이 벌어진 것이다.

한류에 한국적인 게 없다는 비판도 있지만, 우리의 생활양식과 소비 문화엔 한국적인 게 얼마나 있을까? 우리의 일상적 삶과는 별 관계도 없는, 박물관에 고이 모신 유물을 '한국적인 것'이라고 주장하려는 게 아니라면, 문화적 본질주의에서 좀 자유로워져야 하는 게 아닐까? "〈서편제〉보다 〈쉬리〉가 더 한국적이라고 말할 수 있다"는 탁석산의 주장을 음미해볼 필요가 있겠다. 김수정·김수아가 잘 지적했듯이, 한류 현상 가운데 자주 "한국적인 게 없다"는 말을 듣는 K-pop도 '집단적 도덕주의'라는 한국적 정체성을 갖고 있다는 걸 상기해보는 것도 좋겠다.

그런데 한류에 한국적인 게 없다는 비판과 '아류 문화 제국주의'

맺는말   연꽃은 수렁에서 핀다

우려는 서로 잘 어울리는 건 아니다. 미국의 문화 제국주의에 대한 전형적인 비판은 "미국은 우리들의 뇌를 침공하기 위해 트로이의 목마를 파견하고 있다. 미국이 만들어낸 대중매체 세계의 영웅들이 바로 그 트로이의 목마다"(프랑스 언론인 이그나시오 라모네) 따위의 것인데,[12] 한류에 한국적인 게 없다면 다른 나라 사람들의 뇌를 침공해서 한국이 얻을 수 있는 게 무엇이 있을까? 금전적 이익? 자동차를 수출해 돈을 버는 게 우려하거나 비판받을 일이 아니라면, 그게 문제될 건 없지 않을까? 오히려 '집단적 도덕주의'를 수출하는 게 수입국 소비자들에게 나쁜 점보다는 좋은 점이 많다거나 그렇지 않다는 논쟁을 하는 게 낫지 않을까?

'한'과 '흥'의 문화적 역량

셋째, '한'과 '흥'의 문화적 역량이다. 김지하는 "인간 깊숙이 자리한 한을 흥으로 끌어올려 눈물을 나게 하는 우리의 문화적 역량"을,[13] 이어령은 "노는 데는 확실히 끼가 있는 것이 우리 민족"이라는 점을 지적했다. 『한류 DNA의 비밀』이란 책은 한류의 주요한 성공 원인을 무엇으로 꼽든 간에 한류에 대해 한마디씩 던질 수 있는 위치에 있는 사람은 모두 "한국 사람들이 좀 다르잖아요"라는 말을 은연중에 꺼냈다고 말했다.[14]

　나 역시 이런 평가에 동의하되, '대중문화 공화국'이라는 좀더 구체적인 맥락에서 한국인의 문화적 역량을 살펴보고자 했다. 이미 본문에서 보았듯이, 넓은 의미의 대중문화에서 한국이 세계 1위이거나 최고 수준인 것들은 하나둘이 아니다. 좋건 나쁘건 한국인들은 뭔가 유별나다는 것이다. 이런 문화주의적 시각은 그런 특성을 강화시킨 정치경제적 조건과 더불어 평가할 때에 더욱 설득력을 갖는다는 건 두말할 나위가 없다.

앞서 지적했듯이, 이런 문화적 역량에서 과거 '문화 종속'으로 우려했던 서구 문화 지향성도 도움이 되었다. 한류를 이끈 주역들은 '할리우드 키드'였으며, 대중문화에 관심을 갖고 있는 보통 사람들도 할리우드의 문화적 세례에서 자유로울 수 있는 사람은 거의 없었다. 이후 세대 역시 'AFKN 키드'거나 '세운상가 키드'거나 비슷한 서구 지향성을 갖고 성장했던바, 이는 '세계화' 감각을 키우는 데에 기여했다고 볼 수 있다.

이런 이야기를 '한국인 예찬론'으로 이해하면 곤란하다. 세상 모든 일엔 명암이 있으며, '한'과 '흥'의 문화적 역량 역시 다를 게 없으니 말이다. 김열규는 흥에서 발원되는 신명神明은 순기능이 강조되지만, 역기능은 집단적 광기와 '굿이나 보고 떡이나 먹지'라는 말로 대변되는 놀자판 문화라고 했다. 그는 한국인이 자랑스럽게 생각하는 정情도 "정의감과 비판적인 눈의 위축"이라는 역기능을 갖고 있다고 말한다.[15]

최준식은 한국인에게 행복은 과연 가능하겠느냐고 물으면서 이렇게 말한다. "우리는 지금 어떤 문화 속에서 살고 있습니까? 한국 사회 전체가 '무한 경쟁'과 '편 가르기', 자신 혹은 자기가 속한 공동체가 무조건 옳다는 독선적인 이기주의, 자신의 잘못은 모두 남 때문이

맺는말 연꽃은 수렁에서 핀다

라는 '남탓주의', 그러면서도 남들을 따라 하지 않으면 견디지 못하는 '무줏대주의'가 팽배해 있습니다."[16]

어디 그뿐인가. 분노가 쌓여 생기는 화병Hwabyung이 국제정신의학계에 한국적 정신신경 장애 증상으로 정식 등록된 사실은 무엇을 말하는가? 서울백병원 정신건강의학과 교수 우종민은 "남들과 같아야 한다는 동조 사회Conformity Society의 성격이 강한 한국은 밖으로는 남과 같은 모습을 보이지만, 안으로는 그와 다른 모습을 갖게 된다"며 "사람들은 이 같은 이중성을 드러내는 대중문화 상품을 소비하며 대리만족을 얻는다"고 말한다.[17]

이미 머리말에서 밝혔듯이, 나는 이런 삶의 조건이 대중문화를 더 갈구하게 만들고, 그런 대중문화엔 오랜 역사를 자랑하는 '한'과 '흥'의 문화적 습속이 배어 있기 마련이며, 이는 다른 조건을 가진 나라들의 대중문화에 비해 '우월'한 것이 아니라 '차별성'을 갖는 그 나름의 경쟁력을 갖는다는 걸 말하고자 한 것이다. 달리 말하자면, 한류 연구는 일정 부분 한국학 연구일 수밖에 없으며 그래야만 한다는 것이다.

'감정 발산 기질'과 '소용돌이 문화'

넷째, '감정 발산 기질'과 '소용돌이 문화'다. 앞서 말한 '한'과 '흥'의 문화적 역량을 좀더 구체적으로 살펴보는 것으로 이해하면 되겠다. 한중일은 비슷한 문화를 갖고 있는 것 같지만, 감정 발산에선 크게 다르다. 장례식장에서 대성통곡大聲痛哭하는 문화는 한국이 유일하다.[18]

정해승이 잘 지적했듯이, "놀기를 즐기는 것으로만 친다면야, 남미나 남부 유럽 등 우리보다 몇 배 선수인 나라들도 많"지만, "자신의 감정을 그대로 발산하는 한국인 특유의 기질"은 독보적이다.[19]

한국 특유의 노래방 문화가 잘 말해주듯이, 한국인들은 노래를 통한 감정 발산에도 능하다. 한국인들이 노래를 좋아하고 잘한다는 외국인들의 증언은 오래전부터 수도 없이 나왔지만, 주한 미 공보원 공보관 패트릭 리네핸Patrick Linehan의 다음 증언이 가장 인상적이다. "'한국은 내가 가본 나라 중에서 가장 노래를 많이 부르는 나라'라는 것이다. 나는 핀란드, 스웨덴, 덴마크, 러시아, 뉴질랜드, 일본, 태국, 베트남, 영국, 아일랜드 등 여러 나라에서 살았고 여행도 해보았다. 그러나 어떤 나라에서도 모든 사람들이 이처럼 노래를 잘하는 경우는 보지 못했다. 한국인들은 언제 어느 곳에서라도 노래를 부를 자세가 되어 있다. 혼자서도 부르고 여럿이 같이 부르기도 한다."[20]

공연을 하는 가수의 노래를 일제히 열정적으로 따라 부르는, 한국 특유의 '떼창singalong'은 어떤가?[21] 많은 전문가가 떼창의 이유를 한국의 집단주의에서 찾는다. 방송인 김구라는 "내가 11만 원 냈는데 뽕을 뽑아야겠단 각오로 덤빈다"는 이유를 제시하기도 했다.[22] 그 이유가 무엇이건, 중요한 점은 한국인들은 감정 발산의 기회를 가수만 독점하게 놔두진 않는다는 점이다.

그런 '발산의 문화'가 대중문화 발전에 유리하다는 건 두말할 나위가 없다. 정희진은 "근대의 발명품인 이성理性이 정적이고 따라서 위계적인 것이라면, 감정은 움직이는 것이고 세상과 대화하는 것이다"고 했는데,[23] 그런 '대화'가 때론 거칠고 시끄럽기도 하지만, 대중문화라는 마당을 통해 표출될 때엔 뛰어난 경쟁력을 갖게 되는 게 아닐까? 게다가 '1,000만 신드롬' 등으로 대변되는 집단적 소용돌이 문화가 내적으론 많은 문제를 낳았음에도 외형적으로 수출 산업적 차원에선 긍정적으로 작용했다고 보아야 하지 않을까?

미국 하버드대학 경제학과 교수 에드워드 글레이저Edward Glaeser는 『도시의 승리』(2011)에서 혁신과 학습을 조장하는 데 도시가 가진 우위의 대표적 사례로 한국이 이룬 성공을 들었다. 서울은 수십 년 동안 전국 각지에서 인재들을 끌어오며 번영한 도시로서 위상을 높였는 바, 서울의 크기와 범위는 서울을 위대한 혁신의 집합소로 만들었다는 것이다. 그는 다음과 같이 말한다.

"상경한 근로자들은 농촌 공동체에서 고립된 생활을 접고 세계경제의 일부가 될 수 있었다. 서울은 한국인들만을 서로 연결해주는 것은 아니다. 서울은 오랫동안 한국과 세계 국가들 사이의 연결고리 역할을 해왔다. 서울은 한국과 아시아 국가들, 그리고 유럽과 미국을 연결하는 관문이다. 서울의 교통 인프라는 사람들뿐 아니라 그들의 머릿속에 담긴 아이디어가 한국의 안팎으로 흐를 수 있게 해준다."[24]

나는 한국의 소용돌이 문화에 대해 그것이 서울만 키우고 지방을 죽인 원흉이라는 점에서 매우 비판적이지만, 철저히 경제 논리로만 보자면 이른바 '선택과 집중'의 '네트워크 효과network effect'를 낳을 수 있다는 점을 인정한다. 한류의 주역들이 어디에 살고 있는지를 보라. 거의 다 서울이다. 요즘 유행하는 '협업'을 할 수 있는 최상의 조건을 '서울 공화국'이라는 괴물이 제공해준 것이다. 우리는 수시로 일어나는 거대한 촛불 집회를 정치적으로만 해석하는 경향이 있지만, 그건 거대한 군중집회에서 느낄 수 있는 감정 발산의 진단적 전율을 만 끽하는 걸 용이하게 만든 '서울 공화국' 체제의 산물이다.

해외 진출 욕구와 '위험을 무릅쓰는 문화'

다섯째, 내부 시장의 한계로 인한 해외 진출 욕구와 '위험을 무릅쓰는 문화'다. 신현준은 한류의 태동이 1997년 말에 한국을 강타한 이른바 'IMF 환란' 직후라는 것은 우연이 아니라고 했고,[25] 이어령도 IMF 가 없었더라면 한류는 생겨날 수 없었다고 했다.[26] 특히 음악 시장은 'IMF 환란'에 이어 디지털화로 인해 고사 위기에 빠졌다는 점도 간과 할 수 없다. 드라마 등 다른 대중문화 장르도 한국 시장의 협소함으로 규모의 경제를 실현할 수 없다는 판단, 한국 경제의 높은 해외 의존도 로 인해 여전히 한국인을 사로잡고 있는 "수출만이 살 길"이라고 하 는 멘털리티도 한류의 성장에 큰 역할을 했다고 볼 수 있다.

비교적 내수 시장이 크고 해외 진출 욕구가 약한 일본이 이른바 '갈라파고스 신드롬'에 빠진 것과는 달리, 내수 시장이 작을 뿐만 아 니라 실제보다 더 작은 걸로 간주하는 성향이 강한 한국은 기업뿐만 아니라 개인도 해외 진출에 뜨거운 열정을 갖고 있는데다 '위험을 무 릅쓰는 문화'도 세계 최고 수준이었던바, 어찌 보자면 한류는 당연한 결과가 아니냐는 반문이 가능할 정도였다.

'위험을 무릅쓰는 문화'는 '빨리빨리 문화'와 동전의 양면 관계다. 그간 한국인의 '빨리빨리' 기질은 비판의 대상이 되어왔지만, 디지털 시대를 맞아 재평가되었고 이젠 예찬의 대상으로 격상되었다. 한류로 대변되는 한국 대중문화의 성공도 '빨리빨리' 기질의 덕을 보았다는 건 두말할 나위가 없다. 무엇보다도 '빨리빨리'는 빠른 변화에 대한 적응 능력을 키웠기 때문이다.

주한 미 상공회의소 전 회장 제프리 존스Jeffrey Jones는 자신의 저서 『나는 한국이 두렵다』(2000)에서 "한국 사회는 무척 빠른 속도로 변화한다. 한국 사람들은 단지 그 변화의 속도를 느끼지 못할 뿐이다"고 말했다. "나는 세계 어디에서도 한국처럼 변화에 대한 부담(혹은 두려움)이 적은 사람들을 보지 못했다. 핸드폰, 컴퓨터, 자동차 등 다른 나라에서라면 5~10년 족히 쓸 물건도 한국에서는 1~2년만 되면 골동품이 된다. 한국 사람들은 그만큼 변화에 익숙하며 변화를 좋아하고, 또 즐기기까지 한다."[27]

재일교포 영화인 이봉우는 "한국 사람들은 무엇이든 빨리빨리 하고 싶어 하죠. 칸이나 베를린영화제에 가서 한국 영화 인사들과 명함을 교환한 뒤 2~3년 지나서 가면 예전 사람들을 볼 수 없어요. 다시 명함을 교환한 뒤 다음에 가보면 또 다른 사람이 와요. 일본 사람들은 저에게 '영화한 지 15년밖에 안 됐어요?'라고 하는데 한국 사람들은 '15년이나 됐어요?'라고 합니다. 한국은 한 가지 일을 오래 하는 사람을 평가하지 않는 것 같아요"라고 말했다. 그는 한국 사람에게 영화가 굉장히 잘 맞는 일이라고 했다. "영화는 10년 촬영하는 게 없잖아요. 아무리 오래 해도 6개월입니다. 집중력이 있는 한국 사람에게 굉장히 잘 맞는 산업이죠. 그런데다 분단의 역사, 민족의 슬픔 등 소재가 많아요."[28]

중국 런민대학 교수 마샹우는 "한국인들이 부끄러워했고 한때 세계적 웃음거리였던 빨리빨리 문화도 한류의 기세에 한몫하지 않나 싶다. 사실 음악이나 드라마, 영화 등의 빠른 전개는 한류에 빠진 중국인들을 매료시키는 요인이기도 하다. 빨리빨리 습성에서 기인하는 부지런함과 과감한 투자도 거론하지 않으면 섭섭하다"고 말했다.[29]

한국인의 '빨리빨리' 기질을 다룬 SBS 스페셜 〈메이드 인 코리아 5: 빨리빨리 한국인〉(2005)은 " '빨리빨리'는 식민지와 한국전쟁을 겪는 동안 어떻게 해서든지 살아남아야 했던 한국인의 생존 조건이었다"고 풀이했지만,[30] 어떻게 해서든지 살아남아야 하는 처지는 오늘날에도 달라진 게 없는데다, '기름 한 방울 안 나는 나라'라는 말로 대변되는 해외 진출 욕구가 강한 한국에서 한류를 고상한 문화 교류로만 보긴 애초부터 어려운 일이었으리라.

'IT 강국'의 시너지 효과

여섯째, 'IT 강국'의 시너지 효과다. 공공 와이파이 다운로드 속도만 놓고 보더라도 2018년 말 기준 한국은 영국 런던의 7배, 미국 뉴욕의 11배, 샌프란시스코의 13배나 빠른 수준일 정도로 독보적이다.[31] 김상배가 잘 지적했듯이, 한류의 성공은 문화와 IT가 복합된 CT Culture Technolgy(문화기술) 분야에서 한국이 보유한 지식 역량이 바탕이 되었다.[32]

한국의 IT 문화는 지나칠 정도로 오락 코드 중심이라는 점이 문제

맺는말 연꽃은 수렁에서 핀다

지만, 적어도 대중문화 분야에선 한국이 세계 최고 수준으로 앞서건 IT가 한류의 경쟁력이 된 건 분명하다. 아니 IT 자체가 대중문화였다. 한때 전국에 2만 개가 넘었던 PC방을 생각해보라. 놀기 위해 그곳에 간 것이지, 공부하기 위해 간 사람이 얼마나 있었겠는가. 경제적으론 한류의 최대 효자인 게임은 'PC방 열풍'이라는 기반 위에서 성장한 것이다.

연예 매니지먼트 기획사들이 홍보를 위해 공격적으로 IT 기술을 최대한 활용했다는 점도 간과할 수 없다. SM엔터테인먼트를 필두로 하여 기획사들은 유튜브, 페이스북, 트위터 등을 최대한 활용해 해외 팬을 창출하고 관리하는 데에 공격적일 정도로 적극적인 면모를 보였다. "제2한류는 SNS가 한국에 준 선물"이라는 말이 결코 과장되게 들리지 않을 정도로 디지털 혁명은 대중문화계의 후발 주자이지만 IT 기술은 앞섰던 한국에 매우 유리하게 작용했다.

수요 측면에서 보자면, 'IT 강국'으로 나아가는 데엔 앞서 말한 '빨리빨리 문화'가 적잖은 영향을 미쳤다. 한글과컴퓨터 대표이사를 지낸 전하진은 휴대전화, 인터넷, 전자상거래의 성장 속도가 한국이 세계에서 제일 빠른 건 한국인의 급한 성격 또는 '냄비 근성' 때문이라고 분석했다.[33] 벤처 기업가 이민화도 '빨리빨리 문화'와 '냄비 근성'을 한국이 벤처 사업을 통해 세계적인 부국으로 나아갈 수 있는 중요한 자원으로 꼽았다.[34]

아닌 게 아니라 그 '빨리빨리' 덕분에 한국의 인터넷은 세계에서 가장 빠르다. 일본의 한 기자는 "한국에서 3년 살다가 일본 가서 인터넷을 쓰니까 정말 답답해서 나도 '빨리빨리' 소리가 절로 나오더라"

고 털어놓았다.[35] 인터넷만 빠른 게 아니라 인터넷을 쓰는 사람도 빠르다. 2000년대 중반 한 조사에 따르면 한국 네티즌들이 한 웹 페이지에 머무르는 시간은 평균 28초로 세계에서 가장 짧았다. 미국 네티즌들은 54초, 나머지 19개국 네티즌들은 평균 42초였다.[36] 수요자의 이런 빨리빨리 요구가 'IT 강국'을 만드는 데에 일조했으며, 그로 인한 시너지 효과가 한류로 나타났다고 볼 수 있다.

디지털과 아날로그를 융합한 디지로그Digilog의 길을 역설하는 이어령은 "한국인이 여기까지 오게 된 것은 한국의 아날로그 문화가 디지털과 만나면서 날개를 달고 로컬의 벽을 뛰어넘는 힘을 얻을 수 있었기 때문이었다"고 말한다.[37] 전 지구적인 디지털 혁명 없이 오늘날의 한류가 가능하진 않았다는 점에서 아날로그 시절부터 존재해왔던 '대중문화 공화국'이 그 영향력을 넓혀나간 게 한류라고 볼 수 있겠다. 심지어 국내에선 손가락질을 받았던 팬덤 문화까지 수출할 정도로 말이다.

강한 성취 욕구와 평등 의식

일곱째, 한국인의 강한 성취 욕구다. 김현미는 한류 현상을 아시아 지역의 '욕망의 동시성'이란 개념으로 분석했다. 한류는 한국 대중문화의 질적인 우수성이나 문화적 고유성 때문에 생겨난 것이라기보다는 급격한 산업자본주의적 발전을 겪은 아시아 사회 내부의 다양한 갈등들(성별 정체성이나 세대 간 의사소통의 불능성 등)을 가장 세속적인 자본

맺는말 연꽃은 수렁에서 핀다

주의적 물적 욕망으로 포장해내는 한국 대중문화의 '능력' 덕분에 생긴 것이라고 해석한 것이다.[38]

'가장 세속적인 자본주의적 물적 욕망'은 결코 아름다운 것은 아니지만, 한국의 파란만장한 역사를 생각한다면 결코 흉볼 것은 아니다. 한국인들이 "배고픈 건 참아도, 배 아픈 건 못 참는다"는 삶의 철학으로 생존 경쟁에 임하고 있다는 말도 나오는데,[39] 『경향신문』은 그런 사고는 6·25전쟁의 잿더미에서 '한강의 기적'을 일궈낸 원동력으로 조명할 필요도 있다며 "한국이 세계 10위권 경제 대국으로 선진국 진입을 바라보게 된 배경에는 '너도 하면 나도 하겠다'는 평등 의식이 깔려 있는 것이다"고 했다.[40] 바로 이런 '배 아파하는 평등 의식'이 한류의 한 동력이었다고 볼 수 있겠다.

한국 사회는 오래전부터 '동양 최고', '동양 최대', '동양 최초', '세계 최고', '세계 최대', '세계 최초' 등과 같은 '최고 병', '최대 병', '최초 병'을 앓아왔다. 역사적으로 너무 당한 경험이 많아서인지 한국인들은 최고·최대·최초주의에 한恨이 맺혔다고 해도 과언이 아니다. 최고·최대·최초를 향해 목숨 걸고 질주한다. 물론 언론 탓도 있다. 장순욱이 지적했듯이, "기자는 최초, 최고, 최대에 약하다. 즉 '최'자만 들어가면 최면에 걸린 듯 관심을 쏟게 되는 것이다".[41]

물론 낮은 자존감 때문에 그런다는 걸 우리는 잘 알고 있다. 한국인들이 외국인들의 한국 평가에 지나치게 집착하는 것 역시 그런 이유 때문일 게다. 그런데 발상의 전환을 해서 생각해보면 그건 당연한 일이 아닐까? 우리는 한국이 '압축 성장'을 했다는 건 잘 알고 있지만, 그것이 의미하는 사회문화적 효과에 대해선 무관심한 경향이 있다.

제1장에서 보았듯이, 구세대는 '김미 쪼꼬렛!' 세대다. 그 이후 세대들 역시 서구를 동경하거나 높게 평가하는 환경 속에서 살아온 세대가 아닌가. 선진국을 비교의 준거점으로 삼아 끊임없이 자신의 모습을 확인하려는 욕망은 결코 아름답진 않지만, 아예 그런 비교 의식 자체가 없거나 매우 약한 나라의 사람들을 생각해보자. 어느 쪽이 성취 욕구가 더 강할까? 이런 성취 욕구가 없이 오늘날의 한류가 가능했을까?

우리가 정작 주목해야 할 것은 이런 '상향적 평등주의' 또한 심각한 역기능을 보이고 있다는 점일 게다. 정태석은 이렇게 말한다. "불공정하고 불평등한 사회에서 구조적 개혁의 전망이 불투명하면 개인들은 이기적 경쟁에 몰두할 수밖에 없게 되는데, 이것이 바로 평등주의적 심성이 양면성을 띠도록 만드는 것이다. 그래서 오늘날 한국 사회에서 많은 사람들이 위로는 평등주의적 심성-상향적 평등주의-을 지니면서 아래로는 차별주의적 심성-하향적 차별주의-을 지니게 된 것이다."[42]

강자의 갑질은 인간 세계의 공통된 속성이라지만, 이게 한국 대중문화계에서 유난히 심각하게 드러나는 것도 바로 그런 이유 때문일 것이다. 사실 한류의 가장 어두운 면도 바로 여기에 있는 것으로 보인다. 대중문화계에서 '착취'에 가까울 정도로 약자에 대한 부당한 갑질이 자행되어도, 이게 '사건 뉴스'로만 소비되고 이렇다 할 변화 없이 넘어가는 것은 '한류의 영광'이라는 빛에 압도당하기 때문일 것이다. 한류에 대한 논의가 이런 문제까지 본격적으로 다루면 좋겠다.

치열한 경쟁과 '코리안 드림'

여덟째, 강한 성취 욕구로 인한 치열한 경쟁과 이를 가능케 하는 '코리안 드림'이다. 학부모와 자녀가 동시에 참전하는 입시 전쟁이 잘 보여주듯, 치열한 경쟁은 대중의 일상적 삶까지 장악했다. 그러니 대중문화 분야의 경쟁 역시 치열했다는 건 두말할 나위가 없다.

사실 한류 이전 한국 신문들은 수시로 '지상파 독과점'의 문제와 과도한 오락 중심주의를 지적하면서 '드라마 망국론'을 제기했는데, 한류는 오히려 그 덕을 보았던 셈이다. 대중가요를 비롯한 다른 대중문화 장르들도 치열한 경쟁으로 인해 늘 사회적 비판에 직면했지만, 바로 그런 경쟁이 한국 대중문화의 수준을 높여준 것도 분명한 사실이다.

미국의 '아메리칸 드림'이 많은 사회적 부작용을 낳듯이, 한국의 '코리안 드림'도 다를 게 없다. 특히 연예인 지망생들 간의 치열한 경쟁은 '갑'의 위치에 선 연예기획사의 횡포를 낳기도 하고, 이게 한류에 대한 비판의 한 요인이 된다. 이런 문제는 사실상 '리스크 부담'에 관한 것으로, 다른 분야에서도 자주 나타난다.

빈곤층을 대상으로 한 대출이 바로 그런 대표적인 경우다. 2006년 방글라데시의 무함마드 유누스Muhammad Yunus에게 노벨평화상을 안겨준 소액 융자의 높은 이자율에 대한 논란을 보자. 리처드 탈러 Richard H. Thaler와 캐스 선스타인Cass R. Sunstein은 "늘 그렇듯, 진실은 (찬반) 양극단 사이에 자리한다"며 다음과 같이 말한다.

"소액 융자는 종종 그 이자율이 200퍼센트를 웃돌지만 차용자들은 이러한 융자 덕분에 자신의 형편을 개선시킬 수 있었다.…… '약탈' 대출을 요란하게 비난하는 것은 전적으로 좌익 저널리스트 등의 사람들이 리스크가 높은 대출은 이자율이 더 높아야 마땅하다는 사실을 이해하지 못한 데 기인한 것이라는 의견이다."[43]

탈러와 선스타인은 그런 논란의 한복판에 있는 빈곤층 대출은 "전적으로 선한 것도, 전적으로 악한 것도 아니다"며, 그런 대출이 실제로 약탈이 되는 경우를 섬세하게 따져볼 걸 제안한다. 이른바 '장기 계약' 문제도 그런 관점에서 본다면, 일단 기획사에서 무명의 연습생들을 수년간 훈련시키는 데에 들어가는 비용과 그 회수 방안, 치열한 경쟁을 통과해야만 그런 '장기 계약'이나마 할 수 있다는 점 등에 대한 고찰이 필요하다.

즉, 아예 그런 육성 시스템을 없애야 한다고 주장한다면 모를까, 그게 아니라면 각 사안에 대한 질적 평가가 필요하지 않겠느냐는 것이다. 그런데 흥미롭게도 한류를 산업적 차원에서 다룬 논문은 무수히 많지만, 이런 문제를 다룬 논문은 거의 없다. 그나마 있는 것도 총론 차원의 문제 제기일 뿐, 각론 형식의 분석은 없다. 이는 연구자들의 성찰이 요구되는 지점이라고 할 수 있겠다.

지금 '수요와 공급이라는 말장난'을 하느냐는 반론이 있을 수 있겠다. 예컨대, 대학의 청소노동자들이 임금 인상을 요구하며 파업을 하는 경우가 많은데, 이에 대해 "수요와 공급이잖아요. 현재 급여로도 하겠다는 사람이 많은데, 저 사람들 말을 학교가 들어줄 필요가 없죠"라고 말해도 되느냐는 것이다. 이 말을 소개한 오찬호는 "시장경제를 신줏단지처럼 모시는 교수들이 많은 곳에서 학생들은 공부를 열심히

할수록 노동을 수요와 공급이라는 말장난 안에서만 이해한다"고 비판한다.[44]

나 역시 오찬호의 이런 문제의식과 비판에 전적으로 동의하지만, 연예 노동은 청소 노동과는 좀 다르다고 보는 것이다. 한류가 아무리 돈벌이 사업이라고 해도, 아니 그렇기 때문에 더욱, 연예인의 탁월성이 중요하다. 그 탁월성이 장기 계약과 더불어 고되고 모진 훈련을 통해서만 얻어질 수 있다면, 어쩌겠느냐고 묻는 것일 뿐이다. 즉, 좀더 구체적인 쟁점으로 좁혀 들어가서 논의나 논쟁을 해보자는 것이다.

어찌 되었건 중요한 건 한국에서 한류는 '코리안 드림'을 이룰 수 있는 가장 유력한 수단으로 인식되고 있고, 이런 인식의 총합이 치열한 경쟁을 지속가능하게 만들어 한류의 경쟁력에 기여했다는 점이다. 본문에서 인용한 "아빠, 연예인이 되려면 어릴 때 반지하 방에 살아야 해?"라는 어느 어린이의 질문이 시사하듯이, 치열한 경쟁을 수반하는 '코리안 드림'이 한류의 한 요인이라는 게 나의 주장이다.

대중문화 인력의 우수성

아홉째, 대중문화 인력의 우수성이다. 이는 대중문화 영역이 산업적으로 그 규모가 커진데다 해외 진출에서 활로를 찾으려는 진취성이 요구된 가운데, 연예계 진출이 '코리안 드림'을 실현할 수 있는 유력한 출구로 간주되면서 '딴따라' 운운하던 과거와는 달리 연예인은 물론 연예기획과 경영 분야에 고급 인력이 대거 진출하면서 가능해진 것이다. 그들은 모두 치열한 경쟁을 뚫고 그 자리에 선 사람들임을 잊어선 안 된다. 어느 나라건 대중문화 분야의 경쟁은 치열하기 마련이지만, 한국이 더 치열하다는 데에 이의를 제기할 사람은 없을 것이다.

그런 치열한 경쟁은 다른 문화 경쟁국들과는 달리 해외 지향성 중심으로 이루어졌으며, 이런 특화된 우수성은 한류의 경쟁력을 높이는데에 기여했다. 한류 산업 종사자들이 내수 시장에 안주하는 '갈라파고스 신드롬'과는 가장 거리가 먼 마인드로 무장해 연구하고 고민하는 자세를 전투적으로 유지했다는 점을 간과해선 안 될 것이다.

타고난 우수성도 있다. 외국 한류 팬들이 한결같이 감탄하며 지적하는 건 한국 연예인들의 뛰어난 '외모 자본'이다. 이는 한국의 유별난 '외모 차별' 풍토와 무관치 않아 씁쓸하긴 하지만, 대중문화 영역에선 그게 경쟁력이 되는 걸 어찌 부정할 수 있으랴. 좀더 검증이 필요한 주장이겠지만, 전반적으로 한국인들의 외모가 뛰어나다는 설도 제기되었다.[45]

나는 본문에서 아이돌만 하더라도 "일본 귀여운 것들 비켜!"라는 재미있는 기사 제목처럼, '귀여움'이 '카리스마'를 당해낼 수는 없는 일이라고 했다. 연예인들의 우수성은 비교적 이해하기 쉽지만, 가장 어려운 건 연예 기업가들의 우수성에 대한 평가다. 원용진의 연예기획사 비판에 대해 어느 기자가 "이수만이 세계 무대에서 성공하도록 돕겠다. 이토록 치밀한 세계 정복 계획을 가지고 있다니"라며 놀랐다고 반론을 편 사례가 시사하듯이, 사실상 평가 자체가 불가능하다.

한류를 '문화'로 여기는 학자들과 '세계 정복'이나 '돈벌이'의 수단으로 여기는 사람들 사이의 소통은 매우 어렵거나 가능하지 않다.

그 중간의 길이 있을 수 있지만, 이 또한 쉽지 않다. 이는 삼성의 이건희에 대한 평가와 비슷하다. 삼성이 세계 무대에서 맹활약하는 걸 긍정적으로 평가한다면, 그걸 가능케 한 이건희에 대한 평가도 긍정하는 게 옳을 것 같지만, 이건 성립되지 않는다. 노조 탄압이라든가 기타 비리 등과 같이, 삼성과 이건희가 저지른 '원죄' 때문이다. 삼성의 성공은 '삼성 노동자들의 피와 땀' 덕분이라는 주장도 가능하겠지만, 우리가 무슨 노조 출정식 대회를 하고 있는 건 아니지 않은가.

사실 이 문제를 더 파고들어가면 기업의 성공에서 CEO의 비전과 리더십 역할을 얼마나 인정할 것인지, 기업의 성공이 사회정의社會正義와 사이좋게 손잡고 갈 수 있는 것인지, 따져보고 논쟁해야 할 거리가 수두룩하다. 그래서 확고한 '비판' 아니면 '찬양'이라는 입장을 가진 사람이 아니면, 이 뜨거운 주제 자체를 회피하려는 성향이 강하다.

나는 회피하지 않으려는 적극성은 갖고 있지만, 그걸 본격적으로 다루기엔 아는 게 너무 없다. 이 책 자체가 누군가는 '한류의 역사'를 중간보고 차원에서 기록해두어야 하는 게 아니냐는 문제의식에서 출발했기에 단순 정리나 요약일망정 그간 누락된 문제나 이슈를 포괄적으로 제시하면서 논의하는 데에 의미를 두었을 뿐이다. 그럼에도 윤리적 문제는 제외하고 평가한다면, 이수만을 비롯한 한류 기업가들의 우수성은 인정해야 한다는 게 내 생각이다. 우수성뿐이랴. 그들 중엔 무서운 집념과 더불어 비전까지 갖춘 이들도 있다. 특히 방시혁의 정의로운 분노와 더불어 '아웃사이더'에 대한 문제의식은 높이 평가할 만하다. 앞으로 한류 인물론 작업도 왕성하게 이루어지면 좋겠다.

군사주의적 스파르타 훈련

열째, 군사주의적 스파르타 훈련이다. 군사주의는 일방적 비난의 대상이 되고 있지만, 여기서 군사주의는 기존의 부정적 의미를 탈피해 '목표 달성을 강력한 일극 리더십 체제하에서 군사작전식으로 일사불란하게 달성하는 걸 최우선 가치로 여기는 이념'이라는 가치중립적 개념으로 쓰고자 한다. 앞서 보았듯이, 한국 아이돌 가수들의 스파르타 훈련은 다른 나라에선 감히 넘볼 수 없을 정도로 혹독하다. 인권 문제가 제기되고 있긴 하지만, 그 모델은 태릉선수촌 개념의 연장선상에 있으며, 이는 적어도 금메달을 사랑하는 국민들의 암묵적 지지를 받고 있는 것도 분명한 사실이다.

그런 스파르타 훈련은 한국에서 연예계 진출이 청소년과 젊은이들에게 '코리안 드림'을 이룰 수 있는 가장 강력한 수단으로 인식되고 있기에 가능한 것이다. '아메리칸 드림'이 그렇듯이, '코리안 드림'도 수많은 낙오자를 양산하는 잔인한 꿈일 수 있지만, 한국인들은 이에 대해 별 문제의식을 갖고 있지 않다. 한국은 진보적 인사들마저 앞다퉈 "개천에서 용 나는 세상이 되어야 한다"고 역설하는 나라가 아닌가.

스파르타 훈련은 다른 나라들의 넘보기 어려운 한국만의 독보적인 경쟁력이다. 그런 과정이 너무 힘들고 불쾌하기 때문에 그걸 감내하려는 나라가 많지 않으며, 그걸 감내할 수 있는 나라들은 스타들을 키워낼 경제적 자원과 조직적 역량이 부족하기 때문이다. 한때 세계적인 인기를 누렸던 뉴 키즈 온 더 블록의 안무나 저스틴 팀버레이크

Justin Timberlake 공연에서 댄서 동작을 한국의 아이돌 그룹과 비교해 보면 그야말로 아마추어 수준에 지나지 않을 정도였으니,[66] 감히 누가 한국 아이돌들의 칼군무를 넘볼 수 있으랴.

이런 시각이 불편하다면, 애플의 스티브 잡스가 2005년 미국 스탠퍼드대학 졸업식 축사에서 내놓은 "늘 갈망하면서 우직하게 자기 길을 가라Stay Hungry, Stay Foolish"는 말로 이해해도 무방하다. 한국의 연예인들이 그 어떤 나라의 연예인보다 이른바 '헝그리 정신'이 더 강하며, 이게 그런 혹독한 스파르타 훈련을 견뎌낼 수 있는 동력이 되었다고 이해할 수 있다는 것이다.

언제까지 이런 '태릉선수촌 모델'을 계속해나갈 것인가? 국내에도 이 모델에 대해 비판적인 사람이 많지만, 나는 이건 시간이 해결해줄 거라고 생각한다. 무엇보다도 한국인 다수가 국제적 인정 투쟁에서 '헝그리 정신'을 발휘하지 않아도 될 때가 되었다고 생각하면 저절로 달라질 것이다. 이미 스포츠 분야에서 권투가 바로 그런 이유로 급격한 하강세를 보인 게 말해주듯이 말이다.

그러나 아직까진 전반적으로 한국인들은 여전히 '배가 고픈' 상태에 있는바, 스포츠 한류에서건 대중문화 한류에서건 최고·최대·최초주의를 껴안는 열광을 요구하고 있는 게 현실이다. 머리말에서 밝혔듯이, 우리는 '춥고 배고프게' 살았던 시절은 졸업했을망정, 그 시절이나 지금이나 강대국들에 치이는 현실은 계속되고 있고, 앞으로도 계속될 가능성이 높기에 좀 다른 맥락에서 나온 말이지만 "늘 갈망하면서 우직하게 자기 길을 가라"는 잡스의 슬로건이 한류의 슬로건이 될 가능성은 높다고 볼 수 있겠다.

우리의 그런 모습을 비판적으로 성찰하는 건 꼭 필요한 일이지만, 너무 '오버'하는 것도 피할 일이다. 뭐 그저 이해하고 넘어갈 수 있는 자부심의 표현마저 너무 쉽게 '국뽕'으로 단정해 비난하는 건 문제가 있지 않겠느냐는 것이다. '한국적인 것'의 중요성을 역설하는 것도 다시 생각해보면 좋겠다. 캐나다인들은 셀린 디옹이 국제적으로 인기를 누리면 그냥 흐뭇한 것이지 그의 음악에 '캐나다적인 것'이 없다고 비판하진 않을 게다. 한류도 그런 편안한 자세로 관전하는 게 좋지 않을까?

"영화 관람 세계 1위, 독서는 OECD 꼴찌"

이상 지적한 10가지 이유는 모두 '대중문화 공화국'을 구성하는 요소들로 한류의 성공 배경을 설명할 수 있는 것이지만, 이것만으론 충분치 않을 것이다. 한류에 대한 전망과 더불어 나아갈 길에 대해서도 밝혀야 하지 않겠는가. 그런 유혹을 느끼지 않은 건 아니지만, 나는 그렇게 하지 않기로 했다. 그건 나의 역량을 벗어나는 일이기 때문이다.

한때 '문화 제국주의'를 외쳤던 사람으로서 오늘과 같은 한류를 상상이나 했겠는가. 내가 할 수 있는 건 이미 일어난 일에 대한 사후 분석일 뿐이며, 나는 그걸로 만족하련다. 진보적 월간지인 『말』 1991년 2월호엔 「한국의 대중매체와 문화 제국주의」라는 글이 실려 있다. 내가 쓴 글이다. 나는 최근 이 글을 포함해 『말』에 실렸던 글들을 묶어서 책으로 내겠다는 연락을 받은 후 동의하면서 글 끝에 다음과 같은 말을 덧붙였다.

"문화 제국주의는 건재하지만, 오늘날 한국에서 문화 제국주의를 말하는 사람은 거의 없다. 한국이 문화 제국주의의 피해자가 될 수 있다는 우려는 한국이 2000년대 들어 한류 열풍에 힘입어 본격적인 문화 수출국이 되면서 현실과 동떨어진 것으로 여겨졌기 때문이다. 한류를 '아류 문화 제국주의'로 보는 시각도 있긴 하지만, 누가 이런 주장을 환영하겠는가. 오래전에 쓴 글은 늘 부끄럽지만, 거의 30년 전에 쓴 글, 그것도 오늘날의 한국 상황과 맞지 않는 글을 다시 읽는 건 더욱 그렇다. 그래서 이 글의 게재에 반대하고 싶은 마음도 있었지만, 역사의 기록이란 점에 의미를 부여하기로 했다."⁴⁷

그런 과거를 가진 나였기에 이 책은 우선적으로 나의 궁금증을 해결하고자 하는 목적에서 출발했다. 한류를 예견한 사람들이 얼마나 있었는지는 모르겠지만, 나는 예견하지 못했기에 현실을 교재로 삼아 공부를 다시 하고 있는 중이다. 그런 공부의 과정에서 도대체 한류가 어떻게 가능했던 건지 그게 궁금했다. 학자들이 국내의 한류 논의가 안고 있는 문제점 중 하나로 '한국 중심주의'를 지적하고 있는데, 이 책 역시 나의 궁금증 해소를 위해 '한국 중심주의'를 택했기에 그 점에선 한계가 있었음을 인정하지 않을 수 없다.

나의 역량 부족으로 한류에 대한 전망은 할 수 없지만, 이 세상에 공짜는 없는 법이라는 만고불변萬古不變의 진리는 상기해보고 싶다. '대중문화 공화국'의 약진은 이해할 수 있고, 반길 점도 있지만, 그로 인한 기회비용도 만만치 않기 때문이다. 2019년 2월 KBS 기자 송형국이 「영화 관람 세계 1위, 독서는 OECD 꼴찌… '문화 기형' 숨은 이유」라는 멋진 고발을 감행했다.

"우리나라에서 '천만 관객 돌파'는 더이상 놀라운 뉴스가 아니다. 2003년 〈실미도〉가 천만 관객을 동원한 이래 총 23편의 '천만 영화'가 나왔다. 이 중 2012년 이후 17편이 쏟아졌다. 2012년은 우리나라 전국 스크린 수가 2,000개를 넘긴 해이기도 하다.……2018년 말 현재 국내 극장은 전국 483곳, 총 2,937개 스크린을 보유하고 있다. 이 중 94퍼센트가 멀티플렉스다.……국민 1인당 연간 영화 관람 횟수가 꾸준히 4회를 넘는 나라는 인구 35만 명의 아이슬란드를 제외하면, 한국이 유일하다.……영화 한 편에 전 국민의 20~30퍼센트 인구가 몰리는 경우는 세계적으로 사례를 찾아보기 어렵다. 미국, 인도, 중국 등 '영화 관람 강국'들에서도 〈아바타〉, 〈어벤져스〉 등 글로벌 메가 히트작들을 해당 국가 인구의 10퍼센트 안팎(박스오피스 매출액 기준 추산)이 보고 간 정도다. 작품의 힘만으로 이 같은 기현상이 이어지기는 어렵다. 전국 곳곳에 포진한 멀티플렉스들의 덕이 무엇보다 크다는 게 영화계 안팎의 공통된 분석이다. 전국 교통 요지마다 멀티플렉스가 결합한 복합 쇼핑몰이 자리 잡고 한국 여가 문화를 지배한다. 한국인의 독서량이 OECD 회원국 가운데 꼴찌 수준이라는 사실은 익히 알려진 바다."[48]

이 엄청난 통계를 자랑스럽게 생각해야 할까? 각자 알아서 판단할 일이지만, 이게 '문화 기형'이라는 데엔 누구나 동의할 것이다. 그런데 그 기형이 저절로 이루어진 건 아니다. 송형국은 '도시 구조, 나아가 악순환하는 문화 획일화의 문제'를 지적했지만, 실은 한류에 대한 정부의 태도를 보면 답이 나온다. 정부는 한류에 숟가락 얹으려고 애를 쓰지만, '국민 독서량 꼴찌'에 대해선 아무런 관심이 없다. 문화야 국민 각자 알아서 할 일이지 그게 어디 정부가 개입할 일이냐고? 그럼 문화부는 왜 만들어서 국민 혈세 축내는가? '대중문화 공화국'이 우리의 숙명이라면, '획일화' 역시 우리의 숙명이다. 물론 그 반대도 성립된다.

'역지사지'를 잊지 않는 한류를 위하여

2020년 4월 29일 경기도 이천 물류 창고 건설 현장의 화재 참사는 38명의 목숨을 앗아갔다. 여러 차례 비슷한 참사가 일어났는데도 여전히 안전 수칙을 무시하고 정부는 입으로만 '안전'을 외치는, 전혀 변하지 않는 이 후진성의 정체는 무엇인가? 현장 안전 책임 담당자는 "솔직히 건설 현장에서 그런 거 다 지키는 곳이 어디 있느냐. 다들 그렇게 한다"고 했다.[49] 이 화재 참사가 'K방역'으로 '가까스로 쌓아올린 국격'을 여지없이 무너뜨렸다는 말도 나왔지만,[50] 이 두 얼굴이 바로 한국이다.

한류 역시 다를 게 없다. 나는 이 '맺는말'의 제목을 "연꽃은 수렁에서 핀다"로 달았다. 왜 이런 제목을 붙였는지 독자들께선 이미 충분히 감을 잡으셨으리라 믿는다. 한류는 우리가 자랑스럽게 생각해도 좋은 그런 요소들의 총합으로 이루어진 건 아니라는 걸 말하고 싶어서다. 오히려 정반대에 가깝다는 게 나의 생각이다.

앞서간 나라들의 대중문화 추종, 영어 열풍, 외모 차별, 성형 붐, 군

사훈련식 육성, '코리안 드림'의 도박성, 승자독식형 인력 착취, 오락성 심화, 속전속결형 제작 방식, 드라마 망국론, 포털사이트를 비롯한 IT 기업들의 독과점, 방송사의 수직적 통합, 민방과 종편 허가 과정의 문제 등은 결코 자랑스러운 건 아니었다.

'수렁'이란 표현은 지나칠망정 대중적 인식의 기준으로 부정적으로 볼 수 있는 것들의 총합이 '대중문화 공화국'과 한류를 낳았다는 게 나의 주장이다. 그렇긴 하지만 부정적으로 볼 수 있는 것들엔 한국 근현대사의 아픔과 모순이 녹아 있다고 보기에 나는 이 책에선 어느 정도 비판적 자세를 취하면서도 비교적 담담하게 기술하는 쪽을 택했다.

이 책을 쓰면서 내내 나를 괴롭힌 건 미국의 진보적 사회운동가 솔 알린스키Saul Alinsky, 1909~1972가 제기한 문제였다. 그는 "있는 그대로의 세상과 우리가 원하는 세상 사이엔 큰 차이가 있다"며 사회개혁 운동이 '있는 그대로의 세상'과 조응할 것을 요구했다.[51] 그는 1960년대의 미국에서 반反자본주의 투쟁을 벌이던 운동권 학생들, 즉 신좌파New Left 학생들의 '중산층 급진주의' 또는 '정서적 급진주의'에 대해 비판적이었다. 신좌파가 혁명 의욕에 충만한 나머지 '있는 그대로의 세상'이 아니라 '자기들이 원하는 세상' 중심으로 운동을 전개한다고 보았기 때문이다.

신좌파가 알린스키의 운동 방식은 '퇴폐적이고, 타락하고, 물질주의적인 부르주아 가치'의 전복은 물론 '자본주의 타도'와 거리가 멀지 않느냐고 이의를 제기하자, 알린스키는 냉소적으로 이들에게 이렇게 쏘아붙였다. "그 가난한 사람들이 원하는 게 '퇴폐적이고, 타락하고, 물질주의적인 부르주아 가치'의 향유에 동참하는 것이라는 걸 모르는

가?"⁵²

알린스키가 말하고자 했던 건 지역운동 조직화는 '있는 그대로의 세상'의 관점을 받아들이는 선에서 출발해야 한다는 것일 뿐, 내내 그 관점을 받아들이면서 그대로 실천하자는 건 아니다. 한류는 사회운동은 아니기에 이런 이원화된 접근법이 어렵다는 데에 나의 고민이 있다. 한류에 대한 평가는 '있는 그대로의 세상'의 관점과 '우리가 원하는 세상'의 관점이 충돌하는 지점이다. '있는 그대로의 세상'의 관점에서 보자면, 절대 다수 한국인이 원하는 한류는 산업적·애국적 차원의 것이다. '우리가 원하는 세상'의 관점을 가진 지식인들은 그런 한류에 대해 비판적이다.

나는 이 괴리에 대해 '있는 그대로의 세상'의 관점을 존중하는 입장을 취하긴 했지만, 그 이후에 어쩌자는 거냐는 물음에 대해선 답을 하지 않았다. 앞서 토로한 '한국 중심주의'의 한계라고 해도 좋겠다. 그럼에도 하나의 소망은 말하고 싶다. 한류가 자국 이기주의적 욕망의 충족을 넘어서 국가간 쌍방향 교류와 소통에 기여할 수 있는 내용과 방식으로 진화할 수 있는 가능성을 비현실적인 요청이라며 서둘러 차단하진 말자는 것이다. 이는 역지사지易地思之의 문제다. 한국인들이 한류에 대해 자랑스럽게 생각하는 건 당연하지만, 그 이전 다른 나라의 문화가 한국을 휩쓸었을 때 어떤 반응을 보였는지에 대해 성찰해보는 것도 좋지 않을까?

사실 정부와 공적 기관들이 정작 해야 할 일이 바로 여기에 있는지도 모른다. 괜히 어설프게 개입해 한류가 국책 사업이나 되는 것처럼 오해를 하게 만들지 말고, 그런 쌍방향 교류와 소통의 여건을 조성함으로써 상호 이해 증진에 기여하는 게 어떻겠느냐는 것이다. 그것이야말로 이윤 추구를 소중히 여기는 한류 기업들이 소홀히 다루는 영역이라는 점에서 더욱 그렇다.

그런 역지사지의 내부화도 실천에 옮기면 좋겠다. 광범위하게 저질러지고 있는 외주제작사에 대한 횡포와 인권유린을 보라. 한류가 정의를 위한 것은 결코 아니지만, 적어도 승자독식형 인력 착취에 대해서만큼은 다시 생각해보면서 그걸 근절하려는 행동을 취해야 하지 않을까? 한국은 "억울하면 출세하라"를 삶의 슬로건으로 삼은 '갑질 공화국'인데,[53] 갑의 그런 횡포는 어느 분야에서건 다 일어나는 일이 아니냐는 반론이 가능할까?

국민 모두가 자랑스럽게 생각하는 한류를 그런 못된 관행에 대한 부끄러움과 성찰의 기회로 활용해야 하지 않을까? 우리가 남의 대중문화를 표절하던 처지에서 표절을 당하는 처지로 바뀐 것처럼, 그런 반전을 우리 내부의 대중문화 영역에서 기대하는 게 과욕은 아니리라 믿고 싶다. 지속가능하며, 자랑스럽게 생각해도 좋을 '대중문화 공화국'의 오늘과 내일을 위해서 말이다.

머리말 왜 한국은 '대중문화 공화국'인가?

1   이영미, 『흥남부두의 금순이는 어디로 갔을까』(황금가지, 2002), 89쪽.

2   김진경, 『삼십년에 삼백년을 산 사람은 어떻게 자기 자신일 수 있을까』(당대, 1996), 90~91쪽.

3   경북 안동시 풍천면장 김휘태는 「관광버스 딜레마」라는 언론 기고문에서 "신바람 나는 국민성을 살리면서 교통안전을 지킬 수 있는 역발상을 해보자"며 "차량 구조를 안전하게 한 후에 제한 속도를 낮추고 자유롭게 관광버스 여행을 하게 된다면 온 국민들이 환호할 것 같다"고 했다. 그는 "위험하다는 한 가지만 생각하면 여행도 안 가고 우주 탐험도 하지 말아야 하는가?"라고 물으면서 "머지않아서 공중으로 날아다니는 자동차가 나온다는데, 춤추며 달리는 관광버스 하나 만들 수 없을까? 역발상이 필요한 시점이다"고 말했다. 김휘태, 「관광버스 딜레마」, 『영남일보』, 2019년 12월 15일.

4   매일경제 한류본색 프로젝트팀, 『한류본색: 아시아를 넘어 세계로, 문화강국 코리아 프로젝트』(매일경제신문사, 2012), 19쪽; 송성훈 「해외 언론의 한류 보도」, 『관훈저널』, 123호(2012년 여름), 39쪽.

5   드라마 작가들이 말하는 성공 공식 5개를 감상해보자. ① "대중은 판타지, 권선징악, 해피엔딩을 원한다. 지나치게 구체적인 리얼리티는 싫어한다. 숨기고 싶은 자신의 내면과 만나는 것을 싫어하니까."(〈금쪽같은 내 새끼〉의 서영명) ② "가진 것 없는 사람이 잘되는 이야기. 시청자들은 '근사하게 사는 부자의 이야기'를 싫어하는 척하면서도 열심히 본다."(〈그 여자네 집〉의 김정수) ③ "신분 상승을 다룬 성공 스토리, 혹은 가족·도덕관념을 뒤엎는 드라마!……급격한 변화를 겪는 시청자들은 드라마에서도 강렬한 자극을 찾는다."(〈신돈〉의 정하연) ④ "시청자들은 신데렐라 얘기를 보며 '식상하다' 불평하지만, 그러면서도 신데렐라 구도를 제일 좋아한다."(〈올인〉의 최완규) ⑤ "한국 사람은 유

난히 성공 스토리를 좋아한다. 〈대장금〉에서도 위기나 갈등보다 명쾌하게 성
공을 거두는 장면에서 반응이 더 뜨겁더라.”(〈대장금〉의 김영현) 「'대박 드라
마' 성공 공식 있다」, 『조선일보』, 2006년 1월 21일, A4면.

6   이상은 지난 2013년에 출간한 『대중문화의 겉과 속』(전면개정판, 인물과사상
     사)에 쓴 '머리말'을 상당 부분 옮겨 쓴 것이지만, 이후 한류 열풍이 주기적인
     '위기' 과정을 거치면서 성숙해진 오늘날 '대중문화 공화국'은 더욱 실감이 나
     는 말이 되었다.

7   양성희, 「''기생충'에 기생하기」, 『중앙일보』, 2020년 2월 19일, 30면.

8   정진석, 『역사와 언론인』(커뮤니케이션북스, 2001), 305~306쪽.

9   Martin K. Gannon & Rajnandini Pillai, 남경희·변하나 옮김, 『문화로 읽는 세
     계: 주요 13개국의 문화 탐방』(명인문화사, 2013), 437쪽.

제1장 한류의 토대가 된 '후발자의 이익'

1   박영수, 『운명의 순간들: 다큐멘터리 한국근현대사』(바다출판사, 1998), 206
     ~208쪽.

2   원용진, 「한국 대중문화, 미국과 함께 혹은 따로」, 김덕호·원용진 엮음, 『아메
     리카나이제이션: 해방 이후 한국에서의 미국화』(푸른역사, 2008), 176쪽.

3   이기수, 「[여적] 기지촌 조례」, 『경향신문』, 2020년 4월 30일, 30면.

4   다큐인포, 『부끄러운 미군 문화 답사기』(북이즈, 2004), 15쪽; 김덕호, 「한국
     에서의 일상생활과 소비의 미국화 문제」, 김덕호·원용진 엮음, 『아메리카나이
     제이션: 해방 이후 한국에서의 미국화』(푸른역사, 2008), 126쪽에서 재인용.

5   다큐인포, 『부끄러운 미군 문화 답사기』(북이즈, 2004), 22쪽; 김덕호, 「한국
     에서의 일상생활과 소비의 미국화 문제」, 김덕호·원용진 엮음, 『아메리카나이
     제이션: 해방 이후 한국에서의 미국화』(푸른역사, 2008), 127쪽에서 재인용.

6   이영미, 『한국 대중가요사』(시공사, 1998), 134쪽.

7   백미숙, 「1950년대 생방송 텔레비전 HLKZ: '미국화'와 '잡종화'」, 한국방송학
     회 엮음, 『한국 방송의 사회문화사: 일제강점기부터 1980년대까지』(한울아
     카데미, 2011), 143쪽; 최덕수, 「HLKZ, AFKN, KBS, 그리고 TBC: 텔레비전
     4개 채널」, 한국TV방송50년위원회, 『한국의 방송인: 체험적 현장 기록 한국
     방송 1956~2001』(커뮤니케이션북스, 2001), 153쪽.

8   박기성, 『한국 방송문화 연구』(나남, 1985), 323~347쪽.

9   신현준, 「소리 미디어의 사회문화사」, 유선영·박용규·이상길 외, 『한국의 미
     디어 사회문화사』(한국언론재단, 2007), 400~401쪽.

10 신현준 외, 『한국 팝의 고고학 1960: 한국 팝의 탄생과 혁명』(한길아트, 2005), 25쪽.

11 최지호, 「미군 문화의 상륙과 한국 스탠더드 팝의 형성」, 단국대학교 대중문화예술대학원 공연예술학과 석사학위논문, 2005년, 100~101쪽; 이나영·정민우, 「탈/식민성의 공간, 이태원과 한국의 대중음악: 이태원 "클럽"들의 형성과 변화 과정을 중심으로(1950~1991)」, 『사회와역사』, 87집(2010년 9월), 200~201쪽에서 재인용.

12 신현준 외, 『한국 팝의 고고학 1960: 한국 팝의 탄생과 혁명』(한길아트, 2005), 27쪽.

13 문화체육관광부 해외문화홍보원(위택환), 『한류: K-Pop에서 K-Culture로』(문화체육관광부 해외문화홍보원, 2012), 67~68쪽. 이들 중 길옥윤의 이력이 좀 독특하다. "1946년에 주한 미군무대에서 재즈 색소폰 연주자로 데뷔한 길옥윤은 1950년대 일본에서 '길옥윤'을 일본식으로 읽은 '요시아 준'이라는 이름으로 활약했다. 그 후 그가 한국으로 돌아와 만들어낸 3,000여 곡의 '한국 가요'는 미국과 일본 음악으로부터 받은 영향이 접목된 것이었다." 김성민, 『케이팝의 작은 역사: 신감각의 미디어』(글항아리, 2018), 26쪽.

14 다큐인포, 『부끄러운 미군 문화 답사기』(북이즈, 2004), 49쪽; 이나영·정민우, 「탈/식민성의 공간, 이태원과 한국의 대중음악: 이태원 "클럽"들의 형성과 변화 과정을 중심으로(1950~1991)」, 『사회와역사』, 87집(2010년 9월), 202쪽에서 재인용.

15 「김 시스터즈」, 『위키백과』.

16 앞으로 이 책에 자주 등장하게 될 아이돌에 대해선 김은영의 해설이 돋보인다. "영한사전은 아이돌(idol)이라는 단어를 '우상'으로 해석한다. 국립국어원은 2003년 신어 목록에서 아이돌 스타(idol star)를 언급하며, 외래어 표기법에 따르면 idol은 '아이들'로 적어야 한다고 했다. 요컨대 아이돌은 우상이고 아이들이다. '폭풍 간지', '여신', '꿀벅지'로 추앙되고 공적 호칭인 성-이름 대신 사적 호칭인 이름만으로 불리기를 자청하는 어린 우상이다. 성적 매력에 대한 찬양과 공개적인 성욕 추구의 금기시가 이율배반적으로 공존하는 사회에서, 아이돌은 합법적 매체인 TV와 합법적 표현 수단인 팬덤을 통해 어리고 순수한 섹스 심벌로 찬양받는다. 예능도 마찬가지다. 예능은 어린 스타에게 TV 밖의 고달픈 인간들을 위해 최첨단 유행과 순수의 신세계를 보여주십사고 간청한다. 아이돌 숭배, 곧 예능의 청춘 예찬은 지속적인 수요 창출을 위해 최신 트렌드를 추종하게 만드는 소비사회의 속성을 반영한다." 김은영, 『예능은 힘이 세다: 예능이 대중문화를 지배할 수밖에 없는 25가지 이유』(에쎄, 2011),

25~26쪽.

17 유니 홍(Euny Hong), 정미현 옮김, 『코리안 쿨: 세계를 사로잡은 대중문화 강국 '코리아' 탄생기』(원더박스, 2014/2015), 145~150쪽. 2015년 김대현 감독의 다큐멘터리 〈다방의 푸른 꿈: Try To Remember〉가 2015년 제천국제음악영화제에 개막작으로 상영되었다. 이 작품은 김 시스터즈에 관한 다큐멘터리로 이난영에 의해 김 시스터즈가 만들어진 배경과 연습, 음악가 집안에 따른 천부적인 음악적인 감성, 공연감, 미국 라스베이거스 등을 건너가는 과정, 1년 만에 선풍적인 인기를 끌게 된 과정을 김민자의 시점에서 이야기했다. 박정규, 「다큐 영화 '다방의 푸른 꿈'…한국 최초 걸그룹의 미국 진출기」, 『뉴시스』, 2017년 1월 21일.

18 조갑제, 『내 무덤에 침을 뱉어라 4: 국가개조』(조선일보사, 1998), 349쪽.

19 배경식, 「보릿고개를 넘어서」, 한국역사연구회, 『우리는 지난 100년 동안 어떻게 살았을까 3』(역사비평사, 1999), 230쪽에서 재인용.

20 한운사, 「남기고 싶은 이야기들: 구름의 역사」, 『중앙일보』, 2004년 4월 27일, 27면.

21 세계 최초의 FM 방송은 1941년 5월 미국 내슈빌의 XWSM-FM이었으며, 독일은 제2차 세계대전 직후에, 일본은 1954년에 FM 방송을 시작했다. 한국에서 FM 방송이 처음 시도된 것은 1963년이었다. 이규일 등 3명은 1963년 7월 20일 서울 FM 방송 주식회사를 설립했으나 재정 사정이 어려워 개국 준비에 어려움을 겪었는데, 이 때문에 뒤늦게 허가를 받은 AFKN이 1964년 10월 1일을 기해 서울 FM을 앞질러 FM 방송을 개시했다. 서울 FM은 1965년 6월 26일부터 정규 방송에 들어갔지만 수신기가 널리 보급되지 못한 데 따른 경영난을 이기지 못하고 1966년 4월 4일 동양방송에 흡수되고 말았다. 동양방송은 한동안 허가 문제로 서울 FM의 명칭을 사용하다가 같은 해 8월 15일부터 동양 FM의 이름으로 방송을 내보냈다. 동양 FM은 대구 한국 FM과 제휴했으며, 동양 라디오도 광주의 전일방송, 군산의 서해방송과 제휴해 방송망을 구성했다. 이후 많은 FM 방송이 생겨났다. 1968년 2월 16일에는 부산문화 FM이 개국했으며, 1970년에는 대구에서 한국 FM이, 1971년 9월 19일에는 서울에서 문화 FM이 개국했다. 김민환, 『한국언론사』(사회비평사, 1996), 544~545쪽; 김성호, 『한국방송인물지리지』(나남, 1997), 214, 219쪽.

22 정순일, 『한국 방송의 어제와 오늘: 체험적 방송 현대사』(나남, 1991), 191쪽; 강준만, 『한국 대중매체사』(인물과사상사, 2007) 참고.

23 황정태, 「KBS, TBC 개국, 그리고 '쇼쇼쇼'」, 한국TV방송50년위원회, 『한국의 방송인: 체험적 현장 기록 한국 방송 1956~2001』(커뮤니케이션북스,

2001), 451~457쪽.

24 이영미, 『한국 대중가요사』(시공사, 1998), 142~143쪽.

25 박용규, 「한국 텔레비전 음악 버라이어티쇼의 성쇠: TBC-TV의 '쇼쇼쇼'를 중심으로」, 『한국콘텐츠학회논문지』, 14권 10호(2014년 10월), 52쪽.

26 박용규, 「한국 텔레비전 음악 버라이어티쇼의 성쇠: TBC-TV의 '쇼쇼쇼'를 중심으로」, 『한국콘텐츠학회논문지』, 14권 10호(2014년 10월), 54~59쪽.

27 신현준 외, 『한국 팝의 고고학 1960: 한국 팝의 탄생과 혁명』(한길아트, 2005), 147쪽.

28 마동훈, 「1960년대 초기 텔레비전과 국가: 수용자 경험의 심층 인터뷰를 중심으로」, 한국방송학회 엮음, 『한국 방송의 사회문화사: 일제강점기부터 1980년대까지』(한울아카데미, 2011), 199~201쪽.

29 유선영, 「영화의 사회문화사」, 유선영·박용규·이상길 외, 『한국의 미디어 사회문화사』(한국언론재단, 2007), 287~288쪽.

30 김화, 『이야기 한국영화사』(하서, 2001), 235~236쪽.

31 원용진, 「한국 대중문화, 미국과 함께 혹은 따로」, 김덕호·원용진 엮음, 『아메리카나이제이션: 해방 이후 한국에서의 미국화』(푸른역사, 2008), 183쪽.

32 안정효, 『전설의 시대: 헐리우드 키드의 20세기 영화 그리고 문학과 역사』(들녘, 2002), 8쪽.

33 최명애, 「세운상가 지금, 마~이 아파」, 『경향신문』, 2005년 12월 12일, M1면; 강준만, 『강남, 낯선 대한민국의 자화상: 말죽거리에서 타워팰리스까지』(인물과사상사, 2006) 참고.

34 시인 유하의 1995년 시 「세운상가 키드의 사랑 3」; 김성민, 『일본을 금(禁)하다: 금제와 욕망의 한국 대중문화사 1945~2004』(글항아리, 2014/2017), 202쪽에서 재인용.

35 이교동, 「세운상가 '빽판' 그리고 록 마니아의 창시자들」, 『월간 말』, 2000년 5월호, 204쪽. 세운상가의 문화적 의미에 대해선 이세영, 「세운상가, 한국 근대성의 공간적 알레고리」, 『문화과학』, 제41호(2005년 3월), 194~215쪽; 김일림, 「세운상가와 아키하바라의 공간학: 전자상가로 보는 한국과 일본의 기술문화·대중문화·제작문화」, 『인문콘텐츠』, 35호(2015년 12월), 125~160쪽 참고.

36 김익기, 「인구 변동과 환경 변화」, 한국인구학회 편, 『인구변화와 삶의 질』(일신사, 1997), 260~261쪽.

37 김익기, 「도시 문제」, 고영복 편, 『현대사회문제』(사회문화연구소, 1991), 57쪽.

38 강명구, 「1960년대 도시 발달의 유형과 특징: 발전주의국가의 공간 조작」, 한

국정신문화연구원 편,『1960년대 사회 변화 연구: 1963~1970』(백산서당, 1999), 65~66쪽.

39 이영미,『한국 대중가요사』(시공사, 1998), 180, 185~186쪽.

40 그레고리 헨더슨(Gregory Henderson), 박행웅·이종삼 옮김,『소용돌이의 한국 정치』(한울아카데미, 1968/2000); 강준만,『바벨탑 공화국: 욕망이 들 끓는 한국 사회의 민낯』(인물과사상사, 2019) 참고.

41 정순일,『한국 방송의 어제와 오늘: 체험적 방송 현대사』(나남, 1991), 182쪽.

42 조항제,「1970년대 한국 텔레비전의 구조적 성격에 관한 연구: 국가 정책과 텔레비전 자본 간의 관계를 중심으로」, 서울대학교 대학원 신문학과 박사학위 논문, 1994년 2월, 228쪽.

43 손상익,『한국만화통사 하(下): 1945년 이후』(시공사, 1998), 209쪽.

44 이영미,『한국 대중가요사』(시공사, 1998), 187쪽.

45 선성원,『8군쇼에서 랩까지』(아름출판사, 1993), 118쪽.

46 원용진·김지만,「연성 국가주의에 편승한 연예기획사와 한류의 미래」,『한국 언론학회 심포지엄 및 세미나 논문집』, 2011년 8월, 29쪽.

47 김정수,「한류에 관한 여섯 가지 질문 그리고 문화 정책의 역할」,『문화정책』, 1권(2014년 1월), 78쪽.

48 강헌,「대중음악 역사 바꾼 '신들린 기타'」,『시사저널』, 1994년 10월 27일, 114~115면.

49 노재명,『신중현과 아름다운 강산』(새길, 1994), 61쪽.

50 노재명,『신중현과 아름다운 강산』(새길, 1994), 195쪽.

51 이영미,『한국 대중가요사』(시공사, 1998), 234쪽.

52 신현준,『글로벌, 로컬, 한국의 음악 산업』(한나래, 2002), 198~199쪽.

53 허수,「1970년대 청년문화론」, 역사비평 편집위원회,『논쟁으로 본 한국 사회 100년』(역사비평사, 2000), 319~320쪽.

54 이형기,「'바보들의 행진' 70년대 청춘 풍속 유머로 표출」,『한국일보』, 1991년 9월 14일, 12면.

55 신현준 외,『한국 팝의 고고학 1970: 한국 포크와 록, 그 절정과 분화』(한길아 트, 2005), 319쪽.

56 이나영·정민우,「탈/식민성의 공간, 이태원과 한국의 대중음악: 이태원 "클 럽"들의 형성과 변화 과정을 중심으로(1950~1991)」,『사회와역사』, 87집 (2010년 9월), 208쪽.

57 신현준,『글로벌, 로컬, 한국의 음악 산업』(한나래, 2002), 199쪽.

58 노재명,『신중현과 아름다운 강산』(새길, 1994), 81쪽.

59   이종범, 「서론」, 이종범 편, 『전환시대의 행정가: 한국형 지도자론』(나남, 1994), 17쪽.

60   변재운, 「가요·영화 명과 암: 외풍에 춤춘 풍류 반세기」, 『국민일보』, 1995년 9월 27일, 10면.

61   강헌, 『전복과 반전의 순간: 강헌이 주목한 음악사의 역사적 장면들』(돌베개, 2015), 91~92쪽.

62   김영찬은 "1960~1970년대에 '수입 외화'는 '초기 한국 텔레비전 방송의 성격을 규정하는 (대표적인) 바로미터' 중 하나였다"며 이렇게 말한다. "이 프로그램들을 보며 자란 세대는……심야 라디오 프로그램에서 들려주는 팝송을 듣고 자란 세대다. 시각적·청각적 경험이, 다시 말해 당시 텔레비전과 라디오, 영화를 위시한 각종 미디어에 대한 '현상학적 경험'이 상당 부분 미국의 대중문화물에 의해 결정되었다 해도 과언이 아닌 세대인 셈이다." 김영찬, 「1970년대 텔레비전 외화 시리즈 수용의 문화적 의미」, 한국방송학회 엮음, 『한국 방송의 사회문화사: 일제강점기부터 1980년대까지』(한울아카데미, 2011), 337~344쪽.

63   정순일·장한성, 『한국 TV 40년의 발자취: TV 프로그램의 사회사』(한울아카데미, 2000), 116쪽.

64   정순일·장한성, 『한국 TV 40년의 발자취: TV 프로그램의 사회사』(한울아카데미, 2000), 117쪽에서 재인용.

65   오명환의 연구를 조항제가 재구성·보충한 것이다. 조항제, 「1970년대 한국 텔레비전의 구조적 성격에 관한 연구: 국가 정책과 텔레비전 자본 간의 관계를 중심으로」, 서울대학교 대학원 신문학과 박사학위논문, 1994년 2월, 185쪽.

66   조항제, 「1970년대 신문의 텔레비전 드라마 비판」, 한국방송학회 엮음, 『한국 방송의 사회문화사: 일제강점기부터 1980년대까지』(한울아카데미, 2011), 374~375쪽.

67   1970년대에 방송이 중지된 일일극은 모두 7편이었다. 조항제, 「1970년대 한국 텔레비전의 구조적 성격에 관한 연구: 국가 정책과 텔레비전 자본 간의 관계를 중심으로」, 서울대학교 대학원 신문학과 박사학위논문, 1994년 2월, 185쪽.

68   조항제, 「1970년대 한국 텔레비전의 구조적 성격에 관한 연구: 국가 정책과 텔레비전 자본 간의 관계를 중심으로」, 서울대학교 대학원 신문학과 박사학위논문, 1994년 2월, 192쪽.

69   정순일, 『한국 방송의 어제와 오늘: 체험적 방송 현대사』(나남, 1991), 243~244쪽.

70 정순일, 『한국 방송의 어제와 오늘: 체험적 방송 현대사』(나남, 1991), 244쪽.

71 문창극, 『한미 갈등의 해부』(나남, 1994), 189~190쪽.

72 서현진, 『끝없는 혁명: 한국 전자산업 40년의 발자취』(이비컴, 2001), 295쪽.

73 백성호, 「한국 컬러TV 시대 개막」, 『중앙일보』, 1999년 10월 8일, 21면.

74 정중헌, 『우리 영화 살리기』(늘봄, 1999), 223~224쪽.

75 서현진, 『끝없는 혁명: 한국 전자산업 40년의 발자취』(이비컴, 2001), 295~296쪽.

76 김종찬, 『6공화국 언론조작』(아침, 1991), 465쪽.

77 김재홍, 『문민시대의 군부와 권력』(나남, 1992, 개정판 1993), 255쪽.

78 이범경, 『한국방송사』(범우사, 1994), 433쪽에서 재인용.

79 김형진, 「대학가요제의 돌연변이 국풍 81」, 『내일신문』, 1998년 5월 27일, 35면. 당시 학생운동권에서 '국풍류'의 대중문화는 호된 비판의 대상이 되었다. 『80년대 학생운동사』는 다음과 같이 주장했다. "(학도)호국단의 어용성은 81년 가을의 서울대 축제 준비 과정에서 극명하게 드러났다. 이 당시 호국단은 그 예산권을 악용하여 본부 공개 서클들이 주축이 되어 추진하고 있던 민족적·민주적 대학 축전의 준비를 방해하고, 심지어는 조용필·갤럭시 등의 공연, 쌍쌍파티 등 부패하고 나약한 비민주적 문화를 학내에 퍼뜨리려고 했던 것이다." 강신철 외, 『80년대 학생운동사』(형성사, 1988), 29쪽.

80 신현준, 「1980년대 문화적 정세와 민중문화운동」, 『1980년대 혁명의 시대』(새로운세상, 1999), 221~222쪽.

81 마크 턴게이트(Mark Tungate), 강형심 옮김, 『세계를 지배하는 미디어 브랜드』(프리윌, 2004/2007), 79쪽.

82 「McGrath, Judy」, 『Current Biography』, 66:2(February 2005), p.39.

83 이동연, 「펑크의 죽음과 MTV의 탄생」, 정희준·서현석 외, 『미국 신보수주의와 대중문화 읽기: 람보에서 마이클 조던까지』(책세상, 2007), 156쪽.

84 서동진, 『록 젊음의 반란』(세길, 1993), 248쪽.

85 김선걸·이승훈·강계만, 「두 번의 궤도 이탈 끝에 쓴 K-POP 신화: 이수만 SM엔터테인먼트 회장」, 『위대한 결단의 순간: 인생의 갈림길에서 후회없이 도약하라』(와이즈베리, 2012), 145~146쪽; 허엽, 「쇼비즈 누가 움직이나: SM 이수만 대주주 中 시장 공략에 총력」, 『동아일보』, 2001년 8월 21일.

86 김환표, 「전 세계에 SM공동체 건설을 꿈꾼다: SM엔터테인먼트 회장 이수만」, 『월간 인물과사상』, 제180호(2013년 4월), 119쪽.

87 안윤태·공희준, 『이수만 평전』(정보와사람, 2012), 137쪽.

88 에디트 데커(Edith Decker-Phillips), 김정용 옮김, 『백남준: 비디오 예술의

미학과 기술을 찾아서』(궁리, 1995/2001), 17쪽.

89 김용옥, 「백남준: 한국의 전통을 간직한 '비디오아트'의 창시자」, 『월간조선』, 1994년 1월호 별책부록, 『세계의 한국인』, 241~242쪽.

90 김석종, 「통행금지: 사이렌 없던 성탄, 그 짧았던 '긴밤'의 자유」, 『경향신문』, 2001년 7월 13일, 31면.

91 남동철, 「그녀의 품에 안겨 우리는 시대를 외출했다」, 『씨네21』, 2002년 2월 19일, 81면에서 재인용.

92 남동철, 「그녀의 품에 안겨 우리는 시대를 외출했다」, 『씨네21』, 2002년 2월 19일, 82면.

93 안국정, 「이산가족 찾기 생방송」, 『조선일보』, 1999년 9월 15일, 23면.

94 장사국, 「분단 아픔 재회 기쁨…4천만이 울었다」, 『스포츠서울』, 1999년 12월 15일, 19면.

95 이대현, 「남북 이산가족 찾기는 컬러TV 연출 최대작」, 『한국일보』, 1999년 10월 19일, 17면.

96 선성원, 『8군쇼에서 랩까지』(아름출판사, 1993), 135쪽.

97 선성원, 『8군쇼에서 랩까지』(아름출판사, 1993), 144~145쪽.

98 김진성, 「한국 음악의 거장들」, 강명석·김진성, 『서태지와 아이들 그리고 아무도 없는가?!』(프리미엄북스, 1997), 268쪽.

99 이영미, 『흥남부두의 금순이는 어디로 갔을까』(황금가지, 2002), 220~221쪽.

100 강헌, 「김민기에서 서태지까지」, 『한겨레』, 1995년 11월 10일, 13면.

101 『신동아』, 1992년 9월호. 현대자동차는 1986년 1월 20일 미국에 포니엑셀 1,000대를 수출 선적하는 기록을 세운 이후 1986년 한 해에만 81개국, 1988년 102개국, 1989년 120개국 수출이라는 기록을 세운다. 「작년 자동차 생산 1백 50만 대」, 『세계일보』, 1992년 2월 9일, 7면.

102 조선일보사, 『조선일보 칠십년사 제3권』(조선일보사, 1990), 1798~1799쪽.

103 교통부·한국관광공사, 『한국관광통계』(1986), 11쪽; 고광헌, 『스포츠와 정치』(푸른나무, 1988), 15쪽에서 재인용.

104 한국통신 인터넷 홈페이지.

105 이상훈, 「세계 최고 초고속인터넷 서비스망 구축」, 『2006년 한국의 실력』(『월간조선』 2006년 1월호 별책부록), 151쪽.

106 강진구, 『삼성전자 신화와 그 비결』(고려원, 1996), 157쪽.

107 오명, 『정보화사회 그 천의 얼굴』(한국경제신문사, 1988), 197쪽.

108 김정수, 『한국의 정보통신혁명: 오명의 리더십 연구』(나남출판, 2000), 20쪽.

109 강준만, 『전화의 역사: 전화로 읽는 한국문화사』(인물과사상사, 2009) 참고.

110 김준엽, 『장정(長征) 4: 나의 무직 시절』(나남, 1990, 2쇄 1991), 309~310쪽.

111 조항제, 「여가와 대중문화의 이데올로기」, 한국산업사회연구회 편, 『한국 사회와 지배이데올로기: 지식사회학적 이해』(녹두, 1991), 164쪽.

112 조항제, 「여가와 대중문화의 이데올로기」, 한국산업사회연구회 편, 『한국 사회와 지배이데올로기: 지식사회학적 이해』(녹두, 1991), 166쪽.

113 김용원, 「서울 '방송 올림픽' 개막」, 『서울신문』, 1988년 7월 16일, 11면.

114 김종원·정중헌, 「격변기의 한국 영화」, 『우리 영화 100년』(현암사, 2001), 372~373쪽.

115 정연우, 「할리우드와 한국의 비디오 산업」, 『월간 말』, 1991년 1월호: 유문무, 「자본주의와 대중문화」, 임희섭·박길성 엮음, 『오늘의 한국 사회』(사회비평사, 1995년 3판), 95쪽에서 재인용.

116 김종원·정중헌, 「격변기의 한국 영화」, 『우리 영화 100년』(현암사, 2001), 373쪽.

117 1990년 3월 문화부는 창작기획물 제작 의무 제도를 마련해 비디오 제작자들로 하여금 전통문화물, 생활문화물, 예술 분야, 청소년 기획물 등을 내용으로 한 창작물을 연 1편 이상 의무적으로 제작하게 했다. 그 외에 외국 영화를 수입하는 경우에는 30편당 1편씩 창작물을 추가로 제작하게 했다.

118 조재우, 「한류 경제와 비빔밥 전략」, 『한국일보』, 2011년 1월 4일.

119 이소영, 「FM 음악 방송과 미디어 제국주의」, 『월간 말』, 1991년 6월호, 208~211쪽.

120 유재용, 『afkn 키즈의 미국 들여다보기』(나남, 2007).

121 신현준 외, 『한국 팝의 고고학 1960: 한국 팝의 탄생과 혁명』(한길아트, 2005), 122~123쪽.

122 박용규, 「AFKN-TV의 특성과 문화적 영향(1957~1996)」, 『언론과학연구』, 14권 3호(2014년 9월), 115~117쪽.

123 박용규, 「AFKN-TV의 특성과 문화적 영향(1957~1996)」, 『언론과학연구』, 14권 3호(2014년 9월), 127쪽.

124 손민호, 「AFKN 키즈의 추억」, 『중앙일보』, 2014년 4월 16일.

125 이성욱, 「엘비스와 매카시가 우리를 검열했다」, 『한겨레』, 2000년 5월 15일, 24면.

126 박용규, 「AFKN-TV의 특성과 문화적 영향(1957~1996)」, 『언론과학연구』, 14권 3호(2014년 9월), 102쪽.

127 윤상길, 「한미 영화 분쟁 '2라운드 돌입'」, 『국민일보』, 1989년 2월 7일.

128 주태산, 「미 직배 영화관 6곳 연쇄 피습」, 『세계일보』, 1989년 8월 15일, 14면.

129 김학수, 『한국 영화 산업 개척자들』(인물과사상사, 2003), 47~48쪽에서 재인용.

130 Peter Golding, 「Media Role in National Development: Critique of a Theoretical Orthodoxy」, 『Journal of Communication』, 24(Summer 1974), p.50.

131 고성호, 「포천지 "한국, 디지털 최강국 될 것"」, 『한국일보』, 2004년 9월 14일, 6면.

132 나지홍, 「低油價로 주목받는 '콜럼버스 효과'」, 『조선일보』, 2015년 3월 9일.

133 조신, 「[Weekly BIZ] [Cover Story] 노키아 '선발자의 불이익' 당한 셈…스마트폰 가장 먼저 만들고도 아이폰 좋은 일만 시켜줘」, 『조선일보』, 2012년 5월 19일.

134 조승연, 『비즈니스 인문학』(김영사, 2015), 221~224쪽.

135 앵거스 디턴(Angus Deaton)은 '후진성의 이점'을 들어 아프리카의 미래에 대해 낙관론을 편다. "아프리카에는 무한한 가능성이 있으며, 그중 몇몇 나라는 경제 관리 능력이 향상돼 과거에 자초한 재앙을 일부 피할 수 있게 되면서 그 가능성이 가시화되고 있다. 그리고 서구 국가들이 자신의 원조 중독을 치료하고 아프리카 정치의 기반을 약화시키는 일을 중지한다면 자체적으로 주도되는 개발을 실제로 희망해볼 수 있을 것이다. 우리는 아프리카 사람들의 무한한 재능 발현의 숨통을 조이는 일을 멈춰야 한다." 앵거스 디턴(Angus Deaton), 이현정·최윤희 옮김, 『위대한 탈출: 불평등은 어떻게 성장을 촉발시키나』(한국경제신문, 2013/2014), 353쪽.

136 린이푸, 「후발 주자의 이점 중국에 남아 있어…앞으로 20년간 年 8%대 성장 가능」, 『조선일보』, 2013년 8월 17일; 김경민, 「"개도국에서 신자유주의는 실패…中 경제 성공은 정부 개입 덕분"」, 『파이낸셜뉴스』, 2018년 7월 3일; 양도웅, 「'대만 군 장교'에서 '중국 최고 석학'으로…린이푸가 던진 중국 경제 관련 5가지 질문」, 『교수신문』, 2018년 7월 16일; 강준만, 「왜 "먼저 된 자 나중 되고 나중 된 자 먼저 된다"고 하는가?: 후발자의 이익」, 『습관의 문법: 세상을 꿰뚫는 이론 7』(인물과사상사, 2019), 185~190쪽 참고.

137 경제결정론은 물질적인 생산 활동과 같은 경제적 요소가 사회 전반을 결정하는 요인으로서 작용한다는 것이지만, 여기선 문화적 현상을 경제적으로만 설명하려는 자세까지 포함하는 개념으로 쓴 것이다. 문화결정론은 권숙인의 다음 정의가 적절한 것으로 보인다. "문화결정론은 현상에 대한 궁극적 설명으로 '문화'를 말하는데, 이때 문화는 맥락과 역사성이 제거된 채 주어진 것으로 제시된다. 문화적 '원형', '진수', '심층', '코드' 등의 표현이 자주 쓰이는 것도

이런 탈맥락성에서 오는 것이다. 그러나 이렇게 본질화된(essentialized) 문화에 의한 설명은 닫혀진 논리 구조 속에서 원점을 도는 것으로('한국 문화의 특질은 이러이러하다. 왜냐하면 한국 문화가 그렇기 때문이다'), 결국 아무것도 설명하지 않은 것이 되고 만다. 나아가 역사적이고 정치경제적으로 설명되어야 할 부분을 탈역사화된 문화로 환원시켜버리는 오류를 가져오기도 한다." 권숙인, 「대중적 한국 문화론의 생성과 소비: 1980년대 후반 이후를 중심으로」, 『정신문화연구』, 22권 2호(1999년 여름), 65쪽.

138 홍성욱, 『네트워크 혁명, 그 열림과 닫힘: 자식기반 사회의 비판과 대안』(들녘, 2002), 141쪽.

제2장 〈쥬라기 공원〉이 촉발한 '문화 전쟁'

1 강준만, 『한국현대사산책: 1990년대편(전3권)』(인물과사상사, 2006) 참고.

2 정용준, 『디지털 위성방송과 영상 소프트웨어』(나남, 2000), 118쪽.

3 모리타 아키오, 「신자유경제를 위한 제언 1·2·3」, 박태견 편저, 『초국가 시대로의 초대: 미·일 두뇌집단이 제시하는 21세기 개혁 프로그램』(풀빛, 1993). 한 미국 사회학자는 glocalization을 insiderization으로 불렀다. Jan Nederveen Pieterse, 『Globalization and Culture: Global Melange』(New York: Rowman & Littlefield, 2004), p.50.

4 에드워드 허먼(Edward Herman)·로버트 맥체스니(Robert McChesney), 강대인·전규찬 옮김, 『글로벌 미디어와 자본주의』(나남출판, 1997/1999), 84~85쪽.

5 홍성욱, 『네트워크 혁명, 그 열림과 닫힘: 자식기반 사회의 비판과 대안』(들녘, 2002), 134쪽; 강준만, 『세계문화의 겉과 속』(인물과사상사, 2012) 참고.

6 글로컬리제이션에 대해선 박종천·이재수, 「지속가능한 한류를 위한 문화 콘텐츠 전략: K-Comics의 사례를 중심으로」, 『국학연구』, 36호(2018년), 549~588쪽; 권상집, 「한류 확산을 위한 CJ E&M의 디지털 및 글로컬 콘텐츠 전략」, 『한국콘텐츠학회논문지』, 16권 12호(2016년 12월), 78~90쪽; 장원호·송정은, 「글로컬 문화의 개념과 한류」, 『문화콘텐츠연구』, 8권(2016년 12월), 7~34쪽; 유제상, 「글로컬 문화 연구에 대한 메타 분석」, 『글로컬 창의 문화 연구』, 4권 1호(2015년 6월), 33~46쪽; 임상훈, 「글로컬 시대의 문화 공공성에 대한 철학적 성찰」, 『글로컬 창의 문화 연구』, 4권 1호(2015년 6월), 96~108쪽; 박치완, 「글로컬 시대, 문화 해석의 새로운 지평」, 『철학탐구』, 38권(2015년 5월), 243~274쪽 참고.

7   James L. Baughman, 「ABC and the Destruction of American Television, 1953~1961」, 『Business and Economic History』, 12(1983), pp.56~73.

8   신윤동욱, 「단기적 낙관, 장기적 비관」, 『한겨레21』, 제530호(2004년 10월 13일).

9   배국남, 「[진화하는 연예기획사] 인기는 돈이요, 스타는 힘이다…스타 영입 '몸집 불리기' 경쟁」, 『이투데이』, 2012년 11월 23일. 연예기획사의 발달 과정에 대해선 김정섭, 「우리나라 엔터테인먼트 기업의 임원 특성과 경영 함의점」, 『한국엔터테인먼트산업학회논문지』, 13권 3호(2019년 4월), 77~89쪽 참고.

10   윤호진, 『한류 20년, 대한민국 빅 콘텐츠』(커뮤니케이션북스, 2016), 12쪽.

11   이영미, 『서태지와 꽃다지: 대중문화 시대 예술의 길찾기』(한울, 1995), 182~183쪽.

12   김환표, 「전 세계에 SM공동체 건설을 꿈꾼다: SM엔터테인먼트 회장 이수만」, 『월간 인물과사상』, 제180호(2013년 4월), 119~120쪽.

13   방희경, 「아이돌의 감정노동 '365일 24시간 연중무휴'」, 『한류NOW』, 2019년 3+4월호; http://kofice.or.kr/b20industry/b20_industry_03_view.asp?seq=7992.

14   김영대, 『BTS: The Review 방탄소년단을 리뷰하다』(RHK, 2019), 343쪽. 이후에도 "미(美) 시장 공략 청소년층을 노려라, 부모 제치고 구매 결정권 행사 직접 구입 한 해 96조 원 규모"와 같은 기사들에 자극받아 청소년층을 타깃으로 하는 사업의 결심을 강하게 했다는 이야기도 있다. 안윤태 · 공희준, 『이수만 평전』(정보와사람, 2012), 281~282쪽.

15   송민선, 「'공개방송 입장 정리' 방송국, 폭력 휘둘러」, 『동아일보』, 1994년 3월 23일, 19면(독자투고).

16   양선희, 「아이들 세계: 우리들의 우상」, 『중앙일보』, 1992년 7월 4일, 12면.

17   노창현, 「WSJ '서태지와 아이들' 22년 데뷔 영상 소개」, 『뉴시스』, 2014년 8월 22일; 김은지, 「[POP 이슈] "서태지부터 빅뱅까지" 파격을 일상으로…앞서갔던 ★들」, 『헤럴드POP』, 2017년 6월 15일.

18   김선주, 「서태지 · 양희은, '우리 시대'의 노래」, 『한겨레신문』, 1994년 8월 24일, 4면.

19   미메시스, 『신세대: 네 멋대로 해라』(현실문화연구, 1993).

20   심두보, 「국제 커뮤니케이션 현상으로서의 한류와 하이브리디티」, 『프로그램/텍스트』, 11호(2004년 12월), 66쪽.

21   김영대, 『BTS: The Review 방탄소년단을 리뷰하다』(RHK, 2019), 292쪽. 영

국 작가 안드리안 베슬리(Andrian Besley)도 '서태지와 아이들'에 대해 설명
하면서 "우리가 케이팝이라고 일컫는 한국 음악은 1992년 시작되었다"고 말
한다. 안드리안 베슬리(Andrian Besley), 김지연 옮김, 『BTS The Icons of
K-Pop: The Unofficial Biography』(a9press, 2018/2019), 7쪽.

22   『세계일보』, 1993년 8월 28일.

23   『TV저널』, 1993년 6월 4일, 42면.

24   『TV저널』, 1993년 9월 3일;『경향신문』, 1993년 9월 3일.

25   정의길, 「청소년 '연예인 신드롬' 열병」, 『한겨레신문』, 1993년 8월 30일, 5면.

26   마크 실링(Mark Schilling), 김장호 옮김, 「트렌디 드라마」, 『일본 대중문화 여
기까지 알면 된다: 오타쿠에서 스타문화까지』(초록배매직스, 1997/1999),
217~220쪽.

27   손원제, 「한국 드라마 리얼리즘 어디 갔소?」, 『한겨레』, 2004년 12월 7일, 34면.

28   김윤정, 「한류의 초기 생성 과정 트렌디 드라마 〈질투〉의 상품적 가치 연구」,
홍익대학교 영상대학원 석사학위논문, 2009년 8월, 11, 116쪽.

29   김윤정, 「한류의 초기 생성 과정 트렌디 드라마 〈질투〉의 상품적 가치 연구」,
홍익대학교 영상대학원 석사학위논문, 2009년 8월, 113쪽.

30   이동후, 「한국 트렌디 드라마의 문화적 형성: 탈국가적 문화수용 양식을 중심
으로」, 조한혜정 외, 『'한류'와 아시아의 대중문화』(연세대학교출판부, 2003),
125~153쪽.

31   이 작품은 1992년에 출간된 안정효의 소설을 영화화한 것이다. 안정효, 『헐리
우드 키드의 생애』(민족과문학사, 1992).

32   박우성, 「한국 영화의 할리우드 표상: 〈헐리우드 키드의 생애〉(정지영, 1994)
를 통해 본 할리우드와 충무로의 역할」, 『인문학연구』, 27호(2017년 6월),
48쪽.

33   박우성, 「한국 영화의 할리우드 표상: 〈헐리우드 키드의 생애〉(정지영, 1994)
를 통해 본 할리우드와 충무로의 역할」, 『인문학연구』, 27호(2017년 6월),
54~55쪽.

34   김학수, 『한국 영화산업 개척자들』(인물과사상사, 2003), 125~126쪽에서 재
인용.

35   홍호표·정연욱·공종식, 『대중예술과 문화 전쟁: 세계 문화산업의 현장』(나남
출판, 1995), 9쪽.

36   심두보, 「국제 커뮤니케이션 현상으로서의 한류와 하이브리디티」, 『프로그램/
텍스트』, 11호(2004년 12월), 73~74쪽.

37   심두보, 「국제 커뮤니케이션 현상으로서의 한류와 하이브리디티」, 『프로그램/

텍스트』, 11호(2004년 12월), 74쪽. 단일 건물에 최소 6개 이상의 상영관을 갖춘 멀티플렉스의 효시는 1998년 11개 스크린을 갖추고 문을 연 강변 CGV 이며, 2000년대 들어 급격히 늘게 된다. 2006년 말 기준으로 전국의 영화관 은 321개였는데, 이 중 멀티플렉스는 198개(스크린 수 1,562개)였다. 유선 영, 「영화의 사회문화사」, 유선영·박용규·이상길 외, 『한국의 미디어 사회문 화사』(한국언론재단, 2007), 296~297쪽.

38   Richard Corliss, 「On with the Show(cover story)」, 『Time』, March 27, 1995, pp.40~4; 강준만, 『이건희 시대』(인물과사상사, 2005) 참고.

39   김학수, 『한국 영화산업 개척자들』(인물과사상사, 2003), 130~131쪽.

40   이형석, 『계획이 다 있었던 남자, 봉준호』(북오션, 2020), 115쪽.

41   윤재근은 이미 30년 전인 1969년 『문화비평』이란 계간지를 창간하면서 "문화 는 인간 생존의 부산물이 아니다. 그것은 생존의 원동력이다. 문화는 생존의 기호품이 아니다. 그것은 생존의 필수품이다. 문화는 눈썹 같은 것이 아니다. 그것은 앞을 내다보는 눈과 같다. 문화 교류는 겉치레이고 그 실속은 치열한 문화 전쟁이다"고 주장했다. 윤재근, 『문화 전쟁: 한국문화 현실, 이대로는 미 래가 없다』(둥지, 1996), 9쪽.

42   이재현, 「한류와 인터-아시아」, 『황해문화』, 제46호(2005년 봄), 285~296쪽.

43   송혜진, 「외국 문화 원형에 빨대 꽂은 한류…」, 『조선일보』, 2007년 6월 1일.

44   류웅재, 「한류에 대한 오해」, 『경향신문』, 2007년 7월 6일.

45   『한겨레신문』, 1995년 1월 8일.

46   「"외국어를 잡아라": 직장인 학원 수강 열기 대기업 위탁 교육 40% 늘어」, 『동아일보』, 1995년 2월 16일, 31면.

47   이인철, 「젖먹이도 영어 배운다: 서울 강남 조기 교육 바람」, 『동아일보』, 1995년 3월 12일, 22면.

48   박정숙, 「외국식 조기 영어 교육 열풍」, 『한겨레신문』, 1995년 8월 24일, 11면.

49   장화경, 「초등학생 53만 명 영어 과외/교육부 조사/사교육비 연간 3천 5백 억」, 『경향신문』, 1996년 9월 22일, 23면; 이병기·조원표, 「조기 영어 열 풍/"하이, 잉글리시" 연 6천억 시장」, 『동아일보』, 1996년 10월 6일, 6면.

50   부형권, 「'본토 영어' 배우러 미로…호로…/어린이 해외 연수 열풍」, 『동아일 보』, 1996년 7월 11일, 47면.

51   차우진·최지선, 「한국 아이돌 그룹의 역사와 계보, 1996~2010년」, 이동 연 엮음, 『아이돌: H.O.T.에서 소녀시대까지, 아이돌 문화 보고서』(이매진, 2011), 121쪽.

52   마이클 맨덜(Michael J. Mandel), 이강국 옮김, 『인터넷 공황』(이후, 2001),

30~33쪽.

53   앤서니 퍼킨스(Anthony B. Perkins) · 마이클 퍼킨스(Michael C. Perkins), 형 선호 옮김, 『인터넷 거품: 거품을 알면 전략이 보인다』(김영사, 2000), 65쪽.

54   타릭 후세인(Tariq Hussain), 이세민 옮김, 『다이아몬드 딜레마: 주식회사 한 국, 숨겨진 성장 코드』(랜덤하우스중앙, 2006), 139쪽.

55   이는 영국의 문화비평가 레이먼드 윌리엄스(Raymond Williams)의 문화에 대한 정의다. Michael Green, 「Raymond Williams and Cultural Studies」, 『Cultural Studies Working Papers』, 6(1974), p.45.

제3장 한류의 최초 동력은 IMF 환란

1   송현순, 「'근조 민주주의' 검은 리본 달기 확산」, 『한겨레』, 1997년 1월 10일, 27면.

2   노염화, 『키취 소년, 문화의 바다에 빠지다』(토마토, 1997), 190~193쪽.

3   정태춘 · 강헌, 「인터뷰: 정태춘, 우리 대중음악의 마지막 독립군」, 『리뷰』, 제7 호(1996년 여름), 110~139쪽.

4   박준흠, 『이 땅에서 음악을 한다는 것은』(교보문고, 1999), 307쪽.

5   강한섭, 「이제 게임은 끝났다」, 『어떤 영화를 옹호할 것인가』(필커뮤니케이션 즈, 1997), 338쪽.

6   이런 에피소드가 있다. "박진영은 자신이 작곡한 〈날 떠나지 마〉를 이수만 앞 에서 불렀다. 독특한 외모 때문에 박진영이 비주얼 가수로는 적합성이 떨어진 다고 판단한 이수만은 불합격 쪽으로 마음이 기울었다. 또다시 낙방의 실패 를 예감한 박진영이 풀죽은 표정으로 오디션 현장을 나서려는 찰나 이수만이 그를 불러 세웠다. 기대 반, 놀람 반으로 박진영은 이수만의 입에서 무슨 말이 나올지 확인하려고 귀를 쫑긋 세웠다. '그 곡만 팔 수 없겠나?' '싫어요.' 이수 만과 박진영이 이후에 밟아갈 행로를 시사해주는 의미심장한 운명적 조우였 다." 안윤태 · 공희준, 『이수만 평전』(정보와사람, 2012), 781쪽.

7   김주호, 『이기는 홍보 성공하는 PR: 실무자가 쓴 한국의 PR 현장』(사계절, 1997), 315~321쪽; 이원태, 「대중문화, 사탄과 손을 잡다?: 대중문화에서의 악마주의의 부활과 관련하여」, 『리뷰』, 제10호(1997년 봄), 83~85쪽.

8   윤호진, 『한류 20년, 대한민국 빅 콘텐츠』(커뮤니케이션북스, 2016), 75쪽.

9   신은희, 「이제 그만 10대에 아부하자!」, 『상상』, 제15호(1997년 봄), 80쪽.

10   이혜숙 · 손우석, 『한국 대중음악사: 통키타에서 하드코어까지』(리즈앤 북, 2003), 392쪽; 안윤태 · 공희준, 『이수만 평전』(정보와사람, 2012),

319~320쪽.

11 황지희, 「금기 깬 멜로드라마들」, 『PD저널』, 2006년 1월 18일, 5면.

12 『경향신문』, 1996년 12월 18일, 29면; 노염화, 『키취 소년, 문화의 바다에 빠지다』(토마토, 1997), 210쪽.

13 노염화, 『키취 소년, 문화의 바다에 빠지다』(토마토, 1997), 210쪽; 전규찬, 「〈애인〉을 둘러싼 이야기들: TV 드라마 텍스트의 주변 담론 분석」, 황인성·원용진 엮음, 『애인: TV 드라마, 문화 그리고 사회』(한나래, 1997), 34쪽.

14 『경향신문』, 1996년 12월 18일, 29면.

15 전규찬, 「〈애인〉을 둘러싼 이야기들: TV 드라마 텍스트의 주변 담론 분석」, 황인성·원용진 엮음, 『애인: TV 드라마, 문화 그리고 사회』(한나래, 1997), 21쪽에서 재인용.

16 전규찬, 「〈애인〉을 둘러싼 이야기들: TV 드라마 텍스트의 주변 담론 분석」, 황인성·원용진 엮음, 『애인: TV 드라마, 문화 그리고 사회』(한나래, 1997), 38쪽에서 재인용.

17 전규찬, 「〈애인〉을 둘러싼 이야기들: TV 드라마 텍스트의 주변 담론 분석」, 황인성·원용진 엮음, 『애인: TV 드라마, 문화 그리고 사회』(한나래, 1997), 36~37쪽에서 재인용.

18 「홍콩(香港)의 중국 반환」, 『네이버 지식백과』.

19 백낙환, 「베트남의 韓流 현황」, 『관훈저널』, 84호(2002년 가을), 245쪽.

20 선정규, 「중국 문화산업 정책의 특징과 전략적 목표」, 『한국학연구』, 37권 6호(2011년), 33~58쪽.

21 주오유보, 「중국 영상 문화에 끼친 한류의 영향: 영화와 드라마의 경우를 중심으로」, 『한국언론학회 연구 보고서 및 기타 간행물』, 2005년, 98쪽.

22 안윤태·공희준, 『이수만 평전』(정보와사람, 2012), 369쪽.

23 문화방송국제협력부, 『오늘의 중국 방송』(나남출판, 1998), 22~68쪽; 주오유보, 「중국 영상 문화에 끼친 한류의 영향: 영화와 드라마의 경우를 중심으로」, 『한국언론학회 연구 보고서 및 기타 간행물』, 2005년, 98쪽.

24 고윤실, 「당대 중국의 관방 담론과 민간 정서가 만들어내는 미디어 지형 엿보기: 드라마 '위장자(僞裝者)'와 '랑야방(琅琊榜)'을 중심으로」, 『중국현대문학』, 79권(2016년), 62~63쪽.

25 이은숙, 「중국에서의 '한류' 열풍 고찰」, 『문학과영상』, 3권 2호(2002년 9월), 36쪽.

26 안윤태·공희준, 『이수만 평전』(정보와사람, 2012), 373쪽; 이은숙, 「중국에서의 '한류' 열풍 고찰」, 『문학과영상』, 3권 2호(2002년 9월), 376쪽.

27   홍칭보,「한류 10년」,『한겨레』, 2007년 11월 26일.

28   최혜실,「한류 현상의 지속을 위한 작품 내적 연구: 드라마의 스토리텔링 구조 분석」,『인문콘텐츠』, 6호(2005년 12월), 111~136쪽; 원용진·김지만,「연성 국가주의에 편승한 연예기획사와 한류의 미래」,『한국언론학회 심포지엄 및 세미나 논문집』, 2011년 8월, 27~51쪽; 장규수,「한류의 어원과 사용에 관한 연구」,『한국콘텐츠학회논문지』, 11권 9호(2011년 9월), 166~173쪽; 진경지,「'한류' 용어의 어원 및 대만 한류 발전에 대한 고찰」,『동아시아 문화 연구』, 77호(2019년 5월), 221~237쪽; 매일경제 한류본색 프로젝트팀,『한류본색: 아시아를 넘어 세계로, 문화 강국 코리아 프로젝트』(매일경제신문사, 2012), 20~22쪽.

29   동아일보 특별취재팀,『잃어버린 5년-칼국수에서 IMF까지: YS 문민정부 1,800일 비화 2』(동아일보사, 1999), 221~224쪽.

30   외환대란 특별취재팀(정규제·김성택),『이 사람들 정말 큰일내겠군: 실록 외환대란』(한국경제신문사, 1998), 153쪽.

31   김용환,「위기의 한국 사회를 위한 실천적 제안」,『사회비평』, 1999년 봄, 150쪽.

32   정창영,『IMF 고통인가 축복인가』(문이당, 1998), 15쪽.

33   정창영,『IMF 고통인가 축복인가』(문이당, 1998), 16~19, 38쪽.

34   이영문,「경제위기 상황과 정신 건강의 함수」,『사회비평』, 1999년 봄, 84쪽.

35   신현준,「K-pop의 문화정치(학): 월경(越境)하는 대중음악에 관한 하나의 사례 연구」,『언론과사회』, 제13권 3호(2005년 여름), 25쪽.

36   이어령,「인터뷰/문화석학 이어령의 한류 읽기: '개짱이'의 힘! 블루오션 한류 계속된다」,『월간중앙』, 2006년 1월호, 248~251쪽.

37   「경제 수출입 의존 심화: 지난해 국민소득 대비 88.6%로 사상 최고」,『경향신문』, 2007년 3월 27일, 15면.

38   심두보,「국제 커뮤니케이션 현상으로서의 한류와 하이브리디티」,『프로그램/텍스트』, 11호(2004년 12월), 76쪽.

39   백낙환,「베트남의 韓流 현황」,『관훈저널』, 84호(2002년 가을), 248~249쪽.

40   김현미,「'한류' 담론 속의 욕망과 현실」,『당대비평』, 제19호(2002년 여름), 220~221쪽.

41   김현미,「'한류' 담론 속의 욕망과 현실」,『당대비평』, 제19호(2002년 여름), 222쪽.

42   이와부치 고이치, 이세영 옮김,「한류가 재일 한국인과 만날 때: 초국가적 미디어 교류와 로칼 다문화 정치의 교착」,『프로그램/텍스트』, 11호(2004년 12월),

92쪽.

43　이와부치 고이치(岩淵功一)·히라타 유키에(平田紀江), 전오경 옮김, 『아시아를 잇는 대중문화: 일본, 그 초국가적 욕망』(또하나의문화, 2001/2004), 181~188쪽; 양은경, 「동아시아의 트렌디 드라마 유통에 대한 문화적 근접성 연구」, 『방송연구』, 56호(2003년 여름), 197~220쪽; 박성희, 「일본 드라마의 문화적 근접성에 대한 수용자 해독과 인식」, 『프로그램/텍스트』, 11호(2004년 12월), 143~176쪽; 유세경·이경숙, 「동북아시아 3국의 텔레비전 드라마에 나타난 문화적 근접성: '별은 내 가슴에', '진정고백', '동변일출서변우' 비교 분석」, 『한국언론학보』, 45권 3호(2001년 6월), 230~267쪽; 박소라, 「방송 시장 개방에 따른 미디어 상품의 국가 간 흐름 모델과 자국 문화 보호: 상대적 시장 규모와 문화적 할인 개념을 중심으로」, 『사이버커뮤니케이션학보』, 18호(2006년 6월), 113~151쪽 참고.

44　조헌주, 「일 영화-만화 즉시 개방」, 『동아일보』, 1998년 10월 21일, 1면.

45　길준범, 「일본 대중문화, 안방까지 들어온다」, 『오마이뉴스』, 2003년 6월 12일; 이택수, 「내년 1월부터 일본 대중문화 전면 개방」, 『디지털타임스』, 2003년 9월 17일.

46　이동후, 「모방 프로그램의 혼성적 정체성: 조사·실험 인포테인먼트 프로그램을 중심으로」, 『방송연구』, 47호(1998년 겨울), 107쪽. 일본 대중문화 개방 논란에 대해선 원우현, 「일본 대중문화 수입 개방의 의미와 대응 방안 연구」, 『방송연구』, 47호(1998년 겨울), 3~27쪽; 김창남, 「일본 대중문화 개방과 공영방송의 역할」, 『방송문화연구』, 12호(2000년 12월), 191~211쪽; 홍성태, 「일본 대중문화 개방의 문화정치」, 『문화과학』, 제41호(2005년 3월), 126~143쪽; 박조원, 「일본 대중문화 개방의 파급 효과 분석」, 『문화산업연구』, 6권 1호(2006년 6월), 121~139쪽; 하야시 나쓰오(林夏生), 「대중문화 교류에서 나타난 현대 한일 관계: 한국의 '일본 대중문화 개방 정책'과 일본에서의 "한류" 현상」, 『한일공동연구총서』, 14권(2008년 2월), 232~270쪽; 오대영·이완수, 「일본 대중문화 개방과 한국 언론의 수용 태도 변화: 보도 태도, 프레임, 정보원을 중심으로」, 『언론과학연구』, 15권 1호(2015년 3월), 229~269쪽; 이성환, 「일본 대중문화의 유입과 한일 관계」, 『일본문화연구』, 53호(2015년 1월), 273~294쪽 참고.

47　신달자, 「이미 둑을 넘어 온 일본 문화」, 『경향신문』, 1994년 3월 5일, 5면.

48　이은주, 「일본 문화지도: 영화」, 『중앙일보』, 1998년 10월 20일, 36면; 강찬호, 「일본 문화지도: 가요」, 『중앙일보』, 1998년 10월 22일, 31면.

49　이연, 「방송문화 창달」, 이연 외, 『일본 대중문화 베끼기』(나무와숲, 1998),

132쪽.

50 임진모, 「대중가요, 끝없는 표절의 세계」, 이연 외, 『일본 대중문화 베끼기』(나무와숲, 1998), 163~165쪽.

51 도정일, 「일본 대중문화 베끼기: 그 부패 구조」, 이연 외, 『일본 대중문화 베끼기』(나무와숲, 1998), 6~8쪽.

52 김성민, 『일본을 금(禁)하다: 금제와 욕망의 한국 대중문화사 1945~2004』(글항아리, 2014/2017), 11, 229쪽.

53 이대현, 「거센 외풍 속 한국 영화 웃다」, 『한국일보』, 1998년 12월 29일, 15면; 이대현, 「매표구 앞 "일본은 없네"」, 『한국일보』, 1998년 12월 15일, 16면.

54 조종국, 「영화인 총동원령!」, 『씨네21』, 1998년 12월 15일, 20면; 이소영, 「"DJ, 스크린쿼터 공약 지켜라!"」, 『전북일요시사』, 1998년 12월 13일, 13면; 조종국, 「스크린쿼터를 줄여라?」, 『씨네21』, 1998년 10월 27일, 16면.

55 김학수, 『한국 영화산업 개척자들』(인물과사상사, 2003), 27쪽.

56 노형석, 「문체부 "스크린상한제 빨리 도입"…'포스트 봉준호법' 요구 화답」, 『한겨레』, 2020년 3월 6일, 18면. 스크린쿼터제 논란에 대해선 정미정, 「스크린쿼터에 관한 뉴스 보도 담론 분석」, 『한국언론정보학보』, 35호(2006년 8월), 147~178쪽; 한민호, 「스크린쿼터 축소 반대론에 대한 비판적 고찰」, 『문화경제연구』, 9권 2호(2006년 12월), 25~43쪽; 김영욱, 「소스 경쟁과 의제 속성 의존: 스크린쿼터를 둘러싼 정부와 시민단체의 영향력 분석」, 『한국언론정보학보』, 39호(2007년 8월), 140~177쪽; 전평국, 「FTA와 스크린쿼터 그리고 대중문화 정치」, 『영화연구』, 33호(2007년 9월), 469~503쪽; 이수범·김수정, 「한국 영화 산업에 대한 문화 제국주의의 비판적 수용: 스크린쿼터 축소 이후를 중심으로」, 『국제지역연구』, 11권 4호(2008년 1월), 305~332쪽; 양경미, 「한국의 영화시장 개방 정책과 이익집단의 역할: 스크린쿼터 정책을 중심으로」, 『영화연구』, 42호(2009년 12월), 397~434쪽; 김정수, 「'뜨거운 감자' 반토막 내기: 스크린쿼터 축소 결정에 대한 사례 연구」, 『문화와사회』, 10호(2011년 5월), 289~326쪽; 최용제, 「스크린쿼터의 국산 영화 보호 효과에 관한 연구」, 『국제지역연구』, 15권 3호(2011년 10월), 227~247쪽 참고.

57 「중고교생 47% 장래 희망 '연예인'」, 『동아일보』, 1997년 12월 8일, 27면.

58 「극성팬에 울고 웃는 스타들」, 『주간한국』, 1999년 1월 28일.

59 한윤형, 「월드컵 주체와 촛불시위 사이, 불안의 세대를 말한다: 강제로 규정된 청년세대의 복잡 미묘함에 대해」, 『문화과학』, 제62호(2010년 여름), 73~74쪽.

60 허행량, 『스타 마케팅: 스타경제학』(매일경제신문사, 2002), 200쪽.

61 이동연, 『서태지는 우리에게 무엇이었나: 서태지, 대중음악, 하위문화』(문화과학사, 1999), 185쪽.

62 유니 홍(Euny Hong), 정미현 옮김, 『코리안 쿨: 세계를 사로잡은 대중문화 강국 '코리아' 탄생기』(원더박스, 2014/2015), 235~237쪽.

63 김호연, 「한류를 통해 바라본 한국 영화의 확산 현상 연구」, 『코기토』, 11권 (2011년 8월), 278~281쪽.

64 김정현, 「[오늘 다시보기] 영화 쉬리 개봉(1999)」, 『MBC』, 2019년 2월 13일.

65 성경준, 「쉬리와 한국 영화의 가능성」, 『사회비평』, 2000년 봄, 175쪽.

66 김희경, 「한국 영화 대약진 "올해만 같아라"」, 『동아일보』, 1999년 12월 31일, A12면.

67 「한국 영화 점유율 작년 36%」, 『대한매일』, 2000년 3월 9일, 17면.

68 김갑식, 「한국 영화 50편 해외 노크」, 『동아일보』, 2000년 5월 9일, C4면.

69 김호연, 「한류를 통해 바라본 한국 영화의 확산 현상 연구」, 『코기토』, 11권 (2011년 8월), 278~281쪽.

70 이해리, 「한국 영화 100년, 최고의 작품 '쉬리'」, 『스포츠동아』, 2019년 7월 3일.

71 임범, 「한국 영화 시장점유율 40% 기염 "3박자가 맞았다"」, 『한겨레』, 1999년 11월 30일, 17면; 김동규·김호석, 「엔터테인먼트 산업의 변화와 방송 산업」, 『방송문화연구』, 13호(2001년 12월), 41쪽.

72 송승환·김아영, 「'난타'에서 평창 동계올림픽까지」, 한국국제문화교류진흥원 엮음, 『한류, 다시 출발점에 서다』(한국국제문화교류진흥원, 2019), 35~38쪽; 윤호진, 『한류 20년, 대한민국 빅 콘텐츠』(커뮤니케이션북스, 2016), 69~77쪽; 김인철, 「비언어 연극 '난타' 세계 무대 진출」, 『연합뉴스』, 1999년 5월 31일.

73 존 톰린슨(John Tomlinson), 김승현·정영희 옮김, 『세계화와 문화』(나남출판, 1999/2004); 제임스 커런(James Curran), 이봉현 옮김, 『미디어와 민주주의』(한울아카데미, 2011/2014), 342~344쪽. 최근의 문화 제국주의 논쟁에 대해선 김승수, 「문화 제국주의 변동에 대한 고찰」, 『한국방송학보』, 22권 3호(2008년 5월), 51~85쪽; 임동욱, 「문화 제국주의의 비판적 고찰: 단선적 문화 제국주의에서 역동적인 국제적 문화 유동으로」, 『한국언론정보학보』, 45권(2009년 2월), 151~186쪽; 이경철·이상우, 「보호되어야 할 문화의 정체성에 대한 고찰: 김승수의 "문화 제국주의 변동에 대한 고찰"에 대한 반론을 중심으로」, 『한국방송학보』, 23권 4호(2009년 7월), 128~163쪽; 김두진, 「한류의 초국적 보편성과 '미디어 제국주의 역전' 테제: 영국의 K-pop과 포스트-비틀스의 제국성(imperialness)」, 『아세아연구』, 61권 1호(2018년 3월),

7~47쪽; 오현석, 「문화 제국주의론에서 바라본 타자로서의 일본: 1990년대 일본 대중문화 개방과 관련된 담론을 중심으로」, 『일본학보』, 118호(2019년), 343~360쪽; 오현석, 「일본의 한류 현상에 관한 이론적 고찰: 문화 제국주의론과 문화 내셔널리즘을 중심으로」, 『일본근대학연구』, 65호(2019년 8월), 157~169쪽 참고.

74 박민수, 「문화 혼종성의 이론적 고찰: 호미 바바를 중심으로」, 『인문학논총』, 39호(2015년 10월), 24쪽.

75 호미 바바(Homi K. Bhabha), 나병철 옮김, 『문화의 위치: 탈식민주의 문화 이론(수정판)』(소명출판, 1994/2012). 데이비드 허다트(David Huddart), 조만성 옮김, 『호미 바바의 탈식민적 정체성』(앨피, 2006/2011) 참고.

76 이와부치 고이치(岩淵功一)·히라타 유키에(平田紀江), 전오경 옮김, 『아시아를 잇는 대중문화: 일본, 그 초국가적 욕망』(또하나의문화, 2001/2004), 67쪽.

77 김수정, 「동남아에서 한류의 특성과 문화 취향의 초국가적 흐름」, 『방송과커뮤니케이션』, 13권 1호(2012년 3월), 5~54쪽; 이규탁, 『대중음악의 세계화와 디지털화』(커뮤니케이션북스, 2016), 22쪽.

78 김수정, 「동남아에서 한류의 특성과 문화 취향의 초국가적 흐름」, 『방송과커뮤니케이션』, 13권 1호(2012년 3월), 47쪽.

79 김수정, 「동남아에서 한류의 특성과 문화 취향의 초국가적 흐름」, 『방송과커뮤니케이션』, 13권 1호(2012년 3월), 47쪽.

80 김수정·양은경, 「동아시아 대중문화물의 수용과 혼종성의 이해」, 『한국언론학보』, 50권 1호(2006년 2월), 121, 133쪽. 혼종성에 대해선 류웅재, 「한국 문화연구의 정치경제학적 패러다임에 대한 모색: 한류의 혼종성 논의를 중심으로」, 『언론과사회』, 16권 4호(2008년 11월), 2~27쪽; 박선이·유세경, 「포맷 교역 TV 프로그램의 혼종성에 관한 연구: 한국의 〈1대 100〉 프로그램에 나타난 지역적 특성을 중심으로」, 『한국방송학보』, 23권 3호(2009년 3월), 187~232쪽; 장희권, 「글로벌 세계의 혼종성과 민족주의: 복합 문화 속의 문화적 정체성에 대해」, 『독일어문학』, 19권 4호(2011년), 371~394쪽; 이수안, 「유럽의 한류를 통해 본 문화 혼종화: K-pop 열풍을 중심으로」, 『한독사회과학논총』, 22권 1호(2012년 3월), 117~146쪽; 김성수, 「문화 혼종, 글로컬 문화 콘텐츠, 그리고 콜라보레이션: 문화코드 간 콜라보레이션의 중요성에 대한 이해」, 『글로벌문화콘텐츠』, 16권(2014년 8월), 43~72쪽; 윤서영, 「문화 제국주의와 혼종성: 가나의 대중음악을 중심으로」, 『한국아프리카학회지』, 50권(2017년 6월), 115~137쪽; 황미요조, 「한류의 시대, 한국 영화의 혼종성과 초국적인 수용에 접근하는 문화연구의 방법론」, 『인문학연구』, 27권

(2017년 6월), 3~30쪽 참고.

제4장 한국인의 열정과 위험 감수성

1   법정, 「지식이 지혜로 바뀌어야」, 『동아일보』, 2000년 1월 5일, A7면.

2   강찬호, 「중고생 '노래방 없이는 못 살아'」, 『중앙일보』, 1999년 7월 2일, 48면.

3   강찬호, 「그래…노래로 풀자: 국내 도입 10년 '노래방 문화' 진단」, 『중앙일보』, 1999년 7월 2일, 48면.

4   홍세화, 「20년 만의 귀국 일지」, 『창작과비평』, 제105호(1999년 가을), 348쪽.

5   김준, 「서울 유흥 단란주점 간판 '노래' 표기 월말까지 단속」, 『경향신문』, 2002년 10월 25일, 17면.

6   「진짜 인생 이야기가 여기에 "쿵쿵 노래교실"」, 『YTN』, 2019년 1월 11일.

7   경향신문 특별취재팀, 『우리도 몰랐던 한국의 힘』(한스미디어, 2006), 76쪽.

8   이영미, 「무엇이 '방' 문화를 낳았나」, 『국민일보』, 1999년 5월 21일, 25면.

9   이두걸, 「PC방의 몰락: '1년 6억 수입'은 전설…사발면 팔아 유지」, 『서울신문』, 2005년 11월 26일, 5면.

10 한현우, 「게임의 聖地 한국」, 『조선일보』, 2018년 12월 29일.

11 정순태, 「한일 교류 400만 명 시대의 충격: "심야에도 잠들지 않은 서울의 활력과 사람 냄새가 좋다"」, 『월간조선』, 2001년 5월호, 380~399쪽.

12 클론은 대만에서 먼저 인기를 얻었는데, 팝 칼럼니스트 임진모는 "대만에서의 클론의 인기는 중국에서 한국 댄스 음악을 향한 관심을 고취시켰다"며 "이러한 맥락에서 중국 한류 시초를 H.O.T가 아닌 클론으로 볼 수 있다"고 말한다. 매일경제 한류본색 프로젝트팀, 『한류본색: 아시아를 넘어 세계로, 문화강국 코리아 프로젝트』(매일경제신문사, 2012), 20쪽.

13 김환표, 「전 세계에 SM공동체 건설을 꿈꾼다: SM엔터테인먼트 회장 이수만」, 『월간 인물과사상』, 제180호(2013년 4월), 121쪽; 안윤태·공희준, 『이수만 평전』(정보와사람, 2012), 378쪽.

14 유상철 외, 『한류 DNA의 비밀: 소프트 파워, 소프트 코리아의 현장을 찾아서』(생각의나무, 2005), 233쪽.

15 조창완, 「중국의 韓流, 그 흐름과 막힘: 중국 속의 한국 대중문화」, 『창작과비평』, 제110호(2000년 겨울), 440쪽.

16 김현미, 「'한류' 담론 속의 욕망과 현실」, 『당대비평』, 제19호(2002년 여름), 223~225쪽.

17 김동규·김호석, 「엔터테인먼트 산업의 변화와 방송 산업」, 『방송문화연구』,

13호(2001년 12월), 55쪽.

18   김성민, 『케이팝의 작은 역사: 신감각의 미디어』(글항아리, 2018), 88~90쪽.

19   김성민, 『케이팝의 작은 역사: 신감각의 미디어』(글항아리, 2018), 93~94쪽.

20   이와부치 고이치(岩淵功一)·히라타 유키에(平田紀江), 전오경 옮김, 『아시아를 잇는 대중문화: 일본, 그 초국가적 욕망』(또하나의문화, 2001/2004), 271쪽.

21   홍순도, 「중국 내 '한류' 열풍의 진실」, 『관훈저널』, 81호(2001년 겨울), 228쪽.

22   유상철 외, 『한류 DNA의 비밀: 소프트 파워, 소프트 코리아의 현장을 찾아서』 (생각의나무, 2005), 53쪽.

23   김동규·김호석, 「엔터테인먼트 산업의 변화와 방송 산업」, 『방송문화연구』, 13호(2001년 12월), 51쪽.

24   김동규·김호석, 「엔터테인먼트 산업의 변화와 방송 산업」, 『방송문화연구』, 13호(2001년 12월), 53쪽.

25   신현준, 「자유로운 표현이 '예술'도 되고 '산업'도 될 순 없나: '한류'의 그늘」, 『저널리즘비평』, 32호(2001년 10월), 78~79쪽.

26   안홍기, 「가수노조 출범…"동료들 외면 가장 힘들었다"」, 『오마이뉴스』, 2005년 7월 1일.

27   임진모, 「"내 노래는 성장의 그늘에 짓눌린 이들에게 카타르시스를 선물했다": 32년간 트로트의 현장을 지킨 '애모'의 가수 김수희」, 『월간조선』, 2005년 10월 호, 396~409쪽.

28   하종원·양은경, 「동아시아 텔레비전의 지역화와 한류」, 『방송연구』, 55호 (2002년 겨울), 68쪽.

29   조한혜정, 「글로벌 지각 변동의 징후로 읽는 '한류 열풍'」, 조한혜정 외, 『'한류'와 아시아의 대중문화』(연세대학교출판부, 2003), 1~42쪽.

30   윤태진, 「중국의 한류(韓流) 현상에 대한 한국 미디어의 보도 경향 연구」, 『한국방송학회 세미나 및 보고서』, 2002년 7월, 78~107쪽.

31   이상복, 「'한류' 구조적 내실 다질 때」, 『중앙일보』, 2001년 8월 13일, 14면.

32   기획취재팀, 「[韓流 속 길 있다] 할리우드식 문화 상품 산업화 가능」, 『조선일보』, 2001년 8월 29일.

33   조한혜정, 「글로벌 지각 변동의 징후로 읽는 '한류 열풍'」, 조한혜정 외, 『'한류'와 아시아의 대중문화』(연세대학교출판부, 2003), 1~42쪽.

34   원용진, 「'한류' 뒤집어 보기」, 『한겨레』, 2001년 9월 26일.

35   김현미, 「욕망의 동시성」, 『한겨레21』, 제382호(2001년 10월 30일).

36   조한혜정, 「글로벌 지각 변동의 징후로 읽는 '한류 열풍'」, 조한혜정 외, 『'한류'와 아시아의 대중문화』(연세대학교출판부, 2003), 1~42쪽.

37 〈지하철 1호선〉, 『네이버 지식백과』; 신동욱, 「[신동욱 앵커의 시선] "지하철 손잡이가 무서워요"」, 『TV조선』, 2020년 3월 12일.

38 백원담, 『동아시아의 문화선택 한류』(펜타그램, 2005), 40, 43, 49쪽.

39 우승현, 「'친구' 니 억수로 벌었제」, 『문화일보』, 2001년 5월 31일, 19면.

40 김동규·김호석, 「엔터테인먼트 산업의 변화와 방송 산업」, 『방송문화연구』, 13호(2001년 12월), 40~41쪽.

41 이광형, 「개봉 10일 만에 관객 200만 돌파 신기록…영화 '친구' 뜻밖의 흥행 몰이」, 『국민일보』, 2001년 4월 11일, 21면.

42 이성욱, 「'의리'만이 살 길이다?: '친구' 현상에 관하여」, 『당대비평』, 제15호 (2001년 여름), 395~404쪽.

43 「권두언: 이 중대한 국면을 어떻게 바라봐야 하는가」, 『황해문화』, 제16호 (1997년 가을), 6쪽.

44 「"한국 영어 배우기 국가적 종교 방불"…LA타임스 "이상 열기" 보도」, 『국민일보』, 2002년 4월 1일, 31면; 하천식, 「LA타임스 "R·L 발음 잘하려 어린이들 혀 수술 성행"」, 『한국일보』, 2002년 4월 2일, 31면.

45 김영화, 「학술지 '안과 밖'서 진단 "영어 열풍은 억압서 비롯된 병증"」, 『한국일보』, 2002년 5월 14일, 19면.

46 이명조, 「'겨울연가' 종방 뒤에도 '효자'」, 『연합뉴스』, 2002년 3월 20일.

47 전지현, 「한국 드라마 일본 열도 강타」, 『매일경제』, 2003년 4월 17일.

48 최승현, 「'겨울연가'의 윤석호 PD」, 『연합뉴스』, 2002년 3월 13일.

49 최승현, 「'김수현 신화' 무너지나」, 『연합뉴스』, 2002년 3월 18일.

50 정천기, 「'겨울연가' 주제곡 가요 차트 첫 정상」, 『연합뉴스』, 2002년 3월 13일; 이명조, 「'겨울연가' 종방 뒤에도 '효자'」, 『연합뉴스』, 2002년 3월 20일.

51 심인성, 「드라마 '겨울연가' 관광 상품 인기」, 『연합뉴스』, 2002년 6월 5일; 정순민, 「'겨울연가' 촬영지 관광 상품으로 개발」, 『연합뉴스』, 2002년 6월 6일.

52 서준형, 『월드컵의 위대한 전설들』(살림, 2006), 92~94쪽.

53 김덕영, 「티셔츠가 된 태극기의 의미를 생각한다」, 『월간 인물과사상』, 제98호 (2006년 6월), 126쪽.

54 김지하·송종호, 「동아시아 생명·평화의 길 "붉은악마"에게 달렸다: 한국예술 종합학교 김지하 석좌교수」, 『(고대) 대학원신문』, 2005년 4월 5일, 1면.

55 김종엽 외, 「정담/월드컵 이후 한국의 문화와 문화운동」, 『창작과비평』, 제117 호(2002년 가을), 37쪽.

56 홍인표, 「"한국인 싫다, 가라!"」, 『주간경향』, 2003년 10월 16일.

57 캐서린 문, 「한국 민족주의의 열정과 과잉」, 김동춘 외, 『불안의 시대 고통의

한복판에서: 당대비평 2005 신년특별호』(생각의나무, 2005), 187쪽.

58 고재학, 「성형수술 "나를 업그레이드 이젠 선택 아닌 필수"」, 『한국일보』, 2001년 1월 20일, 18면.

59 김형기, 「'새천년 새한국인을 찾아서' 성형수술」, 『경향신문』, 1999년 3월 15일, 27면.

60 김희연, 「TV는 성형외과 영업사원?」, 『경향신문』, 2000년 6월 15일, 29면.

61 고재학, 「성형수술 "나를 업그레이드 이젠 선택 아닌 필수"」, 『한국일보』, 2001년 1월 20일, 18면.

62 이성주, 「여성·가정/서울대 류인균 교수팀 조사: 여대생 절반 미용 성형… 80%는 수술 희망」, 『동아일보』, 2004년 4월 30일, 23면.

63 박현정, 「방송 프로그램 수출 〉 수입」, 『디지털타임스』, 2003년 2월 4일; 김수정, 「동남아에서 한류의 특성과 문화 취향의 초국가적 흐름」, 『방송과커뮤니케이션』, 13권 1호(2012년 3월), 9쪽.

64 하종원·양은경, 「동아시아 텔레비전의 지역화와 한류」, 『방송연구』, 55호(2002년 겨울), 68쪽.

65 지영선, 「韓流의 지속적 발전 모색」, 『관훈저널』, 84호(2002년 가을), 258쪽.

66 김상훈, 「인터넷으로 노래 5억 곡 팔았다: 애플, 온라인 음악 백화점 '아이튠스' 돌풍」, 『동아일보』, 2005년 7월 21일, B1면.

67 김성민, 『케이팝의 작은 역사: 신감각의 미디어』(글항아리, 2018), 121쪽.

68 황태훈, 「마지막(?) 기록: 1995년 김건모 3집 200만 장 돌파」, 『동아일보』, 2006년 3월 10일, A28면.

69 매일경제 한류본색 프로젝트팀, 『한류본색: 아시아를 넘어 세계로, 문화강국 코리아 프로젝트』(매일경제신문사, 2012), 80쪽; 최혜긍·연수정·김성철, 「국내 엔터테인먼트 기업의 사업 다각화 전략 유형에 대한 연구: SM, JYP, YG를 중심으로」, 『방송통신연구』, 107호(2019년 7월), 73~74쪽. 2012년엔 일본 시장 규모가 한국의 23.5배(일본 44.2억 달러, 한국 2.1억 달러), 2018년엔 7배로 격차가 좁혀졌다. 이규탁, 「해외에서의 케이팝(K-Pop) 학술 연구」, 『한류비즈니스연구』, 2호(2014년 6월), 9쪽; 이규탁, 『갈등하는 케이, 팝』(스리체어스, 2020), 80쪽.

70 김성민, 『케이팝의 작은 역사: 신감각의 미디어』(글항아리, 2018), 121~125쪽.

71 이필재·오효림, 「브레이크 없는 포털…그 무서운 질주」, 『월간중앙』, 2006년 4월호, 96쪽.

72 차정인, 「공룡 포털과 고 이은주씨 보도」, 『기자협회보』, 2005년 3월 2일.

제5장 한류 열풍의 진원지는 바로 한국

1   황성빈, 「일본의 한류 열풍」, 『창작과비평』, 제127호(2005년 봄), 370쪽; 조재
    영, 「일본서도 〈기생충〉 흥행 돌풍…박스오피스 1위」, 『연합뉴스』, 2020년 2월
    17일.

2   전지현, 「한국 드라마 일본 열도 강타」, 『매일경제』, 2003년 4월 17일.

3   황정우, 「8·15 특집: 日 열도 달구는 한국 대중문화 ② 방송」, 『연합뉴스』,
    2003년 8월 12일.

4   황계식, 「['韓流'의 주역들] 드라마 수출 열풍 일으킨 윤석호 PD」, 『세계일보』,
    2003년 9월 30일.

5   김권, 「광주 아파트업체 배용준 사인회 장사진」, 『동아일보』, 2003년 11월
    17일.

6   노현, 「'겨울연가', 日 DVD 판매 1위」, 『매일경제』, 2003년 12월 29일.

7   황성빈, 「일본의 한류 열풍」, 『창작과비평』, 제127호(2005년 봄), 371쪽.

8   양성희, 「세계로 도약하는 '한류'」, 『문화일보』, 2003년 4월 8일.

9   유창재, 「보아, 일본을 삼키다…SBS 19일 오후 11시 30분 방송」, 『한국경
    제』, 2003년 7월 18일; 홍제성, 「8·15 특집: 日 열도 달구는 한국 대중문화
    ① 가요」, 『연합뉴스』, 2003년 8월 12일.

10 김영대, 『BTS: The Review 방탄소년단을 리뷰하다』(RHK, 2019), 102쪽.

11 이승형, 「"이익 주고받는 '현지화'가 살길」, 『문화일보』, 2005년 10월 14일,
    26면.

12 신지민, 「케이팝 20년…'한국' 지운 보아에서 한국어로 부르는 방탄까지」,
    『한겨레』, 2019년 5월 11일; 안윤태·공희준, 『이수만 평전』(정보와사람,
    2012), 472쪽.

13 유상철 외, 『한류 DNA의 비밀: 소프트 파워, 소프트 코리아의 현장을 찾아서』
    (생각의나무, 2005), 18쪽.

14 홍인표, 「'역풍' 맞는 한류 '열풍'」, 『경향신문』, 2003년 4월 13일; 홍인표,
    「"한국인 싫다, 가라!"」, 『주간경향』, 2003년 10월 16일.

15 김동원, 「중국의 '오만과 힘'」, 『디지털타임스』, 2003년 10월 29일.

16 홍인표, 「"한국인 싫다, 가라!"」, 『주간경향』, 2003년 10월 16일.

17 박현숙, 「중국 한류의 선봉에 서다」, 『한겨레21』, 2003년 7월 9일.

18 박현숙, 「중국 한류의 선봉에 서다」, 『한겨레21』, 2003년 7월 9일.

19 심윤희 외, 「'한국 30배' 中 가요 시장 뚫어라」, 『매일경제』, 2003년 12월 22일.

20 임장혁·정강현, 「[중국 유학생이 몰려온다 상] "한국어 알면 취업 보증수표"」,

『중앙일보』, 2004년 11월 9일, 11면; 정강현, 「중국 유학생이 몰려온다 (상): 왜 오나」, 『중앙일보』, 2004년 11월 9일.

21 박연우, 「[日 여성 팬들] "장동건 · 원빈 좀 봅시다"」, 『서울경제』, 2003년 5월 25일.

22 이승관, 「안재욱씨 중화권 팬들과 여름캠프」, 『연합뉴스』, 2003년 8월 11일.

23 「안재욱 · 김희선 '최고 남녀 한류 스타' 뽑혀」, 『서울경제』, 2003년 11월 24일.

24 김호연, 「한류를 통해 바라본 한국 영화의 확산 현상 연구」, 『코기토』, 11권 (2011년 8월), 286쪽.

25 양성희, 「세계로 도약하는 '한류'」, 『문화일보』, 2003년 4월 8일.

26 양성희, 「스타들 해외서 잇단 러브콜 왜 부름을 받는가?」, 『문화일보』, 2003년 12월 2일.

27 윤호진, 『한류 20년, 대한민국 빅 콘텐츠』(커뮤니케이션북스, 2016), 80쪽.

28 김호연, 「한류를 통해 바라본 한국 영화의 확산 현상 연구」, 『코기토』, 11권 (2011년 8월), 282쪽.

29 황성빈, 「일본의 한류 열풍」, 『창작과비평』, 제127호(2005년 봄), 370쪽.

30 유상철 외, 『한류 DNA의 비밀: 소프트 파워, 소프트 코리아의 현장을 찾아서』 (생각의나무, 2005), 71~72쪽.

31 유상철 외, 『한류 DNA의 비밀: 소프트 파워, 소프트 코리아의 현장을 찾아서』 (생각의나무, 2005), 73쪽.

32 유상철 외, 『한류 DNA의 비밀: 소프트 파워, 소프트 코리아의 현장을 찾아서』 (생각의나무, 2005), 73~74쪽.

33 유재순, 「일본 언론들 '배용준 비즈니스'로 대박」, 『주간조선』, 2004년 10월 21일, 56~57면.

34 박용채, 「일 한류 왜? '열풍' 넘어 '광풍'」, 『경향신문』, 2004년 11월 19일, 3면.

35 박형준, 「도쿄 주재 한국 특파원이 보는 일본인 눈에 비친 한국」, 『관훈저널』, 135호(2015년 여름), 113~114쪽.

36 김후남, 「한류 열풍 동유럽 · 중동으로 확산」, 『경향신문』, 2004년 10월 13일, 29면.

37 이철현, 「마케팅에 한류는 없다: 중국 진출 대기업들, '프리미엄 브랜드' 전략 따라 한류 활용 안 해」, 『시사저널』, 2004년 10월 21일, 63면.

38 이준웅, 「한류의 커뮤니케이션 효과: 중국인의 한국 문화 상품 이용이 한국에 대한 인식과 태도에 미치는 영향」, 『한국언론학보』, 47권 5호(2003년 10월), 5~35쪽.

39 백현락, 「떼돈 벌어들이는 한류 열풍」, 『조선일보』, 2004년 9월 30일, A21면.

40 정희진, 「사랑한다면, 배용준처럼!」, 『한겨레21』, 2005년 9월 27일, 62~64면.

41 신윤동욱, 「단기적 낙관, 장기적 비관: 전문가들이 보는 한류의 지속 가능성… 문화적 다양성을 키울수록 미래는 밝다」, 『한겨레21』, 2004년 10월 21일, 70면.

42 윤석진, 「'캔디렐라' 따라 울고 웃는다」, 『시사저널』, 2004년 9월 30일, 114면.

43 안준현, 「"일본은 한국에 미쳤다": AP, 한류 열풍 특집」, 『한국일보』, 2004년 11월 24일, A2면.

44 오병상, 「더 타임스 "욘사마로 일본 열도 떠들썩"」, 『중앙일보』, 2004년 11월 27일, 14면; 강은영, 「아이돌 그룹, K-POP 열풍 일등공신」, 『한국일보』, 2010년 11월 10일.

45 박용채, 「일 한류 왜? '열풍' 넘어 '광풍'」, 『경향신문』, 2004년 11월 19일, 3면.

46 김정섭, 「"한국적 정(情) 일본인에 크게 어필: 일 배우 구로다 후쿠미 인터뷰」, 『경향신문』, 2004년 11월 29일, 6면.

47 심영섭, 「한류, 동아시아 문화의 활력」, 『국민일보』, 2004년 12월 6일.

48 문학수, 「아시아와 통했다, 세계와 접속하라」, 『경향신문』, 2005년 10월 17일, 5면.

49 고재열, 「'한류의 미래' 그것이 알고 싶다」, 『시사저널』, 2005년 1월 6일.

50 신윤석, 「일 "한국에 친근감" 사상 최고」, 『한국일보』, 2004년 12월 20일, A2면.

51 박용채, 「한류 타고 한국어 뜬다: 일 고교 제2외국어 채택 급증」, 『경향신문』, 2005년 1월 10일, 1면.

52 손원제, 「'드라마' 가진 자, 한류를 얻는다」, 『한겨레21』, 2004년 12월 30일, 44~46면.

53 이즈미 지하루, 「"한류 덕분에 우리는 행복해요"」, 『주간동아』, 2004년 12월 30일, 32~34면.

54 히라타 유키에(平田紀江), 『한국을 소비하는 일본: 한류, 여성, 드라마』(책세상, 2005), 152~153쪽.

55 히라타 유키에(平田紀江), 『한국을 소비하는 일본: 한류, 여성, 드라마』(책세상, 2005), 25~26쪽.

56 김지희, 「'드라마 왕국' 대한민국」, 『세계일보』, 2005년 1월 10일.

57 이근미, 「'욘사마' 열풍의 진원지: 배용준의 한국 팬들」, 『월간조선』 2005년 1월호.

58 강준만·강지원, 『빠순이는 무엇을 갈망하는가?: 소통 공동체 형성을 위한 투쟁으로서의 팬덤』(인물과사상사, 2016) 참고.

59 김남중, 「올해도 드라마 독주」, 『국민일보』, 2004년 12월 16일, 22면.

60 김택환·이상복, 『미디어 빅뱅: 한국이 바뀐다』(박영률출판사, 2005), 139쪽.

61 이문행, 「국내 지상파 드라마의 특성에 따른 해외 판매 성과 분석」, 『언론과학 연구』, 6권 1호(2006년 3월), 293쪽.

62 이용원, 「TV 드라마 수출 1억 달러 시대」, 『서울신문』, 2005년 3월 8일.

63 조한혜정, 「글로벌 지각 변동의 징후로 읽는 '한류 열풍'」, 조한혜정 외, 『'한 류'와 아시아의 대중문화』(연세대학교출판부, 2003), 1~42쪽.

64 백원담, 「한류의 방향타를 잡아라」, 『한겨레21』, 2004년 9월 23일, 58~59면.

65 윤재식, 「지나친 기대보다 체계적인 접근 필요」, 『방송문화』, 285호(2005년 3월), 16~19쪽.

66 곽재원, 「경제 살리는 '셀룰러 이코노미'」, 『중앙일보』, 2005년 6월 23일, 35면.

67 이태희, 「휴대폰은 역시 한국산!: 작년 1억 4,800만 대 세계 1위」, 『한겨레』, 2005년 1월 20일, 27면.

68 이상범, 「공중전화 이러지도…저러지도…」, 『세계일보』, 2004년 10월 7일, 8면.

69 고재열, 「마약 중독 뺨치는 '모바일 중독'」, 『시사저널』, 2004년 12월 23일.

70 양재찬, 「휴대전화 신용불량자만 258만 명」, 『월간중앙』, 2005년 1월호, 115 쪽; 권선무, 「휴대전화료 '신불자' 10대가 10만 명 넘어」, 『문화일보』, 2004년 10월 1일, 8면.

71 류영현, 「이통사, 연예인 누드로 돈벌이?」, 『세계일보』, 2005년 2월 16일, A19면.

72 디지털내일 편저, 『현대자동차 글로벌리더십』(휴먼앤북스, 2004).

73 백수하, 「한국, 자동차 생산 세계 5위로」, 『문화일보』, 2006년 2월 15일, 3면; 고세욱, 「한국 승용차 수 아(阿) 전체보다 많아」, 『국민일보』, 2006년 1월 23일, 14면.

74 이임광, 『변화를 향한 질주: 정몽구와 현대·기아차』(생각의지도, 2007).

75 「초고속 인터넷 보급률 4년째 세계 1위」, 『한겨레』, 2005년 5월 30일, 14면; 주현진, 「초고속 인터넷 보급률 한국 4년 연속 1위에」, 『서울신문』, 2005년 5월 30일, 17면.

76 김성규, 「"초고속 인터넷 보급의 귀감 코리아는 흑자를 내는 나라"」, 『동아 일보』, 2003년 10월 10일, B5면; 고성호, 「포천지 "한국, 디지털 최강국 될 것"」, 『한국일보』, 2004년 9월 14일, 6면.

77 오효림, 「지난 10년의 추억 다가올 10년의 꿈: 포털사이트의 절대 강자 '다음' 의 이재웅 대표」, 『월간중앙』, 2004년 9월호, 237쪽.

78 유회경, 「"핵심 장비·SW 외국 의존 커 한국, 인터넷 강국 아니다": 안철수 사

장, 사회적 통념에 우려 표명」, 『문화일보』, 2004년 9월 9일, 14면.

79　이해익, 「IT 강국인가, 인터넷 망국인가」, 『서울신문』, 2005년 6월 6일, 23면.

80　김상배, 「한류의 매력과 동아시아 문화 네트워크」, 『세계정치7』, 28집 1호
　　(2007년 봄·여름), 213~216쪽; 김정수, 「한류에 관한 여섯 가지 질문 그리
　　고 문화 정책의 역할」, 『문화정책』, 1권(2014년 1월), 80쪽.

제6장 한류 DNA의 비밀

1　조지프 나이(Joseph S. Nye), 홍수원 옮김, 『소프트 파워』(세종연구원,
　　2004).

2　공영운·오남석, 「이대로는 5년도 못 간다: 국회 동남아 한류 탐방·진단」, 『문
　　화일보』, 2005년 1월 10일, 6면.

3　유상철 외, 『한류 DNA의 비밀: 소프트 파워, 소프트 코리아의 현장을 찾아서』
　　(생각의나무, 2005), 206~207쪽.

4　김희균, 「한류 열풍 타고 원정 매춘」, 『세계일보』, 2005년 1월 11일, 7면.

5　유상철 외, 『한류 DNA의 비밀: 소프트 파워, 소프트 코리아의 현장을 찾아서』
　　(생각의나무, 2005), 89~90쪽.

6　신윤동욱, 「한류, 아시아의 짬뽕 요리로~」, 『한겨레21』, 2005년 3월 19일;
　　신현준, 「K-pop의 문화정치(학): 월경(越境)하는 대중음악에 관한 하나의 사
　　례 연구」, 『언론과사회』, 제13권 3호(2005년 여름), 28쪽.

7　신윤동욱, 「한류, 아시아의 짬뽕 요리로~」, 『한겨레21』, 2005년 3월 19일.

8　유상철 외, 『한류 DNA의 비밀: 소프트 파워, 소프트 코리아의 현장을 찾아서』
　　(생각의나무, 2005), 70쪽.

9　최병준, 「IT 강국 이끈 "느린 건 못 참아"」, 『경향신문』, 2005년 5월 9일, 5면.

10　유상철 외, 『한류 DNA의 비밀: 소프트 파워, 소프트 코리아의 현장을 찾아서』
　　(생각의나무, 2005), 75쪽.

11　유상철 외, 『한류 DNA의 비밀: 소프트 파워, 소프트 코리아의 현장을 찾아서』
　　(생각의나무, 2005), 77쪽.

12　문상현, 「문화 생산과 수용, 그리고 한류의 의미」, 『방송문화』, 285호(2005년
　　3월), 12~15쪽.

13　김지하·송종호, 「동아시아 생명·평화의 길 "붉은악마"에게 달렸다: 한국예술
　　종합학교 김지하 석좌교수」, 『(고대) 대학원신문』, 2005년 4월 5일, 1면.

14　김지하, 「한류」, 『조선일보』, 2004년 12월 16일.

15　이어령, 「인터뷰/문화석학 이어령의 한류 읽기: '개짱이'의 힘! 블루오션 한류

계속된다」, 『월간중앙』, 2006년 1월호, 248~251쪽.

16 차길진, 「일본의 한류 열풍과 원인」, 『스포츠조선』, 2004년 7월 27일, 24면.

17 정해승, 『엔터테인먼트 경제학』(휴먼비즈니스, 2006), 89~90쪽.

18 우상규, 「"한류는 광복 이후 한국의 최대 걸작": 한류아카데미 강철근 원장 인 터뷰」, 『세계일보』, 2005년 8월 13일, 9면; 강철근, 『한류 이야기: 한류의 근 원에서 미래까지』(이채, 2006) 참고.

19 「소비만 하는 전북: 인구-제조업 수 감소 서비스업은 급팽창」, 『새전북신문』, 2006년 4월 2일.

20 김명환·김중식, 『서울의 밤 문화: 낮과 다른 새로운 밤 서울로의 산책』(생각 의나무, 2006), 169쪽.

21 김찬호, 「침실 공유의 일체감, 찜질방」, 『한겨레』, 2005년 6월 24일, 7면.

22 정해승, 『엔터테인먼트 경제학』(휴먼비즈니스, 2006), 91쪽.

23 장인철, 「"뜨끈뜨끈…오! 베리 굿" 뉴요커 찜질방에 반했다」, 『한국일보』, 2006년 12월 30일, 10면.

24 김효순, 「한류 붐과 화해의 길」, 『한겨레』, 2010년 7월 5일.

25 정승욱, 「일 연예 오락 산업 최대 호황」, 『세계일보』, 2005년 8월 3일, 7면.

26 선우정, 「욘사마의 힘!」, 『조선일보』, 2005년 9월 3일, A8면.

27 김호연, 「한류를 통해 바라본 한국 영화의 확산 현상 연구」, 『코기토』, 11권 (2011년 8월), 288쪽.

28 2005년 정점을 찍은 이후 한국 영화의 일본 수출은 2006년 1,000만 달러 수 준으로 급감하고 한동안 이런 저조한 추세가 이어진다. 이에 대해 김호연은 "한류의 열풍으로 양적으로만 무분별하게 수출된 결과이며 한류 스타를 배경 으로 그저 순애보 사랑을 담은 영화들이 관객들의 철저한 외면에서 나타난 현 상"이라고 했다. 김호연, 「한류를 통해 바라본 한국 영화의 확산 현상 연구」, 『코기토』, 11권(2011년 8월), 287, 289쪽.

29 김철훈, 「"일(日) 여성, 한국 남성에 환상 깨라"」, 『한국일보』, 2005년 6월 13일, A10면.

30 이경선, 「'혐한류' 만화 일 베스트셀러 1위」, 『국민일보』, 2005년 8월 3일, 8면; 김현기·최형규, 「한류 뜨자 이런 역풍도」, 『중앙일보』, 2005년 10월 21일, 1면.

31 「이시하라, 이번엔 한국 영화 비하 발언」, 『한국일보』, 2005년 9월 10일, 12면.

32 유광종, 「중국에 한류 수출 어려워진다」, 『중앙일보』, 2005년 8월 17일, 11면.

33 유광종·김현기, 「'혐한류'·'항한류' 왜 생기나」, 『중앙일보』, 2005년 10월 21일, 5면.

34 김현기·최형규, 「한류 뜨자 이런 역풍도」, 『중앙일보』, 2005년 10월 21일, 1면.

35 강호원,「"대장금 못 볼 바엔…" 중(中) 주부 강물 투신」,『세계일보』, 2005년 9월 27일, 8면.

36 고재열,「"아시아 스타들의 세계 매니지먼트 맡겠다": SM 이수만 이사/"정부는 현장 목소리부터 들어라"」,『시사저널』, 2005년 8월 30일, 74~75면.

37 양성희,「높아진 스타 파워 쩔쩔매는 제작사」,『문화일보』, 2005년 6월 8일.

38 양성희,「연예기획사 '무한 파워' 시대」,『문화일보』, 2003년 11월 27일.

39 양성희,「한류 열풍에 소외된 한국 팬」,『문화일보』, 2005년 9월 6일, 22면.

40 이양수,「한류 맥 짚어보기」,『중앙일보』, 2005년 10월 28일, 35면.

41 홍승일,「분수대/퍼블리시티권」,『중앙일보』, 2007년 2월 7일, 31면.

42 김영희,「[기획] 브랜드 한국에 새 숨결을 ② 온사마가 지나간 일본」,『한겨레』, 2007년 5월 23일.

43 김승수,「외주제작 시장과 스타 시스템의 왜곡 성장: 방송 공경제(公經濟)에서 방송 사경제(私經濟)로의 이행」,『방송과커뮤니케이션』, 8권 1호(2007년 6월), 6~38쪽.

44 이문행,「국내 지상파 드라마의 특성에 따른 해외 판매 성과 분석」,『언론과학연구』, 6권 1호(2006년 3월), 324~325쪽.

45 황지희,「드라마 사랑 타령 "이젠 지겹지 않니?": '점검' 멜로드라마 과잉 공급 시대」,『PD연합회보』, 2005년 8월 31일, 5면.

46 이문행,「한국 드라마의 국가 경쟁력에 대한 제작 환경적 요인 분석: 다이아몬드 이론에 연계하여 살펴본 지상파 방송사의 수직 통합 사례를 중심으로」,『언론과학연구』, 제6권 2호(2006년 6월), 199~200, 211쪽.

47 김정섭,「"프로덕션 캐스팅권 침해 곤란": 방송 3사 제작본부장 합리적 관계 재설정 촉구」,『경향신문』, 2005년 3월 25일, 25면.

48 백민정,「드라마 이유 있는 조기 종영」,『국민일보』, 2005년 9월 27일, 20면.

49 조태성,「"방송사 '40% 룰' 안 지켜 외주전문채널 도입해야": 고장석 독립제작사협회장」,『서울신문』, 2005년 5월 3일, 26면; 이영표·홍지민,「방송 외주제작 비뚤어진 성장」,『서울신문』, 2005년 5월 3일, 26면.

50 「[사설] 외주제작 관행 확 뜯어고쳐야 한다」,『경향신문』, 2005년 10월 20일, 31면.

51 백원담,『동아시아의 문화선택 한류』(펜타그램, 2005), 105~106쪽.

52 백원담,『동아시아의 문화선택 한류』(펜타그램, 2005), 109~110쪽.

53 백원담,『동아시아의 문화선택 한류』(펜타그램, 2005), 189쪽.

54 백원담,『동아시아의 문화선택 한류』(펜타그램, 2005), 332~333쪽.

55 황진미,「아시아를 딛고 미국을 향한다?: '글로벌 코리아'가 품은 하위 제국주

의의 꿈」,『문학과사회』, 20권 4호(2007년 11월), 365쪽.

56 이어령,『문화코드』(문학사상사, 2006), 257쪽.

57 홍성욱,『네트워크 혁명, 그 열림과 닫힘: 지식기반 사회의 비판과 대안』(들녘, 2002), 133쪽.

58 이욱연,「한류와 동아시아의 미래(백원담『동아시아의 문화선택 한류』, 펜타 그램 2005)」,『창작과비평』, 제131호(2006년 3월), 329~332쪽.

59 신현준,「비(Rain)의 성공시대 혹은 한류의 새로운 욕망」,『황해문화』, 제49호 (2005년 겨울), 407~408쪽.

60 「[한류 박진영 · 이수만 전략 비교] JYP "美 시장 곧바로 공략"」,『경향신문』, 2006년 2월 15일.

61 고재학,「'미드' 열풍」,『한국일보』, 2010년 5월 4일.

62 이나리,「케이블 시청률 부러웠나…지상파도 '미드' 열풍」,『중앙일보』, 2007년 8월 26일.

63 구둘래,「칙릿이 세계 대세?: 20대 여성 타깃 마케팅의 절정, 인도 · 동유럽 넘 어 국내에도 상륙」,『한겨레21』, 2006년 8월 29일, 50면.

64 백승찬 · 장은교,「'일+사랑'이 힘든 직장녀에 '위문 공연': '칙릿'의 공식」,『경 향신문』, 2006년 10월 19일, K13면.

65 문주영,「허영의 키워드 (2) 브런치: 만찬이 된 '아점'」,『경향신문』, 2006년 11월 30일, K3면.

66 윤지관 편,『영어, 내 마음의 식민주의』(당대, 2007).

67 강준만,『한국인과 영어: 한국인은 왜 영어를 숭배하는가』(인물과사상사, 2014) 참고.

68 양홍주 · 허정헌,「[미드에 푹 빠진 사회] (上) 일상으로 들어온 미국 드라마」, 『한국일보』, 2007년 10월 31일.

69 유상철 외,『한류 DNA의 비밀: 소프트 파워, 소프트 코리아의 현장을 찾아서』 (생각의나무, 2005), 118쪽.

70 이지훈,「이수만 SM엔터테인먼트 회장 문화산업 비법은?…소녀시대 '노예 계 약' 논란에 입 열어」,『조선일보』, 2011년 10월 15일.

71 유상철 외,『한류 DNA의 비밀: 소프트 파워, 소프트 코리아의 현장을 찾아서』 (생각의나무, 2005), 187쪽.

72 강한섭,「세계 최대 '영화과' 보유국」,『스포츠조선』, 2005년 1월 25일; 유상 철 외,『한류 DNA의 비밀: 소프트 파워, 소프트 코리아의 현장을 찾아서』(생 각의나무, 2005), 197~198쪽.

73 백원담,『동아시아의 문화선택 한류』(펜타그램, 2005), 189쪽.

74 김은형, 「문화다양성협약 채택 의미와 전망」, 『한겨레』, 2005년 10월 22일, 6면.

75 강경희, 「"스크린쿼터는 지키고 한류 수출엔 장벽 없게": 문화다양성협약 참가한 주철기 주불 대사」, 『조선일보』, 2005년 11월 7일, A21면. 문화다양성협약의 국회 비준은 우여곡절 끝에 2010년에 이루어졌는데, 한국예술종합학교 교수 이동연은 "한국에서 문화다양성협약은 국회 비준 이후 '문화다양성의 보호와 증진에 관한 법률'이 시행되었음에도 불구하고, 여전히 다문화 정책 중심으로 한정해 다뤄지고 있어 아쉽다"고 말했다. 이동연, 「문화다양성협약과 문화비전2030」, 『경향신문』, 2019년 1월 4일. 문화다양성협약에 대해선 나낙균, 「한미 간 방송 시장 개방(FTA) 협상과 문화다양성협약의 의의」, 『한국언론정보학보』, 2006년 8월, 36~86쪽; 이동권, 「한국 문화, 멸종 위기 맞다: 한국 정부가 문화다양성협약 비준을 회피하는 이유」, 『월간 말』, 2008년 1월호, 196~199쪽; 박선희, 「유네스코 『문화다양성협약』의 적용 문제 연구」, 『EU연구』, 40호(2015년), 157~183쪽; 정혜윤·김현, 「국제 레짐으로서 '문화다양성협약' 창출 과정의 이론적 분석」, 『OUGHTOPIA』, 31권 1호(2016년 5월), 97~128쪽; 김용섭, 「UNESCO 문화다양성협약을 둘러싼 법적 문제」, 『행정법연구』, 51호(2017년 12월), 189~213쪽 참고.

76 김승범, 「라이벌 투자·배급사, 영화보다 더 영화 같은 '흥행 순위 싸움'」, 『조선일보』, 2006년 8월 9일, B1면.

77 배병우, 「1,230만 명 관객 최다 '괴물'」, 『국민일보』, 2006년 9월 4일, 9면.

78 김호연, 「한류를 통해 바라본 한국 영화의 확산 현상 연구」, 『코기토』, 11권(2011년 8월), 292쪽.

79 장은교, 「1천만의 신드롬 괴물」, 『경향신문』, 2006년 8월 10일, K1면.

80 노재현, 「시네마 천국 vs 스크린 지옥」, 『중앙일보』, 2006년 8월 18일, 30면.

81 관객 1,000만 명을 넘어선 외국 영화는 단 하나로 할리우드 영화 〈아바타〉였다. 2009년 12월 17일에 개봉한 〈아바타〉는 총관객 1,330만 2,637명으로 한국 영화를 포함한 모든 영화 중 관객 동원수 1위를 기록했다.

82 강명구 외, 「좌담 인터넷 공간의 참여와 토론」, 『신문과방송』, 제452호(2008년 8월), 23쪽.

83 강준만, 「소용돌이: 쏠림의 축복과 저주」, 『한국인 코드: 한국인, 그들은 누구인가?』(인물과사상사, 2006), 153~171쪽.

84 권호영, 「방송사 제작 부문의 수직적 분리를 위한 논의」, 『방송연구』, 46호(1998년 여름), 3~32쪽; 안민호, 「방송 시장 개방과 국내 방송 산업구조 조정 방안」, 『방송연구』, 46호(1998년 여름), 80~105쪽.

85 이문행, 「한국 드라마의 국가 경쟁력에 대한 제작 환경적 요인 분석: 다이아몬드 이론에 연계하여 살펴본 지상파 방송사의 수직 통합 사례를 중심으로」, 『언론과학연구』, 제6권 2호(2006년 6월), 213~215쪽.

86 정상원, 「요즘 평양 유행어는…"너나 걱정하세요"」, 『한국일보』, 2007년 2월 2일, A5면.

87 안창현, 「휴대폰 4천만 시대」, 『한겨레』, 2006년 11월 27일, 12면.

88 최연진, 「휴대폰 가격 수출용의 3배」, 『한국일보』, 2006년 11월 1일, 16면.

89 고재학 외, 「디지털 과소비 심각」, 『한국일보』, 2006년 5월 2일, 1면.

90 정세라·이정훈, 「국민 10명 중 1명 '통신 신용불량자'」, 『한겨레』, 2006년 10월 9일, 2면.

91 정세라·이정훈, 「국민 10명 중 1명 '통신 신용불량자'」, 『한겨레』, 2006년 10월 9일, 2면.

92 김창곤, 「휴대전화 요금 370만 원에 자살」, 『조선일보』, 2006년 2월 17일, A9면.

93 강준만, 「'특권'에서 '오락'을 거쳐 '종교'로: 한국 전화 110년사, 1896~2006」, 『월간 인물과사상』, 제99호(2006년 7월), 130~132쪽.

94 구글은 유튜브 인수 후 구글 검색 플랫폼에 유튜브를 연동시켜 동영상 검색을 쉽게 할 수 있게 조치했다. 카르스텐 괴릭(Carsten Görig), 박여명 옮김, 『SNS 쇼크: 구글과 페이스북, 그들은 어떻게 세상을 통제하는가?』(시그마북스, 2011/2012), 53쪽; 매일경제 한류본색 프로젝트팀, 『한류본색: 아시아를 넘어 세계로, 문화강국 코리아 프로젝트』(매일경제신문사, 2012), 64쪽.

제7장 한류와 "디지털 문화 코드의 보편성"

1 김원겸, 「장나라, 中서 공리 제치고 '최고 인기 여배우'」, 『머니투데이』, 2007년 2월 2일.

2 홍칭보, 「한류 10년」, 『한겨레』, 2007년 11월 26일.

3 이태훈, 「이란 뒤덮은 '대장금' 시청률 최고 86%」, 『조선일보』, 2007년 5월 24일. 이런 인기는 11월까지도 지속되었다. "이란 수도 테헤란. 이곳 젊은이들은 길거리에서 한국인과 비슷한 외모를 가진 이들을 만나면 어김없이 '양곰!'을 외친다. 다짜고짜 악수를 청하는 사람도 많다.……페르시아 문명의 결정체 페르세폴리스 유적이 있는 시라즈에서도, 화려한 이슬람 유적이 가득해 '세계의 절반'이란 별명을 가진 에스파한에서도 '양곰'의 인기는 식을 줄 몰랐다.……페르세폴리스 유적에 수학여행을 온 여중생 수십 명도 히잡을 단정히

두른 채 모여 대장금의 주제가 '오나라'를 함께 듣고 있었다.……테헤란에 있는 이란국립박물관에서 만난 한 관객은 '여성인 장금이가 강직하면서도 파란만장한 삶을 성공으로 이끄는 이야기에 감동했다'며 '올곧은 심성으로 정직한 삶을 산 장금이가 이란인의 심금을 울렸다'고 말했다." 윤완준, 「대장금에 푹 빠진 이란…최고 시청률 86%」, 『동아일보』, 2007년 11월 29일.

4   김종권, 「[이란] 무슬림은 왜 대장금에 열광하는가?」, 『PD저널』, 2007년 12월 6일.

5   이기환, 「[문화수첩] 이영애가 이란에 못 가는 이유」, 『경향신문』, 2008년 2월 18일.

6   윤완준, 「대장금에 푹 빠진 이란…최고 시청률 86%」, 『동아일보』, 2007년 11월 29일.

7   이철구의 말. 곽영훈·이건용·김성곤·이진우·이철구, 「한류, 한국 문화의 세계화인가?」, 『철학과현실』, 110권(2016년 9월), 40쪽.

8   이에 대한 논의는 김정수, 「한류에 관한 여섯 가지 질문 그리고 문화 정책의 역할」, 『문화정책』, 1권(2014년 1월), 88~91쪽 참고.

9   앤드루 에드거(Andrew Edgar)·피터 세즈윅(Peter Sedgwick) 엮음, 박명진 외 옮김, 「본질주의」, 『문화 이론 사전』(한나래, 2003), 197쪽.

10 소피아 포카(Sophia Phoca), 윤길순 옮김, 『포스트페미니즘』(김영사, 2001), 16쪽.

11 탁석산, 『한국의 정체성』(책세상, 2000), 17~18쪽.

12 남정호, 「한류 속 민족 과잉 '문화 수출' 방해: '비' 키운 박진영 씨 도발적 제안」, 『중앙일보』, 2007년 2월 7일, 2면.

13 남정호, 「"민족주의로 먹고사는 사람 너무 많다": 박진영 씨 '한류 속 민족 과잉' 발언 파장」, 『중앙일보』, 2007년 2월 8일, 3면; 김환표, 「평생 공연하다가 죽는 게 꿈이다: JYP엔터테인먼트의 박진영」, 『월간 인물과사상』, 제184호(2013년 8월), 135쪽에서 재인용.

14 박진영, 「내가 애국자라고?」, 『조선일보』, 2007년 2월 13일.

15 남정호, 「"한국 문화, 콘텐츠 넘어 시스템 수출할 단계": 박진영 씨, 미 하버드대서 '아시아 한류' 강연」, 『중앙일보』, 2007년 2월 20일, 27면; 김환표, 「평생 공연하다가 죽는 게 꿈이다: JYP엔터테인먼트의 박진영」, 『월간 인물과사상』, 제184호(2013년 8월), 136쪽에서 재인용.

16 박진영의 미국 시장 진출 모험은 기대만큼 성공을 거두진 못했지만, 훗날 (2012년 1월 1일) 박진영은 자신의 트위터에 "나와 원더걸스가 미국 시장에 도전하지 않았다면 JYP는 돈을 훨씬 더 많이 벌어 난 몇백 억대의 부자가 되

었겠고, 원더걸스는 한국에서 지금보다 더 인기가 많았겠죠. 그러나 우린 바보같이 말도 안 되는 도전을 하러 떠났죠"라면서 다음과 같이 말했다. "몇 백억의 돈과 인기를 날리게 될진 몰라도 우린 몇 년간 세계 최고의 시장에 도전해 부딪히고 깨지면서 몇천 억 원어치의 지혜를 얻었습니다.……참된 지혜는 불가능한 일에 도전해 부딪히고 깨지면서만 얻어집니다.……2012년 우리의 목표는 역시 돈이 아닌, 인기가 아닌, 지혜입니다. 혹시 압니까? 그러다 보면 덤으로 돈과 인기도 따라올지? 지켜봐주시고 많은 응원 부탁드립니다." 김숙희, 「박진영 고백, "미국 진출 도전 안 했으면 몇백 억대 부자가 되었을 것"」, 『리뷰스타』, 2012년 1월 2일; 김환표, 「평생 공연하다가 죽는 게 꿈이다: JYP엔터테인먼트의 박진영」, 『월간 인물과사상』, 제184호(2013년 8월), 145~146쪽에서 재인용.

17 서일호·최혜원·나해진, 「[비보이] 우리가 날라리 춤꾼이라고요? 천만에요!」, 『주간조선』, 1959호(2007년 6월 18일); 정형모·최민우, 「비보이, 차세대 '한류 간판'으로」, 『중앙일보』, 2006년 5월 13일, 1면; 강윤주·노명우, 「비보이 공연의 성공 요인 분석과 해외 진출 방안 연구」, 『인문콘텐츠』, 10호(2007년 12월), 263~282쪽.

18 서일호·최혜원·나해진, 「[비보이] 우리가 날라리 춤꾼이라고요? 천만에요!」, 『주간조선』, 1959호(2007년 6월 18일).

19 박용, 「엔터테인먼트의 '포털' 탄생: CJ그룹, 엠넷미디어-CJ뮤직 합병」, 『동아일보』, 2007년 4월 17일, B1면.

20 송혜진, 「외국 문화 원형에 빨대 꽂은 한류…」, 『조선일보』, 2007년 6월 1일; 이로사, 「'한류, 빨대 꽂고 버틸 수 있나' 세미나」, 『경향신문』, 2007년 6월 1일.

21 류웅재, 「한류에 대한 오해」, 『경향신문』, 2007년 7월 6일; 류웅재, 「한국 문화연구의 정치경제학적 패러다임에 대한 모색: 한류의 혼종성 논의를 중심으로」, 『언론과사회』, 제16권 4호(2008년 겨울), 2~27쪽.

22 조일준, 「드라마 보다가 좋아진 한국 제품도 덩달아 달라 보이네」, 『한겨레』, 2007년 7월 3일.

23 류정, 「"한류 열풍 여전하지만 콘텐츠 고갈 위기": 동남아 '한류 전진기지' 베트남 한국문화원 김상욱 원장」, 『조선일보』, 2007년 7월 10일.

24 이한우, 「[동아시아의 오늘과 내일] (26) 문화 민족주의 넘어선 동남아 한류」, 『경향신문』, 2007년 7월 28일.

25 강성만, 「"비 공연에 아시아 10개국서 팬 집결 한류 넘어 '아시아 팬덤' 시작됐다": 한류 심포지엄서 이동연 교수 새로운 해석 제시」, 『한겨레』, 2007년 7월 24일.

26 유석재, 「요란했던 한류 신드롬, 그 이후를 말하자」, 『조선일보』, 2007년 7월 25일.

27 http://m.todayhumor.co.kr/view.php?table=sisa&no=31181.

28 송민섭, 「"한류는 애초에 없었다" 미 연예 기자 지적」, 『세계일보』, 2007년 7월 22일.

29 홍인표, 「정연주 "KBS, 中 전역 송출 한류 확산 새 기반"」, 『경향신문』, 2007년 9월 1일.

30 김상배, 「한류의 매력과 동아시아 문화 네트워크」, 『세계정치7』, 28집 1호(2007년 봄·여름), 210쪽.

31 김상배, 「한류의 매력과 동아시아 문화 네트워크」, 『세계정치7』, 28집 1호(2007년 봄·여름), 196~197, 210, 218~219, 231쪽; 한승동, 「김상배 교수 '한류' 희망적 진단: "한류는 동아시아 공유 사이버 문화/미국 문화의 대항 담론 될 수 있다"」, 『한겨레』, 2007년 8월 17일.

32 조흡, 「한류와 이미지 공간의 정치: 비판적 리저널리즘을 위한 문화지리의 재구성」, 『문학과영상』, 12권 3호(2011년 9월), 851쪽.

33 김미영, 「[도쿄돔 '한류 엑스포' 현장] 일본의 한류, 아직 식지 않았다」, 『한겨레』, 2007년 8월 16일.

34 김연주, 「일류, 다양한 콘텐츠 무장···한류는 1인 의존」, 『조선일보』, 2007년 12월 10일.

35 홍칭보, 「한류 10년」, 『한겨레』, 2007년 11월 26일.

36 장세정, 「[World 에세이] 중국서 좋아라 하던 '대장금' 돌연 '최악 1위' 달리는 사연은」, 『중앙일보』, 2008년 1월 13일.

37 장세정, 「[취재일기] 속 좁은 대장금 흠집 내기」, 『중앙일보』, 2008년 1월 31일.

38 이는 2008년 9월 중국의 신민망(新民網)에 오른 글이다. 이문행, 「중국인들이 선호하는 한국 드라마의 특성: 인터넷 게시판에 나타난 시청 의견을 중심으로」, 『한국콘텐츠학회논문지』, 11권 6호(2011년 6월), 168쪽.

39 김도형, 「일본서 꼬리 감춘 '한류 드라마'」, 『한겨레』, 2008년 1월 28일.

40 성기완, 「한류, 팔지 말고 소통하라」, 『동아일보』, 2007년 12월 29일.

41 이에스더, 「'맞춤 한류 상품' 해외시장서 통했다: '점프', '태왕사신기' 등 성공작 분석해보니」, 『중앙일보』, 2008년 4월 14일.

42 김호연, 「한류를 통해 바라본 한국 영화의 확산 현상 연구」, 『코기토』, 11권(2011년 8월), 293쪽.

43 양성희, 「"한류도 나라별로 차별화를": 방송영상산업진흥원」, 『중앙일보』, 2008년 6월 6일.

44 남궁설민, 「[Why] 중국 여자는 장동건에 죽고 일본 여자는 배용준에 죽고」, 『조선일보』, 2008년 7월 26일.

45 최승현, 「한국서 '대박' 태왕사신기, 일본(日本) 시청률 7% 왜?」, 『조선일보』, 2008년 8월 27일.

46 양홍주, 「방송 프로그램 수출도 '한파'」, 『한국일보』, 2009년 2월 19일.

47 김종한, 「드라마 여전히 한류 주도: 작년 프로그램 수출 비중 91% 차지」, 『한국일보』, 2009년 8월 6일.

48 임주리, 「KBS 만든 '겨울연가' 팔아 일본이 40배 더 벌었다」, 『중앙일보』, 2008년 11월 25일.

49 OSMU는 일명 창구 효과(window effect)라고도 한다. 미디어 산업은 생산물의 배포에서도 '규모의 경제'가 존재하는데, 이것을 '범위의 경제(economies of scope)'라고 한다. '범위의 경제'는 '창구 효과'를 통해 실현된다. 창구 효과란 하나의 프로그램을 서로 다른 시점에서 서로 다른 채널을 통해 공급해 프로그램의 부가가치를 높이는 전략적인 배포 방식을 의미한다. 예컨대, 한 번 방송된 지상파 방송 프로그램은 이후 케이블TV, 위성방송, 지역민방, 인터넷, 비디오, DVD, 해외 수출에 이르기까지 지속적으로 활용될 수 있다. 또 게임, 음반, 캐릭터 등과 같은 부가산업이나 드라마 촬영지의 관광 상품화까지도 활성화시킨다. 바로 이런 창구 효과를 통해 프로그램은 각 미디어의 성격에 맞게 변형되고 계속 재활용되어 하나의 프로그램을 효율적으로 이용할 수 있게 되는 '원 소스 멀티 유즈(one-source multi-use)'의 구조를 갖게 되는 것이다. 김지운·정회경 엮음, 『미디어 경제학: 이론과 실제』(커뮤니케이션북스, 2005), 32~33쪽.

50 하재봉, 「퓨전 문화의 전성시대」, 『세계일보』, 2006년 8월 11일, 22면.

51 이문행, 「국내 지상파 드라마의 특성에 따른 해외 판매 성과 분석」, 『언론과학연구』, 제6권 1호(2006년 3월), 292~330쪽.

52 신동흔·염강수, 「[실패연구] 거품 빠진 한류 산업, 스타 몸값만 띄워놓고 '휘청'」, 『조선일보』, 2008년 12월 22일.

53 염강수, 「불륜·배신 등 스토리 구성 너무 단순」, 『조선일보』, 2008년 12월 22일.

54 강명석, 「달갑지만 않은 한류 스타 챙기기」, 『한국일보』, 2009년 1월 6일.

55 이태희, 「5년 만에 간 도쿄, 한류는 어디에」, 『한겨레21』, 제742호(2009년 1월 2일).

56 김미영, 「한류 드라마에 중독된 중동」, 『한겨레』, 2008년 11월 26일.

57 강훈, 「인도 오지 사람들도 "떼떼떼~ 텔미"」, 『조선일보』, 2008년 12월 15일.

58 김작가, 「[심층취재] 인디 뮤지션의 세계」, 『신동아』, 2011년 4월호.

59 강헌, 「음악평론가 강헌의 대중음악 산책 (55) 지금 다시 문제는 인디(indie) 다: 클럽은 클럽이며 인디는 인디다」, 『국제신문』, 2012년 5월 2일.

60 김작가, 「[심층취재] 인디 뮤지션의 세계」, 『신동아』, 2011년 4월호.

61 서정민, 「예술인들 '누가누가 더 당했나'」, 『한겨레』, 2012년 10월 24일.

62 이현미, 「국내 인디 음악의 역사」, 『세계일보』, 2012년 9월 27일.

제8장 **"제2한류는 SNS가 한국에 준 선물"**

1 「'과연 드라마 공화국'…드라마 편성 하루 13시간」, 『연합뉴스』, 2009년 1월 21일.

2 홍성일, 「드라마 비평에 쏠린 PD저널」, 『PD저널』, 2007년 10월 22일.

3 신윤동욱, 「권상우 로션 바르고 노바디 불러요」, 『한겨레21』, 제746호(2009년 2월 6일).

4 황장석, 「'한류'…한국 문화 키워드 찬사와 비판 사이」, 『동아일보』, 2009년 1월 30일.

5 김수정, 「동남아에서 한류의 특성과 문화 취향의 초국가적 흐름」, 『방송과커뮤니케이션』, 13권 1호(2012년 3월), 25~28쪽.

6 임지선·임인택, 「연기자 5명 중 1명 "나 또는 동료가 성 상납 강요받았다"」, 『한겨레21』, 제768호(2009년 7월 13일).

7 양성희, 「양양의 컬처코드 ⑬ '장자연 리스트'가 말하는 것」, 『중앙일보』, 2009년 3월 20일.

8 최석영, 「한류의 교과서 '쟈니즈'를 만들다: 자니 기타가와」, 『월간 인물과사상』, 제170호(2012년 6월), 105쪽.

9 임현주, 「'한류 주춤' 문화 콘텐츠 수출 동력 꺼지나」, 『경향신문』, 2009년 6월 18일.

10 백원담, 「[경향포럼] 저작권법 그리고 한류」, 『경향신문』, 2009년 8월 3일.

11 황호택, 「韓流 살찌울 새 미디어 모델」, 『동아일보』, 2009년 11월 2일.

12 박소영, 「사흘 만에 수필집 5만 부…'욘사마' 힘은」, 『중앙일보』, 2009년 10월 2일.

13 신승일, 「한류 2.0 시대의 과제」, 『한국일보』, 2009년 11월 3일.

14 「[사설] 재확인한 배용준의 힘…한류 부활 계기로」, 『중앙일보』, 2009년 10월 2일.

15 김신영, 「"지상파 3사(社) 저작권 독점, 한류(韓流) 역풍의 원인": '新한류' 전

문가 토론회」, 『조선일보』, 2009년 10월 13일.

16   신승일, 「한류 2.0 시대의 과제」, 『한국일보』, 2009년 11월 3일.

17   육상효, 「한류에 관한 질문」, 『한국일보』, 2009년 11월 12일.

18   손승혜, 「학술 논문의 메타 분석을 통해 본 한류 10년: 연구 경향과 그 정책적 함의에 대한 탐색적 연구」, 『언론과사회』, 제17권 4호(2009년 겨울), 122~153쪽; 김수정, 「동남아에서 한류의 특성과 문화 취향의 초국가적 흐름」, 『방송과커뮤니케이션』, 13권 1호(2012년 3월), 6~7쪽.

19   신정록, 「[한국 속의 일본, 일본 속의 한국] 한식(韓食)에 반한 일본, 일(日) 방송 형식 수입 한국…'문화'로 밀착」, 『조선일보』, 2010년 1월 2일.

20   양성희, 「한·중·일 '문화 콘텐츠 전쟁' (하) 한류의 미래, 변신 또 변신」, 『중앙일보』, 2010년 2월 6일. 2006년 신인 가수로 일본에 진출해 바닥부터 차근차근 단계를 밟아온 동방신기는 그동안 갈고닦은 유창한 일본어 실력과 뛰어난 외모, 성실한 매너로 한류 스타를 넘어선 아티스트로 인정받았다. 2009년 12월 31일 일본 최고 인기 프로그램인 NHK의 〈홍백가합전〉 출연, 일본 가수들의 꿈이라는 도쿄돔 10만 명 동원 콘서트, 2009년 일본 음원 판매 3위 등 외국인 아티스트로서는 이례적인 인기를 누렸다. 동방신기 인기는 팬들을 자연스럽게 K-pop으로 끌어들였고, 특히 유행에 민감한 10대와 20대 젊은 팬들이 소녀시대를 비롯해 한국 가요계를 이끌고 있는 걸그룹에 눈을 돌리게 하는 계기를 만들었다. 안민정, 「일본 귀여운 것들 비켜!」, 『한겨레』, 2010년 9월 30일.

21   양성희, 「한·중·일 '문화 콘텐츠 전쟁' (하) 한류의 미래, 변신 또 변신」, 『중앙일보』, 2010년 2월 6일.

22   김범수, 「[도쿄 리포트] "한류 妻 따라 우리도…" 日 중년 남 한국 사극에 열광」, 『한국일보』, 2010년 4월 21일.

23   김정록, 「"日人들에게 인기 있는 한국 드라마는 없어서는 안 될 약이 될지도 모른다": 시사주간지 아에라 분석」, 『조선일보』, 2010년 5월 1일.

24   최승현, 「일본 韓流…드라마→노래 '권력 이동'」, 『조선일보』, 2010년 7월 12일.

25   박경은, 「아이돌 그룹 '일본의 한국 가요 붐' 이끈다」, 『경향신문』, 2010년 5월 20일.

26   최승현, 「일본 韓流…드라마→노래 '권력 이동'」, 『조선일보』, 2010년 7월 12일.

27   박경은, 「아이돌 그룹 '일본의 한국 가요 붐' 이끈다」, 『경향신문』, 2010년 5월 20일.

28   최승현, 「일본 韓流…드라마→노래 '권력 이동'」, 『조선일보』, 2010년 7월 12일.

29   최승현, 「일본 韓流…드라마→노래 '권력 이동'」, 『조선일보』, 2010년 7월 12일.

30   김도형, 「14,500송이 꽃 영전에…일본서 식지 않는 용하 추모: 헌화식에 일전역서 팬 몰려 카네이션 바치며 명복 빌어」, 『한겨레』, 2010년 7월 20일.

31   「쿨 재팬」, 『나무위키』; 배명복, 「문화산업 영국의 새 '황금알'」, 『중앙일보』, 1998년 7월 31일; 장지영, 「아베의 '쿨 재팬'은 없다, 한류에 자극받은 일 정부 주도 문화 수출 전략의 부진」, 『국민일보』, 2018년 10월 27일.

32   박민희, 「'한류 팬 혐오' 중 해커들, 한국 정부 사이트 공격」, 『한겨레』, 2010년 6월 12일. 중국의 반한류에 대해선 한은경·장우성·이지훈, 「"반한류" 구성 요인에 대한 탐색적 연구: 중국 대학생을 중심으로」, 『호텔경영학연구』, 16권 3호(2007년 7월), 217~235쪽; 황인석, 「중국 내 반한류 집단의 특성과 반한류와 한국 상품 구매 의도의 관계에 관한 연구」, 『광고연구』, 82호(2009년 3월), 201~225쪽; 이주형, 「중국에서의 반한류(反韓流) 현상에 대한 연구」, 『외국학연구』, 21호(2012년), 235~262쪽; 박정수, 「세계화와 민족주의의 문화 갈등: 한중(韓中) 간 한류와 반한류의 사례 분석」, 『중소연구』, 37권 1호(2013년), 271~307쪽; 주정민, 「한류 콘텐츠에 대한 '반한류' 현상의 원인과 대응: 중국, 일본을 중심으로」, 『디아스포라연구』, 7권 2호(2013년 12월), 137~160쪽; 김은준·김수정, 「일본과 중국 언론인들의 반한류 인식」, 『한국콘텐츠학회논문지』, 16권 6호(2016년 6월), 802~813쪽; 비양, 「중국의 반한류에 관한 연구: 2016년 한한령의 영향과 중국 유학생의 인식을 중심으로」, 조선대학교 신문방송학과 석사학위논문, 2017년 8월; 황낙건, 「반(反)한류 정책이 중국 내 한류에 미치는 영향: 한국 TV 드라마를 중심으로」, 『한국엔터테인먼트산업학회논문지』, 12권 6호(2018년 8월), 235~248쪽 참고.

33   신혜선, 「중국 내 친한·혐한주의자들의 전쟁」, 『PD저널』, 2010년 7월 13일.

34   이항수, 「태국의 한국 드라마 한국 이미지 상승 1등 공신」, 『조선일보』, 2010년 8월 13일.

35   김소연, 「중화의 女心을 흔들고…화장품 실크로드 열었다」, 『한국일보』, 2010년 8월 26일.

36   채지영, 「한류 비즈니스 모델, 타 산업 연계 플랫폼 구축해야: 한류의 전망과 과제」, 『신문과방송』, 521호(2014년 5월), 42쪽.

37   원용진, 『새로 쓴 대중문화의 패러다임』(한나래, 2010), 7쪽.

38   공병호, 『공병호의 모바일 혁명』(21세기북스, 2010), 124쪽.

39   이나리, 「SNS가 시장 벽 허물어…한국 대중문화, 세계로 훨훨」, 『중앙일보』, 2010년 11월 23일.

40   최승현, 「日 상륙 '소녀시대'…왜 남자보다 여자들이 더 난리?」, 『조선일보』, 2010년 9월 7일.

41 김현기, 「"가코이이~ 소녀시대" 일본 팬 2만 명 환호」, 『중앙일보』, 2010년 8월 26일.

42 정우상, 「걸그룹의 2차 일본 '침공'」, 『조선일보』, 2010년 8월 26일.

43 박종세, 「"유튜브 · 페이스북 타고 한류, 北美 파고들어"」, 『조선일보』, 2010년 8월 28일.

44 박경은, 「걸그룹, 일본서 '제2한류' 꽃 피운다」, 『경향신문』, 2010년 9월 2일.

45 박경은, 「걸그룹, 일본서 '제2한류' 꽃 피운다」, 『경향신문』, 2010년 9월 2일.

46 최승현, 「日 상륙 '소녀시대'…왜 남자보다 여자들이 더 난리?」, 『조선일보』, 2010년 9월 7일.

47 안민정, 「"일 젊은 여성들, 걸그룹 닮고 싶어 해"」, 『한겨레』, 2010년 9월 30일.

48 안민정, 「일본 귀여운 것들 비켜!」, 『한겨레』, 2010년 9월 30일.

49 물론 한국 언론은 이 공연을 찬사 일변도로 크게 보도했다. 한국예술종합학교 교수 이동연은 언론 보도를 "자세히 살펴보니 내용이 거의 비슷했다"며 "SM 홍보팀에서 작성한 원고를 그대로 보도한 것은 아닌지 하는 의심이 들 정도다"고 했다. 그는 "나중에 알게 된 사실은 SM이 공연을 위해 한국에서부터 전세기를 빌렸는데, 거기에 20여 명의 취재진을 데리고 갔다는 것이다. SM은 항공비, 숙박비를 무상으로 제공했다. 협조를 받은 기자들이 LA 공연을 우호적으로 쓸 수밖에 없는 것은 너무나 당연하다"며 이렇게 말했다. "문제는 여기서 그치지 않는다. 공연이 끝난 후에 국내 주요 포털사이트 연예면을 장식한 LA 공연 기사로 SM의 최대 주주 이수만의 주식 가치는 순식간에 수십억이 상승했다.……최근에 이런 식의 기사를 찾다보면 케이팝 가수의 인기를 보도하면서 마지막에 엔터테인먼트 주에 투자하라고 권고를 하는 기사를 만나게 된다. 한류는 이제 주식 자본을 증식시키기 위한 좋은 소재가 된 것이다." 이동연, 「케이팝 유럽 진출이 한국의 성공인가: 한류 미디어 담론의 불편한 진실」, 『신문과방송』, 498호(2012년 6월), 15쪽.

50 고재열, 「'소시 지수'를 보면 2차 한류가 보인다」, 『시사IN』, 2010년 10월 2일.

51 이재설, 「"소녀시대에게 한 수 배우자"」, 『조선일보』, 2010년 10월 18일.

52 박경은, 「'소녀시대' 업고 SM 주가 up…지난해 말 대비 377% 껑충」, 『경향신문』, 2010년 11월 3일; 유상호, 「[2010 문화 현장] (4) 가요, '젊어진 新한류' 아이돌 그룹 거침없는 진군 소녀시대 · 슈퍼주니어 등 일본 오리콘 차트 석권」, 『한국일보』, 2010년 12월 16일.

53 문영규, 「남다른 기획력 중무장…글로벌 K팝 열풍 선도」, 『헤럴드경제』, 2011년 8월 16일.

54 이나리, 「SNS가 시장 벽 허물어…한국 대중문화, 세계로 훨훨」, 『중앙일보』,

2010년 11월 23일.

55 이나리, 「SNS가 시장 벽 허물어…한국 대중문화, 세계로 훨훨」, 『중앙일보』, 2010년 11월 23일.

56 강은영, 「K-POP 세계화 '성공의 조건' 유튜브 통한 마케팅 아시아 넘어 미국·유럽 진출 발판」, 『한국일보』, 2010년 11월 10일.

57 박세미·최승현, 「"세련된 연출로 뜬 韓流도 스토리 없으면 오래 못 가"」, 『조선일보』, 2010년 10월 15일.

58 고재열, 「"한드 맵고, 일드 심심, 미드 느끼"」, 『시사IN』, 2010년 11월 17일.

59 김병철, 「방송 콘텐츠 수출이 관광 수요에 미치는 경제적 파급 효과」, 『미디어 경제와문화』, 9권 4호(2011년 11월), 67쪽.

60 유상호, 「[2010 문화 현장] (4) 가요, '젊어진 新한류' 아이돌 그룹 거침없는 진군 소녀시대·슈퍼주니어 등 일본 오리콘 차트 석권」, 『한국일보』, 2010년 12월 16일.

61 서병기, 「"건방진 한류 스타 포옹도 비싸다" 외국인 전문가들이 본 한류의 명과 암」, 『헤럴드POP』, 2010년 12월 2일; 최승현, 「"한류 스타 너무 건방져요"」, 『조선일보』, 2010년 12월 23일.

62 정욱, 「인터뷰/JYP엔터테인먼트 정욱 대표를 만나다」, 이동연 엮음, 『아이돌: H.O.T.에서 소녀시대까지, 아이돌 문화 보고서』(이매진, 2011), 391쪽.

63 공영방송까지 이를 이용하는 예능 프로그램을 당당하게 내보낼 정도였다. 정민경, 「아이돌은 괴로워도 예뻐야…이게 KBS의 본분인가」, 『미디어오늘』, 2016년 2월 11일.

64 정욱, 「인터뷰/JYP엔터테인먼트 정욱 대표를 만나다」, 이동연 엮음, 『아이돌: H.O.T.에서 소녀시대까지, 아이돌 문화 보고서』(이매진, 2011), 395~396쪽.

65 이동연, 「아이돌 팝이란 무엇인가: 징후적 독해」, 이동연 엮음, 『아이돌: H.O.T.에서 소녀시대까지, 아이돌 문화 보고서』(이매진, 2011), 34~35쪽; 권경우, 「환상 속에 아이돌이 있다: 신자유주의와 아이돌의 성공 이데올로기」, 이동연 엮음, 『아이돌: H.O.T.에서 소녀시대까지, 아이돌 문화 보고서』(이매진, 2011), 303쪽.

66 강수진, 「아이돌에게 '오늘'이 있기까지…'스파르타식 훈련' 어느 정도」, 『경향신문』, 2011년 2월 23일.

67 김철웅, 「걸그룹과 '슈퍼스타K 2' 열기 유감(遺憾)」, 『경향신문』, 2010년 10월 20일.

68 하지현, 『예능력: 예능에서 발견한 오늘을 즐기는 마음의 힘』(민음사, 2013), 174쪽.

69   김세옥, 「'뮤직뱅크' 미성년 출연자 복장·안무 별도 규제」, 『PD저널』, 2010년
      10월 18일.

70   매일경제 한류본색 프로젝트팀, 『한류본색: 아시아를 넘어 세계로, 문화강국
      코리아 프로젝트』(매일경제신문사, 2012), 202쪽.

71   특히 '장수 걸그룹'은 그 존재만으로 기적이어서 뉴스가 된다. 2020년 4월 기
      준 햇수로 10년 이상 꾸준히 활동을 이어온 걸그룹은 최장수 걸그룹인 15년
      차 브라운아이드걸스와 10년차 에이핑크뿐이었다. 권승준, 「포미닛도 못 깬
      '아이돌 7년차 징크스'」, 『조선일보』, 2016년 6월 20일; 김지혜, 「10년차 에
      이핑크가 이룬 장수 걸그룹의 '기적'」, 『경향신문』, 2020년 4월 24일, 20면.

72   월터 레이피버(Walter Lafeber), 이정엽 옮김, 『마이클 조던, 나이키, 지구 자
      본주의』(문학과지성사, 1999/2001), 119쪽.

73   강준만, 『입시전쟁 잔혹사: 학벌과 밥줄을 건 한판 승부』(인물과사상사,
      2009) 참고.

제9장 **"장기 계약이 K-pop의 성공 요인이다"**

1   오태진, 「[만물상] 대만 '한류 억제' 법안」, 『조선일보』, 2011년 1월 13일.

2   양승식, 「대만 총리(행정원장), "한국 드라마 매일 방영돼 구역질 나"」, 『조선
      일보』, 2011년 9월 16일.

3   김현우, 「일본 만화, 소녀시대·카라 성 접대 묘사 '파문' 소속사들 "명백한 명
      예훼손으로 법적 조치"…日 작가 "취재 바탕 각색"」, 『한국일보』, 2011년 1월
      14일.

4   정철운, 「CJ엔 있고 지상파·종편엔 없는 결정적인 다섯 가지」, 『미디어오늘』,
      2016년 6월 29일.

5   남지은, 「'슈퍼스타K' 따라하기?…오디션 프로 줄줄이」, 『한겨레』, 2011년 1월
      28일. '슈퍼스타K'에 대해선 문강형준, 「〈슈퍼스타K 2〉, 혹은 신자유주의 시
      대의 스펙터클」, 『시민과세계』, 18호(2010년 12월), 186~201쪽; 최지선,
      「오디션 프로그램의 생산과 소비: '슈퍼스타K 2'를 중심으로」, 『문화과학』, 제
      64호(2010년 12월), 312~323쪽; 이경숙, 「오디션 프로그램의 리얼리티와
      경쟁 그리고 참가자의 순환적 위치: '슈퍼스타K'를 중심으로」, 『미디어, 젠더
      & 문화』, 20호(2011년 12월), 107~136쪽; 김성식·강승묵, 「오디션 리얼
      리티 쇼 '스타 오디션 위대한 탄생'과 '슈퍼스타K 2'의 팬덤 현상」, 『언론과학연
      구』, 12권 3호(2012년 9월), 5~36쪽 참고.

6   남지은 「'진짜' 가수 띄우긴가…가수 모독 프로인가」, 『한겨레』, 2011년 3월

15일.

7 황정현, 「'나는 가수다' 그저 즐기기엔 불편한 현실: 대한민국 현실 반영하는 생존게임의 정점」, 『미디어오늘』, 2011년 3월 15일.

8 김고은, 「'나는 가수다'를 비판 혹은 지지한다」, 『PD저널』, 2011년 3월 15일.

9 남지은, 「'진짜' 가수 띄우긴가…가수 모독 프로인가」, 『한겨레』, 2011년 3월 15일.

10 고창남, 「'나는 가수다 현상'과 생활 정치」, 『한겨레』, 2011년 5월 31일.

11 남지은, 「음원 다운로드 2,800만 건·광고 수익 3배↑ '나가수 효과'」, 『한겨레』, 2011년 6월 17일.

12 김상만, 「'나가수' 수혜자는 가수 아닌 대기업이라는 역설」, 『미디어오늘』, 2011년 6월 8일.

13 남지은, 「음원 다운로드 2,800만 건·광고 수익 3배↑ '나가수 효과'」, 『한겨레』, 2011년 6월 17일.

14 김상만, 「'나가수' 수혜자는 가수 아닌 대기업이라는 역설」, 『미디어오늘』, 2011년 6월 8일.

15 권석, 『아이디어는 엉덩이에서 나온다: 잘 마른 멸치 권석 PD의 방송일기 세상 읽기』(새녘, 2012), 211~212쪽. 〈나는 가수다〉에 대해선 여기영·오원환, 「방송사의 담론 생산과 그 의미 작용: MBC 서바이벌 〈나는 가수다〉 시즌 1을 중심으로」, 『언론과사회』, 제20권 2호(2012년 5월), 5~50쪽; 손성우·김동규, 「서바이벌 게임과 현실 담론의 만남 그리고 재미와 판타지: 리얼리티 TV 프로그램 '나는 가수다'를 중심으로」, 『미디어, 젠더 & 문화』, 22호(2012년 6월), 119~149쪽; 손성우·김동규, 「경쟁 리얼리티 TV 프로그램의 리얼리티 창출 기제와 그 의미에 관한 연구: 〈슈퍼스타K 3〉와 〈나는 가수다〉의 비교 분석을 중심으로」, 『언론과사회』, 제20권 4호(2012년 11월), 46~80쪽; 김관호, 「경쟁 서사의 확장 연구: '나는 가수다' 시즌1을 중심으로」, 『한국언론학보』, 56권 6호(2012년 12월), 30~50쪽; 배묘정, 「〈나는 가수다〉의 문화 산업적 측면에 관한 연구」, 『한국예술연구』, 7호(2013년 6월), 201~230쪽; 양려송·류웅재, 「한국 리얼리티 TV 프로그램의 중국 내 수용에 관한 연구: MBC의 '나는 가수다'와 tvN의 '꽃보다 누나'를 중심으로」, 『우리춤과 과학기술』, 13권 1호(2017년), 109~145쪽 참고.

16 「후생가외[後生可畏]」, 『네이버 지식백과』.

17 김헌식, 「뽀통령이 프랑스를 휩쓴 이유 알고 보니」, 『데일리안』, 2012년 5월 3일.

18 박혜림, 「"와, 뽀로로다" 아이들 울음 '뚝'」, 『주간동아』, 제787호(2011년 5월

16일).

19 황경상, 「'뽀로로' 대한민국 창의성 1위」, 『경향신문』, 2011년 9월 15일.

20 김환표, 「한국의 디즈니를 꿈꾼다: 아이코닉스 대표 최종일」, 『월간 인물과사상』, 제183호(2013년 7월), 130~153쪽 참고.

21 김명현, 「폴 총리와 자두 장관, 뽀통령 기다려!」, 『텐아시아』, 2011년 11월 24일.

22 김원석, 「[창간 30주년 특집 4: 서비스/콘텐츠 한류] 로이 비쥬얼」, 『전자신문』, 2012년 9월 19일.

23 김환표, 「착한 애니메이션으로 세계시장을 공략한다: 로이 비쥬얼 대표 이동우」, 『월간 인물과사상』, 제189호(2014년 1월), 121~131쪽 참고.

24 김홍수, 「"공연 연장" 시위까지…K팝(한국 가요) 유럽 열풍 왜?」, 『조선일보』, 2011년 5월 3일.

25 양성희, 「'K팝 바이러스' 삽시간에 패션마저 장악」, 『중앙일보』, 2011년 5월 13일.

26 김홍수, 「"공연 연장" 시위까지…K팝(한국 가요) 유럽 열풍 왜?」, 『조선일보』, 2011년 5월 3일; 유니 홍(Euny Hong), 정미현 옮김, 『코리안 쿨: 세계를 사로잡은 대중문화 강국 '코리아' 탄생기』(원더박스, 2014/2015), 259쪽.

27 최승현, 「"이제는 유럽 韓流…10년 전부터 오늘을 준비해왔다"」, 『조선일보』, 2011년 6월 7일.

28 이가영, 「이수만 "한국 가요로 세계 대장정…14년 전 꿈 이뤘다"」, 『중앙일보』, 2011년 6월 13일, 16면.

29 이종훈, 「"3단계 완벽 현지화 전략…다음 타깃은 13억 中 시장" 이수만 SM 회장의 야심」, 『동아일보』, 2011년 6월 13일.

30 유니 홍(Euny Hong), 정미현 옮김, 『코리안 쿨: 세계를 사로잡은 대중문화 강국 '코리아' 탄생기』(원더박스, 2014/2015), 257~261쪽. 현재 한국예술종합학교 연극원 교수인 최준호는 2015~2016년 '한불상호교류의 해' 예술 총감독으로서 활동 가치를 인정받아 2020년 2월 프랑스 정부가 수여하는 최고 훈장인 레지옹 도뇌르(Legion d'Honneur)를 받았다. 송광호, 「최준호 한예종 교수, 프랑스 레지옹 도뇌르 훈장」, 『연합뉴스』, 2020년 2월 3일.

31 강수진, 「프랑스 '르몽드', '르피가로', 한류 집중 소개!」, 『경향신문』, 2011년 6월 10일.

32 유재혁, 「유럽 달군 K팝…글로벌·유튜브·맞춤 전략으로 '대박'」, 『한국경제』, 2011년 6월 13일.

33 김회권, 「유럽의 심장에서 폭발한 한류 '세계 순회공연' 큰 막 올랐나」, 『시사저널』, 제1130호(2011년 6월 15일).

34 박수호, 「[CEO lounge] 이수만 SM엔터테인먼트 프로듀서: 공연 산업에서 차세대 성장 동력 찾는다」, 『매경이코노미』, 제1585호(2010년 12월 15일).

35 김원겸, 「SM타운, 한국 첫 '페이스북 셀러브리티'」, 『동아일보』, 2011년 6월 11일.

36 임희윤, 「K팝 유럽 한류, '팬덤' 넘어 '인베이전' 될까…이수만 SM엔터 회장의 성공 신화」, 『헤럴드경제』, 2011년 6월 13일; 김회권, 「유럽의 심장에서 폭발한 한류 '세계 순회공연' 큰 막 올랐나」, 『시사저널』, 제1130호(2011년 6월 15일); 김환표, 「전 세계에 SM공동체 건설을 꿈꾼다: SM엔터테인먼트 회장 이수만」, 『월간 인물과사상』, 제180호(2013년 4월), 134쪽에서 재인용.

37 이형섭, 「외신들 'K-POP의 그늘'에도 눈길」, 『한겨레』, 2011년 6월 16일.

38 이형섭, 「외신들 'K-POP의 그늘'에도 눈길」, 『한겨레』, 2011년 6월 16일; 송성훈 「해외 언론의 한류 보도」, 『관훈저널』, 123호(2012년 여름), 45쪽.

39 김준현 외, 「이노패스트 2011 ⑤ SM엔터테인먼트」, 『중앙일보』, 2011년 2월 21일. 좀 다르긴 하지만, 미국 뉴욕대학 음악 산업 연구자인 캐서린 래드빌(Catherine F. Radbill)도 『음악 산업 개론』(2012)에서 음악 관련 상품뿐만 아니라 패션과 사생활 등 자신의 모든 부분을 다양한 미디어를 활용해 노출하고 그것을 또다른 콘텐츠로 활용하는 최근 음악 산업의 흐름을 '360도 마케팅'이라는 용어로 표현했다. 이규탁, 「방탄소년단: 새로운 세대의 새로운 소통 방식, 그리고 감정노동」, 『문화과학』, 제93호(2018년 봄), 288쪽.

40 박은석·이승한·최지선, 「[논쟁] 아이돌 육성 시스템 이대로 좋은가?」, 『한겨레』, 2011년 6월 17일.

41 금토일, 「유럽발 한류 '노예 계약' 원조 이수만 면죄부?: 수출 역군이라고 다 사면?…유럽발 환호에 묻혀지는 것들」, 『미디어오늘』. 2011년 6월 21일.

42 최석영, 「한류의 교과서 '쟈니즈'를 만들다: 자니 기타가와」, 『월간 인물과사상』, 제170호(2012년 6월), 89~108쪽.

43 유니 홍(Euny Hong), 정미현 옮김, 『코리안 쿨: 세계를 사로잡은 대중문화 강국 '코리아' 탄생기』(원더박스, 2014/2015), 153~156쪽.

44 이희열, 「이수만 SM엔터테인먼트 회장」, 『연합뉴스』, 2011년 7월 11일.

45 원용진, 「동아시아 정체성 형성과 '한류'」, 『문화와정치』, 2권 2호(2015년 11월), 3쪽. 원용진·김지만, 「연성 국가주의에 편승한 연예기획사와 한류의 미래」, 『한국언론학회 심포지엄 및 세미나 논문집』, 2011년 8월, 27~51쪽 참고.

46 정호재, 「케이팝 인더스트리 ⑦ 음악평론가 강헌 "워크맨 시대에는 J팝, 유튜브 시대에는 K팝"」, 『동아일보』, 2011년 1월 7일.

47 김환표, 「전 세계에 SM공동체 건설을 꿈꾼다: SM엔터테인먼트 회장 이수만」,

『월간 인물과사상』, 제180호(2013년 4월), 131~132쪽. 이에 대해선 최순욱·최성인·이재현, 「유튜브에서의 뮤직비디오 팬덤 분석: BTS M/V의 시청, 댓글 상호작용, 밈 영상 제작」, 『한국언론학보』, 64권 1호(2020년 3월), 7~45쪽 참고.

48 유재혁, 「유럽 달군 K팝…글로벌·유튜브·맞춤 전략으로 '대박'」, 『한국경제』, 2011년 6월 13일; 정호재, 「케이팝 인더스트리 ⑦ 음악평론가 강헌 "워크맨 시대에는 J팝, 유튜브 시대에는 K팝"」, 『동아일보』, 2011년 1월 7일; 김환표, 「전 세계에 SM공동체 건설을 꿈꾼다: SM엔터테인먼트 회장 이수만」, 『월간 인물과사상』, 제180호(2013년 4월), 132쪽에서 재인용.

49 박광무, 「이제는 '정책 한류'다」, 『국민일보』, 2012년 4월 19일.

50 이규탁, 「해외에서의 케이팝(K-Pop) 학술 연구」, 『한류비즈니스연구』, 2호(2014년 6월), 14쪽.

51 김도형, 「"한류 도배 TV 꺼버리고 싶다" 일본 배우 다카오카, 결국…」, 『한겨레』, 2011년 7월 30일.

52 김진희, 「"'한류 채널' 후지TV 보지 말자" 日 시청 거부 운동 확산」, 『중앙일보』, 2011년 8월 1일.

53 정은비, 「"한류 그만!" 후지TV 앞 '한류 반대 시위'」, 『머니투데이』, 2011년 8월 8일.

54 이형섭, 「또 '한류' 때리기…후지TV 앞 6,000명 모여」, 『한겨레』, 2011년 8월 22일.

55 서정민, 「K-팝, 도쿄돔 점령…15만 관객 사로잡다」, 『한겨레』, 2011년 9월 5일.

56 베네딕트 앤더슨(Benedict Anderson), 윤형숙 옮김, 『상상의 공동체: 민족주의의 기원과 전파에 대한 성찰』(나남, 1983/2002), 25쪽.

57 베네딕트 앤더슨(Benedict Anderson), 윤형숙 옮김, 『상상의 공동체: 민족주의의 기원과 전파에 대한 성찰』(나남, 1983/2002), 61~62쪽.

58 손승혜의 「디지털 네트워크 시대의 초국가적 온라인 팬덤」이라는 논문에 따르면, "온라인 팬 공동체의 구성원들이 느끼는 공동체로서의 심리적 속성들은 소속감, 심리적 유대감, 의식적 정체성, 공유된 가치, 영향력 등 모든 분야에서 기존의 지리적 '이웃(neighbor)'에 대해 느끼는 심리적 속성들과 유사한 차원으로 나타났다. 오히려 그 정도는 온라인 팬 공동체가 지리적 이웃보다 일관되게 높다는 연구 결과도 있다." 손승혜, 「디지털 네트워크 시대의 초국가적 온라인 팬덤: 2PM 팬 포럼 Wild2Day 회원 인터뷰의 근거 이론적 분석」, 『미디어, 젠더&문화』, 25권(2013년 3월), 79쪽.

59 매일경제 기획취재팀, 「문화가 앞장서고 경제가 뒤따르는 시대 올 것: 新한류

설계자 이수만 SM 프로듀서 겸 회장」, 『매일경제』, 2011년 8월 17일.

60   이지훈, 「이수만 SM엔터테인먼트 회장 문화산업 비법은?…소녀시대 '노예 계약' 논란에 입 열어」, 『조선일보』, 2011년 10월 15일.

61   장상진, 「외교 中 매체, "일본 反한류, 섬나라 자아의식 탓"」, 『조선일보』, 2011년 8월 24일.

62   김철오, 「日 넷우익 "반한류를 세계에 알렸다"…르몽드紙 비판 보도에 오히려 환호」, 『국민일보』, 2011년 9월 5일. 일본의 혐한류에 대해선 고길희, 「일본의 '한류'와 '혐한류'로 본 한일 관계: '다원화 내셔널리즘'을 모색하며」, 『일본근대학연구』, 17호(2007년), 77~92쪽; 고길희, 「'한류'와 '혐한류'로 본 일본 젊은이들의 변화」, 『일본근대학연구』, 19호(2008년), 201~214쪽; 한정선, 「조경 수역에서 표류하는 일본: 한류와 혐한류를 통해 본 현대 일본 사회」, 『동북아역사논총』, 21호(2008년 9월), 361~384쪽; 박수옥, 「일본의 혐한류와 미디어 내셔널리티: 2ch와 일본 4대 일간지를 중심으로」, 『한국언론정보학보』, 2009년 8월, 120~147쪽; 한영균, 「일본 내 '혐한류' 현상의 실체」, 『일본문화연구』, 48호(2013년 10월), 433~456쪽; 주정민, 「한류 콘텐츠에 대한 '반한류' 현상의 원인과 대응: 중국, 일본을 중심으로」, 『디아스포라연구』, 7권 2호(2013년 12월), 137~160쪽; 황성빈, 「넷우익과 반한류, 배외주의의 여론: 주요 언론의 담론 분석을 중심으로」, 『일본비평』, 10호(2014년 2월), 124~163쪽; 김은준·김수정, 「일본과 중국 언론인들의 반한류 인식」, 『한국콘텐츠학회논문지』, 16권 6호(2016년 6월), 802~813쪽 참고.

63   심재우, 「"공짜 티켓 요구 사라져야 한국서도 잡스 나온다"」, 『중앙일보』, 2011년 10월 21일.

64   권해주·조윤주, 「김범수 카카오 이사회 의장」, 『파이낸셜뉴스』, 2011년 7월 27일.

65   장세훈·황비웅, 「朴 '카톡' 선택과 집중 vs 文 '트위터+카톡' 시너지」, 『서울신문』, 2012년 12월 4일, 6면; 김영태, 「투표율 일등공신은 '카카오톡': 지인들에 투표 독려…인증샷 등 분위기 북돋아」, 『경북매일』, 2012년 12월 20일.

66   「[사설] 종편 개국, 언론과 민주주의의 대재앙 시작되다」, 『한겨레』, 2011년 12월 1일.

67   이수안, 「문화 혼종 이론으로 본 케이팝 열풍」, 이화인문과학원 편, 『문화 혼종과 탈경계 주체』(이화여자대학교출판부, 2013), 41쪽.

68   2017년까지 '시즌6'를 기록할 정도로 장수한 이 프로그램의 첫 시즌 심사위원은 보아(SM), 양현석(YG), 박진영(JYP)이었다. 원래 이수만이 나오기로 했지만, 이수만이 직접 보아를 불러서 자신은 나이가 있어 장시간 녹화는 힘든

데다 "남자 셋만 있으면 그림이 나오지 않으니 네가 대신 가라"고 했다는 것이다(양현석은 1970년생, 박진영은 1972년생인 반면, 이수만은 1952년생이었다). 「K팝 스타」, 『나무위키』.

69 이민희, 『팬덤이거나 빠순이거나: H.O.T. 이후 아이돌 팬덤의 ABC』(알마, 2013), 31쪽.

70 강수진, 「프랑스 '르몽드', '르피가로', 한류 집중 소개!」, 『경향신문』, 2012년 6월 10일.

71 강수진, 「아이돌에게 '오늘'이 있기까지…'스파르타식 훈련' 어느 정도」, 『경향신문』, 2011년 2월 23일.

72 이은정, 「'아이돌 금지령'…사생활 관리냐 인권 침해냐」, 『연합뉴스』, 2013년 1월 22일.

73 남지은, 「24시간 내내 소속사 감시받는 아이돌들」, 『한겨레』, 2016년 7월 27일.

74 지금종, 「예고된 몰락, 한미FTA와 문화」, 『황해문화』, 제52호(2006년 가을), 110쪽. 방송 시장 개방에 대해선 이상우, 「통신·방송 융합과 방송 시장 개방: 유럽과 미국의 사례를 중심으로」, 『한국방송학보』, 19권 1호(2005년 3월), 142~177쪽; 임동욱·전규찬·하주용, 「한미FTA가 방송 영상 산업에 미치는 영향」, 『한국방송학회 세미나 및 보고서』, 2006년 6월, 1~35쪽; 전범수, 「방송 시장 개방에 따른 방송 산업 구조 변화와 지상파 방송의 위상: WTO 및 FTA 협상 전개에 따른 전망을 중심으로」, 『방송과커뮤니케이션』, 7권 2호(2006년 12월), 6~29쪽; 이상우·김창완, 「한·미FTA가 방송 산업에 미치는 영향: 비판적 접근에 대한 재반론」, 『미디어 경제와 문화』, 5권 4호(2007년 11월), 46~88쪽; 이상기·김주희·권민화, 「한·미FTA 본격 시행에 따른 PP 시장 대응 방안 연구」, 『지역과커뮤니케이션』, 18권 1호(2014년 2월), 165~196쪽; 엄재용, 「방송 시장 전면 개방의 영향과 대응 방안」, 『방송문화』, 393호(2014년 6월), 22~25쪽 참고.

75 유재혁, 「"세계 첫 가상 국가 'SM타운' 건설…각국 팬들에게 시민권 나눠줄 것"」, 『한국경제』, 2012년 7월 2일.

76 임희윤·전주영, 「SM타운-YG패밀리-JYP네이션 '엔터테인먼트 국가' 개국을 선포하노라」, 『동아일보』, 2012년 8월 31일.

77 김성민, 『케이팝의 작은 역사: 신감각의 미디어』(글항아리, 2018), 174~175쪽. 이후에도 미국 언론엔 k-pop이 '표준화되고 기계적인 공산품'이라는 시각이 등장했다. 심지어 아이돌 그룹의 춤 동작을 북한 군인들의 걸음걸이와 비교하기도 했고, 『뉴욕타임스』(2013년 8월 9일)엔 '공장 시스템처럼 규격화

된 산업으로서의 k-pop'이라는 측면을 부각하는 기사가 실리기도 했다. 이규탁, 「해외에서의 케이팝(K-Pop) 학술 연구」, 『한류비즈니스연구』, 2호(2014년 6월), 15쪽.

78   안창현, 「일본에서 혐한 현상과 한류 재도약 전략」, 『방송문화』, 408호(2017년 봄), 76~79쪽.

79   한여울, 「씹고 뜯고 맛보고 즐기고, 어느 SM 해외 팬의 하루」, 『텐아시아』, 2012년 6월 21일.

80   배국남, 「[진화하는 연예기획사] 인기는 돈이요, 스타는 힘이다…스타 영입 '몸집 불리기' 경쟁」, 『이투데이』, 2012년 11월 23일.

81   이성원, 「[경제 프리즘] 이수만·양현석 2,000억 대 주식 부자로」, 『서울신문』, 2012년 8월 28일.

82   권석, 『아이디어는 엉덩이에서 나온다: 잘 마른 멸치 권석 PD의 방송일기 세상 읽기』(새녘, 2012), 110~112쪽; 김학선, 『K·POP 세계를 홀리다』(을유문화사, 2012), 33~38쪽.

83   이정혁·백지은, 「[WHY?] 'K팝 스타' 양현석-박진영-보아 갈등, 왜? 태생부터 다른 SM-JYP-YG」, 『스포츠조선』, 2011년 12월 20일.

84   임희윤, 「오빠 강남스타일~ ♬ 싸이, CNN까지 접수」, 『동아일보』, 2012년 8월 4일.

85   서정민, 「싸이 콘서트 '3만 명 말 춤' 외국 취재진 몰려」, 『한겨레』, 2012년 8월 12일.

86   정성은, 「문화 콘텐츠로서의 '강남스타일': 미디어 시대에서 콘텐츠 시대로」, 『관훈저널』, 125호(2012년 겨울), 82쪽.

87   박유리·이경원, 「싸이 '강남스타일' 세계인의 '스타일' 바꿔놓다…외국인, 한국 연예기획사 주식 대거 매입」, 『국민일보』, 2012년 8월 16일.

88   배문규, 「타임에도 실린 '싸이 스타일'」, 『경향신문』, 2012년 8월 20일.

89   서정민, 「싸이 '강남스타일' 뮤비 유튜브 5,000만 건 조회」, 『한겨레』, 2012년 8월 25일; 박성서, 「국내외 대중음악사에서 '강남스타일'의 의미」, 『관훈저널』, 125호(2012년 겨울), 78쪽.

90   강수진, 「'강남스타일' 조회수 1억 돌파…싸이, 미 대형 음반사와 전속계약」, 『경향신문』, 2012년 9월 5일.

91   박경은, 「기네스 오른 싸이 '강남스타일'…유튜브 '좋아요' 245만 건 최다」, 『경향신문』, 2012년 9월 26일.

92   박봉권, 「글로벌 시장에서 본 '강남스타일' 열풍」, 『관훈저널』, 125호(2012년 겨울), 97쪽.

93 서정민, 「'강남스타일' 유튜브 동영상 조회수 신기록」, 『한겨레』, 2012년 11월 25일.

94 유재혁, 「유럽 달군 K팝…글로벌·유튜브·맞춤 전략으로 '대박'」, 『한국경제』, 2011년 6월 13일.

95 이선희, 「무료 서비스 유튜브, 싸이에겐 황금알 낳는 거위?: 클릭 한번에 1원…전 세계로 퍼지니 '수십억'!」, 『매일경제』, 2012년 9월 29일.

96 『미디어오늘』, 2012년 10월 10일; 고경석, 「한국 언론의 '강남스타일' 보도」, 『관훈저널』, 125호(2012년 겨울), 93쪽에서 재인용.

97 김환표, 『드라마, 한국을 말하다』(인물과사상사, 2012), 407, 410쪽.

98 임혜영, 「피 튀기는 시청률 전쟁, 시청률이 뭐기에…」, 『리뷰스타』, 2012년 6월 21일.

99 김영욱, 「한 자릿수 시청률」, 『주간조선』, 제2241호(2013년 1월 21일).

100 유니 홍(Euny Hong), 정미현 옮김, 『코리안 쿨: 세계를 사로잡은 대중문화 강국 '코리아' 탄생기』(원더박스, 2014/2015), 150쪽.

101 정지섭, 「합치고 나누고…아이돌, 생존의 바다에 뛰어들다」, 『조선일보』, 2013년 2월 7일.

102 전동진, 「'만능 엔터테이너'의 일반화, 득인가 실인가: 아이돌의 영역 확장을 중심으로」, 전북대학교 신문방송학과 '매스컴과 대중문화' 2013년 2학기 학생 리포트.

103 이수기, 「아이돌 지망생 100만 명, 데뷔는 324명 '바늘구멍 뚫기'」, 『중앙선데이』, 2018년 6월 30일.

104 특별취재팀, 「문화적 상상력이 밥이다」, 『중앙일보』, 2013년 1월 2일.

105 양성희, 「[취재일기] 문화 수지 흑자 시대를 살려 나가려면…」, 『중앙일보』, 2013년 2월 13일.

제10장 "문화적 상상력이 밥이다"

1 「[사설] 세계적 격랑 헤치고 기적의 역사 다시 쓰자」, 『동아일보』, 2013년 1월 1일.

2 특별취재팀, 「문화적 상상력이 밥이다」, 『중앙일보』, 2013년 1월 2일.

3 박인배, 「한류의 새로운 이름, K-culture」, 『헤럴드경제』, 2013년 1월 9일.

4 박인배, 「한류의 새로운 이름, K-culture」, 『헤럴드경제』, 2013년 1월 9일.

5 한지숙, 「한류 업그레이드를 위한 조건…3C를 드러내고, 3B를 감춰라」, 『헤럴드POP』, 2013년 1월 10일.

6 「28일 창립 총회 여는 세계한류학회 박길성 초대 회장」, 『콘텐츠경영』, 2013년 1월 30일; http://blog.daum.net/seawol/132.

7 오인규는 한류에 대한 국내의 부정적 시각을 오리엔탈리즘으로 비판하는 등 의미 있고 중요한 문제 제기를 하고 있지만, "문화 혼종은 파괴와 수탈의 결과 이지, 결코 한류와 같이 침략과 약탈 없이 전 세계에 어필할 수 있는 (문화 현 상의) 그 어떤 근간도 되지 못한다"며 '엉터리 사회과학 기능주의'로 일축하는 등 문화 혼종에 대한 학계의 일반적인 이해나 인식과는 동떨어진 주장을 펴고 있는 점이 아쉽다. 오인규, 「한류 현상을 왜 학문적으로 연구하는 것이 중요한 가?」, 『철학과현실』, 110권(2016년 9월), 130, 146쪽.

8 허준, 「던전앤파이터 가입자 4억 명 돌파 '대기록': 전 세계 가장 많은 가입자 확보한 온라인 게임 등극」, 『아이뉴스24』, 2013년 2월 11일.

9 남혁우, 「"게임은 이미 문화. 건강하게 키우자": 공개 토론회 '게임 마니아 다 모여라' 개최」, 『디스이즈게임』, 2012년 3월 13일.

10 김진욱, 「한민족 '게임의 피'가 흐른다?」, 『스포츠서울』, 2005년 8월 1일, 13면.

11 이재명·임우선, 「어린이 게임 중독…머릿속 "뱅뱅" 수업은 "뒷전"」, 『동아일 보』, 2007년 12월 8일.

12 백승재, 「"게임업계 '온라인 혁명' 쉬운 게임이 대세될 것"」, 『조선일보』, 2008년 5월 9일.

13 김리선, 「"한국인 애니팡에 빠져 하트 구걸": WSJ "직장·학교 갈등 빚어"」, 『노컷뉴스』, 2012년 10월 10일.

14 김일, 「카트라이더와 승부 근성」, 『중앙일보』, 2005년 6월 21일, 31면.

15 맹기돈, 「게임과 PC방」, 강지웅 외, 『게임과 문화연구』(커뮤니케이션북스, 2008), 101~120쪽; 김현수 외, 「손님은 줄고 목돈 들 곳은 많고… PC방 "한 계 상황" 아우성」, 『한국일보』, 2013년 1월 25일.

16 조흥윤, 『한국문화론』(동문선, 2001), 91~94쪽.

17 「갈라파고스 신드롬[Galapagos syndrome]」, 『네이버 지식백과』; 이선진, 「잘라파고스 일본 모바일 앱 성공 공식」, 『이티뉴스』, 2013년 3월 19일; 앤디 이, 「일본은 왜 인터넷 강국이 못 됐나: 우수한 인프라에도 폐쇄적 문화 탓… 전방위 진흥 조치 약효 지켜봐야」, 『주간동아』, 제886호(2013년 5월 6일), 50~51면.

18 서황욱·김아영, 「유튜브 이전의 케이팝, 이후의 케이팝」, 한국국제문화교류진 흥원 엮음, 『한류, 다시 출발점에 서다』(한국국제문화교류진흥원, 2019), 59 ~60쪽.

19 이케다 준이치(池田純一), 서라미 옮김, 『왜 모두 미국에서 탄생했을까: 히

피의 창조력에서 실리콘밸리까지』(메디치, 2011/2013), 227~228쪽; 「Galápagos syndrome」, 『Wikipedia』; 알렉스 커(Alex Kerr), 이나경 옮김, 『치명적인 일본』(홍익출판사, 2002), 156~157쪽; 강준만, 「왜 휴대전화 전쟁에서 일본은 한국에 패배했나?: 갈라파고스 신드롬」, 『감정 독재: 세상을 꿰뚫는 50가지 이론 1』(인물과사상사, 2013), 285~290쪽 참고.

20 홍석경, 『세계화와 디지털 문화 시대의 한류: 풀하우스, 강남스타일, 그리고 그 이후』(한울아카데미, 2013), 11~12쪽.

21 홍석경, 『세계화와 디지털 문화 시대의 한류: 풀하우스, 강남스타일, 그리고 그 이후』(한울아카데미, 2013), 174~175쪽.

22 이수안, 「문화 혼종 이론으로 본 케이팝 열풍」, 이화인문과학원 편, 『문화 혼종과 탈경계 주체』(이화여자대학교출판부, 2013), 44쪽.

23 양성희, 「K팝 유럽서 왜 떴나…폭력·섹스·마약 없는 '청정 음악'이니까」, 『중앙일보』, 2013년 7월 5일.

24 유니 홍(Euny Hong), 정미현 옮김, 『코리안 쿨: 세계를 사로잡은 대중문화 강국 '코리아' 탄생기』(원더박스, 2014/2015), 158~159쪽.

25 김수정·김수아, 「'집단적 도덕주의' 에토스: 혼종적 케이팝의 한국적 문화 정체성」, 『언론과사회』, 제23권 3호(2015년 8월), 5~52쪽.

26 김수정·김수아, 「'집단적 도덕주의' 에토스: 혼종적 케이팝의 한국적 문화 정체성」, 『언론과사회』, 제23권 3호(2015년 8월), 43쪽.

27 강준만, 『한국인 코드』(인물과사상사, 2006); 강준만, 『갑과 을의 나라: 갑을 관계는 대한민국을 어떻게 지배해왔는가』(인물과사상사, 2013); 강준만, 『개천에서 용 나면 안 된다: 갑질 공화국의 비밀』(인물과사상사, 2015) 참고.

28 신은진, 「"지드래곤 보고 신라면 먹고, 현대車 탈래요" 2만 명 美 청춘 들썩였다」, 『조선일보』, 2013년 8월 27일; 김영대, 「하위문화로부터 탈한류 담론의 가능성까지: 케이콘과 방탄소년단을 중심으로」, 이기형·이동후 외, 『문화연구의 렌즈로 대중문화를 읽다: 변화하는 한국 대중문화 지형도』(컬처룩, 2018), 164쪽.

29 조수경, 「10곡 중 무려 8곡…'아이돌 공화국'된 대한민국」, 『미디어오늘』, 2013년 10월 16일.

30 이태훈, 「'장' 보러 갔다 1,000만이 울었다: '국제시장' 오늘 역대 11번째」, 『조선일보』, 2015년 1월 13일.

31 홍석재, 「관객 2억 명 시대 '국적 편식'은 더 심화」, 『한겨레』, 2014년 1월 3일.

32 권상집, 「한류 확산을 위한 CJ E&M의 디지털 및 글로컬 콘텐츠 전략」, 『한국콘텐츠학회논문지』, 16권 12호(2016년 12월), 85~86쪽; 윤호진, 『한류 20년,

대한민국 빅 콘텐츠』(커뮤니케이션북스, 2016), 82~83쪽.

홍인표, 「변하지 않으면 죽는다」, 『경향신문』, 2014년 3월 21일. 대만 국립 정치대학 한국어학과 교수이자 대만 지한문화협회 대표인 주리시(朱立熙)에 따르면, "왕치산(王岐山) 이전에 후진타오(胡錦濤), 원자바오(溫家寶) 등은 모두 한국 드라마의 팬이었다. 그들은 한국 방문 시 한국 드라마 스타 이영애와 장나라 등과의 만남을 특별히 요청하기도 했다. 이 외에 장쩌민(江澤民) 시대의 쩡칭훙(曾慶紅)과 우방궈(吳邦國) 모두 한국 드라마 시청을 좋아한다고 밝혔다." 주리시, 「한국 사람들만 모르는 한류 열풍과 반한 감정의 경계」, 『미디어오늘』, 2016년 7월 24일.

34 정윤진, 「김수현 최강 대뇌, "출연료는 10억, 중국 內 '인기'는 그 이상"」, 『서울경제』, 2014년 3월 9일.

35 유마디, 「中 매체 "韓流 드라마 비결은 아줌마 작가의 파워"」, 『조선일보』, 2014년 3월 11일.

36 홍인표, 「변하지 않으면 죽는다」, 『경향신문』, 2014년 3월 21일.

37 서병기, 「'별그대'發 한류 바람, 만만찮은 中서 이어가려면…」, 『헤럴드경제』, 2014년 3월 11일.

38 서병기, 「'별그대'發 한류 바람, 만만찮은 中서 이어가려면…」, 『헤럴드경제』, 2014년 3월 11일; 양수영, 「중국 방송 산업의 발전과 포스트 한한령 시대의 새로운 한중 협력」, 『방송문화』, 420호(2020년 봄), 177쪽.

39 중국은 외계인이나 귀신 등 '미신을 선전하는 내용'은 지상파 TV에서 방송할 수 없었다. 〈별에서 온 그대〉의 남자 주인공(김수현 분)이 외계인으로 설정되었기 때문에 인터넷 방송만 가능했던 것이다. 베이징의 방송계 인사는 '중국 당국은 한류가 인터넷을 통해 과도하게 퍼지는 것을 규제할 수 있는 제도적 장치를 마련한 것'이라고 말했다. 안용현·권승준, 「中 "한국 영화·드라마 심사 後 방영" 견제 나서」, 『조선일보』, 2014년 4월 4일.

40 안용현·권승준, 「中 "한국 영화·드라마 심사 後 방영" 견제 나서」, 『조선일보』, 2014년 4월 4일.

41 방연주, 「중국 진출 '날개' 단 예능 프로그램」, 『PD저널』, 2014년 6월 5일.

42 양성희, 「한국 드라마 회식 장면 '중국 술' 마시는 까닭은」, 『중앙일보』, 2014년 9월 30일.

43 조종엽, 「한중 동시 방영으로 불법 다운로드 막아야: '프로듀사' 사례를 통해 본 중국 시장 진출 현황과 과제」, 『신문과방송』, 536호(2015년 8월), 78쪽.

44 양성희, 「작가·PD까지 빼가는 중국…한국, 한류 하청 기지 우려」, 『중앙일보』, 2014년 9월 22일.

45 「[사설] 중국 배만 불리는 한류 두고만 볼 건가」, 『경향신문』, 2014년 10월 15일.

46 양성희, 「작가·PD까지 빼가는 중국…한국, 한류 하청 기지 우려」, 『중앙일보』, 2014년 9월 22일.

47 김규찬, 「중국으로 달려가는 한국 문화산업…유출인가 진출인가」, 『중앙일보』, 2016년 4월 13일.

48 린이푸, 「후발 주자의 이점 중국에 남아 있어…앞으로 20년간 年 8%대 성장 가능」, 『조선일보』, 2013년 8월 17일.

49 양도웅, 「'대만군 장교'에서 '중국 최고 석학'으로…린이푸가 던진 중국 경제 관련 5가지 질문」, 『교수신문』, 2017년 7월 16일.

50 조상래, 「29살 청년이 세운 디디는 어떻게 중국 대륙을 평정했나」, 『중앙일보』, 2019년 6월 5일.

51 우평균, 「동북아 공동체와 문화산업의 확산: 한류 현상과 동북아 각국의 정책」, 『평화학연구』, 9권 1호(2008년), 135~156쪽; 조흡, 「한류와 이미지 공간의 정치: 비판적 리저널리즘을 위한 문화지리의 재구성」, 『문학과영상』, 12권 3호(2011년 9월), 841~863쪽; 김은희, 「중국의 시선에서 '한류(韓流)'를 논하다」, 『담론201』, 15권 4호(2012년), 235~255쪽; 한정정·최철영, 「중국 예능 방송의 한류 영향 분석 연구」, 『만화 애니메이션연구』, 35권(2014년 6월), 313~327쪽; 이다다, 「한·중 문화 충돌과 문화산업 경쟁: 중국학계의 한국 드라마 담론을 중심으로」, 『인문과학』, 69권(2018년), 173~198쪽.

52 양카이·정정주, 「중국 언론의 한류 보도 프레임 연구: 2009년~2014년 인민일보, 중국청년보, 신민만보를 중심으로」, 『언론과학연구』, 15권 2호(2015년 6월), 412~442; 강진석, 「중국 언론의 한류(韓流)에 대한 시각과 대응에 관한 고찰」, 『중국학연구』, 75권(2016년 2월), 301~321쪽.

53 정수영·유세경, 「중국과 일본의 주요 일간지에 실린 대중문화 한류 관련 뉴스 분석」, 『언론정보연구』, 50권 1호(2013년), 149쪽.

54 주오유보, 「중국 영상 문화에 끼친 한류의 영향: 영화와 드라마의 경우를 중심으로」, 『한국언론학회 연구 보고서 및 기타 간행물』(한국언론학회, 2005), 95~113쪽.

55 김종우, 「美 할리우드, 중국 진출 곳곳 암초…계약 잇따라 무산」, 『연합뉴스』, 2015년 9월 7일; 김상배, 「정보·문화 산업과 미중 신흥 권력 경쟁」, 『한국정치학회보』, 51권 1호(2017년), 99~127쪽.

56 주리시, 「한국 사람들만 모르는 한류 열풍과 반한 감정의 경계」, 『미디어오늘』, 2016년 7월 24일.

57 조준상,「뒤늦게 읽고 들어본 한류를 바라보는 시각: 자유주의 세례, 고통스러운 사회적 압력, 거칠고 도발적인 날 것의 생생함」,『미디어스』, 2016년 7월 26일.

58 이후남,「79개국 2,182만 회원…거세지는 한류 바람」,『중앙일보』, 2015년 1월 14일.

59 김기환,「한류로 번 돈 12조 5,598억 원, 갤럭시S6 1,464만 대 판 효과」,『중앙일보』, 2015년 5월 4일.

60 박세환,「[인터넷 1인 미디어 전성시대] 먹방, 공방, 겜방…방방 뜨는 1인 방송」,『국민일보』, 2014년 1월 16일.

61 김학재,「콘텐츠 크리에이터 띄우기, 국내에선 성공할까」,『파이낸셜뉴스』, 2014년 12월 8일; 양성희,「[궁금한 화요일] 2015 미디어 트렌드」,『중앙일보』, 2015년 1월 13일.

62 김학재,「콘텐츠 크리에이터 띄우기, 국내에선 성공할까」,『파이낸셜뉴스』, 2014년 12월 8일.

63 명승은,「MCN…게임 말고, 저를 보러 오세요」,『시사IN』, 제383호(2015년 1월 20일).

64 가야트리 스피박·장필화,「'탈식민주의와 페미니즘' 대담」,『조선일보』, 2004년 10월 18일, A23면.

제11장 '한류의 중국화'와 K-pop의 세계화

1 이정환,「한국 드라마 못 보게? 중국 온라인 사전 심의 논란」,『미디어오늘』, 2015년 1월 21일.

2 「[사설] 한류 드라마까지 중국 자본이 집어삼키나」,『경향신문』, 2015년 3월 2일.

3 금준경,「'차이나 머니'의 습격, 한국 방송 시장 덮친다」,『미디어오늘』, 2015년 3월 11일; 홍원식,「FTA 체결에 따른 방송 콘텐츠 제작 시장의 기회와 위기」,『방송문화』, 401호(2015년 여름), 126~147쪽; 윤재식,「중국의 한국 콘텐츠 수용 현황과 정책」,『방송문화』, 401호(2015년 여름), 56~84쪽 참고.

4 성연철,「"한국 예능 베끼지 마라"…중국, 방송사에 '시진핑 이념 단속'」,『한겨레』, 2015년 7월 24일.

5 김헌식,「유재석·노홍철 예능 스타일, 중국에서 먹힐까」,『미디어오늘』, 2015년 8월 5일.

6 조종엽,「한중 동시 방영으로 불법 다운로드 막아야: '프로듀사' 사례를 통해

본 중국 시장 진출 현황과 과제」, 『신문과방송』, 536호(2015년 8월), 81쪽.

7   유희곤, 「중국 김수현, 동남아 이광수, 남미 싸이…한류 마케팅, 국가별 차별
화」, 『경향신문』, 2015년 3월 26일.

8   이미지, 「中 관광객들, SM 찾아가 수백만 원짜리 韓流 스타 체험」, 『조선일
보』, 2015년 4월 11일.

9   이진송, 「빠순이 발로 차지 마라 너는 누구에게 한 번이라도 찐득한 사람이
었느냐」, 『No.1 문화웹진 채널예스』, 2015년 5월; http://ch.yes24.com/
Article/View/27942; 강준만·강지원, 『빠순이는 무엇을 갈망하는가?: 소통
공동체 형성을 위한 투쟁으로서의 팬덤』(인물과사상사, 2016) 참고.

10   문형구, 「독립PD들의 눈물, "농담 안 받아준다고 뺨 맞은 적도"」, 『미디어오
늘』, 2015년 7월 29일; 최원형, 「"방송사, 외주제작사 인권침해 심각"」, 『한겨
레』, 2015년 8월 4일.

11   이하늬, 「욕설에 '풀 스윙' 뺨 맞아도 "CP는 신이다"」, 『미디어오늘』, 2015년
9월 9일.

12   이정국·최원형, 「노동계약서도 4대 보험도 없는 독립피디들」, 『한겨레』,
2015년 9월 22일.

13   강형철, 「[미디어 전망대] 독립적이지 못한 독립피디」, 『한겨레』, 2015년 12월
15일.

14   김형구, 「가수 90% 연 870만 원 벌 때 상위 1%는 43억…연예계 극과 극」,
『중앙일보』, 2017년 10월 18일.

15   크리스티아 프릴랜드(Chrystia Freeland), 박세연 옮김, 『플루토크라트: 모
든 것을 가진 사람과 그 나머지』(열린책들, 2012/2013), 159~206쪽;
「Sherwin Rosen」, 『Wikipedia』; 류동민, 『일하기 전엔 몰랐던 것들: 가장
절실하지만 한 번도 배우지 못했던 일의 경제학』(웅진지식하우스, 2013),
258~259쪽.

16   로버트 프랭크(Robert H. Frank), 황해선 옮김, 『부자 아빠의 몰락』(창비,
2007/2009), 35~36쪽.

17   윌리엄 파운드스톤(William Poundstone), 최정규·하승아 옮김, 『가격은 없
다: 당신이 속고 있는 가격의 비밀』(동녘사이언스, 2010/2011), 363~364
쪽; 「Lone Ranger」, 『Wikipedia』; Dale Corey, 『Inventing English:
The Imaginative Origins of Everyday Expressions』(USA, 2007),
pp.183~184; 강준만, 「왜 미국 대기업의 CEO는 일반 근로자 연봉의 500배
를 받는가?: 고독한 영웅 이론」, 『생각과 착각: 세상을 꿰뚫는 50가지 이론 5』
(인물과사상사, 2016), 323~331쪽 참고.

18 하지현, 『예능력: 예능에서 발견한 오늘을 즐기는 마음의 힘』(민음사, 2013), 180쪽.

19 정대연, 「복부인 닮은 연예인 '부동산 열망'」, 『경향신문』, 2015년 4월 25일.

20 이진석, 「[만물상] 건물주 vs 세입자」, 『조선일보』, 2018년 6월 9일; 강준만, 『바벨탑 공화국: 욕망이 들끓는 한국 사회의 민낯』(인물과사상사, 2019) 참고.

21 이수기, 「아이돌 지망생 100만 명, 데뷔는 324명 '바늘구멍 뚫기'」, 『중앙선데이』, 2018년 6월 30일.

22 디지털이슈팀, 「10년간 데뷔 아이돌 436팀…1년에 한두 팀만 남기도」, 『조선일보』, 2017년 7월 22일.

23 이수기, 「아이돌 지망생 100만 명, 데뷔는 324명 '바늘구멍 뚫기'」, 『중앙선데이』, 2018년 6월 30일.

24 서울시 오페라단 단장 이건용의 말. 곽영훈·이건용·김성곤·이진우·이철구, 「한류, 한국 문화의 세계화인가?」, 『철학과현실』, 110권(2016년 9월), 28쪽.

25 곽영진, 「한류의 진화와 전망」, 『철학과현실』, 110권(2016년 9월), 94쪽.

26 곽영진, 「한류의 진화와 전망」, 『철학과현실』, 110권(2016년 9월), 95~96쪽.

27 김용배, 「느림, 기다림의 미학」, 『중앙일보』, 2005년 3월 16일.

28 돌로레스 마르티네즈(Dolores Martinez), 「성, 경계의 이동 그리고 세계화」, 돌로레스 마르티네즈(Dolores Martinez) 엮음, 김희정 옮김, 『왜 일본인들은 스모에 열광하는가: 문화인류학으로 본 일본 대중문화의 10가지 코드』(바다출판사, 1998/2000), 253~254쪽.

29 조우석, 「인터넷이 문화를 망친다고? 역사를 모르는 소리(『유럽 문화사』 서평)」, 『중앙일보』, 2012년 7월 28일.

30 김헌식, 『의외의 선택, 뜻밖의 심리학』(위즈덤하우스, 2010), 263쪽.

31 이규탁, 「한국 힙합 음악 장르의 형성을 통해 본 대중문화의 세계화와 토착화」, 『한국학연구』, 36호(2011년 3월), 79쪽.

32 김수아·홍종윤, 『지금 여기 힙합』(스리체어스, 2017), 20~21쪽.

33 김수아·홍종윤, 『지금 여기 힙합』(스리체어스, 2017), 23쪽.

34 이종임, 「비난으로 변질된 힙합의 저항 정신」, 『경향신문』, 2015년 7월 29일.

35 금준경, 「"힙합이니까 용서하라고? 쇼미더머니가 힙합을 망쳤다"」, 『미디어오늘』, 2015년 8월 26일.

36 김성현, 「힙합이 청춘에 희망 주려면」, 『조선일보』, 2015년 10월 10일.

37 권승준, 「[기자의 시각] 外華內貧 K팝」, 『조선일보』, 2015년 8월 8일.

38 양성희, 「연예기획사 '무한 파워' 시대」, 『문화일보』, 2003년 11월 27일; 고재열, 「달콤한 연예인 뒤 살벌한 막후 정치」, 『시사IN』, 제179호(2011년 2월

25일).

39 김태오, 「방송 시장의 수직 계열화에 대한 시론적 고찰: 방송 시장에서의 연예기획사 영향력 확대에 대한 법적 검토」, 『방송문화』, 413호(2018년 여름), 166~167쪽.

40 김성현, 「'J팝'과 맞서 경쟁력 쌓은 아이돌…세계 무대 흔든다」, 『조선일보』, 2016년 9월 26일.

41 윤호진, 『한류 20년, 대한민국 빅 콘텐츠』(커뮤니케이션북스, 2016), 66쪽; 윤수정, 「열쇠고리 1세트 21만 원…웃돈까지 붙어도 아이돌 굿즈는 완판」, 『조선일보』, 2017년 9월 6일.

42 조재희, 「CJ "6년간 10조 원 문화 투자…한국의 월트디즈니 되겠다"」, 『조선일보』, 2015년 9월 4일.

43 박경은, 「세계로 가는 아리랑TV K팝 줄 섰네」, 『경향신문』, 2015년 11월 19일.

44 김윤덕 외, 「Kool! "코리아는 멋진 나라"…K팝에 열광하던 팬들, 이젠 '대한민국 스타일'에 빠지다」, 『조선일보』, 2016년 2월 6일; 권승준, 「['코리안 쿨' 제3 한류 뜬다] K팝, 유행 넘어 문화로…냉소적이던 NYT도 "압도적"」, 『조선일보』, 2016년 2월 15일.

45 신동흔, 「골방서 터져나온 '뉴 한류'」, 『조선일보』, 2015년 10월 5일.

46 남지은, 「"중국 시장 때문에"…'웃픈' 드라마 사전 제작 열풍」, 『한겨레』, 2015년 12월 2일.

47 김유리 · 차현아, 「"콘텐츠 수출 큰 시장? 중국은 한류에 관심 없다"」, 『미디어오늘』, 2015년 12월 30일.

48 박민희, 「한류의 중국화, 쯔위의 경고」, 『한겨레』, 2016년 1월 21일.

49 「쯔위 청천백일만지홍기 사건」, 『위키백과』.

50 박민희, 「한류의 중국화, 쯔위의 경고」, 『한겨레』, 2016년 1월 21일.

51 윤태진, 「쯔위 사건의 그림자들」, 『경향신문』, 2016년 1월 27일.

52 박주연, 「쯔위 사태 · 엑소 분쟁…'다국적 아이돌' 도대체 무슨 일이」, 『경향신문』, 2016년 1월 30일.

53 김윤정, 「남중국해 입장 표명 강요받는 소녀시대 윤아…그저 인기 탓?」, 『오마이뉴스』, 2016년 7월 13일.

54 차현아, 「"'별그대' 중국 성공 이후, 시간여행 방송 금지됐다"」, 『미디어오늘』, 2016년 1월 27일.

55 차현아, 「"중국이라는 거대한 틈새시장, 먹으려다 먹힐 수도"」, 『미디어오늘』, 2016년 1월 27일.

56 신효령, 「'태양의 후예' 중국 난리, 조회수 20억↑」, 『뉴시스』, 2016년 4월 6일.

57   윤재식, 「방송 콘텐츠 글로벌화 전략: 동남아 지역을 중심으로」, 『방송문화』, 408호(2017년 봄), 116쪽.

58   이민자, 「[차이나 인사이트] 인터넷 관리 고삐 조이는 중국…한류 사업은 안전한가」, 『중앙일보』, 2016년 4월 6일.

59   김규찬, 「중국으로 달려가는 한국 문화산업…유출인가 진출인가」, 『중앙일보』, 2016년 4월 13일.

60   김승수, 「중국 문화굴기의 역설」, 『한국언론정보학보』, 76호(2016년 4월), 53쪽.

61   김현경, 「포기할 수 없는 중국 시장, 전략의 다변화 필요」, 『방송문화』, 408호(2017년 봄), 101쪽.

62   윤재식, 「방송 콘텐츠 글로벌화 전략: 동남아 지역을 중심으로」, 『방송문화』, 408호(2017년 봄), 118~119쪽.

63   고성연, 「CJ, 한류의 첨병…국가대표 문화 기업으로 성큼」, 『동아일보』, 2016년 5월 30일.

64   정철운, 「CJ엔 있고 지상파 · 종편엔 없는 결정적인 다섯 가지」, 『미디어오늘』, 2016년 6월 29일.

65   임채원, 「CJ E&M의 해외 진출 전략인 OSMT(One Source Multi Territory)에 관한 고찰」, 『글로컬 창의 문화연구』, 7권 1호(2018년 7월), 25~26쪽.

66   이문행, 「국내 주요 방송 사업자의 해외시장 진출 전략: SBS와 CJ E&M을 중심으로」, 『언론과학연구』, 13권 3호(2013년 9월), 387~418쪽; 송정은 · 남기범 · 장원호, 「한류의 지속을 위한 국제 공동 제작의 필요성: CJ E&M의 동남아 현지화 사례를 중심으로」, 『한국콘텐츠학회논문지』, 14권 6호(2014년 6월), 339~354쪽; 권상집, 「한류 확산을 위한 CJ E&M의 디지털 및 글로컬 콘텐츠 전략」, 『한국콘텐츠학회논문지』, 16권 12호(2016년 12월), 78~90쪽; 임채원, 「영화 산업에서의 글로벌 진출과 원 소스 멀티 테리토리(One Source Multi Territory) 전략: CJ E&M '수상한 그녀'를 중심으로」, 『글로컬 창의 문화연구』, 6권 2호(2017년 12월), 20~36쪽; 임채원, 「CJ E&M의 해외 진출 전략인 OSMT(One Source Multi Territory)에 관한 고찰」, 『글로컬 창의 문화연구』, 7권 1호(2018년 7월), 22~37쪽 참고.

67   금준경, 「'방송법 광고 위반 최다', 미디어 공룡 CJE&M의 그늘」, 『미디어오늘』, 2016년 10월 7일.

68   금준경, 「미디어 공룡 CJ E&M 규제 법안 나왔다」, 『미디어오늘』, 2017년 5월 25일.

69   양승준, 「방탄소년단, 빌보드 어워즈 후보 올라」, 『한국일보』, 2017년 4월

11일.

70 김성철, 『THIS IS 방탄DNA: 방탄소년단 콘텐츠와 소셜 파워의 비밀』(독서광, 2017), 52~63쪽.

71 윤여광, 「방탄소년단(BTS)의 글로벌 팬덤과 성공 요인 분석」, 『한국엔터테인먼트산업학회논문지』, 13권 3호(2019년 4월), 15, 20~21쪽; 정지은, 「케이팝(K-POP)을 위한 스토리텔링 전략에 관한 연구: 방탄소년단(BTS)을 중심으로」, 『문화산업연구』, 19권 3호(2019년 9월), 67쪽; 이규탁, 「방탄소년단: 새로운 세대의 새로운 소통 방식, 그리고 감정노동」, 『문화과학』, 제93호(2018년 봄), 285~286쪽.

72 이지행, 『BTS와 아미 컬처』(커뮤니케이션북스, 2019), 1~10쪽.

73 이지행, 『BTS와 아미 컬처』(커뮤니케이션북스, 2019), 10~11쪽.

74 김성철, 『THIS IS 방탄DNA: 방탄소년단 콘텐츠와 소셜 파워의 비밀』(독서광, 2017), 41쪽.

75 이지행, 『BTS와 아미 컬처』(커뮤니케이션북스, 2019), 12쪽.

76 김영대, 『BTS: The Review 방탄소년단을 리뷰하다』(RHK, 2019), 18~21쪽.

77 임희윤, 「방탄소년단 신드롬 어떻게 가능했을까」, 『관훈저널』, 154호(2020년 봄), 182~183쪽.

78 박영웅, 「방탄소년단, 북미 투어 "K팝 역사상 최단 시간 매진"」, 『스포츠조선』, 2016년 12월 19일.

79 김영대, 「하위문화로부터 탈한류 담론의 가능성까지: 케이콘과 방탄소년단을 중심으로」, 이기형·이동후 외, 『문화연구의 렌즈로 대중문화를 읽다: 변화하는 한국 대중문화 지형도』(컬처룩, 2018), 175~182쪽.

80 김영대, 『BTS: The Review 방탄소년단을 리뷰하다』(RHK, 2019), 220쪽.

81 이규탁, 『갈등하는 케이, 팝』(스리체어스, 2020), 52~53쪽.

82 이지행, 『BTS와 아미 컬처』(커뮤니케이션북스, 2019), 62~63쪽.

83 박광기 외, 『산업 한류혁명: 대한민국의 지구촌 허브 전략』(한국경제신문, 2018), 228쪽. 2017년 한류 동호회는 전 세계 92개국에 1,590개였고, 회원 수는 7,300만 명에 이르렀다. 장원호, 「한류의 전개와 글로벌 수용의 변화」, 『지식의지평』, 27호(2019년 11월), 7쪽.

84 정용수, 「이영호, 미키마우스에 밀리다」, 『중앙일보』, 2012년 7월 20일.

85 주성하·김정안, 「남한 스타일 머리 해주면 요금 3배…평양 아파트엔 삼성 TV」, 『동아일보』, 2015년 9월 17일.

86 백지은, 「[The New York Times] 한국 드라마가 북한을 변화시킨다」, 『중앙일보』, 2016년 12월 21일.

87   김수경, 「탈북 유도하는 K팝?」, 『조선일보』, 2019년 8월 23일, A20면. 북
      한의 한류에 대해선 윤선희, 「북한 청소년의 한류 읽기: 미디어 수용에 나
      타난 문화 정체성과 사회 변화」, 『한국언론학보』, 55권 1호(2011년 2월),
      435~460쪽; 박정란 · 강동완, 「북한 주민의 남한 미디어 수용과 '왜곡된 남
      한 상(像)'」, 『통일정책연구』, 21권 1호(2012년), 239~270쪽; 이미나 · 오원
      환, 「북한 및 제3세계에서의 한류 수용 경험과 한국 문화 적응: 탈북 청년을
      중심으로」, 『방송통신연구』, 82호(2013년 4월), 75~101쪽; 강동완, 「북한
      으로의 외래문화 유입 현황과 실태: 제3국에서의 북한 주민 면접 조사를 중심
      으로」, 『통일인문학』, 60호(2014년 12월), 167~202쪽; 전희락, 「문화 확산
      이론으로 분석한 북한에서의 한류 확산 연구」, 『정치커뮤니케이션 연구』, 35
      호(2014년), 31~84쪽; 오원환, 「북한 및 제3국에서의 한국 대중문화 수용과
      한국 사회의 문화 적응: 탈북 청소년의 한국 사회 현실 인식의 변화를 중심으
      로」, 『미디어 경제와 문화』, 13권 2호(2015년 5월), 7~52쪽; 안지언 · 최현
      주, 「북한 사회 내 한류 콘텐츠를 통한 남한 사회 인식 변화에 관한 탐색적 연
      구」, 『문화산업연구』, 18권 1호(2018년 3월), 107~114쪽; 박경숙, 「북한 이
      탈 주민의 남한 미디어 콘텐츠 수용이 사회 · 문화적 적응에 미치는 영향」, 단
      국대학교 문화예술학과 박사학위논문, 2019년 8월 참고.
88   헨리 지루(Henry A. Giroux), 성기완 옮김, 『디즈니 순수함과 거짓말』(아침이
      슬, 2001), 37쪽.

제12장 '한류의 새로운 문법'은 팬덤과 소통

1   홍석경, 「시장 중심적 사고에서 벗어나야」, 『중앙일보』, 2017년 1월 21일.
2   김수정, 「'민족'과 '경제' 렌즈 빼고 제대로 들여다보자: 문화 탈중심화 사건으
      로서의 한류」, 『신문과방송』, 498호(2012년 6월), 9쪽.
3   홍석경, 「소프트 파워? 한류에 대한 국가주의의 함정」, 『중앙일보』, 2017년
      2월 18일.
4   홍석경, 「한류 5.0을 만들지 말자」, 『중앙일보』, 2017년 5월 13일.
5   「[사설] 두 독립PD의 '죽음'과 '언론 적폐' 청산」, 『미디어오늘』, 2017년 8월
      7일.
6   김효실, 「독립피디들, '열정 착취'와 방송사 '갑질' 근절 나선다」, 『한겨레』,
      2017년 8월 18일.
7   노진호, 「방송 외주 생태계 개선, 지금 아니면 답 없다」, 『중앙일보』, 2017년
      8월 21일.

8 박준용, 「제작비 일방 삭감에 "XX 새끼" 언어폭력…방송사는 '슈퍼갑'」, 『한겨레』, 2017년 11월 4일.

9 손원제 외, 「거세지는 한한령, 얼어붙는 한류」, 『한겨레』, 2017년 4월 3일.

10 홍석경, 「혐한과 한류 스타」, 『중앙일보』, 2017년 4월 1일.

11 용지수, 「SM·YG엔터테인먼트 "방송국? 우리가 만들지 뭐"」, 『미디어오늘』, 2017년 7월 6일.

12 김영대, 『BTS: The Review 방탄소년단을 리뷰하다』(RHK, 2019), 261~262쪽.

13 이지행, 『BTS와 아미 컬처』(커뮤니케이션북스, 2019), 19~23쪽.

14 홍석경, 「방탄소년단의 비상」, 『중앙일보』, 2017년 6월 3일.

15 김성철, 『THIS IS 방탄DNA: 방탄소년단 콘텐츠와 소셜 파워의 비밀』(독서광, 2017), 80~81쪽.

16 노도현, 「방탄소년단, US위클리 선정 'SNS서 가장 영향력 있는 15인'」, 『경향신문』, 2017년 10월 22일.

17 민경원, 「"K팝, 주류 문화로 떠오를 가능성"」, 『중앙일보』, 2017년 12월 4일.

18 강동철, 「방탄소년단 "美 900만 명 시청, 3대 토크쇼 출연…우리도 신기해요"」, 『조선일보』, 2017년 11월 22일.

19 추영춘, 「방탄소년단, SNS 영향력 최고 '2018 기네스북' 등재」, 『세계일보』, 2017년 11월 22일.

20 안석배, 「[만물상] '한국어 능력 시험' 열풍」, 『조선일보』, 2017년 10월 9일.

21 김형원, 「韓流에 빠진 태국, 한국어 교과서 만들고 대입 과목 채택」, 『조선일보』, 2017년 10월 9일.

22 양성희, 「문화를 '진흥'한다는 낡은 프레임」, 『중앙일보』, 2018년 1월 6일.

23 홍석경, 「방탄소년단 그 후, 한류 팬덤의 진화」, 『중앙일보』, 2017년 11월 27일.

24 윤태진, 「방탄소년단, 한류의 새로운 문법」, 『경향신문』, 2017년 11월 27일.

25 민경원, 「"K팝, 주류 문화로 떠오를 가능성"」, 『중앙일보』, 2017년 12월 4일.

26 양성희, 「방탄소년단, 한국 팬 문화를 수출하다」, 『중앙일보』, 2017년 12월 8일.

27 김성철, 『THIS IS 방탄DNA : 방탄소년단 콘텐츠와 소셜 파워의 비밀』(독서광, 2017), 3~32쪽; 이혜인·고희진, 「SNS 중심에 있는 그들, 한류의 중심이 된다」, 『경향신문』, 2018년 1월 1일.

28 이지영, 『BTS 예술혁명: 방탄소년단과 들뢰즈가 만나다』(파레시아, 2018), 10~11쪽.

29   홍석경, 「케이팝 세계시민주의」, 『중앙일보』, 2018년 1월 6일.

30   양성희, 「문화를 '진흥'한다는 낡은 프레임」, 『중앙일보』, 2018년 1월 6일.

31   이동휘, 「지금 열도는 다시 한류」, 『조선일보』, 2018년 1월 23일.

32   표태준, 「보아가 문 열고, 싸이가 불붙이고 방탄소년단이 정점 찍었다」, 『조선일보』, 2018년 5월 29일.

33   이지행, 『BTS와 아미 컬처』(커뮤니케이션북스, 2019), 57~61쪽.

34   김광일, 「'빌보드 1위' 이런 날도 오네」, 『조선일보』, 2018년 5월 29일.

35   「[사설] 땀과 활력, 그리고 방탄소년단 빌보드 1위」, 『경향신문』, 2018년 5월 29일.

36   「[사설] 빌보드 1위, 방탄소년단의 성공이 던지는 메시지」, 『한국일보』, 2018년 5월 29일.

37   「[사설] 한류 신천지 열어젖힌 방탄소년단의 쾌거」, 『중앙일보』, 2018년 5월 29일.

38   염지현, 「'방탄' 노래 몰라도 투자…순식간에 200억 몰린 'BTS 펀드'」, 『중앙선데이』, 2018년 6월 30일.

39   장형태·임경업, 「요즘 IT기업 투자 방정식 '아이돌과 新사업'」, 『조선일보』, 2018년 7월 3일.

40   윤수정, 「석 달 만에 또 빌보드 1위…"BTS, 한류 넘어섰다"」, 『조선일보』, 2018년 9월 4일.

41   고희진, 「BTS, 유엔 총회 연설…"당신만의 목소리를 내주세요"」, 『경향신문』, 2018년 9월 25일; 양승준, 「미국에서 만난 'BTS 아미'」, 『관훈저널』, 149호 (2018년 겨울), 148쪽.

42   오윤희, 「BTS 왔다, 뉴욕이 지하철까지 늘렸다」, 『조선일보』, 2018년 10월 8일.

43   이유진, 「"BTS는 미국서 가장 성공한 K팝 가수…뉴욕 공연은 땅이 흔들릴 정도로 활기"」, 『경향신문』, 2018년 10월 10일.

44   김미나, 「'타임'지 표지에 방탄소년단 '다음 세대 이끌 리더'」, 『한겨레』, 2018년 10월 12일.

45   백수진, 「"일본의 문화식민지 될 거란 공포심, 市場에 맡기니 자연스레 극복"」, 『조선일보』, 2018년 11월 16일.

46   윤수정·최은경, 「20년 전엔 일본 베꼈는데…K팝 日 수출이 수입의 100배」, 『조선일보』, 2018년 11월 16일.

47   미국 캘리포니아주 샌타모니카에 본사를 둔 라이엇게임스는 2011년 중국의 인터넷 회사 '텐센트'가 약 4억 달러(약 4,800억 원)에 인수해 자회사로 편입되었다.

48 김경미, 「'롤드컵' 챔피언 이상혁 연봉 30억…최형우도 안 부러워」, 『중앙일보』, 2016년 12월 31일.

49 임경업, 「한국 게이머 보러…中 젊은이 4만 명 몰리고, 5,000만 명이 시청」, 『조선일보』, 2017년 11월 6일.

50 조재희, 「게임 수출 첫 4조 원 돌파」, 『조선일보』, 2017년 1월 21일.

51 문영수, 「2018년 한국 게임 시장 14.2조 원…10년째 성장세」, 『아이뉴스24』, 2020년 1월 7일.

52 한현우, 「게임의 聖地 한국」, 『조선일보』, 2018년 12월 29일. 2019년 11월 열린 '2019 롤 월드 챔피언십' 결승전은 16개국 언어로 세계에 생중계되었으며 최대 동시 시청자가 4,400만 명이었다. 2020년 4월 25일 서울 종로구 그랑서울의 e스포츠 경기장에서 열린 '2020 롤 챔피언스 코리아(LCK) 스프링' 결승전은 소셜미디어와 포털사이트를 통한 인터넷 생중계로 무려 1,787만 명이 시청했다. 이 중 한국인은 70만 명이었고, 나머지 1,700만 명이 외국인이었다. 오로라, 「한국 e스포츠 생중계에…지구촌 1,780만 명이 접속했다」, 『조선일보』, 2020년 5월 2일, A2면.

53 이유진·김진우, 「혐한·극일 민낯 들춰낸 'BTS' 티셔츠」, 『경향신문』, 2018년 11월 12일.

54 남지은·조기원, 「BTS '티셔츠 논란'에도 여전한 일본 인기 왜?…"글로벌 유튜브 팬들은 달라"」, 『한겨레』, 2018년 11월 13일.

55 최은경, 「일본 팬 5만여 명 도쿄돔서 "BTS! BTS!"…反韓 시위는 단 2명」, 『조선일보』, 2018년 11월 14일.

56 조계완, 「"방탄소년단 경제 효과 연 5.6조 원"」, 『한겨레』, 2018년 12월 19일.

57 신지민, 「유튜브가 밀고 팬들이 끌며…케이팝, 주류가 되다」, 『한겨레』, 2019년 5월 11일.

58 홍석우, 「대중문화 산업 규모 6조 4천 억…한류로 2년 새 해외 매출 69% 늘어」, 『KBS』, 2020년 3월 11일.

59 심두보·최은경, 「한류 연구의 비판과 확장: 한류 생태학의 모색」, 『문화와융합』, 41권 5호(2019년 10월), 503~532쪽.

60 임학순·채경진, 「우리나라 한류 연구의 경향 분석」, 『한류비즈니스연구』, 1권(2014년), 31~47쪽.

61 임은진, 「"한국 스마트폰 보유율 95%…세계 1위"」, 『연합뉴스』, 2019년 2월 6일.

62 고영태, 「국민 95%가 스마트폰 사용…보급률 1위 국가는?」, 『KBS』, 2019년 2월 11일.

63 정석우, 「저소득층 아이들 절반이 과도한 스마트폰 의존 성향」, 『조선일보』, 2019년 9월 16일, A14면.

64 노명우, 「스마트폰이라는 늪에 빠진 한국인들」, 『경향신문』, 2019년 11월 20일, 29면.

65 김명일, 「스마트폰 보급률 91.1% 힘입어 OTT 이용률 50% 돌파…'유튜브 파워' 계속될 듯」, 『세계일보』, 2020년 1월 30일.

66 남지은, 「'공룡' 넷플릭스의 야심…'한류 타고 아시아 공략'」, 『한겨레』, 2018년 11월 9일.

67 이희주, 「미디어 제국주의에 대처하는 우리의 자세」, 『방송문화』, 418호 (2019년 가을), 96~99쪽. 망 이용료도 쟁점이다. 2020년 4월 13일 넷플릭스는 망 운용·증설·이용 대가를 요구한 SK브로드밴드를 상대로 이 요구를 받아들일 수 없다는 취지의 소송을 제기했다. 네이버가 연간 700억 원대, 카카오는 300억 원대 망 이용료를 지불하고 있는 반면 구글, 유튜브, 넷플릭스 등 글로벌 CP(콘텐츠 공급자)들은 망에 엄청난 부담을 주면서도 이용료를 내지 않아 업계와 정치권 등에서 '무임승차' 논란이 끊이지 않았다. 2019년 5G 망 투자에 8조 8,000억 원을 쏟아부은 통신 3사는 2020년에도 비슷한 금액을 투자한다. 전문가들은 글로벌 CP도 비용을 분담해야 한다고 주장한다. 가천대학교 법대 교수 최경진은 "망 이용은 하나의 경제, 하나의 시장으로 봐야 한다"면서 "망에 공공적 성격이 있다면 다른 사업자가 이용하는 데 방해나 장애가 되면 안 된다. 특정 기업이 망 부담을 증가시킨다면 그 책임을 일정 부분 부담하는 것이 맞다"고 지적했다. 신찬옥·이용익, 「넷플릭스 "망 이용료 못 내"…방통위 중재 앞두고 소송」, 『매일경제』, 2020년 4월 14일.

68 최희원, 「구글의 배신」, 『경향신문』, 2017년 12월 7일.

69 조형래, 「IT 강국 코리아, 구글의 '데이터 식민지' 되나」, 『조선일보』, 2018년 11월 15일.

70 김조한, 『플랫폼 전쟁: 미디어 패권을 둘러싼 전쟁에서 한국은 어떻게 생존할 것인가』(메디치, 2017).

제13장 BTS와 봉준호의 〈기생충〉

1 팀 알퍼, 「유럽 팬들마저 끌어당기는 K팝의 '팬덤'」, 『조선일보』, 2019년 1월 1일.

2 송진식, 「BTS 열풍에 부쳐」, 『경향신문』, 2019년 5월 9일.

3 김다영·임성빈, 「방탄소년단 아버지 "남이 만들어놓은 꿈을 거부하라"」, 『중

앙일보』, 2019년 2월 27일.

4   류인하, 「아이돌 팬덤 문화 인기↑ 지하철 광고 문화 바꿨다」, 『경향신문』, 2020년 4월 8일, 16면.

5   김수영, 「BTS부터 '기생충'·'킹덤2'까지…전 세계 뒤흔드는 한류 3대장」, 『한국경제』, 2020년 3월 14일.

6   한현우, 「[만물상] 전 세계 외신 타는 K팝 스캔들」, 『조선일보』, 2019년 3월 16일.

7   민경원, 「성범죄 스캔들 이은 거짓말 후폭풍…공든 K팝이 무너진다」, 『중앙일보』, 2019년 3월 15일.

8   권승준, 「클럽에서 태어난 제국, 제국에서 추락한 '약국'…휘청이는 YG」, 『조선일보』, 2019년 3월 23일.

9   권승준, 「보이그룹은 수입 좋지만 사고 많고…걸그룹은 사고 적지만 수입…」, 『조선일보』, 2019년 3월 23일.

10 이승한, 「지금 '케이팝 위축' 걱정할 때인가」, 『한겨레』, 2019년 3월 23일.

11 구본권, 「코로나 시대…5G, 뜻밖의 기회가 '터졌다'」, 『한겨레』, 2020년 4월 20일, 17면; 「5세대 이동통신」, 『네이버 지식백과』.

12 김수경, 「BTS 신곡, 최단 37시간 만에 유튜브 1억 뷰 돌파」, 『조선일보』, 2019년 4월 15일.

13 김성현, 「BTS와 시인 김수영」, 『조선일보』, 2019년 4월 19일.

14 남지은·서정민, 「감탄, 경탄, 방탄!…BTS, K팝 역사 다시 쓰다」, 『한겨레』, 2019년 5월 3일.

15 전동혁, 「봉준호 '기생충', 칸영화제 '황금종려상' 수상」, 『MBC』, 2019년 5월 26일.

16 미국의 영화 전문 매체 『인디와이어』가 〈기생충〉이 칸영화제에서 처음 공개되었을 때 내린 평가다. "봉 감독은 마침내 독자적인 하나의 장르가 되었다(Bong finally becomes a genre unto himself)." 봉준호가 가장 좋아하는 평가라고 한다. 이형석, 『계획이 다 있었던 남자, 봉준호』(북오션, 2020), 161쪽.

17 이형석, 『계획이 다 있었던 남자, 봉준호』(북오션, 2020), 191, 195~196쪽.

18 한광덕, 「최대 2조 3천 억 '방탄노믹스'…빅히트, 3대 기획사 제쳤다」, 『한겨레』, 2019년 6월 7일.

19 윤희영, 「[윤희영의 News English] 방탄소년단에 대한 편견과 부당 대우」, 『조선일보』, 2019년 6월 25일, A33면.

20 최보윤, 「BTS라는 자기계발서」, 『조선일보』, 2019년 6월 10일.

21 이재익, 「BTS가 제2의 비틀스 맞냐고 묻는 분들에게-BTS ②」, 『한겨레』,

2019년 6월 29일, 15면.

22 양성희, 「[양성희의 직격 인터뷰] "BTS 현상의 본질은 아미라는 유례없는 팬덤 자체"」, 『중앙일보』, 2019년 7월 26일, 26면.

23 이지행, 『BTS와 아미 컬처』(커뮤니케이션북스, 2019), 78~79쪽.

24 이지행, 『BTS와 아미 컬처』(커뮤니케이션북스, 2019), 195쪽.

25 서정민, 「내 가수의 팬덤, 얼마나 될까?…팬덤 관측기 '케이팝 레이더' 공개」, 『한겨레』, 2019년 8월 13일, 20면.

26 김수경, 「BTS는 미국, 블랙핑크는 태국…'K팝 세계지도' 나왔다」, 『조선일보』, 2019년 8월 23일, A20면.

27 이규탁, 『갈등하는 케이, 팝』(스리체어스, 2020), 58~62쪽.

28 김수경, 「BTS 드라마까지…방시혁 '글로벌 K팝 제국' 꿈꾼다」, 『조선일보』, 2019년 8월 22일, A23면.

29 민경원, 「아이돌 연합팀 '슈퍼엠' 출격…미국은 K팝 격전지」, 『중앙일보』, 2019년 8월 16일, 23면.

30 심윤지, 「'프듀X', K팝 성공에 가려진 공정성·인권 감수성 부재 '민낯'」, 『경향신문』, 2019년 11월 7일, 11면.

31 이유진, 「아이돌 연습생 출신이 본 '프듀X 사태'」, 『경향신문』, 2019년 11월 7일, 11면.

32 신윤희, 『팬덤 3.0』(스리체어스, 2019), 8~9쪽.

33 김수경·구본우, 「'데뷔 후 수익' 절반씩 나누기, 방송사·기획사 유착 불러」, 『조선일보』, 2019년 11월 8일, A10면.

34 황효진, 「K-POP은 누구의 꿈을 꾸는가」, 『한국일보』, 2019년 11월 9일.

35 엄지원, 「케이팝 열풍과 전근대성」, 『한겨레』, 2019년 11월 11일, 26면.

36 남지은, 「어른들이 그러면 안 된다」, 『한겨레』, 2019년 11월 18일, 26면.

37 신윤희, 『팬덤 3.0』(스리체어스, 2019), 22~23쪽.

38 신윤희, 『팬덤 3.0』(스리체어스, 2019), 55, 58쪽. 〈프로듀스 101〉에 대해선 강보라·서지희·김선희, 「20대 여성 팬덤의 감정 구조와 문화 실천: 〈프로듀스 101 시즌2〉 팬덤을 중심으로」, 『미디어, 젠더 & 문화』, 33권 1호(2018년 3월), 5~50쪽; 홍지아·정윤정, 「리얼리티 프로그램 〈프로듀스 101〉이 재현하는 아이돌 되기의 자격」, 『현상과인식』, 42권 2호(2018년 6월), 121~150쪽; 방희경·오현주, 「아이돌의 정동 노동(affective labor)과 노동 윤리: 리얼리티 오디션 쇼 〈프로듀스 101〉을 중심으로」, 『한국언론정보학보』, 91호(2018년 10월), 76~117쪽 참고.

39 양성희, 「세계적 위상 K팝, 산업 마인드는 못 따라간다」, 『중앙일보』, 2019년

8월 15일, 20면.

40 전남대학교 교수 최유준은 "아이돌 산업에 관한 한 한국의 기업과 방송은 이미 전체주의적으로 통합됐다"며 "〈프로듀스 101〉이라는 프로그램은 그 결정판이라고 할 만하다"고 했다. 좀 과도한 비판일망정, 그의 주장을 더 들어보자. "어떠한 악의적 편집에도 문제를 제기할 수 없다는 등의 독소 조항이 담긴 방송사와의 '노예 계약서'가 공개돼 파문이 일었지만 이내 아무 일도 없었던 듯 프로그램은 여전히 높은 시청률을 기록하고 있으며, 101명의 '연습생'들은 매주 탈락과 좌절의 위협 속에서 출연료 한 푼 받지 않는 사회주의적 노동을 감수하고 있다. 평범한 10대들 다수가 자신의 일상적 태도와 정서적 모델을 아이돌 스타로부터 구하는 이 아이돌 공화국에서 그것은 북한식 국정교과서 도입만큼이나 무서운 일이 아닐까? 끝없이 지연되는 '성공'의 꿈에 가둬진 잠재적 아이돌 지망생들의 인권침해를 일상화하고 있는 저 거대한 권위주의적 구조를 용인하고 내면화하며, 심지어 즐기기까지 하는 우리 자신의 모습이 말이다." 최유준, 「아이돌 공화국의 인권」, 『경향신문』, 2016년 2월 25일.

41 박성훈, 「"한국, 조그만 나라가 역겹다" 홍콩 사태가 부른 중국의 '혐한'」, 『중앙일보』, 2019년 11월 20일.

42 허진무, 「설리 이어 구하라…저주의 악플 "댓글 없애라"」, 『경향신문』, 2019년 11월 27일, 10면.

43 홍지인, 「네이버, 총선 기간 '급상승 검색어' 중단…연예 댓글 폐지」, 『연합뉴스』, 2020년 2월 19일.

44 성호철, 「댓글 낭인 된 프로야구 팬」, 『조선일보』, 2020년 3월 23일, A34면.

45 김정민, 「어느새 100개국 만화 앱 1위…월 1억 우습게 버는 K웹툰 작가」, 『중앙일보』, 2019년 12월 6일, B1면.

46 고경석, 「보물창고 웹툰!…대중문화 젖줄로」, 『한국일보』, 2013년 1월 30일.

47 윤호진, 『한류 20년, 대한민국 빅 콘텐츠』(커뮤니케이션북스, 2016), xiii쪽.

48 윤태진, 「웹툰, 대중문화의 지배자 되려면」, 『경향신문』, 2018년 6월 11일.

49 윤호진, 『한류 20년, 대한민국 빅 콘텐츠』(커뮤니케이션북스, 2016), 39~47쪽; 한창완, 「한류는 시스템이다」, 『경향신문』, 2018년 12월 28일.

50 김태훈, 「트와이스가 놓은 韓日 가교도 허무나」, 『조선일보』, 2019년 5월 11일.

51 윤호진, 『한류 20년, 대한민국 빅 콘텐츠』(커뮤니케이션북스, 2016), 31~38쪽.

52 성호철, 「망가 무너뜨린 만화…美서 일본 군단 꺾고 1위 질주」, 『조선일보』, 2020년 5월 5일, A2면.

53 김기윤·이서현·김재희, 「"여러분 머릿속에 '기생충'이 오래오래 남았으면 좋겠습니다"」, 『동아일보』, 2020년 2월 17일.

54 남혜연, 「'기생충' 이번에는 LA비평가협회 수상」, 『스포츠서울』, 2019년 12월 9일.

55 이윤정, 「봉준호, 韓 최초로 골든글로브 수상…다음 목표는 '아카데미'」, 『조선일보』, 2020년 1월 6일.

56 전형화, 「'골든글로브 수상' 봉준호 "나보다 BTS 파워가 3천배"」, 『스타뉴스』, 2020년 1월 6일.

57 김보영, 「봉준호 "'살인의 추억' 전까지 생활고…'괴물' 때는 극단적인 생각도"」, 『이데일리』, 2020년 2월 11일. 〈살인의 추억〉흥행 성공이 봉준호를 살린 셈인데, 여기엔 당시 싸이더스 대표 차승재의 봉준호에 대한 전폭적인 신뢰와 지원이 있었다. 영화평론가 조재휘는 다음과 같이 말한다. "〈모텔 선인장〉(1997)의 조감독을 했던 초년의 봉준호 감독을 눈여겨본 차 전 대표는 감독으로 준비한 각본이 있으면 들고 와보라고 제안했다. 이때 받은 각본이 데뷔작 〈플란다스의 개〉(2000)였다. '이거 하면 망한다'고 지적했지만 봉 감독은 이 영화를 고집했고, 결과는 전국 관객 5만 2,000명의 참담한 실패였다. 그럼에도 차 전 대표는 봉 감독을 포기하지 않았고 다음 영화를 제안했다. 이때 봉 감독이 준비한 아이템은 얼치기 유괴범에게 납치된 아이가 이런저런 핑계를 대며 유괴범을 농락하는 이야기였다. 난색을 표하며 무게감 있고 진지한 작품을 원하는 차 전 대표에게 봉 감독은 다음 아이템으로 화성 연쇄살인 사건을 다룬 김광림 극작가의 희곡 「날 보러 와요」의 영화화를 제안한다. 2배의 값을 치르고 원작자인 김 극작가에겐 흥행에 따른 인센티브를 약속하는 걸로 판권 문제를 해결한 차 전 대표는 이 작품을 온전히 봉 감독의 손에 맡겼다. 그렇게 탄생한 〈살인의 추억〉은 525만 명이라는 흥행 성공으로 당시 궁지에 몰려 있던 싸이더스를 회생시켰고, 거장으로 거듭날 봉 감독의 앞길을 열었다." 조재휘, 「"이거 망할 텐데"라면서도 봉준호 데뷔 지원한 차승재」, 『한국일보』, 2020년 4월 25일.

58 신동욱, 「[신동욱 앵커의 시선] 아카데미에 휘몰아친 폭풍」, 『TV조선』, 2020년 2월 10일.

59 천정환, 「봉준호 붐의 역설들」, 『경향신문』, 2020년 2월 19일, 31면.

60 이동진, 『이동진이 말하는 봉준호의 세계: 「기생충」부터 「플란다스의 개」까지 봉준호의 모든 순간』(위즈덤하우스, 2020), 5~7쪽.

61 조재영, 「일본서도 '기생충' 흥행 돌풍…박스오피스 1위」, 『연합뉴스』, 2020년 2월 17일.

62 양성희, 「'기생충'에 기생하기」, 『중앙일보』, 2020년 2월 19일, 30면.

63 양성희, 「세계에 통한 한국어의 승리」, 『중앙일보』, 2020년 2월 27일, 26면.

64 김지혜, 「방탄소년단, 한국 가요계 사상 최다 음반 판매…2,032만 장 넘겼다」, 『경향신문』, 2020년 4월 10일, 23면.

65 이혜운, 「음악은 BTS가 1위, 영화는 기생충이 1위…日 문화계 '쇼크'」, 『조선일보』, 2020년 2월 27일, A25면.

66 양성희, 「세계에 통한 한국어의 승리」, 『중앙일보』, 2020년 2월 27일, 26면.

67 유선희, 「포스트 봉준호·홍상수를 위해서」, 『한겨레』, 2020년 3월 2일, 27면.

68 이어 노명우는 다음과 같이 말했다. "'국뽕'이 자부심 있는 태도에 대한 은유적 표현이 아니라 세계를 바라보는 실제의 감각으로 변주되면 사정이 달라진다. 스포츠 결과를 중계하듯 나라별 확진자 숫자에 순위를 매기고, 최소한의 장례 절차도 생략된 채 코로나19로 삶을 마감한 사람의 숫자가 우리의 우월함을 증명하는 성과 지표라도 되는 것처럼 타국의 불행을 구경하는 자세는 걱정스럽기만 하다. 우리는 도쿄올림픽 대신 국가 대항 코로나 팬데믹 올림픽에 참가하고 있는 게 아니다." 노명우, 「국가 대항 '코로나 올림픽'이 아니지 않은가」, 『경향신문』, 2020년 4월 22일, 29면.

69 김지혜, 「'언택트 시대' 온라인 콘서트, 방구석 달구며 새 비즈니스 모델로」, 『경향신문』, 2020년 4월 27일, 24면; 서정민, 「K팝 '온라인 플랫폼' 경쟁 후끈」, 『한겨레』, 2020년 4월 27일, 21면; 유성운, 「'슈퍼엠' 세계 첫 온라인 콘서트 25억 벌었다」, 『중앙일보』, 2020년 4월 28일, 16면.

맺는말 연꽃은 수렁에서 핀다

1 나기천, 「"중·일 틈새 살아남은 건 기적"」, 『세계일보』, 2004년 9월 3일, 7면.

2 김대중, 『김대중 옥중서신: 민족의 한을 안고』(청사, 1984), 93쪽.

3 Jeremy Tunstall, 『The Media Are American: Anglo-American Media in the World 』(New York: Columbia University Press, 1977).

4 김지운 편저, 『국제 정보 유통과 문화 지배』(나남, 1991), 143쪽.

5 이용관·김지석, 『할리우드: 할리우드 영화의 산업과 이데올로기』(제3문학사, 1992), 72쪽.

6 Randy Kluver, 「Globalization, Informatization, and Intercultural Communication」, Fred E. Jandt, ed., 『Intercultural Communication: A Global Reader』(Thousand Oaks, CA: Sage, 2004), pp.431~432.

7 요아나 브라이덴바흐(Joana Breidenbach)·이나 추크리글(Ina Zukrigl), 인성기 옮김, 『춤추는 문화: 세계화 시대의 문화적 다원화』(영림카디널, 1998/2003), 105쪽.

8 임채원, 「CJ E&M의 해외 진출 전략인 OSMT(One Source Multi Territory)에 관한 고찰」, 『글로컬 창의 문화연구』, 7권 1호(2018년 7월), 28~29쪽.

9 류웅재, 「한류에 대한 오해」, 『경향신문』, 2007년 7월 6일; 류웅재, 「한국 문화연구의 정치경제학적 패러다임에 대한 모색: 한류의 혼종성 논의를 중심으로」, 『언론과사회』, 제16권 4호(2008년 겨울), 2~27쪽.

10 백원담, 「한류의 방향타를 잡아라」, 『한겨레21』, 2004년 9월 23일, 58~59면.

11 조한혜정, 「글로벌 지각 변동의 징후로 읽는 '한류 열풍'」, 조한혜정 외, 『'한류'와 아시아의 대중문화』(연세대학교출판부, 2003), 1쪽에서 재인용.

12 이그나시오 라모네(Ignacio Ramonet), 「미국이 파견한 트로이 목마」, 이그나시오 하모네 외, 최병권·이정옥 엮음, 『아메리카: 미국, 그 마지막 제국』(휴머니스트, 2002), 51쪽.

13 김지하·송종호, 「동아시아 생명·평화의 길 "붉은 악마"에게 달렸다: 한국예술종합학교 김지하 석좌교수」, 『(고대) 대학원신문』, 2005년 4월 5일, 1면.

14 유상철 외, 『한류 DNA의 비밀: 소프트 파워, 소프트 코리아의 현장을 찾아서』(생각의나무, 2005), 70쪽.

15 김열규, 『한국인 우리들은 누구인가』(자유문학사, 1986), 132~133쪽.

16 최준식, 『행복은 가능한가: 그대 안에 꿈틀대는 모난 자존감』(소나무, 2014), 8쪽.

17 신정선, 「[Why] 지킬 앤 하이드, 왜 한국서 특히 잘나갈까」, 『조선일보』, 2015년 1월 10일.

18 차길진, 「일본의 한류 열풍과 원인」, 『스포츠조선』, 2004년 7월 27일, 24면.

19 정해승, 『엔터테인먼트 경제학』(휴먼비즈니스, 2006), 89~90쪽.

20 『주간조선』, 1997년 8월 7일; 문화체육관광부 해외문화홍보원(위택환), 『한류: K-Pop에서 K-Culture로』(문화체육관광부 해외문화홍보원, 2012), 30~31쪽에서 재인용.

21 "떼창은 미국·유럽 등 해외 공연 영상에서도 볼 수 있듯 전 세계적인 공연 관람 문화에 불과하다"는 반론도 있긴 하지만, 결코 그렇지 않으며 한국의 떼창이 유난스럽다는 재반론도 있다. 허남설, 「쳇! '코리안 떼창'에 반한 줄 알았더니…내한 뮤지션이 감동하는 '진짜 이유'」, 『경향신문』, 2015년 9월 22일; 서영준, 「한국은 왜 '떼창'에 열광하는가?」, 전북대학교 신문방송학과 대학원 2015년 2학기 '국제커뮤니케이션연구' 리포트.

22 박지련, 「김구라 韓 떼창 독창적 해석 "돈이 이유야"」, 『뉴스엔』, 2013년 8월 2일.

23 정희진, 『페미니즘의 도전』(교양인, 2005), 23~24쪽.

24 에드워드 글레이저(Edward Glaeser), 이진원 옮김, 『도시의 승리』(해냄, 2011), 7쪽; 강준만, 「왜 혁신은 대도시에서 일어나는가?: 네트워크 효과」, 『생각의 문법: 세상을 꿰뚫는 50가지 이론 3』(인물과사상사, 2015), 279~283쪽 참고.

25 신현준, 「K-pop의 문화정치(학): 월경(越境)하는 대중음악에 관한 하나의 사례 연구」, 『언론과사회』, 제13권 3호(2005년 여름), 25쪽.

26 이어령, 「인터뷰/문화석학 이어령의 한류 읽기: '개짱이'의 힘! 블루오션 한류 계속된다」, 『월간중앙』, 2006년 1월호, 248~251쪽.

27 경향신문 특별취재팀, 『우리도 몰랐던 한국의 힘』(한스미디어, 2006), 75쪽에서 재인용.

28 이근미, 「일본 내 한류 돌풍의 단초를 연 조총련 출신 영화인 이봉우」, 『월간중앙』, 2005년 1월호, 280~291쪽.

29 최병준, 「IT 강국 이끈 "느린 건 못 참아"」, 『경향신문』, 2005년 5월 9일, 5면.

30 손원제, 「"빨리빨리 덕에 인터넷 강국"」, 『한겨레』, 2005년 8월 19일, 23면.

31 이창균, 「한국 공공 와이파이 다운로드 속도 뉴욕보다 11배 빨라」, 『중앙선데이』, 2020년 5월 2일, 12면.

32 한승동, 「김상배 교수 '한류' 희망적 진단: "한류는 동아시아 공유 사이버 문화/미국 문화의 대항 담론 될 수 있다"」, 『한겨레』, 2007년 8월 17일.

33 전하진, 『전하진의 e 비즈니스 성공 전략』(북마크, 2000), 56쪽.

34 이민화·안기석, 「인터뷰: 국내 벤처 연방 모아 손정의 그룹과 겨루겠다」, 『신동아』, 2000년 3월호, 254쪽.

35 손원제, 「"빨리빨리 덕에 인터넷 강국"」, 『한겨레』, 2005년 8월 19일, 23면.

36 이현우, 『한국인에게 가장 잘 통하는 설득 전략 24』(더난출판, 2005), 285쪽.

37 이어령, 『디지로그: 한국인이 이끄는 첨단정보사회, 그 미래를 읽는 키워드』(생각의나무, 2006), 119쪽.

38 김현미, 「욕망의 동시성」, 『한겨레21』, 제382호(2001년 10월 30일).

39 경향신문 특별취재팀, 『우리도 몰랐던 한국의 힘』(한스미디어, 2006), 17~20쪽.

40 「'배 아픈 건 못 참는' 도전적 평등주의」, 『경향신문』, 2005년 3월 14일.

41 장순욱, 『홍보도 전략이다: 기자가 쓴 언론 홍보 가이드』(책이있는마을, 2005), 138쪽.

42 정태석, 『행복의 사회학』(책읽는수요일, 2014), 59쪽.

43 리처드 탈러(Richard H. Thaler)·캐스 선스타인(Cass R. Sunstein), 안진환 옮김, 『넛지: 똑똑한 선택을 이끄는 힘』(리더스북, 2008/2009), 213~214쪽.

44 오찬호, 「뉴스 상단에 '오늘의 산재'를」, 『경향신문』, 2020년 5월 4일, 26면.

45 신윤동욱, 「단기적 낙관, 장기적 비관: 전문가들이 보는 한류의 지속 가능성…문화적 다양성을 키울수록 미래는 밝다」, 『한겨레21』, 2004년 10월 21일, 70면.

46 유니 홍(Euny Hong), 정미현 옮김, 『코리안 쿨: 세계를 사로잡은 대중문화 강국 '코리아' 탄생기』(원더박스, 2014/2015), 163~165쪽.

47 강준만·김민웅 외, 『오래된 비판 그 후 30년: 한 세대를 뛰어 넘어 시대를 읽다』(말+, 2019), 369쪽.

48 송형국, 「[취재K] 영화 관람 세계 1위, 독서는 OECD 꼴찌…'문화 기형' 숨은 이유」, 『KBS』, 2019년 2월 15일.

49 이영빈·이기우, 「"안전수칙 다 지키는 데 어딨나, 건설 현장선 다들 그렇게 한다"」, 『조선일보』, 2020년 5월 1일, A1면.

50 「[사설] 반복되는 참사, 국가의 역할은 무엇인가」, 『중앙일보』, 2020년 5월 1일, 26면.

51 Saul D. Alinsky, 「Afterword to the Vintage Edition」, 『Reveille for Radicals』(New York: Vintage Books, 1946/1989), pp.224~225.

52 Sanford D. Horwitt, 『Let Them Call Me Rebel: Saul Alinsky-His Life and Legacy』(New York: Vintage Books, 1989/1992), pp.524~526; Saul D. Alinsky, 「Afterword to the Vintage Edition」, 『Reveille for Radicals(New York: Vintage Books, 1946/1989), p.229.

53 강준만, 『갑과 을의 나라: 갑을관계는 대한민국을 어떻게 지배해왔는가』(인물과사상사, 2013).

한류의 역사

ⓒ 강준만, 2020

초판 1쇄 2020년 7월 24일 펴냄
초판 2쇄 2021년 3월 15일 펴냄

지은이 | 강준만
펴낸이 | 강준우
기획·편집 | 박상문
디자인 | 최진영
마케팅 | 이태준
관리 | 최수향
인쇄·제본 | ㈜삼신문화

펴낸곳 | 인물과사상사
출판등록 | 제17-204호 1998년 3월 11일

주소 | (04037) 서울시 마포구 양화로7길 6-16 서교제일빌딩 3층
전화 | 02-325-6364
팩스 | 02-474-1413

www.inmul.co.kr | insa@inmul.co.kr

ISBN 978-89-5906-573-8 03300

값 33,000원

이 도서의 국립중앙도서관 출판예정도서목록(CIP)은 서지정보유통지원시스템 홈페이지
(http://seoji.nl.go.kr)와 국가자료공동목록시스템(http://www.nl.go.kr/kolisnet)에서
이용하실 수 있습니다. (CIP제어번호: CIP2020028954)